聖書朝鮮
7

KB202695

일러두기

○ 이 책은《성서조선》144~158호를 영인본으로 만든 것이다.

○ 144호에는 24면 다음, 〈성조통신(聖朝通信)〉 중간에 〈부록〉이 있다.

○ 146호의 1면은 '차례'에서 〈승부(勝負)·생활문제(生活問題)〉에 해당하나, 해당 페이지가 결락되어 있어 부득이 백면(白面)으로 남겨두었다.

○ 146호부터 일어로 된 〈신약성서원어입문(新約聖書原語入門)〉이 연재되는데, 각 호 후반부에 실려 있는 이 글은 가로쓰기로 되어 있어 다른 면과 달리 면의 진행 방향이 바뀐다.

○ 158호 뒤에 실린 〈끝에 붙이는 말〉은 1982년 복사·간행된《성서조선》7권 맨 뒤에 실린 것을 재수록한 것이다.

聖書朝鮮 7

김교신선생기념사업회 ——

1941~1942

홍성사

『성서조선』 영인본 간행에 부쳐 ──

이만열 (김교신선생기념사업회회장)

김교신선생기념사업회는 『성서조선』 영인본 전체를 다시 간행한다. 최근 『성서조선』에 대한 학술적 수요가 증가함에 따라 영인본을 간행하되, 이번에는 그 영인본에 색인을 첨부하기로 했다. 7권으로 분류된 『성서조선』의 색인은 김철웅, 박상익, 양현혜, 전인수, 박찬규, 송승호 여섯 분이 맡아서 지난 몇 달 동안 수고했고, 송승호 님은 이 색인을 종합하는 최종적인 책임을 맡았다.

색인을 포함한 영인본 재간행 작업은 2017년부터 시작하여 2018년 초반에 출판하기로 했으나 간행 시기가 몇 번 미뤄졌다. 이유는 색인 작업의 지연 때문인데, 간행 당시 철자법이 통일되지 않은 상황이다 보니 색인 작업이 의외로 더디 이뤄질 수밖에 없었다. 이번에 색인집을 따로 내기는 하지만, 색인 작업이

4

완벽하게 이뤄졌다고는 할 수 없다. 그 정도로 색인 작업 자체가 어려워왔다는 것을 이해해 주기 바란다. 이런 어려움에도 불구하고 영인본이 간행되어 독자 여러분과 함께 기뻐한다. 수익을 기약할 수 없는 『성서조선』 영인본 간행을 위해 노력해 주신 홍성사의 정애주 대표님을 비롯하여 출판사의 사우 여러분께 책머리에 먼저 감사의 말씀을 드린다.

『성서조선』 전권이 복사·간행된 것은 1982년 노평구 님에 의해 이뤄졌다. 해방 후 글다운 글이 없는 상황에서 『성서조선』에 게재된 글이 교과서에 등장하여 학생 지도에 응용되기도 했지만, 전권을 구하기가 매우 힘들었다. 복사판 간행을 맡았던 노평구 님과 동역자들은 고서점과 전국의 『성서조선』 독자들을 수소문하여 그 전질을 구해 재간행했다.

그동안 『성서조선』은 많은 사람들이 구해보려고 애썼지만 접하기가 쉽지 않았다. 완질의 복사판이 간행된 후에는 이를 이용하는 곳이 많아졌다. 해외에서도 수요가 있었다. 특히 신학을 전공하는 유학생들 사이에서는 그런 요구가 컸다. 필자 역시 해외여행을 하는 동안 유학생들의 집에서 『성서조선』을 소장하고 있는 경우를 더러 보았다. 소장한 이유는 한국 교회와 한국 신학에 대한 지도교수와 외국 학생들의 요청 때문인 것으로 들었다. 하여튼 각계의 이런 요청에 따라 김교신선생기념사업회는 이번에 『성서조선』을 다시 간행하기로 했다.

•

『성서조선』은 1927년 7월부터 간행된 동인지 형태의 신앙잡지다. 일본의 무교회주의자 우치무라 간조

(內村鑑三) 선생의 감화를 받은 김교신(金敎臣)、송두용(宋斗用)、류석동(柳錫東)、양인성(梁仁性)、정상훈(鄭

相勳)、함석헌(咸錫憲) 등 여섯 신앙 동지들이 1926년부터 도쿄에서 성서연구활동을 시작했다. 그들은

조국 조선에 줄 수 있는 최고의 선물을 성서로 보고、〈조선을 성서 위에〉 세우기 위해 그들이 수행한 성

서 연구의 결과물을 발표하는 동인지를 갖게 되었다. 그 이름을 〈성서조선〉이라 했다. 『성서조선』 창간사

에는 간행 경위를 이렇게 시작한다.

걱정을 같이 하고 소망을 일궤(一軌)에 붙이는 우자(愚者) 5-6인이 동경 시외 스기나미촌(杉竝村)에 처음으

로 회합하여 〈조선성서연구회〉를 시작하고 매주 때를 기(期)하여 조선을 생각하고 성서를 강(講)하면서 지

내온 지 반세여(半歲餘)에 누가 동의하여 어간(於間)의 소원 연구의 일단을 세상에 공개하려 하니 그 이름을

〈성서조선〉이라 하게 되도다.

이어서 창간사는 이 동인지의 성격과 지향점을 다음과 같이 밝혔다.

명명(命名)의 우열과 시기의 적부(適否)는 우리의 불문(不問)하는 바라. 다만 우리 염두의 전폭(全幅)을 차지

하는 것은 〈조선〉 두 자이고、애인에게 보낼 최진(最珍)의 선물은 〈성서〉 한 권뿐이니 둘 중의 하나를 버

리지 못하여 된 것이 그 이름이었다. 기원(祈願)은 이를 통하여 열애의 순정을 전하려 하고 지성(至誠)의 선

물을 그녀에게 드려야 함이로다. 〈성서조선〉아, 너는 우선 이스라엘 집집으로 가라. 소위 기성 신자의 손

을 거치지 말라. 그리스도보다 외인을 예배하고, 성서보다 회당을 중요시하는 자의 집에는 그 발의 먼지를

털지어다. 〈성서조선〉아, 너는 소위 기독신자보다도 조선혼을 소지(所持)한 조선 사람에게 가라. 시골로 가

라, 산촌으로 가라, 거기에 나무꾼 한 사람을 위로함으로 너의 사명으로 삼으라. 〈성서조선〉아, 네가 만일

그처럼 인내력을 가졌거든 너의 창간 일자 이후에 출생하는 조선 사람을 기다려 면담하라. 상론(相論)하라.

동지(同志)를 한 세기 후에 기(期)한들 무엇을 탓할손가.

창간사는 〈성서〉와 〈조선〉을 합하여 만든 동인지 명칭의 연유를 설명한다. 〈조선〉은 자기들의 마음 전

부를 차지하는 존재이고, 〈성서〉는 자기들이 가장 사랑하는 사람에게 보낼 제일 좋은 선물이기 때문에,

이 둘 중에 어느 하나도 버릴 수 없어 〈성서조선〉이라고 명명했다고 했다.

또 성서조선이 갈 곳은 〈이스라엘 집〉이지, 그리스도보다 사람을 예배하는 〈기성 신자〉나 성서보다 예배

당을 중요시하는 곳도 아니고 교권화·세속화되어 가고 있던 기존 조선교회도 아님을 강조한다. 또 〈성서

조선〉은 〈소위 기독교 신자〉에게 갈 것이 아니라 〈조선의 혼을 가진 조선 사람〉에게로 가라고 가르친다.

그곳은 아직 세속적인 교회의 때가 묻지 않은 영적인 〈시골〉이요 〈산골〉이다. 그들은 살찐 몸매와 번지

르르한 기름으로 치장한 도회인이 아니라 영적인 〈나무꾼 한 사람〉임을 의미한다. 여기에 『성서조선』이

지향하는 바가 있다. 기성 교회와 야합할 것이 아니라 그 비리를 비판하고 〈기독교라는 때〉가 묻지 않은

민중 속으로 파고 들어가 그들을 성서적인 신앙으로 각성시키자고 강조한다. 이것이 성서를 조선에 주고,

조선을 성서 위에 세우려는, 『성서조선』 동인들의 창간 의도라 할 것이다.

『성서조선』 간행 취지가 조선과 성서를 다 같이 사랑하는 〈동인들〉이 성서 위에 조선을 세우겠다는 공통

된 일념에 있다는 점을 강조했지만, 김교신은 8년 뒤 〈성서조선의 간행 취지〉(1935년 10월)를 요약

해서 다음 두 가지로 설명한 적이 있다. 하나는 〈유물주의자의 반종교운동에 항변〉하기 위함이고 또 하

나는 〈순수한 조선산 기독교를 해설〉하기 위함이라고 했다. 그의 말이다. 『신앙이라고 하면 과학적 교양

도 없고 근대 사조 특히 유물론적 사상을 호흡치 못한 우부(愚夫) 우부(愚婦)들이나 운위할 것인 줄로 아

나 이는 대단히 천박한 인사들의 소행이다. 그러므로 소위 인텔리층의 경박과 유물주의자의 반종교운동에

대하여 신앙의 입장을 프로테스트(항변)하고자 함이 본지 발간의 일대 취지였다.』 이어서 그는 『조선의

기독교가 전래한 지 약 반세기에 이르렀으나 아직까지는 선진 구미 선교사 등의 유풍(遺風)을 모방하는

역(域)을 불탈(不脫)하였음을 유감으로 알아, 순수한 조선산 기독교를 해설하고자 하여 『성서조선』을 발

간한 것이다.』라고 했다. 김교신이 쓴 발간 취지는 『성서조선』이 동인지 형태에서 김교신 1인 체제로 바

뀐 뒤에 표현된 것이어서 주목되는 바다. 이는 8년 전 동인지 형태로 간행할 때보다는 훨씬 분명한 내용

을 담고 있음을 알 수 있다. 그러면서도 그는 『조선에다 기독교의 능력적 교훈을 전달하고 성서적인 진리

의 기반 위에 영구 불멸할 조선을 건립하고자 하는 소원』이라는, 창간 당시의 목적을 잊지 않았다.

『성서조선』은 창간 당시에는 도쿄에 있던 동인들이 편집하고 서울에서 인쇄했다. 김교신이 귀국한 1927년 4월 이후에도 대부분의 동인들은 도쿄에 머물러 있었다. 『성서조선』 창간호 판권에는 편집인 정상훈과 발행인 유석동은 도쿄에 거하는 것으로 되어 있고, 발행소인 〈성서조선사〉도 도쿄로 나와 있다. 그러나 인쇄인 김재섭(金在涉)의 주소는 서울 견지동 32이고, 인쇄소는 한성도서(주)다. 『성서조선』 은 창간 후 초기에는 연 4차 계간 형식으로 발행되다가 1929년 8월(8호)부터는 월간이 되었다. 그 러다가 제16호(1930년 5월)에는 다음과 같은 짤막한 사고(社告)가 실렸다. 『지금까지 6인의 합작으로 경영해 오던 〈성서조선사〉는 이번에 형편에 의하여 해산하였습니다. 이번 호까지 정상훈 명의로 발행 되었으나, 금후의 경영은 김교신 단독히 당하겠습니다.』 그다음 17호(1930년 6월호)부터는 편집·발 행 겸 인쇄인이 김교신으로 바뀌었다. 성서조선사의 발행소 주소도 〈경성부 외 용강면 공덕리 130〉으 로 옮겨졌고, 인쇄소는 기독교창문사로 되었다. 김교신은 뒷날 동인제(同人制) 폐간이 일시적 사변에 의한 것이기 때문에 불원한 장래에 이 일을 전담할 자가 나오기를 기대하는 마음으로 맡았지만 성서조선이 폐 간될 때까지 자기 책임하에 간행하였다.

『성서조선』 간행을 전담한 김교신은 함남 함흥 출신으로, 1919년 3월 일본으로 건너가 도쿄(東京) 세 이소쿠(正則) 영어학교를 거쳐 도쿄 고등사범학교에 진학했는데, 1921년부터 7년간 우치무라 간조(內

9

村鑑三)의 문하에서 성경 강의를 들었다. 그는 학업을 마치고 1927년 4월 귀국, 함흥 영생여자고등

보통학교와 양정고등보통학교, 제일고등보통학교(경기중학)와 송도고등보통학교에서 교편을 잡았으나

1942년 3월 소위 〈성서조선 사건〉으로 구속되어 15년간의 교사생활을 끝냈다. 『성서조선』 16호

(1930년 5월호)부터 간행 책임을 맡게 된 김교신은 원고 집필과 편집, 인쇄는 물론 발송 사무와 수금

등 독자 관리의 허드렛일까지 혼자 다 맡았다. 그야말로 불철주야 『성서조선』에 매달린 것이다. 그는 삶의

전부라고 할 『성서조선』 출판에 모든 것을 바쳤지만 매호 적자를 면치 못했다. 그 무렵 그는 『의식의 여

분으로 잡지 출판을 한 것이 아니라 출판의 여분으로 생활을 해야 했다』고 술회했다. 1936년 1월 31

일(금)자 그의 일기에는 당시 짊어졌던 『성서조선』 일 등이 얼마나 그를 짓누르고 있었던가를 보여준다.

1월 31일(금) 청(晴). 영하 18도 7분으로 기온 점강(漸降). 등교 수업을 마친 후에 2월호 출래(出來)하

여 발송사무. 피봉(皮封) 쓰는 일. 부치는 일. 우편국 및 경성역에 반출하는 일은 물론이요, 시내 서점에 배

달하여 수금하는 일까지 단독으로 하다. 서점에서는 「선생이 이처럼 친히 다니시느냐」고 하나 대체 위로의

말인지 조롱의 뜻인지 모르겠다. 주필 겸 발행자 겸 사무원 겸 배달부 겸 수금인 겸 교정계 겸 기자 겸 일

요강사 등등. 그 외에 박물 교사 겸 영어·수학 교사(열등생도에게) 겸 가정교사(기숙 생도에게) 겸 농구

부장 겸 농구협회 간사 겸 박물학회 회원 겸 박물연구회 회원 겸 지력(地歷)학회 회원 겸 외국어학회 회원

겸 직원 운동선수 겸 호주(戶主) 겸 학부형 등등. 월광에 비추이는 가엾은 자아를 헤아리면서 귀댁(貴宅)한

때는 삼수(參宿)가 중천에 솟았다.[노평구 엮음, 『김교신 전집 6』(부·키, 2001, 17-18)]

이런 상황에서도 그는 『성서조선』 간행을 통해 감사했다. 『성서조선』 간행 만 10주년을 맞아 그는 오로지 주 예수의 무한한 은총으로 된 일임을 새롭게 감격했다. 또 만 14주년을 맞은 제150호(1941년 7월호)에서는 그동안 우리의 눈이 하늘을 향하여 주 예수 그리스도의 헤아릴 수 없는 기이한 섭리를 우러러보며 찬송과 감사가 넘친다고 하면서 「모든 영광은 주 예수께로, 욕된 것은 나에게로」라고 다짐했다.

그는 이날까지 『성서조선』이 버티어 온 것은 인력에 의해서가 아니라 하나님의 은총에 의한 것이라고 고백했다.

외국인 선교사들의 식양(式樣)으로 된 조선기독교회의 다대한 배척과 비방을 감수하면서 아무 단체의 배경도 찬조도 없이, 주필된 자의 굳은 의지나 뛰어난 필재에 의함도 없이, 적립된 자금으로 시작한 것도 아닌 잡지가, 창간호로부터 150호에 이르기까지 인쇄 실비에도 결손되는 잡지가 속간된 것은 아무리 보아도 인력으로 된 일은 아니다.

김교신에게는 원고 집필과 편집, 인쇄 등의 일상적인 일 외에 더 시달려야 하는 것이 있었다. 『성서조선』을 향한 호사가들의 시비는 물론 〈친애하는 형제들 중에서 『성서조선』의 사명과 태도 등을 두고 충고와

11

질의〉를 하는 경우도 있었고, 이 못지않게 기성 교회의 『성서조선』에 대한 비판이 있었다. 무엇보다 괴로운 것은 일제 당국의 검열이었다. 검열을 위해 며칠씩 대기하다가 출판 기일을 넘겨야 하는 경우도 있었고, 검열에 걸려 원고를 삭제해야 할 경우도 있어서 더욱 난감했다. 그런 상황에서 그는 종간호가 되는 줄로 안 것이 한두 번이 아니었다. 그럴 때마다 의외로 원조를 주셔서 예비해 주시사 오늘에 이르기까지 한 번도 휴간 없이 발간하게 되었다. 그런 수난적인 경험을 통해 〈내가 약함을 통탄할 때에 도리어 강한 것을 발견케〉 되었으니 그는 모든 영광과 찬송을 주께 돌린다고 했다. (1937년 5월)

전시체제(戰時體制)가 강화되면 조선에서 간행하는 신문 잡지는 일본의 전승(戰勝)을 기원하는 글이나 시국에 관한 표어를 실어야만 했다. 검열을 통과하기 위해서는 「황국신민(皇國臣民)의 서사(誓詞)」를 잡지 앞머리에 넣지 않으면 안 되었다. 경무국으로부터 전화로 신년호의 권두 한 페이지에는 「황국신민의 서사」 1과 2를 게재하라는 지령을 받고 폐간을 결심하기도 했다. 그러나 『성서조선』이 조선에 유일한 성서잡지라는 어떤 사명감 같은 것 때문에 결국 자신의 생각을 꺾고 일제의 지령대로 서사(誓詞)를 게재하기로 했다. 이따금 게재하던 「황국신민의 서사」는 137호(1940년 6월)부터 아예 표지 혹은 표지 바로 뒷면에 고정적으로 배치되어야 했고, 「총후(銃後) 국민생활」 같은 어용적인 칼럼들도 135호(1940년 4월)부터는 표지 바로 뒷면에 자리잡게 되었다.

『성서조선』은 어떤 때는 검열을 의식해서 시국 소감 등을 직설(直說)하지 않고 비유나 묵시적으로 쓰기도

했다. 그래서였을 것이다. 김교신은 「본지 독자에 대한 요망」(1939년 9월)에서 다음과 같이 썼다.

본지 독자는 문자를 문자 그대로 읽는 외에 자간과 행간을 능히 읽는 도량이 있기를 요구하는 때가 종종 있다. 이는 학식의 문제가 아니요, 지혜의 문제이다. … 정도의 차는 있으나 본지도 일종의 묵시록이라 할 수 있다. 지금 세대는 비유나 상징이나 은어가 아니고는 진실한 말을 표현할 수 없는 세대이다 지혜의 자(子)만 지혜를 이해한다.

『성서조선』을 폐간시킨 「조와(弔蛙)」 사건은 일제 당국이 김교신이 사용한 바로 그 상징어나 은어의 본질을 알아차리고 겁박한 경우라고 할 것이다. 그런 상황이고 보니 『성서조선』에는 〈시국표어〉도 어쩔 수 없이 내걸어야 했던 것이다. 폐간도 고려해 보았지만, 하나님의 뜻에 의지하는 섭리신앙 때문에 고난 중에서도 간행을 계속했다. 이게 『성서조선』 간행을 억지로라도 계속하지 않을 수 없었던 발행자 김교신의 딱한 사정이었다.

일본은 1937년 중국 침략에 이어 미국에 대한 도발을 감행했다. 중국에 대한 침략 전쟁은 식민지 조선에 대한 전시체제 강화로 이어졌다. 한국의 언어와 문자를 통제하기 시작했고, 조선사 교육을 폐지했으며, 창씨개명(創氏改名)과 신사참배(神社參拜)를 강요했다. 1936년부터 천주교와 감리회가 신사참배에

굴복했고 1938년에는 장로회 총회가 신사참배를 결의했으나, 신사참배에 불복하는 신자들은 감옥으로

끌려갔다. 1937년에는 수양동우회 사건이, 그 이듬해에는 흥업구락부 사건이 터졌다. 1940년 10월

에는 국민총력연맹을 조직하고 〈황국신민화운동〉을 본격화시켰다. 1941년 12월 초 하와이 공격으로

〈태평양전쟁〉을 일으킨 일본은 국민총동원 체제와 사상통제를 강화했다. 1942년의 〈조와(弔蛙) 사건〉

과 〈조선어학회 사건〉은 국민총동원체제하에서 일어난 문화·사상 통제의 뚜렷한 실례다.

『성서조선』을 폐간으로 몰아간 〈조와(弔蛙) 사건〉의 전말은 이렇다. 1940년 3월 양정고등보통학교를

사임한 김교신은 그해 9월 제일고등보통학교(경기중학)에서 잠시 교편을 잡았으나 반년 만에 그만두었

고, 1941년 10월에는 송도고등보통학교 교사로 부임하였다. 그러나 일제 당국은 그 이듬해 3월 1일

자로 간행된 『성서조선』 제158호 권두언 「조와(弔蛙)」를 문제 삼아 〈성서조선 사건〉을 일으켜 『성서

조선』을 폐간하고 김교신 등을 투옥시켰다.

사건의 발단이 된 「조와(弔蛙)」에는 이 글을 쓰게 된 경위가 나타나 있다. 김교신은 〈자신의 영혼과 민

족의 죄를 위해〉 또 〈소리쳐 울고 싶은 대로 울 만한 장소〉를 구하기 위해 새벽기도처를 찾았다. 서울에

서는 북한산록에서, 송도로 옮긴 후에는 자연 속에서 찾았다. 그는 송도 만월대 뒤편 송악산 깊은 골짜

기 안에 폭포가 떨어지는 물웅덩이 가운데 작은 바위를 기도처로 정하고, 새벽에 냉수마찰을 하고 큰 소

리로 기도하고 찬송을 불렀다. 이렇게 기도할 때는 웅덩이의 개구리들이 헤엄쳐 다니면서 모여들기도 했

다. 「조와는 새벽기도의 산물이었다. 유난히 추웠던 그해 겨울, 대부분의 개구리가 얼어 죽어서 물 위에

떠오른 것을 보고 슬퍼하면서도 요행히 살아남은 두세 마리를 보고 위로를 받았다. 「조와」의 전문이다.

작년 늦은 가을 이래로 새로운 기도터가 생겼었다. 층암이 병풍처럼 둘러싸고 가느다란 폭포 밑에 작은 담(潭)을 형성한 곳에 평탄한 반석 하나 담 속에 솟아나서 한 사람이 꿇어앉아서 기도하기에는 천성의 성전이다. / 이 반상(磐上)에서 혹은 가늘게 혹은 크게 기구(祈求)하며 또한 찬송하고 보면 전후좌우로 엉금엉금 기어오는 것은 담 속에서 암색(岩色)에 적응하여 보호색을 이룬 개구리들이다. 산중에 대변사(大變事)나 생겼다는 표정으로 신래(新來)의 객에 접근하는 친구 와군(蛙君)들, 때로는 5、6마리 때로는 7、8마리. / 늦은 가을도 지나서 담상(潭上)에 엷은 얼음이 붙기 시작함에 따라서 와군들의 기동(起動)이 일부일(日復日) 완만하여지다가 나중에 두꺼운 얼음이 투명(透明)을 가리운 후로는 기도와 찬송의 음파가 저들의 이막(耳膜)에 닿는지 안 닿는지 알 길이 없었다. 이렇게 격조(隔阻)하기 무릇 수개월여! / 봄비 쏟아지던 날 새벽, 이 바위틈의 빙괴(氷塊)도 드디어 풀리는 날이 왔다. 오래간만에 친구 와군들의 안부를 살피고자 담 속을 구부려 찾았더니 오호라, 개구리의 시체 두세 마리 담 꼬리에 부유하고 있지 않은가! / 짐작컨대 지난 겨울의 비상한 혹한에 작은 담수의 밑바닥까지 얼어서 이 참사가 생긴 모양이다. 예년에는 얼지 않았던 데까지 얼어붙은 까닭인 듯, 동사한 개구리 시체를 모아 매장하여 주고 보니, 담저(潭低)에 아직 두어 마리 기어 다닌다. 아, 전멸은 면했나 보다! (『김교신 전집』 1권 38)

이 글은, 『성서조선』 제158호에 〈부활의 봄〉이라는 제목으로 『드디어 봄은 돌아왔다. … 우리의 소망은 오직 부활의 봄에 있고 부활은 봄과 같이 확실히 임한다.』라는 글과 함께 실려 있다. 김교신은 「조와」와 「부활의 봄」이라는 글에서 다 같이 조선 민족의 봄을 고대하고 있었으며 은유를 통해 표현하고 있었다. 김교신은 『지금 세대는 비유나 상징이나 은어가 아니고는 진실한 말을 표현할 수 없는 세대이다. 지혜의 자(子)만 지혜를 이해한다.』고 말한 적이 있다. 그의 이런 말에 따라 「조와」를 추론해 보면 무슨 의미를 함의하고 있는지 금방 알 수 있다. 산전수전 다 겪은 일본 고등경찰 당국이 이를 간파하지 못할 리가 없다. 〈무서운 혹한에도 살아남은 개구리의 생명력을 보고 조선 민족의 생명력에 비유했다〉 하여 꼬투리를 잡은 것은 정확히 보았다고 할 것이다.

1942년 3월 30일 김교신은 일제 경찰에 의해 서울로 압송되었다. 〈성서조선 사건〉이 터진 것이다. 이 사건으로 『성서조선』은 폐간되고 전국의 구독자들이 일제히 검거됐다. 며칠 만에 풀려난 독자도 있지만, 김교신·함석헌·송두용·류달영 등 13명은 서대문형무소에서 만 1년간 옥고를 치르고 1943년 3월 29일 밤 출옥했다. 취조에 나선 일본 경찰들이 이들에게 했다는 다음 말은 『성서조선』이 추구한 목표가 어디에 있었는지 그 정곡을 찌른다. 그리고 이 말은 일제가 〈성서조선 사건〉을 통해 꿰뚫어 보고 있는 사건의 본질이기도 하다.

너희 놈들은 우리가 지금까지 잡은 조선 놈들 가운데 가장 악질적인 부류들이다. 결사(結社)니 조국이니 해가면서 파득파득 뛰어다니는 것들은 오히려 좋다. 그러나 너희들은 종교의 허울을 쓰고 조선민족의 정신을 깊이 심어서 100년 후에라도, 아니 500년 후에라도 독립이 될 수 있게 할 터전을 마련해두려는 고약한 놈들이다.（『김교신 전집』 1권 11）

1927년 7월 동인지 형태로 제1호를 간행한 『성서조선』은 16호（1930년 5월호）부터 김교신이 발행인이 되어 간행되다가 1942년 3월호（158호）로 폐간되었다. 158호까지 계속된 『성서조선』에는 가장 많이 게재된 것이 성서연구에 관한 것이다. 김교신은 「성서개요」라 하여 거의 대부분의 신구약 성서 개요를 게재했는데, 간결성과 명확성 때문에 구호（舊號）까지 독자들의 사랑을 받았다. 또 「성서연구」도 게재했는데, 산상수훈 연구를 비롯하여 주기도문 연구, 시편 강해와 골로새서 강의와 데살로니가전서 강의 등은 『성서조선』을 통해 발표되었고, 산상수훈 연구는 단행본으로 출간되었다. 한국인이 쓴 성경 주석서가 별로 없던 시기에 김교신의 연구는 목회자들과 일반 신자들에게도 큰 도움이 되었다.

7권으로 된 『김교신 전집』（노평구 엮음, 부·키）에는 위에서 언급한 「성서개요」와 「성서연구」 외에 『성서조선』에 게재되었던 김교신의 글을 「인생론」과 「신앙론」으로 각각 묶었다. 이 두 권에는 김교신이 『성서조선』에 게재한 글을 거의 망라하고 있다. 이 두 권에는 거의 400여 편의 글이 게재되어 있는데, 제1권 『인생론』에는 조국, 교육, 학문과 직업, 현실과 이상, 믿음의 생활, 사회시평, 고백·선언, 가정, 위대한 사람들, 고인에 대한 추억, 성서조선지의 행로, 생활 주변, 회고와 전망으로 분류하여 실었고, 2권

17

『신앙론』에는 하나님、그리스도、성서、기독교、신앙、사랑、부활、기독교도、전도、교회、무교회、진리、생

명、자연、찬미로 분류하여 묶었다.

『성서조선』에 게재된 김교신의 중요한 글은 그의 일기다. 그가 일기를 쓰기 시작한 것은 『10세 때부터』라고 말하고 있는데 이는 1910년 국치(國恥)를 맞을, 아마도 함흥보통학교에 입학했을 무렵인 것으로 보인다. 그의 일기는 30여 책이나 되었지만, 양정고보 교사 시절 한 생도의 일기가 문제가 되자 학교에 미칠 화를 생각하여 담임교사(김교신)도 그의 30여 권의 일기를 소각해 버렸다.(1938년 2월 22일자 일기) 그러나 김교신의 일기는 그 일부가 두 가지 형태로 남아 있다. 하나는 소각되지 않고 남아 있는 2년 8개월분의 「일보(日步)」인데 이는 2016년 김교신선생기념사업회에서 『김교신일보(日步)』(홍성사)라는 이름으로 간행했다. 또 하나는 『성서조선』에 게재한 그의 일기다. 『성서조선』에는 처음에 여섯 동인들의 소식을 알리는 「성서통신(城西通信)」 난으로 이름이 바뀌었다. 『성서조선』의 발행 책임자가 김교신으로 된 후 1930년 6월(제17호)호부터는 「성서통신」 난에 그의 일기를 간추려 게재하게 되었다. 「성서통신」 난은 그 뒤 1936년 1월호부터 「성조통신(聖朝通信)」으로 이름이 바뀌어 1941년 1월호까지 김교신의 일기를 계속 실었지만, 1941년 3월(제146호)호에 『당분간은 「성조통신」 난을 폐지』한다고 알리고는 일기가 더 게재되지 않았다. 따라서 김교신의 일기는 소각되지 않은 2년 8개월치

의 「일보(日步)」와 『성서조선』에 게재된 그의 일기가 남아 있다고 할 것이다.

『성서조선』에 연재된 글 중에는 함석헌의 「성서적 입장에서 본 조선역사」가 있다. 이 글은 1934년 2월부터 1935년 12월까지 『성서조선』에 연재되었는데, 최초로 일정한 사관(史觀)을 가지고 조선역사를 관통한 책이라는 찬사(천관우)를 받았을 정도로 큰 반향을 일으켰다. 함석헌은 이어서 그 자매편인 「성서적 입장에서 본 세계역사」도 『성서조선』 1936년 9월호부터 1938년 3월호까지 연재하여 호평을 받았다. 함석헌이 『성서조선』에 우리 역사를 연재하고 있을 때 김교신은 자신의 〈민족지리관〉의 관점에서 「조선지리 소고」라는 논문(제62호-1934년 3월)을 게재했다. 200자 원고지 80매 가량의 이 논문은 함석헌이 「성서적 입장에서 본 조선역사」에서 나타낸 섭리적 민족사관과 궤를 같이하는 것으로, 섭리적 민족지리관을 나타냈다는 평가를 받고 있다. 지리박물학 교사인 김교신이 신앙의 눈으로 차원 높은 민족지리관을 펴보인 것이다.

『성서조선』의 필자에는 김교신, 송두용, 유석동, 양인성, 정상훈, 함석헌 등 〈조선성서연구회〉 회원들을 비롯하여 독자 기고 형태로 김정식, 장도원, 김계화, 양능점, 윤일심, 김계화, 강제건, 이찬갑, 최흥종, 유달영, 김정옥, 박석현, 유영모 등의 이름들이 보인다. 특히 〈조선성서연구회〉 회원인 양인성과 이들과 노선을 같이 했던 이덕봉이 「성서동물학」과 「성서식물학」이라는 연구논문을 남긴 것은 매우 주목된다.

『성서조선』은 매월 250부 정도가 발행되었고 구독자는 200명 정도였다. 독자들 가운데는 일반 교역

19

자들도 있었지만, 이승훈, 장기려, 정태시같이 한국 기독교계와 교육계에 영향력을 미친 이들도 있었다. 『성서조선』에 게재된 내용으로 설교하다가 교단의 배척을 당한 손양원 같은 이도 있었다. 당시 한국 교단의 이 같은 탄압에도 불구하고 『성서조선』을 통해 깊은 감동을 받았다는 사람이 한둘이 아니었다. 한센병 환자들 중에도 『성서조선』으로 영적 감화와 위로를 받았다는 이들이 있었다.

끝으로 오늘날 『성서조선』을 복간하는 것이 무슨 의미를 갖는지를 언급하면서 이 글을 마무리하겠다. 그동안 『성서조선』이 복간된 적이 있지만, 현재 그것을 구해보기는 매우 어렵게 되었다. 김교신선생기념사업회로서는 미안한 생각을 갖지 않을 수 없다. 바로 이런 부채감이 『성서조선』 복간의 가장 큰 이유다.

한편 한국 기독교사 연구와 관련, 김교신 선생을 비롯한 소위 무교회주의자들이 당시 어떤 생각을 하고 있었는지 탐구할 필요가 있다. 성서 원어(히브리어와 희랍어)와 영어 독일어 일본어 성경을 대조해 가며 성경연구에 매진했던 이들이 한국 교회에 어떤 태도를 취했으며, 기성 한국 교회는 이들을 어떻게 생각하고 있었는지 살펴볼 필요가 있다는 것이다. 오늘날 한국 교회에 불거지고 있는 문제들은 이미 당시에도 일어나 자성과 비판의 대상이 되었다. 『성서조선』을 읽노라면 그때 한국 교회의 상황들과 그렇게 멀리 떨어져 있지 않다는 것을 알 수 있다. 따라서 『성서조선』 복간은 한국 교회의 〈온고이지신(溫故而知新)〉의 의미를 되새기게 할 것이다.

『성서조선』 복간의 가장 중요한 이유는 현재 한국 교회 앞에 놓인, 한국 신학 수립의 당위적인 과제 때문이다. 한국 신학을 수립해야 한다는 과제는 어제오늘의 문제가 아니다. 이런 필요성은 해외에 가서 신학을 공부하는 이들이라면 더욱 뼈저리게 느껴왔던 것이다. 그들은 그곳 지도교수나 교회로부터 끊임없이 한국 교회를 성장시킨 한국 신학에 대한 질문과 도전을 받아왔다. 이제 한국 교회는 세계 교회의 그 같은 질문에 답하지 않을 수 없게 되었다. 이 같은 과제는 『성서조선』 간행을 처음 시작했던 〈조선성서연구회〉 동인들뿐만 아니라 오늘날에도 의식 있는 크리스천들에게 던져지는 요구다.

〈외국인 선교사들의 식양(式樣)으로 된 조선기독교회의 다대한 배척과 비방을 감수하면서 아무 단체의 배경도 찬조도 없이〉 간행했던 『성서조선』이 당시 지향했던 바는 〈조선산 기독교〉였다. 〈조선산 기독교〉는 하나님의 말씀이 〈조선의 토양과 기후〉 위에서 새롭게 열매 맺는, 그런 기독교가 아닐까. 그것은 수입신학·번역서 조선인의 땀과 피와 삶이 영적으로 응고되고 열매 맺는, 그런 것이 아니었을까. 성서의 터 위에신학일 수 없고, 그런 차원을 넘어서는 것이다. 조선인의 삶과 환경, 조선인의 고민과 사상, 그런 문제의식 위에서 하나님의 말씀인 성서를 기초로 한 신학과 교회가 이 땅에서 세워지는 것, 이것이 『성서조선』이 말하는 〈조선산 기독교〉가 아니었을까.

〈조선산 기독교〉는 수천 년 역사와 제도 위에 형성된 서구의 관념화된 신학이나, 비록 청교도적 바탕 위에서 출발했다고는 하나 〈동부〉의 황금에 대한 유혹과 세계를 향한 끝없는 전쟁의 유혹 속에서 자신을 정당화해 간 미국의 〈천박한 기독교〉일 수 없다. 『성서조선』이 조선이라는 특수한 상황 속에서 세계적

21

보편성을 지향해 간 〈조선산 기독교〉를 지향하며 간행된 것이라면, 『성서조선』의 복간은 그런 지향(指向)부터 다시 복원하고, 그 지향에 다가서는 것이어야 한다. 『성서조선』이 간행할 당시 요청되었던 〈조선산 기독교〉는 『성서조선』을 복간하는 이 시점에도 같은 공감대에 서 있다. 한국 신학에 바탕을 둔 한국 교회가 세워져야 한다는 바로 그 공감대다. 이것이 『성서조선』을 이 시점에 복간하는 진정한 이유다. 『성서조선』이 외쳤던 그 외침을 오늘날 다시 들려주면서, 조선의 토양과 땀, 고난과 생각을 담은 한국 신학을 수립해야 한다는 것, 바로 그런 〈조선산 기독교〉를 지향·착근하고 성장시켜 가는 것이 『성서조선』 복간의 중요한 이유일 것이다. (2019. 1. 9)

차례

『성서조선』 영인본 간행에 부쳐 – 이만열 (김교신선생기념사업회장)   4

昭和五年一月二十八日(第三種郵便物認可)
昭和拾六年一月一日發行(每月一回一日發行)

筆 主 臣 教 金

鮮 朝 書 聖

第 壹 百 四 拾 四 號

昭和十六年(一九四一)一月一日發行

～～～ 次 目 ～～～

27

年頭言

聖戰　第五年、皇紀二千六百年의
新春을 맞이하며 一億民草의 一
心所願하옴은 오직

天長
地久
東海와　함께　하사　國威　八紘의
日月이　되여지이다。

皇國臣民ノ誓詞

一　我等ハ皇國臣民ナリ忠誠以テ君
　國ニ報セン
二　我等皇國臣民ハ互ニ信愛協力シ
　以テ團結ヲ固クセン
三　我等皇國臣民ハ忍苦鍛錬力ヲ養
　ヒ以テ皇道ヲ宣揚セン

內鮮一體

天空海濶、東海의물은 기리 맑고 거기서 솟는 아침 해는 언제던지 新鮮하다。曠漠한 大陸南北에 蜿蜒히 나부끼는 日章旗는 新亞細亞의 아침을 花園으로 裝飾할것이다。

聖戰奮鬪四個星霜、皇軍의 至誠한 犧牲뒤에는 新文化의씨가 뿌리여지는 아침이요、皇紀二千六百一年、萬世一系의 炫然한 御稜威는 東邦을 덮고 남는 가륵한 新世代의 아침이다、一億民草 오직 雲上의 御泰安을 빌며 그 慈雨淵露에 젖는 幸福을 戴頭感謝하올뿐이다。

皇紀二千六百一年。이는 한世紀에 한번식밖에는 안오는 紀念年이다 이貴한 紀念年을 맞는것만해도 오늘 우리의 幸福은 른것이다。그럼에 또한 이皇紀二千六百一年은 東亞의 大革新 나아가선 世界의 一大轉換期임에 틀리지 않는다。새 世代를 向해 新生活을 穫得해나갈수 있게 된것은 이昭和聖代에 자는 우리들의 얼마나 큰 기쁨인가。

新東亞의 建設 한편에는 第二次世界大戰이 展開되며 있다。우리가 即時回想할수 있는 事實은 지금으로부터 二十年前 第一次世界大戰의 結果이다。그大戰의 鮮明한 結果로는 歐洲의 衰退、米國의 强大、日本의 勃興、이세가지다。이제 第二次世界大戰은 以上의 三大事實을 加速度로 確實化、擴大化하는 結果에 이르는 外에 다른 아무것도 아닐것 이라는것이 有眼者들의 定評이다。

過去數百年間、世界는 오로지 歐洲人의 世界였을뿐이다。그無意味한 아니 不自然한 現狀은 世界의 表皮에서 整形되며 있는것이다。그것은 東洋人의 손으로、東洋에 東洋文化가 있다。東洋人에게 東洋文化以外에 가장 適宜한 文化는 없는것이다。帝國은 東洋文化의 守護神으로 이제 適好한 時機를 얻어 日月과 더부러 久遠한 理想을 實現하려 있는 것이다。銃後의 臣民、內鮮一體로 一層奮發할 新世代의 元旦이다。

夢のまた夢

露とおき露と消えぬる我身かな

難波のことは夢のまた夢

とは人も知る秀吉の辭世の歌であった。東洋歴史に一大轉換期を劃したる彼にしても一度過來し方を振り返つて見れば彼の豪も彼の華も「露とおき露と消える」ものより外ではなかつたのである。彼にも怨みもあつたであらう得意もあつたであらう。憂愁もあつたであらう滿悦もあつたであらう。しかし煎じつめたどころ「難波のことは夢のまた夢」であつたといふのである。

さすがに彼は頭腦明敏の士だけあつて人生の鳥瞰に於てその事實を過らなかつた。

我ら各人にも廣狹と大小の別はあつてもそれ／〃の「難波のこと」があつたであらう。過る一年間或は數年間又は今日まで悉くが「難波のこと」ではなかつたらうか。我らの智略を盡して計りことをめぐらし我らの聲を張り上げて爭ひ取つたことの凡てが影の影を追ふことであり「夢のまた夢」を求めることに目醒めた時の人生の寂しさに誰か堪え得るであらうか。

しかし今からでも遲くはあるまい「難波のことは夢のまた夢」と悟り得るものは幸福である。

故にタルソの賢者パウロは言つた「イェス・キリスト及びその十字架に釘けられ給ひし事のほかは、　汝らの中にありて何をも知るまじ」と。なぜであるか。この世の生涯は如何に大なる英傑といへども それが「夢のまた夢」であることが明らかであるからであり悲しむべき人生であり、この世の榮華と滿悦は過ぎてしまへばそれが「露とおき露と消えぬる」どころの憐むべきものである。のみならず榮華が高ければ高き程滿悦が深ければ深き程その後の空虚と寂寞は愈々大であることが何人にも體驗されるからである。實に秀吉は單なる英雄ではなかつた。この人生の蔽ふべからざる事實を道破することによつて彼は人生の大なる教師となつたのである。

聖書は斯くも教へてゐる。

人はみな草のごとく、その光榮はみな草の花の如し、草は枯れ、花は落つ。

されど主の御言は永遠に保つなり

と（ペテロ前一・二四―二五）。我らの一生は單に人類歴史あつて五六千年間の一生涯ばかりではない。實に萬古に亘る唯一回の生涯である。これを單に「夢のまた夢」に終らしめるべきであるか將亦永遠の存在となすべきであるか各自深く考へなければならない問題である。

　　　　　　　夢のまた夢　　　　　　　　　　　　　一

知足

知足

二

어떤이가 죽어 저승에 갔즉 염라大王님이 「네 소원이 무엇이냐」고 묻더라 한다。 때에 대답하되 「한번 이승에 도루나가 南向 草堂에 萬卷書冊을 쌓어 놓고 讀書하는 살림을 許해 줍소서」라고。 염라대왕이 노려 책망하되 「그것은 三代積善하고서도 얻기어려운 자리인데、 萬一 그런자리가 있다면 네게 許하기보다 먼저 나自身이 차지할 것이라」云云하더라고。

이미 염라대왕의 소원까지 이루우고서도 또 다른 차지못한 慾望에 煩惱한다면 그는 痴者일 따름인저。

그리고 各사람은 各사람에게 염라대왕도 求해서 얻지못한것을 이미 얻은것이 있었다。 반드시 새로운것을 貪하는데서 생기는것이 아니라 이미 얻은것을 認識하며 滿足해하는데에 있다。 故로 바울이 가르되

이것이 내게서 떠나기 위하야 내가 세번 주께 간구하였드니、 내게 이르시기를 「내 은혜가 네게 족하도다。 이는 내 능력이 약한데서 온전하여짐이라」 하신지라。 이런고로 도리어 크게 기뻐함으로 나의 여러 약한것들에 대하여 자랑하리니 이는 그리스도의 능력으로 내게 머물게 하려함이라。 그런고로 내가 그리스도를 위하야 약한것과 릉욕과 궁핍과 핍박과 곤난을 기뻐하노니 이는 내가 약할 그때에 곧 강할이니라

고 (고後 一二•八—一〇)。 이 비울과 같은種類의 사람은 所謂 「無限軌道」에 올라 탄 사람이다。 어디로든지 무엇이 아니든지 突破突進하되 어더든지 무엇이든지 滿足의 地요 感謝의 材料로 消化해버린다。 한갓 滿足의 域에 끝치는것이 아니라 나아가 기뻐한다。 찬송한다。 世上의 地位도 名利도 求함이 없는人間은 處置하기에 困難하다하였거니와 一步를 더 나아가 弱한것과 릉욕과 窮乏까지도 滿足化하며 感謝化하는人間이야말로 손댈수없는人間이다。 바울은 凱

歌를 불러 가르되

다만 이뿐아니라 우리가 환란중에도 즐거워 하나니 이는 환란은 인내를、 인내는 련단을、 련단은 소망을 일

우는줄 앎이로다。

라고 (로마五•三、四)。 그리스도를 믿는 信仰의 醱酵作用으로한즉 患難도 오히려 이렇게 달콤한것으로 變化할수있거든 하물며 各自의 받은것을 意識하지못하면서 限없는 貪心에 隸屬해서야 될소인가。 足할을 알진저。

基督教의眞髓 （마태福音第二十七章）

基督教는 甚히 어려운 宗教라고 生覺하는 사람이 많다。이것을 能히 解得하기 爲해서는 깊은 學問이 必要되며、大學者가 아니면 到底히 이敎를 깨닫지 못한다고·生覺하는 사람이 많다。勿論 이것은 容易한 宗敎가 아니다。世界의 全知識을 모두 合할지라도 充分히 解得할수 없는 宗敎이다。基督敎의 神學者를 모두 哲學者도 있었다。大科學者도 있었다。大文學者、大政治家도 있었다。그러나 今日에이르기까지 그들의 한사람이라도 基督敎의 奧義를 모두 알어낸 사람은 없다。基督敎神學이라는 것은 日本靑年과 學者가 이것을 蔑視함에도 不拘하고、學問中에서 第一 어려운 것이다。基督敎는 其經典이 比較的 적은故로 極히 簡易한 宗敎라고 말하는사람은 아직 其一端도 아지못하는 사람이라고 生覺한다。

그러나 그것은 그렇다 하고、基督敎는 무엇이냐 最大敎理는 무엇이냐 이것을 알기에는 決코 어렵지않다。이것은 普通사람 누구나 다 能히 알수 있는것이며、반드시 神學者가아니면 알수없다는 것이라는것은 決코 아니다。이것은 太陽이 빛우이고 있는것 같이 明明白白한 일이며、六歲의 小兒도 이것을 알수있으며 鴻

儒大家라고 우러럼을 받고있는 사람일지라도 여기에 敬服하지 아니치 못할것이다。基督敎의 眞髓를 알기爲해서는 特別히 神學校의 敎授를 要치않는다。우리 普通一般平民이라도 充分히 이것이 무엇이라는것을 알수있는것이다。

그러면 基督敎의 眞髓가 무엇이냐면、그것은 마태福音第二十七章에 써있는 그리스도가 받으신苦痛과 其立場에서 處하신 그리스도의 行爲外에 아무것도 아니다。即、人子中에서 第一淨潔하고 第一바르고、其一生涯의 事蹟中에 一點의 非難도 加할바 없는 사람이、十字架의 刑罰이라고 稱하는 일즉이 人間이 받은 刑罰中에서 第一 慘酷하고 가장 恥辱的인 刑罰에 處함을 받았다는 것이다。極惡한 사람이 極刑에 處함을 받았다는것은 適當한 일이라고 말할수있다。그러나 極善한 사람이 極刑에 處함을 받았다고 들고서는 우리는 누구나 다 人生에 對하여 大疑問이 生起지 아니치못한다。하나님의 아들이시고、人類의 王이신 예수그리스도가 받으신 十字架의 刑罰은 事實로써 나타난 悲劇中 第一 慘한것이었다고 말하지아니치 못할것이다。

그러나 이것은 事實이었다。一點도 흠이 없으신 예수그리스도가 人間이 받은 第一 慘酷한刑罰에 處함을 받으셨다。그러나 그는 이刑罰에 處함을 받으시면

基督教의 眞髓

三

基督敎의 眞髓

四

서도 조금도 怨恨의 氣를 품으시지않으셨든것이다。그는 十字架에 있어서도 오히려 그의 怨讐를 爲하여 祈禱하셨다。『아바지여 저이를 사하여 주옵소서 자기의 하는것을 아지못할이니이다』고。(누가第二十三章卅四節)。

이忍耐、이寬容、이宥恕、이것이 基督敎의眞髓이라고 生覺한다。

第一 옳은 사람이 第一 괴로운 刑罰을 받었다는것이다。그렇다면 우리와 같이 過失많은者、欠點많은者가 多少의 患難과 辛苦를 當함은 甚히 適當한 일이오、우리는 이것을爲하여 決코 不平할것이아니다。나의 患難을 그리스도가 받으신 患難에 比하면、實로 九牛의一毛、大海의一滴에 지나치지 못한다。나는 그리스도의 患難을 生覺함으로써 내가 甚히 幸福된者라는것을 깨닫는다。

허물없으신 그리스도가 이와 같이 苦痛을 받으신것을 生覺함으로써、허물 많은 우리가 어떠한 辛苦를 當할지라도 決코 怨恨할것이 아니다。

그리스도는 그의 怨讐를 容赦하셨다。그에게는 일곱,번을 七十倍하는 容赦가 있었다。怨恨 復讐의 마음은 그의 弟子된 사람으로서 決코 품어 가질것이 아니다。우리는 그리스도의 사랑을 가지고 우리에게 罪를 지은 사람을 모두 赦하여야한다。罪없으신 그리스도로서도 그를 저를十字架에 못박은者를 赦하셨다면 하물며 罪人인 우리는 어떠한 怨讐라도 할지라도 그 怨讐를 容赦할줄 모르는 사람은 基督信者가 아니다。如何히 基督敎의 蘊奧에 通曉하였다하며、其敎理에 있어 하나도 모르는것이 없기까지 이르렀다 할지라도、마음에 오랫동안 怨恨의念을 지니고 있는것같은것은 基督信者가 아니다。하나님이라 함은 永久한 容赦이시고 基督敎라、함은 이 容赦를 가르킨 宗敎이다。남의 罪를 赦하지 않는사람、容赦하지 못하는사람은 基督信者가 아니다。

── ○ ──

編者曰 이글은 角笛パムフレツト第二「基督敎は何である乎」의 附錄인 「基督敎の眞髓」만을 譯한것이다。約四十年前에 發刊된것이나 只今 읽어도 배울바가 적지않다。또 무어달前부터 本誌에 繼續譯載하는것은 內村先生의 「英和獨語集」에서 뭐염 뭐염 抄譯한것이다。前에도 廣告했든바와 如히 內村家로 부터 內村先生의 著書를 飜譯하라는 承諾은 받었으면서도 오늘날까지 飜譯着手못했든것인데、今後로는 이렇게 一部分식 譯載하여 가다가 나종에 單行本으로 整理할 心算이다。

罪人만을 爲하야（第十回）

A·J·럿셀 著
趙聖祉 譯

한사나이가 重大한 멧세이지를 가지고 옥쓰포드에 들어왔으니 이사람은 自身이 하나님과 一致하고 調和된 生活을 하고있는 사람이었다.

우리는 이사람을 우리의 二週間마다 모이는 哲學集會에 와달라고 招待를 하였다. 이날저녁의 모임은 처음에는 大端이 眞摯한——多少 나쁜 意味로서의——時間이 繼續되었다. 哲學的討論이 버러젔던것이었다. 그리고 우리는 大端히 深刻하게 되었었다. 누군가 옥쓰포드의 사람들은 할말을 다한뒤에라고 반드시 이야기돌을 끌치는 않는다고 한말이 있는데 果然 適中한 말이다.

열한時가 되었다. 이때까지 푸랭크는 한마디도 말이 없었었다. 이모임에 켐부릿지에서온 사람이 있다는것은 아무도 期待하지 않었던 일이었다. 그래서 켐부릿지에서 그에게 무슨말을 좀 해달라고 請하게 되었다. 이제 會衆은 어드런 사람들이나하면 九割은 以前에 將校로 있었던 사람들인데 그중에는 우으로 少佐에까지 있었고 大學에 在學하고 있는 사람들인데 그리고 이들은 情報局과 英國海軍에서 名聲이 놓던사람들이다. 또 스물한두명의 老公들도 있었는데 이들은 가슴에다 보지도못하고 들지도 못하였던 勳章을 죽 붙이고 왔었다. 이사람들은 그後에 教育界와 文官界와 外

第四章　生活改變者（3）

「켐부릿지에서온 사람을 한분 紹介할까요?」

이렇게 믿도 끝도없이 른것은 옥쓰포드大學에서 럭비選手요、「로즈」獎學金을 받고있는 學生이었다. 때는 一九二一年 어떤 여름날 午후이었다. 우리는 禮儀를 分別할줄아는 사람인故로 「예」하고 對答하였다. 우리의 이 運動家는 中年紳士한사람을 案內해왔는데 그의 動作이나 服裝으로는 그가 무슨 職業의 사람인지 도무지 알수가없었다. 그러나 그의 두눈은 크고 敏活하였다. 이렇게하여 포랭크는 옥쓰포드에 들어오게 된것이다. 아모 豫告도없었고 如前히 廣告도 없었다. 그러나 이때 벌서 옥쓰포드에서는 큰 感化力이 생기게되었다. 이것은 確實히 組織化한 宗教運動이나 大槪의 後援者나 保護者가있는 公認된 宗教運動보다는 훨신 더 힘있는 感化力이었다.

五

罪人만을 爲하야

六

交界와 海外領土建設等에 重要한 地位를 차지하고 있는 사람들이다。또거기에는 大學에서 勢力있는 사람도 있었는데。그들의 大部分은 競技나 뽀ー트를 하는데는 相當히 技術이 있었으나。日曜日이 되어 敎會에 나가는 사람은 極少數였다。이제 우리는 모두 安樂椅子에 깊이 파무처 있었다。푸랭크가 말하기 始作하자 室内의 雰圍氣는 突然 變하여 버렸다。그는 우리의 辯論 中에서 어떤 실마리를 잡어 가지고 그것을 自己의 이야기를 만드는데 使用하였다。그는 生活改變한 새는 조금도 없었다。그리고 그의 말한 變化한 사람들이라는 것은 우리와 大端히 같은 사람들이었기때문에 自己네와 같은 사람들의 이야기를 한다는데에 興味를 끄는 秘訣이 있는 것이다。說敎라든지 큰소리로 웨친다든지 哲學的 精妙라든지 이같은것은 다 이미 싫도록 들은바이지만 이번에는 무엇인지 새것이 있었다。새것인지는 몰라도 何如튼 적어도 새맛이 나는 것이었다。그러기에 興味있었다。어쨋든지 우리의 辯論은 어느새 잊어버리게 되었다。우리는 내중에 나갈때 서로「당신은 이사람에게 對하여서 어떻게 생각하십니까?」하고 물어보았다。푸랭크는 大端히 勇氣를 要하는 일을 이와는

다른 種類의 勇氣에 익숙한 사람들 사이에서 行한것이다。우리는 啞然하게 놀랐을 뿐이요 우리의 가슴에는 疑問符以上의 것이 남어있었다。

이면 사람中의 하나가 오히려 더 追究할려고 달려들었다。그는 푸랭크하고 내일아침 朝飯을 가치하는 것이 어떠냐고 提議하였다。나는 생각하기를 푸랭크는 아마 우리의 靈魂에 對해서 물어보려니 하였다。그러나 그것은 묻지않었다。何如튼 朝飯때에만은 묻지않었다。그래서 우리는 飮食을 많이 注文하여 푸랭크의 입을 바뿌게할려고 하였다。이計劃은 어느程度까지 成功이었다。그는 어떤 身分있는 집 未亡人의 首下女로있는 女子의 이야기를 하기시작하였다。그女子는 푸랭크에게 下女가 무엇을 훔쳤을때 이것을 어떻게 取扱하여야 좋으냐고 물었다。푸랭크는 相對者의 武裝을 解除하는 方便으로 그女子에게 「당신이 最近에 훔친것은 언제였든가요?」 하고 물었다고 한다。

이 이야기는 微妙하게도 우리도 이와 同數의 罪過가 있다는 것을 認定하게 하였다。다른사람의 罪過를 말한것이지만 暗暗히 우리自身의 强한 反省을 要求하였다。이쯤에서 우리도 眞理探求를 시작할때가 아닐가? 아마 그럴른지도 모르겠다。나는 最近에 뉴ー칼레지의

紀念祭舞踏會에 표를 안사고 들어갔던 괴로운 記憶을 가지고 있었었다。그래서 나는 그돈을 보내주기로 決心 하였다。그後에 여기에 놀래인 그委員들은 答狀대신에 그 다음 舞踏會에 招待券을 한장 보내주었다。

한 두어週日後에 푸랭크는 三名의 캠부릿지學生하고 옥쓰포드에 와서 週末을 보내게되었다。이들은 푸랭크 와의 接觸이 自己에게 어드런 意味를 가졌는가 하는것 을 우리에게 말하려온것이다。그러나 그들은 어떤 사 람에게 對해서 말하지는 않었다。이사람들은 普通 우 리가 宗敎的熱情과 같이 聯想하는類의 사람들은 아니 었다。이中의 한사람은 退役將校로서 력비選手의 重要 멤바요 다른 두사람은 敎養이 있고 魅力 이 있는 사람들이였다。이들은 서로 特別 한 友情을 가지고 있었고 그얼굴과 動作에는 어떻다 表現할수는없으나 確實히 光彩가 있는것같었다。그리고 이런點은 아주 自然스러울 뿐만아니라 同時에 사람의 맘을 大端히 끄는것이었다。

그날밤 이 사람들은 우리들房에 와서 서로 터놓고 이야기 하였다。그러는中에도 그들의 말에는 사 람을 信服시키는 힘이 있었다。그들은 自己네 生活에 들서와 自己네의 問題를 解決해준 어떤 새힘에 對하 여 말하였다。그들은 即時로 옥쓰포드의 學生들의 注

罪人만을 爲하야

意를 불잡게 되었다。이들의 하는일은 個人의 私生活 에 關聯된 宗敎에 對해서 말하는것으로써 아직까지 없 었던 새로운 方法이긴 하지마는 그렇다고해서 누구의 感 情을 傷하거나 하지는 않을뿐아니라 오히려 사람들 의 信賴와 同情을 얻을수있게 하는것이었다。

이들은 自己의 所有한 무슨 좋은것을 그것을 받어 드릴 感受性을 가진 사람이면 누구에게든지 난화줄려 고 나선 正直한 사람들이었다。이 력비選手는 兩쪽팔 에다 옥쓰포드의 學生을 한사람식 끼고 學校中庭을 건 고 있었다。그는 하루저녁사이에 우리가 二年동안에 사 괴인것보다 더親하게 이사람들을 알려고 하는것같었다。

이들이 다녀간後에 中庭에는 몇사람들이 이 確實히 새로운 事實에 對하여 討論하는사람들이 생기 게 되었다。이 討論을 하면 사람들은 어느사이에 깊 은 興味를 갖게되었다。그리고 無神論者와 不可知論者 사이에는 差異가 있다는것을 알게될때 이사람들은 놀 래기까지 하였다。大學안에는 무엇인지 일어날듯한 空 氣가 널리 떠돌았다。──그러나 大體 이內容은 어드 런것인가?

얼마 오라지않어서 이正體를 發見할 機會가 왔다。 이번 休暇동안에 캠부릿지에서 하우쓰파―틔가 있다는

七

罪人만을 爲하야

리스도를 人格的實在로서 直接體驗하여 보지를 못하였다。

그래서 나는 自然이 이런 問題를 友人들과 이야기하게될때에는 畏縮하게되었다。그래서 사람들은 各各 그말속에 自己의 主見대로 宗敎라고 할만한것을 세워가지고 거기에다 依支할수밖에 없게되었다。이 自己制作의 宗敎라는것은 一般으로 立學校와 正規의 軍隊와 大學같은데서 嚴格하게 지키고있는 道德律 또는 어떤 點에 있어서는 公認되어있는 道德律의 産物이라고. 볼수있는것이다。

그러나 이 自家製의 宗敎도 그다지 效能이 있는것 같지는 않았다。亦是 내生活에는 確實히 무슨 故障이 있었다。그리고 더욱 격정되는것은 이것이 점점 惡化해가는 것이었다。그룹은 나에게 이 最後의 事實을 直面하지 아니치 못하게 하였다。나는 冷評的態度를 가지고 속으로는 重要한 事實인것을 認定하면서도 입으로는 아무것도 아닌것처럼 가볍게 말해넘겨서 이事實을 廻避하려고 해보았으나 그러면 그럴수록 難局은 强化해갈뿐이었다。結局 人生이란 大體 무엇인가?

八

맘이 쓸려왔다。여기에를 한번 가서 보는것도 재미있을것 같았다。여기에서 나는 잠간 나의 個人生活에 對해서 說明을 할려고한다。이맥부터 그다음 休暇까지의 한달동안은 나의 生涯에 있어서 가장 不安한 時代였다。計劃은 모다 틀어지고 未來는 믿을수없이되었다。過去에 나는 哲學에서 나의 生活의 根據를 發見하려고 努力한것은 結局 無益하였다는 것을 깨닫게되었다。

이學說에서 저學說로 왔다갔다 해보았지만 各學說은 모두 물우에 둥둥 떠있는 섬과 같다는것을 알게되었다。별서 앞에서는 커다란 瀑布의 떨어지는 소리가 내귀에 들려오는것 같았다。이 瀑布는 나에게 對해서 내가 지금까지 이宇宙의 수수꺽이를 풀려고하던 모든 企圖를 抛棄하고 唯物主義를 唯一의 解決로 받어드리는 것을 意味하는것이었다。우리는 아직까지 哲學的論爭과 理論的巧妙에만 사로잡혀왔었다。即 우리는 大端히 空論的이었고 實生活에서는 멀리 떨어져있었다。그리고, 마음의 平和라든지 幸福이라든지 또는 誘惑이나 罪의 結縛에서 解放을 받는다든지 하는. 問題에 對해서는 何等의 眞正한 解決을 얻지못하였던 것이었다。

나는 어려서부터 基督敎의 敎理를 믿도록 敎育을 받으며 자라났다。그리고 그 信仰이 지금도 남어있다。마침 叔母님에게서 若干의 돈이 왔다。바로 이때 푸랭크에게서 招待狀이 왔다。또 異常하게도 이때 마침 캠부릿지에 大學이 있다는 것은 依例히 알고있었으나 한번도 보지는

그러나 나는 나의 實際生活에 있어서 한번도 예수그

못하였다。그래서 이번 機會에 가보는것도 재미있을는지모르겠다。또 푸랭크와 그友人一派는 이하우스파―의라는데서 어떤일을 하는것일가? 이런것이 모두 若干 好奇心을 일으키었다。우리는 感情的이나 感傷的인것은 싫어하였다。그리고 우리는 因襲的 宗敎術語에는 물론 사람들이었다。「宗敎」라는 그말自體가 詛呪였다。그러나 이하우스파―의에는 이런것은 하나도 없었다。

그集會는 雜多한 人物이 混合한 會衆이었다。罪人도 있었고 聖者도 있었다。그들은 모두 男子들뿐이었고 다 大槪 같은年輩의 사람들이었다。그러나 서로 大端히 른 背景과 見解를 가진 사람들이었다。그들은 宗敎에 關해서는 普通 辯論하기를 좋와하지도않고 또 반드시 意見을 一致하려고도 하지않었다。우리는 서로 自己紹介를 하고 갈을 웃을이라도 거짓이 없는 眞正한 웃음을 웃고 그리고 서로 질기기 시작하였다。約三十名이 參席하였었는데 우리는 곧 서로 忌憚없이 말할수 있게 되었다。

푸랭크는 다른사람들과 對照하여 大端히 뛰여났다。國籍이 다르고 나이가 좀 많은사람인데 아직까지 서로 알지도 못하면 사람들을 아무힘도 디리지않고 또 强勸하거나 하지도않으며 自己네의 맘속을 깊이 占領하고있는 事實에 對한 自己意識도 없이 또 아무 어색한點도 없이 서로 말을 하게 맨드는것이었다。여기에는 說敎도 없고 일부러 맨들어 하는 態度같은것도 없었다。用語는 大槪 俗語였고 웃는것도 傳染的이었다。이러는동안에、누구든지、두가지中에 어느것이든지 한가지 態度를 取하지않으면 안될때가 왔다。即 혼자 따로 分離되어 이자리를 떠나가든지 그렇지 않으면 남어있어서 正直하게되는것이었다。그러나 이두가지 過程은 둘다 不愉快한것이었다。마지막날 午後에 가서는 어느쪽이든지 決定해야할 必要는 命令的이었다。우리中의 네사람은 테니쓰를 하고 茶가 바로 끝난때였었다。나는 自己의 不正直한 地位에對한 不愉快한 感情이 맘에서 일어나 더참을수 없게되었다。내가 萬一 正直하게 되지않을것같으면 이 淸潔하고 智慧롭고 健康한 사람들 때문에 나는 正直하게 될려고 決心하였다。

罪人만을 爲하야

그리고나니 그다음에는 告白을 하되 한번 劇的으로 或은 英雄的 告白을 해보겠다는 衝動을 받게되었다。그러나 이것도 쓸데없는것이었다。單只 한가지 할일은 事實을 事實대로 直面하는것뿐이었다。내가 놀래기도 하였거니와 또 맘이 놓인것은 다른사람들도 다 똑같이 正直하다는것이었다。虛僞의 體面같은것은 없어저 버렸다。極히 自然스럽게 우리는 무릎을 꿇고 祈禱를 올

九

罪人만을 爲하야

리게되었다。이것이 轉換點이 되여가지고 드디어 가리웠던 구름에 금이가게 되었다。그리고 그날밤에 모였던 集會는 참으로 잊을수없는 集會였었다。

이 새標準의 正直한 生活은 점점 傳染되여 나갔다。그리고 그다음 學期에 가서도 옥쓰포드에서 계속되었다。옛친구들은 이 새變化의 動機를 묻기 시작하였다。하루는 한 여섯명이 밤에 모였었다。그리고 몇일밤 지나서는 그우에 여섯명을 더 招待하였다。그러나 事實 오기는 四十四名이나 왔었다。그래서 會場을 學生集會所로 옴기게되었고 거기에 그中의 메사람은 잔뜩 强하게 防備를 하고 왔었다。그리고 若干 醉한듯하였다。

그들은 辛辣한 言辭로 攻擊을 하여보았으나 이 票園氣의 眞實性과 魅力을 꾀뚫으지는 못하였다。우리는 確實히 天使의 便에 있었다。멧세이지는 우리사이에 꽉 서게 되었고 거기에 反對한다는 것은 根本的으로 하나님에게 罪가 되는 것을 아니지마는 禮儀를 깨트리는 것이었다、이제는 大學의 講壇에서도 옥쓰포드에 들어온 빛에 對하여 하나님에게 感謝하는 祈禱를 公公然하게 더리게되었다。(四章終)

正誤表 ＝昭和十五年度의 分(一)＝ 一〇

頁	段	行	誤	正
七四	上	一三	思エル	思ヘル
八二	上	一一	義捐金據出	醵出
九四	上	三一	覊絆	羈絆
九四	下	二一	鮮渡	渡鮮
（九七）	下	通信月日	三谷正隆	三谷隆左
一〇〇	上	一三	烏兎忽忽	烏兎匆々
一〇〇	下	五	内村先生ヲ逃ベヤウ	内村先生ヲ述ベヨウ
一〇〇	上	七	内村先生ヲ逃ベヤウ	内村先生ヲ述ベヨウ
一〇〇	下	八	述ベヤウ	述ベヨウ
一一一	上	七	先天的賭博軍	先天的賭博軍
一一三	下	四	永井翁の宅ろ로부터	享生
一一四	上	七	四十二月	永井翁宅으로부터
一二六	下	三	그러한境偶	四月十二日
一二七	上	七	奇麗	그러한境遇
二二一	下	五	狂氣の沙駄	綺麗
二二一	上	八	奇恢	狂氣の沙汰
二三三	下	七	神學體系	奇怪
三一三	上	六	南無阿彌陀佛	神學體系
三三七	上	八	毎舉	南無阿彌陀佛
四四八	上	四	日記棄恭	枚舉
四九八	下	〇	언제나亂年이되여	恭照
五一一	上	四	無識한사람의境偶	언제나亂筆이되여
五一九	下	八	世上의元則	境遇
五五一	下	二	浸倫	世上의原則
五五一	上	〇	豫妨	浸淪
				豫防

普遍的救濟　(大正五年十月)

萬一 하나님이 먼저 余를擇하여 救援하셨다하면 이것은 余하나님만救援되고서 나머지 사람은 滅亡되리라는 것이 아니다。罪人의 괴수인 余를通하여 많은사람 또는 모든사람을 救援하시려 하심이니라。하나님은 모든 사람을 救援하시려고 願하시며、또 救援하실수가 있으시며、또 世上에는 하나님이 救援안하실만한 救援못하실罪人이라고는 없다。는 條件下에서만 余는 余의救援을 確信할수가 있는것이다。普遍的救濟라 하는것은 이것을 한信仰個條로볼 때 어떤特殊한神學者나 或은 敎會者들로하여금 怒하게할지는 모르나 一個人의確信 또는 其最後의救援에關係되는 信證으로볼때 慰安을 주는바 至極히 많다할 敎義이다。하나님은 마지막에 모든사람을 救援하시리라하셨으매 余도 또한 救援되리라고 確信하고 또 確言할수있다。(로마書十一章卅二節、데모데前書一章十五節參考)。

그리스도안에 계시사 우리의罪를 赦하시고、우리는 信仰으로써 그赦함을얻어、하나님이 우리를 赦하신것같이 남을赦하므로써、그리스도안에있는 우리의生涯를 始作하며、모든方面에있어 그뜻을 實現할수있게 되는것이다。人類의理想인改造나 또 새로운世界나 또 一致된敎會나 하늘로서부터 나려오는 예루살렘이나 이모든것은 悔改와罪의赦함의 必然的結實로서 成立할수있는것이다。모든나라 사람이 그리스도十字架밑에서 무릎을꿇고 거기서 그들이 犯한罪의赦함을 懇求할때、그때에 世界의眞正한 改造는 始作된다。그리고 그때가 아니면 決코 아니된다。政治도 經濟도 倫理도、個人的及社會的改革의 原動力으로서 罪의赦함의代理는 할수없다。

罪의赦함　(大正九年八月)

救援은 罪의赦하므로 始作된다。罪의赦함 없이는 救援이 있을수없다。그러므로 이赦할이없이는 基督敎도 있을수없다。基督敎안에있는 모든 眞實한것、모든善한것、모든 아름다운것은 罪의赦하므로써 始作된다。하나님은

福音士의要求　(大正七年七月)

福音은 元來傳道이다。福音은 純粹한 하나님의 말씀을 傳하는일이다。福音은 그리스도와 그의十字架에 달린것을 傳하는일이다。福音은 敎育事業이아니다。福音은 그리스도와 그의十字架에 달린것도아니다。政治와 外交에 恭與하는것도 아니다。그러나 近代의基督敎傳道는 使徒들이 取한길을 떠나 그들이 일으키려하는 事業을 오히려 일으키지못한다。하나님의 말씀은 큰能力이다。사람을 높이고 淨潔케하며 智慧를주는 能力으로서 이보다 낫은 者가 世上에없다。飢饉이 이따에 臨하였나니、그는 糧食

普遍的救濟

一一

의 飢饉이아니오 知識의 飢饉이아니라。하나님의 말슴을 듣지못한것이 기근이다(아모스八章十一、十二節參考)。그러므로 慈善家보다도 福音傳道者를 더많이 우리에게 하나님께서 보내주옵시기를 祈願하여야된다。그 慈善家라稱하며 肉體의 必要만을 채우는者같은사람은 하나님 말슴의 기근에 苦痛하고있는 이나라 이時代百姓에게는 要求되지않는다。『열두 사도 모든 제자를 불러 가르되 우리가 하나님말슴을 전하지아니하고 공궤를 일삼는것이 마땅치아니하니라』고 (使徒行傳六章二節)。慈善家는 다른것이 아니다、공궤를 일삼는者이다。

人生의 完全 （大正六年一月）

余는 말한다 人生(life)은完全하다고。人生그自體는 不完全하다。그러나 其가到達하려定해진 目的에 達하기爲해서는 完全하다。人生은 目的으로 보아서는 完全하다。어떤 다른生(life)에 들어가기爲하여 吾人을 完成시기기爲해서는 完全하다。그러나 手段으로 보아서는 不完全하다。『환란은 인내를 낳고 인내는 련달을 낳고 련달은 소망을 낳나니라」고 말한다(로마書五章三、四)。人生은 그許多한患難을 通하여 우리안에・確實한榮光의希望을 生起게한다。正當히 쓴다할것같으면 人生은 完全한者이다。우리의年數는 七十年을 不過하며 그리고 그 자랑함이 수고와 슬픔이 라 할지라도(詩篇九十篇十) 그래도 人生은 그짤은까닭에 오히려 우리로하여금 永遠히 살아지지않는 福祉를爲하여 準備시기는것이다。人生의 이뜻을 깨다르면 누구든지 읍을 따라『嗚呼라 내가 나오지 아니하였드면」하고 自己 난날을 詛呪하지않는다。

一二

唯一의 事業 （大正五年八月）

우리가 예수를爲하여 하는것은 아무것도아니다。예수가 우리를爲하여 하신것은 全部이다。우리事業은 하나님앞에 義롭게하는것이아니고 예수그리스도의 聖業이 우리로 하여금 흠없고 책망할것이 없는者로 하나님앞에 세우는것이다(골로새一・二二)。그러나 今日의基督教는 事業또事業이라고 웨처서 우리가 예수를 위하여 하는일에만 沒頭하고 예수가 우리를 위하여 하신일을 虛事로 돌아가게한다。救濟事業도아니다。救靈事業도아니다。其他 여기에關聯된 各種各色의 雜多한事業도아니다。特히 十字架우에의 그의贖罪의 죽음이다。이것이 곧 우리의事業이고 또우리의 그의救援이다。여기에比較하면 이 나머지事業은 이것을事業이라고 말할수도 없는것이다。그리고 이것을 믿고 이것을 처다봄으로 모든 남어지 事業은 일우어진다。마땅하도다、바울이 예수그리스도와 그十字架에 못박힌것 외에는 다른것은 아지아니하기로 작정한것은。저 바울에 있어서는 이것이 곧 그의唯一한 事業이었든것이다。（고린도前書二‧二）。

來臨의書 （大正七年十一月）

聖經은 하나님의 來臨에關한 其約束의冊이다。舊約聖經에 있어서는 하나님은 그先知者를通하여 그가 사람들 가운데 臨하사 그들을救援하시겠다함을約束하셨다。그러나 人間은 그를排斥하고 十字架에 못박았다。그러나 하나님은 新約聖經에있어서 其使徒福音師 等에게『다시오리라』고 約束하셨다。그리하여 其約束은 아직까지 約束대로 남어있다。그리하여 其約束은 어김없이 그는 반드시 다시오신다。그의 初臨은 再臨의確證이다。初臨에關한 豫言이 모도文字대로 이처음에 오신것같이 再臨에關한 豫言도亦是 實現된것같이 實現된다。

그리스도再臨의信仰 （大正五年九月）

그리스도 再臨의信仰은 現代新神學者의 눈에는 狂愚或 은迷信으로 보일는지도 모른다。그러나 이信仰이 新約 聖經의根柢되는 主義라는事實은 누구나 다 否認할수없 는것이다。이信仰이없이는 新約聖經은 그 처음부터 끝까 지 不可解한 冊이되고 말것이다。世上의 큰讚揚을 받고있 는 新約聖書道德은 이信仰우에 선것이다。主의山上垂訓은

單純히
道德으로서만
說敎된것이아니다。
初代基督敎信者

는 그熱烈한視線을 그리스도再臨에集注하므로써 其超人 間的道德에 到達할수있는것이다。그哲學的說明은 어찌되 였든지 여기에 否認할수없는 事實이 하나있다。即初代 基督信者에게 그리스도再臨의 信仰이 없었으리라는것이다。公平을 標榜하는 現代 新神學者라고할지라도 이한事實만으 否定할수 없을것이다。

再臨의目的 （大正八年二月）

그리스도再臨의目的은 初臨의그것과 다른바없다。그가 처음에 오셨다함이 世上을 審判하시려함이아니라。그가 다시오실때、亦是 마찬가 지로 世上을 救援하시려함이었다。『아담으로 말미아마 모든사람이 죽었으니 이 그리스도로 말미아마 모든사람이 살리라』고 말 하였다（고린도前書十五章廿二）。그러나 各自그次序가 있나 니라。그리스도 그復活的生命에 들어가고、異邦人은 빛나는 主의榮光에 들어 가고、猶太人은 그에서야 的恩惠가운데 들어가고、全人類가 救援함을 받음은 하나님의 全部의全 部가되시려하심이니라。審判은 반드시救援에 좋는다。그리스 도의再臨은 宇宙的事件이고 그目的이 아니다。그러하므로 모든 사람은 이로말미아마 恩惠를 받는다。

附言　基督再臨은 單純히 敎會問題로서 關한것이라고 보는것은 큰잘못이다。基 督信者에게만 關한것이라고 보는것은 큰잘못이다。基 督再臨은 宇宙的問題며、人類問題며、世界問題다。그러 므로 萬人에게 웨처 그注意를 일으켜야될問題다。

一三

나의 生活을 記錄하되 (二)

二月十日 木 晴

基督者가될라면 如干한 일이안이다。요사이와서 基督者된것을 後悔하는때도 있으나 莫及이다。그러나 基督者는 普通常識으로 生각 하는것 같이 幸福도안이오、利益도 없다。우리는 더깊은곳으로 들어가야된다。수박 걸만 핥다가 말지않고、그속까지 맛을보아야하는것이니 그것은그리容易한일이안이다。참으로先生(內村鑑三)이 말슴하신것과같이 「未來의天國을생각」하기前에 爲先現世의苦痛을徹底하게 맛보고、勇敢하게 넘어가야한다。現實을 더욱깊이파고 들어가서 우리는現實을 알어야할것이다。現實을안뒤에 모든일이되는것이며 意義가나오는것이다。

二月十七日 木 晴

한다는일은 많으나 하나도손에끌지를않으니 걱정이다。爲先 구두말리는것을 만들고있는中인데 李先生이와서 無天堂論을・베푼다。그것은 理由도없는 獨斷論이다。떠어놓고없다는것이다。基督教를 道德律以上으로는 보지않는 것이다。

밤부터 바람이몹시 불기始作하였다。

二月二十一日 月 晴。

下學後 아이들이 나물캐러가자고。봄바람타고 들로나 물캐러가는것도 아름다운것이다。보다며 푸른하늘 처다보고、잔디에 누어 봄볕을 쪼이는것이좋다。

××에게 어떻게하는것이 예수믿는것이냐고 물으니 主런種類의信仰이 적지않을것이다。우리는于先 우리自身이 예수의 말슴을 實行할 必要가있다。그것이 救援의根本問題이다。

二月二十三日 水 晴

眞理는眞理이다。예수의말슴대로 우리가實行할수없다고 그眞理의價值는 損失되지않는것이다。도로혀그眞理는 더욱더높아가는것이라고생각한다。이世上에는往々히 그런일은到底히 實行할수없다고架空的인이야기거리로 돌리는 사람이있는것이 적지않으나、그는 行하기에지처서 勇氣를잃은者이다。아모리 어려운일이라도、우리는하여야한다。그것은 眞理인까닭이다。眞理는 無上의命令이다。

三月二十日 日 晴

참 따뜻한날이었다。房안에서 보내기에는 넘우나 아까운봄날。十一時禮拜堂鍾소리를듣고、敎會에가다。鳴呼라、나는 괴로운者로다。하나님을 바라보며 이世上의 모든일을 걱정하는도다。

山우에서 나려다보니 아지랑이가 아른거리는 저쪽에

푸릇푸릇한 보리밭이 아름답게 보였다。고요히 잠드는듯한 새
들과 山、그러나 그속에서는 물이 흐르고 쌀이 나오고
가을고 버레가 움즉이느라고 한창이다。잔피우에 누었으
니 나려쪼이는 봄볕은 너무나 따거웠다。

四月四日 月 晴

植木하러 學校林에 가다。生徒들은 남겨두고 山꼭대기
에 혼자 올라가서 祈禱하고 遠近의 景致를 나려다 보다。
煙霞에 쌓여 아득히 보이는 峯巒과 平野는 마치 그림같았다。
山모통이에는 이곳저곳에 村落이 있는것이 어린아이들 작
란하는듯 하였다。게딱지같은 저草家속에서 구대기같은 生
活을 하며、울고웃고 욕하고、물고뜯고 살고죽고 하는것
이 人生인가。

四月六日 水 晴

梅花櫻花살구꽃、복사꽃、진달래、철죽꽃、개나리等의 여
러꽃들이 그아름다운것을 자랑하는듯이 피어있으나、담
모통어에 謙遜하게 피어있는 향기풀을 나는 귀여워한다。자
랑도않고 크지도않고 아름다울것도 없지마는、그래도 사랑
스럽다。그조고만 紫色꽃을 볼때에 나는입맞우고싶다。

四月二十四日 日 晴後曇

아침에 예수再臨에 關한 時期에 對하야 工夫하다。하늘
과따는 滅亡할지모르나 예수님의 再臨에 關한 말슴은 무
엇보다 確實한일이다。나는 믿는다。예수께서 많은 榮光으
로 이世上에 臨하사 終末世界에서 審判하실것을。

四月二十七日 水 晴

下學後 敎室에 남어서 여러가지를 생각하였다。一生을
聖書研究에 밪어서、福音傳하는것을 大目的으로삼을가。그것
勿論 이世上에서 이보다 더큰事業은 없을것이다。
은 天國의 建設이다。그러나 우리는 할일이없어서 傳道
를한다던지 聖書工夫를한다던지 하는것
이 되어서는 안될것이다。이런點에서 내가 지금이것을
畫門으로하기를 그리는것이다。나는 傳道專門家가 되고
싶지않다。聖書學者가 되고싶지않다。
아아 내마음에 어찌하야 이렇게도 苦悶이많은가 하
나님은 나를 錬鍛하시는것인가。내마음은 理由없이 가라
앉는것같다。愉快한맛을 잃은것같다。

五月三日 火 曇

京城누님에게서 葉書가와서 ××의婚姻에關한 이야기
를하고 나의意向을묻는다。世上에 입으로金錢을 大事로 녀
기지않는다고 하는사람이 없지않으나 참으로 그렇게 생
각하는사람은 드물다。그것으 이런때에 明白히 나타나는것
이다。即 爲先 金錢이問題가 되는것을보면 알것이다。人格
보다 金錢이 먼저 말을한다。本末을 顚倒한것이다。
이人格의 土地가된다。
人格을 사랑하고、사랑을爲하야 苦榮을 같이할決心이있

나의 生活을 記錄하되

一五

43

나의 生活을 記錄하되

는者라면、 貧困이무엇이랴。 貧困은 하나님께서 우리에게주
신自由의 一種이다。 우리는 自由로운 마음으로 貧困을享
樂할수있다。 現代人의 大部分은 金錢으로 말미암아 自由
를잃고 허덕어리고있다。 쓸려고만든 돈에게 오히려 쓰
임을當하야 奴隸가되고있다。 이런中에있어서 우리는 貧困
이라는것이 얼마나 큰 하나님의 恩惠에서 나온것인지를
깨닫는다。 感謝할 노릇이다。

貧困으로因하야、 보드라운 옷과、 아름다운 집과 맛있는
飮食을 얻을수 없을지모른다。 사랑하는者를 빼앗겨 눈물
을 먹을을지 모른다。 그러나 우리는 이모든것을 잃고도
오히려、 즐거워할것은 오직 自由할을 얻을수있음이리라。

果然 이世上에 온것을 얻고도 自由를잃으면 너에게 무
슨有益할이 있으리요。

兩人의 뜻이맞고 相對의人格이 高尙하다면 어느사람
이라도 可하다고 생각한다。 人格이없는者에게 百萬의巨
富인들 무슨 所用이 있으리오。

五月十四日 土 晴

오늘도 같은時間을 보내려고 慶山에가다。 그學校長의
自家體讚에 滿醉하였다。「나는 내한信念을갖었다。나에게
反對하는사람은 누구를勿論하고 그사람이 글른것이다。」라
고말하는대에는 有口無言이었다。 이世上에서는 이宇宙의
참權威이며、 참된眞理인 여호와하나님을 모르고 죽는시럼
이다。 하나님의 權威를 모르는사람이 往々이런맹랑한
소리를 하는것이다。 그들은 한편으로 볼때에 어리석기가
어린애갈기도하나, 한편으로는 同情할만한사람이다。

六月一日 水 晴曇

저녁을먹고 散步나아가다。 언덕에 올라서니 누르른보리
가 바람에 나부껴있었다。 저쪽山우에 보라빛 하늘이 저
녁노을에 아름답게 물들어 있었다。 어두어가는 저녁을 散
步하고 들어오니 어느듯 아홉時다。 검은구름이 모이기始
作하니 오늘밤에 또 비가 오지나않을지 모르겠다。
누님어 辭職하고 돌아온다는 消息있었고、 聖朝誌가오
다。 聖朝誌의 運命이 자못不吉한듯하여 祈禱아니치못하
다。

六月三日 金 晴

오늘아침에는 다섯時半에 일어났다。 樂山에 올라가서나
려다보니 안개가 아직 벗어지지않은洞里에 아침해가 빛이
어있었다。 綠陰이 욱어진 숲속에 들어가서 언덕에올라서니
前面에는 보리밭이 누렇게展開되었다。 故鄕生覺이난다。
어렸을때의 생각이난다。 學校단길때에 나는 잘 길가 풀
밭에서 놀었다。 지금은 다 논밭이 되었지만 그때만하여
도 아직 풀밭이 남어있었다。 土曜日날 갈은때에는 빈변
또 덜거덕거리는 冊보를 내던이고、 공치기가 참 滋味
있었다。 첫여름이 되면 삘기뽑아먹기를 좋아하였다。그 얄
것같갓한 풀을섭으면、 아조 고소한맛이났다。그것을 한호

一六

주머니속 뜯어서 學校에와서 먹는동모들도 있었다。나
도 그렇게하고싶었으나 뺄기가 잘보이지않었
다。그것은 여러雜풀속에 섞여있는 까닭이였다。그러나
해본사람은 섭사리 많이뽑았다。어떤때에는 뽕나무밭에들
어가 열매를 따먹느라고 해점으는줄도 모르고 하늘을보
니 여느름엔지 검은구름이 四方에서 모여와서 今方비
가올듯하여、그만다름질을친일도 있었다。더운날 타박타
박 혼자 걸어가다가 길가 풀속에서 뱃장이우는 소리가
들리면 그만 배꼽으쥴도 모르고 들어가 잡으려고한다。
여기서 소리가나는것갈아서 가보면 저기서나고 저기가
보면、울든소리가 막 끊어저 버린다。땀을 흘리며 일것찾
어서 손을 내밀면、그만 어디론지 다러나가 버린다。그럴
때면 어린마음으로도 참 안타까웠다。

가을이되면 갈래 꽃이 퍽도 많었다。바락이 불어오면
그흔들리는 모양이 자못 아름다웠다。學校에서 돌아올적
마다 나는 한웅큼씩 그꽃을 뽑았다。그것으로 비를매는
것이였다。비를 맨다는것보다、그 쏙쏙뽑혀서、하나식 하나식
불어가는 그것이 滋味있어서 熱心으로 뽑았다。그後에
에가서는 別로 칭찬도 못들었다。그래도 집 돌아가신 아버
지께서 그것으로 비를 매셨으나、꽃이 넘우쇄서 작고 비끝
이 떨어진다고 하였다。

六月六日 月 晴 後曇
나의生活을記錄하되

오늘宿直이였다。고요히 저무려가는 여름저녁、어둠속
으로 들어가는 글을 나려다보고、나는 쓸쓸한마음을 맛
보았다。사람이 몹시도 그리웠다。내마음을 알어주는사람
이 퍽도 그리웠다。

六月七日 火 曇後小雨
오늘은 가르치는것이 퍽 괴롭고 힘이드는것갈었다。아
아 가르치는 동안만이라도 사랑과熱誠으로 해야것만는
내마음엔 사랑이없다。사랑이不足하다。나는 암만하여도
熱을 사랑할수가없다。나는 그렇게할能力이 없는듯하다
그러나 예수를 생각할때에는 그렇게 못할것도 없을듯이
생각된다。아아、願하건대 예수의사랑이 내마음에居하기
를、나도 사랑할수있는者가 되기를。

六月二六日 日 晴
아침일곱時부터 靑年團의 논에 로를 내기始作하였다。나
도 이런機會에 땀을 흘려보려고 熱心으로 일을 하여보았
다。모를 찌기도하고 줄도대여보고 모도 내여보고하였구
나。모를 내여주려운것이다。그러나 처
모를 내는것은 빨리하기가 대우어려운것이다。그러나 처
음보다는 매우빨른셈이다。점심까지 學校논을 다하고、그
야지를 잡어서 국을끓여 맛있는점심을 먹은뒤에 삭모를
여섯마지기나 내었다。壯丁들이 늘어서서 일하는 모양은
참 불만하였다。終日볕이나서 팔둑이 빨장게타서 저녁때
에는 확근확근 하는듯하였다。

一七

나의 生活을 記錄하되

一八

저녁밥을 먹고나니까 바로 電燈이 꺼졌다。달과 별求景을 하는데에 電燈이 妨害가되드니、불이 꺼져서 좋았다。더구나 서늘한바람이불어서 다는듯한 팔을 스치니 더욱좋았다。無數한 별들의 神秘한빛을 바라보며、하나님의 솜씨와 宇宙의 속에 마음을 달리지않을수없었다。하루에 한번이라도 二하나님과 靈魂이 사괴는 時間이 있어야한다。하나님은 번잡한것보다 은밀한것을 좋아하시는 까닭에 그런靜寂한機會를 닮으만들必要가 있다。나의天職의觀察은 드디여 하느님께對한讚頌과 感謝와 祈禱로 끝을맞후었다。

六月二十七日 月 晴

生命이라는것은 생각하면생각할수록 異常스러운것이다。나에게 주신것이라고 밖에는 說明할수가없다。하나님이 우리에게 주신것이라고는하나、그進化自體가 하나님의 進化論이 아모리發達되었다고는하나、그進化論이 하나님의 能力과 智慧를 날아내는것인이상 進化論이 하나님을 否定할수없을것이다。舊約에있는말이 科學的知識과矛盾된다고하여서、하나님을 疑心할까닭은없다。勿論 基督信者라고하여서 舊約에있는것 文字그대로 盲信하는것이아니다。文字에拘泥되어서 眞理를깨 달지못한다。要는 그精神이다。萬一그精神으로볼것같으면 舊約의創世記같이 宇宙의起源을 明白히 簡單한說明中에 宇宙의起源을 明白히 至今앉어서 創世記의 一言一句를 들추어 한것은없을것이다。至今앉어서 進化論을 反對하는者가 하나님의아들된自尊心을 損傷한다고 생각하는者가 있다면、그는 狂信者다。우리의 先祖가 원숭이고 그것이 하나님의 솜씨의 날아남이아닌가。우리의 先祖가 원숭이고 곳 하나님의 솜씨의

이의先祖와같다고하여서 슬퍼할것은없다。猿類의先祖中에 特히人類로만드신것이 하나님의사랑이아닌가。古來의 基督者들이 熱心되었던것은 그들이 너무文字만을 盲信하였던까닭이다。그러나 우리는 이같이되어서는안되겠다。科學的知識이 信仰과背馳되는일은없다。적어도 그것이 眞理이라면 그로 말미암아、하나님의 存在는 더욱赫々히 나타날다름이다。

六月三十日 木 曇

나는괴롭다。이러한結果에 達하는것은 當然한일이었다。이것이곳하나님의뜻이라고 생각하지않을수없다。나는不淨한곳에 발을넣을려고할때에 하나님은 더참을수가 없었던것이다。하나님은 드디여 非常한手段으로 나의鈍하여가는 良心의感覺을 새롭게하신것이다。나는 그제야 나의잘못을 깨달았었다。꿈에서 깨였다。나는 惡에 있으면서도 그惡을 입으로 깨끗함을빌면서 몸으로는 分辨치못하였다。깨끗지 못한것을좋았다。하나님은 나의罪를 사하여주신지가 오랠것이다。하나님 敎宥하심을 믿는다면 나는 다시後悔의念을 일으 마음을 태울 必要가없다。지난 잘못을다 잊어야한다。그리하여 새로운날을 아름답게 지내야한다。아아 불상한 예수쟁이어 너의게 예수쟁이다운곳이어디 있나뇨、예수를爲하여 괴로움도 받으려하지않고 예수의말슴을 받들지도않으면서 主日을지키기에 熱心이고 禮拜를드리기에 精誠을다하며 오직입으로 主여主여 부르짓는도다。

聖朝通信

十一月九日 （土） 快晴。龍川은 바람

이 센듯하야 住宅은 모다 丘陵밑에 숨

겨 지어놓고도 올라리를 嚴하게했다。

咸兄宅인데 담장은 昌慶苑것처럼 무겁게 쌍

은 石築인데 그밖으로 수수깡 발 같은

것을、 둘러서 風雨을 막었다。室內로부

터 뜰안과 便所까지 淸淨하고 整齊한것

며나 신이의 손기름이 번들번들하는듯 生

前에 빕고서 修身齊家의 活敎育받지못했

든것만 생각할수록 悔恨이 짚어진다。○午

前中은 各其分擔한 일을準備하고 午後一

時부터 明新學校延인式場에서 葬體式을

舉行하다。式은 敎會와 學校와 洞民의 聯合

葬이되고 擔任牧師가 司會하다。余는 吊辭

前에 寫眞여러장을 撮影하야 못본

喪主에게 보일準備하다。日沒頃에 埋

葬하고 저녁車로 出發하려했으나 車

時間을 놓쳐서 中興洞에 한밤을 더쉬다。

十一月十日 （日） 晴。未明에 中興洞

을떠나 南向。五山敎友中三人同行、古邑

驛에서作別하다。午後十時牛에 京城驛着。

聖朝通信

자정 가까워서歸宅。北漢山이 더욱 높

아저 보이는듯하다。

十一月十一日 （月） 曇。水原高農에서

讀書會集하야 한번오라는 請임으로 快諾

하다。佐藤敎授以來로 因緣짚은 곳인가

하고 살던곳이라는 自覺과 또 그로因

닭이다。

十一月十二日 （火） 晴、後曇、夜雨。

近來의 電報는 들틸것이 原則이오 바른것

은 例外인듯。오늘도 電文誤書때문에

間과 勞力을 크게浪費한일이 생기다。○

近來의 電報는 들틸것이原則이오 바른것

後로 尙今 消息傳하드리지 못하와 甚

히 罪悚하옵나이다。그동안 主님의 無限

하신 恩寵가운데서 先生님氣體候더욱康

旺하옵시며 閨內諸節이 均安하시옵기를

願開且禱이옵는 門生은 豫定과같이 十

一月一日 夜車로 京城을出發하야 二日

午後十一時牛頃에 新京着하였음

니다。京城驛頭에서는 出征軍人을 보내

듯。많은知己들이 우리一行을 萬歲廳우

렁차게 餞送하여주어서 우리 마음은 더

욱 感慨無量이었옵니다。눈에보이는 敵

兵보다도、肉眼만 가지고는 불수없는 『페

스트』菌이 더욱 强力하며 危險한것이오

피페스트菌을 媒介傳染시키는것은 主로 배

때、 우리의生還을 하나님밖에 保證할이

없기 때문입니다。

처음보는 滿洲의山과들、民家및住民들

에게 마음끌리지 않을수없겠아오나、더

욱이 이때는 옛날 우리先祖들이 차지

하고 살던곳이라는 自覺과 또 그로因

한 一種의 自負心으로써 볼때、더有心히보

여짐을 어찌할수없었읍니다。새京으로

서부터 展開되는 넓은平野、特히 一望無

際한 廣漠한들、地平線저쪽으로 넘어가

는 해를 볼때、마음은 限없이 痛快

하여지고 넓어지는것 같습니다。

新京의 氣溫은 豫想하였든만큼 춥지

는않고 서울의 初冬程度밖에 안되는

가봅니다。이곳와서 第一눈에띄이는것은

거리를 往來하는 사람은全部、男女老幼

를 勿論하고 마스크를 하였다는것

입니다。이는 肺페스트의 豫防上 特히 必

要한 까닭에 이틀裝用치않는 사람은 罰

金에 處하기로되여 있다고합디다。

三日은 主日이었으나、이곳地理와 非

情을 잘몰을뿐아니라 群衆의 密集處를될

수있는대로 避하고있는 現況임으로——

聖朝通信

묵(蟲) 或은 이(虱)임으로써입니다——
午後二時頃、三中井百貨店에서 시켜논 點心을 생각하며 默禱하였을뿐입니다。
四日부터 檢診이 始作되였읍니다。

이 말은 區域은 新京驛 西北部에있는 寬城子區東明頭條라는 곳이온대、이近方은 門生 住居處인 新京醫大生 王嘉球(왕지 球)君을 同伴하야 區長等의 案內로 無難히 檢診을 할수있었읍니다。(下畧)』

이 군과 通譯으로 新京醫大生 王嘉球(왕지
으로 멀리北漢山麓의 모임을 기다리면서、멀리北漢山麓의 모임
城子區東明頭條라는 곳이 온대、이近方은 寬
숙아온바 多幸이 患者는 한사람도 없었읍
가 自己居住하는 洞內에 主日學校와 夜
學을 始作하고 聖經까지 가르킨다는 消
息에 接하야 그우에 祝禱를 所願합니다。

十一月十三日 (水) 雨。讀者의消息一
枚如下 『……聖誌와 山上垂訓研究에서
받은 恩惠들 筆舌로 形容하기 極難하
오나 오직한말슴으로써 드리올수있아옴
은 우리가 피로움고 슬플때에 우리의
中에도、百％의死亡率을갓어 新京에서는 第一危險한地帶이외다。페스트
는 色기줄로 交通遮斷을 하고있어 新
京에서는 第一危險한地帶이외다。페스트
오나 오직한말슴으로써 드리올수있아옴
은 우리가 피로움고 슬플때에 우리의
無量하신 慰勞를 待하오며、우리가 기
쁘고 즐기울때에 더욱이 하나님을 찬
양할수 있음이옵니다。

先生任은 迺하여서 우리들이 한거름
한거름 主의恩惠자리에 드리갈수있아옴
은 하나님께서 아직것 이땅을 버리시
지 않으신 證據로 민사옵니다。 聖誌通
信九月十二日、十三日記를 읽사옵고 悲
憤의 눈물禁할길이 없었사오며 四月二
十九日記 더욱 머리속에 새로웁습니다。
모두가 하나님의 恩惠로 나타나시옵기
를 新禱하오며、慰勞를얻나이다。(下畧)』

十一月十四日 (木) 晴。次男의 돐이

되여서 『若干 祝意。○某公立小學校訓導
價停止令에 걸려있음을 처음알다。○昨
日도 오늘도 總督府로 자주往返하는중。
○湖南消息에 『金先生님! 咸先生님의 春
府丈께서 作故하셨다는 葉書 今日奉讀
하였읍니다。역시로 알려주신것 感謝하
나이다。어쩐지 요새는 듣는일마다 마
음괴로운것뿐이올시다。무엇보다도 不自由
中에 게시는 咸先生님께서 얼마나 父
親남의 別世하셨다는 消息을으시고 哀痛
하시겠읍니까。「아버지의 마지막 얼굴을
아마도 못볼것 生覺하면 天地가 아득
합니다」고 하신말슴 참으로 남의일갈지
않습니다。남의長男되여 病看護한번도 못
해보고 先親臨命한것을 親히못본 小生
은 마지막의얼굴이라도 보았지만 至今·
도 生覺하면 切痛한마음禁할수없는데、
咸先生님의 마음은 참으로 他人의想像
外에있을실줄 압니다。然이나 金先生님
께서 襄事一切를 보시어주실줄로 믿으

시고 多少安心하실줄 아압나이다. 至今껏 우리의 드린 新禱도 虛事가 되고 말었읍니다. 그러나 天父님의 聖意대로는 하셨을것이매 不平을 말할것은없겠지요. 今日當場에는 몰라도 後日에는 알짓지요(下略)」.

十一月十六日 (土) 晴. 校了되었든 十一月號를 다시 校了하다. ○崔容信小傳도 印刷는되었으나 따보로하고있는中. ○夕陽에 本町書店暫訪.

十一月十七日 (日) 晴. 早朝에 書案을 對하고 앉으니 새로운 靈感이 불붓듯해서. 午前集合을 님치는 힘으로써 引導할수있어서 感謝었다. 누가福第十三章一─九節에 依하야 述하다. ○午後에 學生들의 助力을얻어 개천가의 바위들을 굴려 모이다. ○저녁에 發送準備事務.

十一月十八日 (月) 晴. 어제 夕陽부터 밤새도록 乳兒가 間斷없이 口吐泄瀉를 시작해서 걱정의 하루밤을 새우다. 어린아이의 病患을 當할때마다 父母된者의 無知無能不信이 如實히 드러난다. ○印刷所, 總督府로 다녀오다. ○저녁에 乳

十一月十九日 (火) 半晴. 筆禍우에 舌

聖朝通信

禍까지 겹처 이러나 있음을 發見하고 놀라다. ○崔容信小傳의 第三版序文이許可되어서 總督府까지往返. 이제야 겨우 第三版이 完成된심이다. ○本誌 十一月號夕陽에 製本되어서 準備하였든 皮封을 印刷完成하였은즉 보내드리다. ○印刷勞를 謝한한즉 「와 불것은 무어야 어려니 그것은 醫

十一月二十一日 (木) 晴. 간밤에 風雨가甚했다. ○次男의 病勢不快하야 赤十字醫院에 受診케했드니 또 入院시키게 된다. ○夕陽에 主治醫原 弘毅博士尋訪하고 其勞를 謝한한즉 「와 불것은 무어야 어려니 그것은 醫師에게一任하고 불일이나 어서가보라」는 일일데지마는. 一旦歸宅하야 夕飯後에 寢具와 日用品一式을 自轉車에 실어다주고 밤中에 歸巢.

○長男이 고무줄로만든 새총으로 地下室硝子窓을 깨트렸는데 原則으로하면 책망받어야할 일일데지마는 우리집에 팔매(팔매)질하게된男兒가 成長한것이 慶事가아니냐고 家議一決하야 破損은不問共賣. 世上凡事如是.

十一月二十日 (水) 曇. 새벽에 달빛이 밝은데 藥師寺앞에 人跡이 요란하드니 月光을 利用하여 落葉을 글어가는 나무군들과 또 그것을禁止하는 山林看守와의 衝突이다. 아름다운月光, 고요한山麓에도 새벽부터 이러한爭奪戰이 展開된다. ○敎練查問이란것이 어떤일인것을 恭觀하고 統率權과 行政權의 區別及軍服의 權威에關하야 松澤中佐殿의 講話를듣다. ○吉林神學校를 訪問한通信을 接하니 學校經營의 새로운方法에 興味多大.

十一月二十二日 (金) 晴. 아침에 좀무鐵管까지凍結되여서 물 고생하다. 今冬첫經驗. 病院에 들리고, 總督府에 들리고, 印刷所에 들리니, 하루가 지나다. ○저녁엔 関君이來談. ○李種根君의 日記를 읽으타니 이사람에게對하야 다할바를 좀더다하지못한것이 遺憾 또遺憾이다. ○某專門校學生의 短信에 「聖書朝鮮 十一月號無遷拜受하였옵니다. 오직 感謝뿐이올시다. 눈꼬리드거워지는곳 虛庭에있옵니다. 어쩌면 主안에서 完全한삶을 해별

聖朝通信

가고 再三생각하여집니다。조고만 고롱을 못이겨、허덕이는 저自身을 생각합시다。 음이 적으핫이올시다。李種根兄의 生涯를 알고서 저自身을 볼째。敢히 예수믿노라 해벌것갈지못합니다。李兄의 生涯를通해서 하나님은 一層 그 榮光을 이어지려운世上 에 드러내셨옵니다。』라고。

十一月二十三日 (土) 曇。午前中은 整 理된原稿를 印刷所에 가져가고、病院에 다녀오다。○今春에 學校卒業하고 實社 會에 부당처분結果 信仰이었던이는 안될 것을 自覺하였다고 來報하면서 集會參 席을請취느는靑年이있어서 午後의 數刻을歡 談。「세상 귀엽고 아름다운것은 悔改한 罪人이라는」마호메트의 말은 事實인듯 이라고。○저녁엔 골로새書第三章十二節의「처럼」 이라는 한字를 工夫하노라고 晝宵에 있 는대로의 各種譯과 字典과 註釋과 雜 誌類를 總動員하다。아마도 漢文譯과 和 文譯시 英文이나 朝鮮文譯보다 낫은듯 하다。「처럼」이라는譯은 不快한듯 文譯의 舊譯은 和文과 같이되었으니 別 問題。

十一月二十四日 (日) 曇、後晴。새벽에 午前五時半。○午前十時에 누가福音 第十三章十節以下를講解하다。멀리 咸北 地方에서出稼中이었든 木手의 經驗談、新京 에 페스트遠征갔든 醫師의 報告等 有益 하였다。○午後에 次男의 退院을 맞우기 爲하야 赤十字醫院까지 往返。歸途上에 서 來訪客數組接待。○讀者의 소식에「… 今月十三日 鎭南浦로 나려오는軍中에 聖誌一○二號를읽고있든中 곁에앉었 든 老人께서 좀빌리기를 請하옴으로 드 렸읍니다。老人은 매우 熱心으로 읽으 시는것갈으로 서로 心情이通하는듯하 와 聖誌의 使命과 先生任의 心懷을 簡單 히(純福音硏究)說明하여드렸드니 퍽滿足 해하시며 姓名을알려주시겠지오? 鎭南 浦府外 ××里敎會 ×××氏라구요。그 래 퍽 아까운것을 억제하면서 一○二 號를 아조 드렸읍니다。鎭南浦에와서 알 고보니 그이는 牧師라구하였읍니다。一 ○二號 品切되지지않았을가하구 퍽 겨

정하면서 끝注文하려하샸아온것이 오늘 에야 겨우 注文하였삽니다(下略)』

原稿쓰기。○찬송가로써 起床라팔을 대 신하고난뒤에 隣家의 小學生이 卒倒하였다 고 急을告함으로 往診(?)하니 腦貧血 마치使徒行傳第八章下半을 읽는듯한 光 景이보이는듯하다。

十一月二十五日 (月) 曇。하루 일에 疲 困한몸으로 도라오니 如下한 편지가 待 하고있다。『謹啓 苦待하옵던中 昨夕에 聖 朝鮮발자와 下書奉讀하옵는듯 無限한 기 쁨과 無限한 슬픔으로 읽었읍니다。李種 根君일 疑惑三題일。咸先生님일 진실로 感慨짓슴니다。모다 太平만치고있읍니다。

라 意外입니다。門下生의 錯疊과 淺慮가 可憐합니다。진실로 큰受難中에계신 先 生님동무들 생각하오니 生의 받는것은 輕하고도 輕한것이라 생각이됩니다。人 間의 心思로야 輕히여기는듯하나 말로 깊은疑惑과 슬픔이 아닐수없읍니 다。우리의 오직 하나인 진실로 오직 하나인 등불、生命을 이여가는 등불마자 經濟的破綻이 일어날듯하다하오니 어이 없고 안타갑기 比길데없읍니다。用紙難 과 偃道에 數를 세지말라는 말슴등에 생각이 잘못됐던듯하옵니다。十一月號를 十

號를 아조 드렸읍니다。鎭南浦에와서 알 고보니 그이는 牧師라구하였읍니다。一 ○二號 品切되지지않았을가하구 퍽 겨 정되어 너지낳았을가하구 퍽 겨 ○二號 品切되지지않았을가하구 퍽 겨 部만 더보내주시고 十二月號부타는 十

二二一

50

部（合十一部）식 보내주시옵소서。十一月
號代金三圓은（十五部代） 十一月二十五日
에 振替로 보내겠읍니다。어리석
은 所見이오나 勿論絕對로 騰讚을 乞
하지는 않겠읍고 如人에게 眞理를 證據
하되 極히 冷靜하였아오니 安心하시옵
소서（下畧）。 그렇다、決코 同情을 求乞해
서는 안된다。問題는 하나님이 어떻게
庶分하시느냐 하는데있었는것이지 人間의
策略에나 熱心에 依支하려는것이아니다。

十一月二十六日 （火） 晴。生徒들의 一操
行을 査定하는 座席에 參列하였으랴니 將次
예수그리스도의 座判臺앞에서 우리敎師들
操行을 査定할 光景이 눈앞에 展開되어서
두려움을 禁하다。○中支戰線에서 最近
에 도라온軍人의 이야기 듣고 楊子江
下流地方의 地理에 所得이 많었다。○일
즉이 離婚當하고 홋몸으로서 外아들을
教育하는 家庭訪問하매 그 養育의 熱誠과 生
活의 困苦、모다 想像을超越함에 놀라다。

十一月二十七日 （水） 半晴。校正으로終
日終夜。○저녁에 家庭禮拜。고린도後書第
六章輪讀。○滿洲소식에 『拜別하온後 九
月十八日에 入滿하와 十月末까지 學生들

聖朝通信

과함께 秋收와 打作을 하였음으로 大端히
奔走한 生活이었읍니다。얼마前에 夢中에
先生任이 뵈음으로 念慮하였었아옵는대 意外
에 孫楨均兄이 쓸쓸한 滿洲農村인 江
密峯까지 찾아 오심을 마자할때에 얼마나
반가웠는지 모르겠읍니다。特히 先生任께
제 「聖書朝鮮」을받으니 安心、感謝、不
安等의要素가 混合된 알수없는 一種의
感激이 胸中에 복받침을禁치못하와 붓을
들었아옵니다。「通信」마즈막에 咸先生을 拜讀하여
니다。「通信」마즈막에 計告를拜讀하옵고
小生은 落淚를禁할수없었읍니다。모든 小
生의 生活에關하여는 더仔細히 仰告치않
사오니 孫楨均氏를通하여 드르시옵소서
（下畧）。

十一月二十八日 （木） 半晴。오늘도 校
正하는일이 第一큰일이었다。○海外소식
에 『……通信欄記事가 아마 咸錫憲先生
님의일이아닌가하야 心中에念慮하고 아
바지께 只今까지 祈禱하면서 先生님게
問議한다고하면서 今日까지 못하고 오늘
은 ─된것인가하다。할렐루야! ○矢內原

다。亦是 咸先生이신것을 알고 一便驚愕하였
나이다。그러나 다시 馬太五의 一一、一
二節을 聯想하옵고 오히려 기뻐하였나이
다。宇宙를創造하신 여호와 하나님앞에
나타날때、그기쁨과 榮光을받은 실줄믿는
故로 기뻐함니다。主의聖號로받는 惠書
반가뵈온것같은 느낌을 가졌었읍니다。이
오면 그얼마나 感謝하겠나이까。그러
나 咸先生父親을 臨終못하신것을 생각하
시면 그얼마나 가슴을 아파하시겠나이
까、아ー사람으로 견디지못하실것이올시
다。아직까지 그렇습니가? 알고저운마
음간절합니다。金十圓을 振替口座로拂込
하오니 몹少하오나 咸先生님宅으로遊付
하여 주시옵소서（下畧）。

十一月二十九日 （金） 曇、後晴。北滿에
서 牧場經營하는이로부터 不日間에 乳
牛五頭가病死하였으는데 이제 바로서서
의信仰을 배우고 음의 하나님을發見하
였노라고 기뿜에 넘치는 通信을接하다。
「그리스도의平康이 마음을 主掌한다」함
은 ─된것인가하다。할렐루야! ○矢內原
「그리스도의平康이 마음을 主掌한다」는

가와서 安心하다。일렀으되 『拜復御手紙
貴誌를 손에들고 먼저 通信欄을보았읍니
二二二

聖朝通信

並に聖朝誌十一月號御惠與下され有難く拜受いたしました。御平安を祝します。聖書朝鮮誌上揭演說筆記はなか〴〵よく出來てゐるので筆記者の能力と努力とに對し敬意を表します。詳細に且つよく意味が取れるやうに筆記せられてゐます。あまり注意申上げる處ありません。たゞ一四頁上段五行目寺田寅彦氏は「歌人で和歌と云々」ある處は何かの聞き違ひでありませう。「藝術家」とか「隨筆と俳句」とか、さういふ言葉であつたらうと思はれます。一七頁田邊博士說の批評のところ、少し筆記の言葉が足らぬやうに感ぜられます。併し大體に於て非常に出來の筆記にて、私自身好記念として保存致し置くでありませう。どうか筆記してくれた方によろしく感謝を御傳へ下さい。本年も殘すところ五週間と成りました。記念すべき年でありました。明年は雨か風か。ノアの箱舟を用意して置かぬ者は周章狼狽することでありませう。福音は大切です。何卒朝鮮に於いても努力せねばなりませぬ。我々も當地に於いても勵みます。兄弟諸氏によろしく。

十一月廿五日夜　於東京　矢内原忠雄』。
○印刷所에서　校正하고　午後四時半車로水原行。거기 誌友들의　讀者會에　參席하다。서울서　青年　二人伴行。

基督敎의 入門에關한講話라도　해달라는請이었으나　聖書本文을講義하다。聖書以外의 話題로써　時間과努力을浪費하는일은　空虛해서　견딜수없는까닭에。그리스도와 그十字架外에는　알자않기로決心했다든 바울의 心境이　漸漸알려지는듯하다。나종 自己紹介와質疑等에　趣興이不盡하여　豫定時間보다　한車延引하야　十時水原發車로歸鞭。山麓에　도라온때는　자정 훨신 넘었다。極히少額으로足했고、世俗社交에쓰기보다　多少의費用이났으나、肉體가多少疲勞했으나　心靈은至極히淸快하다。

十一月三十日（土）半晴。간밤 꿈에 成兄을 맞나보다。우슨 좋은 기별이나마 있을前兆인가몰라。○午後에　授軍의助力을 엇어　印刷所에서校正。○振替등의 問安을拜承 일렀으되　先生의寸暇를尊重하여家訪은아니하오며　先生님의指導如何로 生의...

二四

恨합니다』라고、先金이不盡인데 또金二十圓拂込이다。廢刊도反對요　定價引上도不贊成이라는投票로　解하라。

十二月一日（日）曇、後雨雪。午前十時에 누가福音第十四章一ー二十四節을講解하다。배울바員理가　無盡藏이다。○午後에 시작했든　비가　눈으로化하여　雪景이 볼만하게되었다。○어떤 學院敎員으로부터　『（前畧）多忙中이시오나 하나 下敎하여주시면종겠읍니다。即信仰에對하여서입니다。外的信仰과內的信仰에對한 純信仰的價値를　알수가있읍니다。本長老敎會에서는　形式信仰에置重하옵고　生은그와正反對로　聖志聖敎를받아　내靈과魂을誠化시키겠다는。眞心뿐입니다。그러므로　安息日에는　終日冥想에 잠겨있다고하였읍니다。그리고 그敎會牧師以下幹部들의信仰과　聖書意味如何를알기爲하여　聖朝誌를閱覽시긴일도있었읍마는　諒解를얻지못하고　曲解만살뿐이었읍니다。그들과 저와는　意思蹉跌과　矛盾이너무甚합니다。表記金은　今年分誌代로現信仰을轉換하겠읍니다。先生님의指導如何로 生의...여주십시오（下客』。

『聖書朝鮮』第壹百四十四號　附錄

昭和十六年一月一日發行　昭和五年一月二十八日　第三種郵便物認可

聖書朝鮮昭和十五年（一九四〇）度（自一三二號至一四三號）總目錄

『聖書朝鮮』第壹百四十四號附錄

昭和十六年一月一日發行(毎月一回一日發行) 昭和五年一月二十六日第三種郵便物認可
編輯發行兼印刷人 高陽郡崇仁面貞陵里三七八 金 教 臣

十二月二日(月) 曇。道路가 氷板을이루어서 自轉車타기 危險하다。○印刷所와總督府往返。聖朝誌의 續刊에關한일로 圖書課長을面會하다。

十二月三日(火) 晴。北漢山으로부터山麓에連한 雪景이 아름다워서 門을나서서 想觀을 넘기까지 五六次나 도라다보며보며入市。○印刷所에서校正。○저녁에 里見先生을尋訪하고 冬季集會及明年度企劃에關하여 相議하다。

十二月四日(水) 曇。어떤 賊團에게 捕虜되어 要求條件에降服하지않는다고 銃殺宣告를當하다。때에 落心萎縮하는余의態度를보고 함께宣告받은靑年하나가 生死한같같아야 할것을、죽음도 하나님의攝理안의일인것을、余에게忠告함에 다시元氣를恢復하야 死刑執行瞬間까지 즐거움으로 任務를다하는光景에서 깨니、꿈이었다。그靑年은 우리集會에 다니던사람이라하여 나는 一方으로 부끄러워하며 또한편 甚히 자랑스러워하다。

十二月五日(木) 晴。간밤은 열時間以上을「貪眠」하고서、「睡餘」라는 누구의號를 자주부르며 長嘆息하다。○저녁에 서울 도라오시는 어머님 맞우기爲하야 온家率과함께 淸凉里까지往返하다。저녁때라야만 비로소 食卓의 一家門中이야기는 장가들고 아이낳고 回甲맞하는일이 話題의中心。

十二月六日(金) 晴。아침 저녁 二回印刷所에서校正。○건넌房새벽까지하다。突말리기 爲하여 자정넘도록 분때다。오늘 건넌房溫突을 털고 다시놓다。溫突이고치는 冬季集會의準備는 糯米와房을第一먼저齋手한심이다。○水原과釜山서 各各기쁜저息을接하여 한날慰勞 한날에足하다。

十二月七日(土) 雨、曇。새벽에降雨。길의 어름만이 많이 녹었다。○印刷所에들려서十二月號를校了하다。○長男의第七回生日이어서 그健康을祝하며 또感謝。

十二月八日(日) 晴。午前十時에 누가扁晉第十三章十八-二十一節과 同十四章二十五節以下를講하다。○午後엔 大小便所를淸掃하여 凍結하는過冬의準備하다。○夕陽에 海外留學가겠다는靑年이來訪하여 長時間이야기하다。○湖南소식에:「…就伏白 日前에 下送하신 寫眞四枚는 無違拜受하였읍니다。그寫眞은즉 다시 맞나모인것같아서 매우기쁘고반가 읽읍니다。文明의利器도 如此한使用으로써되때라야만 비로소 그本然의價値가 發揮될줄로믿습니다。(中畧)先生님! 嬴晉의種子代를보내드리오니 그種子를 잘選擇하시여서 下送하시기바라나이다。鄒郡의各面各處에서 播種으로있는 갤물 또는 넷물에다가 播種할랍니다。無謀한 미친農夫라는 評은 줄로 압니다마는 播種地의沃土를 分別하여 求할줄 모르니 그냥 차라리 물에다 디워버리면 흘러가다가 좋은沃土를 맞나서 싹트고 꽃피고 열매맺는것이 單한個만 되드라도 큰收穫이니 이렇게生覺하고하나이다。種類는「聖朝誌」인데 三十三個만 보내주십시요。十一月分에 取種하신것이든지 十二月에取種하신것이든지 明春一月에取種하실것이나 選擇하시와 보내주십시오 先生님께서 選擇하시와 보내주십시오〈下畧〉」

十二月九日(月) 曇。어제부터 건넌房塗壁시작。이번은 表具師에게 맡겼더니 그하는 솜씨에 배울만한것이 많다。이런일專門한사람은 宗敎專門家보다 훨신 쓸모가 있는듯하다。○저녁에 새로 한시넘도록 執筆。

京城聖書研究會

場所 京城府外貞陵里三七八(本社)。
日時 每日曜日午前十時半頃約二時間。
講師 金敎臣。
會費 一個月一圓、每一回三十錢式。
主催 三月末까지許하신時부터一月十九日(第三主日)부터開講하여「十字架의道」에서生命의道를真摯하게求하려는이는來參하라。

古典語學研究會

一、希臘語班 希望하는이가있으면記錄된后目標로한다。
二、漢文學班 每週木曜日午后七時부터約二時間。古典文祉釋義를目標로한다。主
三、로로스文班 每週羅典語、獨逸語班 午后七時半부터約二時間。古典文學釋義를初步부터始作。新
三、每週火曜日午后七時부터約二時間新舊約聖書研究。매主
一、每週土曜日午后二時부터二時間。舊約聖書가진希典語로記錄된后目標로한다。古典들을深奥賞味를東洋文學에接해보려한다。
精神前新年早터古典들을깊이賞味하면서新年早터

主場所는本社內同所丁目見安吉先生。新興味와所望을가진한村에서京城호텔。基
主任指導는本誌主筆도同責任에分擔하고專責任에三圓、其他要申込金(一班衆修에三圓、二班衆修에四圓)一月十五日까지里見。

會費는一班三圓。或은本社에申込금。

謹賀新年
잊지않고賀辭를보내주신이에게感謝합니다。
먼人一間(三圓)새해複을先生께드는或은本社에申込하려는里見안吉先生께申込。

一月元旦
聖書朝鮮社
金敎臣

金敎臣著

1 山上垂訓研究 全
예수의山上實訓을解說하여基督敎의根本眞理를簡明하게알린것이다。四六列二七〇頁 定價一圓 送料九錢

咸錫憲著

2 無敎會
無敎會主義(即若福音主義)의理論과實際를가장簡潔하게說明한것이다。 (價十五錢 送料三錢)

咸錫憲、金敎臣共著

3 內村鑑三先生と朝鮮
內村鑑三先生의昇天十週年紀念을爲하여우리無敎會的信仰의由來와內村鑑三先生과의國際를알릴만한論文들을和譯하여出版한것 (價三十錢 送料六錢)

柳達永著

4 崔容信小傳
自己를爲한것이아니라村여、爛漫한都市에가아니라그村에서、그리고平生男女를爲하여生涯의實質을잊은한本받아人生에對한한生 (價五十錢 送料六錢)
第三版出來。

咸錫憲著

5 푸로테스탄트의精神
이것은昨年末까지賣盡되어今에若干冊남아있다。但이글에이실린第二十號中이다。 (價十五錢 送料三錢)

本誌定價

一冊(送料共)貳拾錢
六冊(送料共)前金一圓十錢
十二冊(一年分)前金貳圓貳拾錢
要前金直接注文은振替貯金口座京城一六五九四番(聖書朝鮮社)로

所賣販次取

京城府鍾路二丁目八六 博文書舘
京城府鍾路二丁目九一 漢城圖書
東京市麴町區九段坂下 向山堂書房
京城府 茂英堂(大邱府)
北星堂信和(京城府)
中央書房(平壤府)
春川邑

昭和十五年十二月二十八日印刷
昭和十六年一月一日發行

編輯兼發行者 金敎臣 (京城、光化門局私書函第一八號)京城府外崇仁面貞陵里三七八
印刷者 李相五 京城府仁寺町一九ノ三
印刷所 大東印刷所 京城府仁寺町一九ノ三

發行所 聖書朝鮮社
(京城、光化門局私書函第一八號)京城府外崇仁面貞陵里三七八
振替口座京城一六五九四番

【聖書朝鮮】
第二百四十四號
昭和十六年 一月二十八日 第三種郵便物認可
昭和十六年 一月一日發行 每月一回一日發行

【本誌定價二十錢】(送料五厘)

主筆 金教臣

聖書朝鮮

第壹百四拾五號

昭和十六年(一九四一)二月一日發行

昭和五年一月二十八日(第三種郵便物認可)
昭和拾六年二月一日發行(每月一回一日發行)

目次

57

銃後生活と奢侈品

昨年七月七日支那事變勃發三周年を期して、內地に於ては奢侈品等の製造販賣制限規則が實施され、我が朝鮮に於ても內地に呼應して七月二十四日府令第一七九號を以て發布せられ即日より施行された。

新國民生活體制を確立し擧國一體國家の總力を發揮し國體の本義に基く國防國家建設には、大に國民生活の刷新、戰時生活の確立の聲は既に久しいが、都會生活の消費者等を見ると きは、必ずしも十分の效果を擧げてゐるとはいへない。今迄の生活の自由の夢を追つて、統制への不平不滿を衷心懷く者も絕無ではない。然しながら戰へる世界のどの國も生活の戰時態勢化が斷行されてゐない所があらうか。獨逸の大勝利の蔭には吾人の想像だにも及ばない犠牲的不自由な生活に甘んじてゐる事實を見逃してはなるまい。凡そ奢侈逸樂を事として興隆せる國家は未だ曾て之を見ないのである。

惟ふに我が銃後國民生活の現狀を顧みると通貨の膨脹が購買力の增大を誘發し、殊に股賑產業方面に於ては生活樣式の奢侈化に拍車をかけた事實は否めない。一方に於て物資の一

大消耗が行はれて居る場合、日常生活に於て平時と同じ質と其との物を欲求することは許さるべきでない。戰時には戰時に相應しい生活樣式がなければならぬわけで、銃後の國民としては最少限度の生活に甘んずべき責務があるのである。

茲に於て政府は生活必需品等の消費規定に關し不急不要品又は奢侈贅澤品の生產、製造及販賣を制限又は禁止すること或る程度の必要性あるものと雖其の物の原材料が重要生產資材又は生活必需品資材なる場合に於ては右に準ずることゝなつた。

慮退川

北漢山麓을 東南으로 흘러 貞陵里를 貫流하는 溪流를 清水川이라고한다。그러나 이것은 輔國門 쪽에서 흐르는 本流의 이름이오 그보다 南쪽 補土峴편으로부터 큰골과 君子洞골목의 물을 合하여 萬歲橋우편에서 本流와 合하는 南支流에는 이름이 없었다。이 支流를 우리는 慮退川이라고 부르기로 했다。

이름 없는 고개에 우리는 「想峴」이라는 이름을 주었거니와(本誌第九十八號參照)、이름 없는 시내에 무엇으로써 부를까고 우리는 오란동안 생각하였다。水量이 많지못하니 시내(小川)요、앞에 흐르니 앞개천이라고 하였으나 그 맑게 흐름과 아름다운 물소리를 그저 俗된稱號로 부르지 못하고 合當치못하기도 하였다。

지난冬季集會에서 단테의 神曲을工夫하다가 練獄을 지날동안에 단테의 이마에서 七個의P字가 消滅되어 淨罪山頂의地上樂園에 들어설때에 Lethe의 清流에서 罪惡의記憶까지 洗滌하였다는 場面에臨하여 年來로 품고 있던 命名의宿題가 閃光같이 解決되었다。來席會員들의 協力으로써 Lethe에 漢字를 붙인것이 慮退川이다。

氷山

只今 潛水艇싸움의 舞臺가 되고 있는 北大西洋에는 北極地方으로 부터 흘러오는 氷山이 많은것이 그 바다의 特色이라 한다。氷山이란 積雪 또는 氷塊가 累積壓結되어 큰山덩이 같은것이 海流에 흐르는것이다。氷山이 흘러갈때는 海水와氷塊의 比重의關係로因하여 반드시 全氷山의 六七割은 水面下에 감추이고 三四割만 表面에 나타나 보인다고한다。卽 南山만한 氷山이 海上에 보인다면 北漢山만한 氷塊가 그밑에 잠겨있다고한다。

이 氷山의 露出하는 比例、三對七의 比例가 그리웁다。

北漢山만한 經濟的資力을 가진者가 南山만한資産가진것처럼 儉素하게 살았으면。

水平線下에 감초인것만한 學識을 貯藏하고서 海上에 솟은氷塊만한 學識을 자랑했으면。

사랑이나 信任이나 칭찬이나、감초인것、거룩하여 건드리지못할聖所를 七을 남긴때에 三을 보여주었으면。

하늘에 北漢山만한 寶貨를 쌓여놓고서 따에 南山만한 生業을 벌렸으면。

그러나 모든일이 꺼꾸로만 되었다。氷山아 氷山아 너의 잠긴部分 감초인體容을 그리워한다。

慮退川

一

除夜의 祈禱

除夜 의 祈禱

二

지나간 三百六十五日을 도리켜 생각하오니 罪悚한 일 後悔나는 일도 적지않습니다。 그러나 생각의 물밀켜中에 가

始終如一하게 努力치 못하고 게으르고 진실치 못한 이罪人에게 對해서도 主여호와여 당신은 始終一貫으로 恩惠로써 입

히셨고 忠誠으로써 待接해 주셨읍니다。

主여호와여 당신이 거룩하다 하시오나 어째 거룩하시며 어떻게 거룩하신것을 알지못했아옵드니 이제 겨우 깨

다렀읍니다——당신의 「거룩」을。只今부터 이罪人도 신발을 벗고 서겠읍니다。

계시되 안계신것같고、보시되 안보시는것같고、알으시되 모르시는듯 보이는 主여호와여 이罪人에게 萬일이 있으

면 그 입 다가지고 찬송 하오리다。

主여수여 당신이 이 사록하고 용렬한 罪人의 祈禱에도 應答해주셨으니 只今 이자리에서 成就된所願의 하나하

나를 생각할수록 「아、分에 넘쳤도다」라는 結論밖에 없읍니다。果然 「나의 잔이 넘쳤」나이다。지난 一年을 돌

아볼수록 「어찌면 主여수께서는 그렇게도 귀 무르신고、그다지도 눈 어두우셨든고。分에 넘친다。分에 넘친다」。

길 지경이로소이다。아아 내가 다력야할 今年度의 最大의 感謝는 이미 成就하셨는고。分에 넘친다。

그러나 主여수여、내가 다력야할 今年度의 最大의 感謝는 이미 成就된 祈禱를 爲해서라기보다 不成就된所願

下○된 祈禱를 爲해서인것을 당신은 잘 살피실출 믿습니다。成就된 祈願을 爲한 感謝도 亞細亞大陸보다 적지않습니다

마는 不成就된 所願을 爲한것은 實로 太平洋보다 더론것이 있읍니다。

이罪人은 果然 어떤것을 祈求할것인지 分別치못하는 曖昧한것이 있었읍니다。당신은 주시는 것을 아끼지않으시고

그저 마구 주셨거니와、주시지 않을것은 斷定코 拒絶하셨읍니다。그리하여 이罪人으로 하여금 감겼든 눈을 다

시 뜨게하시어서 당신의 實在를 손수 만지듯이 認識케하시고 당신의 사랑이란 世上의 通常사랑과 같지않을것을 알

어 感謝하옵니다。

오는 一年도 祈禱의 應不應을 論치말게 하옵소서。應答치 않는듯이보이는 祈願이 最善으로 應答된것을 보았기때

문이 올시다。그러나 人間이 무엇이어서 이렇게까지 關心하시나이까。너며 큰사랑……。除夜의 零時半에。

골로새書講義 (二二)

金敎臣

家庭訓

(三・一八—四・一)

第三章一節에서 부터 實踐道德을 가르키는 바울은 第一먼저 天的新生活의 原則을(三・一—四)述하고、다음에 具體的으로 新生活의 消極面과 積極面을(五—一七)指示하고、連하여 信者의 家庭生活에 言及하였다。淨潔하고平和한家庭의 建設은 모든建設의 根源인 까닭이다。

(一八) 안해들아 남편에게 복종하라。이는 주안에서 맛당하니라。

[복종하라] ὑποτάσσεσθε 近代女性들의 甚히 꺼려하는 文字이다。그러나 聖書는 언제든지 안해를 그 남편에게 服從하라고 가르쳤다。에베소書第五章二十二節에도 안해놓이어 자기 남편에게 복종하기를 주께 하듯하라 고 하였다。그 理由로는 이는 남편이 안해의 머리 됨이 그리스도께서 교회 의 머리 됨과 같음이니 그가 친히 몸의 구주시니라。또 創造의 順次로 말하드래도 고 했다(二十三節)。

家庭訓

……各 남자의 머리는 그리스도요、녀자의 머리는 남자요、그리스도의 머리는 하나님이시라。

고 되였다(고前 一一・三)。

[주 안에서] ἐν κυρίῳ 「그리스도가 支配하시는 生涯에 있어서는」하는 뜻이다。二十節과、第四章七節에도 같은 意味로 쓰였다。

[맛당하니라] ὡς ἀνῆκεν 의레이 그럴것이다。예수믿는 이로서는 더 問題 삼을것도 없다는 뜻이다。

(一九) 남편들아 안해를 사랑하며 괴롭게 하지 말라。

[사랑하라] ἀγαπᾶτε 夫婦有別이라하며 夫婦는 禮儀로써 서로 對할것을 敎育받은 東洋사람들에게는、또 事實로 日常生活에 夫婦가 서로 對하기 「소가 닭 보 듯」까지는 안하더라도、決코 近代式 歐米流行映畵式의 「사랑하는」夫妻의 달콤한 嬌態는 일부러라도 演出할수없 는 사람들로서 보라면 聖書에 「안해를 사랑하라」는 敎訓처럼 不可解의 敎訓은 他에 없다 할것이다。

「사랑」이란 어떤것인가。近代人들이 理解하는 사랑이란것은 거의 例外없이 사랑이다。사랑 即戀愛 即 love이다。란것은 거의 例外없이 많으나 적으나 映畵와 軟文學을 通하여 理念하는 사랑이다。사랑 即戀愛 即戀愛 即 love이다。

사랑의 特色은 本能的으로 發動하는 것이다。異性이 서로 보고 그瞬間에라도 사랑(戀愛)이 成立된다。英語에 fall in love 라는 句는 이런種類의 사랑(戀愛)의 過

三

골로새書講義

四

程을 잘 表現한句이다。戀愛에 떨어지는것이다。理由도 까닭도 없이 사랑스러우니 사랑한다는 사랑(戀愛)이다。決斷코 命令이나 指導로써 될일이 아니다。

그런데 本節의 「사랑하라」함은 分明히 命令이다。보기에 사랑스럽지 못해도 사랑하라。刺戟性의 香料와 高價한 裝飾品을 지닌것이 없어도 사랑하라。젊었을때 뿐아니라、늙었어도 사랑하라。健康美 潑剌한때만 아니라 蒼白하고 수脊된 몸으로 오란病床에 呻吟할때에도 사랑하라。너를 戀慕할때만 사랑하는것이아니라 미워하며 背叛하여도 사랑하라。富貴兼全한때만아니라 義를爲하여 信仰을爲하여 貧困과嘲弄에 삼켰을 때에도 사랑하라。아아 사랑의內容이 이런줄 알진대 누가 能히 이사랑에 견디어 내랴。

世俗의 사랑(戀愛)은 롱이 크고 쩌른것이 特色이다。熱中할동안은 나라보다도 宇宙보다도 더큰것같고・永遠히 變치안할 實在인것같으나 깨고 보면 안개 같고 구름같고 꿈과 같아서 虛無感을滿喫하게한다。近代人의戀愛生活에 「倦怠期」라는 術語가 使用되는것은 이事實을 證明하는것이다。불꽃 같이 熱烈튼 사랑(戀愛)은 반드시 冷却하나니 그冷却은 甚히 速히 온다。이에反하여 聖書의 사랑(아가페)은 가늘기는 가늘어도 永續하여 變動함이 없는것이 그特性이다。일렀으되

사랑(아가페)은 오래 오래 참고

라고(고前 一三・四)。오래 오래 참아 永續하는일은 世俗 사랑(戀愛)에는 가장缺乏한 要素이요、聖書가 命令하는 사랑(아가페)에는 最大最貴한 要素이다。그러므로 이사랑은 平生토록 虛無感이나 倦怠感을 남기지 않을뿐더러 宇宙가 存續하는 날까지 實在하는 實體이다。故로 聖書에 일렀으되

그런즉 믿음、소망、사랑、이 세가지는 항상 있을 것인데 그중에 제일은 사랑이라。

고(고前 一三・一三)。이렇게 恒常있는 사랑、永久不動하는 사랑과、朝夕에 變節하고 다시 介意치않는 近代人들의 氣分戀愛와를 同一한文字 「사랑」으로써 表現할수밖에없는 缺乏한語彙의百姓은 可憐한百姓이라 할것이다。

그런즉 本節에 「안해를 사랑하라」한것은 決코 氣分的인 사랑(戀愛)을 하라는 뜻이 아닌것은 勿論이다。그것은 하라고 해서 하는法이 없고、말라고해서 마는法이없는 盲目的인 사랑이다。流行하는映畵나 軟文學에보이는 사랑과 聖書가 命令하는 사랑이 서로 다른것은 東과 西가 다른것같이 다르며、天壤의差가 있음같이 差있는 內容이다。

世俗의 사랑은 산 사람의 사랑이오、살기爲한 사랑、더 잘살기爲한 사랑、산것같이 살기爲한 사랑이다。

聖書의 사랑은、죽은사람의 사랑이오、죽기爲한 사랑、完全히 自己에 죽어야만되는 사랑이다。安해를 사랑하라는 命令은 「너를 죽이라」는 命令으로 받을 것이다。사랑스럽지않을者라도 사랑하는 方法은 무엇인고。自己의 處置할수없는罪惡을 認識하고서 主그리스도와 함께 自我를 十字架우에 處刑한때에 비로소 可能하다。命令할수 있는 사랑도 이 사랑이오、努力하여 實踐할수 있는 사랑도 이 사랑이오、이뜻을 區別하기爲하여 聖書에는 아가페 라는 字를 使用하였다。

[괴롭게 하지 말라] kai μὴ πικραίνεσθε πρὸς αὐτάς、

괴롭게 라는 字는 怒엽게 或은 忿하게 라는 뜻이다。即 여기 警戒한것은 貧困한夫婦가 함께 衣食住가 넉넉하면서도 괴로움을 意味한것이 아니라、萬古의男性들에게 한것은 發하게 한것은 現代朝鮮의 남편들에게 一大恥辱이라 할수밖에없다。그러나 細亞의住民들도 軟弱한 女性들을 괴롭게 굴기는 現代우리朝鮮靑年들보다 못하지않었든 모양이다。이런訓誡를 바울先生으로 하여금 親보다 父親된者가 犯하기 쉬운 過失이기때문이다。

[아비들아] 하고서 「父母들아」라고 하지않은것은 격노케하려는 일이 性格上으로 보아서도 母에게도 事實있는 일이다。合法的으로 안해를 괴롭게 구는 野비한男便들은 말할것도 없거니와、離婚問題까지 안가면 男便으로 하여금 自己의 忿氣、或은慾心에 몰려서、子女로하여금 化가 나게 약이오르게 만들어서 反對의結果를 招來하는 일을 우리가 日常 經驗한다。

[락심] ἀθυμῶσιν 꾸지람만 하여서 自己가 하는일에

된者 一個人의 固有한嗜好나怪癖을 滿足시기기爲하여、까닭없이 安해를 속상하게 怪롭게 敎訓을 銘心해야할 것이다。

（二〇）자녀들아 모든일에 부모에게 순종하라。이는 주안에서 기쁘게 하는 것이니라。

[자녀들아] τὰ τέκνα 는 本來 思慮 知覺이 獨立的判斷의水準에 達하지못한年輩에게 使用하는字이다。

[모든일에] κατὰ πάντα 매우 힘주는 句이다。이것 저것을 例外로取扱하라는것이아니오 凡事에 모주리 順從하라는것이다。曲而從之라고 잘 가르킨 敎訓이다。但信仰의일만은 다른것이다（마태 一〇・三五―三七、누가 一二・五三 等參照）。

[아비들아] 너의자녀를 격노케말지니 락심할까함이라

[격노케 말지니] μὴ ἐρεθίζετε 이 「격노케」라는字는 아이들 말로 약오르게、 잘 敎導할줄 모르는 아버지는 自己의 忿氣、或은慾心에 몰려서、

家庭訓

五

골로새書講義

하나도 옳은것이 없었다고 自覺시기는일은 人間을、特히
어린人間을、自暴自棄케 하는일이다。어버이된者의 가장
조심해야 할일이다。

(二二) 종들아 모든일에 육신의 상전들에게 순종하되 사
람을 기쁘게 하는자와 같이 눈가림만 하지말고 오직 주
를 두려워하여 성실한 마음으로 하라。

바울當時에는 奴隷制度가 社會에 公然하게 施行되여
있었고、골로새地方에서도 于先 이런階級의사람들이 적
지않게 入信하여왔었든 모양이며、따라서 이런奴隷들이
그 主人에게 對한 態度如何는 即時 基督敎會에 多大한
影響을 주었을것이다。이에 바울도 한마디 言及하지 아
니치못하였든 것이다。

[육신의 상전] 世上的關係의 상전 이라는뜻이다。
[사람을 기쁘게 하는자] ἀνθρωπάρεσκοι 사람에게 奉仕
해서 사람의 歡心을 사고저 하는者이다 (하나님을 기쁘게
하고저 없는듯하나 宗敎的見地로서 보면 아주 큰 罪惡
이다 (갈一·一〇參照)。

[성실한 마음] ἀλλ' ἐν ἁπλότητι καρδίας 두마음이나
複雜한 마음이 아닌것。即 單一한 마음이 誠實한 마
음이다。

(二三) 무슨 일을 하든지 마음을 다하여 주께 하듯하

고、사람에게 하듯 하지말라。
本節과 다음 두節은 前節끝에 「주를 두려워하여라」는뜻
을 發展시키며 證明한것이다。남에게 부림이 되는 사람은
그리스도께 섬기듯하라는것이 簡單明瞭한 大憲章이다。

(二四) 이는 유업의 상을 주께 받을줄 앎이니 너이는
主人에게 부리우는것이아니오 보이지않는 主
그리스도를 섬기나니라。

(二五) 불의를 행하는자는 불의의 보응을 받으리니 주
는 외모로 사람을 취하심이 없나니라。

前節에는 報償을 바라게하고、本節에는 刑罰을 記憶
케하여 不義의主人에게라도 참어 섬기라고 勸한다。

(四·一) 상전들아 의와 공명을 종들에게 베풀지니 너
이게도 하늘에 상전이 계심을 알지어다。

[의] τὸ δίκαιον 마태二〇·四、누가一二、五七參照。
[공명] ἰσότης 解釋이 區區한字이다。陰險하게 搾取
하게 巧妙하게 搾取하지말고、公明하게 正當하게 대접
하라는 뜻으로 우리는 取하고저한다。
[하늘에 상전] 地上의關係는 暫時의것이오 하늘의關
係는 永遠한것이다。故로 凡事를 하늘에 標準 두라
(고前七·二二參照)。

六

基督敎는 무엇인가

基督敎는 무엇인가。이는 大體 어떠한 것을 가르치는 宗敎인가。만일 이에 여러가지 宗派가 있다고하면 그 根本的敎義는 如何한것인가。基督敎에는 實로 確固不拔하는 敎義라는 것이 있는가。이것이 今日의 日本人이 누구나 알고저 하는바일것이다。

基督敎의 中心이다。그리스도를 떠나서 基督敎는 없다。

基督敎란 勿論 그리스도의 敎訓이다。그리스도를 떠나서 基督敎는 勿論 그리스도의

基督敎는 모―세의 十誡命은 아니다。또 이사야 예레미야의 預言도 아니다。바울의 神學도 아니다。또 山上垂訓뿐만도 아니다。푸라톤의 哲學論이 아닌것은 말할것도 없다。이렇게 말함은 너무나 明白한것을 말하는것같으나、決코 그렇지는않다。지금 世上에는 그리스도를 떠난 基督敎(所謂)가 많이있다。그리고 全혀 無神論者도 아니고、神道를 버리고、그리고 神人合體라던가・하는 것을 버리고、그리고 神人合體라던가・하는 것을 唱導하면 그것으로 生命의 神聖이라던가・家庭의 淸淨이라던가 社會의 改良이라던가 하는 것을 唱導하면 그것으로

基督敎信者라고、스스로 생각하고있는 사람이 많이있다。

우리는 聖書는 至極히 적게읽고 에마―슨集은 至極히 많이 읽은사람으로서 基督信者라고 指目받는 사람을 알고있다。或은 佛敎에 大端히 熱心이여서 釋迦와 그리스

도와를 同等의 地位에 두는사람으로서 基督敎信者로서 世稱을받고있는 사람을 알고있다。日本과같은 東洋國에있어서는 基督信者와 西洋信者와의 區別이 至極히 不明하다。然이나 基督信者란 西洋主義를 받는者가 아니다。日曜日에 業務를 쉬는者、日曜日마다 會堂에 모이는者、或은 다시 한걸음 나가서 其會員이 되어서 洗禮聖餐의 式에 參與한者라도 아직 基督信者라고 할수는 없는 것이다。基督敎란 그리스도의 敎訓이고 基督信者란 그리스도에게 直接의 또 가장緊密한 關係를 갖인者가 아니면 안된다。

基督敎는 獨一無二의 神의 存在를 가르친다。그리고 이를 가르침에있어서 무슨 學說의 하나로서 이를 主唱하지 않는다。基督敎는 有神論의 하나이다。그러나 그 가장 emphatic 한(힘있는)것이다。基督敎는 하나님의 存在를、證據하고저하지는 않는다。基督敎는 하나님이 계시다는 것을 前提하고 宇宙人生의 諸問題를 說明하고있다。

「太初에 하나님이 天地를 創造하시다」라함은 聖書의 첫끝에 記錄된 말슴이다。하나님의 存在에 對하여 조금이라도 疑心을 두는者는 基督信者가 아니다。世上의 勢力을 믿으나 하나님의 實力에 對하여서는 疑念을 품고、金錢의 萬能을 믿으나 하나님의 全能을 疑心하는 者와같은 者는 基督信者가 아니다。

基督敎는무엇인가

七

基督敎는무엇인가

八

「하나님은 계시다.」라함은 至極히 平易한 敎義인 것같이 생각하고 있는사람이 있으나、그러나 그것은 決코 그렇지않다。하나님이계신以上 正義는 반드시 勝利할것에 틀림이없다。하나님이계신以上 虛僞와 權謀와 利는 如何한境遇에 있어서라도 決코 行하여서는 안된다。하나님이계신以上 正義를行하여 決코 두려워할것이 없다。「하나님이계시다」라고함은 實로 偉大한敎義이다。이것을 진심으로 믿고서 우리의全生涯에 大變動이 오지아니하면 안된다。世上에 하나님의存在를 믿는다고하는者로서 全혀 하나님이 계시지않은것같이 其生涯를 보내고있는者가 있는것은 甚히 奇怪한 일이다。하나님은 계시다。實로 계시다、옛날에 계셨을뿐 아니라 今日 지금 계시다。그는 우리들의 마음속을 보신다。사람에게는 보이지않는것이 하나님에게는 보인다。故로善人은 기뻐할지로다。惡人은 두려워 할지로다。하나님은 계시다。꼭 계시다。눈에 보이는것、손에 만저지는것은 幻影일지라도 하나님만은 꼭 實在하시다。

基督敎에는 聖書라고 하는 冊이있었다。이는 하나님의 啓示를 실은것이니 이冊을 잘窮究치아니하면、基督敎는 理解할수없다。어떤사람은 基督敎를 이렇게 말하고 어떤사람은 基督敎를 저렇게 말하며고한다。事實 어떤意味로보면 歷史도基督敎이고 科學도 基督敎일지도 모른다。그러나、基督敎가 없어도 歷史와 科學은 있을수있으나 聖書가없이는 基督敎는없다。故로 如何히 基督敎를 解釋하는가는 別問題라고하고 聖書를 배우지않고 基督敎를 알수는없다。이것은 가장 明白한 事實이여서 이것에 反對하는사람은 天下一人도 없을것이다。그러나 事實은 많이 이에反對하고있었다。世上에는 단데 웨-르즈웨스의 詩集에 全注意를 集注하고、그다지깊이 聖書를窮究코저 하지않는「基督信者」도있다。또 孔子나 孟子의言을 重히 녀기고 聖書에對하여서는 至極히 어두운 「基督信者」도있다。如何間 基督信者가 될려면 한차례나 두차례는 반드시 聖書의一部分만을 通讀하지아니하면 안된다。다만 겨우 聖書의一部分만을 알고서基督敎를 알았다고는 할수없다。모-세의十誡命、山上垂訓 로마書의十二章、고린도前書의十三章은 누가 읽던지敬服하지 아니치못할말슴에 틀림이없다。그러나 이것을 알았다고 하여도 聖書全體의大意를 알았다고는 할수없다。우리는 적어도 聖書全體의大意를 알지아니하면안된다。其人生觀은 무엇인가。其宇宙觀은 무엇인가。其特別히 가르치고저 하는것은 무엇인가。이런것들을 알지않고서는 基督敎를 알았다고는 할수없다。世上에는 聖書以外에 基督敎를 찾는 사람이 많이있었다。或은 牧師의說敎에서、或은 基督敎書類에서 或은 宗敎雜

誌에서 一基督敎를 찾고있는 者가 많이있다。그러나 우리들은 사람이 聖書를 홀로 질ㅅ길수 있게될 때까지 그사람의 基督敎的인 信仰을 믿지않는다。그리고 이것은 저가 儀式的으로 하는 것은아니고、또 迷信에 끌려서 하는 것은 아니고、저의 理解力을 써서 智覺的으로 하는 것이아니면 안된다。基督敎는 聖書이다 라고하면 너무나 지나치게 말하는 것일지 모른다。그렇지만 聖書를떠나서 基督敎는 없다고할수는 있다。聖書에 어둔基督敎는 薄弱한 基督敎이니、聖書를 研究치아니하고 基督敎를 窮究코저 하는 者는 하늘을 보지않고 天文學을 窮究코저 하는 것과 같을것이다。

基督敎는 靈魂의 不滅을 믿는다。그러나 이點에 있어서는 基督敎의 가르치는바와 플라톤 소크라테스의 가르친바와 그다지 다르지않다。사람에게 그肉體를 支配하기爲한 靈魂이 있는데、이는 肉體와 生死를 같이하는者가 아닌것은 基督敎에 있어서나、마 조로아스타―敎 波羅門敎等에 있어서나 마찬가지다。

基督敎는 靈魂不滅과 그우에 肉體의 復活을 믿는다。이는 基督敎 獨特의 敎義라고 하여도 可하다。基督敎에서 말하는 更生復活이라는것은 단지 靈魂의 不滅을 말하는것이 아니다。基督敎는 죽은 우리들의 肉體가 再次 生을 받어서 산形體가 되는것을 믿는다。이는 믿기에 至極히 困難한 敎義임에 틀림없다。故로 많은 曖昧信者는 많은 궁리를하여서 종도록 이敎義를 說明해버리고저한다。그러나 聖書를 公平히 解釋하여서 이敎義를 否定할수는 없다。復活은 거짓말일지도 모른다。그러나 이는 聖書가 特別히 가르치고저하는 敎義인것만은 確實하다。復活을믿지않고 聖書를解釋하고저하면 많은 無理한 解釋을 試하지 아니하면안된다。그리고 그結果로서 聖書는 至極히 曖昧한 冊이되고 乃終에는 그硏究는 至極히 無味한것이 된다。우리는 聖書를 믿는以上 아무리하여도 復活을 믿지안하면 안된다。世上에는 基督敎를 믿는일에 復活의信仰은 必要치않다고 하고있는 敎師도 있다。그러나 어찌하여 그네들이 馬太福音二十八章이나、누가福音二十四章이나、요한福音의 끝으로二章이나、使徒行傳의第一章이나、고린도前書의十五章이나、默示錄의全體를 解得하는지 우리는 甚히 理解하기 어려운바이다。聖書는 그많은 部分에 있어서 믿지못할冊이라고한다면 別問題이나、萬一 聖書全體를 믿는다고하고 肉體의復活을 믿지아니하면 이는 自己欺瞞이라고 하지아니할수없다。

復活을 가르치는 基督敎는 또 來世를 말한다。來世라할은 復活을 받은 肉體의(지금은 이를 靈體라고 稱함)樓息하는 世界이다。그는 이世界의 改造된것인가、或은 이世上보다 훌륭한 一層 完全한 世界인가。이는 우리가

基督敎는무엇인가

九

基督教는무엇인가

一〇

判然히 알지못하는바이다。그러나 如何間 生命은 肉體의死와同時에 絶滅하는것이아니고、世上도 또한 現世로써 消失되는것이 아닌것만은 基督敎의 明白히 가르치는바이다。來世라함은 現世의 더욱 進步된 더욱 完全히 된者이다。現世에있어서는 正義는 다만 一少部分 行하여질뿐이나、來世에있어서는 正義는 모주리 行하여진다。現世에있어서는 죽엄이있고 눈물이있고 이完備한 天然도 스스로 悲慘한狀을 띠우나、來世에 있어서는 罪란 것이 全혀 消失되어 사람에게 良心의詰責이있지않고、또 惡魔의誘惑이 없어지게되니、春陽의桃花 秋空의輪影 모도가 모도喜悅과 希望과를傳하여 우리들은 永遠히 하나님의笑顔을 敬拜하게될것이다。現今사람은 우리가 來世를 바란다하면 이는 全혀 우리들의 誤謬이다。來世라 생각하나 이는 佛徒가 極樂淨土를 바라는것과 같이 무엇인가를 알지못하는데서 일어나는 誤謬이다。基督敎는 함은、理想이實行되는곳이다。基督敎는 우리들의 來世를 말하여 利로써 우리를 善道에 끌고저 하지않는다。基督敎의 來世라는것은 利慾의觀念이 全혀 消失된 곳이다。

其外 基督敎는 未來의裁判을 말한다。基督敎는 實로 今日 말한다。그리스도의再臨을 말한다。基督敎는 實로 今日

世上에 賞揚되는 哲學의立場에서보면 甚히 理解하기 어려운 많은 敎理를 말하는것이다。그러나 基督敎는 哲學을 두려워하지않는다。基督敎는 하나님의啓示이지 사람이 생각하여내인 哲理가 아닌故로 事實있는 그대로 말하고 그理由를 따지지않는다。哲學은 오히려 肉體의復活 來世의存在를 證明해야될것이다。우리들은 눈으로 보는바에 依하지않고 信仰에 依하여 걸어갈것이다。即 쓸데없는 理論에 依하지않고 直覺에依하여 걸어갈것이다。基督敎가 永久不變의眞理인것은 우리들의 互隱지지아니한 直覺의 證明하는바이다。故로 우리들은 그理論을 듣고 기뻐하고 그光明에 비치여저서 사라지고자하는 우리들의 希望을 復興하는것이다。

（小鹿島消息의續）

어린동무에게 난워주도록 햇읍니다。①

便에 가까운 金君에게 付託하는것이 가장 善한 길인줄 믿는까닭이올시다。聖書硏究會 여러先生님 참函을 알려 주신것 퍽 기뻣읍니다。더욱이 小生이 잘못보았는지 모르겠으나 그字體가 퍽 모다 다른것같어 퍽 多情스러웠읍니다。孫楨均先生이 記錄된 있건 기뻤읍니다。小生은 去十一月十一日부터 四十日間 歸省中에있어 그동안 在京中에 있으며 여러先生님 못뵈온것 퍽 罪悚합니다。와보니 聖報 十一月號와 寫眞이 기다리고있어、퍽感謝겠읍니다。十一月號는 京城敎文舘에서 求해 在城中읽고咸先生（十七頁에續）

罪人만을爲하야 （第十一回）

A J 럿셀 著

趙 聖 祉 譯

히 吸收한 그는 이 赤化運動者에게 通牒을 보내여 이미 自己의 목을 짤러 장매끝에 매달어갓이고 거리를 도라다니게할 覺悟는 가지고 있었으나 그러나 自己의 親舊인 예수그리스도를 背叛할수는 없노라는것을 알려주었다.

이中國公使는 이나라에서는 가장 先進人物의 한사람인데 이런사람이 自己의 生活의 根據되는 信念을 變하는것이라기보다는 오히려 죽엄을 取할려고 하였고 그리고 또 새宗敎運動의 하우쓰파-듸를 自己집에서 열어주게 되었든것이다. 그러면 이사람을 이렇게까지 變化식힌것은 大體무엇인가? 그 놀랄만한 이야기는 이러하다.

푸랭크는 中國의 山岳地方에서 일하고 있었다. 하로는 友人한사람이 와서 푸랭크보고 말하기를 당신은 사람을 改變식히는데 大端히 熱心인데 당신의 親舊의 한 사람인 그 아모개를 웨 아직까지 變化식히려고 해보지 않었느냐고 하였다. 本來의 中國公使는 그當時에 한 홀륭한 外交官이였고 同時에 大法律家였다. 그 職業에서는 最高位에 屬하는 사람이였다. 그리고 前總統의 法律顧問이였다.

第五章　最初의 하우쓰파-듸 （1）

場面은 南米 어떤나라에 있는 中國公使館이다. 말하는 사람은, 이곳에있는 中國公使로서 키가크고 광대뼈가 쑥 나오고 知的으로 생긴 사람이었다. 官吏들을 招待한食事가 끝난뒤에 그는 일어서서 그의 特殊한 經驗을 이야기하였다. 그가 어떤곳의 市長으로 있을때일이였는데 自己가 生長한 都市의 거리로 도라다니게 될려가지고 自己의 목이 짤려 장매끝에 매달려가지고 이번은 하마트면 이런곳에 새로 赴任하여온 쏘뷔에트總代라는 이야기를 하였다. 即 이때에 이곳에 새로 赴任하여온 쏘뷔에트總代로부터 그의 地方을 共産化하라는 命令을 받었다. 當時의 쏘뷔에트總代라는것은 無所不能한 勢力이 있었다. 그러나 自己는 이命令을 받고 基督敎를 抛棄하는것보다는 차라리 生命을 바치는것이 나으리라고 생각하였다. 그는 이 소聯總代를 맞나 기前에 몬저 푸랭크를 맞났다. 푸랭크의 精神을 完全히

外國에가서 留學하고 있을때 이法律家는 크리쓰챤이 되었다. 歸國하자 그는 곳 敎會委員의 一員이 되고 Y, M, C, A의 會計가 되었다. 그는 自己가 이렇게 된

一一

罪人만을 爲하야

것은 年末에 會計가 끝날때 自己가 赤字를 메꿀수 있
겠으니까 그런것이라고 推測하였다。그는 敎會의 사람
들이。自己가 俱樂部에 다니는 習慣이 있는것을 非難
하고 있는줄도 다 잘알고 있었다。그러나 그는 그사
람들에게서는 自己의 가장깊은 要求를 滿足식힐수 없
을뿐만아니라 그들은 自己의 어떤行爲에 對해서는 비
웃기만하고 있기때문에 그는 그대로 俱樂部와 麻雀을
繼續하였다。

하로는 이中國外交官은 푸랭크를 自己집에 招待하여
茶를 待接하게되었다。主人은 이西洋손님을 待接하노라
고 칵테일(洋酒名)을 내왔다。그러나 손님은「노우」라
고 對答하였다。그리고 좋은 禮盤에 담어내온 담배도
亦是 同樣으로 고맙다고하면서 拒絶하였다。그러나 그때
푸랭크는 이 法律家의 손꼬락이 노라케 되여있을뿐만
아니라 그의 神經이 아주 무서운狀態에 있는것을 看破못할
理가 없었다。그의 손은 떨었다。이 中國人 法律家外
交官은 自己自身에 對한 이야기와 自己의 廣汎한 趣
味에 對해서 자랑을 쭉 느러놓았다。그동안 푸랭크는
속으로 여기에 또한사람의 可憐한 富者가 있구나하고
생각하였다。그리고 두사람에게 서로 共通되는 興味의
실마리를 發見할려고 努力하였다。室內를 휘휘 둘러보

든 푸랭크의 視線은 壁에 걸린 테니쓰·락켓트에가서 멈
추어졌다。그래서 그들은 테니쓰를 한번 같이 하였다。
테니고가라고 하고나드니 이法律家는 푸랭크에게 저녁까지
먹고가라고 하였다。푸랭크는 오래前부터 언제든지 中
國料理에 招待를 받을때는 拒絶하지 않기로 定하고 있
었다。(中國飮食은 三十餘種의 飮食이 나오는데 大槪처
음에는 二十年이나 묵은 鷄卵으로 始作이된다。이 鷄卵은
치一즈와 같이 좀 역한맛이 나는것이다。그리고 그뒤
에 海蔘 물고기 鷄肉 等々々이 게속해 나오고 나종
에는 異常한 香味가 있는 술갈은메다 담근 菊花넣사귀
가 나오면 마즈막이다。)

二十年묵은 鷄卵을 無事히 먹어치우고 그리고 自己
도 저까락으로 中央에 있는 큰접시에서 飮食을 自由
로히 갖다먹을수 있다는것을 안後에야 비로소 氣分이 愉
快해졌다。主人은 다른 飮食이 나올때마다 다른 種類
의 술을 마셨다。그리고 飮食種類가 三十七種이나 되
었기때문에 時間이 相當히 오래걸렸는데 그동안 그는

나종에 집으로 갈때 主人은 푸랭크에게 여슷名의
쿨리(人夫)가 메는 椅子를 타고가라고 勸하였다。푸랭
크는 그럴 必要는 없었스나 그대로 厚意를 받어더렸
다。이튿날아침 靜聽時間에는。이 새친구를 返禮의 食

一二

事에 招待하라는 까이단쓰를 받었다。그 法律家도 이招待를 承諾하였었다。그러나 이번에는 單純한 英國食事로써 습과 고기와 캬베츠와 菓子等으로써 술은 없었다。손님中에는 한사람의 監督과 한사람의 副監督도 泰席하였었다。食事가 끝난 뒤에 몇사람은 오늘의 主賓인 法律家外交官의 靈的利益을 爲하여 自己들의 宗敎的經驗을 分擔하기 始作하였다。그러나 이法律家는 敬遠하는 態度를 取하고 있었다。그가 한쪽 구석에 쭈크리고 앉은樣은 마치 커다란 퀘쓰촌마-크와같이 보였다。

이날밤 푸랭크의 한 이야기는 自己가 米國에서 經驗한 일이었다。어떤都市를 걸어가고있을때 그의 앞에는 外樣은 훌륭해보이는 사람이 한사람 걸어가고 있었는데 그사람의 맘속에는 무슨깊은 要求가 있는것같이 느껴지였다。그리고 그사람에게 말을 걸어보지않으면 않될것같이 생각이 되였다。그러나 靈導가 明確하지 않기때문에 萬一에 그사람이 그다을 街路燈밑에서 서게 되면 말을 걸리라고 作定하였다。그男子는 果然 거기에 가서 멈추었다。

이 이야기를 듣고있든 中國法律家는 점점 興味를 일으키게 되었다。

푸랭크는 그사람 앞에 걸어가서 당신은 마음속에 무슨 근심이 있지 않느냐고 물어보았다。

罪人만을 爲하야

「勿論 있습니다」하고 그사람은 근심스럽게 말하였었다。

「그러면 確實히 하나님께서 나를 당신에게 보내신줄로 생각합니다」하고 푸랭크는 말했드니

「勿論 하나님입니다」하고 그는 自己의 어머니가 지금 그가까운 病院에서 거이 죽어가고 있다는 이야기를 하였다。그는 잠깐 新鮮한 空氣를 쏘이려 나왔든 것이다。

그들은 異常하게도 깊은友情을 서로 느끼며 같이 걸었다。이 友情은 하나님께서 한사람을 다른사람의 生活속으로 引導하실때 오는 友情이었다。푸랭크는 自己의 아버지와 兄弟의 天國간든 이야기와 그리고 自己의 生命으로 무덤으로 끝을 막는것이 아니라는 것을 깨달었다는 이야기를 이 처음 맞난 친구에게 分擔하였다。

이사람은 말하기를 自己는 牧師들에게서는 이런 이야기를 들어보았지마는 普通사람에게서 듣는것은 처음이라고 하며 慰安의 會話에 對해서 感謝하였다。그러고 自己의 일곱名의 男妹가 지금 저편 病院에서 기다리고 있으니 그들에게도 와서 힘을 좀 이르켜달라고 푸랭크에게 請을 하였다。푸랭크는 딸아갔다。나중에는 自己兄弟들끼리 같이 會堂에 가서 祈禱를 올리고 올테니 그때까지 病院을 떠나지 말어달라고 간절히 願

一三

罪人만을 爲하야

하였다。푸랭크는○이것도 快히 承諾하였다。

復活祭날에 푸랭크에게는 藥品가 한장 왔다。그리고 그어머니가 本鄕으로 도라가셨다는 電報가 왔다。그리고 얼마後에 깊은 感謝의 편지가 왔다。

이 이야기를 들은 이 法律家는 이제는 大端히 好奇心을 이르키게 되었다。푸랭크는 다시 말하기를 하나님과 같이 일할때 모든일이 어떻게 調和가 되는지 참으로 異常하다고 添加하였다。이때 밖에서는 집웅을 뱃겨갈程度는 아니였지만 暴風이 불고 있었고、비도 조금식 뿌리는 日氣였다。푸랭크는 그 손님에게 그날밤은 묵어가기를 勸했다。그 손님은 가야한다고 反對하였다。

그의 婦人이 기다리신다는 것이였다。「그러나 婦人을 기다리시게 하는것은 이번뿐이 아니실걸요?」하고 푸랭크는 좀 失禮될런지 모르나 膽大하게 말했다。이 손님은 우슴으로 그렇다는 뜻을 表하였다。

그러나 이번에는 쿨리에게 핑게를 하였다。쿨리들은 집에를 가야한다는 것이였다。푸랭크는 또말하기를 얼마전에도 저편 山골작이에서 사람이 셋이나 호랭이에게 물리워 죽은일이 있기때무에 쿨리들도 묵어가기를 좋와할것이라고 하였다。그러나 이번에는 어데서 자겠느냐? 고 하는것이 그다음 反對理由였다。푸랭크의 房은 잤다。

에는 餘分의 寢臺가 하나 있었다。그래서 結局은 마지못해서 묵기로 되었다。그들은 寢室에 드러가자 푸랭크는 聖經책을 집어다가 이 손님에게 주며 좋와하는데를 한章 읽어달라고 하였다。푸랭크의 意見에 依하면 大槪의 基督敎人들은 다른사람에게 성경을 읽어주려고만 하지마는 그것은 잘못된 方法이요 그들에게 읽히우는 것이 좋다는 것이었다。

이 손님은 舊約을 처음부터 모조리 뒤적거렸다。自己의 좋와하는 句節을 찾으려고 애썼으나 結局 失敗하였다。그는 또 新約을 全部 뒤져보았으나 亦是 마찬가지였다。그는 두번재는 더注意해서 뒤져보았다。그리고 요행 한군데 나오기를 바랬다。그러나 運命은 亦是 그에게 逆行하였다。그래서 그는 혼히 사람들이 하는것처럼 눈을 딱감고 運命에 맡기고 아모데나 한군데 펼쳤다。그러나 運命은 亦是 逆行한 곳은 舊約中에서도 어려운 固有名詞만 쭉 있고 누구를 낳고 누구를 낳고가 수두룩한 곳이였다。그러나 그는 모든 훌륭한 法律家가 언제나 그러는것처럼 그것을 처음부러 끝까지 내려읽었다。그 다음에 푸랭크는 祈禱를 하라고 하였다。그랬드니 그는 「祈禱는 先生님이 하시지요」하고 對答하였다。푸랭크가 祈禱를 하고 둘

一四

이튿날아침 뿐이가 茶를 갖이고 왔다。그러나 이法
律家는 일어날려고 하지않었었다。即 깨나지를 못하였다。
主人은 여러가지 方法으로 깨울려고 해보았으나 도무
지 反應이 없었다。얼마後에 기지개와 하품을 한참이
나 하드니 이中國손님은 눈을 떳다。그리고는 능청맞
게도 하는 말이 지난밤에 聖經을 읽고 잘 잤
나보다고 하는 것이었다。

「아마 그런가봅니다」우리 한章 더 읽을까요?」하고

主人은 히죽이 우섰다。

「先生님이 읽으십시오」

그의 두눈은 거의 얼굴에서 톡 뛰여나올듯 하였읍
니다」하고 푸랭크는 그때 光景을 말한다。

이 外交官은 그句節이 自己에게 꼭 드러맞는다고 하
면서 한번다시 읽어달라고 하였다。푸랭크는 다시 읽
었다。그것은 고린도前書 第六章에 있든 句節이었다。讀
者는 이句節이 무엇인지 짐작할수 있을줄안다。여기에
서 이法律家는 自己가 어쩨서 어제밤에 묵지않을려고
하였는지 그理由를 말하였다。그것은 自己가 늘 服用
하고 있는 丸藥을 가지고오지 않었기때문이었다。그의 擔
任醫師는 그에게 잠을 자게하는 藥과 잠을 깨우는 藥
을 調劑해 주었든것이다。

罪人만을爲하야

「이 秘密을 말한것은 先生님에게뿐입니다」하고 손님
은 告白하였다。그의 假面이 점점 벗겨지기 始作하는、
것 같었다。

朝飯이 다 끝난뒤에 푸랭크는 뿐이에게 茶를 가져
오라고 命하였다。이것은 中國첩慣으로 이제는 손님이
가도 좋다는 表示였다。그러나 이번에는 訪問客側에서
도로혀 더 머물러서 이야기를 할려고 하였다。푸랭크
는 열時半에 어떤 친구의 집에서 集會가 있었다。그리
고 이法律家도 푸랭크와 같이 가기로 作定하였다。이
集會에서 푸랭크의 이야기한 主題는 「世上의 좋은 物
質을 너무 많이 나한테 들어맞는것 같습니다」하고
法律家가 말하였다。

「오늘 이야기는 나한테 所有하고 있는 것)에 對하여서었다。

「그러기에 당신에게 들려드렸지요」하고 푸랭크가 對
答하였다。

「그러면 오늘 集會는 나 爲해서 計劃한것입니까?」

「勿論입니다。」

푸랭크는 自己에게 이야기를 들으러 오는 사람들에게
適當한 이야기를 할줄 아는 사람이
었다。法律家는 그들에게 이제는 强烈하게 興味를 갖이게되였다。
그리고 푸랭크보다 그 이튿날 點心을 같이 먹자고 請하
였다。英國飮食으로 할까요 中國飮食으로 할까요?」하

罪人만을爲하야

고 묻기에 푸랭크는

「中國飮食으로 하지요」하고 對答하였다.

이法律家는 中國飮食은 너무 니긴하기때문에 自己는 西洋飮食이 더좋다고 하였다. 그러나 勿論 이것은 정말 理由는 아니었다.

그날아침 靜聽時間에 푸랭크는 萬一 點心을 같이 먹게되면 이사람에게·어드런말을 해야할가하고 靜聽하였다. 이 靜聽時間에 그에게 온 까이단쓰는 두가지었는데 하나는 이法律家는 다른사람의 生活을 改變식히는데 큰 勢力을 갖인 人物이 되리라는것과 點心이 끝나기前에 같이 祈禱할것이라는것이었다.

點心까지 約三分間 서로 이야기할 餘裕가 있었다. 그동안에 푸랭크는 自己에게온 까이단쓰를 말하였다. 그랬드니 이法律家는 手帖을 끄내며 하나님께서는 自己에게 푸랭크에게보다 더 많은 까이단쓰를 주셨다고 말하였다. 그에게는 그가 도아줄려고하는 사람의 이름이 씌여있었었다. 그러고 그는 푸랭크에게 大實業家의 이름을 읽어주었다. 그리고 둘이 祈禱를 올렸다.

點心이 나왔다. 食卓에는 基督敎人인 法律家의 婦人과 儒敎徒인 그의 어머니와 그의 어린아들과 그집의 家庭敎師인 女先生이 앉어있었다. 點心을 먹는동안에 이法律家는 自己의 안해와 家族에게 아직까지 自己마음속

一六

에 가지고있든 생각을 分擔하였다. 그리고 말하기를 自己는 結婚할때에 안해에게 自己가 眞實한 크리쓰찬이라는것을 믿게할려고 努力하였노라고 하였다. 그는 비록 마음속에는 그같은 生活을 할려고 慾求가 恒常 있었으나 그런 生活을 實地로 生活하는데는 成功하지못하였다. 그러나 이몇일사이에 그는 그리스도를 自己生活의 第一位에 도시기로 決心하였다. 이제와서는 이전같으면 하지않을려고하든일도 오히려 식혀달라고 自願하게쯤 되였다. 그中에 한가지例를 들면 中國兄弟들을 도웁기 爲하여 宗敎事業部의 委員長이 되겠다고 한것이다.

그의 안해는 勿論이지마는 그의 어머니도 大端히 感銘을 받었다. 그는 本來 儒敎에 젖은 사람으로서 每日아침이면 조고만 올리부油瓶과 향불을 神들에게 奉獻하든 사람이었다. 그런데 이 어머니도 이날의 이記念할만한 午餐의 結果로 크리쓰찬이 되었다.

푸랭크가 그다음에 이法律家外交官을 맞났을때에는 그는 中國 國民黨의 指導格의 人物이 되여있었다. 이때에 푸랭크와 그의 림一行은 어떤 偉大한 基督敎의 先進運動에 힘쓰고 있었다. 그러고 이運動을 因해서 이都市에서 大本山이 되여있는 어떤敎會에 約四百名의 敎人이 늘게되었다. 여기에 놀래인 監督은 푸랭크와 親

交를 갖게되었고 一平生 그를 崇拜하게되었다。 그리고 그의 아들은 옥쓰포드 그룹에 恭加하여 有力한 指導者의 한사람이되었다。이當時에 이敎會에 드러가는데 奇異한 條件이 하나 있었다。그것은 무엇이냐하면 누구든지 不信者한사람식을 다리고와야 한다는것이었다。어떤 委員한사람은 自己는 特典이 없으려니하고 이規定을 無視하였다。그랫드니 門간에서 여지없이 돌리워보냄을 當하였다。그러나 이사람은 憤怒할줄 알았드니 오히려 이번에는 「入場券」을 셋이나 가지고 다시 도라왔다。그리고 「以前에는 웨 나에게는 이것을 식히지 않었었읍니까?」하고 註釋을 붓치었다。

이날禮拜에 監督은 自己敎區안에있는 사람은 누구든 지 모두 戰場이 될것이 아니라 軍隊가 되지않으면 안 되겠다는것을 이제 알게되였노라고 말하였다。

그다음 이法律家外交官의 식골집에서 第一回의 하우 쓰파―틔가 열리게 되었다。옥쓰포드 그룹에서는 그 活動의 大部分을 이하우쓰파―틔라는것을 通하여 하는것이 다。이法律家는 훌륭하게 主人의 役割을 하였다。그때 모인 사람들은 한 八十餘名 되었는데 그中에 더러는 六日間이나 要하는 먼距離에서 그에게 더러온 사람도 있었다。그러고 이렇게 이사람들이 모두 한데 모이게된것은 一個 中國外交官의 改變한 奇蹟을 通하여서 된것이었다。이

모임에서 아직까지 福音이 到達하지못한 中國의 여러 地方中에서 한곳을 擇하여갖이고 中國人의 生活改變者를 中國人의 돈으로 配置하자고 하는 中國宣敎協會가 처음으로 생겨나게되었다。그러고 또한가지 말해둘것은 이外交官이 中國公使라는 높은地位로 外國에 떠나가기 前에 그가 이前에 처음으로 中國公使를 받은 有名한 實業家도 이사람으로 이外交官을 通하여 變化하게되었다。

프랭크의 中國傳道의 이初期의 여러가지 事實은 지 금도 世界各處에서 基督敎의 使役者들의 話題가 되여 있는것이다。中國의 前監督인 루이쓰監督은 自己가 中國에서 三十八年間있는동안에 이러난 어느運動보다도 西洋人及 中國人指導에 있어서 重大한 役割을 하였다고 하였다。（續）

（小鹿島消息의續）②

님의 形便 잘 알았겠읍니다。여러 先生님 마음 얼마나 좁좁하십니까。그後 咸先生님 消息을 몰라 퍽 궁금합니다。十二月號는 아직 配達되지 않었읍니다。先生님 受苦를 如實히 말하는듯 싶읍니다。京城出發할때 書店에들렀겠으나 못샀읍니다。聖書硏究會 여러先生님과 함께 眞心으로 감사합니다。해마다 저이들을 이렇게 記憶해주셔서、物心間 사랑을 베퍼주셔 고맙습니다。저이들은 그저 여러先生님의 健康을 빌것뿐 그저 고맙습니다。이外에 다른말 할수밖에 없읍니다。이外에 다른말 찾을수없고 찾으려고 않습니다。

罪人만을 爲하야

昭和十五年十二月二十八日
小鹿島　尹一心　李羅大　金今慶　拜

一七

爐邊의 聖書

爐邊의 聖書 (讀者通信)

先生님 참 춥습니다. 여기는 벌써 零下三十七八度로 氣溫이 低下됫습니다. 暖房에 火爐를 옆에끼고 앉었 삼질도록 聖書를 工夫하오니 이것이 나를爲하여 지어진 地下室인가 합니다. 이것이 또 北國의 情緖인듯합니다. 요사이 工夫하는것은 『히부리書』입니다. 넘우 어렵습니다. 咸先生님의 講義를 參考로 하오나 亦是 難解의 書簡입니다. 그리고 接續詞가 넘우많어서 잘 解釋할수가없습니다. 그意味가 넘우 漠然하고도 深奧합니다. 히부리書二章一節 初頭에. 「그런고로」라 하였아오니 이「그런고로」四章初頭에도 「그런고로」라 하였아오니 이「그런고로」들이 全部 前章과의 接續詞같은데 事實은 어떤곳은 안그런듯합니다. 先生님이나 咸先生님같은이가 계시면 좀 알어보면 좋겠사오나 여기서는 到底히 不可能한일입니다.

先生님 저는 요사이 울고만있었읍니다. 信者로서 聖書一句를 難解하여 頭痛을할뿐아니라, 나(年)의 젊음이라 刹那後에는 良心의 惑에 끌리우는때도 있압니다. 그리다가 犯罪지는것을 깊이 슬허하 楚撻이 등을 후리고, 主그리스도가 제罪지는것을 감당하시와 救함과 사랑의血淚를 저의 어깨우에 떨어들임을 感觸하읍고 先生의 얼굴이 幻影으로, 날아남을보고는 主앞에 울며 기도만 올릴뿐입니다. 幻滅의 悲哀를 맛보며, 主님의 貴重하신 血淚를 저로 말미암아 흘러시게하는것이 무슨 큰犯罪이고 潰인것갈사와 더욱 自責感을 不禁합니다. 때때로 學院後園에서 祈禱하며 울다가 同僚輩에게 보이게되여「무엇이 그리워 그

래요, 愛人이요? 故鄕이요?」하고, 嘲弄하는데 저는 「愛人主 예수그리스도가 그리워그러오」하고 對答할뿐따입니다. 그런데 一般은 저를 曲解합니다. 제 나이 젊었으니까 失戀者니 무엇이니 합니다. 대로는 地方의 輿論이 紛紛한때도 있었습니다. 그러나 그것도 몇일後면 제「正」을 알아채고는 誤論도 一消되군합니다.

先生님? 저는 今日 先生님께 罪지었읍니다. 先生님께서 보내주신 聖句誡命、「信仰싫은 한團體의 形式에도 可成協助하도록 하는것이좋겠으나, 더욱 內的忠實에 힘쓰는것이要緊하다。어째든 主그리스도를 確實히붙잡고, 每日거듭난生涯로精進하라」를 받어놓고, 넘우 기쁨으로 기도하며하였음니다. 제 눈치가 달른關係인지 同僚가 보자기로 마지못하야 뵈었읍니다. 이者들도信者들입니다. 그런데도 不拘하고 主그리스도틀 어찌 붙잡느냐는등、합니다. 무슨 큰失敗나한것갈사요 큰 犯罪를 한것갈사와 先生님께、容恕를빌수밖에없습니다(下畧)]

小鹿島消息

크리스도의 贖罪寶血로因하야 主안에 하나이되며 하옵는 先生님 오래間安녕잡지못해罪悚합니다. 그동안 主님으로 얼마나受苦하섰습니까 主님의平康과恩惠가 先生님과 및 聖書研究會 여러분께 늘 充滿하여지이다. 就白 十二月二十三日下送의 小包二件 昨日拜受하였습니다. 주시는분의 마음과같이 아름다운마음으로 받아 하나님앞에 香내나는 靈交되여지이다. 甚히 願하오며 即時 新生里金今慶君에게 付託하여、(第十頁續)

聖朝通信

十二月十日 (火) 曇雨。건넌房 塗壁시작한지 第三日、오늘로써畢하다。이번은 專門表具師의 손씨라 매우 잘됨듯하다。冬季集會가 더욱 切迫한듯하다。

○京電매스에 大小二型이있는데 火型은出入口가 前後에 二個달렸는故로 大型이올때는 乘客이 二列로 分列乘車하며、다음에 오는車가 大型인가 小型인가를 멀리서 識別할수있으면 座席을 定하기에 매우 便宜하나 余는 이것을 몰랐었다。長男에게서 그識別의 秘法을 들을새 우리家族中에서는 觀察力이 가장 緻密한것을 알다。

十二月十一日 (水) 晴。感氣不退하야 漢藥三貼지어드리우다。○저녁에 家庭禮拜。에베소書第二章輪讀。○저녁 하늘에 木星土星과 달이 同距離로 一列에 나타나하여 하늘의 榮光을/一層 돋우었다。

十二月十二日 (木) 晴、後曇、夜雪。이사이 갈으면 聖朝社가 婚姻仲介所같은觀이 不無하다。오늘 받은 求婚條件의 一例를보면『大學年齡은 二十一로 二十五六까지옵고、學歷은 中學以上 專門이옵고、信仰은 篤信이면서 明朗한것을 求하옵고、財産과 門閥은 많고 높을수록 좋겠읍니다……』云云하였다。이는 勿論 新郎편에서 新婦를 擇하려는 標準인데 여기相當하다고 自信있는 이는 自薦或은 他薦하여 주었으면 善事가되겠다。

○信仰이 敎篤하면서 近代的「明朗性」을 具備하기도 容易한일이 아니려니와 設使 財産과 높은門閥속에서「篤信」을 求해내기는 하늘의 별따기보다 더 어렵지 않을가하여 두려웁다。그러나 이보다 더어려운 註文은『年齡、學歷、人物、信仰 모다 先生님 思料대로 決定하시고 結婚式日時及場所와 主禮까지 一任하옵니다』라는것。物資缺乏한 非常時局에 註文만 받어놓고 無能한 紹介業者 氏가 頭痛 또 頭痛이다。

十二月十三日 (金) 曇、夜雨。저녁에 古文眞寶에서 諸葛孔明의 出師表를 읽으라니 또 感激이 크다。몇번째 읽어도 읽을때마다 感激을 자아내는文句로서 神曲이아닌가。하는 생각이 납니다。孔明의 著作으로서 確實無疑한것은 오직 前出師表 하나가 있을뿐이라고한다。그러나 이一章의 文으로써 孔明은 千秋萬代의 名文家가 된것이다。달달이 많이 著作하는者에게 부끄러움이 없지 못하다。

○松山學院 소식如下「오래동안 消息못들려드려 罪悚하옵니다。사나운바람부는 歲月만 보냈읍니다。咸先生님은 언제나 나오시게될지 짐작을 못하겠읍니다。黃氏께서 멫일前에 面會하셨는데 感氣로 苦生우에 苦生이 더 甚하시다니 人生의 航路가 이렇게도 險惡하오이다。우리의 祈禱는 姑捨하고 하나님의 뜻대로 邁進하시는것이온지 물으겠읍니다。단테의 神曲이 어떤것인지 모르지마는 사나운바람이 몹시도 이學院에 불고있고 世上은 險惡하고、學院의 門生의 身勢를 생각하니 이悲哀이것이 神曲이아닌가。하는 생각이 납니다。咸先生님 聖經책은 들이게되었고 私食은 一日에 一食은 얻게되었으니 두끼는官食 한끼는私食 잡숫게 됐읍니다。先生님은 苦生의 松山里를 안떠나실作

聖朝通信

一九

聖朝通信

으로 來年農事할 準備하라고 하시는
모양입니다。그리고 先生님 命令대로 乳
牛 송아지 한마리 기워서 四百五十圓 주
고사고 山羊세마리 五十圓주고 사서 맥
입니다。乳牛젓은 하로 二升五合밖에 안
첫하로 大斗一와누는 소 한마리 더사서
나서 팔것은않고 송아지만 다 줍니다。
收支맞도록 했읍니다。今年 農事로 出
살수가 없읍니다。學院서 今年 農事總收入 養豚하야
利益난것과 合하야 四百圓도 못되니 어
事하려고 합니다。그런소를
넘겹니까、무 白菜는 完全히 失敗보아
서 팔것이 없읍니다。지금 門下生도 알
코 있는고로 精神없이 글 올립니다。感氣
로 一週日間 일도 못하고 페만 기칩니다。
몸이 弱해져서 于先 歸鄕해야
되겠읍니다。歸鄕할때 先生님宅에 들리
겠읍니다。늘 生命의 根源으로 다름박질
하셔서 라마르는 生命의줄、生命의불을 일
으고 불일게 하시옵소서 不備禮上書」

仰陳者 門生의 結婚日이 十二月二十
日 이온데 自祝之意로 어른과 벗이 先
生님을 모신앞에 家庭禮拜를 모이고저
心願인바、回敎를 苦待하겠나이다。
兹以 請邀하오니 넓이 헤아리시사 光
臨至地를 千萬伏乞 하나이다。
急、回敎를 苦待하겠나이다。餘不備禮
謝上、門生 ××× 올림
「追告」
時日 十二月二十日午後。二時半
場所 自家
式主禮는 아니옵고 家庭禮拜 式의 說

『先生님 보읍소서』○「書留」郵便으로온 結婚式請牒
一枚如下 『先生님 보읍소서
事業 主께 榮光 돌리시옵을 合
잠사온데 先生님 기운 安寧、하시오며 歲暮의 懷
抱하시고 山麓에 도라오니 明 主日을 맞
浴하고 一新한 氣分으로서 齋戒沐
로서는 無理되겠고、이들이나 매낼수는
없고해서 不得已 辭絕하다。制限된 時
間이 나로하여금 無情케 만든다。

十一月十五日 （日）

晴。午前 모임에
서 누가 福音第十五章을 講解하려는
것이다。○北米通信에 「十月號」 昨
日 이온데 읽었으나 敎弟는 네
브라스카大學에서 中途退學하고 지금밥
버리 하고있는中 明春頃 歸國 爲計하
오나 事情이 如何할는지오。時局問題로
工夫도 別로 잘할수 없고 都是 米國
에滯留할 滋味가 없군요、家妻가 應한
다면 지금이라도 東洋으로 나갈생각입
니다。先生의 渡米도 敎弟생각에 別로
신통치 않을것 같습니다。金××牧師께
서도 月餘가 넘었는데 아모 回答을 주
지않고 敎弟自身이 이곳 저곳 알어본것

京城驛과 印刷所와 道塲과 總
督府에 各各 두번식 다녀오고 달빛을
밟으면서 山麓에 도라오니 氣盡脈盡이
이렇게까지 眞情으로 懇切하나、願한다면 「萬雜費
列하리고싶은 생각 懇切하나、往復에 하루
까지 自轉車로써 運搬하기에 成功하여
敎付託이오이다。路費는 門生이 負
擔하겠나이다。
京義線 ××× 驛下車 西北間 約一里」

十二月十四日 （土）

晴。溫和。미친개
같은 天候、오늘은 지나치게 따뜻하다。
○崔容信小傳三百冊넣은 궤짝을 京城驛

도 아모 成果가 無합니다。도모지 米
人의 心境이 前보다 매우 달러진것 갈
기도하고 基督敎人의 腦裏에도 예수의
精神보다 異敎的報復精神과 利己的享樂
主義……그런것을 많이 생각하는 것 갈
습니다。何如間 米國오면 學生들의 생
각이 腐敗하고 低能兒가 되는것 갈
니다。이런고로 先生갈으신이가 여기온
댓자 別無所得이오 도로혀 米人生活에
中毒이 되면 큰탈입니다。나는 今後부
터는 男女勿論하고 米國留學간다는것을
極力反對하려니이다。산 精神은 東洋에
있읍니다。宗敎도 道德도 哲學도 모다
東洋입니다。即 죽은 西洋의 機械를 東洋
의 崇高한 精神을 넣어야 世界는 다시
살것이러합니다。내내 平安하소서。十一
月十七日　　　　　　教弟 ×××」

十二月十六日 （月） 晴。京城稅務署로
부터 理由不明한 納稅督促狀——督促的
文句를 羅列한것——이 왔으므로 携帶하
고 稅務署에 갔드니、係員이 調査한 結果
에 大笑一聲으로써 取消하기로 되었다。
說明日 近來엔 이런 「보로가 많이 露

聖
朝
通
信

버됩니다 라고。이편에서도 웃고 도라
오다。

十二月十七日 （火） 曇、雪。次男의 第
四〇〇日。○오늘 저녁七時부터 府民館
에 열린 金敏子舞踊發表會를 구경하다。
비록 時間과 空間의 制限을 받으시
여 親臨못하시오나 心臟에 숨은 一滴
의 赤血을 보내시는 心緖로 十字架를
向하야 살려는 젊은이들에게 주시고싶
은 한줄기의 說敎文을 지으시어 下送
하시사 「家庭禮拜」에 한五分間 朗讀하
사 恩惠 豐盛히 받게 하시옵소서。十
二月十七日 徐不備再書　門生 ×××올림。

「追告」 十九日 正午以前에 붙이셔야 卅
二十日에 「받겠나이다」어떻게 해서든지
이結婚式에 參席하고저 모든일을 닥어
서 處理하다。

十二月十八日 （水） 晴。印刷所와 總
督府에 들리다。凡弟는 形式上으로서
고 敎育的으로하자는 學校當局의 提議에
多大한 敬意를 表하면서 辭退하다。形式
主義에 對해서는 極度의 形式主義로써
이에 對한즉 妙策을 透
得한심이다。○一旦參席을 拒絶했든 新

舞踊會라는 것은 生來로 처음 보는故로
비較해서、「말할수난없으나 果然 能란한
듯 보이며、「聖母冥想」같은것은 高尙한
意味가 끌었는지 알수없으나、素人의 눈
에 보기 좋았든지 「水車小
屋」 갈은것이었다。金敏子는 天才라기보
다 不斷한 努力과 誠實한 練磨로써 成就
한 藝術이라기에 한번 구경하기를 願했
든것이오、그生長한家庭을 오래前부터 알
기에 關心이 없지못하였었다。

十二月十九日 （木） 晴。오늘도 總督
府로。아무리해도 明日의 ×××結婚式
參席을 斷念하지 아니치못하다。○이일
저일로 日沒後에야 歸宅하니、마루 밑
에서 푸르릭 妙娩한 모양인데 아직은 몇
마리 낳았는지 알수없으나、또 대단한
豐産인듯、강아지 우는소리 매우 「景氣」

二一

聖朝通信

좋다。○今一年間의 正課表를 調製해보내준이있어 深甚히 感謝하다。

十二月二十日 （季） 晴。오늘도 總督府行。十二月號를 세번째 編輯하다。○印刷所에도 往返。校正。○松都소식에『…矢內原先生님의 寫眞은 반가히 받었읍니다。여러장寫眞中에 先生님의 얼굴은 하나도없어서 섭섭 하였읍니다。先生님 오늘은 聖日이온데、어제 午前二 前頭에 잠이깨여저서 도로잡을 이루려고 했으나 잠도 잘오잔아서 聖朝誌에 學生과 基督敎도 읽어보고 昨年冬期集會에 대산 山上垂訓硏究도 읽어보았읍니다。先生님들의 著書를 읽을때마다 내靈魂은 하늘까지 끌려올나가나이다。언제든지 이렇게 깨끗한생각만 내맘속에 있으면 좋겠읍니다。昨年冬期集會도 생각나오며、今年에는 어떻게 하실는지요。또한번가서 北漢山 차고 싶읍니다마는 세수하고 因하야 못가겠읍니다。上級學校試驗準備로

十二月二十一日 （土） 雲。오늘도 總督府로。印刷所에 두번往返。아마도 十二月號가 如意하게 안되므로 夕陽에 市內某湯에 入浴하야 心勞와 疲困도 씻어버리고、明 主日을 맞우려는 準備나 하게되다。

十二月二十二日 （日） 後雨。冬至。○午前十時에 今年度 마지막 모임을 모이다。오늘은 聖誕祝賀의 會인故로 司會도 感話도 모나 會員諸君의 自治에 一任하다。滿三時間餘에 一旦閉會하고 簡素한 午餐兼茶菓會를 널다。小額의 연보로써 小鹿島兄姉들께 선물 보내기를 作定하고 午後四時餘에 散會하다。○意外의 사람이 信仰에 精進하고있는 消息（別項十八頁「爐邊의聖書」參照）을 接하고 主예수의 하시는일에 驚異의感을 難制하다。

發送準備의 事務。○고린도書의 工夫도 약간하다。○嶺南소식에『先生님 道體一安하시고 宅內均慶하시오며 聖業에도 別無支障이온지 궁금하옵고 咸先生님일 眞實로 막하고 민망히 오나이다。咸先生님을 代身하시와 喪主노릇까지하신 先生님들의 友誼가 참으로 聖스러우며 天國光景을 如實히 目睹하는듯 感激한 눈물을 不無하였나이다。果然 고맙습니다。先生님들의 友誼야말로 天國을 그대로 實現하심이었고 吾輩의 感化의 至大한것이로소이다。日氣漸次 冷酷하오니 咸先生님의 意外苦生이 實로 罪悚하오며 心中에不安도 不少이오나、때로는 하로 두번의 記憶도 게으름을 自覺하옵니다。따뜻한 溫突에서 추울을 견디기어려우며 三時의 따뜻한 밥도 참말 感謝할 줄 모를때가 많은듯하야 罪悚不已로소이다。（下畧）』。다하지못한일을 생각하면 머리우에、술불 떠였는것같다。

十二月二十三日 （月） 雨。夜來로降雨 終日不息하야 시내 물도 붙었다。晚春에 어름 녹을때 같은 氣候이다。○午後에도 降雨

十二月二十四日 （火） 晴。이미 準備하였든 皮封을 가지고 印刷所에 가서 製本되는대로 發送하고、市內書店에도 配달하다。○南山町에 里見兄을 찾으니 단

聖朝通信

메工夫로 數多한恭考書中에 묻친몸이었다。冬季集會와 古典語學研究會에關하여 協議하다。○本町百貨店街에 들려보았으나 數많은 사람의 繁雜밖에 불것이없었다。○山麓에 도라오니 시내 물소리 內臟까지 씻어주는듯하다。

十二月二十五日 (水) 晴。새벽에 聖誕節禮拜。대살前書第二章을 輪讀한외에 누가福音第二章을 읽고 誕降의찬송 여러장 부르다。○終日 고린도前書를 工夫하는中이나 하루에 半章도 못하니 前途遼遠의嘆이不無。

十二月二十六日 (木) 曇、時時片雪。午前中에 下市하여 銀行、總督府、印刷所等에 들리다。○山麓에 도라와 고린도書의 註釋冊과 씨름안기。但 四百九十餘男의 맨때로 机邊을混亂케하는 妨害를 加하는데 이妨害만은 성가시다기보다 慰勞만됨이 적지않다。인사하는 모양도하며、한두마디 말도 시작하며。

十二月二十七日 (金) 晴。새벽東天에 金星과 달이 燦然하다。第一四五〇日。○午前中은 聖書工夫。○午後에 單行本數種을 市內書店에 配給하고、總督府、印刷所에 들리다。○歸途에 婚姻仲媒에 關한일로 某氏宅尊訪。이런일도 社會生活하는데 不可避할 一種課稅負擔이라마는 余輩의能事가 아닌것이・漸漸 알려진다。오늘저녁도 某知人宅合하려고 家族會議를 열고 新嬬侯補者를 列擧하여 이편엔 이이를 저편엔 저이를 配定해보았으나 어찐지 잘 어울리지 않어서 다시 白紙로 도리키고 散會하다。結婚仲媒로因하야 一介匹夫의 功勳도 적다안하리마는 勿論없다。

十二月二十八日 (土) 曇。午前中은고린도前書의 工夫。○午後에 舊號整理들着手했으나、未畢하다。○저녁에는 北滿이야기로 多時間 보내다。○二十前後의 靑年으로부터 長文의「失戀報告書」를接하고 同情不禁。그러나 紅疫 大疫等熱病과같이 人生이・일즉이 치르는것이 身에 傷處가輕할듯해서 一便安心。

十二月二十九日 (日) 晴。舊號의發送準備에 거의 온하루를 虛費하다。부스러기 時間으로써 正月號의發送 皮封쓰기。

十二月三十日 (月) 曇夕雨。오늘도 午前中은 舊號의 發送亦務。午後에 이것을 自轉車로 運搬하야 京城驛小荷物係에 托送하다。○求婚仲媒의 附托은 받어놓고 하나도 決定에 이르지 못하야 督促밭을때마다 焦燥함을 不禁中이다。아마도 이런種類의일은 余輩의能事가 아니..

十二月三十一日 (火) 曇。午前中은 舊號發送亦務와 來客接待等。○松山學院에서 朴君이來訪하야 平壤消息을 알게되다。○午後에 青年數人의 助力을 얻어 印刷所에서 新年號를・發送하고 市內書店에 配達까지畢하다。○郵便局과 銀行과 百貨店에 다녀서 印刷所에 年末計算하고、沐浴하고 山麓에 도라오 오늘 일을 마춘것이오、곧 今年一年을 終結한것이다。남에게 큰 걱정 끼치지않고 섯달그몸날을 迎送하게된일、생각할수록 奇異하기도하고 感謝하기도하다。○저녁에 聖朝社의 年末決算을、마추어보니 例年대로 不足함이없었다。但 수수

二三

聖朝通信

二四

꺼이나 하나 생각났다。

× × ×

社長兼主筆兼會計兼記者兼校正係收金係發送配達係員等等의 重任으로 寒暑風雨를 不顧하면서 勤續 十三個年에 年末賞與金 一分도 안생기는일이 무엇이냐……고。果然 傑作인듯해서 홀로微笑를 不禁。그렇다 果然 가슴속에 微笑가 남었을뿐이다。○除夜의 종소리나 들려올까 귀를 기우리고 앉었으나 아모데서도 들리지 않다。「除夜의 祈禱」一篇을 草하고 새해의 午前二時에 就床。

一月一日 (水) 새벽에 家庭禮拜。찬송이 第八、六、四章의 順으로 부르고、오늘輪讀은 더모데前書 第一章이되었다。『믿브다 모든(사람이) 받을만한 이 말이어。그리스도 예수께서 죄인을 구원하시려고 세상에 림하셨다 하는 말이어。』 文字대로 眞理로다。죄인중에 내가 괴수니라고。○새옷을 입고、세배 드리고 또 세배 받고、떡국을 나누니 戰國의 新年으로서는 分에 넘치게 悚懼하다。○某賀宴에 雜席하니 酒氣에 힘을 엇은 某先輩가 소리높이 評하되「술 안마신 金某의 이마는 十餘잔씩 마신이의 얼굴보다도 몇갑절이나 燦然한 光彩를 發輝하는도다!」라고。한잔 안마시고도 數十名醉顔보다 더큰 燦光을 發한다면 物質節約을 爲해서도 매우「效果的」인 얼굴이라할것이나、마음의 얼굴은 언제나 이러한 燦光을 發輝해낼까 하고 생각하매 스스로 寒心이오「細心」이다。

一月二日 (木) 晴。드디어 冬季集會 開會日이 닥처왔다。藥水洞까지 散步하면서 생각도 하며 기도도 하다가、午後二時부터 開講。홀로 이會를 여는 感懷 無限無量하나 別로 긴말할것없이 린도前書第一章을 講了하다。저녁엔 오래 막혔든 情懷의 실마리 서로 글칠바를 알지못하다。

一月三日 (金) 晴。새벽祈禱會。余司會。不自由한 先生을 爲하여 한 新禱를 合心하여 올리다。○午前十時부터 고린도前書第二講으로 第二、三章을 講하다。○午後二時부터 里見先生의「단테講話第一回。단테時代의 背景으로 中世紀歷史를 工夫하려니、前年에 咸先生의「敎會史」를 들었든것이 매우 有助하다。○午前午後의 集會中間에 來客二紀。孤軍奮鬪의 集會에 도와주려는이는 없어도 無心코 妨害하는이는 處處에서 튀어든다。○저녁에는 算問하는대로 讀書論을 一講。

一月四日 (土) 快晴、溫和。새벽新禱會는 柳川鄭君司會。○午前은 고린도前書第四I.六章을 講하고、午後는 단데筑二講으로 神曲의 構成을 듣다。○長男이 洞內아이들을 따라・山으로 나무하려간 것이 도라오지않어서 찾어든기에 애쓰다。나무스단말에서 보이지않는 나무스군이 앙기앙기 들어오는 光景、滿一必要에 몰려서 저렇게 지고온다면、얼마나 可憐하랴。○저녁에 算問하는대로「入信動機」를 答述하다。

一月五日 (日) 曇。새벽祈禱會는 春川鄭君司會。○午前은 고린도前書第七I九章을 講解하고、午後는 里見先生의「地獄篇」을 듣다。地獄에關한 質疑가 많었다。彼此 잘 알어두어야 할곳인듯、可笑。○저녁에 實際問題數件에關한 質疑

에答하다。

一月六日 (月) 小寒。晴。새벽新禱會
의司會는 松山學院朴君이다。○午前은 고린
도前書第十、十一章을 講하고、午後에 里
見先生의 練獄講話를 듣다。難解의 書인
神曲도 매우 親近할만한 感이 일어남은
事實이다。○婚姻仲介의 附托으로 來客
이 있었다。이런일이나 分擔해주는 老人
이 곁에 있었으면……하다。○저녁에 質
疑에 따라 「愛讀書」論一座。○오래──
數十年間──新禱를 廢하였든 某先輩가
어떤敬愛하는 친구의일을 당한후로 每
日數次씩 그친구를 爲하야 기도하기를 시
작하였더라는 報告를 接하다。놀라다。그
新禱復活의 理由를 가르되、「기도 안할
수없으니 하노라」고。理論으로서는
新禱하라고。果然 「하나님」에게 緊
追하여서는 主張하는이가 實際問題에
薦無效를 新禱하노라고。果然 「하나님」
의 미련한것이 사람보다 지혜있고、하
나님의 약한것이 사람보다 강하니라」는
대로이다。(고前一·二五)。

一月七日 (火) 快晴、溫和。새벽新禱
會는 興南金君司會。○午前은 고린도前
書第十二─十四章의 講解。午後에는 天國
篇을 들음으로써 里見先生의 단테講話
를 完結하고 茶菓會。○婚姻仲媒件으로 市
內에 往返。○저녁에 各自의 信仰生活經
驗談을 들을새 有益함이 많다。○달과
木、土星이 正三角形으로 羅立하여 하
늘榮光을 돋우다。

一月八日 (水) 晴、溫和。마그막 날
인지라 午前十時부터 고린도前書第
第十五章의 復活論과 附錄인 十六章을
講解함으로써 第九回冬季聖書講習會를 完
結하다。생각할수록 無謀한企圖였다。그
러나 主예수께서 特히 憐憫으로보시사
意外의 授兵을 더하신外에 前에없든 溫
和晴快한 日氣를 許하시사 나의軟弱함
을 도우시고 遠來의 친구들의 未洽한
理를 채우셨다。午餐을 나누고 散會한
때(午後二時)에 湖南來電一枚 「七ヒカン
ミナノアガメラレタコトカンシヤス×
×」라고。○저녁엔 밤나무 한단 찍어
가지고 市內에 옷이 올라와 苦生하는患
者를 尋訪하고 家庭禮拜後 열한시 넘어
서 歸宅。

一月九日 (木) 晴。午前九時半부터 終
日終夜當直。○오래간만에 新聞을 보니
希臘軍에게 退却當하고서 最高軍司令官
까지 罷免시켰든 伊太利가 다시 北阿
非利加地中海岸에서 英軍에게 投降하고
捕虜된者二萬五千云云。

一月十日 (金) 曇、夜雪。早朝에 婚
媒者노릇하기에 하루를 虛送한 余의 柔弱한 性格
에 齗然코 痛悔하다。
婚談으로 來訪한이가있어서 終日終夜 仲
談으로 來訪한이가오니 歡談一刻。

一月十一日 (土) 曇。冬季休暇中에 처
음 생기는 休息의 一日이다。但 積雪을 무
릅쓰고 來訪한이가있어、歡談一刻。

一月十二日 (日) 晴、狩寒。여러날동
안 來往하든 仲媒件이 成立되여 京城호
텔에서 이約婚式을 司會하다。이일때문
에 아침부터 午後五時지나도록 온하루
가 또 飛散하다。이번일로 보아서도 이
런일에는 甚히 敏活치못한것이 判明되었
으니 다시는 仲媒에 相關치말아야 지리라。
但 現在 進行中의 一件만은 不得己 내가
지여야할 집이니 例外로 하는수밖에없
다。○歸路에 옷오믄患家를 尋訪。우리 밤
나무가 藥效있었다해서 感謝하다。

新約聖書概要

題目	號數
マルコ福音의大旨	六
マタイ福音의大旨	七
ルカ福音의大旨	九
ヨハネ福音의大旨	一〇〇〇
使徒行傳의大旨	一
누가福音問題	三
共觀福音問題	四
마태福音의大旨	五
고린도前書의大旨	六
고린도後書의大旨	七
마가福音大旨	八
빌립보書大旨	九
에베소書大旨	一一
골로새書大旨	(但品切) 七四

플로새書講義號(續)
一二二、一二五、一三一、一三三、一三六
一一四一〇。(既刊十册)

히브리書講義號(續)
一二三、一三一、一三四、一三五(十一册)

舊約聖書大旨號(完)
三八二、四四、五四、五八一六
〇、六二、八四、九一九三、九五、一〇
〇一一〇四(以上二十三册殘在、其他六册品切)

本誌舊號定價一册二十錢
品切號 61、63、65、66、67、68、69、70、71、72、73、74、75、76、78、79
80、82 以上。其他는若干部씩殘在。

金教臣著

1 山上垂訓研究 全
예수의山上寶訓을解說하여 基督教의 根本眞理를 簡明하게 알린것이다. 四六判二七〇頁 定價一圓 送料九錢

咸錫憲著

2 無教會
無教會主義(即참福音主義)의理論과實際를 가장簡潔하게論明한것이다. (共)價十三錢 送料三錢

咸錫憲、金教臣共著

3 內村鑑三先生と朝鮮
內村鑑三先生의昇天十週年紀念에即하여 無教會主義的信仰의由來와內容을 알릴만한論文들을 和譯하야 出版한것. 價三十錢 送料六錢

崔容信小傳

4 崔容信小傳
自己를爲한것이아니여, 燦爛한都市에서가아니라 寒村에서, 그리스도를 본받어 人生에 犧牲한生涯의實記이다. 興味와所望은 읽는이로서도 반드시 一生에 對한 이번에 第三版出來. 價五十錢 送料六錢

柳達永著

5 푸로테스탄트의精神
이것은 昨年末까지에 賣盡되여 品切 中이다. 但 이글이실린 第二十號는 尚今 若干册 남어있다. 價十五錢 送料三錢

咸錫憲著

【聖書朝鮮】第一百四十五號

昭和五年 一月二十八日 第三種郵便物認可
昭和十六年 二月一日發行 毎月一日一回發行

【本誌定價二十錢】(送料五厘)

本誌定價
貳拾錢

一册 (送料共) 前金一圓十錢
六册
十二册 (一年分) 前金貳圓貳拾錢
要前金 直接注文은
振替貯金口座京城一六五九四番 (聖書朝鮮社)으로

取次販賣所
京城府鍾路二丁目八六 博文書館
京城府鍾路二丁目九一 教文社
東京市麴町區九段坂 向山堂書房
京城府 茂英堂
中央書房 (大邱府) (平壤府)
和信 (京城府)
北星堂信 (京城府) 春川邑

昭和十六年 一月二十八日 印刷
昭和十六年 二月一日 發行

編輯兼發行者 金教臣
京城府外崇仁面貞陵里三七八
(京城、光化門局私書函第一八號)

印刷者 李相五
京城府仁寺町一九ノ三

印刷所 大東印刷所
京城府仁寺町一九ノ三

【發行所 聖書朝鮮社】
京城府外崇仁面貞陵里三七八
(京城、光化門局私書函第一八號)
振替口座京城一六五九四番

昭和五年一月二十八日(第三種郵便物認可)
昭和拾六年三月一日發行(每月一回一日發行)

主筆 金教臣

聖書朝鮮

第壹百四拾六號

昭和十六年(一九四一)三月一日發行

目次

銃後生活と奢侈品

昨年七月七日支那事變勃發三周年を期して、內地に於ては奢侈品等の製造販賣制限規則が實施され、我が朝鮮に於ても內地に呼應して七月二十四日府令第一七九號を以て發布せられ即ち日より施行された。

新國民生活體制を確立し舉國一體國家の總力を發揮し國體の本義に基く國防國家建設には、大に國民生活の刷新、戰時生活の確立の聲は既に久しいが、都會生活の消費者等を見ると きは、必ずしも十分の效果を舉げてゐるとはいへない。今迄の生活の自由の夢を追つて、統制への不平不滿を衷心懷く者も絕無ではない。然しながら戰へる世界のどの國も生活の戰時態勢化が斷行されてゐない所があらうか。獨逸の大勝利の蔭には吾人の想像だにも及ばない犠牲的不自由な生活に甘んじてゐる事實を見逃してはなるまい。凡そ奢侈逸樂を事とし て興隆せる國家は未だ曾て之を見ないのである。

惟ふに我が銃後國民生活の現狀を顧みると通貨の膨脹が購買力の增大を誘發し、殊に股販產業方面に於ては生活樣式の奢侈化に拍車をかけた事實は否めない。一方に於て物資の一

大消耗が行はれて居る場合、日常生活に於て平時と同じ質と量との物を欲求することは許さるべきでない。戰時には戰時に相應しい生活樣式がなければならぬわけで、銃後の國民としては最少限度の生活に甘んずべき責務があるのである。

茲に於て政府は生活必需品等の消費規定に關し不急不要品又は奢侈贅澤品の生產、製造及販賣を制限又は禁止すること或る程度の必要性あるものと雖其の物の原材料が重要生產資材又は生活必需品資材なる場合に於ては右に準ずることゝなつた。

「푸러리」의 悲嘆

우리 「푸러리」가 姙娠하기 벌서 다섯배째인데 或은五六頭 或은十餘頭식 한배에 낳었어도 번번이 하나도 살수없이 길렀었다(집에서 자랑둥안은)。 그런데 이번배에(지난十二月十九日姙娠) 이르러서는 出産後 몇일못되여서 하루밤동안에 네마리가 죽었었다。 필경 마루 밑에서 炭酸瓦斯에 醉했든 모양이어서 우리는 主人된 人間의 不敏과 不誠을 「푸러리」앞에 깊이 謝過하는 마음으로써 죽은 새끼를 處置하여 멀리 버렸다。

二

그러나 「푸러리」는 그 버린屍體를 다시 自己자리에 물어다가 無數히 핥아주며 다듬어주며 굶어보며 앉었었다。 몇일동안은 잘 먹지도 않고 젖지도 않으면서 새끼를 슬퍼하매 主人의 痛恨이 또한 적지않었다。

「푸러리」의 남어지 새끼 세마리中에 한마리가 매우 弱하드니 오늘(二月十五日) 드디어 운명하였다。지난 밤동안은 어찌했는지 알수없으나 우리가 起床하여 注意해 보기 시작해서부터 「푸러리」는 먹지도않고 움지기지도않고 운명하여가는 새끼의 「枕邊」을 지키고 앉었다。 때로 「네가 젓을 아끼고 낫우먹이지 않었기 때문에 에 새끼가 弱해서 죽는다」고 責하면 悔恨하는듯 그 눈이 흐려지군 하였다。

드디어 絶命하였으매 午正도 지난때에 헐일없이 그屍體를 멀리 내다 버렸드니 「푸러리」는 또 다시 물어다 놓고 핥아준다。 「푸러리」에게도 肉體의 復活을 믿는 信仰이 있다는外에 이事實을 무엇으로써 說明하랴。

惶悚하오나 聯想에 오르기는 우리先生님이 그 사랑하는 딸을 잃었을때에 「다시 만날때까지의碑」를 세웠고、우리先輩가 그愛妻의 火葬한遺骨을 終生토록 自己의 机上에 安置하였든 일이다。世上사람들은 이런일을 評하야 意地를 뻘이는 일이라하며 固執을 부리는 일이라 하였으나 아、萬一 體形을 具備한 復活이 없다할진데 가엾은 것은 基督教徒뿐이랴(고前一五·一四)。 이生의 終端이 永久한 終點이라면 生의 虛無에 누가 견딜소인가。

우리는 特히 「愛犬家」가 아니다。世上에 널리찾어 良種을 擇한 것도 아닌데 어찌 「푸러리」같은 有德한 개가 생겼든고。우리 이웃애는 끼마다 牛肉이며 날마다 無限한努力으로써 訓練한結果 英語四十餘마디를 解得하여 命하는 曲藝를 演하는 개가 있었으나 우리는 床에서 떠러진 「부스러기」外에 먹인것이없고 한가지 曲藝를 가르킨것도없는데 怯나하는 主人을 새벽山길에 保護해주며、祈禱하는동안 靜肅으로써 侍立하며、體形具備한復活信仰을 몸소立證하여주는 개가 생겼으니 아、얼마나한 運福인고。創造의 主 여호와께 讚頌을 드릴진저 感謝를 드릴진저。

골로새書講義 (一三)

金 教 臣

對外關係 (四·二—六)

(二一) 기도를 항상 힘쓰고 기도에 감사함으로 깨여 있으라.

[항상 힘쓰고] προσκαρτερεῖτε 줄곳 하게 하라는 뜻이다。끊임 없이 지긋지긋하게 하라 하라는 뜻이다。現今 流行語로서 하면 「長期戰」으로 기도하라 는 것이다。안하면 몰라도 기도 라고 할라거든 長期戰으로 하라。長期戰이 아닌祈禱는 차라리 시작하지 않는이만 같지 못하다。(로마一二·一 二, 대살前五·一七, 에베六·一 八, 使徒一·一四와 누가一八·一 —八等參照)。

[깨여 있으라] γρηγοροῦντες 도정신한다、四方을警戒한 다(파수군이)는 뜻이다。한번한번 祈禱하는 行動 態度 든지、日常의 기도생활의 習慣이든지、조을듯해서는 안된 다。散慢하고鈍重해서는 못쓴다(대살前五·六)。長期戰이라 는 기도」란 어떤것인가、或者는 한번 기도를 시작하 면 한시간이고 무시간이고 乃至 五六時間이라도 길게 길게連續하여、함께 시작하였든 信徒들이——그중에 牧 師 長老들까지라도——진절이 나서 하나식 둘식 모주 리退散하여 가는것을 보고야 「아—멘」을 부르고、스

1、기도 는 끊임없어야한다。放棄 斷念은禁物。
2、기도 는 生新 潑剌할자어다。조을지 말라。
3、기도 는 感謝 讃頌이 앞설것이다。

이것은 祈禱의三大要素라 할것이다。그러나 「끊임 없

도 「代齊爲名」으로、하는지 마는지 하는 싸움은 차라 리 안하니만 못하다。기도는 한번 한번이 모다 生々 하고 躍動하며 懇切하고 敏活하여야하며、祈禱生活의習 慣이 또한 잠자는것같은 冬眠狀態가 있기를 容納지 안 한다(베드로前四·七、五·七、八、마태二六·四一)。

[감사함으로] εὐχαριστίᾳ 이미 받은 恩惠를 記憶하 여 감사함은 새로운 기도의 內容을 一層 生氣있게한 다。모든聖徒의生涯가 그랬든것처럼 바울의一生은 이感 謝의雰圍氣속에서 始終하였다()·一三、二·七、三·一七、 빌립四·六)。

바울은 個人의靈的新生과 信徒의家庭生活의 實踐道德 等內的方面에對하여 가르키고서、一言을 對外關係에 論 及하고저할때에 먼저 祈禱에關하여 簡明한 注意를 加 하였다。一見 이一節은 쓸데없는듯 보이나 其實은 以 上에 旣述한 對內關係를 確固케하는것도 祈禱이오、以 下에 添述하려는 對外關係의 準備도 이祈禱인 까닭이었 다。靈界의百戰을通過한 老將의 周到綿密한 敎導의秘法 을 여기서도 엿볼수있다.

對外關係　　三

골로새書講義

스로 「祈禱의 長距離選手」인 것을 자랑하는 「聖徒」가 있으나, 이는 勿論 바울이 期待한 기도는 아니다.

또 어떤이는 名山이나 深谷을 찾아 彷徨하게 夏節엔 소옷을、冬節엔 홋옷을 입고 聖者然하게 瞑想과 祈禱로써 밤을 새며 해를 보내는 「祈禱專門家」、 或은 「祈禱軍」이 있으나, 이것도 바울이 願한바 祈禱는 아니다.

그러나 이와 反對로 어떤이는 스스로 基督信者를 自任하면서도 「나는 特別히 祈禱의 姿勢를 收하고 하는 祈禱는 늘이지않소。따라서 特定한 祈禱의 時間도 場所도 없고 祈禱에는 全然無能한 信者가 적지않은것도 놀라고 祈禱의 言辭도 모르오。오직 急한때마다 노와 줍소서 할뿐이오」하는이도 있으나, 이것은 「常놈」의 宗敎이다。오직 可憐할따름이다。

또 某々先生께서 修業했다 某々雜誌의 讀者라고하면서 敎理信條로서는 가장高級의것 正統의것을 把持하였노라고하나 信仰이 아직 理性의域을 徘徊하면서 生活의域에 넘어서지못한 까닭인가한다。

선배가 三日 讀書치안하면 혀바닥에 가시가 난다고 한것은 古今 學徒의 共通한 經驗이다。特히 近代의外國語工夫에 하루를 그만두면 그 語學에 親炙치않고 지나면 곳 혀속에 骨骼이 생긴것같아서 發音도 變化도 十年生疎한

四

感을 이르키는 것은 學徒의 日常經驗하는 일이다.

마찬가지로 信徒가 하나님께向한 「對話」即「기도」에 하루라도 中斷이 있으면 그 혀바닥에 가시가 안날수 없고 혀속에 骨骼이 생기면 빼치지 않을수없다。故로 「恒常힘쓰게 輪轉되는것처럼 天然스럽고 活氣있는 祈禱가 스스로 流露하지 아니치못할것이다。우리는 사람앞에서 아니라 하나님앞에서 이러한 天眞하고 必々한 기도가 있도록 祈禱의 習慣을 하루라도 中斷 斷念하지말것이다。

바울은 여기서 不信者를 向하여 祈禱의 必要를 說敎하거나 그 方法을 가르키려는 것이 아니다。이미 祈禱生活을 體驗한 信徒에게 말하는 것이다。祈禱生活하던者, 特히 남보다 一層敬虔한 信徒가 自己의 親近한者의 患苦를當한때、또는 自身의 聖潔과 信仰精進을爲하여、 또는 地上에 神意成就를 時急히 보고저願하여、얼마동안 精誠을 다하고 熱心을 다하여 祈禱한後에 아주祈禱의 無效를 斷定하거나 不然하면 形骸만 남은 조우는祈禱를 持續하는수가 있다。이런이들에게 特히 바울이 말한것이다。기도는 하나님과의 씨름이다（創三二•二四）。繼續하면 할수록 偉大한者이오、中斷하면 거기서 失敗이다。

（三） 또한 우리를 爲하여 기도하대 하나님이 傳道의 문을 우리에게 열어주사 그리스도의 비밀을 말하게 하시기를 求

하라。내가 이것을 因하야 매임을 당하였노라。

[또한] ἅμα「同時에」라는 뜻이다。너의 祈禱가 進行될동안 그와 同時에……。너의 自身을 爲하여 또他人을 爲하여 또其他萬般事를 爲하여 祈禱하려니와 그와 同時에 우리를 爲하여 祈禱해서도…… 우리들도 너의들의 祈禱속에 包含시켜 달라 하였다。여기「우리」라 함은 디모데(二·一)와 其他 함께 일하는者(四·一〇、二一)等을 이름이다。

[전도할 문을] θύραν τοῦ λόγου 直譯하면「말슴의 문을」이 된다。말슴의 문 이라면「입」을 聯想할것이나 그렇지 않다。이것은 傳道用語로서 처음 未知의 地方을 尋訪한 傳道者가 門을 두드릴때에 열고 迎接하는데 쓰이었다(고前一六·九、고后二·一二)。故로 妨害받을 없이 拘留當함 없이 自由롭게 傳道할수 있도록 祈禱해 달라는 뜻이다。

[그리스도의 비밀] 그리스도를 通하여서 온바 啓示、即「福音이다。第二章二節에「하나님의 비밀」이라고 있는데 그리스도가 그것을 지니는이오 成就하시는이인故로 한가지 뜻이다(二·二六參照)。

[말하게] λαλῆσαι 불러 숨기지 않고、드러내여 宣揚한다는 뜻이다(고前二·六、고后四·一三、데살前二·二)。

[매임을 당하였노라] 福音傳播한다는 까닭에 獄中에 갈

對外關係

처있는 中에 本書簡을 쓴때문이다(詳細한것은「골로새書大旨」本誌第一二一號恭照)。

(四) 그리하면 내가 마땅히 할말로써 이 비밀을 나타내리라。

바울은 拘禁中의 몸이 되었으나 다시 한번 自由로 몸을 얻어 躊躇함이 없이 꺼리낌이 없이 異邦人의 使徒된 職務를 다하여 멀고 먼 나라까지 이大陸에서 저大陸까지 福音을 傳播하고 싶었었다。

그리하기爲하여서는 골새教人들을 비롯하여、主그리스도안에있는 教友들의 懇切한 祈禱의 援助가 要求되었다。또 教友들은 自己스스로 海陸을 건너 그리스도의福音을 넘이 깊이 證據할 能力을 所有하지 못하였을지라도 各自의 日常生活의 祈禱中에 不自由한데서 고생하고있는 使役者를 記憶하며 爲하여 祈禱함으로써 福音傳播의 聖業에 共役者요 同勞者가 될수있는 것이다。이는 平信徒에게 許與된 더할데 없는 榮譽의 業이오 또한 반드시 다해야만할 義務도 된다。

바울은 使徒中에도 拔群의 學識을 가진者요、理論 論戰의 雄이오、七顚八起 九死一生을 得하면서 가진逼迫과患苦中에 福音을 亞細亞大陸에서 歐羅巴大陸까지 宣證한 膽力의 人이다。그러나 한번도 自己의 學識이나 辯才나 勇氣를 자랑한일이 없고、오직 恩賜로 주시는 主예수의

五

골로새書 講義

啓示와 이곳 저곳에 散在하여 微々한 生活속에서 記憶
해주는 半信徒들의 祈禱中에 바울自身의 超人間的인大活
動의 原動力을 期待하였었다。

（五） 외인을 향하여서는 지혜로 행하여 세월을 아끼
라。

[외인] τοὶς ἔξω 한城市의 門밖 사람이라는뜻으로부
터、外國人 異邦人 異敎徒의 뜻이다 (고前五・一二、대살
前四・二一)。

[지혜로] ἐν σοφίᾳ 크리스찬의 實踐的智慧。羊이 일히
가 온데中에 室內를 무르녹게 하는것처럼、貴한書籍에
準備하라한다(마태一〇・一六、에베五・一五)。

[세월을 아끼라] τὸν καιρὸν ἐξαγοραζόμενοι 直譯하면

[세월]은 時間이라는字요、[아끼라]는 사라(買收)는字이
니 「時間을 사라」는 말이다。「사라」는字는 다시 贖한
다는 뜻도 있다。

[아끼라]는字가 갈라듸아三・一三、四・五、에베소五章
一六節과 本節에 使用되어、통이 新約聖書에 四回만使
用되었는데 그 意味가 區區하여 歸一하지 않는다。여기
서는 「機會를 사라」、모든 機會를 잘 利用하라 는 뜻으
로 解할것이다。人生의 歲月은 쩌른것인데 不信社會에서
는 그것을 虛妄하게 浪費하는것이 特色이다。그런 社會
에 對할때일수록 特히 온갖機會를 利用하여 善을 行하며 永

六

遠한生命에 屬한일을 企圖하여야할것이다。

（六） 너의 말을 항상 은혜 가운데서 소금으로 고로게
함 같이 하라。그러하면 각 사람에게 마땅히 대답할것
을 알리라。

[은혜 가운데] ἐν χάριτι 말이 野卑하지않고 高貴하
며、실없지 않고 眞實되며、듣는者로 하여금 無意識中
에 溫柔하고 崇高하고 淨潔한感化를 받게하는言辭가 「은
혜 가운데」 있는 말이다(누가四・二二)。貴한 蘭草의香氣
가 온년中에 室內를 무르녹게 하는것처럼、貴한書籍에
接함과 「恩惠가운데」 있는 聖徒와의對話는 사람의靈을 限
없이 높은곳으로 끄러 올린다。

[소금으로 고로게] ἅλατι ἠρτυμένος 不信社會의社交에
주고 받는 言辭의大部分은 無意味乾燥하거나 또는 水
泡같아서 듣고난後에 다시 것잡을것이 없는 虛無感을 주
는것인데、信徒의 言辭에는 「약염」을 치라는 것이다。약염
이란 道德的으로 思慕하며 發奮하며 勇躍하게하는要素
를 말함이다(욥六・六、마태五・一三)

[마땅히 대답할것을 알리라] 不信者와의 社交中에 敎理
組織에 關해서나 或은 歷史 科學 其他에 關해서 無心코
묻는이도있고 惡意로 試驗하는者도 있을때에 適當한 答
辯이 準備되리라 한다。이것은 바울自身의 境遇가 그實
例였다(使一七章、同二八・二〇、고前九・二〇—二一)。

사랑과 信仰 （大正二年九月）

世界最大의 것——하나님안에서 最大의 것。
랑이다。하나님의 사랑이다。
사람에게 있어서 最大의 것——그것은 信仰이다。
하나님안에서의 信仰이다。
하나님이 其最大의 것인 사랑으로써 사람에게 臨하시고
하나님이 其最大의 것인 信仰으로써 應하여서 여기에 平和
가 있다。하나님의 기뻐하심과 사람의 구원이 있다。
사랑과 信仰——이는 世界最大의 두가지 이다。이 두
가지에 達하지않는 神學、이 두가지에 매이지않는 教
會、이두가지우에 行하여지지않는 傳道、是等은 있을必
要가없는것이다。이곳에나、또한 다른 如何한 곳에나 있
을必要가 없는것이다。

感化力과 聖靈 （大正二年十一月）

必要한것은 感化力이아니다、하나님의 靈이다。感化力
은境遇이다、外界의 感化力이다、霸圍氣이다。物質的 또는
道德的外氣이다、社交的境遇이다、教會關係이다。故로 따에
屬한者이니 地的이다。그러나 靈은精氣이다。안으로부터
움즉이는 意力이다。하늘로부터 오
는者이니 天的이다。사람은 感化力에 依하여 化하여지는것이
啓示的이다。

아니다。米國人 또는 英國人、佛國人 또는 露國人、社會 또는 教
會의 感化力에 依하여 化하여지는것이 아니다。사람이 化하
여지는것은 全能하신 하나님의 靈에 依하여서다。바울이 使
徒된것은 에루살렘教會 또는 안디옥教會의 感化力에 依한
것이아니였다。그의 告白에 依하면、하나님의 聖意에 依하여
것이아니였다。우리들은 偶像信者나 物質主義者가 하는것과
같이 感化力에 對하여 말하기를 쉬이고、모ー든 基督者가
해야할것과 같이 하나님의 靈을 主唱할것이다。

그리스도와 友誼 （大正二年十二月）

그리스도는 友誼의 中心 또 其眞髓이다。그를 떠나서、참으
로 깊은 永久히 繼續하는 友誼는 없다。「나와 함께 모
우지 아니하는者는 헤이는者니라」라고 그가말슴하신 그
말슴은 깊은眞理이다（누가福音十一章二十三節）。그와함께 모
우지않는 友人은 無晚間에 흩어질것이다。이와같이하여
그리스도가 벧을레헴에 나신때에 참友誼가 世上에 나
온것이다。故로 그聖夜에 天使가 노래하여 말하였다。
지극히 높은곳에서는 하나님께 영광이오、
따에서는 기뻐하심을 입은사람들중에 평화로다。
即友誼、隣交、永久不絕의 交際가、그들사이에 있어라 하
는것이다（同二章十四節）。

生命과 빛과 사랑

生命과 빛과 사랑 （大正三年二月）

하나님은 生命이다。그는 또 빛이다。그리고同時에 生命이고또빛인故로 그는 사랑이다。生命은 活力이다。그리고 빛은四方에 放散하여 아낌없이 自己를 남에게주는者이다。그리고 사랑은 他人을爲하여 自己를주어서아끼지않는 活力이다。그리스도의 사랑은 이런 사랑이다即同時에 빛이고 또 生命인 사랑이다。빛인故로 썩지않는 生命이다。生命인故로 타버리지않는 빛이다。여호와의 使者가 가시덤불 불꽃가운데서 모―세에게 나타났을때에 가시덤불은 불이 붙으나 그가시덤불은 타지않었었다。모―세는 그때에 그面前에서 사랑의 그리스도를 본것이다。불은 붙었었으나 가시덤불은 타버리지않었다。웨그러냐하면 그때에 있어서는、불（빛）은 生命이였기 때문이다（出埃及記 三章二、三節）。

西洋人과 東洋人 （大正三年四月）

西洋人은 相異를 高調하고、東洋人은 一致를 主張한다。西洋人은 解剖者이고 東洋人은 總合家이다。西洋人은 熱心히 設問하여曰「너는 何故로 내가 믿는것같이 믿지않느냐。」고。東洋人은 如斯한 質問을 하기에 躊躇한다。그들은 모든 誠實한 사람은 그根本에있어서 같

은것을 믿는다고 아는 까닭이다。그런故로 西洋人은 自然 東洋人의눈에는 粗暴하게 보이는것이다。그는 西洋人은 靈魂에 關한 微妙한 問題를 取扱하는데도 모다 다른問題를 取扱하는것같이 하기때문이다。西洋의 宣教師가 東洋人의 心琴을 울리기 어려운 主된理由는 여기있다고 余는 생각한다。心理學的으로 觀察을 내려서 東이 西로부러 먼것같이 東洋人은 西洋人으로부터 떨어저 있는것을 본다。

이야기나 事實이냐 （大正三年六月）

저들은 復活「談」에 對하여 말한다、그러나 우리들은 復活의 事實을 믿는다。우리들은 지여낸 이야기에 自己를 託할수없다、우리들은 事實에 自己를 委託한다。우리들은 믿는다、지여낸 이야기우에 쌓은 基督教는 基督教가 아니라고。우리들은 使徒바울과 더부러 믿는다、萬若 그리스도의 復活이 事實이 아니라면 우리의信仰은 헛것이요 우리는 지금도 오히려 罪中에 있음을。우리의 구원은 復活의 堅固한 참事實 우에 서는것이다。復活을 否定하고는 우리는 基督教自體를 否定아니치 못한다。그리고 만일 近代的基督教는 이點에 있어서 明白치 않고、또 그正統派라고 稱하는者까지도 지여낸 이야기라고 하고 滿足하여도、우리는 事實이라고

八

배웠고 그리고 지금도 亦是 事實이라고믿는 者이다。

다만 예수를 믿는다 （大正三年七月）

나는 善人인지 또는 惡人인지 나는 다만 예수를 믿는다。

나는 善事를 하고 있는지 또는 惡事를 하고 있는지 나는 모른다。다만 예수를 믿는다。

나는 天國에 들어갈수 있는者인지 또는 地獄에 떨어질者인지 나는 모른다。다만 예수를 믿는다。

나는 예수를 믿는다、그렇다、다만예수를 믿는다。하늘의 높음에 올으나、或은 陰府의 깊은곳에 떨어지나 나는 다만 예수를 믿는다。

나는 지금은 自己를 責하지 않는다、責해도 無益한 까닭이다。나는 다만 예수를 믿는다。

다만 예수를 믿는다

世上을 救하는 福音 （大正三年十二月）

社會改良의 福音이 아니다、高等批評의 福音이 아니다、美術과 學術의 福音이 아니다、또 純道德의 福音이 아니다、낡은 單純한 그리스도와 그의十字架의 福音이다。이를 除하고 他에 世上을 救할 福音이 있지 않다。그리고 이福音이야말로 지금도 오히려 옛날과 같이、知識的힐라人에게는 미련한者、天主教的바리새的 倫理的 教會的의 유다人에게는 걸려 넘어지는 돌이다。그러나 믿는者에게는 救援에 다다르는 하나님의 眞實한 能力인것이다。그리고 이제 文明世界가 그 자랑하는 文明의 연고로써 死에 잠겨있는때에 우리는 一層의 熱心으로써 낡은 單純한 그리스도와 그의十字架의 福音을 說하고 그 「惡」로써 世上을 救하지 않을것인가。

余輩의 選擇 （大正四年三月）

「事業、事業、事業」하고 近代의 基督教는 말한다。特히 近代의 米國의基督教는 말한다。그러나、예수께서는 말슴하신다 「믿어라」고。바울은 말한다 「信仰으로부터 信仰에 이른다」고。그리고 余輩는 平和를 주고 平和를 妨害하는 能力을빼앗는 所謂 近代人의基督教는 믿지않는다。

「내가 만일 福音을 傳하지 않으면、禍있을진저」라고 바울이 말하였다。그렇다 우리가 萬一 이에代하여 外交와 社會改良과 西洋文明을 傳한다면 禍있을진저。그러나 嗚呼라 後者를 傳하고저 하는者는 많고 前者를傳하고저 하는者의 적음의 슬픔이여。世上에 歡迎받을지니하여도、그래도 必要不可缺의 그리스도와 그의 十字架에 못박히신것을 傳하는 者 적은것은 可歎할지로다。

九

來翰

來翰

白雪이 滿乾坤하오니 松栢의 푸른빛이 더욱 아름답나이다.

落木寒天에 찬바람 蕭殺 하온데 굳센 믿음속에서 先生님 기체후 이어 만강하옵시며 宅內도 고루 안영하옵시나이까. 삼가 문안 아뢰옵나이다.

不肖侍生은 罪逆深重한몸으로 오히려 頑命을 支存하오니 木石에도 부끄럽사오며、지난해 봄 長谷川敎會에서 잠깐 뵈옵고 물러온以來 문안 아뢰옵지 못한채 해가 바뀌었사오니 죄송하옵마음 그지없나이다.

東西風雲、바야흐로 어둡고 內外의 情勢、진실로 어지럽사온데、聖戰을 위하사 日々新 又日新하는 犧牲奉公의길을 몸소 가르치시기 얼마나 고단하오시리까.

回顧하옵건대 侍生이 先生님을 사모하옵기는 벌써 六年前의 옛날이옵니다.

舍仲이 不幸하와 病床에서 生死의 關頭를 彷徨하는 지서는 三界迷妄의 可憐한 乞丐인 侍生을 위하사 愛惜의빛을 드리우셨사오니、그때의 合仲을 激勵慰安하심이 恩寵 얼마나 至極하셨든지 이제 오히려 그날々々의 感激도 새롭나이다.

××大兄의 管鮑같은 熱情的 友情의 꽃다발이 사흘 도리로 날러들고、다달이 어김없이 先生님의 福音이 印刷香氣도 새로운제、舍仲의 靈魂에 빛을 더하여 주심을 目擊하올때、高普五年生이든 侍生의 어린 가슴에는 마치 아름다운 天使들을 現實에서 뵈옵는듯 念慕의 꿈도 밤바다 새로웠나이다.

꽃이 피고 잎이지고、달이차고 해가 가는사이에、流転하는 法流를 타고、際遇、幾転하고 春秋、屢經하와 落々 六周星이 되옵는 오늘 出獄歸鄕 滿一周年의 밤을 默々한 思念속에서 잠들지 못하옵고、冷水로 洗心하고 눈꽃핀 松庭을 홀로 거닐어、우러々 照耀하는 星斗를 손짓하고 웃고름 날리는 쌀々한 바람에 뜨거운 시름을 실어보내어、썩어진 마음에다「맑고 거룩한 믿음이 용솟음치라」어루만저 달래는 侍生이옵니다.

지금은 侍生에게 一層 무거운 試鍊의 때이오매、處身에 대하와 傷心치는 않자오나、눈속에 자라는 보리를 배와 悴勵精進코저 하오니、비옵건대 先生님 께옵서는

一〇

咸先生님은 글로써 尊敬하옵든터이온데、그處地 往年
의 侍生만 못지 않싯오니 紅淚滿襟、寒弟와 아들러 생
각 달림이 간절 하옵니다。끝으로 굳센 믿음속에 毅然
하오신 先生님 우에 世紀의 榮光이 드리우시기・비오
며 나머지 갖추지 못한채 이만 아뢰나이다。辛巳、新
正中澣、시생 ×××상서

×　　×　　×

이글을 받고 반가웠다。

氷山같은 사람을 發見한까닭
이었다。六年을 두고 思慕한後에 한장의 편지! 실람
은 마땅이 이만한 깊이를 가질것이다。

그러나 이글을 받고 마음이 무거움을 禁할수 없었
다。기쁨은 슬픔의 種子요、만난者 반드시 離別하나니、
큰 期待로써 만난者는 큰 失望으로써 여이어가는 法인故이
다。오늘날 까지 余輩를 하늘에까지 높였든이로서 굴영
에까지 차면지지 않고서 물러선이가 없었거니와、듣전
대、이 書翰의 筆者에게는 世上에 尊敬할만한人士라고 한
둘밖에 남어있지않다고 한다。이번은 余輩가 그順番에
들었으니 尊敬과熱情은 瞬間의일이오 蔑視와冷情은
長久한일임이다。

때에 內村鑑三先生의 「聖書之研究」誌의 創刊號에 如左
한 短文이 있어서 매우 마음의 輕快를 恢復하였다。

基督教와 師弟의 關係

너의 先生은 하나뿐이니 곧 그리스도요 너이는
다 兄弟니라(마태福音第二十三章八節)。

世上에 師弟의 關係라는 것이 있었다。그러나 基督教에는
일즉 이런것이 없었다。基督教에있어서는 스승은 오직 하
나이다 神이신 그리스도 있을 뿐이다。他는 모다 兄
弟의 關係이지。師弟의 關係는 아니다。우리가 본받으려고
願하는이는 오직 그리스도요、牧師나 傳道師나 或은 其
他의 教師가 아니다。이 一事를 分辨치못함으로써 世上에
基督教를 解得치못하는者 많다。

×　　×　　×

罪에서 救濟받은者가 아직 罪에 沈淪해있는者를 救하
고저願하니 이것이傳道요 救濟이다。내가 救濟를唱導하
는것이 내가完全無缺한爲人이래서가 아니오、내가 病들
었다가 나왔으니 醫癒의快를 他人에게頒布하려는 願心
뿐이다。儒者가 世上을 誨諭하려는것과、佛者가 이것을
濟度하려는것과、基督信徒가 이것을救援하려는것과는 그
根本的思想에있어서 偉大한差異가있다。

×　　×　　×

우리는 世上을 誨導하려는 教師가 아니오、世上에 우

基督教와 師弟의 關係

一一

基督敎와 師弟의 關係

리의 實驗을 頒布하려는 表白者이다。우리는 사람을 우리自身에게 이끌려는者가 아니오、우리에 依하여 사람을 하나님께 이끌어가려고願하는者이다。故로 우리는 우리의缺點을指摘받는일을 꺼려 안한다。그는 우리의缺함이 도리어 하나님의完全을證據하고、우리의弱함은 하나님의 强함을 立證하기때문이다。基督敎가 他宗敎에勝함은 그 敎徒의缺點에依하여 그敎理가證明되는 까닭이다。

×　　×　　×

基督敎徒란 救宥받은罪人以外의 아무것도 아니다。淸淨潔白의人、마음에 一點의 흠없는사람、하나님의救宥의 必要를感함이없는人間은 或은 世上에 일카르는 正義의 人은 될지언정 아직 基督信徒될수는없다。일즉 傷處입은일 없는者는 基督의贖罪를 解得할者가 못된다。

×　　×　　×

人間中에 스승으로 우러러볼만한人物을 求하려는者는 반드시 失望하리라。그는 저들中에는 스승으로 우러러 볼만한理想的人物은 一人도 存在하지않는 까닭이다。그러나 同情者를 求하려고願하면 우리와 같이 괴로워하는者、우리와같이 光明을探求하는者를 求하려면 우리는 그런이를 만나기는 어렵지않다。理想的人物이란것은 肉眼으로써 볼수없는 靈이신 하나님에게 있어서만 求할 것이다。이것을 肉을 쓴 人間에게 求할진대 아모런 聖人君子라도・우리를 滿足시킬수 없나니라。

一二

內村鑑三先生의文을 朝鮮語로 譯載하는일은 內村家에서 그承認을 얻었다할뿐아니라 우리의 기쁨이오 힘이오 자랑이오 感謝이다。그러나 이것도「聖朝通信」의廢止와 마찬가지 趣旨로써 純宗敎的인 以外의 것은 當分間 그譯載를 躊躇하게 되였다。

罪人만을 爲하야 （第十二回）

A、J 럿셀 著

趙聖祉 譯

第五章　最初의 하우쓰파-티 （2）

푸랭크는 가는곳마다 國籍의 如何를 勿論하고 많은 悔改者를 남겨놓는다。 그리고 이렇게함으로 그에게는 보다넓은 活動의 길이 열리게 되는것이다。 그一例로써 푸랭크 타라는 少年을 들수가 있다。 大히마라야의 칸첸융가 連山에서 된일이다。 여기에는 아부라할의 한帳幕이 空中에 걸려있었다。 自然속에서 어떤 學生들의 캠푸가 開催되고 있는中이었다。 여기에 이좋은 어떤 學生도 많이 있었다。 그中에는 도음을 要하는 學生도 많이 있었다。 그指導者의 한사람으로 어떤 有名한 英國中學校의 先生도 있었다。 그는 푸랭크를 指導해달라고 푸랭크 를 招待하였다。 푸랭크는 講話같은데는 참예할려고 하지않었다。 그보 다는 며들고 도라단니는것이 더 좋와왔다。 그리고는 天幕의 말뚝을 뽑아던지기도하고 다른사람에게 싫여하는

일을 하는것으로 快感을 얻는것이었다。 先生들은 會議 를 열고 푸랭크를 집으로 도루 보내기前에 何如튼 안되겠다 고 決議를 하였다。 그러나 보내기前에 何如튼 안되겠다 하고 한번 말을 해보게 하는것이 좋겠다고 생각하였 다。 푸랭크는 그들에게 물었다。

「당신들은 그少年과 이야기를 해보았습니까?」

「아니요、그에게 對해서 議論을・했읍니다。」

사람들은 다른사람의 이야기는 잘하지만 그사람과 直接은 決코 하지않는다고 푸랭크는 말한다。 오히려 그것이 먼저 해야할일이라고 말하고 열時半에 그少年과 맞나겠다고 約束하였다。 그時間은 왔지마는 푸랭크에게 오지 않었다。 그리고 點心時間에 先生은 푸랭크하고 재미있는 會話를 하여보았느냐고 물어보았다。

「아니요 푸타는 맞나지도 못하였습니다。」

「아 그래요? 그러나 그애는 날보고는 約束을 했는 데요」

「푸타는『애쓰』라고 말은 했을넌지 모릅니다。 그러나 맘속으로는『노우』를 意味했을것입니다。」하고 푸 랭크는 말하였다。

두時半에 맞나기로 다시 約束을 지었다。이時刻은 印度의 午後로서 누구나 이때는

罪人만을 爲하야

서늘한 扇風機밑에서 낮잠이나 잘려고 하는때이다。두時半은 왔다。

「그래 이번에는 뭣타하고 재미있는 이야기를 하셨겠지요!」하고 先生은 또 물어보았으나 對答은 前과 마찬가지였다。

「날보고는 約束을 했는데요」하고 마찬가지였다。이말은、同時에 兒童들과 接近하는데 融通性이 없다는 것을 意味하는것같이 들렸다。

그날밤의 集會를 푸랭크보고 引導해달라고 請하였다。푸랭크는 承諾하였다。그러나 거기에는 여러種類의 少年들이 있고 따라서 解決을 要하는 다른 問題도 많이 있겠으니까 꼭 뭣타에게 適切한 이야기를 하게될는지는 保證할수없었다。그날밤푸랭크는 어면 이뿌장한 조고만 禮拜堂에서 말을 하였다。

이야기를 한참하는데 先生이 드러왔다。그는 밖에서 밝은 달밤에 運河에서 뻬-트를 타고있는 뭣타를 끌어 내려고 타일르다못해 그만 成功하지 못하고 그 저 도라오는 길이었다。

「뭣타가 말을 안듣는다고 責할수있는 사람이 누구입니까?」

푸랭크는 이 이야기를 할때 이런말을 하곤 한다。그 先生은 지금 必死的이었다。한번은 푸랭크가 보니

一四

까 뭣타를 爲해서 그리고 自己自身을 爲해서 그리고 어떻게하면 이 아이를 가장 잘指導할수 있을는지 빛을 보여달라고 祈禱를 하고있었다。

그다음 日曜日아침 열한時쯤 되여서 先生은 푸랭크에게 달려들어와 「뭣타가 있읍니다」하고 報告를 하였다。푸랭크 보고 卽時 오지않으면 안된다는 것이었다。

푸랭크는 뭣타 보고 自己와 會見을 할려고 覺悟를 하고 椅子에 앉어있으려니하고 豫想하면서 따러갔다。그러나 거기 푸랭크가 引導를 받어간곳은 조고만 山언덕이었다。거기에는 뭣타하고 또 다른아이 하나 하고가 두時半車에 미꾸라지처럼 빠져나가기 잘하는 뭣타를 이번에는 옴짝 못하게 붓드러가지고 캠푸로 다리고 도라오기를 얼마나 바랬는지 알수없었다。그러나 푸랭크는 가만가만히 接近하여갔다。왜그러나하면 뭣타는 ——이제까지 여러번 會見을 避해온것 때문에 그良心이 安定하지못하는 故로—— 大端히 嚴重히 警戒를 하고 있었기 때문에 그리고 마치 馬車바퀴모양으로 보이는 참대막대기를 가지고 놀고 있었다。막대기 이 두 아이는 가운데를 쥐고 빙빙돌려서 이게하는 것이었다。이것은 이래보여도 많은 熟練과 技術을 要하는 것이었다。뭣타가 돌릴때 푸랭크의 快活한 목소리가 울려 나왔다。

「쀡타야!」

쀡타는 감짝 놀랬다。푸랭크는 機會를 잃지않고 말
을 이었다。

「아유! 쀡타는 참말 잘하누나、 나도 한번 해보았
으면」

「한번 해보세요」하고 쀡타는 極히 自然스럽게 말
하였다。푸랭크는 해보았으나 서툴렀다。쀡타는 그의 절
절매는 樣을 보고 좋와하였다。푸랭크는 쀡타의 동무에
게 向해서

「쀡타하고 좀 할말이 있는데 너좀 容恕해주련?」ㅡ
하고 말하였다。그아이는 저편으로 혼자 거러가 버렸
다。애석한듯이 뒤를 힐끔힐끔 도라보면서。마치 롯의 안
해와도 같이。

푸랭크와 쀡타는 어떤 天幕속으로 드러갔다。그들은
거기에 앉으며 푸랭크는 입을 열었다。

「나도 그전에 한번 캠푸에 간일이 있었는데 나는
참 싫었서」

쀡타는 氣色이 갑작이 明朗해젔다。

「先生님도 그랬읍니까?」

「勿論」

「나도 그래요」

「그理由는 무엇일까?」

罪人만을 爲하야

ㅡ나는 內部에 무슨 故障이 있기때무니라고 생각합
니다。나는 反抗心 생깁니다。」

하고 쀡타는 말하였다。

「그래서 天幕의 말뚝을 다 뽑아던었었구나?」

「그럼요、나는 꼭 때여갈줄만 알었읍니다。그래서 아
무도 맞나고싶지도 않었고 사람들이 다 싫여졌읍니다」

푸랭크는 그少年에게 잘알어들었노라고 말하였다。그
리고 그少年이 미워하는것은 거이다 自己도 미워하는
것이라고。말하였다。그들은 오래동안 이야기를 해나갔
다。나종에는 그少年은 自己가 잘못하였노라고 말하게
되었다。

「그럼 얼마만침 잘못했니? 너 後悔라는말을 아
니?」

「예 알고말고요、그것은 사람이 앞으로 나가다가 무
슨 잘못을 하고 패니 했다고 생각하는것이지요」

「그려면 너는 지금 어떻게해야 되겠다고 생각하니?」

「悔改입니다」

「그것은 또 어떻게 하는거냐?」

「그거요? 그것은 잘못했다고 생각하고 다시는 안
하는것이지요」

이少年의 定義는 푸랭크에게 大端히 感銘을 주었다。
그래서 그는 그때以來로 이定義를 늘 使用하여 왔다。

一五

罪人을爲하야

푸랭크는 이少年에게 自己는 친구가 한분 있는데 이 분은 大端히 재미있는 분으로서 自己는 언제던지 그이의 말을 잘들으며 또 이분은 아주 威壓力이 있는 분이기때문에 自己는 그에게서 한번도 달어날려고 해본적이 없다는 것을 이야기하기 始作하였다. 그랬드 少年은 곧

「나는 그분이 누구인지 압니다. 그리스도시지요」 하고 말하였다. 그리고 「나는 크리쓰찬이 되고싶습니다. 그러나 어떻게하면 될수있을까요?」하고 물었다. 푸랭크는 自己가 그러면 크리쓰찬 되는法을 가르쳐 주겠다고 말하였다. 그는 自己의 어려운 問題는 「I」 (我) 字로서 始作하였다는것과 그리고 이 「I」字는 說明하였다. 「罪는 우리의 눈을 멀게하며 우리의 몸을 結縛하며 눈앞을 어둡게하며 귀를 먹게 하며 感覺을 죽이는 것이란다. 우리의 要求하는 것은 信仰이다. 우리가 徹底하게 罪를 내여버리고 그리스도를 따를려고 할때에는 기쁨과 解放이 오는것이다. 우리가 願하는것은 그리스도와 連絡하는것이요 우리의 生活을 그에게 맡기는것이다. 그렇게 할려면 우리는 어데로 가야할까?」

기少年은 即時로 서슴지않고 對答하였다.

「꼭 한곳 있습니다. 即 무릎을 꿇는것입니다.」 少年은 祈禱를 하였다. 單純하고도 힘있는 祈禱였다. 이런 祈禱는 눈과 귀를 지으신 하나님께서 速히 드르시는 祈禱다.

「오 主여! 나를 支配하여 주십시요, 나의 힘으로는 나自身을 制御할수 없읍니다.」

그들은 일어났다. 그리고 크리쓰찬生活의 成長發展에 對해서 이야기하였다. 푸랭크는 成長하는 참方法은 다른 사람을 도와주는 것이라고 하였다. 少年은 말하기를 自己는 지금 마치 무거운 짐을 나려놓은것같은 感이 있다고 말하였다. 無益하였던 많은짐이 굴러떨어져 나간것이다. 그는 이런일이 어째서 좀더 일직이 일어나지 않었을가하고 異常히 생각하였다. 이 새로운 感情은 뭐타에게 아주 滿足하였다. 그래서 가서 동무들에게 이야기 하지않으면 안되게 되었다.

先生은 벌서 停車場에 가있었다. 그래서 푸랭크도 뭐타를 다리고 停車場으로 갔다. 途中에 그들은 한사람이 監獄으로 붓들려가는 것을 보았다. 붉은 帽子를 쓴 看手가 捕繩으로 그罪囚를 結縛해가지고 취고 있는것을 보고 푸랭크는

「아, 가엾은 光景이다! 저사람은 奴隷이구나」 하고 嘆息을 하니까 그 改變한 少年은

一六

「나도 오늘아침까지는 奴隷였읍니다。그러나 지금은 自由입니다」하고 묻지도않은 말에 對答을 하였다。

「그렇게 느껴지니?」

「예、나는 지금 空氣와같이 輕快합니다。」

뷕티가 車票를 사고있을때 先生은 푸랭크에게 올라와서 自己는 벌서 그少年이 훌륭히 變化한것을 알았다고 말하였다。그의 容貌가 벌서 달르드라고 하면서 어떻게된 일이냐고 물었다。

「뷕티에게 물어보시지요、우리는 서로 秘密을 직히는게 좋을줄 아니까요」하고 푸랭크는 말하였다。그러나 뷕티는 지금쯤 무엇을 하고있을가? 푸랭크는 플랠폼을 나려다 보면서 好奇心을 일으키였다。이 好奇心은 오히려 先生의 好奇心보다 더 컷었다。푸랭크는 階段을 나려가며 보니까 뷕티는 手甲을 채운, 罪囚하고 親切한 態度로 이야기를 하고있었다。그罪囚도 곳잘 이야기를 바다 하였다。

「너 그사람보고 무어라고 이야기했니?」

뷕티가 올라오자 푸랭크는 이렇게 물었다。

「나는 그사람보고 참 안됐다고 그랬지요。그리고 나도 그사람 같었던때가 있었다고 罪囚였었노라고 그랬읍니다。即 나는 바울 中에는 이主人을 자게하는것이...

囚였었다고 그랬읍니다。그리구요 나는 그사람이 나오면 다시 맞나서 여기에 對해서 좀더 이야기 할수있기를 바란다고 그랬읍니다。

뷕티는 갑작이 벌떡 일어나 걸어갔다。그리고 어떤 라이쓰카레-를 하나 사다 주었다。그랬드니 그사람은 感謝히 받어 먹었다。

몇週間後에 푸랭크는 친구 몇사람하고 뷕티가 살고있는 鄕市에서 묵게된일이 있었다。그리고 어떤 日曜日 午後에 뜨라이브를 하자고 招待를 받었다。그러나 푸랭크는 그보다 自己는 여기에 머물러서 참으로 生活 變化를 經驗한 靑年을 한사람 맞나보겠노라고 말하였다。그主人은 이같이 더운 午後에 그건또 무슨 청성인가하고 속으로 생각하였다。푸랭크는 그의 學校로 찾어갔다。그리고 뷕티를 찾어달라하였으나、그러나 뷕티는 지금 마호멧트敎 區域에 가서 어떤 宗敎集會를 引導하고있다는 말을 듣고 그는 저윽이 기뻐하였다。그날밤 푸랭크는 그主人에게 이 이야기를 自初至終으로 다 하였다。그랬드니 이主人은 얼마나 재미가 있었던지 내그主人에게 이 主人을 자게하는것이 큰困難이리만침 되었다。

그는 이같이 큰 變化가 現代靑年에게서 일어날수 있

罪人만을 爲하야

一七

罪人만을爲하야

다는것은 믿지못할일같이 생각하셨다。그것은 마치 新
約聖書의 奇蹟이 反復된것 같다고 하셨다。

「당신自身이 實行해보면 어떻습니까? 사람들은 大
槪 다른사람이 와서 해주기만 바라는것입니다。」하고
푸렝크는 暗示를 주었다。

이튿날아침 푸렝크는 일즉 뷕타와 朝飯을 같이먹으
러 갔다。이 동무들에게도 뷕타가 멧쎄이지를 傳達
리고 왔다。뷕타는 二三人의 改變한 學校의 친구들을 다
했든것이다。

二三週後에 푸렝크는 亦是 그國內이지마는 멀리 떨어
저있는 한地方에로 갔었다。그곳에서 監督 한사람과 맞
나서 몇週間은 그監督하고 같이 留宿하게 되었다。
그監督의 第一 처음 한말은 이러하셨다。

「나는 당신에게對한 紹介의 말을 要하지 않습니다
나는 뷕타를 보았읍니다。」

푸렝크가 뷕타에게 對한 成切을 한것으로 因하여 그監督
은 푸렝크를 招待하여 옥쓰포드의 學生 한사람을 맞나
게하셨다。그리고 이會見이 發展하여 가지고
「옥쓰포드그룹運動」이 된것이다。

황 소

一八

山口縣秋吉臺에서 大理石山을 經營하든 時代의 本間俊
平翁은 그때에 朝鮮황소 한마리 養育하셨었다。그 소가
하루에 먹는것은 사람의三分之一의치도 못먹는데 일하
는것은 八人分을 넉넉히하며、勞働問題 요란한時代인데 소
는 何等不平도 이르키지 안하며、다른 소에 比하야 朝
鮮소는 特히 溫順하기 比할데없다고 極讚하면서 소를
隣室에 매여둔 書齋에서 무릎치며 소리 높여 부른 和
歌一首는 이러하였다。

人のため重くひきにあへきつゝ
休ますあゆむ牛に學ばめ

라고。그리고 家族에게對한 遺言三個條는 如左하였다。
1、忠誠을認識하는뜻으로 每日 一等麥으로써 먹일것。
2、家勢가 貧寒하게될때라도 大理石碑를 세워줄것。
3、죽으면 埋葬하고 大理石碑를 세워줄것。

이렇게까지하면서 소의 恩惠를 갚으려고했고、소의게서
배우는것이 사람의게서 배우는것보다 크다 하였다。
其他 東京郊外같은데서 「百姓」들이 朝鮮소를 어떻게
貴여워하며 고마워하며 언손에 받들듯이 保護해 부리
는樣을 볼때마다 우리는 큰罪나 지은것같이 느꼈었다。

$\overset{\backprime}{\alpha}$　$\overset{\prime}{\iota}$　$\overset{\backprime}{\upsilon}$　$\overset{\backprime}{\epsilon}$　$\overset{\prime}{o}$　$\overset{\backprime}{\eta}$　$\overset{\backprime}{\omega}$
ハ　ヒ　フ　ヘ　ホ　ヘー　ホー

複合母音に附る場合は第二字に附ける。

$a\overset{\prime}{\iota}$　$a\overset{\backprime}{\upsilon}$　$\epsilon\overset{\prime}{\iota}$　$\epsilon\overset{\backprime}{\upsilon}$　$o\overset{\prime}{\iota}$　$o\overset{\backprime}{\upsilon}$　$\upsilon\overset{\prime}{\iota}$
ハイ　ハウ　ヘイ　へゆ　ホイ　フー　フイ

（例外）　子音 ρ が語首に來た場合は常に ῾ を附ける。ῥήτωρ の如し。

② アクセントは三種

　　　´ 銳音符　最後の三音節の何れかに附す。　例 διδάσκαλος
　　　　　　　　　　　　　　　　　　　　　　　　　　 3　 2 1
　　　῀ 長音符　最後の二音節の何れかに附す。　例 σῶμα
　　　　　　　　　　　　　　　　　　　　　　　　　 2 1
　　　` 低音符　最後の音節に附す。　　　　　　　例 καὶ…………

ギリシヤ語のアクセントは音の高低（pitch）を示すものであつて，英語の如く音の強弱（stress）を示すものとは全く異ります。面倒な規則がありますが氣にする必要は有りません。

（´）$\overset{\prime}{\alpha}\nu\theta\epsilon\omega\pi o\varsigma$ アンすローボス（人間）は αν と θρω と πος の三音節から成つて居る。銳音符（´）は終から數へて第三音節の αν に附いてゐます。然し最終の音節が長母音（又は複合母音）になつた場合，例へば語尾の πος が πων（又は που）になれば銳音符は終から二番目の音節で止まります。即ち

ἀνθρώπων 又は ἀνρθώπου になります。

（῀）同樣に長音符（῀）は最終が短母音の場合は終から二番目の音節にあるものですが，終が長母音になつた場合は最終の音節に止まります。

例へば　οἶκος は κος が κων となつた場合には

οἰκῶν となります。

（`）語の最後の音節にある（´）符は文中にては（`）符に變る。但し句讀點の直前にある場合はそのまゝ。　例へば　次の例にて Θεός を見よ。

καὶ　ὁ　λόγος　ἦν　πρὸς　τὸν　Θεόν,

καὶ　Θεὸς　ἦν　ὁ　λόγος.

以上發音や符號の名稱など述べましたが次號から出來る丈け平易に一語一語に就いて說明して行きたいと思ひます。

④ <u>φα（ふァ）</u>＝英pha. φαντασία（ふァンタシア） φιλρσόφος（ふィろソふォス）φῶς（ふォース）

⑤ χは獨乙語の Bach Ich Buch（バッハ イッヒ ブッフ）等の ch に當り，ガ行とハ行の中間の音を烈しく出します。便宜上，假に（かきくけこ）の平假名で示してゐますがKの音は出さないのです。紙上で覺える人は此點を注意。

χα(か) χι(き) χυ(く) χε(け) χο(こ) χη(けー) χω(こー)

（基督）は Χριστός（くリストス）

（離れて）は Χωρίς（こーリス）

⑥ ψα（ッサ）　詩篇（psalm）は ψαλμός（ッサるモス）魂は ψυχή（ッスゅけー）

⑦ ゆープシーろシ（υ）は獨乙語の ウムラウトあるüの音で，βυ は（ブゅ）を（ビウ）の如くに發音する。獨 Bücher の如し。γυは獨 Güter の gü の如し。

3. 複合母音（又は重母音 diphthong）

（ι）又は（υ）が他の母音と結合して一母音の如き働をするものを複合母音と云ふ

aι（アイ）　αυ（アウ）　ει（エイ）　ευ（ユー）　οι（オイ）

ου（ウー）　υι（ゆイ）　ᾳ（アー）　ῃ（エー）　ῳ（オー）

終の三つ ᾳ　ῃ　ῳ は（ι）字が下に附いてゐるので「イオタ下附母音」（Iota Subscript）と云ひますが，（ι）は發音しませんから，ῳ は ω と發音上では變りはありません。

例　αὐτῳ（アウトー）　ἀρχη（アルけー）　καὶ（カイ）　φαίνει（ふァイネイ）

複合子音と云ふのもあります。それと母音とが結合して，例へば πρ に a が結合して πρα（ッラ）となる。その他之に準じます。

4. 氣音符（breathing）とアクセント（accent）

① 氣音符は ” と ’ の二種で，語の始に母音又は複合母音がある場合その母音複合母音には必ず附ける記號です。’ は軟音符，‘ は硬音符と云ひ，軟音符 ’ の附いてゐる時はその母音が本來の音を保つて變化しないことを示し，硬音符 ‘ の附いた場合はハ行の音（英語の h 音）が加はることを示す。

106

注意。π は數學などで（パイ）と讀む習慣がありますが，英字の pi から生じた訛であつて，その他 ι（iota），ξ（xi），ϕ（phi），χ（chi），ψ（psi）の i 字を（アイ）に發音して ι を（アイオタ）等と讀むのも，β（beta），ζ（zeta），η（eta），θ（theta）の字 e を（イー）に發音して β を（ビータ）等と讀むのも同じく英語訛の讀方です。

シグマーには（σ）と（ς）の二種の字がありますが（σ）は語の初又は中間にある場合。（ς）は最尾に用ひる場合。例へば σοφός, φιλόσοφος の如し。

1. 母音は a，ι，υ，ϵ，o，η，ω の七字であつて，その他の字は子音と云ひます。母音 a，ι，υ，には長短二種の發音があります。

$$a（ア）\qquad \iota（イ）\qquad \upsilon（ウ）\qquad \epsilon（エ）\qquad o（オ）$$
$$a（アー）\qquad \iota（イー）\qquad \upsilon（ウー）\qquad \eta（エー）\qquad \omega（オー）$$

ギリシヤ語でミクロンとは小さいと云ふ意味であり，メガは大きいと云ふ意味ですが，o を オ（ミクロン）と稱し，ω を オー（メガ）と稱するわけが解ります。

2. 子音は母音以外の十七字ですが，單獨では音を成さず，母音に附着して初めて音を成します。

（子）（母）a（ア）ι（イ）υ（ウ）ϵ（エ）o（オ）η（エー）ω（オー）

β………βa（バ）$\beta\iota$（ビ）$\beta\upsilon$（ブゥ）$\beta\epsilon$（ベ）βo（ボ）$\beta\eta$（ベー）$\beta\omega$（ボー）

γ………γa（ガ）$\gamma\iota$（ギ）$\gamma\upsilon$（グゥ）$\gamma\epsilon$（ゲ）γo（ゴ）$\gamma\eta$（ゲー）$\gamma\omega$（ゴー）

δ………δa（ダ）$\delta\iota$（ディ）$\delta\upsilon$（デゥ）$\delta\epsilon$（デ）δo（ド）$\delta\eta$（デー）$\delta\omega$（ドー）

ζ………ζa（ザ）$\zeta\iota$（ジ）$\zeta\upsilon$（ズゥ）$\zeta\epsilon$（ゼ）ζo（ゾ）$\zeta\eta$（ゼー）$\zeta\omega$（ゾー）

以下同様に子音 θ，κ，λ，μ，ν，ξ，π，ρ，σ，τ，ϕ，χ，ψ に母音を附けて發音致します。その中で特に注意すべき發音を下に擧げて置きます。

① θa（さ）は上齒と下齒との間に舌端を挿んで（さ）と發音します。英語のthに當ります。$\theta\acute{a}\nu a\tau o\varsigma$（さナトス）$\theta\epsilon\omega\rho\acute{\iota}a$（せオーリア）$\Theta\epsilon\acute{o}\varsigma$（せオス）

② λa（ら）は舌端を輕く上の齦にあてい，舌の兩側から息を出す。$\lambda a\mu\beta\acute{a}\nu\omega$（らムバノー）

③ ζa（ヅサ）＝英ksい。（ヅ）は（サ）よりも短く縮めて發音する。$\xi\epsilon\nu\acute{\iota}a$（ヅセニア）

ギリシヤ語アルファベット

大・小		名　稱	音		英字で示す場合	
A	α	アるフア	ア	├	a	alpha
B	β	ベータ	ブ	ㅂ	b	beta
Γ	γ	ガムマ	グ	ㅡ	g	gamma
Δ	δ	デるタ	ヅ	ㄷ	d	delta
E	ε	エプシろン	エ	ㅔ	ĕ	epsilon
Z	ζ	ゼータ	ズ	ㅅ	z	zeta
H	η	エータ	エー	ㅔ	ē	eta
Θ	θ	セータ	す	ㄷ	th	theta
I	ι	イオータ	イ	ㅣ	i	iota
K	κ	カッパ	ク	ㄱ	k	kappa
Λ	λ	らムダ	る	ㄹ	l	lambda
M	μ	ムゆ	ム	ㅁ	m	mu
N	ν	ニゆ	ン	ㄴ	n	nu
Ξ	ξ	クシー	クス	ㅋ	x	xi
O	ο	オミクロン	オ	ㅗ	o	omikron
Π	π	ピー	プ	ㅍ	p	pi
P	ρ	ロー	ルス	ㄹ	r	rho
Σ	σ(ς)	シグマー	ス	ㅅ	s	sigma
T	τ	タウ	つ	ㅌ	t	tau
Υ	υ	ゆプシろン	ゆ	ㅠ	u	upsilon
Φ	φ	ふィー	ふ	ㅍ	ph	phi
X	χ	きー	く	ㅋ	kh	chi
Ψ	ψ	プシー	プス	ㅍ	ps	psi
Ω	ω	オーメガ	オー	ㅗ	o	omega

に書くことだ。不用な紙の餘白は其の爲めに蓄へて置け。かうして繼續すれば數箇月にして通達することが出來ると話されました。むづかしいのはギリシヤ語ではなくて，心掛の方にあるわけです。お恥しい告白ですが，私も心掛のよくなかつた一人でありました。

　內地では盛な研究が行はれてゐる樣です。曾ては「ギリシヤ語聖書研究」と云ふ雜誌も出てゐました。國語で出版された入門書には黑崎幸吉先生の「新約聖書ギリシヤ語文典」と玉川直重先生の「新約聖書ギリシヤ語獨習」との二冊がありますが，前者は既に絕版となつて居り，後者は昭和十三年に改訂第二版が出ました。「新約知識」誌には片山徹氏が Huddilston の文典を邦譯してゐます。來る五月末に出版の豫定になつてゐる黑崎幸吉先生編纂の「新約聖書語句索引」は厖大なものですが，先生の十有五年の苦心の結晶であつて，我國に於ける聖書原典研究に一大貢獻をなされたものです。歡喜に堪へません。

第 一 課　　文字と發音と符號

　ギリシヤ語の「いろは」（アルファベット）は二十四字あります。先づその讀み方と書き方とを記憶しなければなりません。ギリシヤ語には書體と印刷體との區別はありません。便宜上多少變へて書くことはありますが，大體同じです。古語でありますから，文字の讀方にも英獨多少の差異がありますが，それも重大な差ではありません。大文字と小文字とあります。殊に小文字はよく憶へねばなりません。次の表を見て，「アるファ・ベータ・ガムマ・デるタ……」と繰り返して憶へてしまふのです。假名の黑太の字は揚音を示し，平假名は國語に適當な發音がないので假に示したものです。

新約聖書原語入門

里 見 安 吉

は し が き

　新約聖書の原語に親みたいと云ふ要求があつて，数名の同志とギリシヤ語の研究を始めることになりましたが，教科書が手に入るまで入門的なものを書くことに致しました。聖書は信仰を以て其の中の靈を我らの心のうちに迎ふべきでありますが，譯語による勝手な解釋を防ぎ，正確な意味を探ぐる爲めには原典の研究が必要だと思ひます。勿論我々は此の方面の道を開拓した諸先輩の指南に負ふところは多いのですが，先づ自ら第一歩を踏み出さなければ此の山に近づく事は出來ません。私はギリシヤ語を専門とする者でありせんが，此の山に登ることは年來の宿望でありました。御一緒にひとつ此の登山を試みやうではありませんか。健脚家はどんどん先に進まれても迷ふことの無い様な道標が所々に建てゝあります。然し高い山に登るには根氣が必要です。最初に，しつかりした心構で發足しませんと，迷ふことは無いにしても疲れてしまひます。然し登れる所まで登つてみるのも良いと思ひます。それ丈けでも得るところはあります。何かの場合に役に立ちます。謙虚な氣持で取りかゝりたいと思ひます。

　私が初めてギリシヤ語に接したのは二十年前の夏休でした。或る人から借りて來た Huddilston の文典を一夏かゝつて全部筆寫しましたが，その後あまりやりませんでした。六年程前に富士山麓で玉川直重先生の研究方法の御話を伺ひました時，感じたことは，ギリシヤ語に通ずるには方法さへよければ朝飯前に出來る容易な仕事だが，その方法と云ふのは日課を定めて，一定の分量を充分に咀嚼しない間は決して先の頁に進まない事だ。先の方は樂しみにして閉ぢて置け。さて朝が來たら齋戒沐浴の氣持で新しい頁にとりかゝれ。前夜よく削つて置いた鋭い鉛筆で一字一句，その語の形，音，意味を徹底的に脳裏に刻むまで繰り返して紙

110

「聖朝通信」의 廢止 （以下社告）

달마다 本誌卷末을 차지하든『聖朝通信』
은 主筆의 個人的 歷史요 讀者서로서의 消息
欄도 되얏으나、그런것보다도 實生活에
應用한 聖書註解의 意味로써 여러가지
거룩한일도 무릇쓰면서 이것을 連載하
여왔다。그러나 산사람의日誌인故로 그
안에는 天然界와 人類와 社會에對한觀、
察도있었고 感想 批判도 때로는 없지
못하였다。

이제 當分間은『聖朝通信』을 廢止하고
오로지 聖書註解같은 純學究的인것으로만
誌面을 채워서 續刊하기로한다。
內村鑑三先生의 文章도 純全한學究的
인것以外의것은 當分間은 譯載하지 않
기로 한다。

古典語學研究會

本誌第一四四號（今年一月號）에 廣告하
였든 古典語學研究會는 希望者와 講師
의 形便等으로서 于先 聖書研究에 直接
要緊한 希臘語부터 始作하기로하고 다

教材를求하려고 東京까지 찾어보았으나
入手不能하였다。그러므로 新約聖書希臘
語文典으로서는 가장簡潔하고要領있다는
里見安吉先生이 飜譯하
여 本誌에 每號連載하여와서 그것을 敎材
에充當하기로하였다。이것은 乃終에合本
할수있도록 編輯할터이며 獨學할수있도
록記述하는것이니 地方讀者도 이 機會를
善用하라。

右敎材外에 希臘語新約聖書 希臘語辭
典等이 모다 品切인故로 求得하기까지
相當時日을 要하며 講師里見先生의 旅行關
係도 있어서 開講은 五月初가되겠다（萬
若四月中旬부터 開講할수있게되면 申込
者에게 다시通知할터이다）

이希臘語班은 以上과같이 敎材의 準備
가 甚히 困難함으로 開講臨迫해서듣지
中途에入會者있어 그數대로의 餘席이있을듯하니 希望者는 申
込金一圓을 添하야 市內南山町京城ホテル
里見先生께든지 或은本社로 至急히申込하라

本誌舊號廣告

은 班들은 차침機들보아 열기로되었다。
但 希臘語班에關하여서도 거기必要한

1、史　　　觀………（六二號）
2、世界歷史의輪廓………（六四號）
3、生活에나타난苦悶相………（八二號）

『聖書的立場에서본朝鮮歷史』가 本誌에
連載되기 前後二十三回。其中에右記三回
의分以外는 他는모다品切되였다。
本誌와같이 人氣적은雜誌가 어째 咸先生
의 歷史號만은品切되도록要求가있었나。不
幸히 아직못보는 速히읽어보라。以上三
號의分이라도 足히 朝鮮歷史의骨骼과精
神을 알릴것이다。第六二號에는 主筆의
「朝鮮地理小考」라는論文도 실렸다。이것
은 地理學的으로본朝鮮地人論이다。

其他 咸先生의 史筆如左·

4、成三問과 스데반（第十四號）
5、歷史에 나타난 하나님의攝理
　　（七、八、十、十二號）
6、南岡李昇薰先生（十七號）
7、二十世紀의出埃及（十八號）
8、義人은 絶滅하엿는가（二二號）
9、예수出現의宇宙史的意義（二四號）
10、聖書的立場에서본世界歷史（八八│一
　　○六、一○八│一一○ 合計二十二册）

（各一册二十錢、郵料共）

新約聖書概要

金敎臣著

題目	號數
마가福音의大旨	六
요한福音의大旨	七
로마書의大旨	九
마태福音의大旨 (但品切)	一
고린도前書大旨	三
고린도後書大旨	四
갈라디아書大旨	五
누가福音問題	六
共觀福音問題	七
使徒行傳大旨	八
빌립보書大旨	九
에베소書大旨	一〇
골로새書大旨	一二

골로새書講義號(續)

一二三、一二五、一三一、一三三、一三六
一四一、一四三、一四五、一四六(既刊十三冊)。

히브리書講義號(續)

一二三、一二四、一三五(十一冊)。

舊約聖書大旨號(完)

三三一、四二、四四、五四、五六、五八一六
〇、六二、八四、九一一九三、九五、一〇
〇一一〇四(以上二十三冊殘在、其他六冊品切)

本誌舊號定價一冊二十錢

品切號 61 63 65 66 67 68 69 70 71 72 73 74 75 76 77 78 79 80 82以上。其他는若干部식残在。

【聖書朝鮮】第一百四十六號

昭和十五年 一月二十八日
第三種郵便物認可

昭和十六年 三月一日發行 每月一日一回發行

金敎臣著

1 山上垂訓研究 全

예수의山上寶訓을解說하여基督敎의根本眞理를簡明하게알린것이다。四六判二七〇頁 定價一圓 送料九錢

咸錫憲著

2 無 敎 會 定價十五錢 送料

無敎會主義(即참福音主義)의理論과實際를가장簡潔하게說明한것이다。

咸錫憲、金敎臣共著

3 內村鑑三先生と朝鮮 定價三十錢 送料

內村鑑三先生의昇天十週年紀念에際하야우리無敎會的信仰의由來와內容을알릴만한論文들을和譯하야出版한것。

4 崔容信小傳 定價五十錢 送料六錢

柳達永著

自己를爲한것이아니라、燦爛한都市에서가아니라農村에서、그리스도를본받어人類愛의實로한番도人目에띄지아니한한生涯의實記이다。반드시一讀하기를望한다。이번에第三版出來。

5 푸로테스탄트의精神 送料三錢 價十五錢

咸錫憲著

이것은昨年末까지賣盡되여品切中이던것이다。但今이글이실린第二十號는尙今若干冊남어있다。

本誌定價

一冊 (送料共) 貳拾錢
六冊 (送料共) 前金一圓十錢
十二冊(一年分) 前金貳圓貳拾錢
要前金 直接注文은
振替貯金口座京城一六五九四番(聖書朝鮮社)로

所賣販次取

北星堂信(春川邑)
和信(京城府)
博文書舘(京城府鐘路二丁目八六)
敬文社書店(京城府鐘路二丁目九一)
東京市麴町區九段坂向山文書舘
茂英堂(大邱府)
中央書房(平壤府)

昭和十六年三月二十八日印刷
昭和十六年三月一日發行

編輯兼發行者 金敎臣
京城府外崇仁面貞陵里三七八
(京城、光化門局私書函第一八號)

印刷人 李相五
京城府仁寺町一九ノ三

印刷所 大東印刷所
京城府仁寺町一九ノ三

發行所 聖書朝鮮社
京城府外崇仁面貞陵里三七八
(京城、光化門局私書函第一八號)
振替口座京城一六五九四番

【本誌定價二十錢】(送料五圓)

金教臣 主筆

聖書朝鮮

第壹百四拾七號

昭和十六年(一九四一)四月一日發行

昭和五年一月二十八日(第三種郵便物認可)
昭和拾六年四月一日發行(毎月一回一日發行)

目次

銃後生活と奢侈品

昨年七月七日支那事變勃發三周年を期して、內地に於ては奢侈品等の製造販賣制限規則が實施され、我が朝鮮に於ても內地に呼應して七月二十四日府令第一七九號を以て發布せられ卽日より施行された。

新國民生活體制を確立し擧國一體國家の總力を發揮し國體の本義に基く國防國家建設には、大に國民生活の刷新、戰時生活の確立の聲は既に久しいが、都會生活の消費者等を見るときは、必ずしも十分の效果を擧げてゐるとはいへない。今迄の生活の自由の夢を追つて、統制への不平不滿を哀心懷く者も絕無ではない。然しながら戰へる世界のどの國も生活の戰時態勢化が斷行されてゐない所があらうか。獨逸の大勝利の蔭には吾人の想像だにも及ばない犧牲的不自由な生活に甘んじてゐる事實を見逃してはなるまい。凡そ奢侈逸樂を事とじて興隆せる國家は未だ曾て之を見ないのである。

惟ふに我が銃後國民生活の現狀を顧みると通貨の膨脹が購買力の增大を誘發し、殊に殷賑產業方面に於ては生活樣式の奢侈化に拍車をかけた事實は否めない。一方に於て物資の一

大消耗が行はれて居る場合、日常生活に於て平時と同じ質と量との物を欲求することは許さるべきでない。戰時には戰時に相應しい生活樣式がなければならぬわけで、銃後の國民としては最少限度の生活に甘んずべき責務があるのである。

故に於て政府は生活必需品等の消費規定に關し不急不要品又は奢侈贅澤品の生產、製造及販賣を制限又は禁止すること或る程度の必要性あるものと雖其の物の原材料が重要生產資材又は生活必需品資材なる場合に於ては右に準ずることゝなつた。

114

골로새書講義 (一四)

金教臣

結末 (人物) (四・七─一八)

第四章七節以下는 本書翰의附錄으로 볼만한 곳이다。本書에 取扱하고저하는 重要한眞理는 이미 여기서 볼 수없으나 바울의周圍에 어떠한人物들이 있었는가 함을 알기爲하여서는 매우 興味있는 部分이다。첫째로는 이 편지를 가지고 가는 「使者」들이오、둘째로는 바울과함께 恥辱及困難을 나누고 있는 「同勞者」들에關한 記錄이다。

(七) 두기고가 내 사정을 너에게 알게하리니 그는 사랑을 받는 형제요 신실한 일군이요 주안에서 함께된 종이라。

[두기고] Τύχικος 는 이편지를 골로새敎會까지 가지고 가는 사람이다。에베소敎會에도 바울의 使者로 갔었든 사람이다 (에베六・二一、되모데后四・一二) 使徒行傳第二十章四節에 依하건대 두기고는 아세아出生인듯하다。

結末 (人物)

두기고의 「肩書」라고 할까、그 爲人을 表示하기에 바울은 三段으로써 表示하였다。

(一) 사랑을 받는 兄弟。同一한信仰으로 親近한 우에 信仰的으로도 一致한 것은 世上 얻기 어려운 것이다。

(二) 신실한 일군。일군 은 敎會에 섬기는 敎役者의 뜻이다。일군 에게는 信實하다 는것보다 더 큰 榮譽가 없다。바울은 두기고에게 이 榮譽로써 冠을 씌워줬다。

(三) 주안에서 함께된 종이라。종이라 함은 物件取扱을 받는 奴隷를 가르킴이다。奴隷가 蔑視받는 賤物인것을 잘 아는 바울은 두기고를 홀로稱하지않고 自己와 함께된종 이라 일카렀다。종은 종 이로되 바울先生과 함께하는 종노릇일진대 누구나 勇氣百倍할을 느낄것이다。

이리하야 三段으로써 使者로 가는 두기고의 「肩書」를 表現하였으되 甚히要領있게 簡潔하고도 充足하게 表現하였다。人間的으로 親密하게 사랑하는者라고 添箎함으로써 두기고의 重量은 千斤이나 加해졌다。敎會의 일군이라는 우에 信實한다는 證明을 붙인것은 두기고로 하여금 이승 저승

一

골로새書講義

二

이리하여 三重의「肩書」가 두기고에게 붙여졌다。當時의世上人物中에는 두기고보다 權勢있는「肩書」로써 周圍를威壓한 사람들도 있었을터이며 多種多樣의「肩書」로써 보는이의 눈을 놀라게한 名望家들三 적지않았을터이나、비를當時나 오늘날이나 「肩書」라는것의性質上 저는 局限된地域을 넘어서는 威力없는것이오 特히 長久한時日이 流轉하면 오늘날當해서는 當時의燦然한「肩書」를 자랑하든 英傑이라도 只今은 雲霞와같이 사라졌으되 直직 簡潔한三重의「肩書」는 歲月이 흐를수록 信實한 兄弟두기고는 歲月이 흐를수록 尊貴를加하며 地域이 멀어젔을수록 親愛의 情을 加하여 마지안한다。

에耳한 · 가장有效한 「파스」를 取得케하였다。이는 百萬援兵보다 · 더한 힘이었다。일군 이라는것은 敎會에 심부름하는 사람이니、심부름하는者에게 必要한것은 雄辯보다도 手腕보다도 信實이다。이것이 없으면 다른 아무런資格을 具備하였을지라도 심부름군의資格으로서는 零에 가까운者이며、이것이 있을진대 무슨 設或 저에게 무슨험들이나 브벌수있고、맞우는者이 또한 온전히 敬意로으로써 迎接할수 있는것이다。「信實한」이라는 單한字의形容으로써 두기고의 使命遂行의 最大資格을 裏書하여 表現한 바울先生의 筆法에 또한 놀라지 않을수없다。

종되는일을 누구나 願하는바가 아니다。그럼으로 여기다 「함께」라는 한字를 붙인것은 果然 人情에通曉한 大先生의手法이오、도 信仰의闘志滿面한 다소野人의氣慨가 躍如히 나타났다。사람은 아무것에對해서도 隷屬할것이 아니라 하나 오직 그리스도에게 對하여서만은 奴隷되기를 自願하야 그 종된資格을 자랑하면서 「肩書」로 常用하기를 自願하는것이 (로마一·一、빌립一·一)바울의 氣品이다。

이러한 바울과 함께 그 종될진대 그 當하는 羞侮가 비록 크다할지라도 能히 견디고 남을뿐아니라、그리스도에게 向하는 사랑의 火陷이 猛然히 가슴속에 숫을치는것을 아모런 弱卒이라도 意識할것이다。

（八） 내가 저를 특별히 너이게 보낸것은 너이로 우리 사정을 알게하고 너이 마음을 위로하게 하려함이라。

「우리 사정」 前節에는 「내 사정」 이라고 해서 바울 單獨에關한 事情이오、本節에는 「우리 사정」이라고해서 同勞者들을 特히 디모데의近況까지를 包含하였고 第九節에는 「여기 일을」 하여서 로마에있는 基督敎信者들의 集會其他廣汎한情況까지 알리려고 하였다。바울의 생각이 漸次로、發展的으로 記載된것이다。

「너이 마음을 위로하게」 로마에 拘禁中에 있는 年老한 바울의 身上으로 勿論이오、디모데其他의 그同勞者들의安否와 基督敎全局에 關한 迫害의 情勢等에 關하여 자못 不安

中에 있는 골로새敎友들이었으므로 詳細한 소식을 傳達

할이 큰 慰勞라 될것이었다. 이일（慰勞）을 爲하여 「特別

히」일부러、두기고를 派遣하였다。

　（九）　신실하고 사랑을 받는 오네시모를 함께 보내노니

그는 너이게서 온 사람이랑 저이가 여기일을 다 너이

에게 알게 하리라。

[오네시모] Ὀνήσιμος 는 「너이에게서 온 사람이라」

하였으니 골로새地方人이다。빌레몬書에 依하여 보건대

오네시모는 本來 빌레몬의 所有에 屬한 奴隷이었는데 主人

에게 不義흘行한 끝에 도망하야 이리저리로 流浪하다

가 로마에서 바울의 傳道를 받는 機會를 얻어 드디어

悔改하고 그리스도를 믿게된 사람이었다。이를테면 世

俗的으로 한다면 오네시모는 奴隷이었으니 蔑視받을者이

ㅅ 前科者이니 警戒받아 맞당한態度에서 엿볼수

拘하고 바울은 「信實하고 사랑을 받는 兄

弟」라고 일카렀다。이것은 一時의 修辭에 不過한것일까

정말로 바울은 오네시모를 信實하다고 認證하였으며 속

사람으로서는 누구나 이 바울의 言辭의 素行을 아는

眞情으로 저를 사랑하였을까。오네시모의 事實性에 疑心

조차 없을수 없었을것이다。

　그러나 바울의 오네시모에게對한 眞情을 알기爲해서는

單一章으로된 빌레몬書를 一讀하는 것이 가장 捷徑이오 또

結　末　（人　物）

저가 만일 네게 불의를 하였거나 네게 진것이 있

거든 이것을 내게로・회게하라。

（一六－一八節）하였으니 이보다 더한 眞情을 찾을必

要가 있었다。悔改한罪人의價値를 가장高價로 評하는것이

悲基督教이오、예수를 主그리스도로 믿고서 거듭난다는事

實이 單純한修辭가 아닌證據도 이 바울의 오네시모에

게對한態度에서 엿볼수 있지않은가。天下의 모든 賤한

이 貧한이 前科者들의 慰勞받을곳은 오직 「⋯⋯義人

을 부르려 온것이 아니오 罪人을 부르려 왔노라」는

예수以外에 없는것을 알수있을것이다。

以上 두기고와 오네시모 두사람은、本書翰을 지니고

골로새로 찾어간 使者이었다。

　（一〇）　나와 함께 가친 아리스다고와 바나바의 생질마

가와（이 마가에 대하여 너이가 명을 받았으매 그가 이

르거든 영접하라）。

[아리스다고] Ἀρίσταρχος 는 마게도니아地方（行傳一九

・二九）의 데살로니가人이다（同二〇・四）。바울의 傳道旅行에

히、일부러、두기고를 派遣하였다。

이후로는 종과 같이 아니하고 종에서 뛰여나 곧

사랑 받는 형제로 둘자라⋯⋯

라하였고（第十節）、

이일（慰勞）을 爲하여 「特別

가친않 궁에서 낳은 아들 오네시모를 위하여⋯⋯

한 充分한 資料이다。

골로새書講義

四

大部分 따라다니었었다。에베소市民들의騷動때에 가이오와 함께 잡혀 劇場에 가치운 일도 있었다(行傳一九·二九)。바울의 마그막 예루살렘旅行에도 함께하였다(行傳二〇·四)。바울이 이달리야로 갈일이 確定되었을때에 가이사랴에서 시돈을 거쳐 무라까지 가는 船中에도 함께하였고(行傳二七·二)나종에는 로마에서「함께 가친者」로서 다 歲月을 함께 지나온 信實한 同勞者이었다。

[마가] Μάρκος 마가福音記者다。이사람은 傳道旅行道中에서 無斷히歸鄕하여버린 까닭으로 因하야 一旦 바울의 눈에는 낫든人物이다。이 마가의緣故로 바나바와 바울이 서로分離하게 까지 된 問題의人物이었다(行傳一二·二五、一三·五、一三、一五·三七—三九)。그러나 後日에 바울은 마가를 다시 容納하였다。바울의 寬大한度量에 우리는 놀라지 않을수없다。(마가에對한 詳細한것은 本誌第七十四號「마가福音大旨」恭照)。

[유스도] Ἰοῦστος 유스도라 하는 예수도 너이게 문안하니 저이는 할례당이라。이들만 하나님 나라를 위하야 함께 역사하는자들이니 이런 사람들이 나의 위로가 되었너니라。

[예수] Ἰησοῦς 유스도는羅典語로 쓸 때의 이름이오、예수는希臘語로 부를때의 이름이다。한 사람에게 宗敎的이름과 日常生活에 쓰는 이름과 두가지 이름이 있는 것이 當時의·一般風習이었다。

[할례당] 割禮받은 사람중에서、即 유대人中에서는 우에 말한 아리스다고 마가 예수等의 三人만이 바울과 協助하고、로마에있는 다른 유대人들은 一般的으로 바울에게 反感을 가졌든 모양이다。同勞者들을 紹介함에當하여 먼저 以上의 유대人三人을 一團으로 말해놓고 以下에 유대人以外의 사람들에 言及하였다。

(一二) 그리스도의 종인 너이게서 온、에바브라가 너이게 문안하니 저가 항상 너이를 위하야 애써 너이로 하나님의 모든 뜻 가운데서 완전하고 확신있게 서기를 구하니

[에바브라] Ἐπαφρᾶς 는 골로새敎會의 開拓者인故로(一·七恭照) 남달리 이敎會에對한 關心이 많었었다。

(一三) 그가 너이와 라오듸게아에 있는자들과 히에라볼리에 있는자들을 위하야 많이 수고하는것을 내가 증거하노라。

本節에 나오는 두都市는 골로새近隣의 都市인데、모다 에바브라가 開拓傳道했거나 或은 자주來往한일이 있었든 敎會인 모양이다(詳細한것은 本誌第一二一號三頁恭照)。

(一四) 사랑을 받은 의원 누가와 또 데마가 너이게 문안하나니라。

[누가] Λουκᾶς 의 이름은 新約聖書中에 이곳外에는 빌레몬書二十四節과 듸모데後書四章第十一節에만 記錄되여있다. 이레뉴스以來로 이 누가가 누가福音記者와 同一人이라는 것이 認證되었다. 使徒行傳도 同人의 著作인데 이 두册에는 醫學上術語가 많은것이 特色이오, 또 그 文章이 매우 流暢함을보아서 누가는 敎養높은 紳士였든 모양이다.

[데마] Δημᾶς 의 이름은 本節以外에 빌레몬書二十四節과 듸모데後書四章十節에 보인다. 後에 바울을 背叛하고 떠난 사람이다.

(一五) 라오듸게아에 있는 형제들과 눔바와 그여자의 집

以上의 에바브라 누가 데마等 三人으로써 유대人이 아닌同勞者들의 問安紹介도 畢하였다.

[눔바] Νύμφαν 에 關해서는 다른데 記錄이없다. 잠작

以下 十七節까지의三節은 이 편지 받을 골로새敎會를通하여 그附近兄姉들에게 安否傳하는 것이다.

[눔바] 는 골로새에 살다가 後에 라오듸게아에 或은 그市外에 移居한者인듯하다. 「그 여자의 집에 있는 敎會」라하였으니 少數의人이 그집에서 集會하였든 모양이며, 그것이 原型의敎會이었든듯하다. 오늘날當해서는 特히 이러한 눔바의 집에 모아든것갈은 敎會가 必要한듯

結末 (人物)

하다.

(一六) 이편지를 너이게서 읽은후에 라오듸게아인의 교회에서도 읽게하고 또 라오듸게아로서 오는 편지를 너이도 읽으라.

交通 通信이 不便한때의 일이라 이렇게 서로 서로 돌리면서 읽었든 것이다. 印刷術이 發達된 오늘 舊新約聖書를 마을대로 各其 所有하고 읽을수있는 幸福을 우리는 깊이 認識할것이다.

(一七) 아킵보에게 이르기를 주안에서 받은 직분을 삼가 일우라고 하라.

[아킵보] Ἀρχίππῳ 빌레몬書 第二節에 依하면 「우리와 함께 군사된 아킵보」라고 하였으니 그리스도를爲하여 誠實하게 싸우는 일군이었든듯하다. 但 얼마동안은 바울과 서로連絡이없이, 빌레몬의 집에있는敎會에서 일보는 젊은傳道者이었으므로, 골로새에 살면서도 그敎會에는 直接恭席치 안하였으므로 如此히 傳言하여 聲援할必要가 있었든 모양이다.

(一八) 나 바울은 친필로 문안하노니 나의 매인것을 생각하라. 은혜가 너이게 있을지어다.

[친필로] 여기와 곡 같은 인사가 고린도前書十六章二十一節、데살로니가後三章十七節에만 있다. 다른部分은 口述해서 써우다가 인사만은 親筆로써 사인한것이다.

五

골로새書講義

六

[나의 매인것을 생각하라] 우의 一句를 親筆로 쓰고 보니 書의 特色이오 또、本書로 하여금 적다 하지못하게하는

팔에 드리운 수갑의 鐵鎖가 매우 거북하였을 것이다。特히 옳은 손에 달린것이 그랬을것이다。

「생각하라」고 呼訴한은 무슨까닭인가。첫째로 祈禱해 달라는것이오(三節參照)、둘째로 本書簡의 뜻을 一層 尊重히 銘心하라는것이오 (빌레몬九)、다음으로 무엇보다도 自由中에 居한 너이들自身의 信仰과 精力을 奮發하라는뜻이다。

通觀

골로새書는 四章——九十五節로 된 小冊子이다。그러나 그안에 偉大한眞理가・들어 찼다。우리는 이冊을 只今부터 滿二個年二個月前인 一月二十二日 主日부터 京城市內明倫町에서 第一講을 始作하여 第十四講으로써마추었었다。그해 三月號(第一二二號)에 本講義를 揭載하기 시작하여 本號까지에 偶然히 또 十四回로써 끝났다。

여러回에 亘하였으므로 講義의 精疏가 均一을缺한데도 없지못하였으나 只今 책을 엮어놓고 本書에 나타난 眞理의 主峯만을 一瞥하기로하자。

本文初頭에 나오는 그리스도論은 아무리 보아도 本書의 特色이오 또、本書로 하여금 적다 하지못하게하는 大文字이다。우리의 救主된 그리스도、宇宙創造의 主이신 그리스도、教會의 머리요 萬物의 和解者이신 그리스도、그 그리스도와 우리와의 關係等에 對하여(一・一三ー二三)이렇게 簡明하고 深奧하게 表現한文字는 他에 찾어보기 어리운일이다。(本誌第一二一號第五頁參照)

그리스도를 이렇게까지 깊이 理解한 바울은 하늘로서는 聖靈의 恩寵을 입은者이오、따에서는 世界宗教史上에 第一流의 地位를 차지하여 마땅한者라 할것이다。

둘째로 矢은 眞理의 봉오리는 異端排擊에 對한 適切安當한論斷이다。二千年前 골로새地方教徒에게對한論斷이것마는 生新한 生命이 躍動하여 듣는者로 하여금 正襟正色하게 하는 迫力을 가졌으니 놀라운일이라 안할수 없다。

古來로 基督教의 異端의 發端은 두過程을 밟나니 하나는 思想 知識的으로 理論을 가리며 巧言을 弄絡하는 高級의 異端이오、他는 人間的遺傳 風習에 이끌려서 먹고 안먹는 飲食을 가리며 날과・달을・區別하면서 世俗의 曲學과 虛妄에 끌잡히는 低級의 異端이다。前者는 所謂 인테리層 指導者輩의 異端이오、後者는 無識 頑固한 탔으로 빠졌으되 드리어 主께忠誠至極한줄로 自信不動하는 異端이다。(第十二頁下段에 續함)

聖書는 如何한 册인가

聖書의 대강에 對하여서는 이제까지 여러번 이야기 하였읍니다。그 世界唯一의册이라는것、그 文學의 莊美

한것、그 人生觀의 高貴한것等에 對하여서는 새삼스럽 게 여기서 말슴할 必要는 없다고 생각합니다。文明人 士로서 聖書를 모르고서 世界文學을 評한다는것은 무엇 이라 말할수없는 일입니다。

故로 나는 여기서는 主로 聖書의 內容과 組成에 對 하여 이야기하고저 합니다。

그 누가쓴 册인가。그속에 어떠한것이 씌어있는가。그 如何히 研究할것인가。이런것에 對하여 極히 알기쉽게 이야기하고저 합니다。

이를 聖書라고하며 무슨 하나님의 御言辭이나 된 이를 聖書라고 하는것은 其 인것 같이 생각하는 사람도 있을것입니다。마는、그것 은 決코 그렇지 않습니다。이를 聖書라고 하는것은 其 中에 하나님의 聖旨가 씌어있기 때문입니다。이렇게 말 하는것은 聖書以外에는 하나님의 聖意가 조금도 씌어

있지 않다고 하는것은 안입니다。宇宙萬物은 總히 하 나님의 聖旨를 낱아낸것이니까 正確하게 天然物의 事 理를 寫出한册은 確實히 하나님의 聖意를 寫한것이라 고 생각합니다。따라윈의 進化論과 如한것은 實로 그 나라고 생각합니다。孔子의 敎訓을 모은 論語 워-ㄹ 즈워스의 詩集、카-ㄹ라일의 佛國革命史等도 또한 一 種의 福音書이어서 잘 그 意味를 玩味하여서 그가운데있 는 大能者의 큰意圖를 알지못할사람은 없을것입니다。

하나님의 聖旨를 사람의 손으로써 씌어낸것, 이것이 聖 書입니다。사람의 손에 依하여 된것이기때문에 이에 文 字上의 誤謬、歷史上의 不明、科學上의 缺點이 있는것 은 그럴법한 일입니다。聖書를 가지고 完全無缺、萬事 萬物을 識別하기爲한 型典이라고 생각하는사람은 반드 시 이貴한册에 對하여 蹉跌하는者 입니다。하나님은 科 學上의 眞理를 聖書에서 보이시려 안했읍니다。歷史上의 事實과같은것도 聖書에 依해서만 아는것이 안입니다。 聖書를 읽으면 天然과 人類와에 關한것을 무엇이던지 알수있는것이라고 생각하는사람은 아직그 聖書의 무엇 인가를 알지못하는 사람입니다。

聖書는、하나님의 마음을 傳하는册입니다。하나님은 宇 宙萬物을 如何히 가추어 놓았나。하나님은 人類間의 事 件을 如何히 보시나。이것이 聖書가 特別히 우리들에게

聖書는 如何한 册인가

七

聖書는 如何한 冊인가

八

가르치는 것입니다。 그럼으로 우리들은 聖書로부터 科學上의 事實을 배울수는 없으나、 그러나 科學硏究의 精神細한 理由이여서 깊이 이것을 究明치 아니한사람이 聖書에 對하여서는 이를 埃及、바빌론、 앗수루等의 古跡舊記等에 依하지 아니하면 안됩니다。 그러나 歷史의 무엇인가、 이를 배움에當하여、 우리들은 如何한 態度에 나아가지 아니하면、 이것을 가르치는 冊은 聖書를 除하고서는 他에 없다고 생각합니다。 聖書는 사람의 손으로 된것이므로 亦是 不完全한 冊입니다마는 그러나 하나님의 特別한 指導에依하여 이 不完全한中에 眞神의 聖旨가 가장明白히 우리에게 傳하여졌읍니다。

이와같이 말슴하면 어째 甚히 獨斷的인것같으 서 이는 내가 聖書를 盲信한남어지 나온말과같이 들려 각물것이나、 그러나 그것은 점々聖書를 硏究하여 감에 따러 알려질것이나라고 생각합니다。 即 聖書는 天地와 그 가운데있는 모든것에 對하여 記錄하나 이는 무슨 博物學을 가르치기爲한것이 아니고 하나님의 宇宙觀을 傳하기爲한것입니다。 또聖書는 사람의傳記와 아울러 國民의 歷史를 많이들어썼으나、 이는 그사람의 來歷과 그 나라의 事蹟을 永久히 保存하기、爲한것이아니오 하나 님의 人生觀을 傳하기爲한것입니다。 聖書는 다른 哲學書와 倫理書와는 달러서 事實에 依하여 根本的眞理

를 傳하는 冊입니다。 이것이 그事實을 드는데 甚히 詳細히 記錄한 理由이여서 깊이 이것을 究明치 아니한사람이 聖書로써 博物書나 또는 歷史의 一種과같이 看做하는것도 全혀 이렇기 때문입니다。

그런데 基督敎의 聖書라고하면、 먼저 이를 舊約、新約의 二部에 난웁니다。 舊約은 創世紀로써 始作되어 말라기의 豫言書로써 마치고、 其中에 三十九書가 있어서 聖書의 거진五分之四를 占하고있읍니다。 남어지五分之一이 新約聖書인데 이는 마태福音으로써 始作되어 요한의 默示錄으로써 마치고、 其中에 二十七書가 있으며 故로 聖書를 硏究하고저 하는사람은 먼저 第一에 이書라함은 法華經이나 華嚴經이라는等과 같은 한 一書가 아닌것에 留意하여 두지아니하면 안됩니다。 聖書는 一書集이지 一書는 안입니다。 그가운데 歷史가 있 읍니다。 乾燥無味한 年代記가 있읍니다。 詩가 있읍니다。 戱曲이 있읍니다。 豫言이라 稱하는 悲憤慷慨의 言이 있읍니다。 傳記가 있읍 니다。 끝으로 默示錄이라 稱하는 수수꺼끼와같은 風刺書도 있읍니다。 여를 聖書라고하 면 어떤지 嚴々한 冊인것같으나 그러나 이를 읽어보면 實로 알기쉬운 情들기쉬운 冊인것을 알수있읍니다。 솔로몬의 雅歌라하면 戀愛의 가장高尚한것을 述한 戀

歌입니다。욥記라하면 人心의深奧에 일어나는 大問題를 풀고저 苦心煩悶한 사람의 實驗을 드라마的으로 쓴것입니다。創世記라하면 무슨 宇宙萬物의 創始에 對하여서만 쓰인冊과같이 생각되나 그러나 그中에는 아브라함이 그아들 이삭을 하나님의 祭壇우에 바치고저 하는것과같은 心膽을 서늘하게하는 實話도 있으며、저 아브라함의 下僕이 우물가에서 이삭을 爲하여 新婦를 求하는 佳話도 있읍니다。特히 豫言者의 말과 같은것은 怒했나하면 울고 우나하면 노래하여 歷史와 詩歌와 哲學이 서로 混和한것같이 생각되어서 이를 읽고 우리들은 章의 長함을 잊고 句의 難함을 생각지 않습니다。

聖書를 가지고 世上에 所謂 聖人君子라는 사람이 읽을 冊이라고 생각하는것은 크게 틀리는것입니다。聖書는 平民의書이어서 가장 人情的의(휴ー맨이탈리안)冊입니다。다만 그太古의作인것과、異國人이 쓴冊인것과、特히 그日本譯의 甚히 不完全한것과에 依하여 그意味를 解하기 甚히 困難한故로 사람들이 이에 손을 대지 않을다름이지 萬一우리가 한번 그 말고저하는 眞意에 達함을 얻으면、實로 世上에 聖書같이 滋味있는冊은 없는것입니다。

聖書는 如何한 冊인가

이와같은 冊인故로 그 硏究法도 다른經典에 있어서 하는 것과는 自然 틀립니다。우리들은 먼저 第一에 그外形을 배우지아니하면 안됩니다。이冊이 쓰인土地의 事情과 믿 그時代、그土地의風土、人情、物産、그時代의歷史 習慣、言語等、是等의 大體를 分辨치아니하면、그가운데 包含되어있는 眞理의核子를 찾기가 甚히 困難합니다。眞理의 探究라고하면 理論만으로 되는것이라고 생각하는 사람이 많읍니다。그러나 여기가、聖書의供하는 眞理와 他書의供하는 眞理가 根本的으로 相違하는바입니다。하나님은 實在하신故로 하나님은 나타내시는데 實物과事實로써 하시는外에 다른法을 取하시지 않습니다。論理는 動하는것이나、事實은 萬世不易의 것입니다。하나님이 당신의 聖旨를 傳하시는데 或은 바위로써 하시고、或은 물과 나무로써 하시며、砂塵을 날리는 旋風가운데 날아나시기도하고、湖面을 어지럽게하는 怒濤上으로 걸으시기도함은、그가 事實의 하나님이시라는 證據이어서、所謂 天然을 通하여서 天然의神에 達한다함은 聖書의 하나님을 찾는法이니 이亦是 實로 近世科學의 精神이라고 생각합니다。

그런故로 聖書를 眞正히 배우고저하는 사람은 먼저 聖書地理로써 始作하지아니하면 안됩니다。地理는 歷史의 物質的基本이다 (Geography is the physical basis of History)라고하는데 基督敎와같은 歷史的宗敎를 배우고저하면 地理學의 智識이 가장 必要한것입니다。基督敎는

九

聖書는 如何한 冊인가

一〇

佛教나 人道와같이 있는지 없는지 모르는 空想國의일을 論하지 안습니다。예루살렘이라고하면 그 經度도 緯度도 海面으로서의 高度도 氣候도 地質도 잘알려진곳입니다。그리스도가 成長하신 나사렛村은 지금도 存在한 한 村인데 그리스도가 그가 반드시 뜰으셨을이라고 생각되는 그 周圍의 조고마한 山도 野草도 잘알수있는것입니다。萬若 地理學없는 歷史는 月世界의 政治論과 같은者라고하면 地理學없는 聖書知識은 金星、或은 木星의 倫理學이라고 稱하여도 좋을지도 모릅니다。우레國을 같은 나라라고 생각하고 된宗敎思想은 얼토당토않은것을 主唱하는 것입니다。

다음에 研究할것은 聖書博物學입니다。레바논香柏木이라하여도、그것이 어떠한 나무인지 알수없으면、이에關한 聖書記事는 헛된것입니다。詩篇第百四篇十六節에「여호와의 나무와 그의 심으신 레바논香柏木은 洽足하리로다」라고 써있었어드、레바논香柏木이란 우리나라의 檜類인데 幹의 周圍가 때로는 四十七尺에 達하고、高가 九十尺乃至百尺에 達하는것이라 는것을 알고서야 처음으로 이를 「여호와의나무」라고 稱하는것이 甚히 適稱인것을 아는것입니다。또 마태福音六章에 있는 「솔로몬의 모든 영광으로도 입은것이 이꽃 하나만 같지못하였나니라」고 써있는 들의 百合花라함은 우리나라의 庭園에서 심는것같은、大輪의 꽃을 맺는 풀이아니고、아마 毛茛科의 植物의 一種인데 우리나라의 秋牡丹의 類이였을 것이라는것을 마음에두고 그리스도의 이말슴을 읽으면 매우 意味가 滋味있게 解釋됩니다。即 들의 百合花란 極히 보잘것없는 野草의 一種이어서 우리나라의 産으로써말하면 桔梗이나 女郎花쯤되는 것을 말하는것이겠지요。即 들에있는 極히 普通보는 꽃이라도 그빛과 香氣는 大王솔로몬의 입은 極히 것보다 낫다는것입니다。天然의 美를 사람의 裝飾에 比하여 말슴하신 가장 適切한 말슴이라고 생각합니다。

其他 敎命를 葡萄樹에 譬하신 그리스도의 말슴도、그 나라에있어서의 葡萄樹栽培法의 一班을 알지아니하면 잘 理解할수 없읍니다。羊이란 如何한 動物인가를 能히 알지못하면 信者를 羊에譬하시고、敎師를 牧者에 譬하신 聖書記事의 智識은 무슨理由인지 알지못합니다。聖書博物學의 智識은 聖書記者와같은 天然物을 非常히 敬愛하는 사람들이 쓴 冊을 硏究함에는 가장必要한 것입니다。

其他 聖書硏究의 方法과 민精神에 對하여서는 「聖書之硏究」雜誌에서・보십시오。

證　明

가시며 하신 말슴
正直하라 忠誠하면 念慮없다
一毫에 誠實하면 平生이 게 있느니
遺産은 못줄지나 이말만은 傳하노라
子女孫 부르시며

가시며 하신 얼굴
平素에 愛之重之
하나 하나 손취시고
못잊어 못잊던
類別난 慈情이 덧처 숫읍이라
祝福하신 그말슴은

가시며 빛난 얼굴
苦難에서 勝利하신
復活의 主 맞난 얼굴
仁慈하고 嚴肅하신 姿態를
榮光中에 또 뵈오리

가시며 하신 말슴
내 어이 잊사오리
子子孫孫 뒤를 이어
가시며 하신 말슴
證　明

孤女子　×　×哭

一一

그 正直 그 忠誠 그 淸廉
끝내 내길 삼앗다가
昭和十三年四月二十五日　孤子　×　×哀哭

아버지！ 내아버지！
어머니 갈은 내 아버지
가신곳 樂園일시 分明하나
아마도 둘잃은 내설을 아시나이까
죽음이 무엇인고 하였더니
이제야 五臟에 백혔고나
이죽음 이겼다하신어이
調和된生命에 쉬여서 맞나지다。
孤子　×　×哭

「母性은 至上의 거룩한 存在라」더니
아버지는 母性을 兼全하셨네
그지없이 貴하고 重하심을
하마알듯 아버지는 그만 가셨네
草家三間 빈間이 웬일인고
깨여진 꿈결만이 떠도누나
뉘라서 天國을 없다할고？
내아버지 가시면서 證據하셨네。
孤女子　×　×哭

一一

125

米洲通信

待望

失名氏

눈보라 모지처도 개일때 있아오며
찬어름 짚이얼되 녹을때도 있아오리
저모진 바람속에도 聖意없다 어이하리。

×　　×　　×

밤이이미 깊었거든 해뜰때도 머지않고
겨울이 왔아오면 봄이또한 가까우리
이짐이 묵업다하되 풀릴때도 있아오리。

×　　×　　×

患難이 닥처오되 所望爲한 채찍이오
暗黑이 크다하되 빛을위한 장막이라
믿음과 사랑으로써 굳게지켜 待하오리。

第六頁　골로새書「通觀」의 續

一二一

이러한 古今東西를通한宗教病에對한 警鐘으로는 本書第二章四─二三節의文字가 萬代의眞理이다。

셋째의 높은峯은「우엣것을 생각하라」는 하늘向한生活의大指針이다。어째서 完全한生涯를 企圖해야하며 어떻게해야 聖潔한 살림을 살수있는가。이 人類에게에 워진 最大의重荷를 簡直하게 指示하며 힘있게 踏踐하게하는것이 本書第三章에 가르킨 眞理이다。

多岐로 갈라진律法은 重荷요、根源에歸一된道德은 生의動力이된다。무릇 무거운 멍에에 疲困한者는 이簡明한指針에 도라와볼것이다。

罪人만을 爲하야 （第十三回）

A·J·럿셀 著
趙聖社 譯

第六章 옥쓰포드그룹

푸랭크는 어떤때는 「宣教師의 宣教師」라는 別名을 듣는다. 그것은 그에게 福音에 對한 熱情과 사랑이 있기때문이요 모든 크리쓰찬에게 對한 最大限度의 生活體驗을 하도록 도와줄려는 努力이 있는 까닭이다. 그가 없는 동안 그룹을 맡겨 指導식힐만한 指導者를 擇하게될때 혼히는 靈導를 받어서 한다. 옥쓰포드에 있는 그룹의 責任을 맡겨준 指導者를 擇할때도 그러하였다. 이 指導者 켄·트위칠은 푸린쓰톤出身으로서 美貌와 愛嬌를 集有한 靑年이었다. 그리고 이는 突然히 改變의 經驗을 하게되었고 그後에 옥쓰포드의 발리울에서 學位를 얻은 사람이었다. 自己는 英國直系의 米國人이노라고하며 英國人을 기쁘게하는 魅力있는 米國人의 한사람이다.

二月에 어떤 맑게개인 週末、 나는 옥쓰포드·그룹의 活動狀況을 보려 옥쓰포드로 나려갔다. 켄은 나를 點心에 招待해주었다. 그의 집은 반베리街끝에 한모퉁이를 占領하고 있었는데 室內에는 家具들을 보기좋게 備置해 놓았었다. 켄과 그의 안해 마리안과 그家族들은 몇해 동안을 一定한 奉給도없이 信仰과 祈禱로써 살어왔다. 그렇다고해서 이것은 반듯이 그들이 허술한 오막사리에서 살아야한다는 것을 意味하는 것은 아니다. 食卓에는 술갈은것은 勿論없었고 그대신 나의 앞에는 冷水한잔이 놓여있었다.

푸랭크는 實狀은 開拓者的 宣教師이다. 훌륭한 旅行伴侶이다. 그는 오랜 期間을 한나라에 머물러 있는일은 極히 드물다. 어느곳에를 가든지 그는 改變한 사람들의 그룹을 맨들어 놓군한다. 그리고는 聖靈의 指示를 따라서 다른 나라로 奔走히 다니는것이다. 내가 그에게 對한 이야기를 처음으로 들었을때는 그는 南米를 旅行中이었다. 그리고 獨逸이나 和蘭·印度·米國·阿弗利加·濠太利·等地에 對해서도 精通한 사람이다. 그는 甚至於 아이쓰란드에까지 들어갔든일이 있다. 그리고 英國人도 大槪 아지못할만한 事實을 그는 알고 있는것이다. 即 아이쓰란드는 大英帝國의 領土가 아니라 丁抹과 聯合된곳으로서 丁抹王의 治下에 있다는 事實이다.

罪人만을爲하야

一四

「담배와 술에 對해서 그룹에서는 어떻게 생각하십니까?」하고 나는 물어 보았다.
「당신은 어떻게 생각하십니까?!」

이것은 그룹의 對答의 特徵이다. 判斷은 네에게 맡긴다는 것이다. 些少한 枝葉問題에까지 固定한 規則을 세우는 것은 좋지못하다. 그룹에도 '生活의 原則은 있다. 그

러나 固定한 原則은없다. 그룹 에게다 무슨質問이 든지 먼저보라 그것은 반듯이 自己에게로 다시 도라 올것이 든니. 여기에 어떤 事實이 있다고하자 그려면 그것을 하나님의 指導 밑에서 自己가 最善이라고 생각하는 대로 解釋하라. 「하나님이 식히시는것이면 무엇이든지하라」 이것이 그룹의 指導理論이다. 그리고 이것이 自由를 주는 것이다.

깨려트·스티얼리도 以前에는 담배의 奴隷였었다. 그게 있어서는 吸煙은 써렌뎌하지않으면 안될 罪가 되였든것이다. 그렇다고해서 다른사람에게 있어서도 반듯이 罪가 되는것은 아니다. 何如든 이것은 깨려트에게 있어서는 容易한일은 아니였다. 多少困難이 있었으나 그는 이싸움을 이겼다.
어떤 다른 集會에서도 어떤 새로운 사람이 술에 對한 規則을 물어 보는것을 들은적이 있었다. 그때의 對答도 亦是

「당신은 어떻게 생각하십니까?!」하는 것이였다.
얼굴이 좀 검고 잘생긴 英國人한사람은 말하기를 自己는 술에, 사로잡힌 親舊들을 도와줄려고 努力한일이 있었었는데 그에게 온 靈導는 먼저 自己自身이 絶對禁酒하지않으면 안된다는 것이였다. 고 하였다. 그렇지 않고야 어찌 남에게 感化를 줄수 있기를 바랄수있을것인가. 남을 爲하여 自己의 享樂을 犧牲할 覺悟를 갖기前에는 그룹의 本領인 그리스도와 그 使徒들의 敎訓을 남에게 完全히 理解식힐수 있다고는 할수 없을것이다. 옛날에 바울이 言明한 敎訓이 다시 實行되는 것이다. 「萬一 고기가 （或은 술이） 내兄弟로 犯罪케 한다면 나는 永遠히 고기를 （或은 술을） 먹지 （或은 마시지） 아니 하리라.」 그前에도 말했지마는 그룹에는 그思想이 있어서 何等의 새로운것은 없다. 單只 理論을 徹底하게 實行으로 옮겨 놓는것 뿐이다. 그것도 거의 全部가 술담배를 다 먹는 옥쓰포드大學에서 이런 일이 일어난다는 것은 쉬운일은 아니다. 언제도 말한것처럼 名詞가 動詞化한것이다. 即 理論이 生活이 된것이다. 基督敎에있어서 平凡하였든 眞理가 行動으로 飜譯될때 옛날의 非凡하였든 光彩를 도루 차지하게 된것이다.
트위칠은 自己의 自働車를 내놨다. 相當히 老齡인 모리쓰型인데 無蓋型이 英國에 流行했을때 샀든것

이다。 그는 나를 태워가지고 코-퍼스·크리쓰틔로 데리고 갔다。日曜日밤 여덜時半頃이였다。그날밤은 空氣는 좀 찻스나 아름다운 밤이였다。우리가 롬塔밑을 지나고 있다금 코-퍼스·크리쓰틔의 板石을 깔어놓은 廻廊으로 건너갈 때 둥근 달은 城壁과 같은 大學의 집웅우에 올라와 부르름을 받는 사람들의 大學이요 푸랭크가 첫 舞臺를 밟然없었다。

은 크라이스트·처취의 넓은 中庭은、밝게 빛외이고 있었다。大學의 小尖塔들의 微妙한 裝飾의 그림자가 우리가 거러가고 있는 길우에와 牧師의 房으로 通하는 階段에까지 빛이어 그들과 같이 어리워 있었다。나는 十五夜의 古옥쓰포드의 美에 너무나 慌惚하였었기때문에 나를 기다리고있는 이 모임을· 大體 무슨 모임일까? 宗敎的集會일까、講演會일까、그렇지않으면 音樂會일까? 드러가보니 房의 模樣은 O·C·B·近衛旅 團의 講堂과 大端히 近似하였고 그안에는 近衛兵타이 푸의 씩씩한 靑年들이 많이 모여 있었다。椅子라고는 빈자리가 하나도 없이 다 찻고 어떤 사람은 무루릅을 밑에 세우고 맨 마룻바닥에 앉어 있었다。우리가 들어 갈때 멫사람은 들어가는 문 옆에 앉어있었다。그리고 더러는 壇우에 뭉쳐 앉었기도 하고 더러는 구석구석에까지 꽉 드려차있었다。愉快한 家庭的인 集會였다。衣服이

一五

나 行動에 무슨 形式같은것은 全然없고 散步服을 입은 사람、꼴불구한 백타이를한 사람、形々色々이였다。全體로 空氣의 感觸이 大端히 좋고 있다금 健全한 우슴소리가 터저 나오군 하였다。그러나 억지로 한다거나 野卑하거나 不敬스런 點은 全

여기에는 젊은 펙스너푸 (띄켄즈의 小說에 나오는 僞善者의 名──譯者註) 型의 사람은 없었다。모두 빛나는 얼굴들이였다。이 옥쓰포드그룹──이것은 全世界에 퍼저있는 그룹中의 第一號그룹이다──은 大端히 新鮮한맛이 있었고 大端이였다。그 黨園氣는 宗敎的이였으나 感傷的인 點은 없었다。이、靑年들은 洗練된 사람이였요 世上에 익은 사람들이어서 世上을 잘 알지마는 熟考한 結果、그리스도만 알기로 이미 作定한 사람들이다。그中에는 하루 사람의 西班牙人도 있었다。푸란씨쓰·엘리스톤이라고하는 二十五歲의 靑年은 國會議員의 아들인데 무릎우에다 手帳를 펴놓고 이야기를 한다。아마 그의 靜慮錄일것이다。있다금 그것을 더

우리가 들어가니까 곧 椅子들을 내여 주었다。그러나 한편으로는 學生들이 문이 달칠사이도없이 계속해 들어오기 때문에 室內는 점점 더 複雜하여저갔다。들어오

罪人만을 爲하야

는 사람들은 모두 한결같이 明朗해보였다。集會를 騷亂케할려는 헤살군은 하나도없었다。떠려 있어도 좋을듯 싶었다。集會가 끝나기前에 自己는 처음에 若干 醉하여가지고 들어왔든 사람 하나가 自己는 뜬 氣分으로 들어왔었는데 들어와서 發見한것은 새娛樂이 아니라 새生活이였는데 告白하눈것을 듣게되였다。

司會者는 萬一 이以上 더 오는사람이 있으면 더 크고 便利한 場所로 옴기지않으면 안되겠다고 廣告하였다。그러자 얼마되지않어 모두 各者의 椅子를 들고 아래層에 더 큰房으로 내려 가려는 命令을 나리였다。자리가 整頓되고 조용해진다음 司會者는 다시 이 새場所에對해서 그 收容力을 說明한 다음「萬一 이以上 더왔다가는 다시한번 安全한곳으로 또 옴겨 가야하겠습니다。그러나 여러분 알어두십시요 바로 이밑은 熱風爐입니다」그라고 하여서 一同은 크게 웃었다。

우리는 딴데의 地獄篇을 聯想케하는 地獄의 바로 우에 앉어서 새宗敎運動인 옥쓰포드 • 그룹의 集會를 하고 있는것이다。學生들은 如前히 작고 모여 든다。集會는 그룹의 依例히 하는 方法대로 누구나 自由로 證言을 하도록 公開하였다。어디 學生들이 얼마나 일어나서 말하는 사람이 있으나 보자 하고 나는 多少 疑心하였다。나의 왼편에 앉어있든 少年 하나가 별떡 일어나드니 말하기 始作하였다。그는 조용한 語調로 그러나 熱情을 갖이고 말하는데 사람들에게 많은 感動을 주었다。그는 지나간 一週日동안에 初代基督教人들의 生活을 그대로 살어 볼려고 努力했다는것을 說明하였다。그의 이야기는 듣는 사람에게 깊은 感銘을 주었다。우리는 回心한 사람들이 장터에 서서 귀에 젔은 옛날 이야기를 하고싶었는 것이라든지 熱情的 牧師가 復興會에서 이야기를 하는것도 들어보았고 禮拜堂에서 하는 說教도 들어보았고 젊은 婦人들이 勉勵會같은데서 干證하는것도 들어보았고 公園에서 듣는 사람도 없는데 혼자서 꿰짝을 굴르며 大聲疾呼하는 사람도 보았다。그러나 이번만은 그類가 달렸다。이 코ー一퍼쓰•크리쓰듸에서 지금 듣는 이 이야기는 基督教에 對하여 우리가 아직까지 느끼지 못하였든 現實感을 주는것같았다。이사람들의 生活은 이世上에 이런生活이 있으리라고 想像도 못하였다。이 사람들은 다 敎養있는 想像도 못할만한 眞摯한 生活이었다。그 하는 말은 모두 眞正한 意味의 謙遜한 말이었다。나는 어드런形式의 集會에서든지 이같이 發言의 自由를 許諾하는것을 보지를 못하였다。젊은 사람들이 自己의 自我를 現實그대로 吐露하는것이다。그렇다고해서 高尙한 趣味에 거슬리는 말은 한마디도 使用하지 않는다。謙遜은 하지만 쓸데없는 사양을 하지않는다。 옥쓰포드의 젊은 도련님들은 自己自身의 假面을 버서버림으로써 이假面을 쓴 世界를 向해서 正直하게 될수있는 方法을 보여주고 있는것이다。 그들은 每日每日 罪와 싸워 나가는 事實을 이야기하며 그中의 빛가지 罪——嬌慢、利己心、不正直、怠惰、不信、不純潔——를 告白하며 自己의 失敗를 認定하며 그리고 살어계신 그리스도가 內在하심으로 勝利를 얻고 있다는것을 이야기하였다。 이것은 옥쓰포드大學에 있어서 聖靈과 個人的으로 接近한 交際를 하는 生活이 可能하다는것을 公然하게 證明하는 것이였다。 여기에서 나는 아직까지 아모데서도 보지못하였든것을 보게되였다。 그것은 젊은 사람들이 自己의 個人的宗敎生活을 꺼리낌 없이 愉快하게 公開하는것이였다。 그들은 每日 하나님과 同行함으로써 罪에 對한 勝利를 얻기때문에 늘 기쁜生活을 하고있는것이다。 萬一에 우리의 宗敎가 참것이라면 基督敎人들은 聖靈의 끝임없는 靈導를 따라 恒常 근심에서 解放을 받은 생활을 해야 할것이라는것은 내가 過去數年間 가지고온 信念이였다。 그런데 이것이 여기에 證明이 되었으니 이것은 確實히 뉴―쓰이다。

罪人만을 爲하야

마치면 다른 學生이 곧 뒤를 이어서 일어선다。 누구이 集會에는 躊躇하는것이 없다。 한學生이 이야기를 인데 自己는 그룹이 이렇게 한데 모여서 우리들끼리만 親하게 交際를 하는것은 利己的이오 모름직이 다

나 다 平易한 말로 한다。 討論會같은데서 흔히 보는 것같은 靑年特有의 어력운 述語나 理論같은것은 볼라야 볼수없고 모두 自己個人의 經驗을 單純하게 그러나 힘있게 證據하는것이였다。 사람마다 그 말하는內容은 다 다르다。 모두 率直하고 自然스럽게 이야기하며 쩌날리스트의 말을 빌면 前人未踏의 人間味가 많이 있기때문에 그들의 이야기는 基督敎生活에다 新一面을 加해 주었다。 그우에 各自의 말하는것은 公席에서 말하기에는 勇氣를 要하지않으면 안될만한 自己暴露이기때문에 興味는 언제나 새로웠다。

여기에서 사람들이 말한 많은 事實가운데는 그事實自體로서는 勿論些少한것도 있었다。 그러나 귀여운 듣는者에게는 그들의 生活에다 生氣를 넣어주는 새生活原則에 對한 重要한 指針이 되는것이다。 여기에 젊은 사람들은 다른데서는 좀처럼 배울수 없는것——即 生活하는 方法——을 여기에서 배우게 되는것이다。

저쪽 한편 구석에 앉어있든 體軀가 發達한 靑年한사람은 올가니스트인데 그는 그리스도의 敎訓에 써렌떠한 後로는 練習에 더一層 熱心히 하게되었다고 말하였다。 그리고 또 한사람은 깜정 머리에 얼골이 붉은 사람

一七

罪人만을 爲하야

一八

이 하나님의 恩惠가 옥쓰포드大學에서 지금 活動하고 있는 것이다。萬一 이것을 누가 敢히 活字로 옮겨놓는다면——이 이야기는 新聞讀者들에게 어드런 影響을 줄것인가? 이 이야기가 나自身에게 줄 影響만은 나는 알고 있다。이 恩惠가 나에게 臨한다면 다른 罪에 對해서도 同樣의 勝利를 줄것인가? 그렇다면——아니다 그래도 疑心이 생긴다。結局 恩惠라는것은 自己催眠狀態의 別名이 아닌가? 나는 이 運動의 正體를 發見해낼 때까지 깊이깊이 파드러가볼 必要가 있다。

나는 그後에도 純潔이라든가 不純潔이라는 말을 그룹의 集會에서 있다금 듣게되였다。어떤때는 그룹의 集會에 情慾이라는 말까지 들은적이 있다。그러나 나는 그룹의 集會에 數百번 參席해보았지마는 한번도 이런말이 低劣하게 들린적은 없었다。

——（續）——

른 사람들과도 석겨서 餘暇를 最善으로 利用하여 放蕩兒를 主님 나라로 다리고 도라오는데 써야할것이라는것을 發見하였노라고——말한것같이 나는 記憶하고 있다。

모두를 告白을 조용하게하지 며들어대는것은 하나도 없었다。키가 크고 머리가 좋와보이는 靑年 한사람은 自己는 그룹과! 接觸을 하게된後에 비로소 不純潔의 罪를 征服할수 있노라고 感謝에 넘처 말하였다。이러한 告白은 普通、宗敎的集會에서는——할수없는것이다。나는 事實 처음으로 듣는다。（以前에 뿌릭스톤敎會에 한번 나갔을 때 렝博士가——캔터베리大僧正이 되기前인데——男子만을 모인 集會에서 性的不純潔에 對한 問題를 率直하게 取扱하는것을 들은적이 있기는 하지마는。）이 옥쓰포드·뿌이의 率直한 告白은 듣는사람들의 同情을 일으키였다。나에게 告白은 말에 對하여 새理解를 준것도 이사람이였다。나는 그前에 「恩惠라는것은 하나님께서 豊盛한 선물을 그것을 받을資格이 없는 罪人에게 애낌없이 주는 것이라」는 意味의 定義를 들은적이 있었지마는 도무지 滿足하지 못하였다。이 靑年은 罪를 克服한데 對하여 말하며 恩惠란것은 「하나님의 힘이라」고 定義를 나렀다。그리고 恩惠이힘이 自己의 第一 어려운 弱點에서 自己를 痛快하게도 解放식혀준것은 自근로서도 놀라지 않을수 없다고 말하였다。

ἀπό（アポ）より（中より出る）。　　　πρός（プロス）向つて（動く）。

εἰς（エイス）中へ（入る）。　　　οὐκ（ウーク）否定［英 not］。

⑦　接續詞

語と語，句と句を接續させる語。例へば

καὶ（カイ）そして［英 and］　　　εἰ（エイ）もし…なら［英 if］。

ὡς（ホース）如く［as］　　　ὅτι（ホティ）何となれば。

ἀλλά（アッラ）然し［but］。　　　γάρ（ガル）何となれば。

⑧　間投詞

喜怒哀樂の情を突發する時に發する語。例へば

ὦ（オー）苦又は恐の音　　　οὐαί（ウーアイ）嘆息，禍なるかな。

ἔα（エア）　　同上　　　ἴδε（イデ）見よ。

οὐά（ウーア）嘲笑. 憎惡の音。　　　ἰδού（イドゥー）見よ。

　　以上の八品詞の中で名詞，冠詞，代名詞，形容詞は數，性，格によつて一定の語尾の變化があります。動詞は時，人稱，數によつて語尾の變化があります。 動詞の變化はギリシャ語諸峯中の萬物相であります。次號に最も簡單な冠詞及び名詞の變化を表示致します。

③　冠　詞

名詞に冠せられる語です。其の屬する名詞の性，數，格によつて變化します。

ギリシヤ語には不定冠詞と云ふのはありません。例へば

ὁ　（ホ）男性名詞に冠す。　　　　　οἱ　（ホイ）男性複數に冠す。

ἡ　（ヘ―）女性名詞に冠す。　　　　αἱ　（ハイ）女性複數に冠す。

τό　（ト）中性名詞に冠す。　　　　τά　（タ）中性複數に冠す。

④　形容詞

名詞に附して之を形容する語。例へば

καλός　（カロス）美しき。　　　　πᾶς　（パース）すべての。

ἅγιος　（ハギオス）聖き。　　　　μέγας　（メガス）大なる。

ἀληθής　（アレ―セ―ス）眞なる。　　πολύς　（ポリ◌ス）多くの。

⑤　動　詞

事物の動作を表す語。例へば

ἀκούω　（アク―オ―）我聞く。　　　λαμβάνω　（ラムバノ―）我取る。

γινώσκω　（ギノ―スコ―）我知る。　λέγω　（レゴ―）我云ふ。

πιστεύω　（ピステ◌―オ―）我信ず。　ἔχω　（エこ―）我持つ。

⑥　前置詞

名詞又は代名詞の前に置かれて他の語との關係を示す語。例へば

ἐν　（エン）中に（在る）。　　　　ἐκ　（エク）より（側より離れる）。

全文は

エン	アルけー	エーン	ホ	ろゴス
'Εν	ἀρχῇ	ἦν	ὁ	Λόγος
に	始	あつた		言が

「太初(はじめ)に言(ことば)ありき」約翰傳冒頭の一句です。

ギリシヤ語の文法に於ても，やはり

① 名　詞，　　　② 代名詞，　　　③ 冠　詞，　　　④ 形容詞，

⑤ 動　詞，　　　⑥ 前置詞，　　　⑦ 接續詞，　　　⑧ 間投詞

の八つの品詞があります。

① 名　詞

事物の名稱を示す語。例へば

λόγος （ろゴス）言。　　　　　φῶς （フォース）光。

ἄνθρωπος(アンすローポス)人間。　ζωή （ゾーエー）生命。

θεός （せオス）神。　　　　　　ἀγάπη （アガペー）愛。

② 代名詞

名詞の代りに用ひられる語。例へば

ἐγώ （エゴー）私。　　　　　　οὗτος （フートス）此。

σύ （スゅー）汝。　　　　　　　ἐκεῖνος （エケイノス）あれ。

οὗτός （アウトス）彼。　　　　　τίς （ティス）誰。

135

③ ἦν エーン

η（エー）に軟音符と長音のアクセントが二重に附いてゐます。 ν は（ン）。
ἦν は「あつた」と云ふ存在の過去を示す動詞です。彼, 彼女, それ, などの三人
稱に用ひます。その現在形「ある」は ἐστίν（エスチン）。
［ἦν は 英 was, 獨 war に當る］

④ ὁ ホ

o（オ）に硬音符（ʽ）が附いてゐますから，（ハ行）の音が加はつて（ホ）に
なります［英 o に h を加へた音 ho]。 此の ὁ は其の次に在る名詞 Λόγος に
附けた男性の定冠詞です。冠詞については後に説明します。［英 the. 獨 das］

⑤ Λόγος ろゴス

Λ は λ の大文字です。此の語は λό（ろ）と γος（ゴス）との二つの音
節からなつてゐます。λό は舌を顎につけて（ろ）と發音する。o にアクセント
（ʹ）が附いてゐますから音を揚げます。λόγος は言と云ふ意味の普通名詞です。
普通名詞は大文字で書くのではありませんが，此處の場合では神の言と云ふ特別
の意味で大文字が使はれてゐます。 λόγος はギリシヤ哲學では道理, 世界理性
などと云ふ意味に用ひられますが，此處では其らとは異つて基督の先在を示す言
です。

136

$$\underset{①}{\text{’Eν}}\quad\underset{②}{\text{ἀρχῇ}}\quad\underset{③}{\text{ἦν}}\quad\underset{④}{\text{ὁ}}\quad\underset{⑤}{\text{Λόγος}}.$$

此の文は五つの語から成つてゐます。

① ’Eν　エン

ἐν の ε を大文字 E で書き出した爲めに，軟音符（’）が左肩に附いてゐます。すべて大文字に符號を附ける時は左肩に附けます。

例へば ’A ’I ’O ’U ’H ’Ω のやうに。母音で始まる語には其の初の母音に（’）か又は（ʽ）かの符號が必ず附く。（’）は母音が本來の音のまゝ發音されることを示し，（ʽ）即ち硬音符の附いた時は其の母音に（ハ行）の音が加はることを示す「英 h の音が加はる」。それ故に ἑν ならば（ヘン）と發音し，ἐν ならば（エン）と發音する。

ἐν（エン）の意味は「……の中に」「……に於て」であつて文法上，前置詞と云はれてゐます。［英獨その他の前置詞 in に當る］

② ἀρχῇ　アルけー

ἀρ（アル）と χῇ（けー）との二つの音節から成つてゐる語です。音節［英syllable］は一語を構成する母音又は複合母音の數によつて決定される。χῇ は（ケー）と（ヘー）との中間の音を烈しく發します。　ῇ は η の下に「イヨタ下附母音」（ι）が小さく附いて居り，上に長音のアクセントを示す（＾）が附いてゐます。　ἀρχῇ は「始」と云ふ意味の名詞です。

［χ は獨乙語 Kirche 等の ch に當る。ἀρχῇ を獨乙語に書き代へれば Archä。考古學のことを Archäologie と云ふ。英語では archæology。希語で ἀρχειολογία］

新約聖書原語入門 (二)

里 見 安 吉

第 二 課　　單 語 と 文 例

　前號に於て文字，發音，符號に就いて述べました。少しづゝ確實に記憶するやうに努力して下さい。簡單ながら，あれで大體ギリシヤ語の讀み方と書き方とは出來るわけです。長い歴史を有する言語でありますから，時代による變遷を免れません。然し初學者にとつては，かゝる問題に立入る必要はありません。

　外國語を知らなくとも入門の出來るやうに致しますが，外國語に通じてゐる人の便宜をも計つて〔　　　〕の中に外國語との關係を書くことにしました。今日の歐洲の言葉には其の源をギリシヤ語に發してゐるものが少なくありません。此の源泉まで追撃して行くには一種の快味があります。

　ギリシヤ語の印刷には多大の困難が伴ふのですが，珍らしくギリシヤ語の活字を有する京城の大東印刷所では義俠的好意を以て植字を引受けてくれました。有難いことです。

　內地の或る雜誌に出征軍人からの手紙が載つてゐました。私は其を讀んで，三年にわたる戰地の生活の中にも餘暇ある時はギリシヤ語を持つて福音書を勉强してゐる軍人の居ることを知り，非常に頼もしく感じました。戰地に居つてさへ，そうした勉强をしてゐる軍人のゐることを思へば，我々の如きは一層勉勵しなければならない事を感じました。

　さて次の文例を一語づつ讀んでみませう。勿論未だ語句の內容の解釋に入るわけではありません。讀み方，書き方，文法上の名稱等に注意して下さい。

━━━━◎━━━━

古典語學研究會

一、講師　里見安吉先生
一、日時　五月三日（土）부터每土曜日午后
　　　八時（約二時間）
一、場所　京城府南山町三丁目　京城ホテ
　　　ル内

注意　當分間은希臘語만 시작한다.

京城聖書研究會

日時　每日曜午前十時（約二時間）。
場所　京城府外貞陵里（本社）。
講師　金　教　臣
會費　每一回三十錢。

三月三十日과四月六日의二回는休講하고
四月十三日부터 다시開講中이다. 四月二
十日은山上禮拜、同二十七日은午前集會外
에午後三時부터盧平久君과安丁子孃의結婚
式（新禱會）이本社에서 있을터이다.

北漢山의東南편山麓에「王의婚宴」을（마
태二二・一ー一四）베풀고 賓客을請招하
기 이미積年이라. 밟에 가보기에急하고 저
자에게負利하기 奔走한 서울長安 市民들
에게「王의怒여옴」이 미치지 않기를 新
禱함이 간절하다. 오늘이라는「오늘」안으로 남
어지지 알수없다. 오늘이라는「오늘」안으로 남
지 알수없다. 二、三回의機會를 놓치지말고
來 參하라.

龍川咸先生宅消息

四月九日（水）에 平北龍川郡龍川面中興
洞咸先生本宅을尋訪하였나이다. 咸先生慈
堂以下여러분이安寧하시고 오늘일가 來
日일까하면서 손잡아 待望하는 本誌
이었나이다. 後庭의果苗 剪定못하대로 徒
長하기만하여여 몇나무剪定하는 本을 보
여 일하는이에게 指導하고 왔나이다. 果苗가
둘아온後로도 念慮 마지 못하나니, 果苗가
어떻게 자라는지 念慮 마지 못하나니, 果苗가
어떻게 자라는지 들터지못하였으며 그
平壤府外松山里宅에는 어린子女들이 平安하
나, 咸先生夫人과 어린子女들이 平安하
시다는 기별만 들었읍니다. 거기는 黃
得珠氏가誠意껏家事를 돌보신다하니 거기는
자주 問安하시는誌友들께 이로써 答
狀을代하오며, 더욱더욱 新禱하여 祈
여 주시기 부락하나이다（四月十六日）。

히 두고, 本社의出版物其他註文에 應하
게 되겠나이다.

本誌舊號廣告

1、史　　觀......（六二號）
2、世界歷史의輪廓......（六四號）
3、生活에나타난苦悶相......（八二號）

『聖書的立場에서본朝鮮歷史』가 本誌에
連載되기 前後二十三回. 其中에右記三回
의 分만殘品이 있고 他는 모다品切되었다.
本誌와같이 人氣적은雜誌가 어째 咸先生
의歷史號만은品切되도록 要求가있었나.
不幸히 아직못보는이는 速히읽어 보라. 以上三
號의分이나마 足히 朝鮮歷史의骨骼과 精
神을 알릴것이다. 第六二號에는 主筆의
「朝鮮地理小考」라는 論文도 실렸다. 이것
은 地理學的으로본朝鮮地人論이다.

本誌五月號의發行期

五月號는 定期보다 發行이 多少遲
延되겠나이다. 萬一五月末日까지 配達
되지않거든 朝鮮안에서는 一旦休刊된줄
로 알것이오, 또 六月末日까지 配達되
지않거든 아주廢刊한줄 알라.
本誌의廢刊은確定됨에는 六月末日以
後에 先金讀者에게 通知와 殘金計算書
를 보내겠나이다.
但 本誌가廢刊된後이라도 그振替口座도 如前
는 그대로 있겠고, 聖書朝鮮社 如前

其他 咸先生의史筆如左
（各一册二十錢、郵料共）

4、成三問과 스테반（第十四號）
5、歷史에 나타난 하나님의攝理
　（七、八、十一、十二號）
6、南岡李昇薰先生（十七號）
7、二十世紀의出埃及（十八號）
8、義人은絶滅하였는가（二二號）
9、예수出現의宇宙史的意義（二四號）
10、聖書的立場에서본世界歷史（八八ー
　一〇六、一〇八ー一一〇 合計二十二册）

新約聖書概要

題目	號數
마가福音의大旨	七四
요한福音의大旨（但品切）	一〇六
마가福音의大旨	一一九
마태福音의大旨	三一
로마書의大旨	九
使徒行傳大旨	八
共觀福音問題	七
베드로前書大旨	六
빌립보書大旨	五
고린도前書大旨	四
고린도後書大旨	三
갈라듸아書大旨	二
로마書大旨	一九
에배소書大旨	七六
누가福音大旨	一〇

골로새書講義號（完）
一二三、一二五、一三一、一三三、一三六
一四一、一四三、一四五～一四七以上十

히브리書講義號（續）
一二三～一三一、一三四、一三五～一四七以上
四冊全秋이남어있다）。

舊約聖書大旨號（完）
一二三、一三一、一三四、一三五（十一冊）

舊約聖書講義號（續）
三八、四二、四四、五六、五八～六〇、六二、八四、九一～九三、九五、一〇〇～一〇四（以上二十三冊發在、其他六冊品切）

本誌舊號定價一冊二十錢
（品切號 61 63 65 67 68 69 71 72 73 74 75 76 78 79
80 82 以上。其他는若干部식發在。）

---

1 山上垂訓研究 全　金教臣著
예수의 山上寶訓을解說하게基督教의
根本眞理를簡明하게알린것이다。
四六判二七〇頁　定價一圓　送料九錢

2 無教　咸錫憲著
無教會主義（即참福音主義）의理論과實
際를가장簡潔하게說明한것이다。
定價七十五錢　會員七十三錢　送料十錢

3 內村鑑三先生と朝鮮　咸錫憲、金教臣共著〔價三十六錢　送料三錢〕
內村鑑三先生의昇天十週年紀念에際하
야우리無教會主義的信仰의由來와內容
을알릴만한論文을和譯하야出版한것。

4 崔容信小傳　柳達永著〔價五十錢　送料六錢〕
自己를爲한것이아니라平生남을爲하
여、燦爛한都市에서가아니라村에서
村에서、그리스도를본받어그暗昧한農
興味와性的한生涯의實記이다。이번에第三版出
來。

5 푸로테스탄트의精神　咸錫憲著〔價十五錢　送料三錢〕
昨年末까지에賣盡되여、
今年에이글이실린第二十
號는品切
이것은中略이다。但이글이실린第二十
號는品切中이다。若干冊
남어있다。

本誌定價

一冊（送料共）金一圓十錢
六冊（送料共）前金一圓十錢
十二冊（一年分）前金貳圓貳拾錢
要前金直接注文은
振替貯金口座京城一六五九四番
（聖書朝鮮社）로

本誌定價

貳拾錢
前金一圓十錢
貳圓貳拾錢

取次販賣所

和信　北星堂（京城府）
茂英堂（大邱府）中央書房（平壤府）

京城府鍾路二丁目八六　博文書舘
京城府鍾路二丁目九一　教文書舘
東京市麴町區九段坂　山本書房

昭和十六年三月二十八日印刷
昭和十六年四月一日發行

編輯兼發行者　金教臣
　（京城府外崇仁面貞陵里三七八）
印刷者　李相五
　（京城府仁寺町一九ノ三）
印刷所　大東印刷所
　京城府仁寺町一九ノ三

發行所　聖書朝鮮社
　（京城、光化門局私書函第一八號）
振替口座京城一六五九四番

【聖書朝鮮】第一百四十七號

昭和十五年　一月二十八日　第三種郵便物認可
昭和十六年　四月一日發行　每月一日一回發行

【本誌定價二十錢】（送料五厘）

昭和五年一月二十八日(第三種郵便物認可)
昭和拾六年 五月一日發行(毎月一回一日發行)

金教臣 主筆

聖書朝鮮

第壹百四拾八號

昭和十六年(一九四一)五月一日發行

目 次

銃後生活と奢侈品

昨年七月七日支那事變勃發三周年を期して、內地に於ては奢侈品等の製造販賣制限規則が實施され、我が朝鮮に於ても內地に呼應して七月二十四日府令第一七九號を以て發布せられ即日より施行された。

新國民生活體制を確立し擧國一體國家の總力を發揮し國體の本義に基く國防國家建設には、大に國民生活の刷新、戰時生活の確立の聲は既に久しいが、都會生活の消費者等を見ると、必ずしも十分の效果を擧げてゐるとはいへない。今迄きは、生活の自由の夢を追つて、統制への不平不滿を衷心懷く者も絶無ではない。然しながら戰へる世界のどの國も生活の戰時態勢化が斷行されてゐない所があらうか。獨逸の大勝利の蔭には吾人の想像だにも及ばない犧牲的不自由な生活に甘んじてゐる事實を見逃してはなるまい。凡そ奢侈逸樂を事として興隆せる國家は未だ曾て之を見ないのである。

惟ふに我が銃後國民生活の現狀を顧みると通貨の膨脹が購買力の增大を誘發し、殊に股賑産業方面に於ては生活樣式の奢侈化に拍車をかけた事實は否めない。一方に於て物資の一

大消耗が行はれて居る場合、日常生活に於て平時と同じ質と量との物を欲求することは許さるべきでない。戰時には戰時に相應しい生活樣式がなければならぬわけで、銃後の國民としては最少限度の生活に甘んずべき責務があるのである。

茲に於て政府は生活必需品等の消費規定に關し不急不要品又は奢侈贅澤品の生產、製造及販賣を制限又は禁止すること或る程度の必要性あるものと雖其の物の原材料が重要生產資材又は生活必需品資材なる場合に於ては右に準ずることゝなつた。

皇國臣民の誓詞

一、我等ハ皇國臣民ナリ忠誠以テ君國ニ報セン

二、我等皇國臣民ハ互ニ信愛協力シ以テ團結ヲ固クセン

三、我等皇國臣民ハ忍苦鍛錬力ヲ養ヒ以テ皇道ヲ宣揚セン

親 と な る ま で

親 と な る ま で

余が教育じみたことをやり始めたのは實に幼少の頃からのことであつた。即ち二つ年下の弟に指圖がましいことまでを言ひかけた頃からであつた。こゝにいふ「教育」とは主として老婆心に驅られたおせつかひを指すのである。

我が思ふやうに彼にも思はせ我が行ふやうに彼にも行はせようとしたのみか時には實に我が能く行ひ得ないことまでも彼に強ひたのであるから其の結果たるや見るべしであつた。我れ右といへば彼は左に走り我れ白といへば彼は黒を擇ぶのであつた若き「教育者」は憤りもし嘆きもしたのであつた。時に德富蘆花の臨終に際して綴られた彼の兄蘇峯氏の懺悔の文に接して、「教育者」の胸にも大いに思ひ當るものがあつた。兄貴は告白して曰ふた「兄弟不和の原因は主として兄たることが惡かつたのである」と。誠にさうだ干渉にあつた」と。又曰ふた「いつまでもいつまでも子供であるとばかり思つて居たことがおせつかひ根性にあることが解つてすれば實に慄然たらざるを得ないものがあつた。兄弟不和或は弟惡化の原因が主として兄たるものゝおせつかひ見れば實に慄然たらざるを得ないものがあつた。

次に余の「教育根性」を發揮したのはいふまでもなく余に與へられた余の子女に對してであつた。これに對しては實に遺憾なく發揮したのであつた。我は確信してゐた――五人でも十人でも將亦二十人三十人の子女でも親の思ふやうな型の人間に撓え得るものであると。又斯く一つの型に撓え上げることこそ親たるものゝ義務であり權利でもあり、君國に對する忠誠の道でゞもあるものと心得てゐた。故に朝起きる時から夜床に就くまで「斯くすべからず、斯くすべし」の繰返しばかりであり、我が怒號一下子供らは皆懷き縮み上がるのであつて之を見たる「教育者」は彼の威令よく家内に行はれるのを知つて頗る滿悦であつた。なんでもやれば出來ると思つてゐた。「鳴かねば殺すほとゝぎす」式であつた。

或る時東京近郊の（今は市内）或る篤信敬虔なる家庭に客となつた。その家庭には四人の娘が居てどこの家庭にもよく見られるやうな姉妹喧嘩が矢張りそこにも絕無ではなかつた。負るのは大抵妹側であり、殊に小學生であつた末子の妹は眼から大豆粒程の涙の玉をころがし落すのが唯一の戰術であつた。その都度溫厚なる親爺さんは聲靜に姉の方を諭すのが常であつた。

――××さんは妹をもそつくり自分と同じ人間に撓え替えやうとするから喧嘩も起るのよ。お父さんの目から見ればお姉さんはお姉さんなりでよろしい、妹は妹なりでそれでよろしいのよ。お父さんにはどつちも同じやうに可愛いのよ――と。こ

一

親となるまで

〜に同化せずんば止まざらんとする「姉根性」と、十人十色あるがま〜を喜び樂しむ「親心」との著しき對立が現れたのである。

二

「能ある鷹は爪をかくす」といはれるが我らの經驗を言はしむれば「能ある鷹は鈴を鳴らす」である。雉の群に出逢つた場合に無能なる鷹は一羽々々を追かけようとして遂に一羽をも捕り得ず、有能なるものは唯空中を飛び廻り乍ら尾の鈴を鳴らして居ると獵師は一群の雉を殆んど悉く打捕ることが出來るのである。即ち鷹の能は爪をむき出して使用した場合よりも、唯自己の存在を示してばかりゐた時の方が遙かに有能であるのである。

猫の効用は一匹々々の鼠を捕ることにもあるが併し猫の聲を出すことにより、即ち「と〜に猫あり」といふことを單に認識せしめることにより家中の鼠の跋扈を防ぐ方の効果こそより大なるものがあるのである。

諺に「他人の子と炭火はいぢるな」といふ。いぢられては他人の子は育たず、炭火は燃えつかないからである。しかして他人の子に限つたことではない凡そ人の子なるものは――――雖え自分の子であつても――――いぢられ、おせつかひを燒かれては育つものでもなく伸びるものでもない。今日この頃まで永らく生きてゐて七人の子の親となつてこの事に始めて氣ついたことを人々は嗤笑ふであらう。しかし眞理を學ぶに遲すぎるといふことはあるまい。

子弟敎育は一つ一つのことに小言をいふことで出來る業ではない。おせつかひを以て性格が改造されるものではない。彼は無能の、の〜如く見え乍らも能く凡ゆるものを敎へ未來にも同じく在し給ふ所のエホバの神さまより外のものではない。彼は無能の、如く見えることもある。しかし長き歷史の上に、育て成就せしめ給ふ。一つ一つの出來ごとの場合に人の目には彼は嚴として自己の存在を記るさせ給ふのである。我が〜なるおせつかひ根性に疲れ果てたる時に最宇宙進化の記録の上に、彼は嚴として自己の存在を記るさせ給ふのである。我が〜なるおせつかひ根性に疲れ果てたる時に最も、我が〜が心よろこぶわが撰人をみよ、我が靈をかれに與へたり。第一四六一二日、德四十回誕生日、四月十八日記。

を問はず公私の別もなく在し給ふ外のものではない。この事が解つた時に始めて親になつたやうな氣がする。願はくは無きが如き存在者――――小言をいはず干涉せず唯存在者として〜親たらんことを。小言をいはず干涉することが人の子を造る道では斷じてない。

未來にも同じく在し給ふ所のエホバの神さまより外のものではない。彼は無能の、如く見え乍らも能く凡ゆるものを敎へ大の親へと目を轉ずればそこには限なく廣く、餘す所なく完き敎育原理が備はつてゐるではないか。ほむべきかな萬有の神エホバ！ 學ばんかなその限りなき知慧とその滿ち足れる德を。

侮られても憤らず騙されても怒らず、しかも嚴然として存在する親の親は誰であるか、それは昔在し給ひ現在にも在し給ひ、が心をころぶわが撰人をみよ、我が靈をかれに與へたり、……………彼は叫ぶことなく聲をあぐることなく、その聲を街頭にきこえしめず、また傷める蘆を折ることなく、ほのくらき燈火をけすことなく眞理をもて道をしめさん……（イザヤ四二・一〜四）

時　の　證

『我すでに世に勝てり』とはキリストの訣別遺訓に於ける結語であつた。（ヨハネ傳一六・三三）。しかし幾ら考へて見ても我ら普通人の考へ方からしては當時のイエスの最後を以て勝利の生涯であると言へたであらうか。それは正にその反對でなければならなかつた。パンと魚をふくらした群衆がイエスの正體が解るに從つて四散し去りしは言はずもがな十二使徒に選任された者の中からでさへ遂に謀反を決心したものが飛び出たばかりのその場である。人類の歷史あつて以來最大の嘲弄と最惡の刑罰とは數刻の後に迫つてゐたのである。それにも拘らず　その敗北の眞中に虛してキリストは斷言せられた『我すでに世に勝てり。』と。之れ實に人類に與へられた最大の謎でなければならなかつたのである。

歷史は能く凡ての謎を解く。今や賢者を俟たずとも何れが眞の勝利、永久の勝利であるかに迷ふものはゐなくなつた。唯キリストの勝利を得る爲めには先づ彼の敗北を甘めねばならず、その榮光に達する爲には先づ彼の恥辱を甘受せねばならぬ。故に貧困と孤獨と嘲けられること裏切られること虐げられること等の洗禮を避けることは許されないであらう。

生　活　の　憂

さらば何を食ひ、何を飲み、何を著んとて思ひ煩ふな。……………まづ神の國と神の義とを求めよ。然らば凡てこれらの物は汝らに加へられるべし。

と（マタイ六・三一―三三）は言はれたものゝ果して「神の國と神の義さへ」求めて居れ。生活問題は解決出來るものであらうか。二千年の昔ならばいざ知らず、第二十世紀の今日の世の中に於ても?と信なき人の心は昔も今も迷ふて止まない。

『なんぢらの中罪なき者まづ石を擲て』と（ヨハネ八・七）。

もしも眞に『神の國と神の義』とを求めた人が居るならばその人は『石をもつてキリストを擲つべし』。もし又未だに一人もゐなかつたものならば我ら勵みに勵んで『神の國と神の義を求める「生涯を造り上げて置いてそれでも尙ほ日用の糧が與へられなかつたことを神さまに訴えるべく最初のレコードを造らふではないか。

勝負・生活問題

三

春夢

봄날엔 꿈이 많다드니 이러한 꿈도 있었다。
맑고 따뜻한 이른 아침에 白岳山麓을 오를제 한분

老人이 松林사이에 그닐고 섰었다。가늘고 키큰몸에 굽
울굽을한 긴 지팽이를 잡었다。머리는 百雪같이 히고、
수염은 무릎까지 내려 드리웠다。

老人이 가르되「나는 三十餘年間 朝鮮基督敎會의 長
老인데 너는 누구냐」고。

나는 答하였다「나는 七의二十一倍의 數號까지 聖書朝
鮮을 發刊하고있는 사람이 올시다。

老人 이제後로도 몇號까지나 發行할作定이냐。
答曰 글세 올시다。저의 生前에 끝을 맺고 싶지는 않

습니다마는、今年六月부터 雜誌用紙의 統制가 實施되여
저 企劃部의 認可를 받어야한다하니 五月、六月이 一般

出版界의 劃期가 될것이라 합니다。
老人 七의二十一倍號까지 繼續된일을 用紙가 없어서
中止한다는 말인가。일이란 말인가。遊戲란 말인가。

答曰 用紙의 使用認可를 받으면 續刊하겠고、못받으면
國策上 어찌할수없이 廢刊되겠읍니다。

老人 勿論그렇지、國策에 順應해야하지。그러나 國策
上 必要하다면 頁數의 半分을 國策用으로 바치고、남어

지。半分으로써 續刊할수는 없겠느냐。
答曰 聖書朝鮮은 雜誌體制의 最小限度인 二十四頁이
온데 또 그半分이라면 넘어 貧弱한듯합니다。國策
順應의 見地로써 그것이라도 許해준다마는 國策
니다。

老人 萬若 十二頁도 넘어많어서 許諾할수없으니 그
半分인 六頁만으로써 하라하면 어찌할터인가。
答曰 그렇게돼서는 頁數가 넘어 적으니、차라리 廢
刊하고 말까 합니다。

老人 히히 젊은이들은 그렇게 急性이어서 차람 못써!
六頁도 많다거든 三頁를、그것도 많다거든 菊版半頁即
葉書한장만한用紙단 認可연느라。그래서 거기에 聖書朝
鮮 第몇號라고 박고、남어지紙面에다 二十四頁分을 壓
縮하여 쓰도록 힘써工夫하라。힘쓰면 二十四頁의 글을
葉書한장에는 쓰는 文章을 쓰리라。

答曰 옳소이다。凡事가 慾心이었을니다。이제부터는 貪
慾을 버리고 文章을 修練하겠읍니다。그러나 어찌能히
……。

老人은 간데없이되매、바위에 엎드려 祈禱하기 시작하
다。『主여 現在의 文章을 四十八分之一로 壓縮한 名文을
쓸수있게 힘주시옵소서……』타고。깨인때는 全身이 땀
에 잠겼었다。발갈이한 소의 왕말보다도 더하게。

圍

卒業生에게

中等程度의 卒業만으로서는 學業의 完結이 못될것은 더 말할 必要도 없거니와、專門學校나 大學을 卒業하는이도 決코 學業의 完結이 아닌것을 알라。인제 겨우 字典찾는 修練을 하였고 參考書類의 目錄을 얻었고 實物作成의 製圖法을 배운것에 지나지못하는바를 確實히 認識하고서 只今부터 참말 學業에 出發하라。

日曜日의 聖別은 論할것도 없는일이오、其他에라도 週間六日中의 하루 或은 이틀 저녁식을 世上살림에서 除外하기를 實踐해보라。只今까지에 學校에 出席한 時間은 家事에도 恭干안하였고 親구도 만날수없었고 工夫할수 밖에없었든것처럼、적어도 一週間의 一日 或은 二日저녁쯤은 俗世에서 아주 뚝 잡어매여 제처내는 訓練을 하라는 말이다。印度에는 平生토록 每週月曜日을 말안하는날(無言日)로 지켜온 老人도 있다하거든 저녁 時間의 聖別쯤은 全然 無理한 企圖는 아닐것이다。이렇게 제처낸 時間은 特히 參生命의 保養에 받치라。

單獨으로라도 可하나 될수있거든 두셋 親구가 모여서「素人」들끼리 聖書硏究를 시작하라。適當한 親구가 없는 것을 喫息하지말고、없거든 親구를 만들라。專攻은 아무리 훌륭한 敎會에 屬하였고 高名한敎師의 講義를 들었다 할지라도 自己 스스로 聖經本文을 읽어 거기서 參生命의 靈糧을 無窮하게 뽑어 마시지 못한다면 저는 아직 自立한信者는 못되었나니라。그 하는 말은、風月에 지나지 못한것이오、그 다리는 新歸는 模倣以外에 아무것도 없나니라。故로 몸소 聖經本文에 接戰하라。文意가 티워지고 興味 나오도록 硏究하라。

한가지 專攻과、한가지 嗜好를 擇하라。專攻은 一人一事의 硏究이다。農科出身은 農科의 一小部門을、工科出身은 工科의 一小部門을、醫・法・文科等이 亦是同樣으로 一小部門을 硏究하되 十年이나 二十年後에는 그小部門에關해서는 第一人者되기를期하면서「長期戰」으로 出發하는일이다。嗜好는 專攻하는 科學以外의 部門에 相當한 造詣를 쌓는일이다。例컨대 法律과 政治로 一生을 마춘 大統領친이 沙翁을 질겨 읽었든것、實業家인 澁澤榮一子爵이「片手에珠盤 片手에論語」라는 逸話를 남기리만치 論語를 놓지않었든것같이、專攻이나 職業의 如何를 勿論하고 萬古不朽의 大文學또는大哲學을 하나식 擇하야 能通하라는것이다。

信仰은、輕妄하게 코人등에 붙이고 行世치말라。但 當面하는 첫試驗에 基督信者인것을 公明하게告白하라。처음에 이겨놓으면 다음부터 매우 쉬울터이니。그러면 젊은 信仰의勇士들이어 부대 씩씩하라 이기라。

卒業生에게

五

147

卒業生에게

六

註。 우리는 이런文字를 公表하기를 아직 躊躇한다。「아직」이라함은 識見으로 보나 年歲로보나 「老大家」然

하게處하야 「說法然」한 말을 하는것이 우리性味에 못 맞당한 까닭이다。
그런데 우리 聖書研究會々員과 聖書朝鮮誌讀者中에 今春에 卒業한이는 中學 專門 大學으로 相當한數가 있었
다。어면이들에게는 모인公席에서、어면이에게는 무릎 마주 대인 私席에서、사람에따러 時間에 따러서 여러가지
로 보내는 말슴을 하였다。그中 어면이는 如左한 편지를 먼저 보내놓고서 卒業式場으로 가는걸음에 들린이도 있었다。

.... 小生은 卒業成績發表도 끝나고 볼일도 다보았기에 이곳同伴의집에 눌러와 있읍니다。그러나 二十
五月이 卒業式임으로 二十四日은 歸省爲計입니다。就 알외올 말슴은 今般 小生이 學業을 畢하고 社會에 나감에
當하와 自己깐엔 希望과抱負도 없지않어 있읍니다마는 誘惑에對하여 不安과恐怖를 느끼는바 적지않습니다。願
하옵건대 社會生活의 첫걸음을 내디더라는 小生을爲하여 新禱와訓戒의時間을 割愛하여주시옵소서。二十五日아침 아

흡시頃에 先生님宅으로 가뵈옵겠읍니다。餘不備上書。三月二十二日 於××○ ×××上書。

라고。大學總長의 訓話 듣기前에 이 北漢山麓까지 땀흘리고 찾어왔었으나 時間이 促迫해서 하고싶은말도 다하

지못하고 보낸 일도 있었다。

찾어 오는이들의 誠意에야 大小나輕重이 있었을理 萬無하지마는 이모양으로 或은 時間이不足했고 或은 不在中
에 다녀갔고 或은 이사람에게 한말을 저사람에게는 못일러주기도 하였으니、내가 卒業生들에게 一種의 갚지못
한 負債를 진것같은 느낌을 가지게된 理由의 하나는 이것이다。

實相대로 告白하면 卒業을慶視하는 뜻으로 무슨紀念品이라도 하나식 주려고 書籍으로 할까 벤타이로 할까 하
면서 猶豫未決하는中에 하나 둘식 地方으로 흩어저 간이도 생기고 처음보다 數도漸加해저서、差別待接도 할수
없거니와 均一로도 施行키어려운 딜렘마에 빠젔으니 「負債感」만 加重해 젔었다。

그래도 私談은 私談대로 두고 訓話然한文字는 印刷하지않기로 했든것인데、四月下旬에 至하여는 卒業生들의「初穗」
라는 첫收入의 一部分식이 振替에 실려 날라들게되매 나는 드디어 나의固執을 버리지아니치 못하였다。내가 願치
않는 일이로되 卒業生들에게 하였든 말슴의 槪綱을 整理하여 골고루 알리는同時에 記憶에 便하도록 해주는以外에 저

들의 참誠과 큰愛에 報答할길이 없는故이다。읽는이들 넓이 살피소서。

信仰의 時 （大正四年四月）

하나님은 사랑이시다。그러나 그는 지금은 사랑이 아니신것같이 보인다。그러나 우리는 그는 사랑이시다라고 믿는다。그리하여 그리스도의 臨하실때에 그가 사랑이시라 는것이 明白하여지는것이다。지금은 信仰의 時다。

侍望의 時다。忍耐의 時다。사랑이 아닌것같이 보이는 하나님을 사랑이시라고 믿고、그 信念의 實現을 侍望하는때이다。主예수시여 速히 臨하시압소서。（默示錄二二章廿節）

簡短한 基督教 （大正四年六月）

基督教는 至極히 簡短하다。一言으로써 이를 다 말할 수있다。사람의 信仰으로써 하나님의 恩惠를 攝取하는것이 다。이는 어린애 라도 알수있는것이다。그러나 어린애가 안이면 알수없는것이다。일직이 어떤 英國宣教師가 한 말이 있다。今日의 日本人에게는 到底히 基督教는 알지못 할것이라고。그理由는 基督教가 日本에 傳來한지 僅僅五十年 밖에 되지않는 까닭이라고。그러나 基督教를 解得하는 데 오란研究는 要치않는다。恩惠와 信仰과를 解하는 要치않는다。한時間이 一年 또는 一簡月 또는 一日도 要치않는다。한時間이 면 넉넉하다。그렇다。一瞬間에 이를 了解할수 있는것이 다。

米國流의 基督教 （大正四年八月）

余輩의 友人의 한사람이 近者 米國시카고市에 있었다。 그는 그곳 어느基督教教會堂에 出席하고 어떤日曜日아침 그는 그곳 어느 基督教教會堂에 出席하였었다。그날 그가 그會堂의 高壇으로부터 들은바說教는 「如何히하여 장사에 成功할것인가」라는 題目에 對하여 였었다。놀라운 일인저! 그러나 이 能히 現代의 米國流 의基督教를 代表하는者이다。余輩는 現世를 思하기 如斯히 厚하고 來世를 念 하기 如斯히 薄한 基督教徒이기보다、차라리 法然 或은 親鸞流의 佛教信者의 되기를 바란다。余輩는 告白하여 꺼 리지않는다。余輩는 現代의 米國基督教信者의 所謂「社 交的」이고 「倫理的」인 現世的 商業的基督教에 싫증이났다。

信仰의 確實 （大正五年三月）

西洋의 基督信者는 自己와 他人에게 對하여 信仰을 證 明하고처하여 미련한것을 하고있다。信仰은 元來 證 明할수없는 것이다。證明된 信仰은 信仰이안이고 實見이다。 信仰은 바라는바를 疑心치아니하고 아직 보지못한바를 眞實이라 하는것이다。아직 보지못한것、（證明되지안이 한것）을 믿는까닭에 信仰인 것이다。所謂 基督教證據論이 란것은 아모 證據도 되지않는 것이다。信仰은 그自體

七

가 證明이여서 自證者이다。信仰을 證明하고저 하는 것
은 數學上의 自明理를 證明하고저 하는것과같이 어려
운일이다。世上에 信仰보다 確實한것은 없다。그리고 信
仰을 갖지안이한者는 모ー든 論議를 다하여 이를 證
明받어도 이를 믿을수 없는것이다。故로 그리스도는 말
슴하셨다。보지못하고 믿는자들은 복되도다라고。（요한福音
二十章二十九節）。

요한思想의 精髓 （大正六年九月）

聖요한의 思想을 壓縮하여 본다면 다음과 같이 될것
이다。

聖요한은 하나님으로부터 나온다。하나님은 사랑이시다。
사랑이 善行으로서 날아난것이 義다。그 反對가 罪이다。
사랑을 知識的으로 본것이 빛이다。그 反對가 어둠이
다。사랑을 德性으로서 본것이 眞實이다。그 反對가 虛僞이
다。

예수는 하나님의 愛子이시다。世上의 빛이시다。
예수는 眞實 그것이다。
크리스챤은 하나님의 子女이다。故로 사랑해야한다。
即 善行을 해야한다。어둔世上에 있어서 빛나야한다。
永久히 眞實이여야 한다。

사랑은 요한思想의 中心이다。律法의 全部다。

사랑할수 있는 能力 （大正六年十月）

「사랑은 하나님으로부터 나온다。대개 사랑하는 者
는 하나님으로 말미암어 나서 하나님을 안다。」「대개
사랑하는 者는 하나님으로 말미암어 낫는다。」「대개
사랑하는 者는 하나님으로 말미암어 낫는다。」 그사람이「유니테리안」이
나님으로 말미암어 낫는다。」 그사람이「유니테리안」이
라고 부름을 받든지 或은 偏理論者、或은 異端論者、
或은 異教徒라 稱할을 받든지 물을바가 안이다。대개
사랑하는 者는 하나님 께로 말미암어 난것이다。設使 그
反하여 사랑하지 안이하는 者는 基督者
或은 正統信者 或은 教職 或은 宣教師 或은 神學者 或은
長老教會員 或은 메소듸스트敎會員 或은 組合敎會員 或은
聖公會員이라 하여도 대개 사랑하지 안이하는 者는 하
나님 께로 말미암어 난것이 안이다。사랑은 人生의 試
驗石이다。사랑이 世上에對하여 告白하고 或은 宣言하
는 信仰箇條가 무엇이던지 오직 거짓이없이 自發的으
로 사랑하는사람 만이 하나님과 眞理에 緣由하여 나
온者이다。사랑할수있는 것은 人生最大의 習得이다。이는
永生獲得의 틀림없는 證據이다。（요한第一書四章七節）。

（内村鑑三全集에서）

提議

二月十八日 余의 日記에 記錄하였으되「貞陵里 金先生
님 宅을 尋訪。 저녁밥을 얻어먹으면서 여러가지 이야기 들
다。金先生님의 身邊과 心境을 爲先 明確히 보고 알았으니
적이 安心된다。但 經濟的으로 困難이 不無한듯싶어 저녁
한끼가 마음에 걸린다。 이런類의 생각은 일직이 내속에
있어본 일이 없든것이다。하나님이시여 굶어살게소서」
歸校하야 余는 聖書朝鮮出版事業을 돕자는 생각이 났
다。우리 誌友의 靈을爲해서 하나님 나라를爲해서 할만
한일인故也라。더욱 이出版費를 讀者가 負擔못하고 主
筆의 獨單에 맡겨 버리고 我不關焉하는것은 아무리 생
각해도 讀者의 수恥인가한다。聖書社와 우리讀者와의關
係는 物的이아니라 靈的이요、人格的이며 主안에서 一
體이여야 할임에라。

그러나 余個人의 힘은 너무도 微小하다。身勢타령을
해버린다면 制任官七給俸（月六十五圓）이 收入의全部일것
이다。그러니 余는 讀者여러분께 左와如히 提議한다。
曰「讀者中 月七給俸以上의 收入있는분으로 現在 朝鮮
의靈界를、爲해서 別로 일하는것없었으나、우리 誌友를爲
해서 무슨일을 하구싶으나 힘이 모자라서 實行못하는
이、또 多幸히 우에 적은 余의 意見에 一致하는분이 계

시거든 月壹圓以上을 聖書朝鮮出版協助金으로 낼것이다」
바라건대 여러분 이提議를 걷어주소서。
但 옳은손이 하는일을 왼손이 모르게 할것은 勿論
이며 하늘나라에 實物을 쌓아 두는 心情을 條件으
로 한다。

그리고 이일은、傳道하는이 헐벗고굶주려 路傍에서
헤매일가바서 하자는일은 絶對아니다。우리의믿음을은
義人이 굶음을 믿지못하는故이다。讀者諸氏도 이點
엔 絶對로 安心하시기를 바란다。

昭和十六年三月十日저녁稿

一讀者 金重冕 敢히 提議함。

編者曰 三月中旬 어느날 金重冕君은 余의 不在中에來
訪하여 이「提議」文을 두고 가면서「或四月號에 餘白이
있으면 檢討하시고 실어주소서」라고 添書하였다。「檢討」
한結果에 余의 主幹하는雜誌에 이글을 실는것은 맞당치
않게 생각되어서 後日 同君을面談하였을때에 揭載안한
다는뜻을 言明하였다。

그랬는데 四月下旬에 至하야
「提議」의 實行。聖朝出版費에 充當伏望耳。門生의손으로
연은 첫 이삭이다。하나님 나라일에 받치나이다……
라는 振替가 机上에 떠러졌다。그리고 본즉 金重冕君
은 單獨으로라도 이「提議」를 實行하는 모양이오、精誠

九

提議

提議

것　同志를 求親든 提議文은 余에게 沒收當한십이 되엿
다。他에 發表할機關을 못가진 同君에게對해서 이일이
넘어 苛酷한듯해서 只今 이「提議」를 傳達하는 所以이
다。

또한가지 要求대로 이「提議」을 四月號에 실지안한理
由는、各自의 살림사리만해도 허덕이고 허덕이는 이때
에、特히 가난뱅이 많은 本誌讀者에게 이런「提議」를 던
지는것은 도읍지 못한들 걱정의 짐을 더지는수는 아품
이 있었기 때문이다。

그러나 다시 생각건대 이 걱정은 正히「杞憂」에 不過
한것이미 判明하여졌다。本誌讀者中에 右記「提議」中의 條
件收入에 該當할이는 집작건대 아무라할이 소뜸　고모라
의 滅亡을 免키위하여 義人의數를 提示하였든 처음數보다 未
及할것이오、또 그資格者中에서도 이提議에接하여 이럴
까 저럴까 하면서 煩勞 思考라도 해볼이는 아부라할
이 조심조심 함으로써 하나님 앞에서 割引하고割引해
서 決定한 最後의數보다（創一八・二二──三三）훨신 적을것
이매、極히 少數의 人에게 번거러움을 끼치는일에 容納을 저할것
연으므로써 讀者一人의 提議에 對하여 過酷한處分을 避코
저할이다。

第十八頁「罪人만을爲하야」의續
一〇

自己의 생각을 記錄하며 그것이 하나님께로서 부러 오
는 啓示라고 스스로 속고 있는 이 可笑로운 方法에도
무슨 意味가 있지않는가하는 問題이다。

이 新奇한 閃光的 생각은 全然 뜻밖이였고 또 그
것이 옳다고 하는 特別한 光輝가 있었기때문에 나는
론돈에 돌아가서 그것을 試行해보았다。相對便은 大端
히 勢力이 있는 사람이였는데 이 생각을 그사람에게
傳達한지 멧分이 못지나서 그는 나를 電話로 불러가
지고 나의 훌융한 援助에 對해서 여간 感謝하지 않
으며（以前에는 이러한 態度는 絶對로 없었다）即時
로 그것을 利用하겠노라고 그랬다。

이 첫번 靜聽은、나의 입맛에 맞지는 않었지마는 이
같이 서투른 靜聽도 問題를 하나 아니 두개를 解決
하였다。그러고보면 結局 까이단쓰를 求하는 祈禱（靜
聽）속에는 무엇이 있다는것만은 確實하다。

罪人만을 爲하야 （第十四回）

A、J 럿셀 著

趙聖祉 譯

第六章 옥쓰포드 그룹 （2）

그後 얼마안되여 나는 이들의 集會에서는 靈的生日을 記念하는것이 한 流行이라는것을 알게되였다。한사람의 말이 끝나면 또 다른 사람이 일어나서 自己는 바로 昨年의 오늘 自己의 生活을 하나님에게 써렌더하기로 決心하였노라고 報告하는것이다。그리고는 거기에 이어서 煩悶과 混沌과 不調和의 生活이 平和와 秩序와 調和의 生活로 變化하였다는것을 說明한다。即 모든 무거운 짐을 버서바리고 永遠하신 팔에 安心하고 쉬는것이다。이 一年은 기가 막히게 愉快한 一年으로

保護하여 주신 다는 事實을 感謝 하는 마음으로 證據하는것이다。이사람들의 이야기는 어느것이나 모두 愉快한 이야기로써 새生活、旺盛한 活動과 結實의 生活의 報告를 했었다。그러타고해서 全然 失敗가 없는것이아니라 失敗를 하고는 또 뉘우치고 悔改하며 罪에 傷處를 입은 部分을 다시 써렌더하는일도 없지않다고 있다음 言及하기도 한다。그러나 一年이 지나서 回顧해 보면 確實히 靈的으로 成長하였다는것을 기쁨으로 그러나 謙遜한 맘으로 確言할수 있게 된다。調和의 世界 即 하나님의 나라에 있어서 自己가 進步하였다는것을 自身도 意識하게되는것이다。그리고는 以前에 到底히 滿足을 얻지못하였든 옛生活에서 解放을 받게된데 對하여 거듭거듭 感謝를 反復하였다。

넉가 처음으로 옥쓰포드 그룹에 참예햇든날밤에도 한 사람이 이같은 生活變化의 一週年 記念報告의 이야기를 하는 사람이 있었다。머리털이 곱고 薔薇色의 얼굴을한 靑年으로서 角테眼鏡을 썼었다。快活하고도 敬虔한 態度 그보다도 까불면서（우리의 바리새人들이 이런 表現을 容認할는지도 모르지만） 態度로 自己가 放蕩한 生活에서 健全하고 靜穩한·生活로 變化한 이야기를 자미있게 하였다。二十歲를 넘을락말락 한 사람인데 그의 말하는것은 힘이있고 明朗하고 流

서 生活의 方向을 새로 定하게되였고 모든 思考와 行動을 그리스도의 要求하시는 標準과 一致하게 할녀고 努力하여 왔다고 말하며 그리스도께서 우리의 生活을 變化식혀주시는 事實과 또 自己가 願하기만 하면 누구든지 그리스도의 좁고 潔白한 길을 실수없이 걷게

罪人만을爲하야

二一

暢하였다。그의 이야기에는 젊은 사람의 快活性과 靑
年다운 眞實性이 混合되여 있었다。내종에 생각해보면
이사람은 眞實性보다는 快活性 或은 輕薄한 點이 더
强한 사람이 아닌가하는 疑心이 났다。그러나 그 이를
날 그가 한날午后를 나를 爲해 犧牲해가면서 나를 自
働車에 태워가지고 나를 爲해 散步도 같이 하고 自
할때 이疑心은 풀리게 되였다。우리는 自働車에서 나려
서 微風이 부는 山언덕을 西南을 向해서 오래동안 걸
였다。걸어 가면서 그는 自己의 宗教的自叙傳을 敷衍
하는 것이었다。特別히 飮酒와 不純潔에 對한 罪를 勝
利하게 되였다는點을 强調하였다。山頂에 다다르자 그는
발을 멈추고 팔을 내여밀어 옥쓰포드의 大파노라마를
가르치며 意氣揚揚해가지고 大建物과 尖塔들의 이름을
一々히 說明하였다。

自働車에 도라와서 나는 그를 茶에 招待하였으나 그
는 이것을 謝絕하였다。나는 그 理由를 듣고 그는 快
活한 改變者일뿐만 아니라 참으로 眞正한 크리쓰챤이
라는 것을 確實히 認識하였다。그는 어떤 無神者인 젊
은 學生하고 先約이 있다는 것이였다。이 學生은 基督教
에 對해서 이야기 해보자고 그를 招待한 것인데 이렇
게 基督教에 對해서 알어보고 싶게된 動機는 自己가
郊外를 散步할때 이快活한 靑年의 自働車가 뒤로 오

다가는 車를 멈추고 울라 타라고 한적이 있었
는데서 생긴 모양이었다。

「基督教를 다른사람에게 주어버리는것은 그것을 保有
하는데 가장 좋은 方法이다」켄・트위췔은 한번 더 自
己의 經驗談을 不信者에게 말해 주려가기爲해 헤여질때
이 精神的인 靑年을 돌아보면서 이같이 말하였다。
그런데 이같이 젊은 놈들이 무슨 宗教經驗을 分擔할
수 있단말인가? 普通사람은 大槪 다 이렇게 疑問을 갖
는다。그러나 내가 처음으로 恭席하였든 그룹의 集會
에서 十餘名의 學生들이 이야기 하는것을 듣고있는동안
에 나에게는 이 疑問이 氷解해 버렸다。이 靑年들이 確
信있는 經驗을 가지고 있다는것은 確實히 餘
地가 없는 것이다。萬一 그렇지 못하다면 中途에 막혀
가지고 앉어 버리는일도 있을레지、저렇게 自信있게 말
할수는 없을 것이다。

그後 이날밤에 指導者였든 푸란씨쓰・엘리스톤은 나
에게 自己自身의 變化에 對한 이야기를 하여주었다。自
己는 十六歲에 中學校를 그만두고 켄부릿지 大學에를
들어갔는데 自己의 中學時代의 宗教는 形式뿐이었었다
는것을 이내 깨닫게 되었다。
푸란씨쓰는 언제나 빼쓰의 車掌이나 그밖에 다른 사
람들처럼 良心의 束縛을 받지않는 사람들이 부러웠다。

154

또 그의 兄이 어린 아이들하고 작난하고 노는 것을 볼

맥 그 自由스러운 性格에 對하여 嫉妬를、 느끼는적도 있었다。 그러나 漠然하게나마 自己는 自我意識에 사로잡히지않는 生活、目的이 있는 生活을 해야겠다고 느끼기는 하는것이었다。 그리고는 理想은 提示하는것 같으나 그것을 實行할 힘을 所有하지못한宗敎에 對해서는 酷烈한 反抗心을 가지고 있었다。 따라서 信者라고 自稱하는 사람들을 볼때 皮肉的態度를 아니가질수 없었다。 그는 精力의 排出口를 스포츠 素人劇 大學新聞等에 發見하기는 하였으나 生活의 統一을 얻지못하였다。 그런데 그룹에 와서 어떤 한사람의 無邪氣한 點과 容貌의 平和스러운 挑戰을 받았다。 이사람은 當時 론돈에 어떤 病院에 있든 醫學研究生이다가 지금은 醫師인 사람인데 푸란씨쓰에게 당신은 예수그리스도의 標準에 비추어서 自己의 生活을 조이에다 적어본 經驗이 있느냐고 물어보았다。

그後 푸란씨쓰는 이醫學生에게 社會의 道德標準에 對한 自己의 態度를 적어보낼려고 책상에 앉었다。 그러고 抑壓을 避해야 한다는것을 證明하기 爲하여 心理學說을 引用해 가면서 썼다。 그는 편지를 다 써가지고 페이지에 番號를 맥일려고 손에 집어들었다。 편지를 손에 집어들었을때 이제쓴 한句節에 視線이 걸리었다。

罪人만을 爲하야

다음과 같이 쓴 句節이었다。「나는 어드런 사람을 對해서든지 完全히 率直한 態度를 取하여 왔읍니다。」
그는 突然히 이것은 確實히 事實이 아니라는것을 깨달자 正確을 期하기 爲하여 餘白에다 이렇게 썼다「追信、이것은 正確히 事實이 아니다。나는 愁히 있어서는 누구에게든지 決코 率直치못하였다。」 그는 愁히 이 편지를 再讀하여보았다。그가 이편지를 다 읽었을때 에는 포스트에 넣어버렸는데 이때 自己는 自己自身의 舊生活에 死刑執行命令狀에나 捺印하는것같은 感이 있었다。
그 이튿날아침、뼈쓰집웅우에(上層) 올라앉어 事務室로出勤하는 途中 「보라、나는 모든것을 새롭게 하느니라」 하는 聖句의 놀랄만한 眞理가 骨髓에 삭여 드는듯이 느껴지었다。
이것이 三年前일인데 그때以後 그는 푸란씨쓰코派의 修道僧들의 自由를 어느程度까지 經驗할수 있게되었다。 그리고 路上에서 사람을 맞날때마다 靈的冒險을 해보게되였다。 그리고 이제는 뼈쓰車掌도 부려워 하지않게되였다。
썼더랜드에서 왔다고하는 機敏하고 大膽히 聰明해보이는 조고마한 少年하나는 自己는 一九三○年十月에 어떻게 그룹에 接觸하게 되었다는것을 이야기하며 自己

一三

罪人만을 爲하야

가 옥쓰포드에 올라오기前에 어떤 浸禮敎會에 熱心히
다니엇으며 十五歲에 이敎會에서 洗禮를 받엇으나 그
때는 洗禮의 意味도 全然 깨닫지 못하고 받엇노라고
말하엿다。그는 性格이 수집고 神經質이 잇으며 古典
에 對하여는 銳敏한 感覺과 大端한 興味를 가지고 잇
으며 高尙한 音樂에 對하여도 大端한 趣味를 가지고
잇으며 러쓰킨의「참깨와 百合」이라는 作品에 나타난
것과 같은 過度의 高尙한 理想을 가지고 잇는 사람이
엇다。그러나 그의 理想은 現代大學生活의 無秩序하고
混亂한데 그만 깨여저 버리게 되엿다。그래서 그는 學
究的及 冷笑的態度로써 이것을 避하려고 하엿다。그리고
그의 宗敎的信仰도 知的 檢討의 壓力에는 견데기 어렵
게 되엿다。그리고 옥쓰포드로 올 機會가 생기게될때,
그는 敎會의 責任關係를 免하게되는것이 기뻣다。그理
由는 그는 自己도 이미 믿지않는 事實을 兒童들에게
가르치고 잇는것이 견델수 없엇기 때문이엿다。
그는 다음과같이 말하엿다。「나는 옥쓰포드에와서 知
的으로 滿足을 줄만한 哲學을 發見하려고 하엿읍니다。
그런데 첫學期 第一첫날 나는 南阿에서온 로-즈獎學
特待生 한 사람을 맞났는데 그가 날보고 宗敎的集會가
잇는데 같이 가보지 않겠느냐고 그리면서 그集會에서
무엇을 듣던지 놀라지 말라고 미리 警告까지 해주엇

一四

읍니다。그러나 거기에서 말한 이야기는 모두가 나틀
놀라게 하는 것 ─이엇읍니다。첫재로 어떤 學監先生님
이 司會者로서 恭席 하엿는데 나의 知的虛榮心이 일
어났읍니다。그러나 그보다도 第一 나의 關心을 끈것
은 恭席한 사람들의 大部分이 아주 기쁨에 빛나는 얼
골을 하고 잇는것과 예수그리스도를 通하여 生活變化
의 經驗이 可能하다는것을 말하는 사람들이 確信滿々
한것이엇읍니다。나는 어떤 옛친구 한 사람에게다 편지
를 썻읍니다。예수그리스도를 發見하엿다고 自稱하는 사
람들을 맞났는데 이들은 그發見의 票로 오란스럽게 우
스며 또 서로 크리쓰챤・네임으로 부른다는 意味의 편
지를 多少 괴러웟지만 썻읍니다。그러나 나는 그
다음 集會에 또 나가 보앗읍니다。처음에는 이것은 異
常하는 社會의 端正한 一員으로 맨드는 좋은 運動이
다。하는 同情的態度로 나갔엇읍니다。그다음에는 나는
이들이 所有하고잇는 힘을 갖지못하엿구나하는것을 發見
하게되엿읍니다。나의 過去의 여러가지 罪가 ─
不正直 學問的으로 혼자 아는척 하는것、傲慢、冷酷한
批評을 하는것、憤怒等── 점점 뚜렷이 自覺이 될때
이제까지의 學問的疑問같은것은 問題가 아니엇읍니다。
내중에 나는 너이중에 잇어서 예
수그리스도와 그의 使徒바울의 十字架外에는 아무것도 알지않기로 작정하였노라」고 하는 宣言에 부디치게 되었읍니다. 그때 처음으로 十字架의 意味가 참으로 뼈속으로 접여드는 것처럼 理解되었읍니다. 나는 써렌더(降服)하였읍니다. 그때부터 나에게는 自由와 冒險의 意識이 漸漸 强해졌읍니다. 사람이 物件보다 重하게 되였읍니다. 허니꾸(皮肉)라든지、批評하든것이라든지、憤怒하든것이라든지 이런것이 다 없어저 버렸읍니다. 나는 十字架밑에서는 傲慢 特別히 知的傲慢이 사라저 버린다는 것을 알었읍니다. 나는 性格的으로 아주 나와 달른 사람도 사랑하는 것이 되여 가는 것을 發見하였읍니다. 이것은 學問的正直의 喪失을 意味하는 것은 아닙니다. B、A、學位를 연는 것을 意味하는것은 아닙니다. 나는 나의 主要한 問題였든 自負心과 恐怖心에 對해서도 점점 勝利를 하게 되였든 試驗공부를 하드래도 이 예수그리스도와의 交際에 對한 나의 信念의 正當性을 울측이는 것은 아모것도 없읍니다. 이 信仰은 感情에 선것이 아니라 事實과 信仰우에 선것이기 때문입니다. 要컨대 그리스도께서 나에게 처에 선것이기 때문입니다. 試驗공부를 하드래도 이 能力을 주시고 계시는 것입니다.」

×　　×　　×

이같은 證言을 듣고 있을때 처음에는 好奇心을 가지고 듣게 되지만 그다음에는 놀라게된다. 그리고 그다음에는

罪人만을 爲하야

無條件으로 歎服하게 된다.

前英國首相 스랜리・뽈드윈은 그의 著書「宗敎와 政治」라는 책에서 다음과 같이 말하였다.「萬一 웨슬레이라 든지 聖푸란씨쓰같은 人物이 今日에 出現하여 說敎僧의 敎團을 樹立한다고 하드래도 그것이 이 世界를 爲하여 最善의 일일지 아닐지는 나도 알수없다는 것을 告白하는 바이다. 오늘날의 世態는 그 無宗敎的인 點에있 어서 基督敎紀元以來 가장 甚한것같은 感이 있다.」

그러나 여기에는 六十名以上의 說敎僧의 一團이 있는 것이다. 이들은 대개 얼마 안있으면 學位를 연을 靑年들로서 이미 說敎僧의 生涯에 獻身하였으며 或은 牧師로 或은 平信徒로서 그리스도를 따르며 어데든지 가는 곳마다 그리스도를 宣布할려고 作定한 사람들이다. 그 方法은 自己自身의 變化한 生活을 그대로 이야기 한다고하는 單純한 第一世紀方法과 聖靈의 指導를 依支하는 것이다. 그 結果를 評價하는 것은 이다음 世代에 가서 할일일 것이다.

×　　×　　×

옥쓰포드에는 學期間에는 每日 大學의 聖마리아禮拜堂 圖書室 지고 점심時間마다 모이는 그룹이 있었 가 에서 모인다. 또 하나는 每週 土曜日午后마다 모이는 것이 었다. 또 婦人들의 그룹도 있었다. 나는 그 이튿날 열

一五

罪人만을爲하야

리는 이 集會에 한번 參席하였다。 그때 켄·트위칠이 聖經을 한章 最新譯 新約中에서 읽었는데 모두 옛眞理 지마는 이 飜譯으로 읽을때 새로운 힘이 있었다。 여기에서 나는 처음으로 靜聽이라는 것을 實際로 經驗하게 되었다。 靜聽은 그룹의 第一原理요 또 새로 는 사람에게는 最大의 障碍의 하나이다。 그러나 그룹에서는 一步도 妥協할수없는 原則이다。 靈導는 神意에 ·여기에서 사람이면 누구에게든지 와야할것이다。 켄·트 위칠이 靜聽을 宣言하자 學生들은 鉛筆과 靜聽錄을 찾어 가지고 하나님의 普聲을 靜聽하기 始作 하였다。 이것은 그리스도나 福音의 어면點에 생각을 集中한다든지 하는 單純한 瞑想은 아니다。 그以上의 무엇이었다。 即 現在에 當面한 問題에 適應할만한 明確한 멧세이지를 들려고 하는것이다。 이들은 하나님의 뜻을 執行할 委任을 받은 사람들인以上 언제든지 必要한 때이면 그神意가 그들에게 알리워질수 있어야 할것이다。

이들이 默々히 記錄하고 있는것을 보고 있으면 무가지 正反對되는 생각이 나게된다。 어떻게 보면 우슴이 터질 만큼 유모어의 要素가 있다。 確實히 이들은 모다 精神異常이 생긴 사람들이다。 그러나 靜聽時間에 講義室式으로 노-트를 적는다는 것은 재미있는 생각일런지 모르겠다。 理論으로 본다면 이것보다 더 좋은것이 무엇이

있는가? 이 靈感에 依하는 方法앞에는 다른 모든 通信方法은 無線이든지 飛行機든지 電信이든지 할것없이 모두 명할도 못더틸것이다。 問題는 그것이 效果가 있느냐 없느냐 하는것이다。

그러나 그것이 事實에 있어서 效果가 있는지 없는지 누가 믿을수 있을가? 모르긴 하겠지마는 아마 풀리 -트街 에서는 믿을 사람은 없을것이다。 나는 以前에 靑年通信記者로 있을때 어떤 病으로 알른 少女 하나가 自己의 祈禱의 힘으로 病이 낫었다고하는 이 야기를 가지고 도라왔기 때문에 嘲弄을 받은일이 있다。 그것도 나는 모든 事實을 다調査했고 또 그少女를 直接 맞나보기까지 했던것이다。 그女子는 여러해동안 病床에 누어있었는데 그것이 갑작이 낫게된것이다。 勿論, 그의 얼골은 天使의 얼골이었다。 우리는 이 이야기를 新聞에 揭載는 했지마는 多少 加減해서 했다。 그런데 지금 이 이야기를 또 가저간다면 풀리-트街에서는 무어라고 할것이? 그對答은 듣지않어도 알수있다。 「그靜聽時間에 얻는 생각을 우리에게 보여다구 萬一 그것이 참 驚異할만하고 信服할만한것이면 우리도 믿으마。」

그러나 靜聽時間에 온 생각에는 何等의 驚異的인것은 없었다。 普通 그리스도의 生活에 獻身한 靑年들의 머리에서 나올만한 생각이라고 그때는 생각되었다。 나

一六

는 켄·트위췔에게 여기에 對해서 물어보았다. 靈導로 오는 것과 그저 머리에서 떠도는 人間的 생각하고를 어떻게 分間할수 있느냐고 물어보았다. 그룹의 答辯은 이러하였다. 個人이 靈導를 받는것은 靜聽時間에도 받지만 그밖에 하루동안에 아모때나 받을수있는데 大槪 다음의 方法으로 연는다는것이다.

祈禱하는 態度로 傾聽할때 聖靈을 通하여 오는것.

聖句의 形式으로

良心을 通하여

閃光的 생각으로

그리스도의 마음을 培養함으로

聖經과 祈禱를 通하여 오는것.

環境을 通하여 오는것.

理性을 通하여 오는것.

敎會와 그룹即 聖徒의 交際를 通하여 오는것.

效果的 靈導를 받는데 必要한 條件은 自己自身을 全的으로 예수그리스도에게 받치는것이다. 그리고 自己에게온 靈導를 試驗해보는데는 다음과같은 方法이 있다.

우리가 이미 所有하고있는 信仰의 最高標準에 反對되지 않는가?

그리스도께서 聖經안에 或은 聖經을 通하여 이미 나타내신 啓示에 矛盾되지 않는가?

그것은 絕對正直、絕對純潔、絕對無私、絕對사랑의 標準에 附合되는가?

그것은 他人에게 對한 우리의 義務와 責任에 抵觸되지않는가?

萬若 그래도 不確實하거든 그대로 기다리며 繼續해 祈禱한다. 그리고 聖靈의 까이단쓰를 믿는 信賴할만 한友人에게 議論한다.

罪人만을 爲하야

突然히 켄·트위췔은 나에게 말을 한마디 하라고 請하였다──나라는 사람은 한때는 이運動을 蔑視하든 여러 新聞의 代表者라고 할사람인데. 學生들은 아무 怨恨하는 빛도 없이 熱心히 들어 주었다. 그들은 내가 나의 牧師하고 꿀푸를 하면서 宗敎에 對해서 辯論을 하였는데 辯論에는 내가 이기고 꿀푸에는 그 牧師가 이꼈다고 하는 이야기를 했드니 모두 우섰다. 나는 마틴메일神父의 理論을 세워볼려고 그랬든 것이다. 即 사람은 무엇이든지 한가지를 오래동안 생각하게되면 結局은 機會가 오면 그것을 行할수있게 된다는것이다. 그런故로 萬一 罪를 늘 생각하고 있으면 그罪를 犯하게되고 善을 생각하고 있으면 善을 行하게 된다는것이다. 그다음에는 마틴메일神父의 論點을 그만 이저버렸다.

나는 靜想時間 (Quiet Time) 이라는 말은 平凡하게 들리기 때무네 좋지못하다고 그랬다. 그보다 傾聽(Listen

一七

罪人만을 爲하야

ing(?) 이라는 말이 더좋게 생각된다고 그랬다。그
밖에도 有助하리라고 생각하는 點을 빚가지 말했다。
그러나 내중에 생각해보니까 내가 말한것은 이같은 尖
端的青年들에게는 오히려 多少 舊式의 感이 있었다。
確實히 그들은 누구인지 몰라도 산基督敎의 強한 訓
練을 식혀온 사람이 있어서 나같은 流輩는 到底히 追
及하지 못할바가 있었다。

내중에 생각해보아도 이 靜聽이라는데는 무엇인지 確
實히 捕捉하지못할點이 있는것 같았다。그리고 어쩐지
나의 基督敎에 對한 槪念하고 그들의 槪念과 사이
에는 間隔이 있는것 같었다。其後 一年쯤 지나서 나는
나의 작은아들 케이트에게서 편지를 받었다。이 아이는
將來 武器를 携帶한 暴力團員같은것을 理想으로 하고
있는 아인데 그편지에 말하기를 大學生活中에서 第一나
뿐部分은 寄宿舍의 靜肅時間과 自習時間이라고 그랬다。
아비의 性味가 이상하기 때무네 血統上의 病으로 苦痛을
받는것이구나 하고 생각하면 三千마일을 떨어저 있는곳
에서라도 그 아이에게 對해서 同情해 마지않었다。

× × ×

그러나 바로 그날 午后에 나는 옥쓰포드에서 靜聽
의 첫 結果를 얻게되었다。우리는 무슨 어려운 問題
를 論議하고 있었는데 켄은 「靜聽을 해봅시다」하고 말

하였다。우리는 조이 쪼각을 끄내들고 緊張을 풀고 맘
을 푹 누구러티려 가지고 傾聽해 보았다。나는 그다
지 期待를 하지는 않었었다。靈感이 業務上 問題를解
決할수 있다는것은 競馬를 하기前에 말의 이름을
알어 낼려고 하는것이나 같은것이라고 생각하였다。그런
데 조이를 막 집어치울려고 할때인데 나의 普通 人間
的생각이 混亂하여있는 머리속에 다른 생각들과는 確然
하게 다른 생각이 強한 번개와 같이 휙 지나가는것이
었다。어면 特殊한 思想을 갖다가 그表現하는 內容과
것이었다。이일은 할생각도 가지지 않었을뿐더러 萬一以
前에 할려고 생각을 했다고 하드래도 나는 人間的생
각으로 無用하다든지 不合理한 일이라든지 하여가지고
拒絶하였을 것이다。그러나 萬一 내가 맞나보기로 命令
을받은 이 사람이 나의 意見을 받어 드리기만 한다면
——이것도 나의 人間的生覺으로 한다면 받어드리지 않
으리라고 생각하지만——나의 그當時의 特別한 問題는
解決되는것이다。뿐만 아니라 또 다른問題도 하나 더 解
決될는지 모르겠다。即 이렇게 （以下第十頁下段에 續）

는 分離식혀 가지고 說明한다는것 거이 不可能한 일이
다。그러나 그생각은 色彩와 形態와 感情과 光彩가 있
었다는것만은 確實하다。그內容은 무엇이냐 하면 내가
以前에는 故意로 하지않었든 어떤일을 實行하라고 하는

青空과 碧海相接한곳

拜啓

新　入　生

先生님 그간 尊體安寧하옵시고 댁안 어른들 모두 平
康하십니까。넘어 오래간만에 先生님께 書信 올릴랴하
오니 失禮와 不遜의罪 덥을바없어 무엇이라 말슴 올릴
바도없읍니다。이미 잃어버렸다고 斷念하였든羊이 다시
눈에띠인줄로 아시옵고서 ×××라는 人間이 아직 죽지
는 안됐다는것만 記憶하여주십시요。그以上을 先生님께
要求하기는 넘어 門生으로서 惶悚합니다。門生이 선생님
밀을 떠난後 三年동안 自己意志로써 自由로行動할處地
에서 하나님 예수에對한 確乎한信仰이 없으면서도 그래
도 人生의 뒷길에 발을 디려놓지않고 墮落치않은것은
先生님께서 五年間 목이 터지시게 말슴하신 義의길ー
예수의말슴ーー이 그래도 아직 저의늘 눈에 안개낀 먼
산을 처다 보는것과 같이라도 보였기 때문이였읍니다。
이것은 다만 저뿐만이아니라 同窓學友들의 共通한事實
이라고 믿습니다。동무들한테서 그러한말을 듣기도 하
였읍니다。학교 다닐때는 그렇게 느끼지 못하였지마는 社會
에 나와서 三年동안、特히 悲哀와絶望가운데 빠젔을때
저의 눈물을 씻어주신분은 다만 先生님 뿐이였읍니다。

門生이 비록 先生님께 변변한 편지 한장 올리지 못
하였댓지마는 저는 先生님 사랑밑에서 先生님을 기둥
으로삼아 넘어지면 그기둥에 매달리고 넘어지면 또 그
기둥에 으지하여 일어설수 있었읍니다。
그러나 人生의 험한 모진바람은 一旦 할랴고作定한것은
私情없이 꼭 하고야 마는것 갈았읍니다。門生의집안의 柱
礎이였든 한분兄님이 昨年九月에 頓死하고 말았읍니다。
그兄님이 살어계실때「우리집안形勢로 너는 남과같이
高等學校에 갈것은 안이니 社會에 일즉 나오는 實業專
門學校에 가는것이 어머님께나 나에게나 좋다。그렇게
하여라ー라고 柔和한 말슴으로 타일러 주시든兄님은 이
제 제가 그兄님 대신 先生님 앞에 懺悔하며 世上에
계시지 않구만요。도라가신兄님 所願하든學校에 들었을때는 世上에
孝子노릇 하고싶을 때는 父母는 이미 世上에 계시지않며타
고 慨嘆한 말이 가슴에 숨어듭니다。이것이 人生인가하
고 뉘처生覺케됩니다。이렇게 물거품같은 人生가운데 살
면서도 最後의숨을 마실때까지 사람들은 왜 그처럼 서
로 잡아먹으랴 싸우고 욕질하고、서로미워하고、姦計를 꾸
미고、서로嫉妬、猜疑하는것을 일사물가요。누구나 할것
없이 모두가 사랑에 굼주리고 그것을 渴求하면서도 自
己가 다른사람을 사랑할것은 왜 그렇게 拒避할까요。하나

青空과 碧海相接한곳　　　　　一九

靑空과 碧海相接한곳

님이 人間을 事實 만드렀다하면 어떠한理由로써 强烈한利己主義的慾心을 本能的精神으로 만드려 놓았을까요。모-든 現代의――過去의人類歷史가그려하였고。또未來의 성길 人類歷史도 人間의精神組織가운데서 强烈한利己的慾心을 빼놓거나 或그것을 弛緩키前에는 또 그려하겠지마는――洞內와 洞內間의싸움이거나 個人과個人間의鬪爭이거나 모-든不平、싸움이 한가지 慾心이라는原動力에서 發生되는 것産物로 믿어집니다。

先生님 이곳 ××市는 氣候가 여간 좋은것이안입니다。特히 門生에게는 浪人하는동안 呼吸器가 意外에 惡化되어서 入學試驗때 檢査醫에게서도 問題되었고。入學後 校醫로한데서도 診察받었는데 陳舊性肺炎浸潤及左側肺門浸潤이라는 긴病名을 받었습니다。激烈한蹴球、럭비―는 안되나、學校正科인 敎練體操는 해도相關없다고하는것이 매우輕度는 輕度인 模樣입니다。그래서 南佛蘭西나스이스갈은데로 轉地은格으로 이곳서 三年間 지내게된것은 아마 하나님의 뜻같습니다。날마다 감사의生活을합니다。○○에는 電氣機關車로 四十五分에 갈수있게 接近된關係인지 或은 國土計劃、國防上으로 ××市에 中心地에서 分散시키게된 때문인지 ×市에 相當히 萬이되고。××市人口는 最近 市區擴張으로써 二十 굴둑 높은 工場이 小「大阪」이라할것처럼 많이섰읍니다。

그러나 市에서 한발만 郊外로 내놓면 산이있고 바다가 있어서 散策地로 不適當한곳이 없읍니다。門生은 몸閑 散步를 일삼다싶이곳이 없읍니다。學校는 市內에있기 係로因하야 郊外에偏하야 매우 조용한곳에 있읍니다。는있지마는 郊外에偏하야 매우 조용한곳에 있읍니다。學校敷地는 約四萬坪쯤이고 校舍는 運動場넓은것은 京城서 보기어려울만합니다。아마 이땅에있는 官立學校는 이곳高商뿐이 안이라 大槪그設備가 完備된것같습니다。學校에서 西쪽으로 約卅分間 거르면 水軒ノ濱이라는 海邊에 이릅니다。門生은 넓은 바다가 매우 좋아서 거의 每日 이곳에 틈만있으면 옵니다。요즘은 아직 海邊에 나오는 사람이 없어서 더욱 좋습니다。한울을 없은 靑々한 老松林밑에 白砂를 밟으며 걸어갈때 고요한 反省의時 間을 가질수있고、바로 그때가 저녁때면 靑空과碧海가 멀 리接觸하는곳에 새빨간夕陽이 갈아 앉을때의 嚴肅한光景 은 人生의 嚴然한鐵則을 말하는듯 생각되고、故鄕을 數百 里떠려진 이곳에 貧寒한 사람의 아들로서 無知한百姓으로 서 遊學하는自己를 돌볼때 自己의 責任과 그리고 젊은이 의感激으로 왜 나오는지 自己로서도 아지못할 눈물을 흘리게됩니다。하루 바삐 夏期休暇되여서 先生님께 뵐날 만苦待하고 있읍니다。休暇는 七月十一日에 始作되여 十一 부러 十三日까지 學校團體旅行이 있은後 곧 歸省케됨 니다。(下略) 四月二十六日(土)밤 ○○○上書。

一○

單　　語

ἀδελφός　　（アデルふォス）　兄弟

ἀπόστολος　（アポストろス）　使徒

ὀφθαλμός　（オふさるモス）　眼

（練　　習）

此らの單語を以て語尾の變化を練習して見られよ。何れもО變化に屬します。
尚ほ冠詞を附して練習されよ。次の語を譯してみよ。

1.　ὁ　λόγος　τοῦ　ἀποστόλου.

2.　τῷ　λόγῳ　τοῦ　ἀδελφοῦ.

3.　ὀφθαλμοί　τῶν　ἀποστόλων.

前回にて單語の部分に副詞が掲げられませんでしたから，此處に掲げ
ます。品詞は副詞を入れて九品詞になるわけです。（訂正）。

⑨　副　詞

δικαίως　（ディカイオース）　正しく

πάντως　（パントース）　　全　く

ἀληθῶς　（アレーそース）　眞　に

冠　　詞

ギリシヤ語には定冠詞のみで，不定冠詞はありません。名詞に冠する語であつて，名詞の性，數，格に一致した變化をします。その他，形容詞，代名詞の變化も略同形であります。

	［單　數］				［複　數］		
	男性冠詞		名詞		男性冠詞		名詞
1	ὁ	ホ	λόγος		οἱ	ホイ	λόγοι
2	τοῦ	トゥ	λόγου		τῶν	トーン	λόγων
3	τῷ	トー	λόγῳ		τοῖς	トイス	λόγοις
4	τόν	トン	λόγον		τούς	トゥース	λόγους
5	ナシ		λόγε		ナシ		λόγοι

下に冠詞の性，數，格による變化を表示して置きます。

冠　　詞

格	單　　　數					
	男性		女性		中性	
1 （は）	ὁ	ホ	ἡ	ヘー	τό	ト
2 （の）	τοῦ	トゥ	τῆς	テース	τοῦ	トゥ
3 （に）	τῷ	トー	τῇ	テー	τῷ	トー
4 （を）	τόν	トン	τήν	テーン	τό	ト

格	複　　　數					
1 （は）	οἱ	ホイ	αἱ	ハイ	τά	タ
2 （の）	τῶν	トーン	τῶν	トーン	τῶν	トーン
3 （に）	τοῖς	トイス	ταῖς	タイス	τοῖς	トイス
4 （を）	τούς	トゥス	τάς	タース	τά	タ

2.　**所有格**。「言の泉」の如く所屬又は所有を表す場合で，國語では「の」と云ふ助詞で示します。

單數　λόγου　　　　　　複數　λόγων

3.　**與格**。「言に其を表す」の如く動作の間接の目的となる場合で，國語では「に」と云ふ助詞で示す。

單數　λόγῳ　　　　　　複數　λόγοις

4.　**目的格**。「言を發す」の如く動作の直接の目的となる場合，國語では「を」と云ふ助詞で示す。

單數　λόγον　　　　　　複數　λόγους

5.　**呼格**。「言よ」の如く呼びかける場合，國語では感動助詞の「よ」をつける。

單數　λόγε　　　　　　複數　λόγοι

以上を表示すれば次の如くなります。此の名詞變化は基本的なものですから充分に記憶される必要があります。

名　詞　Ｏ　變　化

格	單		複	
1	λόγ-ος	言が（は）	λόγ-οι	言が（は）
2	λόγ-ου	言の	λόγ-ων	言の
3	λόγ-ῳ	言に	λόγ-οις	言に
4	λόγ-ον	言を	λόγ-οις	言を
5	λόγ-ε	言よ	λόγ-οι	言よ

新約聖書原語入門 (三)

里　見　安　吉

第 三 課　　名 詞 及 び 冠 詞

　名詞は事物の名稱を示す語ですが，此れには男性，女性，中性と云ふ性の區別あり，更に單數と複數との區別があります。そしてその各は　①主格，②所有格，③與格，④目的格，⑤呼格の五つの格によつて語尾が變化します。

語 尾 の 變 化

　名詞の語尾の變化には第一變化（即ち語根が a で終つてゐるもの，故に A 變化とも云ふ）と第二變化（即ち語根が o で終つてゐるもの，故に O 變化とも云ふ）と第三變化（語根が子音で終つてゐるもの，即ち子音變化と云ふ）の三種ありますが，そのうちで最も容易なものは第二變化（即ち O 變化）であります。今，例を擧げて說明致します。

名 詞 の O 變 化

　λόγος（言）と云ふ男性名詞は語根が λόγο- で o で終つてゐますから，O 變化に屬します。五つの格によつて變化するのですが，格の說明をしながら，其の變化を示しませう。

　1.　主格。「言が肉體となる」の如く述語に對する主態となる場合で，國語では「が」又は「は」と云ふ助詞で示してゐます。

　　　單數　　　　λόγς　　　　　　　複數　　　　λόγοι
　　（一つの場合）　　　　　　　　（二つ以上の場合）

詩心이 없는 사람은 없다.

사람되고 詩心이 없는 사람은 없다. 이까닭이다。 이미 本誌에 解設된 것은 以上八篇에 지나지 못하나 詩篇은 以上八篇에 지나지 못하나 特히 基督信徒의 境遇에 그러하다。舊約 聖書中의「詩篇」을 愛吟하지않는 信者가 詩篇에 親近하려는이와 詩心의 躍動을 느끼는이에게 좋은 保助者가 되며 伴侶가 될것을 確信한다。

以上中에서 第三、九三、一二一篇을除하고는 모다 咸先生의 著述한것이다。

以上「大旨」는 舊約聖書「一書一講」의 豫言書의 部分이다。舊約聖書를 처음 읽고 저 하는이에게 入門이되고저한것이나, 同時에 오란信者에게도 各書의 要領을 把持하기에 有效하다。

新約聖書概要 (續)

題目	號數
누가福音問題 (但品切)	七四
共觀福音大旨	一○○○
使徒行傳大旨	一○○一
로마書의大旨	一一二
마태福音大旨	一一三
마가福音大旨	一一四
고린도前書大旨	一一五
고린도後書大旨	一一六
갈라듸아書大旨	一一七
빌립보書大旨	一一八
에베소書大旨	一一九
골로새書大旨	

골로새書講義號 (完)

一二三、一二五、一三一、一三三、一三六
一四一、一四三~一四五、一四七(以上十四册全秩이 남어있다)。

히브리書講義號 (續)

一二三~一三一、一三五(十一册)

舊約聖書大旨號 (完)

三八、四二、四四、五四、五六、五八~六
○、六二、八四、九一~九三、九五、一○
○、一○四(以上二十三册殘在、其他六册
品切)

[社告] 五月十三日부터 咸先生님은 松
山里宅에 나와계심으로「히브리書講義」도
不遠에 繼續하게 되겠읍니다。

金教臣著

1 山上垂訓研究 全
예수의山上實訓을解説하여基督教의
根本眞理를簡明하게알린것이다。
四六判二七○頁 定價一圓 送料九錢

咸錫憲著

2 無 教 會
無教會主義(即참福音主義)의理論과實
際를가장簡潔하게説明한것이다。
(送)定價十五錢 送料三錢

咸錫憲、金教臣共著

3 內村鑑三先生と朝鮮
內村鑑三先生의昇天十週年紀念으로
그의信仰의由來와內容을알릴만한論
文들을和譯하야出版한것 〈價三十錢 送六錢〉

4 崔容信小傳
自己를爲한것이아니라平生남을爲한
村에서、燦爛한都市에서가아니라曚
昧한農村에서、그리스도의實記이다。
興味있는所望을읽으라。이번에第三版
出來。 〈價五十錢 送六錢〉

咸錫憲著

5 푸로테스탄트의精神 〈價十三錢 送二十〉
이것은昨年末까지에賣盡되여
第二十號는品切中이나
中에도이글이실린第二十號는
若干册남어있다。品切

本誌定價

一册 貳拾錢 (送料共)
六册 前金一圓十錢
十二册(一年分)前金貳圓貳拾錢
要前金 直接注文은
振替貯金口座京城一六五九四番
(聖書朝鮮社)로

所賣版次取

博文書舘 京城府鐘路二丁目八六
敎文舘 京城府鐘路二丁目九一
向山堂書房 東京市麹町區九段坂
北星堂(京城府)
和信(京城府)
茂英堂(大邱府)
中央書房(平壤府)
(春川邑)

昭和十六年五月二十八日印刷
昭和十六年五月一日發行

編輯兼發行者 金教臣 京城府仁寺町二一九三
印刷者 李相五 京城府仁寺町二一九三
印刷所 大東印刷所
發行所 聖書朝鮮社 京城府外崇仁面貞陵里三七八
(京城、光化門局私書函第一八號)
振替口座京城一六五九四番

昭和五年一月二十八日 第三種郵便物認可
昭和十六年五月一日發行 每月一日一回發行

【本誌定價二十錢】(送料五厘)

昭和五年一月二十八日(第三種郵便物認可)
昭和拾六年 六月一日發行(每月一回一日發行)

筆主臣教金

聖書朝鮮

第壹百四拾九號

昭和十六年(一九四一)六月一日發行

目次

169

銃後生活と奢侈品

昨年七月七日支那事變勃發三周年を期して、內地に於ては奢侈品等の製造販賣制限規則が實施され、我が朝鮮に於ても內地に呼應して七月二十四日府令第一七九號を以て發布せられ即日より施行された。

新國民生活體制を確立し擧國一體國家の總力を發揮し國體の本義に基く國防國家建設には、大に國民生活の刷新、戰時生活の確立の聲は既に久しいが、都會生活の消費者等を見ると、必ずしも十分の效果を擧げてゐるとはいへない。今迄の生活の自由の夢を追つて、統制への不平不滿を衷心懷く者も絕無ではない。然しながら戰へる世界のどの國も生活の戰時態勢化が斷行されてゐない所があらうか。獨逸の大勝利の蔭には吾人の想像だにも及ばない犧牲的不自由な生活に甘んじてゐる事實を見逃してはなるまい。凡そ奢侈逸樂を事として興隆せる國家は未だ曾て之を見ないのである。

惟ふに我が銃後國民生活の現狀を顧みると通貨の膨脹が購買力の增大を誘發し、殊に股賑産業方面に於ては生活樣式の奢侈化に拍車をかけた事實は否めない。一方に於て物資の一

大消耗が行はれて居る場合、日常生活に於て平時と同じ質と量との物を欲求することは許さるべきでない。戰時には戰時に相應しい生活樣式がなければならぬわけで、銃後の國民としては最少限度の生活に甘んずべき責務があるのである。

玆に於て政府は生活必需品等の消費規定に關し不急不要品又は奢侈贅澤品の生產、製造及販賣を制限又は禁止すること或る程度の必要性あるものと雖其の物の原材料が重要生產資材又は生活必需品資材なる場合に於ては右に準ずることゝなつた。

皇國臣民の誓詞

一、我等ハ皇國臣民ナリ　忠誠以テ君國ニ報セン

二、我等皇國臣民ハ互ニ信愛協力シ　以テ團結ヲ固クセン

三、我等皇國臣民ハ忍苦鍛鍊力ヲ養ヒ　以テ皇道ヲ宣揚セン

專攻과 嗜好 （上）

前號의「卒業生에게」라는 글中에 各其 한가지 專攻과 한가지 嗜好를 擇하여 가질것을 力說하였더니 어떤 牧者로부터 다음과 같은 글이 왔다。

專攻은 牧畜이것마는 이것도 미지근、嗜好는 그저 뭐기나 하라면 할지요……。

이글 속에는 專攻도 嗜好도 못가진것을 甚히 悲觀하는 뜻이 行間에 넘처 있음을 누구나 看過할수 없을 것이다。專攻이라고 하면 반드시 歐米의 現代先進國의 語學 몇가지를 알고、希臘 羅典 其他의 古典語學 몇가지도 能通하고、뿐수만 있으면 某某學閥의 背景도 가진者라야만 할수있는 일인줄로 알었으며、嗜好라고 하면 의례히 沙翁이니 단테니 호―머니 게―테니 하는等等의 題目을 擇하여야 되는줄로 알었기 때문이다。

그러나 우리가 말하고저하는 專攻과 嗜好는 決코 이런것만이 아니다。勿論 外國語와 古典語學으로써 主로書籍을 通하야 하는 專攻과 嗜好도 할수있는이는 힘써해야 할것이나 그것뿐이 아니다。前號에 紙面이 制限되였든遺憾을 이에 補充하게하라。

右에 記錄한 牧者는 아무것도 못되는것을 스스로 嘆息하는 모양이나、우리는 도리어 이牧者에게 깊은 關心을 가지며 큰 期待를 가지는者이다。이牧者는 畜産學校를 卒業한것이 없었으되 能히 羊을 치며 乳牛를 키어서、어르만지는 것이면 可하지 않은것이 없다。

이사람은 電氣裝置한 精巧한 孵卵器가 없었을때는 성양갑破裂箱에 石油燈으로써 數百卵을 能히 孵化시켜서 養雞하였고、따로 養蜂學이라고 工夫한것이 없었으되 어르만지면 産蜜도 豊盛하였다。움도 관특別施設도 한것이 없었으되 能히「納豆」를 製造하야 販路를 開拓하였고、豆腐장사等等 하여 못할 것이없고

이牧者는 文字대로 早寢早起인데 저녁은 牛羊이 자리잡은때에 잠들고 새벽은 雞鳴과 같이 깨인다。그 잠드는것은 할것이 없는人物이다。

이牧者는 文字대로 早寢早起인데 저녁은 牛羊이 자리잡은때에 잠들고 새벽은 雞鳴과 같이 깨인다。그 잠드는것은 마치 巨樹가 부러지는것 같다 할까、또는 劇場에서 慕을 닫는것 같다 할까。잔다기면 다음 瞬間에는 벌서 잤다。이光景을、書籍에 시달려서 神經만過敏하야 자고저하되 잠들지 못해서、애쓰고 잠들되 참잠 맛보지 못하고 깨되 축지못해 깨는 人間들에게 比한다면、이牧者는 잠든다기보다 잠에 떨어진다는것이 可할듯。飛流直下三千尺이

―一

專攻과 嗜好

專攻과 嗜好

二

라는 뉘가 聯想되는것은 一瞬間에 三千尺이나 깊은 他界로 直下하여버린것같기 때문이다。所謂 文化人들이 잔자

는것을 잠잔다고、表現한다면、저사람은 죽었다고 해야 事實描寫에 近似할것이다。

따러서 새벽에 깨는것은 잠자고 깨인것이 아니라 죽었다가 復活한것이다。氷洲의 間歇泉처럼 時間은 機械보다

忠實하게、숫音치는 元氣는 生生하고 씩씩하게。깨인 때는 벌서 그손에 일이다。일하지안는것은 苦痛이기 때문

에。저와 같은 人物은 그性格으로 보든지 健康과、才質로 보든지 랑크(戰車)를 聯想케하여 마지안한다。無限軌道

우에서 山이나 들이나 向하여 可하지안한데없고 突進하여 擊破하지 못할것이 없는듯하다。

이牧者에게는 專攻할科目이 없거나 才質이 不足한것이 걱정이아니오 넘어廣汎多能한것만이 問題이다。萬一 그目標

를 單一하게하고 그經驗한바를 記錄에 남겨둔다면 自己를利할도 크려니와 世上을益함에 偉大할것이다。

京城市外에 貧窮치안한 한家庭에 資力으로 보든지 才質로 보든지 大學까지卒業할것을 누구나 期待하든 그

子弟들은 모주리 中學으로써 그學校工夫를 中止하였다。中學卒業後 몇해못되는 그長子가 人夫들과 함께 지게지

고 役事할때에 그母親은 아들 아끼는 생각으로 일을中止시키고저 했으나 그父親은「사람이 免無識

이나、해야 쓰느니라」고 하면서 지게지는일 힘써 工夫하라고 했다한다。

無識인줄 알었든이들은 이父子앞에 깊이懺悔하여 마땅할것이다。都市에 나와 電

博士보다도 天下第一의 權威者이 었다한다。그는 西瓜栽培——特히 水原地方의 氣候風土에서의 西瓜栽培에關한

限地位높지못한 雇傭老農夫 하나 있었는데 그는 西瓜栽培에서의 氣候風土에서의 西瓜栽培에關한

車 버쓰의 乘替를 잘못하는것、社交場裏에서 勸杯返杯에 敏捷치못한것은 도리어 비웃으면서도、메주 나 고감 이

어면 나무의 열매에서 된것인지 모르며、밀과 보리와 콩과 팟이 連接하여 자라는것을 보고도 그區別할識見이

없는것은 오히려 부끄러워할줄 모르니、이는世上이 모다 꺼꾸루 된 까닭이다。

只今부러 十餘年前이었든가? 水原에「高農수박」이라는 名産이 있었었다。그 名産을 낳게한것은 高等農林學校안

에 地位높지못한 雇傭老農夫 하나 있었는데 그는 西瓜栽培、水原地方、西瓜産地──特히 水原地方의

고서 새벽에 잠깨는대로 이닥는齒술을 손에잡은대로 먼저 西瓜밭을 一巡하면서 한포기 한모종을 가꾸어 주

하듯이 드려다 보군 하였다 한다。수박에 미친사람이라는 別名까지 들으면서 培養하여낸것이 水原名産「高農수

박」이었었다。그는 學生들의 質問하는데로 西瓜栽培의 秘訣을 披露하여 가르되 한떼의 수박밭 全面을 一瞥하고서 ↗

專攻 과 嗜好

수박이 잘됐네 못됐네 하는者는 아직 西瓜栽培를 談論할 資格도 없는者니라。반드시 수박모 한포기 한포기에 着目하야 그 色 光彩 姿態로써 그營養의 過不足과 病 虫의 有無를 洞察하여야 하느니라 고。

一事에 達하면 萬事에 通한다는 原理가 여기도 있음을 보고 우리는 놀라지 않을수 없었다。이스라엘祖上들이 羊을 치되 數千마리라도 各各 그 이름으로 불렀다하며, 書籍을 사랑하는 學者나 圖書館에 從事하는 忠實한職員은 數萬卷書籍이라도 各各 그 位置에 記憶한다거니와 學校敎育의 原理와 敎會牧命의 原則이 또한 여기에 서로 通하였다。한포기 한포기의 認識、個體 個性의 尊貴性、이는 하나님이 萬百姓 救濟하시는 原理이다。

그러나 一事에 깊이 通達한이는 반드시 그 心術이 고약하다 할까 自信이 旺盛하다 할까 어디인지 怪癖이 있는 것도 可히 울수없는 共通性인듯, 이 老農夫가 西瓜栽培에關한限 敎授 博士等 上官의 命에 服從치 않는다는 罪過로써 드디어 罷免을當하고 말았다하니 可笑롭다할까 可惜하다할까。어쨋든 그날以後로「高農수박」의 껍질이 두꺼워저서 다시「高農수박」을 찾는 人士가 없더라 한다。

西瓜栽培에關하야 約二十年前일이었다。東京市外에 江渡某라는 東京帝大佛文學部를 卒業하였다는 文學士가 있었다。그夫人은 東京女子高師出身이었다。저들은 相當한 遺産을 찾아할수있는 資産家의 長孫이었으나 톨스토이主義를 實踐하고저「出家」하여 남의집 머슴사리와 小作農等을 歷任(?)하면서、때로는 풀뿌리 까지 캐여 飢死를 免하는 處地에서 農事를 工夫하였다。우리가 訪問한때에 例와 같이 그집規例대로 저녁은 죽(粥)으로써 來客까지 共卓하면서 江渡翁은 自己의農事工夫의 秘訣을 披露하였었다。가르되 남에게 물어 배우지않고서 반드시 自己自身으로 失敗해 보는것이 唯一의 研究方針이라고。또 가르되 西瓜栽培에 뜻하여서부터 今年이 十六年인데 인제는 武藏野의氣候 風土에서 西瓜栽培하는데 겨우「一人前」이 되였노라고。即 이局部의 이일에關하여서는 全世界에 第一人者라는 뜻이다。

元山에 通稱 尹主事라는 苹果栽培에 一生을 바친老農이 있었다。우리의 寡聞으로서는 이 老農처럼 研究的으로 苹果를 栽培하야 成功한이를 朝鮮안에서 둘도 알지못한다。저는 苹果栽培에 熱心한 끝에 外國人宣敎師들이 歸國할때마다 부락하야 苹果栽培에關한 新刊書籍이었다한다●ABC도 모르는 舊式人物이 어찌 外國原書를 읽느냐고 自他가 疑訝함도 無理아닌일이나 그러나 몇頁에 하나식 나오는 揷畵만 보고서라도 全篇의 大旨에 通하였고 歐米列國의 苹果栽培의 趨勢를 짐작하였다하니 또한 二十世紀의 一大奇蹟이라 할것이다。咸南地方에는 이尹氏式의 剪定

三

173

專攻과嗜好

四

法이라는 獨特한方式이 確立되였고、道、郡의當局에서도 尹主事의子弟들을 請招하야 同業者들에게 講習시키는形便이다。即咸南東海岸地帶의氣候風土에서 萃果栽培하는일에는 尹氏의一家가 全世界에 第一人者이다。博士學位도 高等官技師도 이尹氏앞에서는 꼼짝할수없다。理論보다 事實이 證言하기 까닭에。

本誌의舊號를 가진이는 京畿道坡州郡下에 養雞의天才白某라는이를 우리가 尋訪했든 記事를 記憶할것이다。大阪이나 倫敦이나 伯林附近에서 하는 養雞에는 各其配合飼料도 使用하겠고 電氣其他의最新理化學的施設도 아낌없이設備할것이나、朝鮮、京畿道 坡州郡下에서 하는養雞에 어떻게 하여야 善育 多産할까。些한神經衰弱으로 因하야 中學을 中途退學하였든 白靑年은 도리어 禍轉爲福하야 큰理致를 透得하였다。

마찬가지로 本誌舊號를 읽은이는 京仁線梧柳洞驛南五粁許에 徐起河라는靑年農夫가 있었더라는 記事를 記憶할것이다。養正中學校에 五個年間在籍할동안 저는 何等 特殊한技能이라고 보이지 않었었다。牛相같은 面貌에 몸까지鈍重하여 學業에나 運動에나 恒常 끝으로 몇째였을뿐이었다。그러든 徐君이 卒業하기 約一個年前부터 市內圖書館을 涉獵하면서 슬금 슬금 農事에關한圖書를 參考하기 시작하였고、休日마다 市外에散在한 農場들을 巡訪하면서 都市를 背景으로하는 農場經營의 實際를 엿보아 두었었다。저는 朝鮮農業의退嬰이 그記錄을 남기지않었었든 報果인것을 慨嘆하야 成敗의經驗을 반드시記錄하기를 시작하였고、朝鮮農具는 神農氏遺物에서 一步도進展한것이없음을 痛歎하야 乾燥하고瘠薄한朝鮮風土에適合하도록 農具改良을 꾀하였다。多收穫稻作의實驗은 놀랄만한成果를 보앗고 自己考案으로써 中部朝鮮의氣候에서 年四毛作乃至五毛作計劃을 세게되였다。學校試驗成績으로는 別로優良치도 못하였든 植動物 鑛物 物理化學等教科書를 卒業後에 再讀三讀하야 날로 그知識을 實際에應用하되 特히 化學的變化를 肥料配合에應用함에至하여서는 無限한興味도感하려니와 同時에 無窮無盡한 化學的知識의必要를 切感하노라고 告白하였었다。저는 이 渴急한知識慾을 充當키爲하야 自己는 某高農講義錄을 읽기로하고 同生은 某農業學校에入學시켰었다。但 最後의 일은 事不如意하였다하니 惜哉요 痛哉인저。이徐君에게 十年의壽만 더許하였든들 朝鮮農業界에 一大革新進步를 보았을것인데 嗚呼라 徐君은 이미夭折하고말었다。徐君을 생각할수록 君과같은 高貴한天才를 數個年間 어르만젔어도/ 그眞價를 認識못했든 敎師로서의不敏鈍感을 懺悔莫及이나 또한同時에 아무리劣等生이라도 그方向을善擇하야 勉勵하기만하면 모주리 天才로 突變할수있다는法則을 發見한듯해서 스스로慰安한다。（未完）

新約聖書概要〔一四〕

金　敎　臣

데살로니가前書大旨

데살로니가。

데살로니가。(Θεσσαλονικη). 市는 발칸半島의 中央에 位置하여、競技場이나 劇場의 座席처럼 山麓으로부터 海岸에 臨하여 馬蹄形으로 둥글게 配布된 都市이다。古代에는 데르메(θέρμη)라고도 불렸으나 現今은 살로니가(Saloniki)라고 稱한다。月前에 獨逸軍이 希臘을 征服할때에 이 都市부터 第一먼저 攻界하고 進軍基地를 삼았던故로 라듸오나 新聞紙上에서 듣고 본 記憶이 누구에게나 아직 새로울 것이다。

羅馬時代에는 마게도냐地方의 第二區의 首都이었고 軍政과 行政의 兩首腦者가 駐在하였었다。그 位置가 데르메灣頭에 臨한것과 小亞細亞로 通하는 大商業國際街道에 섰음으로써 地理學上의 所謂「湖港」의 性質을 띠고서 水陸交通의 要衝을 占하였다。따라서 데살로니가는 殷盛한 商業都市를 일우었었다。都市는 날로 커지고 富하여졌다。그 結果에 華麗하고 放蕩한것도 또한 이 巨大한 貿易都市의 特色이었다。

住民의 大部分은 希臘人이었으나 羅馬人殖民의 數가 漸次로 增加하였고 셋째로 눈에 띠이는 것은 유대人의 多數함이었다。商利에 밝은 猶太人들은 貿易上 景氣좋은 이 都市에 일즉이 着眼하고 모였든 모양이다。故로 小亞細亞에서 발의 몬지를 떨고 歐洲大陸에 건너선 바울도 빌립보에서는 祈禱할 場所좋아 없어서 江가에 나아가 集會하였다가(使一六・一三)고 하였으나、데살로니가에 와서는 正式의 會堂에 들어가(使一七・一)。이로써 보아도 猶太人들의 地盤이 相當하였든것을 알수있다。그리스도 當時에도「마게도냐의 어머니」라는 稱號를 가질만치 데살로니가는 繁昌하였고 紀元第五世紀頃에는 今日의 希臘과 유고國의 一部分에 亙한 大地域의 中心都市였다。

그러나 그처럼 水陸交通의 形勝의 地인만큼 平和한 時代에는 殷盛을 누릴수 있었으나 一旦 風雲이 急하게 될때는 古來로 爭奪戰의 標的이 되어서 廢墟에 도라가기도 한두번뿐이 아니었다。오직 그 天成의 優越한 位置로因하여 蹂躪을 當할때마다 다시 새로운 勢力과 隆昌을 招來하였었다。오란동안 土耳其의 治下에 屬하였다가 世界大戰後에 復舊되었고, 今後는 어느나라에 領屬할것인지 豫言하기 어렵다。

五

데살로니가前書大旨

福音과의 關係는 五十三年에 바울이 그 足跡을 이 都市에 印친것으로써 시작되었다。 바울의 第二回大傳道旅行時——即 바울이 꿈에 마게도냐人의 請招하는 幻像을 보고서 드로아를 出帆하여 마게도냐의 첫城 빌립보에 上陸하였을때의 行次에 巡訪하였다(使一六·六—一二)。

六·三、一七·四、一四、빌닙보二·二二) 等은 암비볼리와 아볼로니아를 通하여 먼저 데살로니가에 이르렀다。 바울은 例와같이 먼저 猶太人을 찾었으나 極少數以外에는 福音을 받는者 없었고、 도리어 異邦人中에서 큰 무리가 福音을 迎接하는 現象을 보았다(使一七·四)。 數週日後에는 猶太人改宗者(少數)와 異邦人入信者(多數)로 된 큰 敎友團의 成立을 보았다。

그러나 새宗敎의 遼原의 불길 같이 傳播擴張되는 바울의 福音傳播를 妨害하였다(使一七·五以下)。 그 群衆들 勢力에 놀란 猶太人들은 하나님께 忠誠을 다한다는 名目下에 市井의 浮浪輩를 꾀여서 一大騷動을 이르키여 그 群衆들의 提訴理由를 가르되「天下를 어즈럽게 한다」하며「가이사의 命令을 拒逆한다 即政治犯이다」고 한엇은 實로 奇觀이오 可笑로운일이다。

求의 熱誠있는」무리를 만나 큰 敎友團의 成立을 보게 되었으나、 이 기쁜 消息을 探知한 데살로니가의 猶太人들은 여기까지 追擊하여와서 群衆을 煽動하였다。 그 猜忌心이 巨大한것과、 그 지긋지긋하게 끝까지 따러가서 復讐하고야 마는 毒蛇魂은 同避하면서도 正面接戰은 恒常 無知한 群衆을 煽動하거나 權勢를 利用하는 等의 陰謀性! 이것들은 옛날猶太人의 特性이였고、 오늘날 朝鮮人의 그 宗敎人들의 根性이다。

六

이렇게 지긋지긋하게 追擊妨害를 받은 바울은 不得已 또 베뢰아에서도 떠나지안할수 없었으나 실라와 디모데는 거기 남어 있으면서 새로 얻은 敎友들의 信仰을 確立케하며、 福音에 關하여 더 充分하게 敎導하는 일을 敢當하였다。

바울은 베뢰아에서 쫓긴後에 學問의 都인 아덴에 들렀으나 큰 成果를 얻지못하고、 얼마 안되어서 고린도로 向하였다。 이 實業의 都市에서는 적어도 一個年以上을 滯留하면서 크게 福音을 傳播하여 後日의 大고린도敎會의 基礎를 세웠었다(使一七·一〇—一八·一七)。

後日에 第三次大傳道旅行때에 使徒바울은 다시데살로니가를 종종 尋訪하였든모양이다(使二〇·一以下)。 이리하여 데市는 바울의 원수도 많었으나 敎友도 많었고、 猜忌도 크게 받었으나 사랑은 더욱濃厚하게 맺여진곳이다。

動機와目的」

前述한바와 같이 바울은 迫害를 當하

여 데살로니가를 脫出하여 베뢰아로 避難하였으나, 逼迫

은 바울一人에게만 끝치지않고 바울로因하여 成立된 데

살로니가教會에 까지 미치게 된것은 차라리 事勢의 當

然한 順序라 할것이었다(二·一四、三·三)。 그러므로 바울

은 하루라도 速히 한번 데살로니가教友들을 尋訪하여

慰勞하며 激勵하여줄 必要가 있었다。事實 바울은 두

어번이나 尋訪을 決行하고저 하였으나 번々이 妨害있

어서 實現못하였었다(二·一八)。그래서 自己의 代身으로

듸모데를 아덴에서(三·一、二)派送하여 모진 迫害아래서

싸우고있는 데살로니가教友들을 더욱 견디어 忠誠을 다

하도록 慰勞하는同時에 教會의 形勢를 알어보고저 하였

다。이 使命을 띠고 갔든 듸모데의 歸還(三·六)——그가

지고 온 소식에 接한것이 本書簡을 쓰게된 動機이었다。

本書翰에 過度한, 激烈한, 熱情的의 文句가 많은것은(二·一七

—) 이러한 背景을 알고 임어야 理解된다。

듸모데가 지니고 온 소식이란 어떤것인가。大體로 使

徒바울을 慰勞하여 마지않는 기쁜 소식이었다。가르되

그 激甚한試煉과 無法한壓制에도 不拘하고 信仰의動搖

됨이없이 군게 지키고 젔었음을因하여(一·六、二·一四)、

데살로니가教友들이야 말로 마게도냐와 아가야 全地域

의 模範的인 크리스찬이라고(一·七) 指稱할수 있게 되었더

데살로니가前書大旨

라는것。따라서 저들의 英雄的인信仰의 소문이 벌서 外

地 各處에도 傳播되었고 立證되었더라는것(一·八)。特

히 데살로니가教會에는 兄弟姉妹 서로 사랑하는 크리

스찬友誼가 實踐되어있었고(二·三、四·九、十) 其他에도 福

音的인 生活의 原理를 大槪 잘 生活에 나타내고 있었다

(四·一)。 또한 저이들도 使徒바울을 熱情的으로 思慕하

는바 있었고(三·六)、저이들의 集會에는 聖靈의祝福이

恒常 豊盛하였고(五·一九) 豫言의(五·二〇) 恩賜도 兼全

하였었다。

그러나 以上과 같은 稱讚할材料뿐 아니라 듸모데의

携來한 기별中에는 可히 걱정할만한 材料도 없지않었

다。저들의信仰에는 아직 缺陷이있었고 不備한것이 있

었다。데살로니가教會는 異邦的要素인 두가지의 基本罪

惡에서 完全히 淨潔함을 얻지못하였다。即 色慾과貪心

에關해서는 아직도 舊態依然하였었다(四·三—八)。또 新

興教會의 共通한 陷缺으로 (朝鮮에서도 흔히 보이는바)

教會의 長老에게對한 宜當한尊敬과 順從의德을 缺하였

었다(五·一二)。그리스도의 再臨을待하는 信徒間에 彌漫하여 日常

의職務는 等閑에 附하였다(四·一一、二·一二)。뿐만 아니라

그리스도의 再臨의祝福에 參與할것인가 이

現在生存者만 그리스도의再臨에 參與할것인가 아가

미 죽였드者들도 함께 參與할것인가 하는等의 論爭으

七

데살로니가前書內容分解表　　　　　八

로써(四・一三) 일삼으면서 스스로 怜利혼者요 識者인것을 自處하는 무리도 없지않었다。이 最後의 問題에 關해서는 비을先生께 質問하였든것같기도 하다(四・一三)。이리하여 바울이 本書翰을 쓴 目的은 左의 三條에 나누어 볼수있다。

一、데살로니가敎會의 普職한 信仰的行動을 認識하여 주는 同時에、將來에도 더욱 悲督敎的信仰告白을 明白히 하며 굳게 서서 오래々々 견디어 지키라。

二、異邦的인 低級의 貪慾을 버리고 더욱 淨潔함에 나아가는것이 聖意에 合當한일이오、또 信仰싸움의 武力인것을 알지니라。

三、主의 再臨에 關하여는 信徒들을 沈着하게하여 日常業務에 부지런하게하며、이미 죽은者에 對한 詳細한解答으로써 저들을 慰勞하고저함。

本書의內容分解表

인사

本 文

前 篇　데살로니가敎會의 過去와 現在에 對한 感謝

一、너의 믿음의 役事와 사랑의 受苦와 소망의 忍耐를 因하여 쉬지않고 感謝할(一・二―三)。

너의는 하나님의 擇하믈 입은者흘이다(一・四)。그證據는、우리福音이 말로만 너이게 이른것이 아니라 오직 能力과聖靈과 큰確信으로 된것인 까닭이다。이미 諸君은 많은患難을 기쁨으로 이겼고 希臘全域의 信仰의模範이 되었나니라(一・五―一○)。

二、너이가 福音에接하게된 當初의光景을 記憶하라。우리는 오직 하나님을 기쁘게하고저 하였다(二・一―五)。諸君에게對해서는 乳母가 自己子女에對할 같이 하여 폐를 끼치지 말려고 日夜로勞働하였다(二・六―一二)。特히感謝할것은 迫害를 견디면서 一旦 하나님말슴으로 받은 福音眞理를 堅持하고不動하는일(二・一三―一六)。

三、바울의 데살로니가敎會에對한 綿々한愛情의披露。(二・一七―三・一三)

後 篇　實踐的訓戒

一、淨潔한生活로 一層精進하라。友愛는 더 말할것도 없고、日常業務에 勤勉하라 沈着하라。(四・一―一二)

二、主님의再臨에 關하여는 아미 죽은者에 對하여도 所望을 가지라。그 日時는 盜賊과 같이 臨하리니 깨여 지키라。우리는 빛의 아들이니라。(四・一三―五・一一)

三、珠聯같은 實踐道德의一連。主님再臨까지의 聖化의目標。(五・一二―二四)

結末의 인사
(五・二五―二八)

데살로니가後書大旨

動機와目的。 바울은 前書를 보낸後에 데살로니가敎
會의消息을 더 充分히 들었었다。 敎會는 大體로 基督
敎의 바른길을 밟어 날로 發展하였었다。이敎會의 特
色을 일우는 兄弟愛의德은 더욱 넓어지며 깊어졌다。
모진試煉에 屈치안한信仰은 새로운試煉을 當한수록 確
固함을 加하며 光彩를 더할뿐이였다(一・三、四)。

그러나 한가지 主의再臨에關한 思想은 奇怪한形態로
進展하여 全敎會에 不安과 混亂을 주지않고는 마지않
는 事態가 생기였다。이問題에關하여 바울이 前書에解
答하기까지는、單只 이미 主안에서 信仰을 가지고 죽
은者가 主의再臨時의 榮光에 生存者들과 함께 參與할수
있느냐 없느냐 하는것이 問題이었다。그리하여 이問題
만은 前書에 記述한 바울의 解答으로써 完全히 蕩滌
을 지었었다。

그런데 그後로 이러란 새로운問題는 前과 달러서 主
의再臨의 日字와時間의 問題였다。어느날에 오신다、어
느時에 臨하신다 하는等 생각이 널리 敎界를 占領하
였다。그結果로 天國의完成을 狂信的으로 時刻이急하다
는듯이 기다리고 섰는 무리가 一方에 있는 대신에 他

데살로니가後書大旨

方에는 恐怖와驚愕의 생각에 잡혀서 甚한不安에 떠러
진者들도 不少하였다。民心(信徒)의 安定은 이미 없었
고 興奮은 날로 더하니 日常의業務에 沈滯하여 勉勵
하는者 있을理가 萬無하였다。

이 不健全한 再臨思想에 拍車를 加한것은、所謂「先
知者」의 出現이었다。主님의再臨의 急迫한 日時에關하
여 하나님의 啓示를 받었노라고 主唱하는者의出現이었다、
往年 朝鮮基督敎界에 「女先知」란것이 出現하여 많은信
徒들을 迷惑하였든것과 방불하다。基本的敎養을 缺한民衆
의 宗敎界에 자주 불수있는 事實이다。더욱 可笑로운
것은 自己가 啓示받었다는것을 主唱하는것만으로서는 世
人의 信用을 얻을수 없이 생각한때는 使徒바울의 名義
로써 書翰을 僞造하여 自稱 받었다는「啓示」의 權威를
내세우고저 피한者도 있었고、또는 親히 바울에게서 再
臨의時間까지 듣고 왔노라고 主張한者도 있었다(二・二)。

如何間 이렇게하여 大使徒바울의 權威를 빙자하게까지
된以後로 民心은 더욱 흥용하여 질수밖에 없었다。
本是 輕薄하고 浮虛한 무리는 말할것도 없지마는、
愼重하고 眞實한信徒中에도 當時의 바울의言行에 依하
여 再臨의日時가 急迫한것을 速斷한데는 多少의理由가
全無한것은 아니였다。勿論 바울自身은 어느날・몇時라
고 끊어 指定하여 말한것은 아니였다。다만 도적같이

九

데살로니가後書大旨

一〇

不時에 臨하신다고는 말한일이 있었다(데살前五·二、四)。 또 바울뿐 아니라 바울當時의 信徒中에는 自己들의 生存中에 主님의 再臨을 目睹 參與할것을 確信한聖徒가 次코 드물지 않었다(데살前四·一五、一七)。 이러한 바울自身의 言行은 決斷코 病的인信仰이 아니었다。 그런데 여기에 미련하야 者가 自己流의 解釋을 一點만 加하면 곧 再臨의 時間을 豫言하고싶어 發狂질하며、 먹지도 말어라 일할것도 없다 하면서 虛空에 뜨게된다。

이러한 事態가 바울로 하여금 第二의 書翰을 執筆하게 하였다。 本書가 곧 그것이다。 첫째로는 再臨하시는 主께서 門前에 다다른것같이 떠들면서 그릇된 興奮과 騷動에 삼킨 무리들에게 反對를宣明하고저 한것。 둘째로는 沈着性을 잃고 秩序가 混頓하게되고 日常業務를 閑却하게된 敎會로 하여금 그 迷夢을 覺醒하도록 強烈하게 說諭하고저한것。 셋째로는 今日까지의 저이들의 漸進해온 信仰을 認證하여주면서 迫害에 對하여 더욱 堅靱不拔한 信仰을 確保하도록 激勵한것이다。

本書翰을 쓴 時와 所。 데살로니가가前書가 바울의 多數한書翰中에서도 가장 일찌기 著述된것으로서 著名한데 本書도 前書를發送한後 얼마 안지나서 連하여 記述하였든것이 그內容으로 보아서 確然하다。 그것은 실루아

와 듸모데가 바울과 함께있다고 하였는데(一·一)、使徒傳에 依하건대 바울이 고린도를 떠난以後에는(使一八·一八) 다시 실루아와 듸모데가 함께 바울의 곁에있은 일이 없었기 때문이다。 바울이 第一回로 고린도에 滯留하면서 傳道하여 고린도母敎會外에 支敎會도 몇군데 成立되었을때쯤、 即 五十四年初頃에 著作되었으리라는 見解가 가장穩當한듯하다。

本書의 內容分解表

인사 ・・・・・・・・・・・・・・・・・・ (一·一ー二)

本文

前篇 데살로니가 가敎會에 對한感謝와 祈願 ・・・・・・・・・・ (一·三ー二·一六)

一、 諸君의信仰과 愛의增加를感謝하며 一層祈願 ・・・・・・ (一·三ー一二)

二、 主의날은 勿論不遠에 臨할것이나 우리의 말을 誤解하지말라。 그 實現의前兆를 잘 살피라。 ・・・・・・ (二·一ー一二)

三、 너이를選別하신 하나님께感謝와祈願。 ・・・・・・ (二·一三ー一七)

後篇 實踐的勸戒

一、 우리를爲하여祈禱하라、主의忍耐에 入하라 ・・・・ (三·一ー五)

二、 命하노니 規모없는者를 떠나라。日常業務를 勤勉하게 誠實하게하라。 ・・・・・・ (三·六ー一六)

三、 命하노니 規모없는者는 먹지말라。 ・・・・・・ (三·一七ー一八)

結末(自筆의 인사)。

信仰의 相

信仰의 相

내가 每年여름 滿鮮方面에 巡廻傳道次로 다니든때의 일
이다。 特別하신引導로 北鮮 어느곳에서 全某라는 한朝
鮮牧師와 親密하게되었다。氏는 近代的教育을 받을 機會를
가지지못한者로 歐米의 言語는 勿論이오 外國語라고는 알
지못하며 겨우漢文을通하여 基督敎의 敎訓을 배운者이나
福音의 眞髓에 徹底한 보기드문 敬虔한 聖徒였다。當時
氏의 敎會에서는 靑年사이에 赤化的傾向이 次第로濃厚하
야 牧會도 容易치못한境遇였으나 氏는 그不健全한 思想
을 征服하기爲하야 信仰으로써 勇敢히 싸우고있었다。

나는 어느날 氏의敎會에서 聖書講演을 마치고 瞬間
氏와 懇談할 機會를 가졌는데 그때에 내가 牧會의 艱難에
對해서 同情하야 마지않을을뿜하자 氏는 極히 簡單하게
「내가 하나님의恩惠바라는것을 잊어버린즉 敎會에問
題가 일어납니다。그러나 하나님의恩惠를 바란즉
는 解決됩니다。」

信仰의 相

말을 마치고 感慨無量한 모양이였다。 나는 이한마데말에
나도 모르게 머리를 숙였다。 後日 내恩師에게 이일을 傳
한즉 先生도 또한 感嘆의音聲을 發하셨다。 나는 其後 오

랫동안 全氏와 面談할機會를 가지지못하나 이말은 只
수도 오히려 잊어버릴수가없다。 아마도 平生토록 잊을
수없을것이다。

氏는 내가朝鮮傳道者가운데서 하나님께로받은 오즉하
나의 友人이다。 겨우數回의 面談이였으나 靈的으로는 굳
게 맺어진것을 나는 疑心할수었다。勿論 나는氏의信仰에 對
해서 仔細히는 알수없으나 이한마데로써 氏가 信仰의
眞髓를 獲得하고 있는것을 믿지 않을을이
信仰이란 氏의말과같이 하나님의恩惠를 바라는일이
다。 그렇다 오즉 그것뿐이다。 이일은 注意해서 聖經을
읽는者 누구든지 理解할수있는일이나 氏와같이 이것을
體驗하는者가 적은까닭은 무엇일까。

다만 하나님의恩惠를 바라본다고말하면 極히 簡單한
일같이 생각（이되나）하기쉬우나 決코 그렇지는않다。
그것은 眞實한 靈的體驗을 背景으로한 嚴肅한 事實
이다。 곧 自己가 보잘것없는 罪人의對者라는것이 確實
히 알게되기까지는 모든것을 안다고할지라도 하나님의恩
惠만은 決코 알수없으나 한번 自己속에 반석이깨여
지고 하나님의앞에 엎대이게될때에는 아무것도 모른다
고 하나님의恩惠만은 반드시 알게되는것이다。 다
시 말하자면 스스로 恩惠를받기에 不足한것을 참으로 깨
닫게될때에만 이러한者까지도 이와같이 은혜를 베프시

一一

信仰의 相

는 하나님의恩惠가 그대로 믿어지게되는것이다。
『主여 나를 떠나시옵소서 나는罪人이로소이다。』
하고 부르짓던 베드로가 結局
『主여 永生하는 말삼이계시오매、내가 누구에게로 가오
리까。』하고 말하게된것은 決코 偶然한것은 아니다。
現代의 안된趨勢의 하나는 道德意識의 衰退이다。그들은
他人을 責하고 自己를 實하지않는다。批評을 좋아하면서 反
省을 輕視한다。깊이 內省하야 罪를 悔改하는것쯤은 그
들의 가장 싫어하는것이다。이러한 雰圍氣속에 살기까닭
에 스스로 基督信者라고 稱하면서도 아직도、悔改의 經
驗이 없는者가 決코 드물지않다。이러한者들은 스스로 하
나님을 믿는다고 하면서도 다만 觀念뿐이고 體驗이 아
니며 思想뿐이고 生命은 아니다。
보라 예수는 福音을 傳하실때、第一먼저 悔改를 말
습하신것이 아니냐。
『너이들이 悔改하고 福音을 믿으라』하신것은 그의
最初의 웨치심이었다。우리들이 아무리 聖經에 能通하
고 또集會에 熱心할지라도 이한가지를 缺乏하는以上 아
즉도 참된 基督信者는 아니다。衷心으로 罪를 悔改한
者만이 하나님의 恩惠를 바랄수있다。

赦함받어 그리스도를믿고 하나님의恩惠를 感謝하는 사
람이었던것은 分明하다。이와같이 氏는 항상 하나님의
恩惠를 바라면서 오랫동안 多難한 牧會의 衝에當해서 여
러가지 試鍊에 이기었다。氏의 한마디말이 이왕에 내
마음깊이 感銘을 준것도 要컨대 거즛없는 體驗上의消息
이었든 까닭이라고 생각한다。
말할것도없이 이미 悔改하여 救援의恩惠에 恭與한者
는 이제는 自己를 바라볼것없이 오직 하나님만을 바라
지않으면 안된다。우리들은 그罪를 意識하는데 따라서
이러한 罪人까지도 사랑하시는 하나님의恩惠를 더욱더
讚美하여야할 것이다。우리들은 罪人이니까 感謝가 넘치
는것이다。그러고 感謝의 생각이 充滿할때 그生涯는 스
스로 聖潔함 받지 않을수없다。이렇게해서 뜻밖에 平和
의中心人物이되는것은 홀로 全牧師만은 아니다。
『내가 평안히 눕고 자기도 함이여 나를 안전히 거하게 하
이는 오직 여호와시로다。』(시편四・八一)

思想에 對해서는 나는 많이 알지못한다。그러나 氏가 罪
全牧師님의 宗敎는 이러한것이었다。氏의 聖經知識이나 神學

編者曰 이글은 淺野猶三郎先生主幹「新の生活」第三號에서 譯한
것이다。이 全牧師님은 咸南文川邑外橋越里에 生存하
시다。그地方一帶는 全牧師님의 開拓傳道한 땅이다。

二一

罪人만을 爲하야 (第十五回)

A、J、럿셀 著
趙　聖　祉　譯

縱한 大學生活의 中心으로 드러가 가지고 마시고 며
드는 이들 세蕩子를 變化시켜서 그들로 하여금 每日
靜聽을·하여 하나님의 指導를 받어 生活하도록 맨들
머 또 다른 사람의 生活을 自己네의 生活(謙遜하게
그리스도를 模倣하는 生活)과 같이 變化시키는데에 自
己의 生涯를 밧치는 사람들로 맨드는 것이 可能하다고
主張하는 사람이 있다고 假定해 보자。그려고 이再生
한 大學生들이 이미 힘있는 生活改變者가 되여있다고
假定해 보면 어드런가?。基督敎의 眞理가 마치 凍結資
産이나 化石과 같이 생각되여있는 이 一九三二年에 이
같은 일이 可能하다고·믿을 사람이 있을가?

그러나 事實은 이假設보다 못하지않게 놀랄만하다。
이같은 일이 바로 어떤英國大學안에서 일어난것이다。
大學의「上層遊民」사이에서 일어난것이 아니라
貧民窟傳道所의「下層遊民」사이에서 일어난것이다。
的인變化에 依하여 모타俱樂部의 中核이 되여있는 카
뷰레터·클럽(事實을 이야기하기爲하여 그이름을 말해
둔다)의 亂暴生活의 心臟이 除去되여 버렸다。

萬一 現代의 宗敎에도 아직 冒險이 있다고 한다면
이徒黨의 魁首라고할만한 셰사람에게서 드른 이 이야기
에는 冒險이 있다고 할것이다。아직까지 플리−트街의新
聞들이 미처 알지못하였든 뉴−쓰材料의 하나이라고할

第七章　모−타俱樂部의 爆破

이것은 茶英國大學內에있는 自動車俱樂部의 이야기다。
그中心人物이라고 할만한 靑年이 셋이 있는데 이들은
生命을 내동고 덤비는 冒險家들로서 市內와 그附近의
村落一帶를 뒤집어놀만큼 떠들며 도라다니는 말성군들
이었다。너무나 짓꾸지게 굴기때문에 그中의 한사람은
할수없이 停學을 마젔다。그래도 이 세사람은 별별작란
을 다해가지고 여려가지 問題를 이르키기때무에 各方
面의 當局者들에게 큰 頭痛거리가 되었다。現代의 똔·
쥬안의 弟子라고도 할만한 사람들이다。큰길거리 에서
禁制의 모−타競走를 하지않나、만島에 素人自動車競技
大會에 나가서는 그냥 冒險的操縱을 하지않나、그리고
는 웬만큼 放蕩性이 있는 사람들을 보고서도 맘것 마
시고 맘것 떠드는 膽力이 없다고 輕蔑하는 것이다。
이제 이 大戰後의 不信仰의 時代에 있어서 이 放

罪人만을 爲하야

一三

罪人만을 爲하야

만한것이있다。이들 세사람은 뻐브・리프・쎈듸라고 불르기로 한다。

먼저 뻐브의 이야기 부러 始作하기로 한다。그는 키가 크고 키가 끈끈하고 어깨가 쩍 버러진 二十二歲의 靑年으로 고혼 고수머리와 大端히 이뿌게 생긴 이를 가젓고 거북레眼鏡을 썼었다。그의 表情은 스펑크쓰와 같이 理解하기힘든 表情으로 相對者를 警戒하고 있는 것인지 더 머물러있든지 알기 어려운 表情을 하고있었다。그는 윈췌스터學校에고 들어갔었고 그有名한 學校에 있을때 獎學金을 받어가지랄만한 일을 하였다。古典硏究、英文學、獨逸語飜譯等에 一等賞은 거이 모두리 다 받다싶이 하고 그밖에 二等賞도 많이 받었다。그는 運動家로서 타고난 사람은 아니였으나 綜合競技에 있어서도 그는 꾸준한 努力과 決心으로 選手가 되였다。뻐-트도 잘하였고 롸인브즈

(一種의 球技)와 윈췌쓰러・플뻴(同校의 競技)라고 부른다)도 잘하였다。그리고 이學校의 運動部의 名譽와 地位에는 뻐브의 功勞가 적지 않었다。윈췌스터學校에서는 四百五十名의 學生中에서 七十六名 만이 特待生의 까운을 입을 特權을 가지게 되여있다。그리고 또學校에서 優秀한 學生 다섯名을 뽑아서 이特待生우에 班長으로 두고 이 다섯名의 班長우에

다시 首班長이 있다。이 最高地位인 首班長이 되는사람은 여러 方面에 있어서 卓越한 成績을 나타내야 되는데 뻐브는 努力에 依하여 이地位를 獲得할수가 있었다。윈췌스터는 이特待生들이 將次、大學에 가서도 各自가 自己의 義務를 다해서 首位를 占領하기를 바라고 있다。

뻐브는 大學에도 獎學金을 얻어가지고 들어갔다。그러나 이제는 공부와 運動에 對한 趣味는 變하여버렸다。한가지 모-타競走에만은 熱中하였었다。過去에 여러가지 成功을 너무많이 하여서 물려버렸든것이다。그래서 이제는 재미있는 두 동무 쎈듸와 리프하고 싫건 작란이나하고 愉快하게 놀 時期라고 그는 스스로 생각하다。그들은 카뷰레러・클럽을 組織하여가지고 活動을 開始하였었다。本部는 便宜上 몇군데 카페의 近處에다 둔다。그리고 그는 도라가면서 카페의 신세를 진다。이 카뷰레러・클럽이 學生監의 認可를 받지않은것이라든지 따라서 違法의 團體라고 하는것은 그들에게는 何等의 關係事가 아니였다。첫해로 뻐브는 競走用 오토바이 세臺와 娛樂用 小型自動車 한臺를 타 버렸다。

이 세사람은 맨島에가서 둘은 그곳에 아마츄어道路競走에 參加하였었다。運動도 되고 競走에 賞도 떠러 탔다。그러나 그보다는 痛快한 맛을 보는것이 目的이였다。

一四

그래서 朝飯前에 어떤 카페에 있는 피아노를 듸려받어
서 쪼각을 내는 程度에까지 가는 것이었다. 大學에도
라와서도 쩬듸의 말성은 繼續되었다. 한번은 큰길 가운
데다 빈병을 四十餘個나 내여 던저서 學生監先生을 골
려 준 일이 있었다.

이 모ー타三銃士의 功績가운데 또한가지는 로리 (長
形의 無邊四輪荷馬車ー譯者)와 거기에다 禁酒家의 運轉
手를 한사람 세내여 가지고 市內에 있는 술집을 모주
리 巡廻하면서 거기에 있는 술은 모두가 맛을보며 도
라다니였다는 것이었다. 그리고 거리의 사람들은 珍奇한
光景을 한두번 보는 사람들도 아니지만 이 珍景을 모
두 재머있게 보고 있었다고한다. 이렇게 타고도라다니
는途中 쩬듸는 너무 無禮하게 굴엇기 때무네 그의 동
무들은 그를 車밖으로 밀어 떠려트려 버렸다. 그의 暴言
이 너무나 程度를 넘었기 때무니였다.

카뷰레터·클럽은 새벽녁에 큰길거리에서 모ー타競走를
한일도 있었다. 勿論 이것은 違法的인것이었다. 그러나
優勝者라고 해도 時速 六十八哩이라는 느린速力밖에는
내지못하였었다. 이맘매 윈췌스터의 前首班長인 쁘브는
다른데서 따로도 有名한 재조를 피우고 있었었다. 即,
그것은 무엇이냐하면 大學校舍에서 빠저나오는 열집
의 수채통을 타고 기여나려오는 曲藝였다. 이것은 어

罪人만을爲하야

러운 曲藝이긴 하지마는 以前에도 해본 사람이 없는 것
은 아니었다. 그러나 같은길을 밟어서 逃亡을 했다고
해도 쁘브의 한것이 다른것하고 다른點은
自己도 기여나오는 同時에 수채통까지 빼여 버렸다고
하는 것이었다. 그러나 나오긴 나왔지마는 그의 自由도 오
래지는 못하였다. 웨 그러냐하면 이 윈췌스터 前首班長
은 곧 警察署의 招待를 받엇기때무니였다. 警官이 쁘브
의 웃저고리를 베껴가지고 그안에 씨워있는 이름을보
고 本人인것이 證明되자 옴짝 달싹 못하고 警察署로
끌려 가게되었다.

그런데 이제와서는 그룹이 카뷰레터·클럽의 일때무
네 奔走하게되었고 이클럽에서도 그룹때무네 奔走하게
되었다. 이 모ー타三勇士는 그룹에서는 모두 自己의 罪
에 對해서 公席에서도 自由로히 말을 한다는것을 들
었다. 그래서 쩬듸는 三勇士를 代表하여가지고 그들에
게 가서 정말 罪라는것이 어드런것이라는것을 가르처주
서 그들의 體面을 깨트려 주기로 하였다. 그는 적어도
罪라는 問題에 있어서는 專門家였기 때무니다. 쩬듸는
어드런 사람인지 그모양을 그리는데는 그의 同僚인
쁘브의 말을 引用하는것이 第一 適切할것이다. 그는 싱글
싱글 수수면서 다음과같이 말하였다. 「쩬듸는 愉快하
게 잘웃는놈이야. 大槪는 무슨 나뿐일을 하고 나서는

一五

罪人을爲하야

갈갈대고 웃는것이다。코 밑에다는 수염을 살짝 길려
부치고 코는 매코요 眼鏡을 쓰고 이마는 조금
뒤로 버서진 편이요。살빛은 蒼黃色이다。그러나
敏捷하여서 아모때나 即席에서 適當한 標語를
在로 發할수있으며 그우에 組織的手腕이 있다」쎈듸는
그룹의 集會에서 도라와서 自己는 그들이 알어야할것
을 몇가지 말해주고 왔노라고 그랬다。學生監이나 다
른先生들 앞에서도 結局에 가서는 降服하면서도 언제든
지 할만은 하고마는 勿論 머리에는 如前히 그 채양이 다껴거
했든것이다。꼭때기에는 기름이 있는데 이번에도 그렇게
지고 꼭때기에는 기름이 번질번질하게 묻은 스콧치로
만든 헌캡을 쓰고 茶色의 가죽 쪼끼를 입었었다。그
러나 그룹은 웬만한 속에는 움즉도 안하는 말하자
면 衝動을 얼마든지 吸收해버리는 사람들이었다。그
쎈듸는 그다음。이사람은 곧 쎈듸에게 着手하기
手에게로 달려갔었다。그는 南阿에서온 력비選
가 準備해논 하우쓰파-틔에 다리고 갔다。쎈듸는 後
始作하였다。그는 쎈듸를 끌고 크로우바로우에 푸랭크
日에 이때일을 다음과같이 말하고있었다。
「거기에 있는 사람들은 모두 내가 오는것을 알고있
었다。푸랭크는 나를 사람들에게 案內하여 紹介하였는
데 점잔은 言辭로 나를 稱讚하였기때무네 나는 多少

어깨가 웃슥하여 졌다。아마 이것때무네 이集會가 厭症
이 나는것만은 免한것같다。나는 이때에도 언제나 다름
없이 말성꺼리요、亂暴한 存在였다는것을 記憶하고있다。
나는 茶를 먹고나서 女學生들도 며러있었나하고 四面을
둘러보았다。그러나 나는 多少 失望하였다。그러나 푸
랭크만은 大端히 맘에들었다。特別히 親切味가
있는것이 좋았다。나는 푸랭크에게 나의 趣味는 女子
와 술이라고 쁨내여보았다。그러나 나는 속으로는 늘
寂寞과 不幸을 느끼고 있다는 것만은 말하지않었다。
푸랭크는 그다지、놀라는것갈지도 않었다。그리고 날보
고 둘다 祈禱하였다。그러고 나는 집으로 도라왔다。그러
잔이 斷然히 끊어버리려 한다고 말하였다。우리는 늘
나 이때는 나는 이미 變化하였었다。나의 變化를 第
一먼저 안 사람은 나의 下宿집 마나님이었다。나는
다。그러고 그 이튼날아침에 나갈때도 亦是 술은 안먹
아침 세시에 드러왔는데 술이 조금도 취하지않었든것이
쎈듸가 처음으로 證言을 한것은 自己에게 일어난 事
實을 뽀비와 리푸에게 報告하는 편지였다。
카뷰레터·클럽이 쎈듸의 편지를 받었을때 이地球는 自
잔간 도라가는것을 停止하였다。그편지에 말하기를 自
己는 自己의 生活을 제가 運轉해나갈려고 하였으나、

一六

敗하였다。 그러나 그리스도에게 自己의 生活을 代身
重勞해달라고 말했드니 成功해 나간다는것이었다。 그리고
自己는 두가지 生活을 해보았고 그들은 한가지 生活
밖에 못해보았으니 이제 어느것이 좋은지 그들에게 알

려주는것이 옳은일이라고 생각하노라 는것이었다。
「이편지를 보고 우리는 좀 생각하지 않을수없게 되
였다」하고 리프는 말하였다。「우리는 손에는 곰부를
나려놓고 이 뜻밖의 消息에 對해서 考慮하기 始作하였
다。우리가 없수히 역이든 敵이 勝勢가 된것이다。對策
을 아무리 생각해도 별로 新奇한것도 없기에 그저 우
서버리고 말었다」

쎈듸는 이들의 嘲罵에 對해서도 훌륭한 態度를 取
하였다。도무지 以前의 그와는 달렸었다。그는 곧 回
答을 하였는데 그말은 面刀갈과같이 날카로웠다。그는
單純히「좋다。너이들이 이사람들을 만나보고
스스로 알어보라」고만 하였다。그래서 쎈듸는 自己집
에다 희파ー듸(茶會)를 열었다。그리고 모ー타클럽에서
여덟명이 가보기로 決定하였다。그룹에서는 이事實을 듣
자 가장 熟練된 射手세사람으로 遊擊隊를 組織해가지
고 여기에 보내였다。그리고 뒤에서는 ──이것이 第一
重要한것인데 ── 二十五名의 砲兵部隊가 힘있는 祈禱
로堅固한 砲臺를쌓고 後陣을 치고있었다。(續)

來
信
一
束

一七

來 信 一 束

一、(湖南에서)

……小生은 生覺했읍니다。肉이 썩고는 말 肉이 놓이기
만해도 우리는 이렇게 기뻐할적에 우리의 靈魂이 惡
魔의 팔에서 놓일적에 하나님께서는 얼마나 기뻐하시
겠느냐 함을。하나님을 기쁘시게 해드릴라면 우리의 靈
이 또다시 사탄의 팔에 붙잡히지 않도록 해야되겠고
아직까지 붙잡혀있는 同胞兄弟들이 一時라도 速히 놓
일수 있도록 힘써야 될것이 아닌가 하고 있읍니다。

昨日은 聖書朝鮮을 받고 새삼스러히 하나님의 恩惠
를 한층며 느꼈읍니다。
아니 기뻘수 없었으며 또 內容 一字一句가 小生으로하
여곰 玉은 갈릴수록 光彩가 난다드니 聖書朝鮮의 內
容이 꼭 그모양이로군 하고 웨치게됐읍니다。一面에서
부러 六面까지의 글은 참으로 壯觀아니라 할수없었음
니다。特히「春夢」의 끝에가서「발갈이한 소의 땀보다도

더하게」함을 읽고는 小生은 온全身이 마치 感電이나
한것같으면서 두눈을 휘둥굴해가지고 不知中 視線은 紙
面을 떠려지면서 고개는 번쩍 들리고 嚴然한 氣分이
周圍를 싸도는것 같었읍니다。아부지시여 도우십소서──

來信二束

그先生님을──하고 祈禱했읍니다。

다음 반가운것은 「提議」이었읍니다。우리誌友中에 이 「提議」할수있는분이 계신다는것 이땅의 靈界를 爲해서 또한 聖朝誌를爲해서 크게 힘이지나이다。또그「提議」를 揭載하시기 까지의 先生님의 그 取하신態度를 곰곰生覺할때에 참으로 기쁨에 제운서럼이 울어났읍니다。

先生님! 小生의 鈍筆로는 더表現할수없읍니다。先生님 小生은 그「提議」中의 條件收入에는 千不當萬不當하나이다。全혀 無資格者올시다。그러나 小生에게는 昨年三月부터서 每月 몇圓식의 聖金을 主님께서 내려주신것이 있읍니다。故로 그聖金으로써 無資格者이지마는 그「提議」條件의 最下를 한자리 말어보기로하고 今日別途振替로 去四月分부터서의것을 올린것이오니 그렇게 下諒하시기 바라나이다。그最下의 자리도 小生 제힘으로는 차지한것이아니오매·그렇게 處理해 주십소서。

先生님! 今月號의 「어버이가 되기까지」의글은 참으로 意味深長함이 있을을 느끼고 있읍니다。單純히 父子、兄弟、師弟間뿐이아니라 넘고 눂게 一國외 政治에까지 及하는 그深遠한 原理를 배을수있다고 믿습니다。그리고「生活의愛」에가서 「돌로써 그리스도를 처라」한 말을 놀래지않을수 없었읍니다。아조 하나님의 義와 나라를 求하고있는것 같지만 「돌로 그리스도를 처라」하신다

면 참勇氣없읍니다。第一着으로 꽁문이를 빼겠읍니다。最近에 와서 小生은 獨斷하고있읍니다。信者의 生活은 올었다 웃었다 하는것이라고。울면서도 한결음、연방主앞으로 나어가는 生活이라고。（下略）

一八

二、（太平洋岸에서）

拜啓 先生님 一時가 바쁘신時間을 쪼겨 손수쓰신 尊書와 같이 下送하신 聖朝誌八冊再拜伏審하였읍니다。感謝와感激 서로交錯되어 무엇이라 말슴 올릴바를 모르겠읍니다。「더욱奮勵하라」는 말슴 一生을 두고 잊지않겠읍니다。이곳學校入學한後 部에는 基督敎硏究部에 들었읍니다。그 이름이 特히 「硏究部」라고해서 좀異常한感이 있었는데 入部하고보니 모두가 이미 信者인 眞摯한 靑年들이었읍니다。部長先生은 ×××××라고 하시는 매우 젊은 英語敎授입니다。

그先生의 新部員歡迎會의 말슴이、本校校長도 前에는 本部에 계셔서 같이 聖書工夫하셨으나 事變以來 그만 두었다고 말하며 이런 어려운時代에 新部員諸君（四人）을 마지하게된것은 一種奇蹟이라 할만한일이라고! 말슴하였읍니다。學校에서 英語時間은 三年을 두고 每週月 八時間이나 되어서 英語工夫하기 別로 不足하지는 안슴

니다。門生은 第二外國語는 佛語를 選擇하였읍니다。時
局上——그뿐만 아니라 特히 經濟나 哲學等의 좋은책
을 불라도 獨語는 必要하지마는——獨語와 中國語로 全
生徒가 거의 二分됩니다。佛語에는 新入生의 단지 七
人뿐임으로 家庭敎師에게서 배우는 格이되어서 매우 滋味
있게 工夫합니다。一週日에 하루 七時間式授業이 二日있고
土曜日 네시간外에 모두 每日六時間餘暇많을때 休講
時間도 매우 드물고해서 中學校餘暇많을때 特히 浪人時
代에 좋은책을 많이 읽어 두지못한것이 늘後悔됩니다。
先生님께서 언제인지 「一世의 훌륭한 人物을 大概
그 사람과 늘 近接하야 지내는 사람은 短點에는 눈이
가고 長點은 몰라 平生을 두고 그人物의 眞價
를 發見못한다」고 동무 사귀는데 對해서 訓話하실때에
말슴 하셨지마는, 門生이 오래동안 聖朝誌를 對하면서
서 世俗的인 책에 익었든 눈이 聖朝誌를 對하게 되었을
때 括目하야 그一字 一句가 하나님의 存在를 明白히
들어내는데 놀라지 않을수 없었읍니다。나이 한살식 더
먹을수록 聖朝誌의 참뜻을 把握할수 있게되여 가는것은
한가지 心中기뻐하는바이 올시다。故李種根兄에 對한 記
事를 읽을때 崔容信孃傳記 읽을때처럼 눈물을 禁치못
하야 울었읍니다。이러한 義人들의 一生을 볼때 다시 人
生에 對한 愛着心이 나고 勇氣와 希望을 갖게 됩니다。

來信一束

하나님께서 우리鄕村에 崔孃이며 安炳憲이며 李種根兄
같은 人物을 連續보내시는것을 볼때 主께서 洞內에
特別히 사랑을 베푸시는것같고 將來를 約束하야 주시
는것같읍니다。果然 그네들은 人間으로서의 最大遺物을
조선에 주고 갔다고 믿읍니다。이제 그 세자람들이 모
두가 모두 二十五歲未滿에 그러한 信仰을 가졌든것을
생각하고 門下生 自身을 돌아볼때 얼골 들고 나다니
기 어려움을 알게 됩니다。어려서 부터 굳은信仰에 들
어갈수 있는것도 先天的으로 因하는것 같이도 생각됩니
다。다만 主님게 兩君과같은 淡泊한 맘씨와 불같은 信
仰을 내려 주십사고 기도 올릴 따름입니다。(下略)

三、(大陸에서)

先生님前 벌서 上書치 못한것이 얼마나 悚悚하온지
이제 다시 붓을 들어 말슴 올리랴 할적에 무슨 말슴
을 하여야 할는지도 生覺되지않읍니다。聖朝誌를 通하야
恒常하는 恩惠는 形言할수없이 豊盛합니다、過去二十年
동안 小生信仰生活中에서… 오늘 先生님을 通하야 발
는것같은 참恩惠를 얻어보지 못하였읍니다。只今 저는
이렇게 無識한 者로서 敎役이라고 하기가 부끄럽사오

一九

社 告

나

오늘것 敎會에서나 家庭에서나 信仰生活이란 것은
全部 先生님의 주시는 唯一한 힘으로 아옵니다。저는
信仰生活에 二重生活을 하는것 같읍니다。

서도 敎會에서 무엇하노라고 구구한 짓을 하고 無敎會主義이면
참 거북하고 창피한일 많읍니다。老會時나 査經時에나
聖經講義時에 無敎會主義問題도 나오고 內村先生님의 評
도 나오게되여 或讚或辱 曰可曰否로 公論할時 쓰라린

가슴은 나리쓸고 참을적도 있읍니다。先生님 좀 敎會
의 戰況을 視察하여 보십시오。그戰跡은 實로 悽慘無比올시
다。門外에서 듣기과는 可驚할만치 어지러운 狀態입니다。
一生所願이 이 無益戰線에서 脫出하기를 願하오나 저의
弱志인지 오늘것 못합니다。今日의 敎會는 別別한 畸
形的인 한 怪物에 不過하고 그이름을 지을수 없는것이외다。

誌의 廢刊이라는 말슴은 듣기만 하여도 氣막키는 일이올
시다。薬書一枚의 縮少에 至할지라도 夢中長老의 가르침
을 實行할소서。金重冕氏提議는 全幅的으로 贊成하오며
多少를 不拘하옵고 이貴여운 聖朝의 生命을 爲하야、分
錢이라도 贊助코저하옵니다。발서라도 이런提議가 있어야
할것인데 참 부끄럽읍니다。저로서 항상遺憾이

聖書講義會에 恭席지못하읍고、去番 矢內原氏와 黑崎
氏等講演會에 未叅은 生前의 遺憾으로 압니다。힘써 이
滿洲에서도 先生님들이 몸으로 出戰하시게 된다면 저로
서 얼마나 崔躍의 기쁨을 마지않겠읍니다。（下畧）
까지라도

社 告

一、先金拂込誌代의 性質　　讀者로부터 誌代先金이 拂込되
면 數種의 帳簿에 記入된後에 讀者氏名카드整理된다。月刊誌의
先金拂込은 一種의 豫約이다。萬一에 一旦拂込하였든先金을 拂戾
하기를 要求한다면。單只 事務的으로만 보아서도 여간 성가신일
이 안일뿐더러 各種錯誤의 素因이 된다。故로 이런일은 非常한境偶
外에는 要求할일이 없었다。그러나、이보다 一層 성가시기는 本
社發刊單行本種을 註文하면서 그代金을 誌代先金拂込中에서 計算
하라는일이다。單行本의 定價와 送料를 合한것과、一年分（十二册代）
二圓二十錢받은것의 몇册代가、過不足이 없도록計算하는 法이 있
다거든 敎示하라。우리는 이런高等數學에도 通하지못하고 閑眼도
없으므로、이런註文도 보내지안할뿐더러 先金殘額을 拂戾하는同時에 그
氏名을 우리帳簿에서 除去하고 다시는 그것을 記入치않기로한다。
前에없든 此種註文禮儀가 近日에 種々있는것은 짐작건대本誌의
續刊이 未確한때이라 하루바삐 機先을制하야 本錢이나 건지랴
는 商畧인듯하나 우리는 이런怜悧한사람、빈틈없는무리、와는 今
生來世에 다시 相關하지않고저所願이다。
이런註文으로 除名된讀者 數人되었기로 이에廣告한다。本誌는
單純한 商品이 아닌것을 讀者諸君도 認識하라。

二〇

主　の　祈

Πάτερ　ἡμῶν　ὁ　ἐν　τοῖς　οὐρανοῖς·

Ἁγιασθήτω　τὸ　ὄνομί　σου·

ἐλθάτω　ἡ　βασιλεία　σου·

γενηθήτω　τὸ　θέλγμά　σου,

ὡς　ἐν　οὐρανῷ　καὶ　ἐπὶ　(τῆς)　γῆς·

Τὸν　ἄρτον　ἡμῶν　τὸν　ἐπιούσιον

δὸς　ἡμῖν　σήμερον·

καὶ　ἄφες　ἡμῖν　τὰ　ὀφειλήματα　ἡμαν,

ὡς　καὶ　ἡμεῖς　ἀφήκαμεν　τοῖς　ὀφειλ´ταις　ἡμῶν·

καὶ　μὴ　εἰσενέγκῃς　ἡμᾶς　εἰς　πειρασμόν,

ἀλλὰ　ῥῦσαι　ἡμᾶς　ἀπὸ　τοῦ　πονηροῦ.

(ὅτι　σοῦ　ἐστιν　ἡ　βασιλεία　καὶ

ἡ　δύναμις　καὶ　ἡ　δόξα　εἰς　τοὺς

αἰῶνας·　ἀμήν)

動詞 εἰμί エイミ（である）の活用は次の通りである。

1. εἰμί エイミ　我は……である。　　　ἐσμέν エスメン　我らは……である。

2. εἶ エイ　　汝は……である。　　　ἐστέ エステ　汝らは……である。

3. ἐστίν エスチン　彼は……である。　　εἰσίν エイシン　彼らは……である。

（注意）

　　　ἐστίν 及び εἰσιν の終の ν は有無自由です。

例　題

　　　ἐστὶν ὁ λόγος　　　　　　　　　それは言葉です。

　　　εἶ ὁ Χριστός　　　　　　　　　あなたは基督です。

　　　ἐσμὲν οἱ ἀδελφοί　　　　　　　我々は兄弟です。

　　　εἰσὶν οἱ ἀποστόλοι　　　　　　彼らは使徒達です。

　　　εἰμὶ ὁ ἀδελφός τοῦ ἀποστόλου　私は使徒の兄弟です。

　　　οἱ ἀποστόλοι εἰσὶν ἀδελφοί　　使徒達は兄弟です。

　　　　　　　　　　　　　　　　　　（補語の冠詞は畧す）

　　　εἰσὶν οἱ λόγοι τῶν ἀποστόλων　それらは使徒達の言葉です。

「我」ἐγώ エゴー 「汝」σύ シュ 「彼」αὐτός アウトス の如き代名詞を加へる場合は意味が強くなる。

　　　σὺ εἶ ἡ ζωή　　　　　　　　　汝こそは生命である。

　　　ἐγώ εἰμι ὁ ἀπόστολος τοῦ Χριστοῦ 我こそは基督の使徒である。

　　　σὺ εἶ ὁ Χριστός　　　　　　　あなたこそはその基督です。

　　　ἐγώ πιστεύω τῳ λόγῳ τοῦ Χριστοῦ.

　　　　　　　　（他人はどうでも）私は基督の言に信頼する。

　　　πιστεύω ビスチューオー（我信ず）と云ふ動詞は名詞の第三格を支配する。「言を信ずる」と云ふ場合でも πιστεύω τὸν λόγον と書かず πιστεύω τῳ λόγῳ とする。「言に信を置く」と云ふ意味だからです

此の課とは關係がありませんが, 讀方又は發音の練習の爲めに「主の祈」を揭げて置きます。

λέγω 活用表

	單　數		複　數
1. 我云ふ	λέγω	我等云ふ	λέγομεν
2. 汝云ふ	λέγεις	汝等云ふ	λέγετε
3. 彼云ふ	λέγει	彼等云ふ	λέγουσιν

　　　　　　　　れグーシン　　　　　　　　　　　　　　　　　　　れグーシ
　注意。λέγουσιν の最後の ν は有つても無くても差支ないもの，即ち λέγουσι

でも差支ない。動詞の語尾の變化を活用と云ふ。活用しない部分は語幹と云ふ。

即ち λέγω の 語幹は λέγ― です。

　　　單　語　（動詞）

　　ピスチューオー　　　　　　　　　　　アクーオー
　　πιστεύω　　（我信ず）　　　　ἀκούω　　（我聞く）

　　ギノスコー　　　　　　　　　　　　ディダスコー
　　γινώσκω　　（我知る）　　　　διδάσκω　　（我教ふ）

　　らムバノー　　　　　　　　　　　　フゥパゴー
　　λαμβάνω　　（我受く）　　　　ὑπάγω　　（我徃く）

　次の句を譯せ。

1. πιστεύει. ὑπάγετε.

2. γινώσκομεν τὸν λόγον.

3. λαμβάνουσιν.

4. ἀκούσιν τὸν λόγον τοῦ Θεοῦ.

5. διδάσκεις τοὺς λόγους.

　ギリシヤ語に譯せ。

1. 汝等は言葉を知る。

2. 彼は受ける，我等は聞く，

3. 汝等は信ずる，彼は教へる。

4. 彼等は神の言葉を語る。

5. 使徒の言葉を我等は語る。

193

新約聖書原語入門 （四）

里 見 安 吉

第四課　　動　詞 （その一）

前號にて O 變化の名詞 λόγος の語尾と冠詞の變化を表示して置きましたが，他の名詞の變化，即ち A 變化及び子音變化は後の課に述べることゝして，此の課では動詞の最も簡單なものを例示します。

　　　　　れゴ―
　　　　λέγω　私は云ふ。

國語文法では「私」と云ふ語がなければ，「云ふ」だけでは誰が云つたかわかりませんが，ギリシヤ語の場合では，動詞の語尾によつて，何人が云つたか，その發言者の人稱を知ることが出來ます。λέγω は語尾の ―ω によつて第一人稱「私」を示します。

　　　　　れゲイス
　　　　λέγεις　汝が云ふ。

　　　エイス
　―εις によつて第二人稱，即ち「汝」を示す。

　　　　　れゲイ
　　　　λέγει　彼が云ふ。

　エイ
―ει によつて第三人稱即ち「彼」「彼女」又は「それ」「あれ」等を示す。

以上の人稱を複數にした場合は次の如くです。

我等が云ふ	れゴメン λέγομεν	（―ομεν）
汝等が云ふ	れ.ゲテ λέγετε	（―ετε）
彼等が云ふ	れグ―シン λέγουσιν	（―ουσιν）

北滿洲에 支社設立

滿洲國牡丹江市西長安街二四ノ二　一信百貨店内
聖書朝鮮支社（電話五五五五番）

一信百貨店은 牡丹江市内唯一의 基督教書籍販賣所이다。偶然한因緣으로 이百貨店의周旋을通하여 牡丹江市의內外에 少數이나마 誌友의核心이 形成된것을 機會로하여 右와같이 支社를設하였다。聖朝誌의舊號와 其他本社出版物을 東北滿洲地帶에서 註文하려는이는 右支社를 利用하는것이 便할것이다。

滿洲國內에 振替口座設定

振替口座　牡丹江九五二番（聖書朝鮮社）
從前의口座　京城一六五九四番外에　따로　新設한것이니 어느편이든지　便한대로　利用하라。

第十四週年
第一五〇號　記念號編輯

다음　七月號는　本誌의第一五〇號인同時에　創刊第十四週年의　紀念달號이다。本誌의存續에　關心을　가진이들의 感懷를　얻을수있으면　特輯號로　하고저한다。文章의長短은　不問하나　投稿의日時는　速할수록　可하다。

紀念特別集會

時와所　七月六日(日)午前十時부터。貞陵里　本社에서。
會費　聽講料三十錢。但　이날은　講話끝난後에　簡單한 午餐을　함께하면서　創刊以來　十四年間風霜을 완々히 이야기하고저한다。이午餐에參席하려는 이는 반드시 一個年以上本社直接讀者일것、七月五日까지 本社着豫定으로미리通知해줄것、따로會費五十錢을 當日持參하기를要한다。

紀念特價販賣

右와如히 創刊第十四週年 通卷第一五〇號 滿洲에의進駐等을紀念하기爲하여 左記要項으로써 本社出版物을特價로提供한다。但 京城本社 又는 牡丹江支社에 直接註文함에限함。

特價期間　自六月二十五日　至七月三十一日
割引額　聖書朝鮮은自創刊號至一三一號（一册十四錢）其他의本社發刊單行本은 定價의二割引。
右期間中에限하여　紹介傳道用及始讀者의　半年分以上先金註文은　左의特價로　接受함。
半年分先金一圓　一年分先金二圓

（注意）右期間中이라도　本誌의先金計算이　不合理하다해서　半年分은　發送이敏速하겠다。主筆은 六月中旬에 서울 도라왔다가 七月中旬에는 다시 北滿으로旅行하게 되겠는故이다。

本誌半年分以上先金計算의是正

從前부터도 本誌의先金計算이 不合理하다해서 半年分一・二〇、一年分二・四〇으로 計算하는讀者가 있었거니와、特히 書店에서 取次할때의計算이 複雜하고 不合理하여서 今後로는 以上과같이 計算을單一化한다。但이것은 今年八月一日以後에 拂込하는것부터 施行한다。

195

新約聖書概要 (續)

題目	號數
골로새書大旨	二一
빌레몬書大旨	一九
에베소書大旨	八
共觀福音問題	七
누가福音大旨	六
갈라듸아書大旨	五
마가福音後書大旨	四
고린도前書大旨	三一
고린도前書大旨	一〇
마태福音大旨	九
로마書의大旨 (但品切)	七六
마가福音의大旨	四

舊約聖書大旨號(完)
三八一、四二、四四、五一五六、五八一六
〇、六二、八四、九一九三、九五、一
〇一一〇四(以上二十三册殘在、其他六册)

히브리書講義號(續)
一二三一、一三三四、一三五(十一册)

묵로새書講義號(完)
一二三一、一二五、一三一一、一三三、一三六
一四一、一四三一、一四五一一四七(以上十
四册全秩이 남어있다)。

本誌舊號定價一册二十錢
61 63 65 66 67 69 71 72 73 74 75 76 78
79 80 以上十七册。其他는若干部식殘在하다
品切號 61 68

【聖書朝鮮】第一百四十九號
昭和十六年 六月二十八日發行 每月一回發行
昭和五年 一月二十日 第三種郵便物認可

金教臣著
1 山上垂訓研究 全
예수의山上寶訓을解說하여 基督教의
根本眞理를簡明하게 알릴것이다
四六判二七〇頁 定價一圓 送料九錢

咸錫憲著
2 無 教 會
無教會主義(即 참福音主義)의理論과實
際를 가장簡潔하게說明한것이다
(送)價十三錢

咸錫憲、金教臣共著
3 內村鑑三先生と朝鮮
內村鑑三先生의昇天十週年紀念에際
하야 우리無教會的信仰의由來와內容
을 알릴만한論文들을和譯하야出版
한것이다 (送)價三十錢

4 崔容信小傳
柳達永著
平生남을爲하야 晝夜를曚昧
興味와所望을읽라 이번에第三版
出來 (送)價五十六錢

自己를爲한것이아니라 村에서 村으
로、爛漫한都市에서가아니라本
여、犧牲한生涯의實記를
을봤어서 人生에對한生農
번에第三版出來 이것은
中이거니와 但 이글이실린
第二十號는 品切

5 푸로테스탄트의精神
咸錫憲著
이것은昨年末까지는賣盡되여 (送)價三十五錢
尙今 若干冊
中이거니와 但 이것도
中이거니와 若干冊

所賣販次取

向山堂書房 東京市麴町區九段坂
教文書館 京城府鐘路二丁目九一
茂英堂(大邱府)
和信(京城)

昭和十六年 五月二十八日印刷
昭和十六年 六月二十一日發行

編輯兼發行者 金教臣
京城府外崇仁面貞陵里三七八
(京城、光化門局私書函第一八號)

印刷者 李相五
京城府仁寺町二九ノ三

印刷所 大東印刷所
京城府仁寺町二九ノ三

發行所 聖書朝鮮社
京城府外崇仁面貞陵里三七八
振替口座京城一六五九四番
牧丹江九五二番

本誌定價
一冊 貳拾錢 (送料共)
六冊 前金一圓二十錢
十二冊(一年分)前金貳圓四拾錢
要前金 直接注文은
振替貯金口座京城一六五九四番
又는 牧丹江九五二番聖書朝鮮社로

【本誌定價二十錢】(送料五厘)

筆主臣教金

聖書朝鮮

第壹百五拾號

昭和十六年(一九四一)七月一日發行

昭和五年一月二十八日(第三種郵便物認可)
昭和拾六年七月一日發行(每月一回一日發行)

目次

創刊第十四周年
通卷第一五〇號
紀念特輯號

197

銃後生活と奢侈品

昨年七月七日支那事變勃發三周年を期して、內地に於ては奢侈品等の製造販賣制限規則が實施され、我が朝鮮に於ても內地に呼應して七月二十四日府令第一七九號を以て發布せられ即日より施行された。

新國民生活體制を確立し擧國一體國家の總力を發揮し國體の本義に基く國防國家建設には、大に國民生活の刷新、戰時生活の確立の聲は既に久しいが、都會生活の消費者等を見ると、きは、必ずしも十分の效果を擧げてゐるとはいへない。今迄の生活の自由の夢を追つて、統制への不平不滿を衷心懷く者も絕無ではない。然しながら戰へる世界のどの國も生活の戰時態勢化が斷行されてゐない所があらうか。獨逸の大勝利の蔭には吾人の想像だにも及ばない犧牲的不自由な生活に甘んじてゐる事實を見逃してはなるまい。凡そ奢侈逸樂を事として興隆せる國家は未だ曾て之を見ないのである。

惟ふに我が銃後國民生活の現狀を顧みると通貨の膨脹が購買力の增大を誘發し、殊に殷賑產業方面に於ては生活樣式の奢侈化に拍車をかけた事實は否めない。一方に於て物資の一

大消耗が行はれて居る場合、日常生活に於て平時と同じ質と量との物を欲求することは許さるべきでない。戰時には戰時に相應しい生活樣式がなければならぬわけで、銃後の國民としては最少限度の生活に甘んずべき責務があるのである。

玆に於て政府は生活必需品等の消費規定に關し不急不要品又は奢侈贅澤品の生產、製造及販賣を制限又は禁止すること或る程度の必要性あるものと雖其の物の原材料が重要生產資材又は生活必需品資材なる場合に於ては右に準することゝなつた。

第一五〇號
滿十四周年

創刊으로부터 滿十四周年、第一百五十號를 發刊함에當하니 實로 感慨無量한바 없지않다。반드시 創刊以來의 歲月이 길어서가 아니다。半島안에도 이보다 더긴歲月을 績刊한雜誌가 없지안할것이다。

創刊當初에는 十四春秋에亘하야 第一五〇號까지 編輯하려라고는 夢想도 못했든바이오、假令 績刊한다했드라도 余輩가 그任에 當하리라고는 夢想도 못했든일이다。우리는 文筆을 修練하기보다 農畜에 뜻했든者이오 神學을 研究하기보다 天然界를 相對하는 博物學에 기우러졌든者이다。이를테면『路傍의石』이다。

本誌創刊當時는 第一次世界大戰의 餘波 오히려 鎭靜되지못한때이다。世界의思潮가 混沌과 急變이였거나 朝鮮靑年들의 思想과行動이 또한 그渦中에서 벗어날수 없었든時代이다。그思想 動搖變轉의 자취를 가장 簡明하게 記述한것은『局友』第十卷第二十號(昭和九年十一月十五日發行)의『朝鮮思想運動槪觀』을 參照하라。어쨌든 詳述치안한다。只今은 許多한思想이 이러났다는 물러갔고 別々 思想家와運動者들이 옳은편에千名 원편에萬名 꺼꾸러지고 쓰러졌다。따라서 무슨主義 무슨運動을 標榜하는 機關誌도 雨後의竹筍같이 솟아났었다。그런渦中에 있어서 始終如一 오직聖書 한책을 되푸리하여 今日에 至하였으니 回顧할수록 實로 奇事이다。

基督敎라고하면 外國人의 의레히 外國宣敎師들의 式樣으로된 朝鮮基督敎會의게 多大한 排斥과誹謗을 甘受하면서 아무 團體의背景도贊助도 없이、主筆된者의 군은意志나 뛰어난筆才에 依함도 없이、積立된資金으로 始作한것도 아닌雜誌가、自創刊號로 至一五〇號까지 印刷實費에도 缺損되는것은 아무리 보아도 人力으로 된일은 아니다。

故로 至今 이때에 이자리를當하야 우리의 눈이 하늘을向하여 主예수그리스도의 헤아릴수없는 奇異한 攝理의 손을 우러러보고 그 이끌리어온 자취에 놀라며 두려워하며 讚頌과感謝에 넘치는것은 決코 宗敎人의 偏된慣習때문이 아니다。天然人의 天然스러운 心事이다。

人間的으로 말한즉 創刊當時의同人、다섯분、特히 第十五號까지의 編輯主任으로 있어서 福音傳道하기爲하야「生食法」까지 하면서 奮鬪하였던 鄭相勳兄께 至大한尊敬을 돌리려니와、모든榮光은 主예수께로、辱된것은 나에게로。

第一五〇號

一

한가지疑惑

한가지 疑惑

二

滿十四年間 第一五〇號에 達하기까지 始終如一하게 缺損되는——記者의 生活費가 안될뿐더러 印刷實費도 모자라는——雜誌、自立못하는雜誌를 續刊하는것이 果然 하나님의 聖意에 合한일인가?（人間的 事業經營의 打算上으로는 더 論할것도 없고）。하나님의 祝福이 없는證據라고해서 廢刊하기를 慾憋하는 친구도 있었다。

그런때마다 余輩의 머리는 깊이 숙으러졌다。果然 하나님의祝福이 없는 是證일까。收支 맞지않는는일은 모주리 聖意에 不合한 일이라고 斷定할것인가。다른世界에서는 그럴法도 하리라、

일즉이 朝鮮最大의 才士가 가장 大衆的인 題目으로써 雜誌를 發行하였어도 드디어 缺損으로 家產이 기우러진 後에 廢刊되고 말었었다。하물며 余輩와 같은 淺識菲才로서、聖書講解의 專門雜誌를發行하되、外國宣敎師의 援助를 모르고 旣成敎會들의 背景도 없이 刊行하였으니 그것이 收支맞었었다면 도리어 不合理한 일이었다。

때에 使徒바울이 일렀으되

兄弟들아 우리의 受苦와 애쓴것을 너이가 記憶하리니、너이 아무에게도 累를 끼치지 아니하려고 밤과 낮으로 일하면서 너이게 하나님의 福音을 傳播하였노라。

고（데살前二·九、其他고린도前四·一二、使二〇·三四參照）하였으니 自備糧으로써 福音을傳播하는일이 반드시 詛呪받은 일은 아닌것을 알수있었다。主께서 許하시면 우리도「밤과 낮으로 勞働하여」아무에게도、特히 基督敎徒에게 累를 끼치지 않고서 福音傳播하기를 志願하는者이다。

나의「天幕職」

打作하는 소가 打作마당의 穀食으로써 배불릴수 있는것처럼、傳道者는 傳道함으로써 衣食할 權利가 있다。그러

나 그 權利를 스스로 辭退하고 晝夜로 天幕을 만드는 職業을 힘써서 自己와 믿 同勞者들의 糊口之策을 講求했

다는 것이 使徒바울의 生活方針이었다.

「日本基督敎會」의 創設者 植村正久氏도 創業始初에는 家庭敎師와 投稿執筆等으로써 「日夜로 勤勞」하여 敎會를 세

웠다 한다. 傳道함으로써 衣食하는者만이 正統의 傳道者인줄로 뽐내려는信仰은 아마도 一種의 畸形이 아닌가한다.

近日에 金重冕君의 「提議」가 있었으나 거기應하는者는 余輩의 豫言하였든대로 아브라함이 소돔 고모라를爲하야

하나님께 懇求하였든 最後割引으로 決定된 義人의 數에 未及하였다. 故로 우리는 무슨 모양으로든지 밤 낮「天

幕」을 製造販賣하여야 할者이다. 이일만은 願컨대 다른 아무보다도 다소 사람 使徒바울을 본받고저 所願이다.

一 年 有 半

昨年三月에, 오랜동안 깃드렸든 敎育界에서 辭退한以來로 一年有半! 世界도 變轉이 激甚하였거니와 余輩一身의

身邊과 心靈에도 實로 半生에 經驗한것보다 더많고 深刻한波瀾이 起伏하였다.

첫째로 「내가 모든 對敵으로 말미아마 恥辱을 當하고 내 이웃의게서는 甚히當하니 내 친구가 놀라고 길에서

보는者가 나를 避하였나이다」라는(詩三一·一一)詩人의 悲哀를 滿喫하였었다. 隣人의 蔑視와 友人──特히 「내床에서

밥먹든」 친구들의 背叛은 견디기 어려운 잔이었다.

때 마침 經濟와 思想界의 急激한動搖에 當面하야 不得已 미듸안牧場을 찾어 北滿의 荒野에까지 一身을 避하게 되

었다. 그러나 여기에도 人智로써 헤아릴수없는 거룩한 攝理의 손이 이미 펴치고 待하였든것이 漸漸 밝어졌다.

白頭山以南의 半島에만 局限되었든 余輩의 視野가 最少限度로라도 牡丹江、松花江、遼河等의 流域 저편에까지 展

開된것은 余輩 일직이 夢想도 못하였든 奇事이다. 常識으로 判斷해서 職業의 轉換이라는것은 많은 煩勞와 큰不安

을 함께한다. 그러나 어떤 친구의 標語는 決行뒤에야 비로소 그眞義와 眞味를

알게된다. 하나라도 四十에 꼬리 달리고 그만큼 思想과打算이 成熟하여졌든들 猶豫未決로 白髮을 마주었을것을.

將來如何인가, 하나도 成案은 없다. 마는 埃及을 脫出한것에對해서는 다시 後悔함이없고, 異樣의 大志를 前程에 바

라보게되는것만은 事實이다.

一 年 有 半

三

永遠한 學生

永遠한 學生

滿洲의 水土는 甚히 進取的인 넋이가 움돗는것만은 否認할수없다——勿論 靈的으로.

우리가 學窓時代에는 靑年이었었다. 故로 靑年다운 꿈을 가젔었고 學生다운 非打算的인 突進性을 所有하였었다. 十四年前의 學生魂에 復活하야 安東으로부터 奉天、新京、哈爾濱、牡丹江、圖們을 經하야 咸鏡線、京元線으로 循環線을 完結하는 傳道旅行을 今夏季에 決行하고저한다. 利害와 收支를 묻지말라. 우리는 오직、永遠한 學生인 까닭에.

高等遊戲

聖書朝鮮誌를 評하야 學生들의 「高等遊戲」에 不過한것이라고 한이가 있다. 그까닭은 神學校卒業이라는것갈은 所謂資格者가 하는일이 아니라는것、非夢似夢間에 「聖神」의 指示를 받어서 「使命」을 띠고 刊行하노라고 看板을 걸지않은 雜誌라는것、傳道者는 傳道함으로써 衣食하겠노라고 惡을 쓰지못하는 主筆이라는것、敎會의 機關誌도 아니오 宣敎師나 監督의 指令으로 하는것도 아니라는것等々의 理由인듯.

果然 本誌는 敎權에 屬한 資格도 없이、文筆의 才質에 關한 確信도 없이、資源에 對한 保障도없이 始作해서、이일로써 衣食의 資를 보태쓰지못했을뿐더러 다달이 나는 缺損도 掛念치않고서、그저 하고싶어서——하지않고는 견딜수없어서 第一五〇號까지 發刊하였다. 그心志는——아무 要求도打算도固執도없이、아낌도 不平도없이 기뻐서 發行하는心志는 正히 討者의 말한대로 遊戲인것이 分明하다. 遊戲滿十四周年! 遊戲一五〇回! 實로 지긋지긋한 遊戲였다. 그래서 「高等遊戲」인가. 但 「高等」이라는 二字만은 더음이라 할까!

責任問題

本誌는 過去十四周年間 無敎會的이라는立場에서서 舊新約聖書의 傳하는 福音眞理를 割引없이 證據하여왔다. 이제 때를 만났거나 못만났거나 主筆의 一身上 形便如何로써 이일을 中止할수도없고、當해야할責任을 回避해서 眞理를 호리게 할수는 없는것이다. 네게 아니 아니라고 明白히 答하는것이 自他를爲해서도 國家와人類를 爲해서도 가장 忠誠된일이오 當然한 일이다. 只今은 遷延할時期가 아니다. 또한 그렇게 純眞할수있도록 친구여 爲하야 祈禱하라.

四

專攻과 嗜好 〔下〕

前號에서 專攻科目이라는것이 반드시 語學이나 書籍으로만 할수있는일이 아니라 農畜産業中에서도 擇할만한 課目이 적지않고 또 이미 그런方面에서 可敬할만한 成果를보인 先覺者도 많었든것을 몇가지 例로써 示證하기는 매우 마음을 든든케 하였다. 우리가 아는 農畜에 關한 專攻의 結果만 하여도 아직 끝난것이 아니다. 其他의 鑛業 工業 漁業等方面에서도 相當한 業績을 나타낸다는 소식을 듣고서 우리는 하였다. 元來 朝鮮사람은 奇想天外의 것을 考案計出하는 才質이 不足한것이 아니다. 그點은 도리어 남보다 豊富하다 할것이나 오래오래 一事에 專心致力하야 大成하는일에 不足한것이다.

그러나 사람의 오란慣習이란것은 一朝一夕에 打破하기 어려운것이매 우리讀者中에도 아직까지 文字를 모르는것만이 無識인것같이 生覺되며, 圖書에 依하는것만 이 專攻이라 嗜好라 稱할만한 價値있는것으로 보여저 서 어찌할수없다 거든, 우리는 只今 그런兄弟들에게 專 攻의 課目과 嗜好의 資料를 提供하고저 한다.

그것은, 聖書를 專攻하고 聖書를 嗜好하라는 것이다. 聖書라고하면 그까지스것쯤이야 特히 專攻안하 기로서 …… 하는이도 있을것이나 그야말로 無識한사람이 다면 또한 무엇을 不足해하랴.

다. 聖書를 專攻하되 舊新約六十六卷을 골고루·均一하 게 能通하는 장수는없다. 故로 舊約 或은 新約의 어 느 한편을 專攻하되 그中에서도 舊約中의 어느一書, 新約中의 어느一書라는듯이, 좁게 파고 들어야된다. 스 스로 才能이 優越하다고 믿고 聖書全을 쉬운것으로 녀 기는이는 이사야書 또는 創世紀같은 一書를 專攻해 볼 것이다. 現代人類의 最高知能을 가지고도 三百歲 長壽하 지 못하는일을 嘆息하고야 말것이니. 內村鑑三先生의 七 十半生은 애우라지 로마書 한册의 專攻으로써 마치었 다해도 過言이 아니다.

그러나 다른 한편에, 聖書를 專攻하고저 願이로되 語 學도 모르고 恭考書도 못가진 身勢를 嘆息하는이도 있 을것이나, 이것은 文字대로 杞憂이다. 世上의 所謂學者되 기爲해서는 그런것 저런것도 必要할것이나, 聖書의 本旨 만을 實質的으로 攻究하는것으로써 足하다. 即 聖 書로써 聖書를 解釋하는 研究方法이니 舊新約聖書一卷만 을 貫註(Reference)를 詳考하는것으로써 얼마나한程度까지 所有하면, 되는일이다. 이런方法으로써 聖書에 通達할수있을까 不安을 느끼는이는 念慮치말라 ――― 예수만한 通達할 程度까지의 學者될것은 땅집고 헤염치기이 니. 聖書를 專攻하여서 예수만히 聖書에 能通할수 있 다면 또한 무엇을 不足하랴.

專攻과 嗜好

五

專攻과 嗜好

假令 專攻의 課題는 聖書안에서 擇定할수있다 하드라
도 嗜好야 어찌 聖書안에서 求해내라 하는 생각은 敬
虔한 信徒의 共通한思想이다。 그러나 福音書를 읽어보라
小說보다 자미 있지 않은가。 世上사람은 小說以上의 興味
있다하나 알고보면 傳記는 小說이다。 小說
을 人間의 創作이라 할진대 傳記는 正히 하나님의 創
作이다。 하늘이 따 보다 높은 것처럼 傳記는 小說보다
높은것이다。 그리고 모든 傳記中에 예수의 傳記처럼 無
窮無盡한 興味를 자아내는 傳記가 다시없는 것은 한번
읽어본이마다 證言하는 事實이다。 四福音書를 一時에 親
灸하기 어렵거든 그中의 一書만、例컨대 요한福音만 熟
讀해보라、읽으면 읽을수록、씹으면 씹을수록 限없는 슬
김을 거기서 얻을것이니。

그러나 좀더 달큼한 軟文學이라야 . 비위에 맞겠다는
이는 舊約聖書의 雅歌를 吟味할것이다。 게ㅣ테의 「벨렌
의 煩勞」쯤은 여기比하면 매우 접잖은편이다。 좀더 高級
의 劇詩라야 되겠다는이는 約百記를 찾어볼것이니 이
는、호ㅣ머、沙翁、단테云々하는 모든 詩聖의 祖宗이오 源
泉이다。 또 萬一 舊約聖書의 詩篇을 朝夕에 吟讀하고
千讀한다면 참意味의 紳士淑女의 嗜好로서 이보다 高
貴(noble)한것이 어디있으며 이보다 深遠한것이 어디
있으랴。

社告

六

本社直接讀者라는 意義。

聖書朝鮮誌의 讀者노라고 自
稱하는이들中에도 여러가지 種別이 있음을 보았다。 그一
二의例를 들어볼진대 如左하다。

1 店頭에서 無料로 돼저 보는 讀者。

2 圖書館에서 빌려 읽는 讀者。

3 友人이 읽고난後에 눈에 띄이면 第二次三次로 돌려보는 讀者。

4
5 書店에서 달달이 읽고 精誠껏 읽으되、기어이 自己住所姓
名으로써 購讀하는 讀者。

6 本社에 알리지 않도록 規定된先金으로써 本社에서 購讀은되、그名義를 商店
名義、教會名義、義塾名義等等으로써 여서 끝끝내 自己
本體는 烟幕中에 감추는 讀者。

7 通常正規의 讀者。 即半年分以上의 先金을 拂込하고 戶
籍에있는 住所姓名대로써

本社에서 主催하는 會合이나 其他무슨必要있어서 本社直接
新에있는 住所姓名대로써
「讀者」라고 制限할때는 반드시 第7의 種別의 讀者만을 意
味함이다。 第1에서 6까지 種別의 讀者中에도 그熱誠의 낮
지않음과 그理解의 熱烈함을 우리가 도리어 놀라는일
도 不少하나 그러나 그것은 그것、이것은 이것이다。 充分
한意味에서 「讀者」라고 할때는 1에서6까지는 「너와 나」와
무슨相關이 있느냐는 主의對答이 곧 우리 對答이 된다。

但 學校 病院 教會 其他에서 어떤個人의 周旋을通하
야 五六人乃至數十人이 購讀하는 境遇에는 그周旋者의 紹介
만 있으면 언제든지 第7의 正規讀者와같이 認定된다。

誌友 여러 兄弟들께

主안에서 敬愛하는 誌友여러兄弟들, 兄弟들을對하는것이 오랫만입니다. 變함없는 主의사랑이 兄弟들우에 豊盛하신줄 믿사오며, 그사랑을 받아 平和를 가지시기 願합니다. 지난날 제가 暫間 괴로움을 當하였을때는 많은念慮와 祈禱로 도와주시어서 感謝의 말슴을 다 못하오며, 이 모든것이 다 우리主예수그리스도와 하나님아버지를 爲한것인줄 알아 기뻐합니다. 우리가 다 어려운世上에 處했읍니다. 惡은 漸漸 더, 誘惑과 威脅으로써 우리의 平和를 뺏았으려 합니다. 그러나 우리는 믿음으로 그안에 居하여야 하겠읍니다. 主를 사랑하면 平和가 우리게 있고, 사랑하지 않으면 없읍니다. 그러나 누가 能히 主를 사랑하겠읍니까. 私慾이 없는 時間만 이것이 可能합니다. 慾心이 없으면 生命이 健全하고, 健康한生命은 平和를 누립니다. 外的條件같은것은 問題가 아닙니다. 問題가 아닌것마는, 이것만이 唯一絶對의條件인듯이 뵈여서 恒常 근심이요 무서움입니다. 兄弟들이여 믿음으로 主의恩惠를 입어 能히 이 慾心을 이기고 씩씩한生命으로 자랍시다, 그렇게 해줍시사고 祈禱합시다.

聖書朝鮮이 滿七周年을 맞었읍니다. 그리스도안에서 손꼽기질에 무슨所用있아 오리까, 마는 우리들의 일로 생각할때 感慨 다시 한번 더 깊어집니다. 미처 볼새없이 모든것이 흘려가는대 것잡을 새 없이 났다가는 뽑히는 燈盡이라도 이날것, 許하셨읍니다. 人事로하면 主筆金敎臣兄의 受苦하고 애쓴것을 聖書朝鮮이 들여내 말해야 할것이나 訶諂이 될가하야 그만 둡니다. 그러나 맛당히 하였을 責任을 제가 지지 않은것이 많었든 罪는 告白하지 않을수 없읍니다.

執筆을 했다면 一人으로서의 告白은, 속이 너무 메였던것입니다. 이 같대 토막같은것을 가지고 主가 願하신것은 自己의 生命의말슴을 노래하잔것인데, 속을 깨끗히 비게하였던들 그의美妙한音樂이 나왔을것을, 그렇게하지못하여서 도모지 소리가 날수없었읍니다. 이 거칠은 인생을 하나님은 或은 峯으로 울려가시며 或은 골짝이로 나렸가시며, 슬픈曲調를 맘대로 부시어서, 죽은것 우에 生命을 鼓吹하자는것입니다. 아해들이 이 갈대 토막을 질러 불어보고 던지고, 또 저것을 집어 불고 하는 모양으로 主는 당신의 生命의振動을 제대로 傳하는者가 있을가 하시는 것입니다. 人間의 말이 다되는點인 까닭에 當身의 말이 始作되는것은 自己의 말을 해볼량으로 늘 念慮함으로 恒常 悔改합니다. 그러나 主가 自己말슴을 하시는대 金某가 무엇이고 咸某가 무엇이오리까. 저가 애쓴다해서 이날것 있는것도 아닐것이오, 저가 요만하게 우리게 오늘까지 두시는것입니다. 믿음으로 살어지이다.

六月二十八日

咸　錫　憲

七

祈禱와 赦免

祈禱와 赦免 （大正六年十一月）

내가 전에 미워하는사람이 있었다。그를 사랑하고저 하여도 사랑할수가 없었다。그러나 미워하는것은 내게 甚히 不愉快한 일이였다。나는 내맘의 平靜을 얻기爲하여 그를 사랑하고저 하였다。그러나 不可能하였다。

때에 내 눈이 聖書의 一節에 接하였다。曰、「너의 원수를 사랑하며 너의를 핍박하는자를 위하여 祈禱하라」고(마태福音五章四四節) 나는 聖書의 이말슴을 좇아 即時 무릎을 꿀고、내가 憎惡하는 그사람을 爲하여 祈禱하였다。

그리하였더니、보라。그사람은 나에게 사랑할수있는 사람이 되였다。나는 그의 모든缺點을 容恕하였다。그가 내게 犯한 모든罪를 잊었다。나는 眞心으로 그를 赦할수있어 크나큰 平和가 네속에 臨하였다。

진실로 敵을 赦하는 最善의길은 그를爲하여 祈禱하는데있다。남을 미워함은 내自身의 큰不幸이다。사랑보다 더한幸福은 없다。우리는 맘속에 한사람의 敵일지라도 품어둘것이 안이다。그리고 敵을 驅逐하는 方法은 그를 滅亡식이는데 있지안이하고、그를 爲하여 비는데 있다。祈禱로써 敵을 友人化하여 그도 살고 나도

또한 사는것이다。

八

信仰이란 무엇이냐 （大正七年六月）

信仰은 理智的行爲가 안이다。信仰은 細心한 研究의 結果도 안이다。信仰은 吾人의 生命의 全部로써 眞理를 解得하는것이다。故로 信仰은 瞬間的으로 일어나는 것이다。心理學的으로 이를 말하면 信仰은 男女間의 戀愛와같은 動作이다。사람은 보고 곧 믿는다。하나님이 말슴하시면 사람은 直時 하나님의 聖語를 믿는것이다。하나님이 부르심에 사람이 곧 그의聖召에 應하여 말하는것이다。「제가 여기있나이다。저를 보내소서」라고。吾人은 吾人의 모든 論議을 다하여 한사람을 說服하여 그를 信者로 할수없다。吾人의 할수있는것은 信者의 信仰을 堅固하게 함에 끝친다。믿기爲하여 吾人은 論說로써 說服받을것없었다。吾人은 바랄수없는中에 바라고 믿은것과 같이 믿을수 없는中에서도 오히려 믿을수가 있는것이다(로마書四章十八節)。信仰은 하나님과 그의 眞理에 對한 戀愛에 빠지는것이라。

信仰과 制度 （大正八年八月）

歐米人의 敎會는 基督敎의 敎義를 制度化한 者이다。制度는 로마性이고 敎義는 헬라性이고 基督敎는 實質上 信仰인데 信仰은 히브리性의 것이다。과 그들의 後裔인 歐洲人과 米國人은 制度의 形體로써 하지안이하면 信仰을 아지못한다。그러나 東洋人은 그들과는 다르다。東洋人은 信仰을 信仰으로서 制度와 分離하여 알수있는것이다。이點에 있어서 東洋人은 히브리預言者나 基督敎初代의 使徒들과 質을 같이한다。이에 一大事業이 東洋人全體에 남어있음을 안다。或은 特히 日本人에 남어있는듯하다。即 基督敎를 非制度化하는 事業, 보이지안는 信仰을 制度에서 解放하는 事業이 이것이다。（余輩의 이말에 對하여 英米宣敎師가「漠然하다。空想이다。」라고 批評을 하는 그소리가 余輩의 耳朵에 들리는듯하다。）

聖書의 單一 （大正九年五月）

聖書는 文集이나 不然이면 一書이냐。文集이라고 近代의 批評家는 말하나, 一書라고 크리스챤의 實驗은 말한다。크리스챤에게는 聖書는 單一의 書이다。마치 쉑스피아의 「햄렡」 또는 딴테의 「神曲」이 單一의 書인것같이。聖書의 記者는 단 한사람이다。即 하나님自身이시다。

따러서 그 方案은 一이다。그 精神은 一이다。聖書는 한宇宙이다。差異中의 一致이다。不調和中의 調和이다。聖書를 다만 읽엇다는것 뿐이안이라 이에 依하여 生涯한者는 確實이 聖書라는것을 안다。所謂正統敎會의 敎義는 次置하고 實生活의 實驗의 論理가 보이는바에 依하야 사람은 그 一書라는것을 믿지 안이치 못하게 된다。

聖書는 完全한 하나님의 책이다。이에 一言이라도 더하지 못한다。또 이에서 一言이라도 덜하지 못한다。（默示錄卄二章十九ー卄一）

信仰의 試驗 （大正九年七月）

사람은 信仰에 依하여 救援을 얻고 信仰은 사랑에 依하여 試驗받는다。사람은 사랑의 信仰으로서 救援을 얻느냐。저는 信仰箇條에 依하여 救援 받는것이 안이다。儀式이나 儀禮나, 또는 敎會員임으로서 救援 받는것이안이다。其他 如何한 外的 又는 如何한 知的手段으로서도 救援은 얻지못한다。다만 사랑으로서만 救援을 얻는다。요한第一書三章十四節에 말함과 같다。「우리가 형제를 사랑함으로 사망에서 옴겨 생

ふりかへ「通信欄」

명으로 드러갈물을 알거니와……」라고.

우리는 사랑할때에 우리가 確實이 救援 받음을 안다. 實로「사랑하지 아니하는자는 사망에 居하나니라」고 있는것과 같다. 사랑하지 아니하는 信仰은 참信仰이 아니다. 設令 그 信仰이 正統敎會의 全然 是認하는바이고 또 聖書의 말씀에 모다 合當한바일지라도 사랑하지아니하는 信仰은 거짓信仰이다. 사랑은 信仰을 試驗하고 또 하는 神學을 試驗하고 또 믿는것은 모든 思想과 行動을 試驗한다. 우리가 배우고 또 信仰하는것은, 畢竟 사랑하기 爲한것이다. 우리로 하여금 사랑하게 하는것, 그것만이 眞理인것이다.

──（內村鑑三全集에서）──

ふりかへ「通信欄」

一〇

金 敎 臣 樣

咸錫憲君御歸還の御報に接し喜に堪へません。イエスの御名を否まず忍耐を以て試煉を經、勝利を以て燼の中より出で來られしことと感謝の至りです。主の爲め、又我々の爲め、戰つて下さいましたことを感謝の徵意として、表記金額を咸君に贈り度くありますから、御面倒ですが御取次下さい。心身の御疲勞を休養して下さる樣咸君によろしく御傳へ下さい。貴兄の御愛勞をあつく御禮申上げます。　五月廿六日

　　　　　　　　　　　　× × ×
　　　　　　　　　　　　× × ×

傳道用이라는意義.

舊號의 特價販賣 等을 할때에「傳道用」이라면 特別한 廉價로써 提供할수있는것이있었다. 그것은 舊號의 殘品中에 어떤號는 過二三册式 남었는데 다른號는 多數히 남어있는는때가있다. 그多數히 남어있는號를 處分하기 爲한까닭에 特別廉價로 보낼수 있다는것이다.

그러므로「傳道用」을 注文하려는이는 號數를 指定못하고 册數만 註文할것이다 (號數를 指定하면 벌서「傳道用」特別取扱에는 들수없다). 그래서 보내는대로의 것으로써 뿌리릇이 뿌릴것이다 (그러기에 또割引우에 더割引해서 보내는것이다).

그런데 貧寒한 傳道者라고 하면서 自創刊號로 至一百數十幾號까지를 한질에「傳道用」特價로 보내달라는 要求가 종 날러드는것은 그 意義를 誤解한 까닭인가한다. 送料도 安보내고 百數十册을 無代로 要求하는 일도있었다.

「傳道用」이라함은 牧師나 傳道師가 自己用으로 備置하는 것을말함이 아니다. 傳道하기 爲하야 여기 저기 配付해 주는것을 이름입니다.

데살로니가前書講義 〔二〕

金教臣

인사 （一·一）

（一） 바울과 실루아노와 듸모데는 하나님아버지와 주예수 그리스도 안에있는 데살로니가인의 교회에 편지하노니 은혜와 평강이 너이게 있을지어다.

〔바울〕 Παῦλος 은 本來 사울 Σαῦλος이라고 부르든 少年으로서 스데반의 殉教當할때에 그群衆의暴行에 加擔하였었고 （使七·五八─六○） 後日 官權을 지니고 各地의 基督信徒를 逼迫하다가 다메섹途上에서 그리스도에게 사로잡혀 （使九章） 福音傳播에 모든 使徒들 보다도 뛰어나게 勞役한 人物인것은 누구나 잘아는 史實이다. 여기서 우리가 注意하고저 하는것은 바울의 이름에 附添한 何等「肩書」가 없는일이다. 바울이라는 人物은 편지마다 自己의 이름우에 肩書를 붙쳐 쓰기를 좋아하였다. 그리고 그肩書는 반드시 그書翰의 內容을 表現하는 意義를 가졌었다. 例컨대 아주 謙遜하고 多情한態度로써 빌레몬의 情說에 呼訴하고저 할때에는

그리스도 예수를 爲하여 가친者된 바울……

云々하여 한잣 빌레몬의 惻憐之心을 이르키고저 한것밖에 아무 權威도 보인것이 없었다. 그러나 로마敎會같이 自己스스로 傳道하여 創立한것도 아니오, 이미親面이있는 處地도 아닌데로 처음 正式書翰을 보낼때에는 그肩書도 使徒다운 體面을 保持하리만큼 점잖게 充足하게 붙쳤었다. 일렀으되

예수그리스도의 종 바울은 使徒로 부르심을 받아 하나님의 福音을 爲하여 擇定함을 입었으니……

라고 （로마一·一）. 이肩書는 三重으로 되였다. 即

① 예수 그리스도의 종,

② 使徒로 부르심을 받은,

③ 하나님의 福音을 爲하여 擇定함을 입은,

이다. 매우 접잖고도 로마人書十六章에 亘하여 充分하게 展開하려는 信仰理論의 槪綱이 벌서 이三重의 肩書에 投影하여 있다.

이에反하여 바울自身이 開拓傳道하여서 創立된敎會요 바울을 사랑하여 눈동자 까지라도 아낌없이 주고저하면 敎人들이 一朝에 輕妄하게 變心하여 「우리先生 바울보다 아볼로先生이 더 잘났네, 雄辯家에게. 使徒某某는 예수生前에 親히 師事하였다지……」 云々하면서 娼妓같이 節操를 팔며 알미눕 남비같이 더웠다 식었다

데살로니가前書講義

一一

데살로니가前書講義

하는 무리를 向하여 憤怒가 一時에 爆發할때의 肩書
는 또한 不當하다. 가로되

사람에게서 난것도 아니오, 사람으로 말미아믄것도
아니오, 오직 예수그리스도와, 밋 죽은者 가온데서
그리스도를 살리신 하나님 아버지로 말미아마된,
使徒바울은……

라고 (갈一·一) 實로 五重의 「肩書」이다. 남 부러워할
만한 놀라운 「肩書」를 가진人物이 東西古今에 그數가
얼마나 많았으련만는, 이 바울의 五重肩書보다 더威力
的이오 永久的이오 또 爆擊的인肩書를 가저본 사람은
前에도 없었거니와 將來에도 永遠히 있을수없을것이다.
갈라듸아書의 電擊的精神은 이미 이 卷頭의 尋常치
않은 肩書에 그 布陣의 全容이 들어나 있었다. 그러면 바
울의 十三書翰中에서 特異한 例外를 짓는 데살로니가前
書(及後書)에만 아무 肩書도 없는 바울이 그냥 뛰어나오
는것이 또 무엇을 意味할인가.

첫째로 本書翰著作의 年代가 다른 書翰들 보다도,
福音書들을 보다도, 新約聖書의 다른 아무冊보다도 일즉
하였다는것을 表示한다. 歲月이 흘러갈수록, 바울은
聲과 業績이 나타날수록, 바울은 예수의 生前에 選任
받은 直弟子가 아니라느니, 따려서 베드로나 요한보다
權威가 없다느니, 아볼로보다 口辯이 不足하다는等々의

二一

是非 評論이 떠돌게 되매 바울自身도 本意가아닌 肩
書를 三重 五重으로 彩色하여 가지고 自己의 傳播한 福
音眞理의 立場을 確保하고저 應戰한것이다. 그러나 本書
翰이 記述되었든 五十三年頃,——예수昇天하신後 不過二
十二三年頃인때에는 아직것 對外 武裝의 必要가 없었든
것이다.

둘째로 本書翰의 性質이 나타났다. 組織도 修飾도 없는
原始基督敎의 內容이 天眞하게 드러난것이 肩書없는바울
의 姿態에 서로 通한다.

셋째로 바울對 데살로니가敎人들의 關係와, 데살로니가
敎友들의 서로 서로의 關係가 오직 善意와 親密로서만
成立되었든것을 엿볼수있다. 저들의 關係는 外國使臣끼리
對할때의 「武裝」이나 「警戒」가 없을뿐더러, 國內사람끼리
初對面할때만한 間隔도 두지 않았다. 그저 愛之重之하
는 할머니가 孫子를 對할것같다 할까, 또는 서로 思慕하
는 戀人끼리 만남같다 할까, 純眞한 信賴와 限없는 愛
情, 이것이 初代基督敎人인 데살로니가敎人들의 特色이
오, 이런 敎友들께 對한 바울의 武裝없는 心境이다.

[실루아노] Σιλουανός는 또 一名 실라 Σίλας라고
도 하는데 (使一五·二二) 同一한 사람이다. 本來 예루살렘
敎會의 指導者中의 一人이었다. 안듸옥敎會의 質疑에 對
한 예루살렘敎會의 使徒들과 長老들의 答書를 傳達하

기 爲하여 예루살렘으로부터 안듸옥에 派遣되었다。後 듸
에 바나바와 바울의 意見이 衝突하여、서로 分裂되어
바나바는 마가를 더부리고 구브로로 向發하고、바울은
실라와 함께 小亞細亞의 各地를 거처 歐羅巴로 건너갔
다。이때 부터 실라는 바울의 傳道旅行의 同伴者가 되
였다。(使一五·三六—四一)。

[듸모데] Τιμοθεος 는 실라보다 後輩인듯、그 이름
도 나중에 씨었었다。本來 小亞細亞 루스드라人으로 希
臘人父系와 猶太人母系사이에 出生되어、짐작건대 바울
이 第一次로 小亞細亞地方에 傳道旅行하였을때에 그 說
敎에 因하여 入信하였고、第二次傳道旅行으로 歐洲에 까지
건너가게 될때에 함께 따라간것이다。그出發에 際하여 일부
러 猶太人規例대로 割禮까지 行한것은 잘 아는 事實이다。
(使一六·一—五、듸모데后一·五)。그後로 바울에게는 둘도
없는、眞實하고 有用한 弟子가되어 世界福音化에 多大
한 功勳이 있었었다。

데살로니가傳道에는、처음에 바울 실루아노와 함께 이
곳傳道에 參加하였고、迫害가 甚하매 베뢰아로 避하였으
나 거기까지 逼迫이 追擊하여온때에 바울만 아덴으로
다시 避하고 듸모데는 실라와 함께 베뢰아에 남어있으
면서 逼迫中에서 傳道를 繼續하였다。얼마後에 아덴에
와서 바울을 만났으나 바울은 迫害中에 싸우고있는 데

살로니가敎人들의 情況이 念慮스러워 못견디어서 곧 듸
모데를 그리로 派送하여 소식도 알어보는同時에 一層 듸
信仰의 싸움을 激勵하고저 하였다(三·一)。이리하여 再次
데살로니가를 訪問하였든 듸모데가 이미 고린도에 滯留
하고있는 바울에게 도라와 詳細히 報告한때에 本書翰
을 쓰게된것이다。故로 本書에 나타난 데살로니가敎會
의 情況은 大小를 통틀어 듸모데의 지니고 온 報告資
料에 依한것이며、데살로니가敎會에關한限 듸모데는 제
처놓을수없는 重要한 人物인것을 알수있다。

[하나님 아버지] 天地를 主宰하는 全能하신神을
믿거나 認識한다는일은 異邦에도 틈을지 않은 일이다。마
는 그神을 아버지로 깨다른것은 그리스도로써 시작하
였고、「하나님 아버지」는 基督敎에 獨特한 神이다。바울
은 이眞理를 데살로니가人들에게 가르켰었다。

[주 예수 그리스도] 이것은 三重의 稱號이다。
主라고함은 尊敬을 表함인데 主라고 부를때는 반드시
忠誠을 다하겠다는 誓願이 그 속에 包含되어있다。예수
라고함은 어렸을때 부터 隣人 親戚間에 불러오든 通
常의 個人이름이다。그리스도 라함은 히브리語의 메시
야를 希臘語로 譯한것인데、本意는 「기름 부은者」이
오、이스라엘의 王、救世主라는 뜻으로 使用된다。이 三
重의 稱號로써 부르는데에 바울의 健實한 信仰이 表現되

데살로니가前書講義

一三

데살로니가前書講義

였다。歷史的人物인 나사렛 예수가 永遠한實在者인 그
리스도라 한다。

[안에 있는] 原語에는 動詞가 없고 ἐν 이라는 前
置詞 한字로써 되었다。魚介의類가 물 밖에서는 살수
없고 禽獸의類가 空氣圈外에서는 呼吸할수없는 것처럼
基督信者의 모이는 「敎會」는 하나님아버지와 主예수그
리스도 안에만 存立할수 있는것이다。

[은혜] Χάρις 本來는 希臘式 인사 用語인데、基
督信徒가 使用한後로는 信仰的內容을 채우게된 글자이다。
即 新約聖書에 쓰일때는 하나님이 주시는 모든 善한
恩賜、特히 예수그리스도로 말미암아 오는 聖靈의恩賜
를 意味한다。信者에게 臨하는 아름다운 생각과 큰能
力은 모다 恩惠로 받는것이다。

[평강] εἰρήνη 本來는 히브리式 인사 用語인데 이
것도 크리스챤이 使用한後로는 基督敎的인內容을 채운것
이다。即 外樣의 容器는 이미 希臘式이도있고 히브리式도있
었으나、充塡된 內容은 基督敎化한것이다。하나님
의 恩惠를 받게된關係라야 비로소 하나님과 人間사이
에 참 平安이 생기고、따라서 그 平安을 所有한 사
람과 사람 사이에 참 平和가 醸造된다。그런故로 이
平康은 內的이오 心靈的이오 根本的이다。우리가 常用
하는 「平安」이라는 말이 肉體的安逸 또는 物資的生活

一四

安定等 外的이오 皮相的인平安을 뚜렷하게 表現함에 反
하여、平康은 心靈의 깊고깊은 곳에서 부터 一身과 家
庭과 社會에까지 波及하는 平和이다。窮乏해도 平康、
富裕해도 참平康、홀로도 平康이오 이웃 사이에도 平
和。無形한 일에도 平和、具形한事物에 있어서도 平康이
다。이러한 性質이 하나님아버지와 主예수그리스도께서
주시는 恩惠의 特質이다。이字를 「平安」이나 「平和」라
고 譯하지않고 平康이라고하여 區別한것은 생각할수록
고마운 일이다。

테살로니가敎會의過去와現在에對한感謝 (一)

(一・一—三)

(二) 우리가 너이 무리를 因하여 항상 하
나님께 감사하고 기도할때에 너이를 말함은

[우리가] 글쓰는 사람은 所謂 記者의複數 (editorial
we) 라는것을 使用하여、홀로 쓰면서도 「우리」라거나
「余輩」라고 自稱하는것은 누구나 잘아는 일이다。이것
도 모르고서 一人稱複數를 일부러 一々히 單數로 고쳐놓
은 有閑識者도 없지않지마는(本誌第一一三號卷頭文參照)。
그러나 여기서 바울이 使用한 一人稱複數는 그러한
다만 慣用上 複數로 쓴것이 아니다。실루아노와 듸모데
를 合하여 「우리」라고 쓴것이다。本書翰을 通貫하여서

恒常 그렇다。實相은 바울이 單獨으로 쓰면서 이렇게

「우리」라고 한것은、 그렇게 함으로써 그書翰의 責任을 師

弟 서로 分擔하는 同時에 그 名譽도 또한 分配하고저 한것

이다。 바울의 그 弟子에게對한 深厚하고도 謙遜한 人情

味를 여기서 엿볼수있다。

[너이 무리를 因하여] 는 昭和十五年一月十日版

朝鮮聖書公會의 改譯版에 依한것인데、「因하여」가 誤解

되기쉬운 拙譯이다。차라리 舊譯대로 「우리가 너이를 爲

하여⋯」 라고(大正十一年八月一日、大英聖書公會版)하는

편이 조금 낫을것이다。 그러나 兩者가 모다 原文의 順序

를 無視한 顯譯이기 때문에 本意를 傳하기에 매우 不

足함을 免치 못한다。

「⋯⋯因하여」 라고 譯해놓으면 바울은 生來로 祈禱

안하면 人間인데 데살로니가敎人들께 무슨 頭痛거리問

題라도 突發해서 그後부터 부지러니 祈禱하게 되었다는

듯이도 보인다。 그래서 舊譯대로 「⋯⋯위하여」라고하

면 그弊害를 多少緩和할수 있으나 文章의 順序上 아무

리해도 兩者가 大同小異하게 解釋되고 만다。 그러나 原

文의 뜻은 決코 그런것이 아니다。

右에 比하면 和文譯은 舊譯도 바로 되었거니와 改譯은

더욱 原意를 明白히 드러내었다。 即

데살로니가前書講義

われら祈のときに、汝らを憶えて、常に汝ら衆人のため

に神に感謝す。

라고。 바울의 祈禱는 새삼스럽게 데살로니가敎會때문에

있는것이 아니라 언제든지 있는 祈禱이다。마치 京釜線

特急列車「あかつき」는 누구々々를 태우기爲해서 떠나는

것이아니라 定한時間대로 乘客의有無와多少를 論치않고

運轉되는 것이며、 해는 某氏의避暑를 돋우기爲하여 돋

는것이아니오 달은 某女의悲感을 돋우기爲하여 뜨는것

이아니다。 列車가 定刻대로 運轉되며 天體가 軌道대로

運行하듯이 바울의 祈禱는 그처럼 떳떳한 일이다。 그

렇게 常設的으로 드리는 祈禱의 許多한 題目中의 한

가지種目이 데살로니가敎人들을 爲하여 感謝하는 일이라

한다。

人間的 생각으로 하면 「⋯⋯당신만을爲하여 祈禱한다」

든지、또는 「⋯⋯당신만을爲해서 祈禱한다」고 하는편이

매우 고맙게 들리고 實情인것같고 永歲不變할 사랑인

것같으나 이것은 偏愛이다。 믿압지못한 사랑인것이 무

晩間에 綻露되는 皮相的 一時的사랑이다。

偏愛에는 熱이 나도 博愛에는 冷靜하여진다 는것이

人間의 普通經驗이다。 肉에屬한 사랑의 特色이다。 그

나。 靈的사랑에도 ── 博愛일수록 熱情이 添한다。

이것은 하나님께로부터 주시는 사랑이기 까닭에 世上

사랑과는 그本質이 다른種類의 것이다(요한一書四七─一一)。

一五

213

데살로니가前書講義

(三) 너이의 믿음의 역사와 사랑의 수고와
우리 주 예수그리스도에 대한 소망의 인내
를 우리 하나님아버지 앞에서 쉬지 않고
기억함이니

[믿음의 역사] ἔργον τῆς πίστεως 信仰에서 솟아
나는 行爲이다。機械的이나 律法的 行實이 아니오, 信
仰의 源泉에서 나오는 善行이다。

[사랑의 수고] κόπου τῆς ἀγάπης「수고」는「역사」
보다 더 强한 말이다。苦痛을 兼한 苦痛도 있겠으나, 特히 精
란 肉體的 또는 物質的인 苦痛이 따루는것이 사랑의 特色이다。故로 精
神的 心靈的 苦痛이 따때로 善을惡으로 恩惠를
己에게는 無益할뿐만아니라 남을爲하야 圖謀하며
怨讐로 갚음을 當하는줄 알면서도 남을爲하야 圖謀하며
周旋하며 念慮함을 마지못하는것이 「사랑의 수고」이다。
特히 예수그리스도의 사랑에 感動된때에 우리는 속을
當하며 害를 받으면서라도 남을爲하야 善을行치않을수
없으며、報酬가 없을뿐 아니라 偽善者 異端者라는 惡
評과 毁謗을 받을지라도 거기 介意치않고、발길로 차
는 사람 침배앗는 한갓 善을 圖謀
하여 倦怠치 않으며 中止退却하지 않는것이 그리스도
에 因한 「사랑의 수고」이다。 안하여도 可한受苦를 사랑때
문에 하는수고、사랑이 깊고 高潔할수록 受苦가 더욱

一六

深刻해지는 수고、그래도 不平없이 感謝함으로써 當하는
수고이다。

[우리 주 예수그리스도에 대한 소망의 인내]
이 句節은 「소망의 인내」 ὑπομονῆς τῆς ἐλπίδος 가
主要한 文字이다。인내, 라는것은 그저 죽은듯이 不平
없이 受動的으로 順服하는 일 뿐이 아니다。인내는 무
거운 짐 지고서는 사람같이 多大한勞力으로 뻘이는일
이다。어떤意味의 撬土重來를 畫策하면서 그 機를 기다
리는일이다。所望이 있고라야 忍耐가 있는
法이다。所望없는 忍耐라는것은 意味없는 말이다。
그런데 그 所望이라는것은 사람에 따라 實로 多種多
樣의것이오 그 大概는 私慾의變態로 생긴 迷信이 아
니면 投機에 지나지 못하는것이다。여기에 周到綿密한
바울은 「우리주예수그리스도에 대한」이라는 一句를 加한
것이다。예수그리스도에 對한(或은 關한) 所望이란 것은
主로 그리스도의 再臨을 바라는 所望이라。그때에 「사랑
의 수고」에 對한 報酬로 받었든 모든 誤解 毁謗 損
失 迫害도 모주리 淸算될것이오、모든 不正과 壓制도
消滅될것이오、最後의 怨讐인 死亡도 退治할것이다。이 바
르고 큰 所望을 가진者라야 偉大한 忍耐의힘을 發揮
할것이다。信 望 愛, 이는 基督敎의 三柱라는것이오,
고린도前書第十三章에 더욱 詳細하다。

「聖書朝鮮」의 第十四回의 돐을 맞으면서

今日은 「聖書朝鮮」의 第十四回의 돐날이다。回顧컨대 至今부터서 滿十四年前의 今月今日 (昭和二年 一九二七)에 太平洋岸인 萬里他鄉의 一隅 客舍에서 朝鮮半島를 向하야 첫소리를 지르면서 나온것이 우리의 最愛의 戀人

「聖書朝鮮」이었다。돐은 今日로써 十四回次를 마지하고 號數는 今月로서 百五十號를 當하였다。「聖書朝鮮」이 十四回次의 돐마지 할줄을 누가, 豫期했었으며 또 一百五十

號에 當當할줄을 何人이 豫測했었든가？참으로 奇異하기도하고 기쁘기도 하고 슬프기도 하다。이 號를 當하야 感懷의 切實함이 없을 수없다。

余는 「聖書朝鮮」의 來日之事며 創刊日字以後로 百五十一號의 일은 全然不知이다。然이나 創刊號以後로 今日이 到來한것과 百五十號까지를 보게된것은 決코 偶然之事가 아니었고 必然之事이라고 確信한바다。그러면 如何한點으로 보아 그렇게 믿느냐 하면 무엇

보다도 첫째에 그 出發點과 使命感이 眞正했었기 때문이다。即、所謂 旣成信者의 門을 두두리지않고、爲先 이스라엘 집집을 찾은것이며、基督보다 外人을 禮拜하

고 聖書보다 會堂을 重視하는 者의 집에는 그 발의 문지를 떨는것이며、世 所謂 基督信者보다도 本然의 朝鮮사람을 찾으되 시골農夫와 山中樵夫를 慰勵함이었다。오즉 이「信」하나만을 갖게 함이었다。하나님의 말씀을

分配하는일로써 最大最高의 慈善事業을 하려함이었다。

「聖書朝鮮」은 決코 非凡한啓示라든지 特殊한使命을 宜揚한것이 아니었고、또 幾十幾百號의 記念號까지 發刊하리라는 成算도 없었고、이를 가라부치고라도 期必코 成功하겠다는 固執도 안갖인것이었다。十字架外의 論難에는 不參키로 決心하고 그저 聖書에로만 도라와서 特히 敎會에 參與한일없이 基督敎를 알고저하는 兄弟姉妹를 眼中에 두고 工夫한筆記帳이었다。同坐席하야 工夫못한 兄弟姉妹를 爲하야 印刷된便紙이었다。우리를 모라서 코로 숨쉬는 人間에게 依支하지말고 오직 永久不變하시는 主예수와 그의 아바지께 도라오라는 一督促狀이었다。(聖書朝鮮誌舊號에 依함)

「聖書朝鮮」은 우리를 混沌에서 秩序에로 不完全에서

聖書朝鮮의 第十四回의 돐을 맞으면서

一八

完全에로 有限에서 無限에로 肉에서 靈에로 絶望에서 希望에로 不安焦燥에서 平安樂心에로 死에서 生에로 今世에서 來世에로 時時刻刻 間斷없이 모라 드린다. 萬有의 아바지 하나님의 寵愛를 받은 「聖書朝鮮」은 決코 今日것 自行自止하는 法이 없었다. 어디까지 아바지의 指導하신대로 絶對服從하였다. 徹頭徹尾 神本位이였고 人間本位가 아니였었다. 人間을 人間以上으로 優待하지도 않은 代身에 人間以下로 下視賤待도 아니하였다. 神本位이라야만 人間을 本然의 人間대로 待接하게된것이다. 靈과來世本位라고해서 肉과現世를 덮어놓고 侮視한일도 없었고 天國의 國民本位라해서 今世國家의 國民되기를 全的否認하는 法도 없었다. 凡事를 今世國家의 國民本位라해서 不間曲直하고 但只 枝葉末節에 拘泥치않고 拔本塞源的의 治根에 두었었다는 것 뿐이였다.

創刊號는 太平洋岸에서 이半島를 向하였는데 百五十號는 半島의 一山麓에서 一躍大陸에로 向하게되였으니 대관 이半島의 一山麓에서 向하게되였으니 대관 號는 半島의 一山麓에서 一躍大陸에로 向하게되였으니 대관 거나 陸地에로 우리戀人인「聖書誌」의 滿洲에의 進駐하는것이 一流行으로 主의 마음을 안者가누구며 한께 의론할者가 누구리오(로마十一章三四節)」하지않을수없다. 至今은 쥐나 개나 陸地에로 陸地에로 하지않을수없다. 此時에 우리戀人인「聖書誌」의 滿洲에의 進駐가 一流行 人爲의 流行으로 看做할것이냐 神爲의 一大經綸으로 確

信할것이냐? 이는 聖書朝鮮의 本體를 조곰이라도 認證한者는 不問 可知일것이다. 余는 여기서 戀人이 神命을 받어 滿洲에進駐함을 雙手를들어 祝賀한다. 눈에 익고 情든 故鄕山川을 떠러져 나가 사는 半島同胞들은 雖一人이라도 빼지않고 다 찾어서 慰勞해 주기를 衷心 切望한바이다. 어찌 滿洲뿐이리오 中國、露國、英、米、獨伊의 如何한 國土를 勿論하고 半島人의 移住處에는 一一히 다 찾어 가기를 深願한 바이며, 따라서 그의尋訪을 받은 同胞들은 各其의 戀人삼어서 一生厚待하기를 務望不已한바이다.

「聖書朝鮮」아― 네가 今日을 歡迎한것이며 또 大陸에까지 進駐하게된 그 背後에는 絶對의 義이시고 愛이신 보이지않고 참된 아바지의 豊盛하신 恩寵이 漲溢하여 있음을 몬저 알어야 되겠고, 다음에는 自身의 일은 말할것도 없고 不孝를 覺悟하고 子女의敎育을 制限하고 親戚故友에게 人情味를 斷絶하고 富貴의 門前에 卑屈하지않고 親舊와 社會에 累를 끼치지않고서 너를爲하여서는 들보다도 더 冷情해진 참으로 可敬可畏可笑로운 一人이 膓身하고 있었음을 默過하지 말기를 바란다.

끝으로 讚頌하고 感謝할것은 距今十四年前의 今日에 人이 너를 爲하야 産母의 勞를 取하신 宋斗用、鄭相動、楊仁性、咸錫憲、柳錫東、金敎臣各先生님의 功德이요

이 先生님들을 十字架의 寶血로 사서 보내주신 아버지 하나님의 사랑이시며 그 獨生子 우리主 예수그리스도의 恩寵입니다.

七月一日夜
朴碩鉉

二

謹啓 其間도 聖體萬康하시오며 宅內諸節이 均安하시온지요. 去二十六日에 一四九號를 拜受하였읍니다.

이번에 一五〇號의 차례를 마지하며 感激하며 눈물로 感謝의 祈禱를 올릴뿐입니다.

過去十四年間 風浪甚한 中에 保護하여 주시고 人氣적은中에 忍耐를 許諾하여주시고 世俗에서 전지신 恩惠를 感謝합니다. 더욱 近來에는 今番號가 마즈막갈고 또 그다음號를 마지하면 죽었든 사람을 맞난것같은 感으로 늘 마지하게됩니다. 七月六日集會도 主께서 親히 거나리시기 바라오며 忽忽不備上書하나이다.

七月一日
洪成大拜上

三

넘우 오래 無信케되옴 海恕하소서. 近間은 口腹之計를 念頭에 오르나려 所謂精神生活에 空虛케되오외다. 「聖朝通信」을 每月奉讀할때는 鄙吝이 一週日式 움돋지 못하더니 先生의 日常生活의 實教訓底力이 逼치못하게된 數月은 自御의 힘을 못갖게되는듯 只自焦燥이외다.

感謝會의 報告

感謝會의 報告

感謝會의 報告 本誌創刊의 滿十四週年紀念感謝特別集會에 参席하겠다는 通知 電文이 遠近에서 날러들수록, 靈的으로午餐飮食으로나 準備한것이 豊盛하지못한것을 念慮하면서, 幸여나 이날에 慮退川물이 맑고 豊足하게 흘러서 손님 待接에 不足한것을 補充해주었으면, 또한 數日來로 中部朝鮮에 亘한 장마가 개여주었으면……하면서 七月六日을 기다렸었다.

主日아침까지 時時로 쏟아진 豪雨로因하야 慮退川의 水量은 가장豊足하고 맑앟게 흘러서 年中最善의 콘더순(條件)을 이루었는데 連日의 霖雨도 晴快한 별으로 突變하여 주었다.

咸錫憲兄은 六月中旬에 서울 단여가셨든데 이날集會를爲하여 慈親看護의 자리도 며나서서 다시上城하여

慶南

자리에서 쉬고, 이날集會를 司會하는同時에 朝鮮第十一章에 依하여 矢內原先生이 朝鮮人에게 던진課題에 解答이 있었으니 余의 負擔은 港히 輕快하여졌다.

其他遠隔地方의 來恭者中에 四月號의 「證明」의 記者와 故李種根君의 母姉두분을 紹介할수있었음은 우리의

慶南 信仰을 맑게하며 熱하게함이 컸었다. 柳永模先生께서는 저녁十時지나도록 남어계시면서 信徒의 協同提携에 關하야 所懷를 披露하시어서 平日의 思考에 決斷을 加하게함이深大하였다. 우리로하여금 主筆의 「爆彈宣言」의 案骨은 主筆의 胸中에 建立되였다(次號에 發表). 지난날의 感謝와 오는날의 希望에 넘치면서 紀念의 하루를 마추다. 七月七日記.

一九

誌代의先金拂込

誌代의 先金拂込

年來로 歐洲의 무어 나라에서 各各 한두가지식 新聞 雜誌를 購讀하는것이 있었다。그歐洲에 國家의 興亡을 걸고 싸우는 猛烈한 大戰이 시작된以後로 新聞과 雜誌의 配達이 前日보다 늦게될뿐아니라 때로는 中落도되었고 어면 나라의 것은 滿一年동안이나 中斷된것도생겼다。그런때마다 取次書店에 照會한즉 「앞어는 보겠지마는 戰爭에 因由한 事故이니 不可抗力이니 어찌할수없다」는 對答이었다。

全然 中斷된것은 先金을 아주 잃은것이니 아깝기도하나、그보다도 中間中間에 缺號가 생기면서 配達되는것은 歐洲大戰의 餘波 目前에 余의 机上까지 波及하는感을 새롭게 하지않고는 마지않었다。

取次하는 書店도 그래도 昨年度의 先金拂込時까지는 無關할것이라고 하면서 先金拂込을 勸誘하는 氣色이보이더니 今年度에 至하여는 全然 달러졌다。責任질 限界線內가아니라고 明言하면서 商人의 本能的으로하는 勸誘가 없을뿐더러 차라리 當分間中止하는것이 賢明한것을 獻策하여주는 形便이다。世界電波는 三月攻勢의 危期를 傳하여 요란하였으니 常識으로 判斷해서라도 今年度의 海外注文은 總中止하는것이 可했을 것이다。

그러나 이러한 四圍의 情勢下에서 우리는 今年度의 先金注文을 更新하였다。前年보다도 더욱 서슴지 않고 拂込하였다。그것은 이러한 心的理由에 因함이었다。

첫째로 全歐洲의 運福에關한 具形한表迹으로 이것을 繼續拂込하는일이 가장簡便한途인故。

둘째로 全歐洲의 많고 貴한 生命과 文化와 資産이 全滅의 危期에 臨迫했는데、나의 誌代先金幾十圓을 잃을까 싫을까 하면서 念慮하며 아껴하는 그心事가 고약하고 부끄러워서、스스로 罰金을 課하는 듯으로。

셋째로 理論은 어찌 됐든지 「寶物둔곳에 마음 있는것」은 어찌할수없는 事實이매、一個年分先金合計五十圓內外라는 金額이 若少하나 그래도 이것이 歐洲天地에 두는 余輩의 「投資」의 全額이다。全無하기보다 이것이라도 먼저 두는便이 余輩의 마음의 幅을 歐洲에까지 넓힌다。死鬪數年에 오히려 紙質도變함없는 雜誌를 받을때는 그 나라를 爲한 余輩의 憂慮가 적이 멀리고、新聞皮封의 紙質의 비로소變質된것을 본때에 戰苦 드디어 深刻해진것을 알고 聖朝誌의 第一二五號를 만저 본다。爆擊機와 潛水艇의 틈새를 저여서 無故히 멀려진 新刊誌를 接한때는 實로 感慨無量! 一憂一喜 이리하여 적은 「미끼」로써 心庭을 全世界에 넓히니 「不亦悦乎」인저.

二〇

「我らを嘗試（こころみ）に遇（あは）せず。」

εἰσφερω 導き入れる，遇はせる。πε ρασμὸν は試錬，誘惑の意味。「惡魔は神の試錬に乘じて人を誘惑せんとし，神は惡魔の誘惑を機として人を試錬せんとし給ふ」然し惡魔の手に陷るは危險である。神の愛より離れざらんとする信賴の祈である。

⑧ ἀλλὰ　　ῥῦσαι　　ἡμᾶς　　ἀπὸ　　τοῦ　　πονηροῦ.
　アルラ　　リューサイ　ヘマス　　アポ　　トゥー　　ポネルー
　然し　　救ひ給へ　　我らを　　より　　　　　　惡しきもの。

「惡より救ひ出し給へ。」

ῥύομαι（リューオマイ）が「我救ふ」。ἀπὸ τοῦ πονηροῦ の ἀπὸ は「側より」と云ふ意味である。我ら惡に陷りし時，願はくは，魔手を脫せしめ給へとの祈である。τοῦ πονηροῦ は第二格で中性か男性か區別が判明しないが，男性とすれば「惡しきもの」の意味となり，中性ならば單に「惡」の意味となる。惡の力は具體的の意味に取る方が適當と思はれる。⑧は⑦の單なる反覆的意味のものではなく，⑦よりも積極的な祈願である。地上の爲の四つの祈の內で⑤は今日の生活の爲め，⑥は過去の罪過の爲め，⑦⑧は將來の爲め，神の武具を以つてよろひ信仰生活を完ふせんとするのである。

⑨ (ὅτι　　σοῦ　　ἐστιν　　ἡ　　βασιλεία
　ホティ　ス――　エスチン　ヘ　バシレイア
　何となれば　汝のもの　である　　　　國

καὶ　　ἡ　　δύναμις　　καὶ　　ἡ　　δόξα
カイ　ヘ　　ドゥナミス　カイ　　ヘ　　ドクサ
と　　　　力　　　と　　　　　榮光とは

εἰς　τοὺς　αἰῶνας　ἀμήν)
エイス　トゥース　アイオーナス　アメーン
に　　　　　永遠

「國と威力（ちから）と榮光（さかえ）とはとこしへに汝のものなればなり。」

國語譯はマタイ傳六章九節より十三節による。ギリシヤ語は Nestle に依る。但し兩者共に⑨の頌榮は欄外に示すに止めてある。此れ主の祈の要約である。

「御意の天のごとくに地にも行はれん事を。」

γενηθήτω の原形は γίνομαι（ギノマイ）成就する，γῆς の冠詞 τῆς は古

寫本にない。④の祈は主の祈の中心である。

以上 ② ③ ④ は神の御名，神の國，神の意志を祈る。此の三つの祈は天に

關するものであり，次の ⑤ ⑥ ⑦ ⑧ の四つの祈は地に關すのものである。

三は天の數，四は地の數。

⑤ τὸν   ἄρτον   ἡμῶν   τὸν   ἐπιούσιον
   トン   アルトン   ヘモーン   トン   エピウーシオン
              糧を   我らの   日毎の

   δὸς   ἡμῖν   σήμερον·
   ドス   ヘミン   セーメロン
   與へ給へ   我らに   今日も。

「我らの日用の糧を今日もあたへ給へ。」

τὸν は中性冠詞 τό の單數第四格。

δὸς は δίδωμι「與へる」の第二不定過去命令形。

即ち一時的動作を示す形。δίδου ならば反覆的動作を示す。今日の食物は今

日の分だけで充分感謝。地上に於ける肉體的生活の資料全部を包括せる意味。

物質的要求の祈と云ふよりも，寧ろ天父への愛と信賴の祈である。

⑥ καὶ   ἄφες   ἡμῖν   τὰ   ὀφειλήματα   ημων,
   カイ   アフェス   ヘミン   タ   オフェイレーマタ   ヘモーン
   而して   免し給へ   我らに   負債を   我らの,

   ὡς   καὶ   ἡμεῖς   ἀφήκαμεν   τοῖς   ὀφειλέταις   ἡμων·
   ホス   カイ   ヘメイス   アフェーカメン   トイス   オフェイレタイス   ヘモーン
   如く   も   我ら   免した   負債者達を   我らの。

「我らに負債ある者を我らの免したる如く，我等の負債をも免し給へ。」

ἄφες 免し給へ。ἀφήκαμεν 我ら免してしまつた。現在形は ἀφίημι 我免す。

τα 中性複數第一格冠詞。τοῖς 中性複數第三格冠詞。負債とは罪のこと，

即ち獨乙語の Schuld は適譯。

⑦ καὶ   μὴ   εἰσενέγκῃς   ἡμᾶς   εἰς   πειρασμόν,
   カイ   メー   エイセネンケース   ヘマス   エイス   ペイラスモン
   而して   勿れ   導き入れ給ふ   我らを   に   試惑,

主　の　祈

① Πάτερ　　ἡμῶν　　ὁ　ἐν　　τοῖς　　οὐρανοῖς·
　パテル　　ヘモーン　ホ　エン　トイス　　ウーラノイス
　父よ　　　我らの　　　に(います)　　　　　天

「天にいます我らの父よ。」

原文には「います」と云ふ動詞は畧されてゐる。

ὁ は英譯にては關係代名詞の which 又は who に譯されてゐる。　τοῖς は οὐρανοῖς の冠詞で男性冠詞 ὁ の複數第三格の形。

神の子弟は單獨にて祈る場合でも神の總ての子弟の爲めに祈る心を失ふべきでない。故に「我らの」と云ふ。「天」を複數にしてあるのは限定された空間を示さないため。

② Ἁγιασθήτω　　τὸ　　ὄνομά　　σου·
　ハギアㇲセートー　　ト　　**オノマ**　　スー
　聖とせられんことを　　名が　　汝の。

「願はくは御名の崇められん事を。」

Ἁγιασθήτω は ἁγιάζω（聖める）と云ふ動詞の第一不定過去命令法，受動態。θη の θ は英語の th に當る發音，但し清音，上下の齒間に舌を入れて θη（セー）と發音する。τὸ は中性冠詞。

③ ἐλθάτω　　ἡ　　βασιλεία　　σου·
　エルㇱトー　　ヘ　　バシレイア　　スー
　來らんことを　　王國が　　汝の。

「御國の來らんことを。」

ἐλθάτω は ἔρχομαι（エルホマイ）「我到る」又は「我來る」の不定過去，泥動態，命令法で，神の國は漸進的に發展して來る意味よりも寧ろ終の日に基督と共に來臨すると云ふ終末觀的の意味が含まれてゐる。

④ γενηθήτω　　τὸ　　θέλημα　　σου,
　ゲネセートー　　ト　　**セレーマ**　　スー
　成れかし　　　　意志が　　汝の,

　ὡς　ἐν　οὐρανῷ　　καὶ　ἐπὶ　（τῆς）γῆς·
　ホス　エン　ウーラノー　カイ　エピ（テース）ゲース
　如く　於ける　天に　　も　上に　　　地の。

新約聖書原語入門（五）

里　見　安　吉

課　　　外

　いまだギリシヤ文典の極初歩を進んだのみではありますが，丁度本誌の百五十號記念に際會しましたので，本講座に於ても此を記念する爲め，前號掲載の「主の祈」を暗誦出來る樣に，その讀方を示すことに致します。片假名の黒太文字は鋭音符(acute accent)を示す。

主 の 祈 り

① Πάτερ ἡμῶν ὁ ἐν τοῖς οὐρανοῖς·

② Ἁγιασθήτω τὸ ὄνομά σου·

③ ἐλθέτω ἡ βασιλεία σου·

④ γενηθήτω τὸ θέλημά σου,
　ὡς ἐν οὐρανῷ καὶ ἐπὶ (τῆς) γῆς·

⑤ Τὸν ἄρτον ἡμῶν τὸν ἐπιούσιον δὸς
　ἡμῖν σήμερον·

⑥ καὶ ἄφες ἡμῖν τὰ ὀφειλήματα ἡμῶν, ὡς
　καὶ ἡμεῖς ἀφήκαμεν τοῖς ὀφειλέταις ἡμῶν·

⑦ καὶ μή εἰσενέγκῃς ἡμᾶς εἰς πειρασμόν,

⑧ ἀλλὰ ῥῦσαι ἡμᾶς ἀπὸ τοῦ πονηροῦ.

⑨ (ὅτι σοῦ ἐστιν ἡ βασιλεία καὶ
　ἡ δύναμις καὶ ἡ δόξα εἰς τοὺς
　αἰῶνας· ἀμήν)

北滿洲에 支社設立

滿洲國牡丹江西長安街二四ノ二　一信百貨店內

聖　書　朝　鮮　支　社　（電話五五五五番）

一信百貨店은 牡丹江市內唯一의 基督敎書籍販賣所이다。
偶然한因緣으로 이百貨店의 周旋을 通하여 牡丹江市의 內外에
少數이나마 誌友의 核心이 形成된것을 機會로하여 右와
같이 支社를 設하였다。聖朝誌의 舊號와 其他本社出版物을
東北滿洲地帶에서 註文하려는이는 右支社를 利用하는것
이 便할것이다。

滿洲國內에 振替口座設立

振替口座　牡丹江九五二番　（聖　書　朝　鮮　社）
從前의 口座 京城一六五九四番外에 따로 新設한것이니
어느편이든지 便한대로 利用하라。

第十四周年
第一五〇號
記念傳道旅行

只今부터 滿十四年前 本誌가 創刊된 夏季休暇에는 우
리同人들이 釜山에서 新義州까지 沿線各地에서 信仰을
證據하는 傳道旅行을 한일이있었다。主께서萬一 許諾하
시면 今年夏季에 安東、奉天、新京、哈爾濱、牡丹江、圖們
等地로 부터 咸鏡線、京元線으로 도라오는 循環線을 完
結하는 傳道旅行을 떠나고저한다。本誌讀者로만되는 少數
의 集會라도可하고　旣成敎會 또는 學校나病院 其他團體
은 今年八月一日以後에 拂込하는것부터 施行한다。

의 說敎나講演이라도 引受하겠다。集會를 願하는이는 七
月二十五日前到着하도록 左記로 申請하라。

「牡丹江中央郵政局氣付　金　敎　臣」

紀念 特價販賣

右와如히 創刊第十四周年 遍卷第一五〇號 滿洲에의進
駐等을 紀念하기爲하여 左記要項으로써 本社出版物을 特
價로提供한다。但 京城本社 又는 牡丹江支社에 直接註
文함에限함。

特價期間　自六月二十五日 至七月三十一日
割引額　其他의 本社刊行本은 定價의二割引。
　　　　聖書朝鮮은 自創刊號至一三一號（一冊十四錢）
　　　　其期間에限하여 紹介傳道用及始讀者의 半
　　　　年分以上先金註文은 左의特價로 接受함。

半年分先金一圓　一年分先金二圓

(注意)右期間中이라도 七月上旬中에 本社에註文到着한
分은　發送이 敏速하겠다。主筆은 六月中旬에 서울 도라갔
다가 七月中旬에는 다시北滿으로旅行하게 되겠는故이다。

本誌半年分以上先金計算의 是正

從前부터 本誌의先金計算이 不合理하다해서 半年分
一、二〇、一年分二・四〇으로 計算하는讀者가 있었거니
와、特히 書店에서 取次할때의計算이 複雜하고 不合理
하여서 今後로는 以上과같이 計算을單一化한다。但이것

223

新約聖書概要（續）

	號數
題目	七 四
日（但品切）	一〇〇
マタイ福音書の大旨	九 六
マルコ福音書の大旨	七 五
ルカ福音書の大旨	四 三
ヨハネ福音書の大旨	五
使徒行傳問題	六
共觀福音書問題	七
ロマ書の大旨	八
コリント前書の大旨	九
コリント後書の大旨	一 一
빌립보書の大旨	二 一
에베소書前書大旨	同上
데살로니가前書大旨	四 九

舊約聖書大旨號（完）
一二三・一三一・一三四・一三五（十一冊）

골로새書講義號（完）
一二二・一二五・一三一・一三三・一三六
一四一・一四三・一四五―一四七（以上十一册）

히브리書講義號（續）
一三三―一四二・四四・五四―五六・五八―六六
一〇〇・六二・八四・九一―九三・九五・一〇
〇―一〇四（以上二十三册殘在、其他六册
品切）

金敎臣 著
1 山上垂訓研究　全
예수의 山上寶訓을 解說하여 基督敎의 根本眞理를 簡明하게 알린 것이다.
四六判二七〇頁　定價一圓　送料九錢

咸錫憲 著
2 無敎會
無敎會主義（即참福音主義）의 理論과 實際를 가장 簡潔하게 說明한 것이다.
定價十五錢　送料三錢

咸錫憲、金敎臣 共著
3 内村鑑三先生と朝鮮
内村鑑三先生의 昇天一週年을 맞아 우리가 先生의 信仰의 由來와 內容을 알리려한 論文들을 和譯하야 出版한 것이다.
定價三十六錢　送料六錢

柳達永 著
4 崔容信小傳
自己를 犧牲으로 한 것이 아니라 平生을 朝鮮의 一農村에, 燦爛한 都市에서가 아니라 村에서, 그리스도의 實生涯의 記錄을 읽은이다. 이번에 第三版 出來하였다.
送價五十六錢

咸錫憲 著
5 퀘―커스탄트의精神
이것은 昨年末까지이글이실린 第二十號는 品切中이다. 但이글이실린 第二十號는 品切中이나 今尙若干册 남어있다.
價十三錢　送價十五錢

本誌定價

一冊　貳拾錢
六冊（送料共）前金一圓二十錢
十二冊（一年分）前金貳圓四拾錢
要前金　直接注文은
振替貯金口座京城一六五九四番　聖書朝鮮社로
又는牡丹江九五二番

所賣版次取

京城府鍾路二丁目九一
　敎文書館
東京市麴町區九段坂
　向山堂書房
和信（京城）
茂英堂（大邱府）

昭和十六年六月二十八日　印刷
昭和十六年七月一日　發行

編輯兼發行者　金敎臣
　京城府外崇仁面貞陵里三七八
印刷人　李相五
　京城府仁寺町一二九ノ三
印刷所　大東印刷所
　京城府仁寺町一二九ノ三

發行所　聖書朝鮮社
　京城府外崇仁面貞陵里三七八
　（京城、光化門局私書函第一八號）
振替口座京城一六五九四番
牡丹江九五二番

昭和五年一月二十八日（第三種郵便物認可）
昭和拾六年八月一日發行（每月一回一日發行）

金教臣 主筆

聖書朝鮮

第壹百五拾壹號

昭和十六年（一九四一）八月一日發行

目 次

225

銃後生活と奢侈品

昨年七月七日支那事變勃發三周年を期して、內地に於ては奢侈品等の製造販賣制限規則が實施され、我が朝鮮に於ても內地に呼應して七月二十四日府令第一七九號を以て發布せられ即日より施行された。

新國民生活體制を確立し擧國一體國家の總力を發揮し國體の本義に基く國防國家建設には、大に國民生活の刷新、戰時生活の確立の聲は既に久しいが、都會生活の消費者等を見ると きは、必ずしも十分の效果を擧げてゐるとはいへない。今迄の生活の自由の夢を追つて、統制への不平不滿を衷心懷く者も絶無ではない。然しながら戰へる世界のどの國も生活の戰時態勢化が斷行されてゐない所があらうか。獨逸の大勝利の蔭には吾人の想像だにも及ばない犧牲的不自由な生活に甘んじてゐる事實を見逃してはなるまい。凡そ奢侈逸樂を事とし て興隆せる國家は未だ曾て之を見ないのである。

惟ふに我が銃後國民生活の現狀を顧みると通貨の膨脹が購買力の增大を誘發し、殊に股賑產業方面に於ては生活樣式の奢侈化に拍車をかけた事實は否めない。一方に於て物資の一

大消耗が行はれて居る場合、日常生活に於て平時と同じ質と量との物を欲求することは許さるべきでない。戰時には戰時に相應しい生活樣式がなければならぬわけで、銃後の國民としては最少限度の生活に甘んずべき責務があるのである。

玆に於て政府は生活必需品等の消費規定に關し不急不要品又は奢侈贅澤品の生產、製造及販賣を制限することや或る程度の必要性あるものと雖其の物の原材料が重要生產資材又は生活必需品資材なる場合に於ては右に準ずることゝなつた。

皇國臣民の誓詞

一、我等ハ皇國臣民ナリ
　忠誠以テ君國ニ報ゼン

二、我等皇國臣民ハ互ニ信愛協力シ
　以テ團結ヲ固クセン

三、我等皇國臣民ハ忍苦鍛鍊力ヲ養ヒ
　以テ皇道ヲ宣揚セン

可能한職業

敎壇에、서서는 世上일을 모를것이 없고 못할것이 없을것 같이 뽐내다가도 實社會에 나가면 아무것도 모르는 乳兒取扱을 世上사람들께서 받어야하며 또 事實上「나무에서 떠러진 원숭이처럼」하날도 自信있게 敢當하지 못하는것이 學校敎師이다。그것도 敎師로서 忠實하였고 有能하였으면 하였을수록、訓長生活의 歲月이 長久하였으면 하였을수록 敎壇以外의 世界에 와서는 無能한者되고 廢物이 된다。

「窮乏」이란것은 自古及今해 「訓長」의 別稱인 가부다 라고 十餘年間 訓長노릇하든 친구가 結論을 네리며 嘆息을 크게 하였거니와 不幸히 三年以上 訓長노릇 한사람은 窮乏과無能을 平生의 伴侶로 覺悟하지 아니치못한다。

그러나 余輩에關한限、訓長 노릇을 着實히 못했든탓인가 또는 아직 世波에 正面으로 부다치어 보지못한 까닭인가 우리에게는 할만한企業이 넘어 많어서 거정이으, 하면 모다 成就할것만 같어서 迷惑한다。

閑暇하다고해서 우리에게 企業을 圖謀하며 周旋하려는이는 거의 一週에 一件式 새로出現하였었다。其中에서 아주 健實하고 有利하다고 보이는것만하여도 十指에 넘었었다。그러나 무슨種類의企業을 하든지、同時에 두가지의 일을 다 같이 忠實하게 할수는 없다는것이 「一年有半」의 經驗의 結論이었다。即 望書朝鮮을 發刊하는날까지 다른 아무職業도 不可能한것이 判明되였다。

우리의趣興으로 하든지 또는 周圍環境으로 보든지 農畜의業은 가장 有望하고 또 自信있는 일이다。이것은 大都市를 背景한 集約的農業으로 經營할만한 準備도 있고、시골 或은 北滿의廣野에 大規模의開拓的農畜兼業으로 시작할 마련도 되였었다。우리 生來의 性味대로하면 後者는 全的으로 기우려지는 道業的企業이다。그러나 오직 한가지 일에 忠實하지 아니치못하게 되여버린 탓으로 다른 온갖職業에는 無能한者가 되였다。

待望의 替代

本誌續刊十數年의 前十年은 同人制時代當初의 編輯主任이 도라오기를 待望하는時期였다。家事整理하고 도라온다든 님이 이제나 올까 저제나 올까 하는 동안에 待望의十年이 흘러 갔었다。다음은 한걸음 먼저 敎壇을 버리고 나선이가 이일을 負擔하는것이 가장適任이라고 크게待望하였다。그러나 뜻다음은 可能한職業

未解決의 解決

밖에 事業이 그를 채어가듯, 突發的 事件의 餘波에 近一年間이나 매임을 當하는 동안 「斷念」이 왔다.

셋재번 待望은 未久에 本誌自體가 없어질 일이었다. 그때에는 解放되리라고 은근히 그날을 기다렸었다. 마는 그일

에 가장 有望하였었든 지난五月도 無事히 지나갔다. 그리고 본즉 또한번 待望의 對象을 交替할수 밖에없다. 第十四周年

때에 第一四九號를 校正하든 六月中旬 어느날, 다음號가 第一五〇號가 되는줄 비로소 意識하였젔다. 그것은 主

紀念感謝集會를 열었든 七月六日 正午 가까운時刻 說敎하는 途中에 다음 「待望의 對象」이 確然하여젔다.

예수그리스도 께서 親히 오시는날 까지, 또는 내가 主예수께 몸소 가뵈을때 까지의 「待望」이다. 그

待望을 替代하기 前後四次! 드디어 다다를때 까지 다다렸다. 鈍하다면 鈍之極이오 怯하다면 怯之極이다. 그

러나 하는수 없다. 意氣도없고 智略도없고 자랑할것도없는者가, 마지못해서, 붓잡혀서, 指令에 應從할 따름이다.

未解決의 解決

整理도하고 經營도 해놓고……他人에게 페 끼치지않고저 하면서 足下를 네려다보면 언제까지든지 連鎖的인 未解

決의 案件이 踵續不絶이다. 人間的인 생각으로 할진대 이일에 一生을 바칠진도 決코 無價値한 일은 안인것같다.

그러나 부름을 받어 떠나는者의 後事를 손가락질 말라. 비록 그뒤에 어지러운것이 남었고 다하지못한 義務가

같었다 할지라도 떠나는者에게는 부르심에 應하여 「녜」하고 나서는 그일이 모든일의 解決이오 可能한일의 全

部이다. 나서는者로 하여금 뒤도라보게말라 未久에 다함께 山멤이같은 未解決問題를 두고갈 身勢인저.

나는 無敎會主義者이다.

한 걸 음

일즉이 無敎會主義의 景氣가 좋아서, 저마다 無敎會無敎會하든 時代에는 우리는 「無敎會看板取下의議」라는文을 發表

한일이 있었다(本誌第一百號). 그러나 오새 와서는 우리는 無敎會主義者인것을 다시 鮮明히 할必要를 切實히 느

낀다. 그것은 無敎會主義의 時勢가不利하야 그指導者로 自處하든者들까지 「敎會外에 救援이없다」고 轉向하듯 또는 이

에近似한 態度를 取하는 까닭이다.

本誌는 店頭에 내놓고 販賣하는 故로 누가 읽든지 是非하지않는다. 그러나 無敎會的인信仰을 참으로 理解한者

는 此際에 한걸음, 네디디거나 或은 물러서라. 함께 모우지 않는者는 헤치는者니라(누가一一·二三).

二

데살로니가前書講義 [三]

金　教　臣

(四) 選擇함을 입은 實證 (一·四——一〇)

하나님의 사랑하심을 받은 형제들아 너
이를 택하심을 아노라。

[하나님의 사랑하심을 받은 형제들아] 데살로
니가 敎友들을 指稱하는 一句인데、이렇게 길게
부르지 않어도 可할듯하나、決코 無意味한 文字를 空然
히 느려 놓은것은 아니다。바울은 데살로니가兄弟들을
이렇게 부름으로써、그救援받은 原理를 解明하였다。即
사람이 하나님을 사랑한것이 아니라「하나님의 사랑하
심을 받은者」가 크리스챤이다。故로 일렀으되
사랑은 여기 있으니、우리가 하나님을 사랑한것이
아니오、오직 하나님이 우리를 사랑하사 우리죄를 위
하여 화목제로 그 아들을 보내셨음이라
고(요한一書四·一〇)。

[너이를 택하심을] τήν ἐκλογήν ὑμῶν 原文대로 直
譯하면「너이의 택함을」이 된다。擇한後의 狀態를 말함이
아니라、擇할때의 模樣이나 條件을 意味한다。勿論 擇하시
는이는 하나님이다。不信 世上에서 擇해 내는것이다☆擇
함] ἐκλογή 이라는字는 「부름」 κλῆσις 이라는字와 서로
通한다。고린도敎人들을 부른 모양은 如左하였다。
兄弟들아 너이를 부르심을 보라。肉體를 따라 지
혜 있는者가 많지아니하며 능한자가 많지아니하며 문
벌 좋은자가 많지아니하도다。
라고(고前一·二六)。택하심을 받은 데살로니가敎友들도 이
와 大同小異의 條件이 었을것이나、特히
……우리福音이 말로만 너이게 이른것이 아니라
오직 能力과 聖靈과 큰確信으로 된것이니……너이는
많은 患難가운데서 聖靈의 기쁨으로 도를 받어 우
리와 주를 본받은자 되였으니
云云하는 (一·五、六) 聖靈의 運動이 顯著하였든것이 그 擇、
함을 받을때의 特色이었다。
이 聖靈의 役事가 一時的인 헛된 興奮이 아니었든 證
據는 그結果로써 判別할수 있었다。모든 나무의 善惡
은 그 열매로써 判斷된다。데살로니가敎友들은
믿음의 役事와 사랑의 受苦와 우리주 예수그리스도에
對한 소망의 忍耐
에 있어서 바울로 하여금「우리 하나님 아버지 앞에
서 쉬지않고 기억하게」하였으니 이는 데살로니가敎人
들이 참으로 하나님아버지의 選別을 받은 確證이였다。

데살로니가前書講義

三

데살로니가前書講義

（五） 이는 우리 복음이 말로만 너이게 이른 것이 아니라, 오직 능력과 성령과 큰 확신으로 된 것이니, 우리가 너이 가운데서 너이를 위하여 어떠한 사람이 된 것은 너이 아는바와 같으니라.

[이는] 은 데살로니가敎友들은, 하나님의 擇함을 받었다는 바울自身의 信念의 理由를 表示하고저 하는字이다. 以下에 歷史的事實을 列擧한다.

[우리복음] 곧 예수의 傳記(冊)를 첫째로 聯想하나, 聖書안에는 [福音] 이라는字를 그렇게 使用한일이 全無하다. [福音]이라면 반드시 그 傳道者의 說敎 또는 그 傳達하는 좋은 소문이나 기쁜 奇別을 意味하였었다. [우리복음] 은 실루아노와 듸모데까지 바울의 唱導한 福音이다. [우리]라함은 저들이 傳播한 福音. 그러하에도 바울의 [우리복음]이 었다. 그中心은 [예수그리스도와 그의 十字架에 못박힌것]이 었다. (고前二·二). 敎權의 尊嚴을 說하며, 儀式의 神秘를 보이며, 捐補의 醵出을 꾀하며, 慈善事業의 擴張을 誇示함으로써 基督敎人인줄로 自信하는 무리들이 古今에 더글디글한때에 [예수그리스도와 그의 十字架에 못박힌事實] 만을 力說하는 것이 바울의 이른바 [우리 福音]이었다.

四

[말토만 너이게 이른것이 아니라] 처음 바울 一行이 데살로니가에 開拓傳道로 入城하였을때의 光景을 想起케한다. 어면 모양으로 傳道하였으며, 또한 어면 態度로써 入信하였든가 너이가 스스로 立證하라는 語勢이다.

[말토만] ἐν λόγῳ μόνῳ 虛된聲明, 水泡같이 사라지는 人間的 傳授에 지나지 못하는것. 但 福音傳播에는 言語가 重要한 方便이 되는故로 使徒는 말로만이 아니라고 한것이다.

[오직 능력과] 능력 δύναμις 이란 반드시 奇蹟을 意味하는것은 아니다. 奇蹟의 뜻이라면 能力이라는 字가 複數로 쓰이는데, 여기는 單數로 써여있다. 바울一行의 傳道하는 態度全體에 ——全的으로 印象的인 能力이 나타났었든것을 가르친다. ——그 言辭나行動에 天壤의 差가있는 對立이 었다. 임을로써 能力을 加한것, 이것이 사람의 靈魂을 살리는 힘이다.

[성령과] ἐν Πνεύματι Ἁγίῳ 聖靈의 役事함이 顯著한中에서 傳道하였든것을 말한다. 能力있었든 原因은 聖靈의 感動에 있었었다. 바울과 그助手들의 데살로니가에 傳道한 모양은 聖靈의 役事에 돌리는外에는 能히 形容할수없는 光景이었다 는 뜻이다. 聖靈이 臨하신後에 能

力이 動하는것은 예수께서 친히 말씀하신 대로이다.

오직 聖靈이 너이게 림하시면 너이가 권능을 받

고 예루살렘과 온 유대와 사마리아와 따 끝까지 이

르러 내 증인이 되리라 하시니라

고（使徒行傳一·八）。

[큰 확신으로] πληροφορίφ πολλῇ 「확신」이라는 字

는 「채워 넘친다」（充溢）는 뜻도 가졌다. 골로새書에는 「圓

滿한理解」 라고（二·二）譯하였고、로마書에는 「確信하였으니」

와 「확정할지니라」는 動詞로 使用되었다（四·二一、一四·五）

本節에는 바울과 그助力者들의 確固不動하는 自己들

의 內心의自信을 形容함이다. 信念의確固함이 넘처 흐

르는 傳道者의 態度였다.

[우리가 너이 가운데서……같으니라] 이는 以

上에 말한바를 다시 한번 反復한것이다. 저들의 傳道

는 單純한「言辭의施與」가 아니었다. 그 生活態度 全덩

어리가 ──他人에게 依賴치않고、밤낮으로 손수勞働하여

衣食의必要를 充當하였고（二·九）、辯才나筆才나 其他의

人間的 智略을 弄絡하지않었고、敎權이나 世上權勢에 結

托함이 없이, 確信에 넘처서 堂々하게／예수 그리스도와

그의 十字架에 걸린事實을 傳播한光景──그 全體가 모

다 聖靈의役事였고 메살로니가敎人들이 하나님의 택함

을 받은 證據였다.

메살로니가前書講義

（六） 또 너이는 많은 환난 가운데서 聖靈의

기쁨으로 도를 받어 우리와 주를 본받은자

가 되였으니

本節은 메살로니가敎會가 하나님의 特別한 택하심을

입어서 成立되였다는 다른 一面이다. 前節이 表面이라

면 本節은 裏面이다. 表裏가 合하여 하나님의 豫定하

고 擇하시는 事實을 證據한다.

[많은 환난 가운데서] ἐν θλίψει πολλῇ 바울이

메살로니가에 滯在中에 發서 迫害는 이러났다（行傳一七·

六─）. 그러나 바울이 메市를 떠난後에는 더욱 患難이

甚해졌다（二·一四、三·二、三、五）. 그리스도

의 이름이 傳播되는곳에는 참福音이 아니다. 그리스도

는 「……빛이 세상에 왔으되 사람들이 자기 行위가

악함으로 빛보다 어두움을 더 사랑한것이니라. 惡을行

하는者마다 빛을 미워하여 빛으로 오지아니하나니 이

는 行爲가 드러날가 함이오」라는 （요한三·一九、二〇節）까

닭이다.

患難으로써 證據요、迫害中에서 能히 福音을 信受한것은 메

音이였든證據요、迫害中에서 能히 福音을 信受한것은 메

살로니가敎友들이 참크리스찬인 印佩였다（갈六·一七）.

[성령의 기쁨으로] μετὰ Χαρᾶς Πνεύματος Ἁγίου

五

데살로니가前書講義

六

聖靈으로 말미암아 솟아 오르는 기쁨, 거룩하고 깊은 기쁨이다。밖으로 患難이 따르지 않는 참福音이 없는 것처럼, 속으로 이 歡喜가 솟아나지 못하는 참福音도 아니다。外에 患難의 苦에 견디며、內에 「성령의 福音」을 經驗한 데살로니가敎人들은 眞正하게 하나님의 福音을 받은者들이 이미 分明하였다。

[도를 받어] 말슴을 받어。即 福音을 信受함이다。

[본받은자] μιμηται 바울은 主예수를 본받은者인故 로 저는 他人을同하여 自己를 본받으라고 한다 (고前 四·一六、一一·一、빌립三·一七、에베五·一、갈四·一二)。 예수 믿는 일은 그主要한 役事이다。그리스도가 生命으로써 世上을 사랑하여、도리어 世上의 迫害와 辱됨을 받었으되 그 속에서 하나님이 주시는 限量없는 기쁨을 맛보셨다。바울도 또한 모진患難속에 容합수없는 聖靈의 慰勵를 맛본 사람이다。데살로니가敎友들은 患難과 聖靈의 기쁨을 이미 맛보았으므로써 바 울의 心情을 能히 恫察할만한 友人이된것이오、그리스도의 가슴을 더듬어 본받을만한 참信徒가 된것이였다。

(七) 그럼으로 너이가 마게도냐와 아가야 모 든 믿는 자의 본이 되였는지라。

의 西南端을 차지하는 地域이다。

[마게도냐] 로마治下의 北部希臘이오、

[아가야] 同。南部希臘이다。모다 合하여 발칸半島

[본] 데살로니가敎人들은 使徒의「본」、使徒는 데살로니가敎人들의「본」、그리스도는 「말로만」傳할수있는 性質의 것이아닌것을 잘 알수있었다。

[되였으니] γενεσθαι 五節에二回、六節과 七節에 各 一回식 使用된字인데、醱酵作用하듯이 變質하여 되는뜻이 있다。바울一行의傳道가 큰確信에 넘처 된것이든지、데 살로니가敎人들이 바울을 본받은자가 된것이든지, 또한 저들이 希臘全地域信徒의 본이 된것이든지、모도가 저들自 身이 願해서 한일도 아니오 自力으로 한일도 아니였다。 오직 하나님의「營爲」에 依하여 變質하여 된일이였다。이 미完成된存在를 말함이 아니오、現在에 聖靈의 能力에 依하 여 變質作用이 進行成就되여지는 뜻을 表示하는 字이다。

(八) 주의 말슴이 너이게로 부터 마게도냐와 아가야에만 들릴뿐 아니라 하나님을 향하는 너이 믿음의 소문이 각처에 퍼진고로 우리 는 아모 말도 할것이 없노라。

本節은 文章의 構成이 두겹(二重)으로 되여서 頭尾를

잡기 어려운것을 누구나 多少注意해 읽는이는 곧 깨닫는 바이다。古來로 註釋家들의 意見이 區區한것도 原文章의 雙頭一尾같은 畸形的인 文章때문에 어찌 할수 없는 일이다。

[주의 말슴] ὁ λόγος τοῦ κυρίου 主께 關한 말슴。特히 主께서 傳播하라고 주신 말슴 即 福音이다（메살로니가人들이 從來의 偶像崇拜에서 唯一神的信仰 (monotheistic faith) 으로 「轉向」한 歷史를 뚜렷하게 나타내고저 한것이다。后三・一、골三・一六）。

[들릴뿐 아니라] [들린]다는字 ἐξήχηται 는 소리내는 그릇、例컨대 鍾잡은것으로부터 音波가 멀리 울어 나간다는 字이다。

메살로니가人들이 甚한逼迫도 屈하지않고 견디었다는 소문은 福音宣傳上에 더할데없는 有力한 證據가 되여서 四圍를 震動하였다。또 所望中에 기쁨에 넘쳤든 그 信仰 光景은 마치 祝賀의 鍾소리가 連하여 울려오듯이 그 反響은 새로운 反響을 다시 이르켜서 널리 멀리 音波를 傳하듯이 福音의 證據가 쭉 퍼졌다。

福音宣傳의 方法을 묻지말라。迫害를 이기고 기쁨으로 生活하는일、이것이 唯一의 捷徑이오 이以外에는 東西古今에 別途가 없었다。

[하나님을 향하는] τρός τὸν Θεόν [너의 믿음]이라고 하여도 足할듯한데 [하나님을 향하는]이라는 一句를 더 끝친것과、그 前置詞가 εἰς (τὸν Θεόν)가 아니고 τρός (τὸν Θεόν)인것은 바울이 일부러 그렇게한것이다。그렇게 함으로써 메살로니가人들이 從來의 偶像崇拜에서 唯一神的信仰 (monotheistic faith) 으로 「轉向」한 歷史를 뚜렷하게 나타내고저 한것이다。

[각처에] 마게도냐와 아가야以外의 地域이니、特히 局限해야할 必要가 없었다。

[퍼진고로] ἐξελήλυθεν 소문이 넓리 傳播되는것。크리스찬商人들은 特히 信仰美談을 이곳에서 저곳으로 傳播하였을터이나 何必 크리스찬商人에 限하랴。人間世上에 奇異한 소문、놀라운 소식은 적지않으나、그래도 人間이 참말人間인 담엔 信仰에關한 소문보다 더 놀라운것은 世上에 없다。利害를 貪해서도 아니오 榮譽에 惑해서도 아니오 時代認識이 不足해서도 아니면서 오직 그信仰을 지키기爲하여 辱과 害와 苦와 死를 甘受했다는 소식、이는 實로 人間의 全的興味를 모두리 要求하는 뉴-쓰이다。이는 地震보다도 火山보다도 모든人類社會의 事件보다도 最大事件이다。萬一 人間들이 이런 소식을 傳達하지 않는다면 實로 山川草木이 傳達할것이오 詩人이 일렀으되 故로 言語가 없고 들리는 소리도 없으나 그 소리가 온

메살로니가前書講義

七

데살로니가前書講義

八

따에 通하고 그 말슴이 世界 끝까지 이르도다.
라고(詩十九篇三、四). 信仰을 지키는 價値의 虛人됨을 말
치말라, 그는 信仰이 없는 證據일것 뿐이다.

[아무 말도 할것이 없노라] 아무 ㄷ 라는字가
무엇을 意味함인지 本文에도 確然치않다. 「信仰에關해서
는」 아무것도 더 말할것이 없다 라고 읽는것이 가장
穩當할것이다. (데敎會信徒들의 信仰의性質은 벌서 온天
下에 알려진 것이기 때문에).

(九) 저이가 우리에 대하여 스스로 고하기를
우리가 어떻게 너이 가운데 드러간것과 너
이가 어떻게 우상을 버리고 하나님께로 도
라와서 살으시고 참되신 하나님을 섬기며

[저이가] 온 世界各地에서 메살로니가人들의 信仰소문을 들은
니라 其他各地에서 메살로니가人들의 信仰소문을 들은
모든 사람들 이다.

[우리에 대하여] πεϱι ημων 이 「우리는」 바울과
실루아노와 듸모데外에 메살로니가 敎友들까지 包含한
「우리」이다.

本節 아래에 또 「우리가」 라는字가 있으나 이것은
原文에는 代名詞가 아니고 動詞의 變化뿐이다. 이 「우
리가」는 바울과 그 助手二人만을 가르친 것이다.

[……어떻게 너이 가운데 드러간것과] 能力과

聖靈과 큰確信으로 된것을 말함이다(第五節參照).

[우상을 버리고 하나님께로 도라와서……]
傳道者의 드러간 모양에 應對하여、그것을 迎接한 데
살로니가敎人들의 態度를 그린것이다. 前節에「하나님을
向하는 너이 믿음」의 意味를 더욱 充分히 敷衍하여 說
明한것이다. 正히 百八十度의 轉向이었다.

(十) 또 죽은자들 가운데서 다시 살리신 그
의 아들이 하늘로 부터 강림하심을 기다린다
고 말하니 이는 장래 노하심에서 우리를 건
지시는 예수시니라.

[또 죽은자 가운데서 다시 살리신] 예수의 죽
은것과 다시 살리심을 받은 事實을 믿는것은, 偶像을
버리고 산 하나님께로 向한것보다 그信仰이 一步 더
成長한것이다.

[그 아들이 하늘로부터 강림하심을 기다린다]
이것은 또 다시 한階段 더 向上 進步한 信仰이다.

[……고 말하니] 九節 처음에있는 「저이가」말하는
것이다. 即 바울이 傳한福音이 어떠한것이라는것을 바
울自身이 스스로辯護하는것도 아니오、實로 不信社會의 世上사
람들이 證明하려는것도 아니오, 또한 데敎會信徒
람들이 證據한것이다. 故로 이런證據는 確實하다.

예수그리스도의 종된 바울 （大正十年二月）

「예수그리스도의 종 바울」이라고한다。참으로 그렇다。종이다。벗이 아니다。兄弟가 아니다。종이다。奴僕이다。사람의 종이 아니다。사람의니다。또는 監督의 종이 아니다。敎會 또는는 公衆의 종도 아니다。예수그리스도의 종이다。하나님의 아들이시고 사람의 主人이신 예수그리스도의 종인것이다。그의 任務는 社會奉仕가 아니다。敎會에 또는 權勢에 매인것이 아니고 다만 全然 그리스도를 섬기는것이다。예수그리스도의 종 바울이라한다。故로 그는 獨立의 人이었었다。勇敢한 사람이었었다。謙遜한 사락이였었다。同時에 또 親切한 사람이었다。그는 사람에게나 社會에게나 종노릇하지 안이하였다。그러나 예수그리스도를 섬긴 까닭에 世上을 높이고 깨끗이하고改革하는데 있어서 누구에게나 지〃안이할 功績을 세웠다。嗚呼라 余도 또한 저 바울을 본받어 참으로 예수그리스도의 종되기를 원하노라。（로마書一章一節）。

그리스도의 종된 바울

基督敎는 實行可能耶 （大正十年五月）

基督敎는 實行할수 있느냐。우리는 敵을 사랑하고 그가 만일 나의 왼뺨을 치면、또 바른뺨을 돌려대는것과 같은것이 實行할수있는 敎訓일가。할수 없을리라。그러나、할수있다。만일 우리가 自己힘으로써 實行한다면 할수없다。그러나、하나님이 우리를 代身하여 實行하시면 할수있다。「너의가 나를 떠나서 아무것도 하지못할리라」고。그리스도는 말슴하셨다。「나는 나에게 힘을 주시는 그로 因하여 모든것을 能히 할수있다。」고 바울은 말하였다。그리스도가 계심으로 基督敎는 充分히 可能하다。이는 그를 믿는者가 모다 實驗한 바이다。近代人은 基督敎는 倫理學的組織이라고 생각하고 그속에서 많은 實行하기 어려운 敎訓을 發見한다。그러나 基督敎는 倫理가 아니고 福音이다。故로 이를 믿는者에게 그 모든敎訓을 實行함에 必要한 能力을 供給한다。이明白한 事實이 있는故로 우리는 이點에 對하여 다시 近代神學者의 言說을 들을必要를 느끼지 않는다。

九

赦罪의 美德　（大正十年六月）

赦罪는 基督敎的美德中 最大의것이다. 赦罪는 罪있는 過去의 完全한 忘却이다. 그리고 사랑이신 아버지의 善意를 基礎로하고 生涯를 다시 곳치는 일이다. 赦罪는 積極的이고 또消極的이다. 하나님께 完全히 赦하심을받은 確實한 結果로 他人을 完全히 赦할수있는것이다.

「그리스도께서 너의들 赦하심과같이 너의도 그와같이 하라」고하였다（골로새書三章十三節）. 그리스도는 十字架上에 우리의 모든罪를 抹殺하시고 우리에게 賜하시기를 他人이 우리에게 犯한 모든罪를 抹殺하는 赦罪의 靈으로써 하셨다. 赦罪는 하늘의 賜物이며 最大의 賜物이다. 赦罪는 모든 善事의 本源이다. 友誼, 마을의 平和⋯⋯等은 悉皆 基督敎的赦罪의 必然的結果로서 있을 수있는것이다. 偉大할진저, 赦罪의 美德이여!

東洋과 西洋　（大正十年七月）

西洋人은 人生은 事業이다 라고한다. 東洋人은 人生은 安息이다 라고한다. 西洋에서는 人生은 活動이다 라고하고 東洋에서는 人生은 實在이다 라고傳한다. 「어서 速히하라, 自己와 世界를 幸福하게하라 그도 一刻이라도 빨리.」 이는, 西洋의 代表者의 말이다.

「사람은 이미 幸福한것이다. 그는 다만 그것을 自覺하면 足하다. 다만 믿으라 그러면 萬事가 可하다.」 이는 東洋의 代表者의 말이다. 西洋은 마르다다. 東洋은 마리아다. 그리고 主는 活勤하여 설출을 모르고 항상 自己主張을 宣傳함에 從事하는 西洋을 보시고 말씀하신다. 「네가 많은일로 염려하고 근심하나 그러나 몇 가지만 하던지 혹 한가지만이라도 足하니라. 마리아 （東洋）는 이 좋은편을 택하였으니 빼앗기지 안이하리라」고. （누가福音十章四一、四二節）.

三 大 眞 理　（大正十年八月）

第一의 大眞理는, 하나님은 힘이안이고 사랑하시는 아버지이시다 라는것이다. 하나님은 아버지이시라는 信仰을 가지고 볼때에 全宇宙는 一變한다. 第二의 大眞理는, 예수그리스도는 사람이 안이고, 最大偉人도 안이고, 하나님自身 이시라는것이다. 예수가 하

一〇

나님이시라는것을 믿음에 이르러 사람의 모든 생각하
는바에 지나는 平和가 我有가 된다.

第三의 大眞理는 聖靈은 感化力이 안이고 人格者ㅣ
(a person)ㅣ이라는 것이다. 聖靈의 個性(personality)을
實得하고서야 信仰은 事實로되고 참自由를 獲得할수 있
는것이다.

나의 속에 계신 그리스도 （大正十年九月）

하나님은 아바지시다 라는것만을 믿으면 信仰은 淺薄하기
쉽다. 유니테리안敎의 缺點은 主로 여기에 있다고 생각한다.
그리스도는 하나님이시다 라고만 主張하면 信仰은 偏狹하
기쉽다. 칼빈主義의 短所는 여기 있다고 할수밖에 없다.
聖靈은 人格者다 라고하는것만 高調하면 信仰은 狂하기쉽
다. 이것이 리바이발信者의 빠지기 쉬운 危險이라는것은 사람
마다 잘아눈바이다.
三大眞理를 同時에 믿고 同樣하게 받엇야만 完全한 信仰
에 살수 있는것이다.

속에계신 그리스도

그리스도는 지금 하늘에 계셔서 아버지의 바른편에 앉
어 계시지만 나를 地上에 있어서 孤兒로 두시지 아
니하신다.

二

그는 그鑑으로써 나의 속에 계신다. 그리하여 나를
引導하시고 나를 가르치시고 나를 慰勞하심이 肉을 받
으사 地上에 계셔서 弟子와 같이 계시던때와 다름이 없
다. 크리스찬의 굿셈은 그에게 無比의 信仰이 있기때
문이 아니다. 詩人 테니슨의 所謂「不朽의 사랑이신 굿
센 하나님의 아들」이 그속에 계셔서 그들을 通하여 일
하시는 까닭이다. 나는 나를 사랑하는者에 依하여 이기
고 남는다고 할은 나와 함께 계신 그리스도의 靈에
依하여서이다. 나의 속에계신 그리스도는 現在의 事實이
다. 이에 依하여 基督敎는 다만 過去나 未來의 일이 아
니고、現在 目下의 일이다.「예수 대답하여 가라사대 사람
이 나를 사랑하면 내말을 지키리니 내 아버지께서도 저
를 사랑하실것이오 또 우리（아버지와 아들）도 나와서 저
와 함께 있을러이오」라고함은 이것이다. （요한福音十四
章廿三節）

（內村鑑三全集에서）

罪人만을 爲하야

罪人만을 爲하야 （第十六回）

A●J●럿셀 著

趙聖祉 譯

第七章 모타俱樂部의 爆破（續）

이 遊擊隊는 쎈듸의 집에서 約 百야ー드되는곳에서 停止해가지고 靜聽을 하였다。 그리고 집에 드러가기前에 쩬●트워힐은 같이 가는 두사람에게 말을 率直하게할것과 宗敎的 用語를 避할것과 異敎徒들이 理解할수있는 말로 이야기할것等을 코취하였다。 집안에 있는 여덟名의 어린羊들은 밖에서 그들을 爲하여 어드런일이 準備되였는지 全然알지못하였다。 이 세사람이 드러가자 茶가 나왔다。 그리고 거기있는 사람들은 모두 오늘만은 아주 접잔을 때고있었다。 그룹은 먼저 모타競走의 景氣는 요새 어드러냐라든지 學校에서 공부하는 재미는 어드러냐라든지 하는것을 물어보았다。 그러나 宗敎에 關한 問題에 對해서는 一切 묻지않었다。 그러나 茶가 끝난뒤에는 모두 둥그렇게 둘러앉어가지고 이세사람은 이날의 本일에 곧 着手하였다。 以前에는 酒亂黨의 魁首

오 지금은 그리스도에게 降服한 쎈듸도 勿論 여기에 協力하는것이었다。

辯論같은것은 할사이도없이 그룹은 單刀直入的으로 그들의 戰法인 證言을 始作하였다。 한사람이 自己의 經驗談을 이야기 하기 始作하였다。大端히 재미있었고도 힘있는 이야기였다。이사람은 本來 牧師의 아들로서 英國에서는 일자리를 모두 잃어버리고 結局 카나다로 건너가게되었다。 그러나 거기서도 成績은 亦是 시언치못하였다。하루밤에는 어떻게나 醉하여가지고 도라왔든지 醉中에 鷄舍에 있는 닭을 한마리도 남기지않고、全部（대가리를 짤러）殺戮한일이 있었다。이 이야기는 亂暴한것을 좋아하는 이 거리의 차나이들에게는 痛快하게 들리였다。 나중에는 카나다에서도 있기 어렵게 되어서 뉴욕으로 南下하게 되었는데 途中 列車中에서 포ー카（一種의 가루다）에 가진 돈을 全部 잃어버리고 七弗밖에는 남지않게되었다。

뉴욕에 와서 일자리를 하나 얻었는데 그것은 砂器店에서 店員일을 보는것이었다。하루는 英國婦人한사람이 그商店으로 드러왔었는데 문득 그에게 묻기를 혹시 宗敎의 必要를 느끼지않느냐고 하는것이였다。그러나 그女子는 갈보리敎會로 너요!하고 對答하였다。그래서 그는 한번 가보았다。

이날은 마침 有名한 木曜日밤의 그룹集會였었다。여
기에서 그는 以前에 墮落의 깊은 深淵에 빠져있든 사
람으로 그리스도의 힘으로 再生을 얻었노라고하는 한
젊은 銀行員을 맞나보게되었다。그러나 이때도 自己도
亦是 希望이 없는 사람이라고 생각하고있었었다。그는
시 갈〃보리 • 밋숀에 있든 사람들이 生活變化를 받었다고하는
만한 이야기를 많이 들었다。그中의 한사람의 이야기
는 病으로 앓고 있었는데 있든집에서 쫓겨났다는 이야
기였다。아무데구 다른데 가서 죽으라고 그리면서 쫓아
내기때문에 病드러 衰弱한 몸으로 쫓겨났다는것이었다。
그래서 죽기에 適當한 場所를 찾어 다니다가 結局 갈〃보
리 • 밋숀에 드러와서 變化하였다는 것이었다。이 이야기
를 듣고나서 이牧師의 아들은 自己도 罪의 衝動에 對
하여 勝利를 얻을수 있다는 自信을 갖게되었고。그리스
도가 自己의 참解決이 된다는것을 깨닫게 되었다。
이같은 證言을 듣고있든 以前 원취스터의 指導者인
삐브君은 이 말하는 사람의 굶은 목에 힘줄이 불끈
내솟는것을 물그럼이 처다보며 무엇을 깊이 생각하고
있었다。또 다른 한사람도 무엇을 決心한듯이 입술을
힘있게 다물고 있었었다。하나님과 같이하는 生活이 어
드런것을 알았고 自己도 그生活을 해나가려고 한다는

罪人만을 爲하야

것을 表示하는 表情이었다。그다음에는 그룹의 四標準
이 나오게되었다——그러자 삐브의 다물었든 입술은 좀
처지었다。證據가 있을에도 不拘하고 삐브는 사람이 絕
對로 正直하게되고 絕對純潔 絕對無私 그리고 絕對的
사랑을 갖게된다는것은 믿을수 없노라고 率直하게 말
하였다。그리고 自己도 어떤때는 路上에서 누구의 오
토바이가 오그라지든지 하였을때 그것을 修繕해주는것
같은 無私한 行動쯤은 한적이 있었으나 그것도 自己
가 오토바이를 좋아하기 때문이었을것이라고 말하였다。
「사람을 修繕하는것은 어들었읍니까?」하고 켄 • 트위
췔은 물었다。
「오토바이를 고치는데는 참 人氣著입니다」하고 삐브
는 말하였다。
「당신은 사람을 고치는데 더큰 人氣를 얻을것이외다」
하고 켄은 豫言을 하였다。그러나 삐브가 二年이 채
못지나서 自己가 直接으로 十餘名이나 고치고 間接으
로는 헤일수없으리만침 많은 사람을 修繕하는 사람이
되리라고는 豫想하지 못하였든것이다。
「우리는 討論을 하려고 해보았다」하고 삐브는 그대
로 이야기 한다。그러나 約 한時間半쯤 지나서 삐브
는 다시 生活이 變化한다는 事實에 부다치게 되어서는
꼼짝못하였다고 한다。

一三

239

罪人만을 爲하야

「쎈듸가 變化하였다고하는 事實은 어쩔수없는것이다。」

그다음 日曜日밤 그룹集會에는 이 여러名이 다 參席하였었는데 리프는 아직도 冒瀆的 言辭로써 集會를 搔亂케하고 있었다。

리브는 말을 게속하여 이때 일을 說明하였다。「이集會에서 나는 하우워드·로즈가 自己는 自由로운 사람이라고 말할때 그의 얼굴에서 光彩가 나는것을 보았다。나는 多少 마음의 動搖를 느끼였다。그다음부터 나는 리프가 떠들며 妨害하는것이 듣기싫어서 椅子를 끌고 리프에게서 떠려저 앉게되었다。나는 그의 옆에 앉는것 좋아 부끄럽게 떠려저 앉았다。그리고 나는 이런일도 본적이 있다。그룹의 一員인데 江에서 쎄-트의 코-쓰를 一回나 저 人구난後이라 疲困한 때임에도 不拘하고 깊은 밤중까지 앉어서 남의 어려운 問題를 들어주고 있는것이였다。이런 無私의 精神은 나는 아직 보지못하였다。또 어떤 메-·파-듸(茶會)에서 된일이다。한사람이 말하기를 그리스도가 드러오자 不純潔은 異當하게도 사라저 버렸다고 하였다。나는 그것을 믿지않었다。그리고 나는 이제 外交官이 되면은 나의 여러가지 感情을 감추기 爲하여 恒常 담배와 술을 먹지않으면 안될것이라고 그랬드니 여기에 그들의 한 사람이 곳「萬一에 감추지 않으면 안될 感情이 처음

부터 없었다면 어드렇겠느냐」고 逆襲을 하는것이었다。

「그룹은 또 나의 感傷的인 自由戀愛論과 에로틔씀을 그것은 당신에게는 薔薇色으로 보일는지 몰라도 自己네들에게는 헌 누데기같이 보인다고 하면서 弄談비슷하게 고만 팡구를 내어버렸다。또 指導者 한사람이 靈導에 依하여 메-쓰필드의 「永遠한 慈悲」를 읽은것이 나의 變化의 또 한階段이 되었다。나는 그책을 한卷 어가지고 그다음 보름동안에 나는 나의 女子동무하고 그것을 다섯번以上 읽었다。그中에「그리고 그리스도도 도야지가운데 쫓아낸다」고 하는 句節이 있는데 거기에 나는 꽉 붙잡히었다。罪意識은 朝飯食卓에서도 생기군한다。나는 그前보다 아침에 더 일즉 일어나게 되었다。그룹이 생각이 나서 不愉快하기 때무니었다。깨여 가지고 자리에 누어 있으면 그룹이 朝飯을 먹으러 下級生共同食堂으로 드러갔을때 한번은 나는 옆에 사람에게도 먹을것이 있나 없나 보지도 않고 그냥 飮食을 막 갖다 먹었다。이같은 自己의 姿態를 볼때 自己는 根本的으로 利己的이라는 것을 느끼게되었다。이것도 내 맘에 한 衝擊이었다。그後에 記念할만한 日曜日밤이 왔다。그날밤 나는 그룹에서 나오면서 그들이 主唱하는 絶對純潔이라는 標準을 實行해 볼려고 決心하였다。그 이튿날 日曜日 午後

一四

에 나는 요새 不足한 練習을 補充하기爲하여 그룹指導者한사람을 태워가지고 公園周圍를 돌게되었다。運轉하면서 나는 疲勞나 練習不足이나 핸되순이 나쁜것을 보이지않을려고 맘먹었다。나는 그전부터 사람은 반듯이 무슨 責罰을 받지않고라도 放蕩生活을 버릴수있다는 持論이었다。그런데 한박휘 타고 돈것이 여기에 強壯劑가 된셈인지 나는 이번에 나의 生活에서 不純潔과 니코진과 술을 끊어버릴려고 決心해보기로 하였다。

月曜日밤으로 하나님을 한번 테스트해보려고 그리고 그 色色에서 나는 祈禱를 하였다。그리고 구름이 낀 灰 때쓰에서 나는 祈禱를 하려와서 나의 도움이 되어주기를 願 尊者가 있거든 나려다보며 그우에 무슨 神이든지 全能한 至 하였다。

그能力은 그날밤으로 응측이었다。나는 자리에 눕기前에 祈禱를 올리었다。異常하게도 나는 그리스도께서 거기에 서계신것을 意識하였다。이튿날 아침에도 마찬가지로 그리스도께서 나의 房에 계신것을 느끼었다。그때부터 나는 恒常 그리스도가 湖畔에 서계신것을 맘속에 그리고 단였다。學校에를 가도 그는 나의 옆에 서계셔서 나를 激勵 해주시며 힘을 주시는것이다。나는 이제는 鍍金한 우리에서 빠져 나왔다는것을 깨달었다。그날 아침에는 樹木들도 한층 생생하고 하늘도 더 푸르고 새들도 노래하였다。

新約은 이제는 나에게 산책이 되었다。그後에 나는 또 오토바이를 달렸는데 이번에는 聖靈의 힘으로 달렸다。確實히 더 빨르고 덜 疲勞하였다。달리는 途中에 갈이 練習하는 동무를 앞서면서 「이제 너이들하고 親하게 될일이 있을지 모르겠다」고 그랬다。그전에도 쇼부혜이퍼니 試合을 할때 나는 그룹의 편을 했든일도 있기는 하지만 이것이 처음으로 그에게 暗示를 준것이다。다른 사람들이 나쁘게 말을 할때에도 나는 그룹의 사람들은 高德한 사람들이라고 말하도록 되었다。

그後 二三週間에 大學안에서는 삐브의 計劃으로 個人的談話나 茶會같은것을 한것이 四十回나 되었다。그結果로 宣敎師가 될려고 공부하고있는 한靑年은 그룹에서 거두고있는 成功의 秘訣을 배우게되었다。또 聖職의 訓練을 받고있는 한靑年은 道德的 敗北와 삐둘어진 人生觀에서 救援을 받게되었다。그다음 삐브는 故鄕으로 도라갔는데 이새로운 精神的營養으로 더 強하게 되었다。「나는 거기서도 證言을 하였는데」 그는 말하였다。「多少 서룰엇는지 모르겠다。나는 또 어떤 保險會社에가서 賠償도 하였다。그것은 내가 오토바이에 서 머려젔을때 過大한 傷害金을 請求했든것이다。支配人과 會談할때 처음에는 告訴나 당하지 않을까하고 생

罪人만을 爲하야 ·

一五

罪人만을 爲하야

각하였다。支配人은 웨 그렇게 自白을 하느냐고 물었다。나는 그리스도를 招待하여 나의 生活을 運轉하시게 하였노라고 對答하였다。그는 조금 놀라는듯 하였으나 내중에는 아주 親切한 語調로 自己의 甥姪이 하나 大學에 있는데 좀 指導해 달라고 請을 하였다。報償額은 二十폰드는 불줄 알엇는데 九폰드만 내면 된다고 그랬다。

「그날밤 나는 좀머 賠償할일이 있었다。나는 어떤 富者집 아들의 家庭敎師를 하고있었는데 一週日에 九기니(一기니는 約十圓五十錢—譯者)라는 類例없는 報酬를 받고 있었든것이다。나는 靈導를 받었기때무네 그에게 事實대로 이야기하였다。한 三十폰드 損害는 보기커녕 그는 大端히 기뻐하면서 이 損害를 作定이었다。그러나 損害는 보기커녕 그는 大端히 기뻐하면서 다시 부탁을 하였다。그뿐만 아니라 그룹의 南阿傳道旅行에 二十六폰드를 寄附까지 해 주었다。」

삐브가 變化한지 一週日도 못되여서 그의 도움을 要求하는 사람들이 물밀듯이 밀려들어 밤 두時頃까지 그들을 맞나보아주게되었고 一箇月만에 七十名의 턴에 參加하여가지고 活動하여 豊富한 經驗을 얻게되었다。그가 變化한 直後에 그의 親友의 한사람이 찾어와서 그도 決心을 하였다。삐브는 또 南阿에도 같이 따러갔

다。그사이에 그의 所聞은 全英國으로 퍼지었고 그리고 거이 全世界에까지 퍼지게 되었다。

×　×

×　×

모라三銃士中의 아직 降服하지않은 남어지 한사람은 리프이다。그는 내가 恭席하였든 첫번 그룹集會에서는 가장 大端히 愉快하게 짓거리고 있었다。리프의 爲人을 잘 說明하는데도 亦是 그의 同僚가 삐브가 描寫한것을 利用하는것이 適切할것이다。이것은 삐브가 그를 描寫한것이다。「리프는 해롤드·로이드와같이 생겼다。—角테眼鏡에 모래빛毛髮이요 목소리도 곱다。이야기 할때는 일부러 좀 큰목소리로 하기때무네 사람들의 注意를 많이 끈다。그러나 삐—루에는 아주 弱한 편이요 約한 파인트(三合强)면 그만이다。다른 사람들은 모두 本格的으로 마시기 시작하기도前에 그는 벌서 엎어 내가야할 形便이기 때무네 우리는 모두 그를 多少 낮후어보았다。키는 中키요 오토바이는 잘란다。그리고 또 相當한 짜즈·피아니스트이다。」

그러면 이제는 리프自身의 自己의 改變에 關한 이야기를 들어 보기로 하자。「내가 처음으로 그룹集會에 나갔을때에는 삐—루를 한잔 듸리켜서 氣分을 좋게해가지고 갔었다。그리고 宗敎觀에 있어서 나와같은 派인 친구二三人을 데리구 갔었다。그것은 쩬듸가 요새 얼마동

一六

242

안은 술취한것을 보지못하였고 거기에는 반듯이 무슨 曲折이 있으리라고 생각하였다. 나는 無神論者였다. 最近에「人格的神性存在의 不可能性」이라는 論文까지 쓴일이 있었다. 그런데 나에게는 過去六年間 恒常 敗北를 당하여 왔기때문에 이제는 敗北感도 없어지게된 初步的 道德問題가 있는데 그룹의 어떤 사람들은 이와 同一한 問題를 克服한 사람이 있다는 것을 나는 들였다.

「나는 그룹의 사람들과 理論을 하는 것은 좋았다. 그러나 그들의 기뻐하는 얼굴과 友情이 特別히 두터운 것과 敬虔한 척하는 態度가 全然없는것等은 나의 맘을 大端히 움즉이었다. 主日集會에 나는 몇번 나갔다. 동무들에게는 두時間이나 머운 室內에서 禁煙을 하고 있으면 목이 渴해저서 그다음 술맛이 좋기 때문에 가노라고 辯明을하며 단녔다. 그러나 其實은 그 사람들의 가진 幸福과 人生의 確乎한 目的을 나도 얻고싶었든것이다. 그리면서도 宗敎信者가 되는것은 싫었고 每日밤 내가 즐기는데로 노는것을 斷念하는것도 싫었다.

「푸랭크와는 웰링포드에서 처음 만났는데 그의 유모어에는 一種의 小規模의 頑强한 깽으로 그活動은 종종

罪人만을 爲하야

발에 自動車를 利用하는일이 있기는 하지만 반듯이 自動車에만 局限된것은 아니다.——의 全員은 론돈에서 푸랭크와 같이 食事를 하려 가게되었다. 食事途中에 푸랭크는 날보고 나의 第一잘하는 이야기를 하나 하라고 請求하였다. 나는 이래도 우리들의 世界에서는 演藝種目많기로 有名하것만 이같은 婦人들도 앉어있는 食卓에서 할만한 이야기는 하나도 없었다.

거기에서 어떤사람은 날보고 웨 그룹에 드러오지 않느냐고 물어보았다. 그래서 「나는 너무 利己主義기때문입니다.」하고 對答한 記憶이 있다. 이밖에도 말이 많었지만 다記憶할수 없다.

「이일이 있은지 얼마 오라지않어서 나는 푸랭크에게서 된바라로 오라는 招待狀을 받었다. 萬一 그룹에 거기가서 하나님演劇을 한다면 나는 가서 惡魔의 役割을 하여 그演劇에 興味를 加하여 주리라고 作定하였다. 그래서 나는 푸랭크에게 보내는 편지에다 「罪惡株式會社代理 리프」라고 署名하였다. 나는 에된바라까지 오토바이를 타고갔다. 그러나 따-비까지 갔을때 눈보라가 너무 甚하여 할수없이 汽車를 타게되었다. 車中에서 不愉快한 하로밤을 지내고 아침 일곱시에 나리었는데 氣分이 까닭없이 북질북질하였다. 그런데 車에서 나리자 푸랭크는 댓자곳자로 날보고 털스웨러를 사야한다고 그리는것이었다.

罪人만을 爲하야

一八

「그리고 大規模의 夜間集會의 第一回가 始作되었다。설마 푸랭크가 날보고 말을 하라고 그러리라고는 全然 豫想치못하였다。다른 사람들도 마찬가지로 푸랭크가 指名을 하면 椅子를 꽉 붙들고 벌벌 떠는것이었다。나는 땀을 흠뻑 흘린것은 알고있었으나 무슨말을 하였는지는 잊어버렸다。그러나 何如間에 아무도 내가 그런줄은 몰랐다。그리고는 集會가 싫증이 났다。다른 사람들은 모두 무에든지 하나, 나만은 하지못하는데는 질색이었다。나는 全然 罪意識이 없었다。그러나 이사람들은 모두 나보다는 기뻐하고 있는것만은 事實이였다。그리고 이點이 事實은 내가 求하고있는바이다。그러나 이 目的은 達하지못하고 그럭저럭 一二週間지나는 동안에 나는 이會는 單純히 사람들이 모여 뒤끝는 集會가 아니라 그속에는 무엇이 있다는것을 發見하게되었다。何如튼 내가 처음으로 決心을 한것은 이것때문이였다。나는 호텔안으로 드러가서 틈의 한사람을 만났다。

「한 五分동안 바쁜일 없읍니까?」

「아니요」

「그러면 와서 나를 좀 悔改시켜주시오。——이것만은 똑똑히 記憶하고 있다。우리는 二層에 올라가서 寢臺옆에서 무

「이것은 實際의 會話그대로이다。」

룰을 꿇고 祈禱를 하였다。나는 처음에는 祈禱를 한다는것이 좀 웃우웠다。나는 하나님에게 오셔서 나의 生活을 運轉하여주시고 내가 어떻게 하여야할것을 가르켜 줍소서 하고 祈禱하였다。첫째로 온 命令은 이 사람에게 自己는 지금까지 늘 거짓말을 하여왔다는것을 말하라는것이었다。그리고 둘째는 어머님에게 電報를 치라는것이었다。우리 어머니는 宗敎에 對해서 알기는 다알지마는 實行할줄은 모르는 분이다。그리고 네게는 自己의 現在立場을 알리라는 것이었다。그리고 네째는 學校校長에게 책두卷을 돌려보내며 어째서 돌려보낸다는 理由도 말하라는것이었다。이런일은 그다지 하기좋은 일은 아니었다。

×

×

리프의 降伏條約이 成立되자 모탁二銃士는 다시 再合同이 되었다。그들은 지금도 都市와 村落을 들석 뒤집어 엎으며 도라다닌다。그러나 이번에는 亂暴한 짓을 하는게 아니라 사람들을 變化시키는 일이였다。以上은 카뷰레러・클럽이 西曆一九三○年에 爆破된 實話이다。

舊號를 받어 놓고

一 讀 者

拜啓。그間도 天父鴻恩中 先生님 氣體候 安寧하신줄 믿사옵니다.

今般 七月六日集會에는 많은 恩惠와 滋味가 있었을줄 生覺하옵니다. 말씀도 듣고 先生님을 為始하야 여러誌友들도 만나뵙고 싶어서 꼭 좀 參席하려고 마음 먹고 있었아오나 여러가지 形便과 事情이 許諾지 못하야 結局은 不參하고 마랐읍니다. 遺憾스럽기 限量없아오나 앞으로 또 機會있기를 바라고 있읍니다. 그리고 이 날의 經過의 大綱이 聖朝誌七月號에 실리지나 않을가 하고 있읍니다.

어제 發送하여 주옵신 聖朝誌舊號(一一四冊)는 苦待하든中 참으로 반가웁게 拜受하였읍니다. 더욱이 荷造를 풀를때 정갈스럽게 荷造하신것을 보옵고 더욱感謝하였아오며 다시 한번 先生님을 그려·뵀읍니다. 荷造를 다 끌르고 包裝을 제처놓고 舊號를 앞에놓고 보니 대견스러웠읍니다. 그리고 무슨 貴重한 寶貨를 求해 놓은것 같았아옵고 그속에는 無盡藏의 價値있는것이 드러있는것 갈사와 이것을 다 보면은 不足한 이 物件이

것마는 좀 달러집이 있을것 같이 生覺이 되였읍니다. 그리고 膏粱珍味를 取하므로써 肉身이 살이 찌는거와 같고 靈의 살이 찔것처럼 生覺되였읍니다. 이같은 貴物을 일즉 알지 못하였나 하는 뒤늦인 것을 恨하는 生覺이 났읍니다. 그러나 感謝한것은 늦게나마 이것을 알기始作하고 지금은 舊號까지를 求해 볼수있게 되온것을 생각 하올때 빙게나마 一個年半前에 이것을 생각 하올때 빙그레 우슴이 나왔읍니다. 그리고 어서서 이것을 다른 사람에게도 傳해 쥐야겠다는 懇切한 마음이 나서서, 속마음으로 이미 信者인 사람, 아즉 入信하지 못한사람, 몇사람 사랑하는 친구를 생각했읍니다. 그러나 좀더 生覺한後에 實行하려고 하오며 늦어도 今般 紀念期間안에는 實行하려고 하옵니다. 마음 같아서는 舊號까지라도 그들에게 보여주었으면 하는 生覺도 있아오나 이것은 經濟로나 다른 形便으로나 좀 어려울가 하옵니다. 如何間 作定되는대로 上書하겠아옵니다. 舊號를 한卷 두卷 들치면서 表紙目次만을 大綱 보는中 「病憲아病憲아」(第一一二號)에 눈이 갓습니다. 今六月號 來信一束의二「太平洋岸」에서도 安君의 이름이 잠간 나왔었지마는 제가 安君을 좀 아는터이였는고로 더욱 눈이 띠였읍니다. 제가 처음 安君을 알기는 貞洞 敎會主校靑年部에서 그와 얼마동안 한班에 있었든 關

245

舊號를 받어 놓고

係로 였읍니다。그때는 그와는 그저 한週日에 한번式 主
日날이나 晝間〈〈 만났었기 때문에 그에게 對해서 잘
알지는 못했읍니다마는 何如間 그때는 「眞面目な人」인
줄 알았어읍고 「普通은 아니다」 한번은 「信仰의 人이다」 그
쯤 알었었읍니다。한번은 그가 버들고리를 세끼로 멜
방을 해서 지고 驛에서 드러오는것을 橋南町 거리에서 맞
났든일이 있었아온데、동무가 開學이돼서 오는데 그의
집이라고 하는말을 드른일이 있었었읍니다。그때도 「普通
은 아니야」 하는것을 다시 한번 느꼈었었읍니다。그러고 그
後 卒業誌를 愛惜히 生覺했었읍니다。世上을 떠났다는 말을 傳聞하
고 이러한 일들이 生覺이 났아옵니다。같은號 「故安炳憲君」을 보올
때 이러한 일들이 生覺이 났아옵니다。

何如間 좀더 있어서 必要한 사람들은 일직 가나봄
니다。그러나 여기에는 제가 生覺치 못하는 主님의 聖
旨가 계실것을 믿을니다。

聖朝誌를 購讀하기 始作한후 先生님께 上書를 올리
야 再版發刊을 企圖하는中에 있으나 紙類飢饉인 이時
代에 果然 所期대로 成就될넌지 매우 疑問에 있다。또
된다 하여도 前과같은 紙質도 언지못할것이오、內容도 매
우 달려저야 할것이다。願컨대 이것(殘品)이나마 참말
서사는、주님께 기뻐하시는 生活을 하
는——있기까지 沈默을 지키려고 하였읍니다。그래서 或
書冊을 註文할時도 될수있는대로 用件만을 말슴 드렸읍

金 敎 臣 著

山上垂訓研究 全 定價 一圓　送料九錢

牛步遲遲라 하것마는 이것은 蝸步晩晩이라할까、滿八
個年이 걸려서 初版 一千部가 거의 賣盡된다。最近에 臨
하면서 比較的 그 需要가 增加하였으므로 보아서는 求
道의 士들에게 伴侶의 役割이 아직 끝난것이 아닌듯하
道의 士들에게 伴侶의 役割이 아직 끝난것이 아닌듯하
이라는 말과같이 敢히 못하였었읍니다。그리고 앞으로
그래도 좀 어지간이 自信——生이 좀더 主님의 뜻안에
서사는、주님께 기뻐하시는 生活을 하
는——있기까지 沈默을 지키려고 하였읍니다。그래서 或
書冊을 註文할時도 될수있는대로 用件만을 말슴 드렸읍
게나 酬應하게 되였다。

다。그렸든것이 처음에 마을 먹었든것을 지키지 못
하고 이렇게 여러 말슴을 썼읍니다。그야말로 쓸대없
는 말슴으로 紙面을 채워서 先生님의 貴重하신 時間
을 浪費시켜드려 罪悚하옵기 限量 없아옵니다。그러나
그저 모든것을 다 덮어주시옵기만을 伏望하옵니다。
더 기러지지 않기爲하야 이만 주리나이다。亂筆亂文
을 容恕하시옵소서。七月七日 ×× ○○○拜上。

二〇

加へれば從つてアクセントの位置が異る。アクセントは最後のシラブルから第三番目のシラブルに置く。

⑤ は英語の Demon. 獨乙語の Dämon で惡鬼と譯されてゐる。然しギリシヤ古代では神々と同じ意味に用ひられた。ソクラテスもよき意味に用ひた。パウロがアテネで試みた演說に「汝らが神々を敬ふ心の篤きを見る」と云つた時「神々を敬ふ心の篤き」と云ふ語は形容詞一字で

デイシダイモネステルース
δεισιδαιμονεστερους

となつてゐる。然し一般に聖書では惡靈, 汚れし靈の意味に用ひられてゐる。ルカ傳四章三十五節。九章一節。ヨハネ傳十章二十節等々。

⑥ 古代では人又は物の紀念の爲めに殘すものに名づけた名詞であつたが, 後には特に墓と云ふ意味に用ひられた。

ヘー　ムネーメ
ἡ　　μνήμη と云へば單に「記憶」と云ふ意味である。

⑦ 聖なる場所。神殿。此の語から英語hierarchy（敎階制度）と云ふ語が生じた。エルサレム（Ἱεροσόλυμα）は聖都を意味してゐるが, ガラテヤ書四章二五節, ヘブル書十二章二十二節等にては新しき天的な都の意味に用ひてゐる。

⑧ 安息日。英語の Sabbath。ユダヤ曆にては一週の第七日即ち土曜日に當る。然し基督敎にては日曜日を安息日としてゐる。時としては一週間の意味に用ひる。例へば　マルコ傳十六章の九節「一週の首の日」。ルカ傳十八章十二節「一週のうち二度斷食す」。マタイ傳二十八章一節「さて安息日終りて一週の始の日に」　ここでは σαββάτων が二重に用ひられてゐる。土曜日の安息日が終つて, 一週の始の日（日曜日）に基督は復活なし給ふたと云ふ意味になる。

2. 手によつて爲される業，技術，産業又は心意によつてなされる業。

例へば　コリント前書三章十三節。

「各人の工〔わざ〕は顯はるべし。かの日これを明にせん。かの日，火を以て顯れ，その日おのおのの工の如何を驗すべければなり」の中の「工〔わざ〕」。

3. 言に對する業。例へば　ヤコブ書一章二五節。　テトス書一章十六節。

言と業と並列せるもの，例へば　ルカ傳二十・四章十九節。ロマ書十五章十八節等々。

② | プロソーポン |
　| πρόσωπον | 顔

1. マタイ六章十六節。「偽善者の如く悲しき面容すな」の面容。生れながらの顔。

內面的な思想又は感情を表したものとしてはルカ傳二四章の五節。又はペテロ前書三章十二節「主の御顏〔み〕は惡を行ふ者に向ふ」その他。

2. 單に外見又は表面と云ふだけの意味に用ふる場合，例へばヤコブ書一章十一節。

「日出で熱き風吹きて草を枯らせば，花落ちて，その麗はしき姿ほろぶ」の「その麗はしき姿」は

| ヘー | ユープレペイア | トゥー | プロソープー | アウトゥー |
| ἡ | εὐπρεπεια | τοῦ | προσώπου | αὐτοῦ |

にて　直譯すれば，「その顔の美」と云ふ意味。見ゆるものは暫時にして見えぬものは永遠である。

| ホ | セオス | プロソーポン | アンスロープー | ウー | ラムバネイ |
| ὁ | θεὸς | πρόσωπον | ἀνθρώπου | οὐ | λαμβάνει. |

「神は人の外面〔うはべ〕を取り給はず」。ガラテヤ書二章六節。神様は人の心を見給ふて外面を見給はない。此の場合，顔と云ふ言葉は單に表面の意味に用ひられてゐる。

その他の單語

③は羊。④は小羊。兩者の相違は（ι）と云ふ母音が有るか無いかによる。（ι）を

		タ	テ_クナ	
複	1	τὰ	τεκνα	子供等は
		トーン	テ_クノーン	
	2	τῶν	τεκνων	子供等の
		トイス	テ_クノイス	
數	3	τοῖς	τεκνοις	子供等に
		タ	テ_クナ	
	4	τὰ	τεκνα	子供等を
			テ_クナ	
	5		τεκνα	子供等よ

名詞の中で τὸ τεκνον の如く ον を以て終る名詞は殆ど皆中性である。

ト　　ビュール
τὸ　　πῦρ（火）の如き中性名詞は子音變化に屬し，これは後の課にて述べる。

中性O變化名詞の例

エルゴン
① ἔργον　　業

プロソーポン
② πρόσωπον　　顔

プロバトン
③ πρόβατον　　羊

プロバティオン
④ προβάτιον　　小羊

ダイモニオン
⑤ δα·μόνιον　　惡鬼

ムネーメイオン
⑥ μνημεῖον　　墓

ヒエロン
⑦ ἱερόν　　神殿

サッバトン
⑧ σάββατον　　安息日

①　エルゴン
　　ἔργον　は中世英語及獨乙語の werk と同根の言葉で，仕事,業,働を示す名詞。

1. 既に果された業。例へば，

使徒行傳十四章二六節

「彼處より船出して，その成し果てたる務のために神の惠に委ねられし處なるアンテオケに行けり」の中の「成し果てたる務」
ト　　　　エルゴン
τὸ　　　　ἔργον
ホ　　エプレーローサン
ὃ　　ἐπλήρωσαν.

新約聖書原語入門 （六）

里　見　安　吉

第 五 課　　名詞（中性O變化）

_{ホ ロゴス}
ό λόγος は λόγος と云ふ男性名詞に ό と云ふ男性冠詞が附いてゐる。

その變化は第三課にて學んだ。λόγοςは語根 λόγο- が o で終つでゐるからO變

化と稱した。O 變化には此の課に於て示す樣な中性名詞も屬する。中性名詞に

は中性冠詞を附ける。その變化は男性 O 變化と似てゐるが，多少異る點もある

故，比較して記憶されよ。

中 性 O 變 化 表

τὸ　τέκνον　（子 供）

單	1	ト　テクノン τὸ　τέκνον	子 供 は
	2	トゥー　テクヌー τοῦ　τεκνου	子 供 の
	3	トー　テクノー τῷ　τεκνῳ	子 供 に
數	4	ト　テクノン τὸ　τεκνον	子 供 を
	5	テクノン τεκνον	子 供 よ

讀者의 住所에 關하여

信仰雜誌를 發刊하는者에게 讀者로서 줄수있는 가장貴한 선물은 그 住所가 移動될때마다 迅速하게 正確하게 報導하여 주는일이다。發送하였든 新刊誌가「行先不明」이라는 符牋으로써 돌아온때의 失望──차라리失戀──은、이는 한사람 한사람 름을 불러 祈禱하고 精誠을 다하여 發送하는 經驗을 가진이 外에는 想像도 할수없는 空虛感을 滿喫케 하는 「惡戱」이다。

讀者住所의 通知에關하여는 반드시 慶南 故愼伺翼長老가 聯想된다。 저는 入院하기前 數日에 미리 入院할醫院을 通知하여 두었고、退院日字는 勿論 退院하기前 數日에 벌써 本社机上에 到着하였었다。 저는 이世上에서는 기어이 서로 面識이없이 앞서 떠났고、別世하기까지 藥書通信以外의 書信去來도 없었고 定價의 誌代以外에 何等의物質去來도 없었든 一個의 通常讀者이 있었었다。그러나 病床에까지 聯絡의 줄을 끊고서는 못견디어 하는 그 心情이 主筆에게는 가장 큰것이다。

現在本社에는「行先不明」으로 返還된雜誌 數册된다。모다 先金은 남어있는데 住所를몰라서 中止못하고있다。或이나 殘金이라도 抑留할수 있을까하여 左에揭載한다。知人이 있으면 ─

咸北茂山郡　　南坪稅關　　李氏
全南光州府　　舊農業實習學校　趙氏
京城府冷洞　　協成神學校　　朴氏

住所通知의三要素。

住所通知는　①迅速한것　②正確할것　③簡潔할것。

이二大要素인데、 또한가지 달마다 쓰는文字인故로、 한자라도 簡單하면 皮封쓰는 手苦가 매우 덜

믿는다。그러므로 郵便配達에 碍障이 없는 限度로、京城과地方兩局郵便配達夫의 地理知識이 許하는 限度로、簡略한것이 좋다。正確한點으로만 보면 國別로 道、郡、面、里、番地를詳記할수록 可할터이나 大都市가되면 國名과道別을 쓰지않고라도 國際的으로 通用된다。例컨대 서울、東京、上海、華盛頓、伯林等等。이와같이 朝鮮內에서「府」制가實施된都市、또는道廳所在地나 著名한港口等은 道別을 안써도 遲滯안되고 配達된다(이와反對로 著名치못한 시골住所를 郡名以下만 記錄한것은 京城市內의 郵便局에서「區分」을定하기까지에 相當時日을 要하는模樣이었다。)其他左記實例等에依하여 參考할수있는限度까지알라。

慶南昌原郡內西面檜原里一二(馬山府外檜原里一二)
江原道高城郡高城面西里一二(江原道高城邑西里一二)
平北定州郡葛山面光束洞一二(京義線古邑驛前)
其他

行政區域擴張廢合

行政區域擴張廢合이 생긴래에 一報를要함은勿論이다。

發送한郵便物의確否에關하여

지난七月에는 紀念特價販賣로因하여 通常時보다 社務가 매우 煩多하였음을 絶치못했는데 廣告실은가、七月號가 豫定보다 매우 늦게야發送된것、夏季休暇로因하여 皮封써놓은後에도 讀者住所의 移動이많은것、主筆의 旅行으로因하여 서드른이들에게 發送을 부탁한것도 있었든것、廣告文中에 誤植과未確한文字가 있었든것 等으로해서 或은註文한이들에게 意外의錯誤를하고있었는지 알수없나이다。萬一未着品이있든지 相違品이 들어있든지 其他未詳한點이있으면 躊躇말고 照會하시오。讀者中에는 過度히躊躇하며 두려워하는이도 不無한模樣이나 事務上錯誤는 本社에도 全無하다할수없으니 未詳한일은 念慮없이 照會或은指摘하시오。

京城聖書研究會

日時　九月第一日曜日(七日)부터開講。
　　　每日曜日午前十時부터約二時間
場所　京城府外崇仁面貞陵里三七八(本社)
講師　金教臣
注意　新秋早司創世記研究。舊新約聖書
　　　와讚頌歌必携帶。每回聖句暗誦。要
　　　會費每月一圓、每一回參拾錢。

本誌讀者　冬季聖書講習會

日時　十二月三十日(火曜日)午后二時부터
　　　明年一月五日(月曜)正午까지。

講(題)　예수의譬話研究　　　　　金教臣
　　　히브리史講話　　　　　　　咸錫憲
　　　단테神曲과恩寵　　　　　　里見安吉

注意　場所와會場의詳細한注意에關하여
　　　는三號의것과同樣。이廣告는이
　　　것으로써銘心할수있고
　　　이한번뿐임으로舊號를
　　　가진이만恭席하라。더자세히
　　　알고저하는이는本社로
　　　申請資格及恭席前後
　　　返信料를添하야한다。本社로
　　　照會하는라。

本社出版物의製本에關하여

本誌及本社發刊單行本에도
紙質이잘못된것이있거나
落秋破裂
되는것도있는데이는
三號의것과同樣。이때文
제이므로써銘
것이만恭心할수있고
가진이만恭席하라。

其他에特히
本誌로製하기前에
發送하기直前에
것을一見하여
리多數히알수없어
本社의出版物을
一月刊誌나單行本을
꼽고

【聖書朝鮮】第一百五十一號

昭和十六年八月一日發行　昭和五年一月二十八日　第三種郵便物認可　每月一回一日發行

【本誌定價二十錢】(送料五厘)

誌代先金拂込에關하여

誌代先金拂込은
發送皮封에써놓는다。
그러므로例컨대
各種錯誤와素因을
보내달라는것은
流用하고一且拂込
는一切他에使用하지
않는거든本社
와發送關係도一切關금이故額
으로

本誌定價

一冊　　貳拾錢
六冊(送料共)前金一圓二十錢
十二冊(一年分)前金貳圓四拾錢
要前金　直接注文은
振替貯金口座京城一六五九四番
又는牡丹江九五二番聖書朝鮮社로

所藏版次

昭和十六年七月二十八日印刷
昭和十六年八月　日發行

京城府鍾路二丁目九一
和信(京城府)
敎文書舘
東京市麹町區九段坂
向山書房
倉英堂(大邱府)

編輯兼發行者　金教臣
京城府仁寺町一九ノ三
（京城府外崇仁面貞陵里三七八）
（京城、光化門局私書函第一八號）

印刷者　李相五
京城府仁寺町一九ノ三

印刷所　大東印刷所
京城府仁寺町一九ノ三

發行所　聖書朝鮮社
（京城府外崇仁面貞陵里三七八）
（京城、光化門局私書函第一八號）
振替口座京城一六五九四番
牡丹江九五二番

金教臣 主筆

聖書朝鮮

第壹百五拾貳號

昭和十六年（一九四一）九月一日發行

昭和五年一月二十八日（第三種郵便物認可）
昭和拾六年九月一日發行（每月一回一日發行）

目次

253

銃後生活と奢侈品

昨年七月七日支那事變勃發三周年を期して、内地に於ては奢侈品等の製造販賣制限規則が實施され、我が朝鮮に於ても内地に呼應して七月二十四日府令第一七九號を以て發布せられ即日より施行された。

新國民生活體制を確立し擧國一體國家の總力を發揮し國體の本義に基く國防國家建設には、大に國民生活の刷新、戰時生活の確立の聲は既に久しいが、都會生活の消費者等を見ると、必ずしも十分の效果を擧げてゐるとはいへない。今迄きは、自由の夢を追つて、統制への不平不滿を衷心懷く者も絶無ではない。然しながら戰へる世界のどの國も生活の戰時態勢化が斷行されてゐない所があらうか。獨逸の大勝利の蔭には吾人の想像だにも及ばない犧牲的不自由な生活に甘んじてゐる事實を見逃してはなるまい。凡そ奢侈逸樂を事として興隆せる國家は未だ曾て之を見ないのである。

惟ふに我が銃後國民生活の現狀を顧みると通貨の膨脹が購買力の增大を誘發し、殊に股賑産業方面に於ては生活樣式の奢侈化に拍車をかけた事實は否めない。一方に於て物資の一

大消耗が行はれて居る場合、日常生活に於て平時と同じ質と量との物を欲求することは許さるべきでない。戰時には戰時に相應しい生活樣式がなければならぬわけで、銃後の國民としては最少限度の生活に甘んずべき實務があるのである。

玆に於て政府は生活必需品等の消費規定に關し不急不要品又は奢侈贅澤品の生産、製造及販賣を制限すること或る程度の必要性あるものと雖其の物の原材料が重要生産資材又は生活必需品資材なる場合に於ては右に準ずることゝなつた。

知識의 入口

——어떤 大學豫科學生과의 對話斷片——

知識의 入口

知識이라고 하면 반드시 腦髓로 들어가는줄로만 알고서 所謂「聰明」하다는 사람은 무슨知識에든지 通察것인줄 알고 自己가

理解 納得 할수없는것은 모주리 眞理가 아니라고 速斷하려하나 그것은 넘어 早計이다。

知識은 腦髓로서만 들어가는것이 아니다。手足으로도 들어가며 皮膚로도 知識이 들어가거나와 物「心

臟」으로서 들어간다。그리고 心臟을 通過하는 知識이 人生에 가장 重要한 知識인것 같다。

君은 所謂「胃腸」이라고 부르나, 口器가 消化에關係되는것은 世界人類의 大部分이 忘却하여 버려서 擧皆 다 섭지 않고 먹는다。

君도 그 一人이 아니면 當幸이다。뿐만 아니라 甚히 悲痛한때나 大端 忿怒한때에 消化 안되는것을 보면 消化는 心臟에서도 될수

다고 할수있으며, 多日間 不眠한 때나 神經衰弱이 甚한때에 消化不良한것을 보면 消化는 神經으로써 하는것이라고도 할수

있지 않은가。

君의 學校에서 動物植物이나 物理化學等 記載學科에는 能하고 筆記도 잘하면서 倫理學 論理學 心理學 哲學等科目에 이르러

서는 젠々매는 學生이 있는것을 君은 目睹하였을것이다。이는 知識의 種類에따러「入口」가 다른 까닭이다。어려서부터 聖書를 읽

어서 눈에 보이지 않는 世界를 건드려보는 慣習을 가진 사람은 形而下學에 對한때에 進就가 顯著한것을 實驗하는 바이

며, 눈에 보이는 學科만 修練하든 學生이——비록 大學出身이라 할지라도——聖書와 聖書에關한 著書를 理解할 能力을 不備한것도

또한 當然한 일이다。

얼마前에 우리는 咸先生과 함께 某地로 親舊들을 慰勵하고저 尋訪간일이 있었다。거기는 最近에 父親喪 當한이와 母親喪 끝

난이와 어린아기들 잃은 친구等 悲哀에 잠긴 三人이 있었다。咸先生은 그들을 慰勵하는 말슴中에 이런 句節도 말슴하였다

修懷을 當한때는 飮食을 먹으라도 목이 메여서 못먹는다 하나, 그것은 精神上苦痛을 形容하는 一個形容詞인줄로만 짐작했

드니, 내가 當하고 보니 정말로 고기명이가 목구멍을 꽉 트러막어서 먹지도 마시지도 못하겠더라。父母가 도라

가시면 天地가 문어진다하나 이것도 亦是 一種의 修辭에 지나지 했드니 내가 當하고보매 事實로 日月이 없어졌으며

라。修辭가 아니라 정말 天地가 깜아 아득하더라 云々。보라 이런知識은 因數分解에서 나온것도 아니오 文法에서 나온것

一

讀書의 階

도아니다。

火學豫科에入學하는 聰明도 聰明이 아닌것이아니다。마는 그것은 聰明의全部도 아니오 가장貴한聰明도 아니다。現在의 科이

聖書를 읽어서 不可解의句節이 많다는것은 當然한일이다。贖罪 復活 再臨 三位一體等敎理는 알수없거든 주제넘게 否

定해버리지말고。宿題로 두어두라。이런問題는 腦細胞의作用으로써만은 안된다。正直하고 부지런한 勤勞로써 手足을 놀리며 이마에

땀 흘리는 生活이 있은後에、喜을行하였으되 嘲弄과 讒謗밖에 받은것이 없이된때、義를 渴急히 追求하여 모진逼迫에 눌려보고、착

하고 平和스런 예수를 믿고 따르는 까닭만으로서 「世上의汚垢」같은 對接을 받어본後에래야 聖書의高敎眞理는 알려지는法이다。

故로 知識의入口는 腦髓뿐이아니라。그보다도 더 心臟이 그 入口요、手足이 그 入口요、高貴하고 勇敢한 生涯가 그 入口요、

죽음에 當面한때가 그入口가 된다。새로운 生理學이다。귀있는者는 들을지어다。

讀書 階段

最近에 어떤 專門學校學生 하나가 倉田百三著「愛と認識との出發」라는冊을 품고 와서 이冊을 읽고서 心靈上의

第二革命을 經驗하였노라고 感激에 넘쳐서 告白하였다。이冊은 여러해에 걸처서 發表했든 論文을 蒐集하여 한

卷으로 編纂한것이어서 이冊自體안에 처음部分의 思想을 나종部分이 訂正하듯、著者自身의序文中에도 그 稚氣를免치

못함을 自認하듯 하였으나、그런點이 도리어 二十臺의靑春에게는 活氣있고 親近味있어서 可讀可益하다하니 그도

可然한 말이다。靑年大學、人生探求의 登程을激勵하며、보다며 著者倉田氏는 그靑年期에 西田幾太郎著「善の研究」를 가지고 한

한번에 여러차레로 再讀할뿐더러 靑年期 壯年期 老年期에 亘하야 한休暇를 山中에籠城하여 熟讀하였다하니 이런冊은

新稻戶稻造博士의聰明으로도 칼라일의衣裳哲學 (Sartor Resartus)을 表紙를 거듭하면서 十七回나 再讀하였다 하거니

와 이런들冊은 읽어서 알었다기보다 모르겠다는것을 體驗하기爲하야 읽을것이다。나의聰明으로도 모를것

이 있다는것、몰라도 읽어야겠다는것을 배워서 謙遜과忍耐를 徹底히 訓練할것이 第二段이다。

다음에 聖書에 도라올것이다。年齡이 자라면 자랄수록、環境이 轉換되면 될수록、結婚後 生男後 死別後에 漸漸

새로워지며 날로 깊이展開되는冊이다。無識한이는 無識한대로 學業에進就한이는 進就한대로、마음과生活이 淨潔한

이는 淨潔할수록、더욱 높은眞理의門이 날마다 새롭게 열리어 生命의動力을 供給하는冊、이것이第三段이다。

二

데살로니가前書講義 (三)

金 教 臣

福音傳達의光景 (上)

(二・一——四)

(一)형제들아 우리가 너이 가운데 들어 감

[형제들아] 데살로니가敎友들。即 이書翰의 受信人

[우리가 너이 가운데 들어 감이] 原文順序대로 直譯하면 다음과 같이 配列된다。

들어감이 우리의 너이 가운데

이렇게 配列되면 그 語勢의 强弱과 輕重이 現著하게 나라 나는데 우리文章構成으로서는 나타낼수가 없다。

이 한句節中에는 「들어감이」 라는 字가 힘 받는 字이다。

第一章九節에 「우리가 너이 가운데 들어간것과」 라는 句가 있었는데、이것을 原文順序대로 쓰면

어떻게 들어감을 우리가 가졌드냐 너이 가운데로

라고 된다。亦是「들어감」이라는 이字는 힘받는 字인것은、서로 共通하다。이字는 바울이 獨特하게 使用하는 字이었다。軍隊用語로 말하면 進駐 라든가 入城 使用되었다。新開拓傳道로 새로운 都市에 들어갈때에 入城 이

福音傳達의光景(上)

라는 字를을 聯想케하는 文字이매、바울이 傳道하든 그 넋이 그意氣를 이 한字로써 넉넉히 짐작할수 있다。

[헛되지 아닌줄을] ὅτι οὐ κενὴ γέγονεν 헛되다 는 字 κενός 의 解釋이 區區하다。本來의 뜻은 空虛라는 意味인데、그로부터 無效、無果、無價値、無目的 等의 뜻으로 解하는 學者가 있으나 前後의 聯絡으로 보아서 이것은 맛당치 못하다。

이것으로써 結果에 부쳐서 바울의 데살로니가傳道가 헛되지않고 많은 信者가 생겼으며 큰敎會가 創立된 뜻이되고、다시 虛言 無實 虛飾 無誠 等의 뜻이 생겨 낫다。

第二章全體는 第一章九節의 演釋이오 進展인데 그 思想의 展開를 表示하면 다음과 같다。

甲、「우리가 어떻게 너이 가운데 들어간것」의 展開 詳述된것은 第二章一——一二節이오、

乙、「너이가 어떻게 우상을 버리고……」의 展開 詳述된것은 第二章一三——一六節이다。即 甲은 바울과 그 同勞者等이 어떠한 態度로써 메살로니가人들이 誠으로써 福音을 迎接하였드냐는 것을 말한것이다。그 그린것이오、乙은 메살로니가人들이 얼마나한 熱 런 까닭에 第二章第二節도 結果를 論치않었다。

그러므로 第二章第一節의「헛되지……」도 結果에 부

三

메살로니가前書講義

쳐서는 안된다. 어디까지든지 入城當時의 光景을 그리는字로 解할것이다.

바울과 二一行의 傳道한結果가 失敗에歸했다나 成功했다는것은 問題가 아니다. 設或 빌립보에서 當한것보다 더甚한逼迫을當했고 한사람信徒도 얻지 못하였다할지라도 메살로니가에 들어감이 헛되지 않았다는 뜻이다. 바울의 說敎自體의 性格이 헛된것이 아니었다. 無能하고 弱한 呼訴로 들어간것이 아니오, 能力있고 活氣에 넘친 웨침으로써 들어갔었다. 無援한逃避者나 流離하는 移民이나 뷔인손은 訪問者처럼 未安스럽게 뿌그럽게 接近한것이 아니라 背後에 萬軍을 둔者처럼 能力과 確信에 넘쳐서、선물을 滿載하고 尋訪하는者처럼 으젓하게 入城하였었다. 그 들어가는 들어감이 헛되지 않었다.

［너이가 친히 아나니］ aútoi yàp oídate 原文대로 하면 이一句가 本節初頭에 나와 있어야 할것인데、이처럼 꼬리에 붙여 놓았으므로 그 語勢는 完全히 죽고 마렀다.

바울은 메살로니가人들이 福音을 信受하여 救援에參與하게된由來를 回想하면서 그것은 果然 眞理로 된일이오 하나님이 親히選別하신 證左가歷歷한 일인것을 據證하고저 할때에 于先 먼저 第三者들의 證憑을 引用하였다. (本誌一五二號第八頁의 第一章九節註解恭照). 이처럼 證據하려는 事件의 當事者 以外의人으로 하여금 證人되게하는것은 世上 萬般事件에 對하야 穩當한일이오 賢明한處事이다. 바울은 이렇게하여 世上 慣例와 常識으로 하여도 책잡을것이 없으리만큼 分明하게 于先 한벌 證明하여 놓았다.

그러나 信仰의 일은 아무리 多數한 第三者의 무리가 구름같이 둘러 쌓고 證明한다 할지라도 當事者의 心靈上에 確實한 證驗이 없었다면 이는 無力한일이오, 그와反對로 當事者의 證驗이 確固한것이면 千萬사람이 反對할지라도 두려울것이 아니었다. 不信者의 證明도無視하는바가 아니다. 그러나 참 하나님을 믿는 信者一人의 證明은 百千人의 證明보다 强力하다. 故로 바울은「너이가 친히 아나니……」라고 第二章初頭를 시작하였다.

原文에는 yàp 이라는 字가「아나니」라는字우에 끼어 있는데 · 우리 聖書에는 譯出되지 못하였다. 飜譯하기 어려운 까닭이다. 强여 譯하려면「참말로……」라고 譯할수있다. 「아이 참 너이가 친히 아나……」이라고 譯할수있다. 「아이 참 너이가 친히 아나니」를 層一層 强調하는 뜻이 들어 있었다.

（二） 너이 아는바와 같이 우리가 먼저 빌립보에

四

서 고난과 능욕을 당하였으나 우리 하나님
을 힘입어 많은 싸움중에 하나님의 복음을
너이게 말하였노라。

［너이가 아는바와 같이］原文대로하면　本節에는
이一句가 中間에 끼어있는、字인데 우리글에는 도리어
初頭에 뛰어 나와있다。前節初頭에 ［너이가 친히 아
너］라고해서 많은不信者의證明보다　少數라도 信者自身의
證驗이 貴한所以를 表示하였고、字인데、［아이 참……］yip 이
라는 一字를 添하야 ［다른 사람들의 證據야 말해 무엇
하나、있어도 좋고 없어도 無妨한것。實은 너이 自身
들의 證驗이야말로 가장有力한것이라］고 第二段으로 語
勢를 强調해놓었는데、本節에서 다시 한번 같은文句를 返
復한것은 어디까지든지 바울自身의 몸을 메살로니가에 하
道 當時에、換置하고 讀者들인 메살로니가敎人들로 하
여금 生生한 當時의感情에 도라서게 하고저 한것이다。

［먼저　빌립보에서……］빌립보에서 甚한迫害를
받었든일은 누가의 詳細한記錄이 使徒行傳第十六章第十

福音傳達의光景（上）

一節以下에 실려있다。
빌립보는 그建設者인 마게도니아의 빌립의 名을 따러
命名된都市인데、바울의時代에는 로마植民地의 一部이었
다。바울이 異像으로 마게도냐人의 招請을 받어 歐洲大

陸에 渡航하여 처음 足跡을 印친데가 이都市였다。
［고난과 능욕을 당하였으나］婢僕으로 점을 처서
利보든者가 바울과 실라를 騷動罪로 告訴하야 獄에 넣
고 笞刑을 加켰든것 等을 말함이다。이때에 바울은 로
마市民權을 主張하야 一場의 익살을 부린일도 있었다。

［우리 하나님 안에서］ἐν τῷ θεῷ ἡμῶν 直譯
하면 ［우리 하나님을 힘입어］라는 뜻이다。하나님과 交際
하며 融合하며 原動力을 거기서 얻는 뜻이다。
［많은 싸움］危險을 말함이다。
［하나님의 복음］εὐαγγέλιον τοῦ θεοῦ ⑨原著作者、
（로마 Ⅰ・一參照）바울
主로 外界의 逼迫
은 메살로니가에 들어가서 自家의學說을 唱道한것이 아
니오 ［하나님의 멧세지］를 傳達한것 뿐이었다。
［말하였노라］는 原語의 λαλῆσαι의 譯으로 모양인

데（余의 使用하는것은 昭和十三年九月三日發行인 京城鍾路
聖書公會의 改譯版이다）。舊譯에는 ［굿세히 너이게 말하
였으니］라고해서、舊譯에는 ［굿세히
너이게 말하
였으니］라고해서、改譯에 모다 ［憚らず］라는字가 있다）
라고（舊譯、改譯）에는 어째서 이字를 略해버렸는지 그理由
朝鮮文［改譯］에는 原文에는 ἐπαρρησιασάμεθα 라는字가
를 알수없으나 原文에는

（余の使用する神の福音を汝らに誨れり
憚らず神の福音を汝らに誨れり
和文譯も
憚らず）

五

데살로니가前書講義

六

있었다。이字는 本來「말하는데 膽大하다」거나「確信으로써
말한다」는 뜻을 가진字이다。까닭없이 略해버릴 글字가
아니다。이字가 있어야 바울의 傳道──따러서 基督敎의
傳道란것의 性質과 樣態를 正當히 認識할수있다。바울
은 迫害와 恥辱으로써 빌립보城을 쫓겨 났었으나 그
렇다고 [데살로니가市에] 들어왔을때에 隱密하게 所謂 地
下運動을 시작하지 않었다。또 不義를 行하는者들처럼 떨
면서 不安定한態度로써 말하지않었다。公然하게 완완하
게 確信을 가지고 말한것이였다「굿세히」라는 뜻을 반
드시 本節에 加해야 할것이다。

（三） 우리의 권면은 간사에서나 부정에서 난
것도 아니오 계교에 있는것도 아니라。

[권면] παράκλησις 이字는 境遇에 따러서 慰勞、同
情 이라고 譯할수도 있고、또는 勸勵、訓戒、譴責이라
고 譯할수도 있는字이다。本節에서는 바울의 說敎 即 罪
의 生活에서 떠나서 하나님이 提供하시는 救援을 받으라
는 敎義를 意味함이다。

[간사에서] ἐκ πλανης 舊譯에는「그릇한 데서」라고
改譯보다 原意에 가까운듯 하다。原文의 뜻
은 길 잃고 彷徨한다는 뜻으로 부터、잘못 引導하는 것
속이는것 等의 뜻이다。眞理에 對한 反對의 文字인故로
[迷妄에서……]라고 譯햇드면 原意에 가까울번 하였

다。和文改譯에는「迷より出でず」라고 되여있다。

[부정에서] ἐξ ἀκαθαρσιας 勸機가 純潔치 못한것

을 이름이다。當時의 希臘人들은 詭辯學者 修辭學者들이
오직 聽講料를 貪하는 勸機만으로써 各地로 轉轉巡廻
講演하는것도 찾우 目睹하였을것이오、또 財物을貪하는
宗敎家들의 즐겨 속어본 經驗도 全無하지 않었을것이다。그
런類들의 擇하는 方法은 秘密을 좋아하며 暗黑을
사랑하는 傾向이다。그러나 바울에게는 此種의 不淨한
勸機의 痕跡도 없었으므로 患難을當하여 더욱 光輝를
發하였다。勸機의 純潔은 勇氣의 源泉이었다。

[계교에……] ἐν δολῳ 二心으로써 計劃的으로

속이는 일이다。미끼로써 낙시질 하듯이、知識의 傳授로
써 傳道하려는것、立身揚名을 約束하고 信仰을 勸하는것、衣
食의 補助를 미끼해서 貪者를 誘引하려는것 等等이 모다
[계교에서] 나온 일이다。바울은 公明正大하게 오직 眞
狀을 眞狀대로 道破하는 式樣의 傳道였다。

（四） 오직 하나님의 옳게 녀기심을 입어 복
음 전할 부락을 받었으니 우리가 이와 같
이 말함은 사람을 기쁘게 하려함이 아니오
오직 우리 마음을 감찰하시는 하나님을 기쁘시
게 하려고 함이라。

[하나님의 옳게 녀기심을 입어] e δεδοκιμασμεθα 옳게 녀긴다고 譯한字는 本來「試驗한다」는 試驗한 結果에 「適當하게 생각한다」「옳다고 認定한다」 [價値있었다고 評價한다」는 等 뜻이 생겼다.

[복음 전할 부탁을 받았으니] πιστευθηναι το εὐαγγελιον 福音을 委托받었다는 뜻이다. 委任狀이나 信任狀을 辯護士나 外交官에게 맡기듯이, 또는 夫婦가 그 몸과 運命을 서로 맡겨 버리듯이, 하나님이 安心하시고 自己의 福音을 바울에게 맡기셨다 한다. 하나님께서 바울을 試驗하여 보신 結果에 福音을 맡길만하다고 判定하시자 自己의 福音을 委托하셨다한다. 무릇 人間으로서 榮譽가 이보다 더한것은 없을것이다 그러나 무슨 資格으로써 바울은 이 信任 이 榮譽를 獲得하였든고. 德이 높어서 萬古에 뛰어난 聖賢君子이기 때문이었든가, 學이 깊어서 東西에 솟아난 碩學인탓이었든가, 또는 무슨 策略이나 辯才나 어떤 技能을 取할것이 있었든가. 決코 아니다.

바울은 무엇보다도 自己의 無力함을 自覺한者이오, 自己속에는 善한것이 없고, 自己의 善을 行하는 能力이 없음을 降服하고 呼訴한者이오, 自己의 朱紅같은 罪를 認識하나 스스로 어찌할수없어 울고 煩勞함을 쉬지못하든者오, 世上學識의 虛됨을 깨달어 自說을 버리고 예수그리스도와 二十字架外에는 알지 않기로 作定한後로 오직 하나님의 聖意대로 使用되고저 自己를 主예수께 던지는듯이 맡겨버리고, 오직 信賴로써 順從한人間이다. 故로바울이 福音을 맡을者로서 合當하다고 녀기심을 받었다는것은 바울의 人間的性格이나 品性이 完全히 聖潔되여서가 아니라, 도리어 右와 같은 人間的으로 말한즉 缺點이라, 不德이라, 할만한것이 많은 人物인데도 不拘하고 하나님便에서 福音을 맡길만한 價値있는者라고 認定하셔서 맡기신것뿐이다. 이일은 바울自身도 여기 저기에 自白한일이다.

믿브다 모든 사람들이 받을만한 이 말이여 그리스도예수께서 죄인을 救援하시려고 세상에 임하셨다 하였도다. 罪人중에 내가 괴수니라.

[사람을 기쁘게……] (듸모데前一·一五).

福音을 傳하는것은 사람을 救濟하고저 하는일인데 그래도 人間本位가 아니라 하나님本位라야한다. 傳道는 사람을 爲해서 하여서는 안된다. 傳道者自身을爲해서 할일이 아닐뿐더러 또被傳道者들을 爲한것도 아니다. 오직 하나님의 命에低하야 하나님을 기쁘시게 하여드리기爲하여 하는것이 참말 傳道이다. 人間의 思想과 聖書의 思想이 天壤같이 相違함이 무릇 이와 같다.

福音傳達의光景(上)

奇別

奇
落傷有感

多夕齋

其一　內　外　（出生入死乎　生入死出乎）

外外回測外　內內別無內
外是不外內　內亦分外內
中含是分內　出入復爰謂

其二　人　我

人人我我俄無我
人也人也無他人
不外外人外飾我
不自我自然人

其三　新　奇

每催新聞異常見
於我臨終最新期
好奇榮罷平生習
時今如雙斬新奇

其四　苦　樂

养適有症頻辛談
如在口中可一味
經難雖苦遠則快
時期痛快時快癒
快與痛是本不二

其五　中　和

速罷爲貴快本務
遲支作嚴痛乃憂
搖痒且樂連是痒
苦痛支離不能拒
快樂瞬息莫可追

八

編者曰　이글은 다음과 같은 소식과 함께 온것이
다。解讀에 도움이 될가하여 아래에 添刷한다。

金　兄

나시어나 드시어서 豊恩하시기를 바랍니다。弟 今月五
日도 早起하여서 朝課로하는 家間蠶勤中에에서 맘에感謝
와 몸에生勤을 가장 잘 갖인 참 좋은, 아침으로 보내려
는때 「空心服神」으로 朝飯을代試하는동안이어서 食口들의
朝食事에 參與할것도없이, 自家入口길가에선 아까시야의
허러진枝葉을 좀 剪齊하려고 三脚木梯에 올라서서 小枝
十餘介나 剪斷하는際、사다리 써러지며 自身長남짓한 높
이에서 몸이 떠러짓는데 地面에 左臀部를 衝突하면서
养柱에 振勤을 받었읍니다。몸을 일수없이 腰部가不仁하
여 臥席하였었읍니다。二週間만에 自由起居가 되오며 日
間에는 腰痛을 頻感하는것만이 異狀입니다。

收穫（實感）으로
一、臨終이最新期이겠다는 것。一、苦痛과快感과는 많은
錯雜과交響이있는것——實은 苦痛인것을 快味로 食하는
不覺省期에醉妄이 많은것이오、實은 亦一味인것을 苦痛
視하여 大自惱를 먹는수가 많은것인듯。一、肢體의
小給仕로 終始되는것이 生活의 大部分인것을 明觀합니
다。——어찌하면 靈과 眞의主께 （同行하는）實生을 보리
이까?、——肉은畢竟、重荷오 大敵이오 桎梏이오 惡弄이
겠다。고 봅니다。이만寄別로 드리옵니다。

（第一八七〇日　八月二二日）

×　弟　上

罪人 만을 爲하야 [第十七回]

A、J、렷셀 著

趙聖祉 譯

第八章 푸랭크의 活動 (上)

五月이 왔다。그리고 五月과 같이 傳說的인 푸랭크도 왔다。南米旅行에서 豊富한 結果를 거두고 도라온 것이었다。켄・트위힘은 以前에 날보고 그룹은 現在 指導者가 지금까지 世上에 일어나있는 關心에 應하리만 침밖에 었기때문에 當分間은 宣傳을 要求하지않는다고 그 랫는데도 不拘하고 이번에 푸랭크가 到着하면 곧 나 에게 會見의 機會를 맨들어 주겠노라고 約束을 하였다。 五月에 어떤날아침 켄의 목소리가 電話에 울려왔다。 지금 푸랭크는 론돈에 와있으며 快히 나를 맞나겠다 고 그런다는것이었다。

나는 그 두사람을 點心에 招待하였다。그러나 푸랭크 의 까이단쓰(靈導)는 내가 뿌라운・호텔로 찾어가서 누 後의 茶를 같이하는것이 좋겠다는것이었다。나는 疑心 차않고 그대로 갓나。그리고 이 神學博士요 옥쓰포드 였든 連載宗敎記事에 關해서 이야기가 있었다。그리고

罪人만을 爲하야

그룹의 人間側의 創始者인 푸랭크를 처음으로 맞나보 게되었다。그는 옷도 잘입었었다。그리고 나를 衷心으 로 맞어주었는데 그의 態度는 親切할뿐만 아니라 大 端히 快活하였다。그는 體格이 좀 肥大한 편이요 上 양하여 누구나 가까히 하기쉬운 사람이요 그리고 大 端히 活動的인 人物이었다。그의 말은 좀 빠르나 그 의 목소리는 쟁쟁하여 듣기좋은 音聲이었다。南米에서 經驗한것을 많이 이야기하였다。그는 全旅行을 通하여 聖靈의 臨在를 놀랄만치 느꼈으며 聖靈의 指導를 늘 받는것과 南米에서는 불쉬뷔즘이 相當히 盛行하다는 것 과 그러나 自己는 世界가 지금 참으로 要求하는것은 聖靈의 指導요 불쉬뷔즘이 아니라는것을 이제까지 確信하 고 있었다는것等을 이야기하였다。나는 이제까지 牧師로서 ──푸랭크는 牧師이다── 이같이 聖靈에 對해서 膽大 하게 말하는것은 들어본적이 없었다。大部分의 牧師들은 聖 靈에 對해서 確乎한 體驗이 없는것같었다。푸랭크는 머 리와 억개를 뒤로 제치고 두손은 집고 室內 를 왔다갓다하고 있었다。그의 動作이든지 確呼한 人 生의 目的을 認識하고 있는것을 表現하는것이 以前에 내 가 事務室에서 로이드・쬬―지에게 紹介를 받었을때본 것과 같은것이 있었다。우리는 그前에 우리新聞에 내

九

罪人만을 爲하야

一〇

나는 또 옥쓰포드·그룹에 關하여 連載記事를 실려고 하는 나의 腹案을 說明하였다。 그러나 내중에 讀者들에게 機會를 주어 이 運動에 關하여 贊成論이든지 反對論이든지 發表하게 하련다는것을 提議하였더니。

「오！ 그것은 안됩니다。」

하고。 푸랭크는 이 提言을 斷然히 反對하였다。 그룹은 宣傳을 要求하고있는것이 아니다。 그러나 萬一 報道가 正確하고 題材를 敬虔한 態度로 取扱하기만 한다면 언제든지 說明을 앗기지는 않을것이다。 그러나 新聞에서 宗敎를 論한다는것은 決코 滿足한 結果를 얻지못하는 것이다。 元來 論戰이라는것은 新約聖書의 精神에 背馳되는것이다。이런것은 一時的으로 興味를 일으킬는지 나 實際의 利得은 別로 없는것이다。結局 사람들에게 興味를 일으킨다 하드래도 單只 興味를 일으켰을다름이요、그以後의 問題는 相關할것없이 新聞은 每日의 雜報를 傳하는 自己本來의 職務로 도라가게되고 마는것이다。興味를

그는 나에게 爆彈을 던지는것이였다――나自身이 몬저 이일을 할만한 靈的準備가 되기前에는 옥쓰포드·그룹 이에 關해서 記事를 쓴다든지 무슨 出版을 한다든지 하는일을 激勵하는것이 좋지않다고 그러는것이였다。나는 이有名한 生活改變者는 確實히 勇氣가 있었다。나는 론돈에서 新聞에 關係한지 二十五年間이나 이 같이 膽大스런 忠告를 받은것은 처음이였다。하기는 數年前에 어떤 著名한 人士에게도 이와 類似한 忠告를 한것을 나는 記憶하고 있기는 한다。푸랭크는 이를게매 逆襲을 하는것이였다。即 날보고 내가 靈的으로 完全히 資格을 얻기前에는 그룹에 關해서 執筆을 하는것은 聖靈이 反對한다고 생각하노라고 그랬다。新聞記者라는것은 自己가 쓸려고하는 記事에 關해서 外部의 許可를 맡고 하는것이 아니라는것을 나는 알고 있었던것이다。勿論 나라는 사람은 多年間·基督敎人生活을 힘써왔으며 大槪는 每日 聖書를 읽었고 每日 두세번은·祈禱를 하였고（바리새人처럼）、때때로 新聞을 操縱해나가는데 每日每日 맞나는 難關의 안개속에서도 나는 新約聖書의 敎訓을 理解하는대로 따를려고 힘써왔다는것等은 그는 알지도 못하였고 또 그런것等에는 아모 關心도 없는것같았다。

身의 生活이나 新聞에 對해서는 悔改도 하였고 그리고 나自身의 宣傳은 어데까지든지 精神的인 이運動에는 無用한類의 宣傳은 어데까지든지 精神的인 이運動에는 無用한뿐만아니라 益보다는 오히려 害가 더 많다는 것이였다。

――뿐만아니라 그에게온 聖靈의 까이단스는――여기에서

나는 이래뵈여도 敎會의 長老요 敎會建築基金의 會計요 굉장히 成功을 獲得한 新聞記事(世俗的 及 宗敎的인)의 創案者요, 그리고 多少의 迫害라는것을 全然 맛보지못한 사람도 아니었소. 勿論 義를 爲해서 받은 逼迫이였을것이나. 그리고 新聞社에서는 最高의 俸給을 받고있었으며 이 新聞은 푸랭크의 年少한 運動에 萬一 要求하기만 한다면 若干의 도움은 줄수있는 것이다.

나는 잠간동안 이 푸랭크의 無禮하게 보이는 態度는 單只 巧妙한 策略에 지나지않는것이 아닌가 하고 생각하였다. 即 聖靈이라는 말을 引用하여 나의 눈을 어둡게하여가지고 우리가 그의 敎理에 對해서 正直한 信念을 가지고 있다는것도 無視하고 單只 自己가 願하는것만 우리가 發表하도록 하려는 努力에 지나지않는것이 아닌가하고 疑心하였든것이다. 적어도 내가 그를 疑心하는것이나 그가 나를 疑心하는것이 다 같은 程度로 正直만은 한것이였다. 結局에 있어서 사람이라는것은 自己만은 自己를 알수있는것이요, 自己만 알고있는 生活이 어드런生活인가 하는것도 自己의 生活과 같은 努力을 하기를 두려워하는 다른 사람들이야 무어라고 하든지 내버려 두는것이 좋다. 그들의 슬퍼하는 動機가 本能的 嫌惡에서 나온것이든지 自己辯明에서 나온것이든지 嫉妬에서 나온것이든지 또 或은 平凡한 策略에서 나온것이든지 相關할것이 없는 것이다.

罪人만을 爲하야

내가 이 運動에 손을 대는것을 聖靈이 反對한다고 그러니 大體 나의 生活에 무슨 缺陷이 있기에 푸랭크가 初面에 이같은 말을 할 權利가 있다는. 말인가? 勿論 누구에게든지 이같이 推測해두는것이 安全은 할것이다. 언제든지 먼저 손을 쓰는 편이 이기는수가 많은것이다. 푸랭크는 몬저 한깨 '맥인셈이다. 그러나 萬若에 그의 推測이 正當하다고 치드래도 그가 反對하는것이 亦是 正當하다고 할수있을까? 새運動을 公表한다는것은 그 運動自體에 무슨 흠이 없는限 아무害도 없을것이다. 뿐만아니라 아모것도 숨길것이 없는 사람은 모든것을 언제든지 밝은빛에 내여보일수있다는 意味의 聖經句節도 있지않은가? 우리의 小說家들도 自己네의 宗敎觀을 告白하고 讀者들의 批判을 받은것이다. 아놀드·베네트는 頑固한 狂信家들에게 酷烈한 反對를 받었다. 이제 不信者도 나의 請에 依하여 自己의 意見을 서슴지않고 公表하였거든 나도 自己와 같이 天使의 편이라는것을 알면서 어째서 푸랭크는 反對하는것일가? 萬一에 푸랭크가 참말로 나쁜 痲疲 같은 罪를 빛에 내여빛외이게하는것을 願한다면 그의 새 運動은 더욱이나 빛에 높이 처들어 萬人이 그 純潔한

一一

罪人만을 爲하야

것을 보게하는것이 좋지않을가!? 그리고 何如間에 우리는 이것을 그가 좋와하든지 슬퍼하든지 相關할것없이 하려면 할수는 있는것이다。언제든지 最後의 決定權은 編輯部長에게 있는것이다。

그러나、亦是 푸랭크는「안된다」고 그런다。그는 聖靈의 靈導에 依하여「아니라」고 그러는것이 기때문에 自信이 있었었다。그리고 나自身도 亦是 그後의 여러가지 事實에 빛의여서 그때의 會見을 回想해보면 亦是 그가 옳았다는것을 否定할수 없게되었다。

그날 午後부터 저녁까지 있는동안에 푸랭크는「靈導」에 依하여 몇가지 豫期하지 못하였든일을 나에게 이야기하였다。食事를 할때 한 이야기 하나는 特別히 興味가 있었다。그가 아스파라가스를 두접시째 먹었을때였다。나는 어데까지가 常識이며 어데서부터가 靈導냐고 그境界線을 說明해주기를 請하였다。그는 이렇게 對答하였다。

「나는 나의 生活의 어드런 些少한 일이든지 全部 靈導에 依하여 하노라고는 말하지않읍니다。例를 들어 말하면 내가 이 아스파라가스를 또하나 먹은것은 靈導를 받은것이 아닙니다。單只 나는 배가 곱핫였고 아스파라가스가 좋왔든것뿐입니다。그러나 萬一 靈導를 求하려고 注意만하고있으면 언제든지 必要할때마다 靈導를 얻을수있는것입니다。이것은 누구에게나 다 될수있는것입니다。」

이날 午後에 푸랭크가 빤안 바람벽을한 이 커다란 방을 왔다갔다하면서 한말 가운데는 이런것도 있었다。

即 네손가락으로「P·R·A·Y」(祈禱)라는 넉字를 헤이면서 이것은 Pwoerful(힘있는) Radiograms(無線電信) Always(恒常) Yours(네것)의 머리字가 된다는 것이였다。이같이 푸랭크는 마치 老練한 敎育家가 외이기쉬운 短句를 敎育에 利用하듯이 힘있는 警句를 늘 發하는것이다。

그後에 또 이런말도 하였다。우리는 끌과 맛치와 鐵못을 가지고 일을 해야 합니다。몬저 끌로 구녕을 뚤러놓고 그다음에는 鐵못을 그구녕에 넣은後에 못의 兩便끝을 맛치로 두드려서 든든하게 메꾸어버리는것입니다。그러면 거기만은 다시 弱해지거나 뚜러지지않을것입니다。」그날 午後에 푸랭크가 나에게 使用한 方法은 亦是 이것이였다。

그리스도께서는 우물가에 있는 女人의 말속에 罪가 있으리라는것을 感知하였다。그리고 다른 많은 사람들의 罪도 感知하시였다。

萬一 푸랭크도 그날 날보고 罪를 告白하라고 하였드라면 나도 한개의 쩌날리스트라 이같이 좋은 記事

〔二一〕

였다.

材料를. 提供해준데 對하여 그값으로 몇가지를 告白했을는지도 모르겠다.

그러나, 亦是 나의 罪는 우리가 이야기하는 동안에 제절로 올라왔다. 그리고 그는 事實 아모말도 안했지만 나는 將來에 어떻게하면 勝利하리라는 方法이 明瞭하게 내다보이는것같었다. 그러나 이것도 나의 虛榮心의 所爲일는지모르겠다. 卽 나는 이非凡한 傳道者에게 나自身의 超自然的 經驗을 몇가지 말해주고싶은 생각이 간절하였다. 이래서 나에게 對한 認識을 바로주어서 나도 이方面에 있어서는 實際的 經驗이 全然없는 사람은 아니라는 것을 알려주겠다는것이 動機의 一部分이었다. 그렇게해서 그에게 感銘을 주고싶은 생각도 있었지만 또 내가 靈的準備가 없어서 그의 運動을 新聞에 음겨놓을 資格이 없다고 한 그의 無禮한 言辭가 不當하다는것을 證明하기爲하여서라는 點도 있었다.

新約聖書를 工夫하고 있었다. 이 新約은 내가 풀리ㅣ트街의 生活의 처음 몇해동안은 無用之長物로 생각하고 내버려 두었든 책이다. 나는 基督敎로 도라왔다고 그다지는 하지만 敎理의 한가지 두가지는 犯하드래도 그다지 良心의 苛責은 느끼지 않었다. 自己의 境遇는 다른사람들과 다를뿐만 아니라 또 남에게 아모 害毒는 안끼치면 그만이라는 것이 나의 辯明이었다. 그러나 新約을 좀더 細密히 硏究해볼때 나의 趣味의 몇가지는 安協의 餘地없이 禁制的이라는 것을 알게되었다. 그러자 하로는 以前에는 敗北를 當하여왔든 어떤·誘惑이 왔을때 나는 斷然히 「右向右」를 하였다. 以前같으면 依例히 「左向左」를 했을것이다. 지금 내가 푸랭크에게 說明한 훌륭한 經驗도 亦是 이 「右向右」를 한 結果이었다. 그經驗이란 너러하였다. 卽 이 誘惑을 이긴後에 곧 나는 나의 방에 드러갔었는데 異常하게도 突然히 感情이 高揚되는것을 느꼈다. 말로할수없는 喜悅의 感이었다. 그리고 여기에 이어서 원편 옆구리가 뜨거워지는 듯한 快感을 느꼈다. 이 經驗의 恍惚感이란 어떻게 말로 表現할수 없는것이었다. 그것은 어드런 人間的 喜悅보다도 뛰여나게 强하였다. 마치 探照燈의 빛을 촛불에 比한것이나 마찬가지였다.

「무슨 이야기든지」 하고싶은대로 하시지요」하고 푸랭크는 마치 피크워크氏처럼 방 가운데 서서 그 큰 머리와 억개를 뒤로 제치고 손을 亦是 뒤로 뒤집을 집고 서서 이렇게 말하였다. 나는 몬저 數年前에 일어난 歡喜의 經驗에 對하여 이야기 하였다. 卽 그前에 나는 옷을 모두 입었었고 그리고 내 罪人만을 爲하야

一三

267

罪人만을 爲하야

周圍에 있는 모든 事物을 確實히 意識할수있는 때였었다. 이 祝福받은 經驗에 이어서온 喜悅感이란 너무도 異常하고 너무도 天上的이고 너무도 燦爛하여서 그리고 普通 뿐이·스카우트的 善行의 結果로 오는 喜悅感等에 比한다면 너무나 超越하기 때문에 나는 自然히 무릎이 끌려지고 恍惚한 가운데서 聖靈의 感化로 祈禱를 올리게 되었다. 이 恍惚狀態가 繼續됨을 따라서 나는 나自身의 껍데기를 벗어나서 太陽빛이 환하게 빛외인 어떤 높은곳으로 끌려 올라간것 같었다. 그리고 人間들이 暗黑속에서 盲目的苦鬪만을 繼續하고 있는것을 볼수있었다. 그리고 그들의 앞에는 그들의 目的인 榮光스런 將來가 있는데 나는 여기에 異常하게도 끌리워 드러왔지만 그들은 이 暗黑 때문에 이것을 보지못하는데는 同情을 禁할수가 없었다.

이번에 나는 歡喜도 견대기 어려운수가 있다는것을 깨닫게되었다. 그리고 歡喜도 苦痛과 마찬가지로 견댈수없게 되는때에는 떠나버린다는것을 알었다. 特別한 準備가 없는 사람은 이러한 薔薇色의 恍惚感을 半時間 以上도 견대지못할것이다. 그날 나에게 일어난 事實이 꼭 어드런것이였다고 하는것은 나도 알지못한다. 그러나 造物主께서 나를 半時間동안 파라다이쓰의 隣邊에서 지내게 해주셨다는것만은 언제나 疑心치못할것이다. 그리고 萬一에 天國이 이보다 더 榮光스럽다면 使徒바울이 말한 主께서 自己를 사랑하는 사람을 爲하여 準備해 놓신것을 본 눈도 없고 들은 귀도 없다는 말을 理解할수 있었다. 이같은 經驗을 해보면 「天國의 金거문고」에 對한 이야기는 아모것도 아니였다. 그後에 나는 잉그教授의 著述한 英國神秘主義에 對한 책을 읽어보니까 이런 恍惚狀態는 特別히 나만 經驗한것이아니라 다른·사람들도 經驗한 사람이 있었다는것을 알수있었다. 그리고 神秘家들의 自叙傳에도 더러 記錄이 되여 있었다.

이같이 파라다이쓰의 境地를 미리 맛보았다고 하는것은 나의 基督敎를 信仰하는 方法이 다른사람들이 하는것과는 類가 다른 特別한 價値가 있는것이라고 나는 생각하였다. 그리고 그날 午後에 부라운·호텔에서 푸랭크에게 그 이야기를 할때 그도 그렇게 생각해주리라고 나는 바랬었다. 그는 興味를 느낀것처럼 듣고만 있었다. 그러나 아모 註釋도 붙이지 않았다. （續）

或る青年と語る〔一〕

主　　筆

或る日のこと市内から逃く歸つて來ると「明日又お訪ねしますから會つて下されば感謝に堪えません」と書いた名刺を置いて往つた男があつた。この北漢山の麓まで又やつて來るといふからには餘程眞劍な問題であるに達ないと先づ思はせられた。留守中に來た時の彼の感想は次の通りである。

（この種の問題には度重ねて悃れ度くないから今度限りとし、此の系統の他の靑年のことをも考へて稍々詳しく意見を添へることにする）

金敎臣先生訪問（第一日）

心の革命史を書いたので私の心を分つてくれさうな人と共に樂しみ、批評して貰ひ、他の話も聞かせて戴きたいと思つて金先生宅を訪ねて出發した。貞陵里は一回行つた事はあるがお宅は分つてないなかつた。さて出て見るとどうも「怿さ」示しに行くやうな氣がしてきまり惡かつた。八年位前に孔德町で一回訪問したけれどもその時は邪魔以外に目的も結果も無かつた。今度だつて心の準備があるのでなく唯何か聞いて參考にしやうと思つた。

×

宗敎特に基督敎のＡＢＣもしらないものが而も友と共に飮み食ひ吸ふものが比較的純眞な先生を共の樂園に訪ねる事は「眞實一路」といふ小說にあるやうに傷をつけに行くのかも知らない。人生の生活

×

或る靑年と語る（一）

何れも傷をつける生活でないのはないが――人生の一生は傷をつける歷史にすぎないから――傷をつけることはお互の事だ。

途中の事

「想峴」とか云はれるものの麓にくると小山を半分程割つて數十丈の石骨隆々たる岩石の切面が見えた。私は鷲敷舌を卷いた。此の小山の腹にかゝるものを保藏してゐる神様は大地球大宇宙にとれ程鷔萩すべきものを藏してゐるだらう。

謙遜法

道を謙遜な態度で步くのは難しい。無理に謙遜な態度で步く様はみつともなくて、見て居られない。行爲は德と並行しないといけないらしい。

大膽な乞食

私は純なな乞食を見た事がない。或者は當然の權利のやうに號令し或者は卑怯に二重性格をつかひ又或者はいぢないみつともないものもある。僕は乞食らしい乞食を見た事がない。乞食は靈魂に結核菌が繁殖して出來るものらしい。

親切

貞陵里にて二人の人に道を尋ねたが、不思議にも皆親切であつた。八年前に孔德町に先生を訪ねた時に逢ふ人は皆不親切であつた。今度の北漢學園の先生は特に親切であつて金先生の德化の程が伺はれた。

編者曰

何も金先生の德化の爲めではない。北漢學園の先生自身の高德なること〜訪問者自身が八年丈大きくなり偉くなつたからであらう。

一五

或る青年と語る（一）

家

北漢學園の先生に半分は洋式の家だと云ふのを聞いて心臓が二三度鼓動した。世間的偉人に面接する事は僕にはこわい事だからである。然し先生はそれ位の德があつて立派な家に居られるだらうと思ひ〱到つて見ると、實に質素なものであつた。畠には手入の行屆いた作物があり住所と名札は稍大きく書いてつけてあり、特に驚いたのは垣根も大門もない事である。これ等の事に先生の實行能力の程度を知るのだ。垣根の開放と大門廢止！先生はこれ位な事乍ら實行が出來るのだ。私をしてかく實行せしめる事は軍用飛行機を旅客機にし軍艦を商船にする位の冒險であらう。

禮法

編者曰　青年は妙な所に感心するものと見える。なにも「實行能力」云々する程の事でもあるまい。實は貧乏してゐるから垣根も大門も出來ないまでの話である。それに相當慾張り屋であるから北漢山と水落山を裏庭とし南漢山と冠岳山を前庭とする爲めにはそうした方が好都合であるからである。

私は先生の奥様に拜むが如く丁寧に禮をした。否自づとさうなつた。私は歸り乍ら此の事を反省した。私はこれに依つて「自己」の殘存してゐる程度をはかつた。私が他の人々にかやうな禮が出來ないからである。それだけ私は神を信じてゐない事になる。そのやうな禮が世の凡ての人に對して可能である時始めて神を信ずる事になる。

　　×

　　×

聖畫朝鮮を暫らく讀んで〈今日歸つてすぐ〉〈昭和十四年度ノモノ〉

作者の暗黒面も露骨に告白して慾しかつた。餘り天使的だ。純情のみの記錄で、惡人への傳道としては溫和すぎる。初心者にとつては何の迫力も感ぜられない。聖書解釋は黑人向で素人に益少し。歷史的原理の分折は充分だが初心者の目には機械的公理で作者の切實なる體驗に基いた解釋に乏しいやうだ。純情の記錄は隱居者の文を思はせる。罪にもまれた純情が罪人には爲になる。此の純情の記錄は罪人にとつては如何にして至り得るかを知らず。聖書朝誌を初心の純情人が讀めば常識的信仰者として固まつてしまつて。彈力と感激に滿ちた信者にはなり得ない恐れあり。私丈の事かは知らぬが私は倉田氏の「愛と認識との出發」のやうな魂の告白が一番印象深い。

編者曰　以上が第一日の分である。書いて來たものよりは大分縮まつてゐる。面談の次第を急ぐことにしやう。

金敎臣先生訪問（第二日）

私は作品の包を腋にか〱へてとぼ〱と「想峴」を越える。私は私の作品と倉田百三氏の作品等の方は金敎臣先生の方の作品と系統が違つてゐるやうに思はれた。前者は稍不純であるが彈力と感激に滿ち生き〱した生命が溢れて居り後者は天使的で純情的であるが彈力に乏しく稍固形的で隱遁的で活氣と銳敏さが乏しい。こゝに於て私の九〇％以上も不純な作品も先生に役立つ事があるだらうと思つた。……さて今日はいよ〱〱先生に逢へるだらうと思ひつゝ畠の小道を縫うて兩側の草花の行列に、歡迎の感謝の意を感じつゝ、大門もない家なのですぐ中庭へ入つた。先生のお孃さんが板の間で遊んでゐて他には誰も居ないやうであつた。小さなお孃さん達が私を見ると

一六

すぐお父さんを呼びに行つた。大分長く待たされた。ぢつと立つて居るのは氣まり惡かつた。先生はどんな態度で私を迎へるだらうか私は先生の德力に壓されて私の思ふ事がほんとに言へるだらうかと心配しつゝ、汗をふきながら家の作りやその弱々しい材木や間に合せに造つた風呂場等を觀めてゐた。書齋だけは流石に大事にしてゐるのが一見して分つた。もう汗も治まつたのに先生はみえない。私は「ひどいな」と思つた。やがて先生は向うの方に現はれた。古ぼけたシャツとサルマタ(兩方共白)を着てシャベルを持つてゐるのが一見して分つた。お顏は八年前と餘り變らないが動作はずつと老人らしくなつたやうであつた。シャベルをたてかけると便所で小便をしてゆつくり步いて裏から入つた。それからもずゐぶん待たされた。對坐した時の先生の印象て先生は「さあ上りなさい。」と言はれた。やがて板の間に坐つは、一言二言の對話ですがに海や山をも容れるべき寛大な態度に氣持よかつた。然し餘りにも老人めいて氣に入らない所もあつたが途に幼い私を友の如く對してくれるので氣に入らない氣持はなくなつた。動作こそ老人めいたが心はさすがに若かつた。

先生は世の人のやうに私の上に立たうとしなかつた。自分の話だけを正しいと言ひ自分一人で話し、私の話は常に惡いと批判され話す機會さへ許さないやうな世人とはまるつきり違つてゐた。寧ろ私の方が餘計にしやべるやうな不敬におちいりやすかつた。先生の對話には皮肉、冗談は一つもなかつた。眞劍そのものであつた。その對話を凡て記憶して記錄する事が出來たらそれは凡て生きた眞理であらう。今記憶に殘つてゐる幾らかをほんの僅か乍ら記して見よう。

　　　×　　　　　×

或る青年と語る (一)

①某先輩は話に來られると「お互に武裝を解除して話さう」と言はれたが、ほんたうの話は先づ「武裝解除」からだ。でなければ寧ろ何も話さぬ方がいい。

②信仰の爲めに過々金錢上の損害を蒙つて見ないと信仰は深くならない。

③これからは僕は專心傳道に從事するつもりだ。經濟上のことか。當今は戰死する人々も少くないではないか、東洋にも西洋にも。

編者曰　この外にも尚ほ十二頃の談片が記るされてあるが紙面の都合で略する。

大體これ位にしておかう。忘れてしまつてはつきりした事が分らない。それから晝食を一緒にして一緒に町へ出掛けようと先生はいはれた。印刷所に校正に行くさうである。私は餅と飯を出された。先生は非常にゆつくり召し上られた。ほんたうに味を味はつてゆつくり召し上られた。私は飯のこがれたものをかめばかむほど味ある事を經驗してゐる。然し私はどうしても先生のやうにゆつくり食べる事が出來ない。苦勞しながらもすぐに呑み込んでしまつた。先生はがまんが出來ない程ゆつくり食べられた。私はすぐ立つて先に歸らうかとも思つたけれども世間的な儀禮が無聊な私を床に結びつけてゐた。先生は食事が終つても何やら準備で非常に手間がかゝつた。私は「お先に失禮します」と言つて立ちあがつたが先生は「まあ〜一緒に」といはれるので又待つ事にした。私は輕率であつたので、これらの行爲によつて先生より「落着

一七

或る青年と語る（二）

一八

〈方法〉を教へられた。落ち着く事は確によい。特に精神生活者に
とつては。然し物質生活者だつて輕率な奴は常に失敗する。
最初は先生に話しかけようとすると興奮して涙が出さうで思ふ通
り話が出來なかつたがもう平氣であつた。先生は自轉車を引いて私
は傍で步いて出發した。私は世間的の禮儀作法から言ふと實に馬鹿も
ので、「先生乘りなさい」とも「私が引いて行きませう。」とも一言た
りとも言はなかつた。さう言ふ老は起つたが老が起つてからそんな
事を言ふのはいやだと思つた。世間的だと思つた。老が起る前に無
意識的に本能的に「乘りなさい。」と言ひ、老が起る前にハンドルを
私が持つ事が出來たならば私はがまん出來よう。色々と考へたすえ
で、又ほんたうに、それが確に正しい事かもしらぬのに言ふのは何だ
か卑しいやうであつた。又結局そんな事はどうでもよい。僕がさう
言つたつて先生は斷るに違ひない。さうなればほんたうに世間的の儀
禮になつてしまふと思つた。

道々又面白い話を聞いた。然し私は、或西洋人が野蕃人を馴らして
洋服や革靴を着せた所暫くしてぬぎすてて逃げさつたと言ふ事を思
ひ出した。これは私がちようど老から逃げだしたいのに似てゐる。
私は先生にさう言つた。すると先生はそれは不思議な事で使徒ペテ
ロもキリストに遠ざかつてくれと言つた事があつたと言はれた。人
間には敬慕する人に對しては「敬而遠之」したい本性があるだらうと
言はれた。ちようど峠の所で先生は車に乗つた。實際の所私は少し
も名残り惜しくなかつた。

以上が第二日即ち面談した日の彼の印象記の概畧である。

未だ二十臺そつくりの氣特である人を彼が幾度も「老人」呼
ばはりしたことが酷くさはつたのであるが丁度その日の
午後或る齒醫者に往つた所齒が旣に間違もなく「老境に入つ
た」との診斷であつた。客觀的事實然りとすれば彼の「非禮極
まる」觀察をも許すより外あるまいと漸く悟つた。

彼は心靈上の第一革命及び第二革命を記載した厖大な原稿
包を開け乍ら「先生のやうな方とは私は系統が違ふもので…
……」といふのがその最初の語葉であつた。私はその一言に
酷しく打たれた。余輩は自分自ら彼らとは系統が違ふもので
あるといふやうな振舞をして見せたであらうかといふ事が一
つ。果して彼のいふやうに全く系統の違ふものであるならば
如何にすれば彼の心へも橋を渡し得るであらうかといふ事が
第二。系統の違ふ人であることを萬々承知してゐ乍らも一生
涯の心靈上の革命史を携へて余輩のやうなものより外に訪ね
るべき人がゐなかつたとすれば彼の心はどれ程淋しからうと
いふのが第三。なんとかして彼の友になつてやり度いとの余
の同情の心は湧然として湧き上つた。雖え彼は彼の言つた野
蕃人のやうに間もなく逃げ去らうども逃げられるその瞬間ま
で私は私の善意を盡して彼の爲めを計ることに心を決めた。

彼のロマンスをモデルにしたらしい小說から最近の哲學め
いた革新史まで八九冊もある原稿を精讀して批評することを
約束して彼を歸した（以下次號）

うになつた。

基督の體なる教會の意味はエペソ書コロサイ書に深く述べられてゐる。又ヘブル書十二章二三節には此の世を去れる信徒の天的な敎會をも意味してゐる基督の十字架によつて罪から解放された者の靈的な交は世にあるも，世を去るも，基督に於て一である。

⑧　　ヘー　　　　ドッサ
　　　ἡ　　　　δόξα　　　　（榮光）

δοκέω（思ふ，suppose）と云ふ動詞から出來た名詞で，意見，評價，譽，等の意味があり，更に進んで榮光と云ふ意味になつた。

ルカ傳十·四章十節「譽」。ヘブル書三章三節「榮光」。ペテロ前書五章四節「萎まざる光榮の冠冕」。或る人々の優秀が他の人の榮光に歸せられる時，前者は後者の榮光となる。「汝等は我らの榮光なり」テサロニケ前書二章二十節。

「榮光を神に歸する」ルカ傳十七章十八節。

默示錄四章九節，同十一章十三節，同十四章十七節，同十九章七節，その反對の場合，使徒行傳十二章二十三節。

[doxology]

273

ὁ οἶκος も家と云ふ意味だが, 古くはἡ οἰκία と區別された。即ちὁ οἶκος は主として家の建物, 全財産を意味し, ἡ οἰκία は單に住ひそのものに重きを置く場合に用ひられた。家族を表す時には兩者同樣に用ひられた。新約聖書に於ては必しも兩者を區別しない。

[economy＝οἶκος＋νομός]

ヘー　　　　ソふィア
⑥ ἡ　　　σο ία　　（智）

此の語は廣く種々な意味に用ひられるので文の前後の關係から, それぞれの特種な場合の意味を取らねばならない。

イエスの智慧――ルカ傳二章四十節及五二節。

ソロモンの智慧――マタイ傳十二章四二節。

エジプトの智慧――使徒行傳七章二二節。

最高の智慧――默示錄七章十二節, 同五章十二節, エペソ書三章十節。

「キリストには智慧（σο ία）と智識（γνῶσις）との凡ての寶かくれあり」コロサイ書二章三節。

γνῶσις は直感的な眞理の認識にてやゝ限られた特殊な用語, σο ία は動的にて眞理に關し推理し又はその關係を探索する力を含めて, やゝ一般的な用語。

[philosophy, theosophy,]

ヘー　　　　エックレシィア
⑦ ἡ　　　ἐκκλησία　　（集會。教會）

此の語は元來 ἐκκαλέω（呼び出す）と云ふ語から出來た名詞で, ギリシヤ人の中では各自の家から公の場所に呼び出される市民の集會を意味した。例へば使徒行傳十九章三九節「正式の議會にて決すべし」又同四一節「かく云ひて集會を散じたり」。

◎基督教的の意味では基督教徒の集團, 基督に於て一體となつたもの, 即ち神によつて肉の世から召し出だされたものゝの靈的な有機的な全體を意味するや

語には他に生命を表す語で $\beta\iota os$ と云ふのがあるが此は生存の期間，手段，態度を示す語で，人間的な意味に用ひられた。$\zeta\omega\eta$ は生命一般に關して單に生存を示してゐた。然し新約聖書に於ては生命觀が一變して $\zeta\omega\eta$ の意味は高められた。

有限な人間の生命も肉である限りは他の動物と異なるところなく死に勝つ事は出來ない。只新しき靈的な生命（基督）によつて死に勝つ事が出來る。ロマ書八章十節。

基督のうちに生命は充滿してゐる，ヨハネ傳一章四節，ヨハネ第一書一章一節，ヨハネ傳六章五一節及六三節，同十四章十六節，ロマ書七章十節，ヨハネ傳四章十四節，ヨハネ三章十五節，コロサイ書三章三節「我らの生命なるキリストの現れ給ふとき，汝らも之とともに榮光のうちに現れん」

[Zoology, Biography]

　　　　ヘー　　　　　ふォーネー
④　　$\dot\eta$　　　　$\omega\nu\dot\eta$　　　　（音。聲。語）

$\omega\nu\dot\epsilon\omega$（音をたてる）$\dot\alpha\omega$（輝く，明にする）と云ふ動詞から出來た名詞。

樂器の音———マタイ傳二四章三一節，コリント前書一四章七節等。

人の聲———ルカ傳十七章十三節，使徒行傳四章二十四節等。

言　語———コリント前書十四章十節「世には國語の類多かれど，一として意義
　　　　　　　　あらぬはなし」

[phonetic, megaphone, telephone 等の語原]

　　　ヘー　　オイキア
⑤　$\dot\eta$　　$o\dot\iota\kappa\dot\iota\alpha$　　　　（家）

住　家———マタイ傳二章十一節，同七章二四節等。靈の住家としての體，コ
　　　　　　　　リント後書五章一節。

家　族———マタイ傳十二章二五節，ヨハネ傳四章五三節等。

財　産———ルカ傳二十章四七節。

舊約中の特定の聖句を示す場合，ヨハネ傳七章三十八節。同十章三十五節等。

新約の卷々が次第に經典となり始めた頃の消息をうかがひ得る語として，ペテロ後書三章十六節。

聖書中にて語り給ふ神の意味にてロマ書九章十一節ガラテヤ書四章三十節。

或る人格の如く比喩的に用ひられた例ガラテヤ書三章八節。

[graph, graphic, photograph, geography, phonograph 等の語原]

②　　ヘー　　　アルヘー
　　　ἡ　　　ἀρχή　　　　初

（一）　萬物の元始，絶對的な意味に於てヨハネ傳一章一節。「太初に言ありき」。

（二）　相對的の意味にてヨハネ傳六章六十四節。同十六章四節。同十五章二十七節等。

（三）　第一の人物，第一位の物，指導者の意味。例へばコロサイ書一章十八節「彼は其の體なる教會の首なり，彼は始（ἀρχή）にして死人の中より最先に生れ給ひし者なり」その他默示錄一章八節。

（四）　被造物の最初となるもの，ヨハネ默示錄三章十四節「神の造り給ふものの本源たるものかく云ふ……」の「本源たるもの」。

（五）　端の意味。布の四隅 使徒行傳十章十一節。

（六）　第一の地位，權威，支配等の意味。ルカ傳十二章十一節「人なんぢを權威ある者（ἀρχή）の前に引き行かん時」。パウロには天使又は惡魔にも用ひた。ロマ書八章三十八節，エペソ書一章二十一節等々。

[archaeology, archbishop, archangel, monarchy, architecture, archoplasm 等の語原]

③　　ヘー　　　ゾーエー
　　　ἡ　　　ζωή　　　　（生命）

活力を有するものゝ狀態にて「死」の反對語としての「生命」である。ギリシヤ

276

名 詞 語 尾 Ａ 變 化 表

格，冠詞，	I oἰκια-（家）	II γραφα·（書きもの）	III δοξα-（榮光）
單 1. へー ἡ	オイキア οἰκία 家は	グラふェー γραφή	ドッサ δόξα
2. テース τῆς	オイキアース οἰκίας 家の	グラふェース γραφῆς	ドッセース δόξης
3. テー τῇ	オイキアー οἰκίᾳ 家に	グラふェー γραφῇ	ドッセー δόξῃ
4. テーン τὴν	オイキアン οἰκίαν 家を	グラふェーン γραγήν	ドッサン δόξαν
5.	オイキア οἰκία 家よ	グラふェー γραφή	ドッサ δόξα
複 1. ハイ αἱ	オイキアイ οἰκίαι	グラふアイ γραφαί	ドッサイ δόξαι
2. トーン τῶν	オイキオーン οἰκιῶν	グラふオーン γραφῶν	ドッソーン δοξῶν
3 タイス ταῖς	オイキアイス οἰκίαις	グラふアイス γρα αἱς	ドッサイス δόξαις
4. ターズ τὰς	オイキアース οἰκίας	グラふァース γρα άς	ドッサーズ δόξας
5.	オイキアイ οἰκίαι	グラふァイ γρα αί	ドッサイ δόξαι

前 揭 單 語 の 説 明

①　ἡ　γρα ή　（書きもの）〔グラふェー〕

γρά ω（書く）と云ふ動詞から出來た名詞。

聖書一般を指す場合，テモテ後書三章十六節に「聖書はみな神の感動によるもの」。

特に舊約を示す場合，ロマ書一章二節。

新約聖書原語入門 （七）

里 見 安 吉

第六課　名詞　（A變化）

單語

①	グラふェー γραφή	書きもの	⑤	オイキア οἰκία	家
②	アルヘー ἀρχή	初	⑥	ソふィア σοφία	智
③	ゾーエー ζωή	生命	⑦	エックレーシア ἐκκλησία	敎會
④	ふォーネー φωνή	聲	⑧	ドクサ δόξα	榮光

第一格が –a 又は –η を以て終る名詞は多く A變化に屬する。　A變化名詞は殆ど全部が女性名詞である。それ故に何れも女性冠詞 ἡ を附ける。

  I.　γραφή の如き –η に終る名詞が A變化に屬する理由は，その語幹（例へば γραφή の語幹 γραφα-）が –a に終つてゐる爲めである。

  II.　οἰκία の如く –ια で終るもの。

  III.　δόξα の如く子音に –a が續いてゐるもの。

以上三種ともに A變化に屬する。多少變化を異にする點を注意して記憶されよ。

單數の場合には I と III とは第一格，第四格，第五格に於て同じ，又 II と III とは第二格と第三格に於て同じ。

複數の場合には I II III ともに各格の變化を同じくしてゐる。單數複數何れの場合も第一格と第五格の語尾は同じ，但し第五格は冠詞を必要としない。

八八八八 (誌友號)

咸北鍾城에서 牛乳牧場을 經營하든 金鳳國君은 小規模의 資産으로써 牧場을 시작하여 當幸히 하나님의 親寵을 입어 날로 달묘 그業이 隆盛하여 金家産이 約八千圓에 達한때부터 이것을 聖書朝鮮社에 獻納하고서 自己는 一個雇用人夫로서 그業을 繼續管理하기를 提議하여 왔었다。提議라기보다 懇願하였고 성결이 첫으셨다。

그러나 그資産이 비록 巨大한것은 아니라 할지라도 그것은 同君의 所有全部인것과 또 받는者便의 準備가 은전치못한바 있음을 囚하여 그提議는 辭退하고 한갓 信仰에立脚하여 經營하여가기를 勸勵하여 왔었다。其後 同君은 牧場을 間島省圖們에 移轉하고서 遠大한 計劃으로써 經營하게되매 問題는 또다시 再燃하기 시작하였다。君은 自己 혼자만이나 妻와도 하나님 誰可將 일어 聖意대로 出納하여야 한다는 主張이라。特히 그 夫人까지 連名하여 自己들의 合意와決心을 披露한때는 눈물었고 드踏踏함을 마지못하였다。

지난 七月六日 本誌創刊第十四周年 紀念感謝集會을 난後에 柳永模先生과 咸錫憲兄이 鼎坐한 자리에서 이일은 巡遊猶豫하여두기보다 受納하는것이 信徒의 協同提携에關한 본보기도 되고 이提遇에 가장 穩한處理가 될것이라는 勸勵함을 받어 드디어 金鳳國夫妻의 年來의 提議를 受納하기로 決定하였다。

但 去쯤에 牧場을 圖們으로移轉한後로 風土의急變에因함이 있든지 乳牛의最良한편으로부터 七頭가 不過一朔內外에 連하여 病死한일이 있었든것은 當時의 本誌上에도 뷔염々々報道되었든바와 같다。當時의 孤立無援한 牧者의心情은 살피는이가 없었다。

내가 母胎에서 赤身으로 나왔아온즉 또한 赤身이 그리로 돌아가올지라 주신이도 여호와시오 取하신이도 여호와시오니 여호와의 이름이 찬송을 받으실지니이다。

하면서 (욥記一·二一) 거의 滅渡되었든 牧場再建에 突進하기 시작하였다。事勢如此함으로 現今은 乳牛가不足한것이 첫째遺憾이다。萬一 誌友中에 이牧場에 關心을 가지는이는 應分協同慰勵하는바 있기를 勸한다。乳牛一頭의 時價 約八百圓이라하니 一人一頭라도 不可할이 없으며나 十人이合하여 一頭라도 可하고 百人이 一頭 뜨는 千人이 一頭라도可하다。即一口單位를 八十錢으로하고 一千口가 모인대에(一人이數口라도可) 「誌友號」一頭를 이牧場에 보내고저하는 것이다。

金鳳國君은 天性이 勤儉하며 創造的이요 이미 六萬餘坪의農場도 買收하였은즉 他人의 援助가 없더라도 能히復舊・中興의 業績을 나타낼터이나 同君이 第一渴急해하는것은 信仰의친구이다。以上 「誌友號」가 實現되는 날에는 君으로하여금 「朔風이 나무끝에부는 萬里邊城에서라도 외로움을 느끼지않게하며、「公」에奉仕하며 主예수님께 심부름하는 일군의意識을 一層强烈케하여 그無限軌道의突進力을 遺憾없이 發揮케하고저 할따름이다。(本誌第一四九號一頁의 「專攻과嗜好」中의牧者參照)。

昭和五年一月二十八日　第三種郵便物認可
昭和十六年九月一日發行　每月一回一日發行

新約聖書概要號 （續）

題目	號數
マルコ傳福音의大旨（但品切）	七四
根本眞理를簡明하게	一〇六
四六判二七〇頁	一〇九
………	七一
マタイ福音의大旨	一〇〇
マタイ福音의大旨	一三
ルカ福音의大旨	一四
ヨハネ福音後書大旨	一五
ゴリント後書大旨	一六
ゴリント前書大旨	一七
ゴリント前書問題	一八
エペソ書大旨	一九
ヘブル書大旨	
使徒行傳大旨	
共觀福音問題	
ルカ福音大旨	
同 後書大旨	一四九

ゴロサイ書講義號（完）

一二二、一二五、一三一、一三六
一四一、一四三、一四五—一四七（以上七）

舊約聖書大旨號（完）

三八—四三、四四、五四—五六、五八—
六〇、六二、八四、九一—九三、九五、
一〇〇—一〇四（以上二十三册殘在、其他
六册品切）

ヒブリ書講義號（完）

一二二—一三一、一三四、一三五（十一册）

金教臣著

1 山上垂訓研究 全
咸錫憲著
예수의山上寶訓을說하여基督教의
根本眞理를簡明하게알린것이다。
四六判二七〇頁
定價一圓　送料九錢

2 無教會
咸錫憲著
無教會主義（卽社福音主義）의理論과實
際를가장簡潔하게說明한것이다。
（價十五錢　送料三錢）

3 咸錫憲、金教臣共著
内村鑑三先生と朝鮮
内村鑑三先生의昇天十週年紀念에際하
야우리無教會主義的信仰의由來와內容
을알림만한論文을飜譯하야出版한것。
（價三十錢　送料六錢）

4 崔容信小傳
柳達永著
（價五十錢　送料六錢）

5 푸로테스탄트의精神
咸錫憲著
（價十五錢　送料三錢）

(본문 세로쓰기 단락)

이것은昨年末까지에賣盡되어
中이나但이글이실린第二十號는品切
尙今若干册남어있다。

平生의大旨를爲하야自己를焦燥懶慢前市에가고오는靑年村의그와對한自實論學生이
男女性村의生活에人生에實派가한다。
第三版出來。

本誌定價

一册　　貳拾錢
六册　前金一圓二十錢
十二册（一年分）前金貳圓四拾錢
要前金直接注文은
振替貯金口座京城一六五九四番聖書朝鮮社로
又는牡丹江九五二番

所賣販次取

和信（京城）
茂英堂（大邱府）
京城府鐘路二丁目九一
教文館
東京市麹町區九段坂
向山堂書房

昭和十六年八月二十八日印刷
昭和十六年九月一日發行

編輯兼發行者　金　教　臣
（京城府外崇仁面貞陵里三七八）
印刷者　李　相　五
（京城府仁寺町一九ノ三）
印刷所　大東印刷所
（京城府仁寺町一九ノ三）

發行所　聖書朝鮮社
振替口座京城一六五九四番
牡丹江九五二番
（京城、光化門局私書函第一八號）

280

昭和五年一月二十八日（第三種郵便物認可）
昭和拾六年十月一日發行（毎月一回一日發行）

聖書朝鮮

金教臣主筆

第壹百五拾參號

昭和十六年（一九四一）十月一日發行

目次

銃後生活と奢侈品

昨年七月七日支那事變勃發三周年を期して、內地に於ては奢侈品等の製造販賣制限規則が實施され、我が朝鮮に於ても內地に呼應して七月二十四日府令第一七九號を以て發布せられ即日より施行された。

新國民生活體制を確立し舉國一體國家の總力を發揮し國體の本義に悲く國防國家建設には、大に國民生活の刷新、戰時生活の確立の壁は既に久しいが、都會生活の消費者等を見ると、きは、必ずしも十分の效果を擧げてゐるとはいへない。今迄の生活の自由の夢を追つて、統制への不平不滿を衷心懷く者も絶無ではない。然しながら戰へる世界のどの國も生活の戰時態勢化が斷行されてゐない所があらうか。獨逸の大勝利の蔭には吾人の想像だにも及ばない犧牲的不自由な生活に甘んじてゐる事實を見逃してはなるまい。凡そ奢侈逸樂を事として興隆せる國家は未だ曾て之を見ないのである。

惟ふに我が銃後國民生活の現狀を顧みると通貨の膨脹が購買力の增大を誘發し、殊に殷販產業方面に於ては生活樣式の奢侈化に拍車をかけた事實は否めない。一方に於て物資の一

大消耗が行はれて居る場合、日常生活に於て平時と同じ質と量との物を欲求することは許さるべきでない。戰時には戰時に相應しい生活樣式がなければならぬわけで、銃後の國民としては最少限度の生活に甘んずべき責務があるのである。

茲に於て政府は生活必需品等の消費規定に關し不急不要品又は奢侈贅澤品の生產、製造及販賣を制限又は禁止すること或る程度の必要性あるものと雖其の物の原材料が重要生產資材又は生活必需品資材なる場合に於ては右に準ずることゝなつた。

無敎會者의 進路

近日에 어떤 친구가 와서 自己의 村中에는 信者끼리 서로 和親連結되지 못하고 各各 猜忌分離하는 傾向이 助長되는 苦衷을 披瀝하여서 듣는 者로 하여금 同情·同憂를 禁치 못하게 하였다. 事實은 다음과 같다.

自己村中의 集會를 引導하든 指導者를 잃은 後로 代身할만한 中心人物이 없어서 민망중이든데 甲이 말하되『無敎會主義集會의 特色은 卓越하신先生一人이 나서고 會中은 거기 따라가는것, 따라서 先生과 會員의 縱的關係는 있으나, 會員사이의 橫的인 코이노냐(友愛)가 乏弱한것이 그缺陷이다. 그런즉 今後의 우리들의 集會는 先生과 弟子의 關係로 모일것이 아니라 친구와 친구끼리라는 意識으로 모이자. 그래서 以上, 두가지 缺乏을 同時에 補充하자』고. 하여

이에 對하여 乙은 이르되『先生될만한이가 全無하다고 斷言하는것은 지나치는 獨斷이 아니냐. 從來의 式樣으로 하여도 코이노냐가 있을수 있지않으냐』하면서 自己라도 그責任을 敢當할듯한 形勢로 對立하고 있다한다.

이事實을 알고서 即席에서 이敬愛하는 나에게 加하고 싶은것은 辱說이나 歐打나 모다 나에게 加함으로써 甲을 容赦해 和解를 圖謀하고저 하는일이 있었으니, 甲에게는 乙을代身하여 謝過하고 乙에게는 甲에게 對해서 未久에 이것은 根本的解決策이 아닌것을 發見하였다. 우리는 無敎會者의 恒久한進路를 찾어야된다.

저村中에 저와같은 對立現象이 이미 받은 하나님의 恩惠가 차고 넘처서 飽和狀態에 있는 까닭이다. 저들은 世上에 드문 指導者밑에서 聖書의 眞理知識에 相當히 成長하였다. 能히 큰敎會라도 牧會할만하며 적지않은 會堂에서라도 講義할만한者가 多數히 한村落에 모여있기 때문이다. 저들에게는 先生될만한 사람들이 넘어많이 모였기때문에 問題인것이 아니라 實은 어디가든지 누구나 다 能히 先生될만하며 指導者될만한 사람들이 넘어많이 모였기때문에 問題이다. 外로向하여 發展이 없으면 內로向하여 分裂을 이르키는것은 모든 過剩勢力의 當然한 現象이다.

故로 그進路는 明確하다. 甲은 甲의主張을 宣言하고서 코이노냐를 力說하는集會를 열라. 乙은 乙의見地에서서 講座를 시작하라. 甲에贊同하는이는 甲에게로 乙에 기우려지는이는 乙에게로 모이되, 甲乙 아무와도 맞지않는者는 第三第四의 集會를 가지라. 座席에 定着하는것이 不可하게 생각되는이는 들로 산으로 거르면서 해볼것이오, 机案을 對하여야하는 理論에 不滿한派는 田畓과 果園에 모여서 땀흘리면서 해보라. 이것이 無敎會者의進路라고 믿는다.

無敎會者의 進路

一

無敎會者의 進路

二

이렇게 支離滅裂되고서야 나종에 어떻게 收拾하느냐고 걱정하리가 있으나 그것은 人間的인念慮요、이른바 杞憂이다。主그리스도에게 直屬하는 信仰의忠誠만 各自에게 깊이 간망되여 있을진대 外形의分裂은 百千에 이르러도 걱정될것이 없다。오직 主예수만 熱愛하고 密着하라。그들各員의 統合과一致는 必要한때마다 一瞬에 成就된다。

첫째로 指導者되여보고 集會의 責任을 獨擔해본다든지、乙은 甲에게 賛同해서 따라갔든편이 無難했을것을 깨다르며 甲은 乙에게 讓步해서 그를 補助했든편이 有利했을것을 體得하고서 깊은 悔恨이 스스로 솟게 될뿐만아니라、寡婦의 설음은 寡婦라야 알듯이、集會 하나식 擔任한者의 苦痛과 孤寂과 悲嘆 또한 그 歡喜는 저의들끼리라야 가장 깊이 理解하며 第一넘어 同情한다。이리하여 甲은乙을 그리워하며 乙은甲을 사모하여 마지못하게되나니

그런즉 損失될것은 아무것도없고 利得될것은 主예수그리스도의 福音이 傳播된것뿐이다。

外形과內容이 모다 一致하고 和睦하기를 누구나 願하는바이나 그것의 雙全을期하기 어려운때는 서슴지말고 外形을 버리고 內的一致를 차지할것은、마치 肢節의一節一部를 버리고라도 그全生命을 保存하는 生物의法則과같이 할것이다。平日에는 한村落안에 數三集會가分立하여 있을지라도 저이가 그 共通한先生을 맞을때에 欣然히 한食口와같은 親密로써 連結을 일우기만하면 足한것이오、平素에는 冷々하고 쌀々해서 粒々이 分散한듯이 보이나、예수그리스도의 이름에關한일에 葡萄나무가지같이 한사람의肢體같이 汁液이 서로通하고 痛痒을 끌고로 느낀다면 足하다。

要컨대 理論的으로 机上의空論을 對立시켜 놓고서 自己도 他人도 天國에 들어못가게 가로막고 섯는者는 詛呪받은者는 存在이오、可하다는 勇斷이 되리라는 信念과 一致하지않다 하드라도 그는 福音을證據하기에 實踐의一步를 내디디는者는 비록 그것이 先生의方法과 달렀고 友人의模樣과 一致하지않다 하드라도 그는 尊敬할만한 크리스찬이다。

往年 內村鑑三先生이 別世하신後에 그弟子들의 數十餘個人雜誌를綜合하여 한雜誌로하고 그各自의集會를 統一하여 一大聖會를 組成하라는意見도 그것이 眞理의말이 아니었든것은 今日에至하여는 智者가 아니라도 判別케되었다。年歲로 學歷으로 一部에있었으니 그것이 分立하기를 차라리督勵할것이다。그러한結果를 보라。오늘날은 內村先生의 三十도六十도 百도千도 輩出하지않았는가。萬一코이 有에無에關하여는 內村門下의事實에關한限 念慮없다。넘어深厚하고 高貴해서 도리어 世上疑惑을 사는形便이다。우리에게없다면 그는 無敎會主義때문이아니오 우리父母의 遺傳因子때문인것을 疑心치 말것이다。

284

데살로니가前書講義 [四]

金　教　臣

福音傳達의 光景 (下)　(二·五─一二)

第五節 처음에 gar (英語의 for) 이라는 字가 있어서
本節은 前節의 「……사람을 기쁘게 하려함이 아니오
오직 우리 마음을 감찰하시는 하나님을……」云々한
것을 證明하는 句節인것이 明白하다. gar 은 「웨 그
런고 하닌」 라고 譯해서는 넘어 强하고, 「……알거니와」라
고만하여서는 넘어 微弱한 遺憾이있다. 역하기 어려운
字이다.

[아첨의말] en logo kolakias 一般的으로 「智慧의
勸하는말」 과는 (고前二·四) 다르다. 特히 무엇을 얻고
저해서 아첨하는 말이다. 例컨대 「무당」의 굿할때에
은者의 音聲과 態度를 模倣하여──늙은이인때에 죽
은이인때는 늙은이모
양으로 어린아기인때는 어린애音聲으로──金錢이나 衣類
福音傳達의 光景 (下)

(五) 너의도 알거니와 우리가 아모때에도
아첨의 말이나 탐심의 탈을 쓰지 아니한
것을 하나님이 증거 하시나니라.

를 遺族의悲感에 呼訴하여 貪取하는것이 이「아첨의말」
의 좋은 標本이다. 또 이와 꼭 같은 心理的 弱點을
利用하여 敎會堂新築捐補를 醵出하기로 著名한 所謂 「復
興牧師」도 「아첨의말」에 能난하기가 무당과 서로 莫
上莫下하다.

[탐심의 탈] en profasei pleonexias 「탈」이란것
은 外樣을 爲하여 빛갈로나 形象으로 다른 모양을 쓰
는것, 即 「假面」이다. 여기서는 바울의 一行은 福音을 利
用하여 自己私利를 貪하려는者들이 常用하는것과 같은
假面을 쓴일이 없었다는 뜻이다.

[하나님이 증거하시나니라] Theos martus 本節
의上半은 「너이도 알거니와」 하였고, 後半은 「하나님이
증거하시나니라」 하였다. 前半은 눈에 보이는 言行에關
한일인故로 사람의 立證으로써 足하나, 後半은 心的動
機如何에關한일인故로 하나님의 證據가 必要하였다. 바울
로 하여금 때々로 이와같은 心機의 辨明을 거듭하지아
니치못하게한 人心의 卑劣은. 痛恨事라 할것이다.

(六) 우리가 그리스도의·사도로 능히 존
중할터이나 그러나 너이게든지 다른이에게
든지 사람의게는 영광을 구하지 아니하고
오직 우리가 너이 가운데서 유순한자되여

데살로니가前書講義

유모가 자기자녀를 길음과같이 하였으니

[능히 존중할터이나] dunamenoi en barei einai

尊重이라는字 baros 의 本意는 重量이라는 뜻인데、그
리로부터 特待 威儀 貴重이라는뜻이 생겼다。따라서 尊
敬을 받는다 待接 받는다는뜻이 意味로도 쓰인다。

바울은 그리스도의 使徒로서 宜當히 받아야할 待接
저이들께서 要求한일이 없었다한다。

[유순한자 되여] exenothenen epioi 유순 이라는
字 epios 는 溫柔하며、親切하다는 뜻인데、特히 높은地
位의人이 낮은이에게對한 行動에 쓰인다。例컨대 君主가
百姓에게 刑事가罪囚에게 父親이子女에게 對한때等々。

[유모] trophos 라고하면 奴隷或은 雇用된女人이 他
人의 乳兒에게 乳汁을 먹이는것을 생각하게되나 「自己
子女」라는字가 곧 그 아래에 따라 있는것으로 보아
이것은 親어머니가 自己子女에게 젖먹이는것을 이
름이 分明하다。

[갈음 같이] thalpein 本意는 「따뜻하게한다」는 뜻
이다。鳥類가 그 알이나 새끼를 품는다는字이다。(신명
기二二・六)。그러므로 撫育의 뜻이 나왔다。그리스도께
서 敎會를 「보양」한다는字도 이字이다(에베소五・二九節)。
第七節에서부터 바울은 福音傳達의 光景의 積極面을

（八） 우리가 이같이 너이를 사모하여 하
나님의 복음으로만 아니라 우리 목숨까지
너이게 주기를 질겨함은 「너이가 우리의 사
랑하는자 됨이니라。

[너이를 사모하여] homeiromenoi humon 이 사모
한다는 字는 新約聖書에 오직 一回만 使用된字인데 그
뜻이 매우 強烈한 글자이다。本뜻은 結合、(끈으로)매였
다、(풀로)붙였다 는等。그로부터 熱情的「戀慕」、不思
而自思로 앉었는지도 섰는지도 못하는 「사모」의뜻이있었
다。萬里孤客이(特히 年少한者가)家鄕을 사모하는 鄕愁
（Home sick）、熱病患者가 冷水를 慾求하는渴急、여기相似
한情懷로써 벗을 그리워하는생각이 이른바「사모」이다。
이 激烈한感懷가 곧「사랑」인데 이것이 없으는 사
람은 世上에 살 趣興도없고 原動力도 생기지않는다。
但 이 情熱이 한갓 人間편으로서 發動하여 情慾의法대
로 行使된즉 할머니의 孫子사랑하는 耽愛에 빠지거나

證據하기 始作하였다。무엇도아니하고 무엇도아니하고가
突變하여 이렇게하게하였다고 저렇게하게되었다고
陳述하게되었다。

四

286

不然하면 世俗의 戀愛라는것에 끌혀서 그 光輝와 動力이
未久에 아울러 涸渴해버리고 만다. 이에 反하여 이 情熱이
하나님의 義에 準하고 命에 動한것인즉 長久할수록 白熱
의 光輝를 發하는 사랑이되고 苦樂을 거듭할수록 人情에
潤澤을 더하는 動力이된다.

바울은 이러한 「사모」를 데살로니가敎友들께 向하여
품었었다. 어머니가 乳兒에게對한 사랑은 乳汁으로써 乳
兒의 骨肉을 長成시키는것만으로서는 滿足하지못한다. 반
듯이 그 따뜻한 가슴에 품어주기를欲求하며 乳兒의 安
全을 도모하기爲하여는 自己의 生命을 犧牲하는데까지 이
르러야 그. 「사모」가 滿足을 얻는다. 이와 마찬가지로
바울이 데살로니가信徒에게對한 「사모」는 福音을 말로
나, 文書로써 傳達해주는것만으로서는 滿足할수없었다.
저들과 멀리 여이여있을때는 저들을 戀慕하는 情熱로
써 胸中에 眞空이 생겼음을 느꼈고 저들의 信仰生命을
爲해서는 自己生命을 犧牲하여 내주지않고는 견딜수없는

[사모]이었다.

[하나님의 복음으로만] 「복음」은 福된 기별이다.
반가운 소식이다. 하나님의 사랑을 人間에게 傳達하는
멧세이지이다. 그러므로 福音傳道의 任務는 첫째로 말로
나, 或은 글로써 誤謬없이 忠實하게 傳하는일이다. 그
러나, 萬般科學의 研究에 實驗으로써 그眞僞를 證明하여

福音傳達의 光景 (下)

야 되는것처럼 그傳하는福音이 참말 하나님의 복음이
냐 아니냐를 證明하는데는 반듯이 그것을 傳達하는者
의生命을欲求한다. 살어生前에는 그 傳達을 받는者들을 眞
情코「戀慕」하고, 낫종은 그들을爲하여 自己의生命까지
주기를, 질겨行하여야 그任務가 끝나는것이라한다. 아,
누가 能히 이任務에 견디어 내랴.

[너이가 우리의 사랑하는자 됨이니라] 바울이
어떻게 저이들을 熱愛한것은 以上에 벌서 充分하고도
남치게 說明하였는데 또한번 具體的으로 「내사랑」을 곱
섭은것이다.

(九) 형제들아 우리의 수고와 애쓴것을 너
이가 기억하리니 너이 아무의게도 누를 끼
치지 아니하려고 밤과 낮으로 일하면서 너
이게 하나님의 복음을 전파 하였노라.

[우리의수고 와 애쓴것] ton kopon hemon kai
ton mokthon 바울은 이모양으로 「수고와 애쓰는것」이
라고 겹처 쓰기를 잘하였다. (데살後三·八, 고後一一·二
七). 「수고」는 福音을傳하는 心靈上 疲勞라하고 「애쓴」
은 天幕製造等의 生活上勞苦라고 區別하여 說明하는學
者도 있으나 반듯이 嚴別하여야할 根據는없다. 바울에
게는 이 두가지 困苦가 함께 있었다.

五

데살로니가前書講義

六

「너이 아무에게도 누를 끼치지 아니하려고」 이句로因하여 데살로니가敎友들은 特히 貧民들이었다고 解釋하는 學者가 있으니 반듯이 그렇지도 않을것이다. 貧富의 差로써 傳道者를 扶支하는일이 「누를 끼친다」고 귀찮게 생각하는일이 있다면 富者편일수록 그感覺이 銳敏할法은 있어도 차라리 貧者에게는 安心해 可할것이며, 問題는 信仰의 貧富에 있는것이지 物質的貧富에 - 있는것은 아니다.

그보다도 바울의 性格이 自立傳道를 擇하여 이것을 平生의 자랑으로 實行케하였다. 저는 「‥‥‥주께서도 福音 傳하는者들이 福音으로 말미아마 살리라 命하셨나니라」는 (고前九·一四) 것을 알지못함이 아니었다. 또 빌립보敎友들의 扶助에 對하여는 「데살로니가에 있을때에도 너이가 한번 두번 나의 쓸것을 보내였도다」라고 (빌립四·一六) 그厚意를 懇篤히 謝하였였다. 그러나 바울의 이런일들은 道理를 道理답게 세우기 爲함이며, 感恩謝禮의 友誼를 助長하여 扶助하는者自身들에게 「有益하도록 果實이 繁盛하기를 求함」으로서의 일이였다. 바울自身의 生活方針에 이르러서는 別途가 있었다. 그는 「그러나 내가 이것을 하나도 쓰지아니하였고……내가 차라리 죽을지언정……누구던지 내 자랑하는것을 헛된데로 돌리지 못하게하리라」고(고前九·一五) 웨치어서 스스로 남에게 依食하는者라든지 또는 貪慾많은宗敎家라는 汚名을 쓰기보다 차라리 죽엄을 擇하였었다. 靈으로 낳은 子女들을 骨肉의 父母兄弟보다 一層더 「사모」하여 못견디었든 바울은 衣食의 生活에 關하여서 무엇보다도 더徹底하게 明白하게 그本性을 露出하였다.

보라 이제 세번째 너이게 가기를 예비하였으니 너이게 폐를 끼치지 아니하리라. 나의 구하는것은 너의 재물이 아니오 오직 너이니라. 어린아이가 부모를 위하여 재물을 저축하는것이아니오 이에 부모가 어린아이를 위하여 하니니라. 고(고後一二·一四). 그러나 바울로 하여금 宜當한權利까지辭退하고 이다지 小心操心하게한 人間의貪性과 信徒의좁흠도 놀라운것이라 안할수 없다.

「밤과 낮으로 일하면서」·「밤과 낮」이라함은 「쉬지않고」라는 뜻이다. 天才란 勤勉의 別稱이더라 는 것은 많은天才들의 告白이어니와 不世出의大使徒의 世界傳道의 大成功도 오직 쉬지않고 일하며 또 福音傳播한것이 그 秘訣이었었다. 天才라고 單位時間의能率네 큰差가 있는것이아니라 「밤과 낮으로」 쉬지않고 쌓는것 뿐이다. 「일하면서」 ergazomenoi 라는字는 特히 手工勞働을 意味한다. 바울의 일은 天幕製造하는 일이었다(使一八·三).

나사렛木手예수와 다소사람바울은 奇異하게도 勞働을兼
하면서 宣敎하였다。이것이 第一健全한 傳道法인가。

（十） 우리가 너이 믿는者들을 向하여 어떻게
거룩하고 옳고 흠없이 行한것에 對하야 너
이가 증인이오 하나님도 그러하시도다。

本節에 이르러 바울은 以上에 擧證하여 오던 福音傳
達의光景——特히 使徒들側의 內的動機와 外的言行에關
한證憑——을 總括하여 結論을 맺고저한다。

[거룩하고] hosios 에베소四章二十四節에도 「거룩」
이라고 譯했고 누가福音第一章七十五節에는 「성결」이라
고 譯되었다。聖書에서 「거룩」이라고하면 첫재로 하니
님을 爲하여 選別해놓은것을 이르는데、여기서는 그뜻은
아니다。하나님께對한 義務를 다함으로써 그人格이 淨潔
해지며 高尙해지는것을 이름이다。東洋的으로 말하면、
淸廉의德에 近似할것이다。

[옳고] dikaios 義롭다는 뜻이다。隣人에게對한 義務를
다하는일이다。無私 公平할것이 그特色이 되는 德이다。

[흠없이] amemptos 自己自身을對한 義務를 다하는
德이다。即 一個人間으로서 一身을 거느림에 是非할것이
없었을을 말함이다。바울은 여기서 自己의 完全無
缺한 聖賢君子인것을 자랑하고저 하는것이 아니다。다
만 人間으로 할수있는데 까지는 誠意것 힘썼노라는것
그

福音傳達의光景 (下)

七

을 人間들과 하나님앞에 아울러 證明코저 할뿐이다。

（十一、二） 너이도 아는바와 같이 우리가 너
이 各사람에게 아비가 自己 子女에게 하듯
권면하고 위로하고 경계하노니、이는 너이를
부르사 自己 나라와 영광에 이르게 하시는
하나님께 합당히 行하게 하려함이니라。

前節로써 第二章前半의 總括을맺은 바울은 이제 그
部分의 「附錄」과같은 第十一、十二의兩節로써 受信者인
메살로니가信者들에게 몇마디의 勸勉의 말슴을 添加하였
다。故로 이兩節에는 自己의 宣敎行勤에 言及치않었
다。

[아비가 자기 자녀에게 하듯] 먼저는 乳母가 自己
子女를 길음에比하여 柔順하고 人情味 따뜻한 方面으로써
敎導하셨고、이번은 「아버지」의 嚴格하고 賢明한 訓育으로
바꾸어서 어쨌든지 가르키지않고는 마지않으려는 것이다。

[이는……하나님께 합당히 行하게] 저이들을
「권면」하며 「위로」하며 「경게」하며 하나님께 합당히
行하게、이끄는것은 結局 저이로하여금 「하나님께 합당히
行하게」하여 그 나라와 榮光에 參與하는 救援의子女되
여 전달수없는子女들과함께 예수그리스도를 長子로하는
그 나라를 相續함에 있다。

[권면]하며 「위로」하며 「경게」하며는 溫柔한母親같이
또는 두려운 스승같이 되 때로는 嚴格한父親

落傷有感續

落傷有感續

編者曰 「多夕齋」先生님의 落傷하신글은 그「奇別」의 玉稿를 (本誌前月號第八頁) 받었을때에야 처음 알고 놀랐었다。 그때 밪서 落傷하신지 二旬이 지났음을 짐작하면서 뛰어가 慰問롯아 못하고 지났었다。

「奇別」을 本誌에 揭載함에 이르러 責任上으로라도 一次問安도 갔어야 하겠지마는 첫째로 文意를 알어야 하겠음으로 萬事를 제처놓고 尋訪의 길을 떠났었다。

筆者보다 먼저 가서 講解듣고 온이의 報告에 「원체 어려워서 解釋을 듣고도 알수없더라」 하드니 果然 섭지는 않었다。 첫째로 「奇別」의 其一 「內外」의 第一行第三字는(前月號八頁) 「可」字를 꺼꾸로 놓은字라는데 大東印刷所로서도 그活字가 없어서 「回」字의 一側을 까어낸 活字로써 臨時變通하는等 近來에 稀窄한 滑稽를 演出하였다。 「大東」이라고 하면 히브리語活字 希臘語活字까지 具備한 朝鮮唯一의 大東印刷所인것을 생각할때에 그 半頁에 넘지못하는 漢詩 몇句中에 얼마나 어려운文字가 모여졌든것을 살피고도 남을것이다。 그러나 「多夕齋」先生은 듣는者들이 깨달지못하는光景에 놀라면서 스스로 自己의 文章을 「내 글이 글이 아넌게로군—!」 하시면서 스스로 自己의 文章을 恨하셨다。

그때에 이미 「落傷有感續」의 玉稿는 如左한 머리말로써 葉書에 가볍게 실려 왔었다。

×　　　　　×

그동안 恩中萬福하옵소서。 弟 依恩이오며 「生死不越主境內」란 느낌만 懇切합니다。 오늘에 左記의 느낌을 매듭 지었아오니 거두어 보시게 드리옵나이다。

八

落傷有感續

免　本　僕

眼耳服意思	稍淡食與色
意爲口身使	代熱名與貨
口身職食色	意馬驅馳日
憑生以營私	逐鹿煩惱我
嗜貪迷促命	焉得眞聰明
荒淫惑欲死	無私察上下
無明劫波中	曾禀道理僕
汨沒僕六事	玆願免本荷

第一八八〇八日 (九・九) 一基督僕

罪人만을 爲하야 [第十八回]

A、J、럿셀 著

趙聖祉 譯

第八章 푸랭크의 活動 (下)

그다음에 나는 다른 經驗을 또하나 이야기하였다。이것도 亦是 뜻밖에 온 經驗이었다。그러나 前의 經驗이 다른, 地上의 經驗으로서는 比較할수도 없으리만침 恍惚한 喜悅感을 半時間동안이나 준것에 對하여 이번 經驗은 其後 四十八時間동안이나 精神狀態가 異常해지리만침 나를 무섭게 놀래주었다。그事實을 回想해볼적마다 지금도 몸에 戰慄을 느낄 地境이다。이 둘째經驗이라는 것은 一種의 夢魘였다。때는 여름의 밤중 한時頃이였다。나는 잠이 드러있었는데 窓門에 무슨 사람의 얼골이 나타나서 나는 잠이 깨게되었다。그 얼골과 나 사이에는 무엇인지 시컴엉고 兇惡한것이 있었다。室內에는 다른 사람은 아모도 없었다。이 사람의 얼골은 곧 없어젓다。그러나 그 캄캄한속에 나는 무는 무시무시하고 不吉한 感을 强하게 느꼈다。나와 사라저버린 얼골 사이에 있는 이 나의 보이지않는 訪問客은 萬一 그것이 검은 妖雲이 아니라 사람의 實在物이라고 하드래도 사람의 世界에는 生存權이 없는 물건이라는것은 確實하였다。그것은 室內로 몰래 드러와 가지고 내가 누어있는 우의 空氣中에 가득이 차는것 갈었다。그리고는 나려와 가지고 나의 몸속으로 배여드러와서 墨汁갈은 不快한것이 왼편 엽구리에 꽉차는것갈었다。꼭 이前에 恍惚感을 느꼈을때 왼편엽구리에 異常한 感을 느꼈든것처럼 이번에도 바로 그 자리가 그랬다。이 둘째번의 經驗도 前번과 갈이 깨여있는 동안 거의 半時間동안 繼續되였다。그동안은 나는 끔작도 못하고 아무리 이것을 떼여 버릴수가 없었다。새까만 그림자 같은것인데 나의 몸속으로 새여들어가지고는 모든 恐怖와 罪와 하나님에게서 分離된 感을 일으켜 주는것이였다。이러한 感覺은 永遠히 地獄에 떠러진 靈魂이 반듯이 느낌 틀림이 없으리라고 할만한것이였다。나는 다시 한번 祈禱를 하는수밖에 依賴할데가 없었다。祈禱라고 해도 主祈禱文을 작고 反復하는것이였다。特別히 「다만 惡에서 救하옵소서」하는데를 힘드려 외였다。半時間쯤 지난後에 비로소 몸이 自由로 되였다。그러나 어떻게 이夢魘가

九

罪人만을 爲하야

떠났는지는 알수없다。何如튼 그것이 存在했든것만은 事實이고 그다음에는 없어진것만은 事實이다。그러나 이 經驗은 너무나 辛辣하였기때문에 나는 얼마동안은 完全히 말을 놓지못하고 혼자 있기만 하면 또 이런訪問을 받지나 않을까 하는 근심이 떠나지않었다。

그러나 그것은 大體 무엇이었든가? 내가 精神異狀이 생기였든가? 그렇지 않으면 정말 惡鬼를 經驗한것인가? 聖經에도 惡鬼에 對한 異常한 이야기가 많이 있는것은 아닌가 그惡鬼는 좀 다른것을 意味하는것처럼 說明이 되여있다。이 奇怪한 經驗에 關해서 여러가지로 생각해본 結果 아마 나의 이 珍訪問客은 나에게 對해서 不愉快한 興味를 가진 어떤 妖術師가 보낸것이 아닐가하는 생각을 나는 가지게되었다。그리고 얼마後에 나는 어떤 英國婦人이 쓴 「碇泊燈」(The Riding Light)이라고 題目한 책을 偶然히 읽어보게되었는데 이책에도 妖靈에 對한 經驗이 여러가지 있었다。또 얼마 지나서 푸레메릭크・해밀톤卿의 著作인 「昨日以前」(The Days Before Yesterday)이라는책을 보았는데 거기에도 亦是 나의 經驗을 確證하는듯한 記事가 있었다。

내가 이 陽陰兩面의 두가지 靈的經驗에 對한 이야기를 다 마쳤을때 푸랭크는 여기에對해서 千里眼의 작난

一〇

이라든가 妖術師云云하는 말은 하지도않었다。그는 서슴지않고 내가 처음부터 깨달었어야 했을點을 나에게 가르켜 주셨다。푸랭크는 이렇게 말하였다。

「이 두가지經驗은 모두 당신의 生活中에 있는 同一한 罪를 말하는것입니다。하나님께서는 당신안에 그의 計劃을 完成하시기 爲하여、그罪를 당신의 生活에서 清算하기를 願하십니다。하나님께서는 당신에게 시기실일이 있는데 人間의 罪가 그것을 妨害하는것입니다。」

알었다。하나님께서 特別히 나에게 시기기 爲하여 무슨 計劃이 있다는말은 비록 지나치는 말이라고 하드래도 한가지 特別한 罪가 내가 이제 說明한 神秘的 經驗의 反對의 極을 맨들어냈다고 하는것만은 事實인것같다。여기에서도 醫師를 갈으면 오래동안 瞑想을 하면 特殊한 腺의 活動을 한다는 말을 할는지 모르겠다。

한가지 異常한것은 이 둘째 經驗에서는 한번도 보지도 못하였든 사람의 얼굴이 나타났는데 數年後에・그사람을 直接 맞나보게 되었다는 것이다。이事實을 본다면 이것이 豫言이라고는 하지못하드래도 나의 魂이 數年後의 未來에까지 나가서 將次 現實世界에 再現될 어면人物을 끌어다 나타나게 한것이라는것을 알수있었다。그人物이 누구이냐고 하는것은 다음機會에 말하려고 하

나 그가 옥쓰포드 · 그룹에서 活動하는 사람으로 親切하고 功績이 많은 사람이라는것만은 말해둔다.

× × × ×

푸랭크의 音聲은 나를 다시 地上으로 불러 나렸다. 이以上 더 실수를 하지않도록 경계하기위하여 내周圍에다 말뚝을 돌려박으라고 勸하는것이었다. 내가 잘못한일이 있는 어떤사람을 指摘하며 그사람을 찾어가서 事實을 이야기하라는것이다.

[萬一 그이야기에 다른 一面이 있다 하드래도 그것은 생각할 必要가 없읍니다. 당신은 당신의 役割만 다하면 그만입니다. 저편은 告白을 하든지 안하든지 하겠지요. 그러나 그것이 당신에게 무슨 相關이 있읍니까?]

하고 忠告를 하였다.

푸랭크는 나에게 어드런 形式의 罪든지, 모두 버려버리며 罪와 나 사이에 기여올러가지못할 墻壁을 세워놓라고 强迫을 하였다. 나는 自己도 모르는 사이에 푸랭크의 手段에 사로잡히게되었다. 勿論 그의 戰術을 미리 알었드라면 거기에 對하여 準備를 했어야 되었을 것이다. 나는 그의 要求가 不合理하다고 생각하였다. 내가 잘못한것도 있지만 저쪽도 그만침 나에게 잘못한것이 있다. 오히려 罪人만을 爲하야

[萬一 그렇게 했다가 問題가 더 시끄럽게되면 어떻게합니까?] 하고 나는 反對해 보았다. 그리고 거기에 難點을 說明하였다.

[나의 말은 남의 感情을 害할 일이래도 다해야한다는것은 아닙니다.] 그는 잠간 靈導를 求하는듯 하였다.

[萬一 당신생각에 꼭 相對者의 感情을 傷할줄로 確信하신다면 하시지 않는게 좋읍니다.]

이瞬間 나는 푸랭크는 銀製의 發電機와 같은 사람이라고 생각하였다. 同情心이 깊으나 反抗하기 힘든 사람일것이다.

그다음에는 勿論 푸랭크는 靜聽을 잇을러가 없다. 그는 종이를 두장 끄내서 한장을 나에게 주었다. 우리는 앉어서 祈禱하는 맘으로 조용히 드러앉었다. 나는 그전에 연었든것과 같은 閃光的생각을 또하나 연어볼라고 애썼다. 그러나 아모것도 特別한 생각은 떠오르지않었다. 平凡한 人間的생각은 相當히 많이 떠올랐으나 閃光的생각은 하나도 없었다. 나는 푸랭크가 指名한 사람에게 自己의 罪를 告白하고싶지는 않었다. 그러나 일이 어떻게되나 한번 試驗해 보기위하여 그대로 해볼意思도 있었다. 그런데 이 靜聽하는 동안에 연은 생각은 내가 願치않는데도 不顧하고 푸랭크가 勸하는것과 一致하였다. 나는 이 떠오른 생각을 종이에다 記錄하

二一

罪人만을 爲하야

였다. 그리고 이것을 푸랭크에게 소리를 내어서 읽어
주었다. 그랬드니 뜻밖에도 그는 그것은 하나님에게서
온 생각이라고 自信있게 斷言하였다.

「아유! 그것은 너무 지나친 解釋이다」하고 나는 혼
자말로 속으로 생각하였다. 大體 아모 神祕的感情이나
閃光이 있은것도 아니고 單只 종이 쪽박에다 아모렇게
나 써놓은 몇도라단이는 생각을 옳은 精神을 가지고
서야 하나님의 생각이라고 할수있을까? 그러나 亦是
나는 그대로 한번 해볼려고 맘을 먹었다. 나는 행함
으로 배우는 實用主義的方法을 믿는 사람이다. 나는 행
하여서 무엇을 얻는때는 반듯이 배우는바가 있었다.
뿐만아니라 이제까지 自己가 해보지도못한 가장 困難
한일을 하라고하는데에 나의 好奇心이 動하였다. 그러
나, 푸랭크는 그런것을 아는것 같지도 않었고 또 그
런데는 全然 關心도 없는것 같었다. 얼마後에 나는 이
렇게 어려운일을 사람에게 시기느냐고 그랬드니 그는 웃
으면서 「오! 그까짓것은 아모것도 아닙니다. 이 크리
쓰찬生活의 基礎우에서 살려면 당신은 그보다 더한것
도 要求를 당할는지도 모릅니다」하고 對答하였다.

내가 이것을 行할려고 하는것은 冒險을 拒絶하는것
이 무서워서 그리는것인가? 卑怯하다는것을 감추기위
해서인가? 그렇지 않으면 그것이 크리쓰찬生活을 해

一二

나가는데 바른 階段이라고 믿기때문인가? 그렇지않으
면 그背後에 記事材料가 있는줄 알기때문인가? 나는
오늘날까지 이 네가지 動機를 分間하지못한다. 말하자
면 어 네가지가, 다 있었든것이다.

푸랭크와 이야기하는 中間에 켄·트위첼은 푸랭크가
눈짓을 하니까 방에서 나가버렸다. 내생각에는 그가 자
리를 비여준것은 미리부터 서로 約束이 있었든것 같
었다. 내층에 알고보니 그룹에서는 멤바中에 누가 다
른 關心을 가진 사람하고 懇談할 機會가 있게되면 혼
자만 남겨놓고 그자리를 며나주는것이 慣例가 되여있
다는것이었다. 켄·트위첼은 이제 다시 나의 그
고 큰일에나 적은일에나 靈導를 믿는 푸랭크는 우리
셋이 같이 저녁을 먹고 그後에 켄하고 나하고는 {할}
레이街에서 하는 木曜日밤 그룹集會에 가도록 {까이란}
쓰를 받었다고 그랬다. 이같이 現在에 아무리 熱中하
드래도 決코 未來를 잊어버리거나 하는일이 없는것이
이 모던傳道者의 特徵이었다. 푸랭크는 오늘밤 가지
못하겠다고 그리는데 그 理由는 어떤 不幸한 사람을 하
나 맞나게 되여있는데 그사람의 問題때문에 밤 늦도
록 걸릴는지 모르겠다는것이었다.

나는 푸랭크에게 인사를 하고나서 나의 生涯에 있
어서 가장 하기싫은 義務를 스스로 걸머져 버렸다.

或る青年と語る （二）

主 筆

讀んでねる中に追加して來たものまで合せると原稿は皆で八冊になつた。これに倉田氏の「愛と認識との出發」まで讀まされたのであるから可成りの仕事であつた――これは多分近頃餘り書物を讀まなかつたので神さまから罰が與へられたものと觀念し乍ら素直に讀んだ。

小說の第一卷は「徒然草」とその表紙に書かれてあつてその初めの四冊は小說になつてあり後の四冊は感想錄である。側に小さく「罪惡の史」と書いてある。成る程「罪惡の史」であつた。舞臺は京城市內某茶房から郊外某國民學校のある村へと展開する。白線帽の學生君とオルドミスと名乗る所の某女訓導との戀の綻びの記である。僅か十六枚の便箋によくもこれ丈の生々した事件が盡かれたものであると感嘆之久うした――といふよりは寧ろ讀んで身搖ひを覺えた。一體こんなに手際よく運ばれた事實があつたからであらうか、それとも文章の方が優れてねるからであらうか、將又「事實」「文章」二つ乍らうまかつたからこんな創作を得たのであらうか。

小說の第二卷は「交流」と表題されてその下に「孤獨と宗敎」「戀と宗敎」と書いてあり、第一頁の欄外には「精神的滿足をインテリー女の精神に依つて醫せんとした極罪の記」と記るされてある。その內容は推して知るべしである。××線列車內で偶然に向ひ合つて腰掛けたのが戀の緒口。相手はS女子專門學校の生徒とある。

先年或る大學生君は職業的媒介者及びその他自薦他薦の正式結婚申込者が多くてうるさくて〳〵「受付係」でも一人位雇はねとやりきれないとこぼしてねたが白線帽の連中になるとこれは又趣を異にして仲介者要らずで凡て直接的であり突擊戰法であるらしく見える。しかもその作戰の「電擊的」であること正に東部戰線のそれ以上らしく見えるから困つたものである。

作者は相手の女性の經歷を美しく書き並べた後で、作者自身の經歷をも細々と述べてねる。恐ろしい程極貧の家庭に育つた。その少年時代の勉學の有樣が淚ぐましくもあり記事そのものが彼の戀愛物語に劣らぬ程生き〳〵してねたので內の小供達にも讀んで聞かして我が儘ばかり言ふものでないことを論じて貰つた程であつた。

それに續いて彼が中學四年頃の時に心靈上の第一回革命を經驗した顚末が書いてある。これは余にとつては最も興味あるどころであり又本誌に記載すべく最も關係深いこと柄であるから次に全文を載せて貰ふことにする。

或る青年と語る

一二

或る青年と語る

小説の第三巻は「活路」といつて「一人の眞面目な人の記」と傍註が書いてある。理想を畫いたのである。流石に想像の世界の記録であつて前二著程の迫力を感じなかつた。

小説の第四巻は「果樹園」であつて「一人の純な魂の見た社會相」と註がついてある。これは小學校訓導生活の内幕を靈いたものであつて身捷ひなしには讀まれない事實であつた。流石に四五年間もその畑に巣くつた人だけあつて殘す隈なく書き盡されてゐる。訓導時代までの彼は彼の好んで言ひたるやうに眞に「純」な人物であつたらしい。白線帽は果して凡ての人を幸にするであらうか深き疑ひも無き能はずである。彼はこれらの原稿を出版して見たいと言つて來たこともあつた。善惡は別として面白く讀まれること丈は確かであらうと思はれた。しかし「ロマンス物語は印刷し度くない」との彼自からの判斷は間違ひではないらしい。今は既に心靈上の第二革命まで經たる男であるからである。

・唯その第二巻の中の彼の生立と第一回革命（心靈上の）については彼自からをして語らしめやう。

　　　×　　　×

　　　×　　　×

……N君の祖父は生まれつき體が弱かつた。然し酒と賭賻が好きで財産を皆なくし N君の父は小學校を卒業して祖父（N君の曾祖父）の許にK市に行つてK工業學校を卒業したが、彼が或鑛山に就職した時には祖父も父も次々になくなり家には財産一文もなく祖父及び父の債權者が借金の請求に絶間なく彼を訪れた。N君の母もH氏村から來たがH村の重鎭であり、財力からも學問からもH村の中心である。H主事、HIKといふ人の二女であつて農耕をしらずに育つた。今になつては仕事がない其の姑Y氏と二人で小作をせねばならなかつた。

一四

N君は傾き行く衰運の家に生まれて、家内おだやかならぬ風波の中に育つた。曾祖父、祖父には六、七歳の頃死別れたが、其の後は一層淋しくなつた。もうかあいがつてくれる人さへない有樣である。父は月に一回さへ來る事が出來ない。然し父が然し來る時にはゴムの長靴など買つて來てくれた。然し父が職場に行くと家にはN君の祖母Y氏と母:H氏と叔母（父の妹）の三人の女とN君だけになる。その大きな互葺きの家に。冬は寒い事氷の上のやうである。そのひつそり閑とした大きな家の中でみぢめな三人の命は粟飯に漿油で糊口をして行く。

母は涙をこらへて、

「N君や、叔母（父の妹）もこれこんなにおいしく食べるでせう。この黄色い飯と漿油はね他所の家の白い飯よりも食べて見たらおいしいんだよ。少し食てごらん。さあ、〳〵。」と粟飯をすゝめてくれた覺えは今だに鮮かである。

夏になると祖父は家の裏の雑草をきれいに刈取り果樹をよ

或　る　青　年　と　語　る

く手入れして秋には一家のものよく食べたものである。又祖父
はヨモギ等もよく育て〳〵ゴモ等きれいにつくつて物を乾すの
に使つたりしてゐた。又時にはN君をつれて肉屋に行つて焼
肉を食べさせたりした事もある。N君の曾祖父は中風で死ぬ
まぎはに京より歸つてすぐなくなつたのでN君の記憶には背
が高くて軆は人の二倍位肥つてゐた事しか覺えがない。今に
なつてはそれらの事も遠い昔である。

　粟飯と漿油で命を繋いで行くことしか考へられない。N君
の母は今までやつた事もない農耕作業に非常な艱難辛苦をな
め、今には彼女の考は金錢！　金錢！で凝り固まつた。金錢
がなければ人は死も同然だといふのが彼の女の口くせである。
それで彼の女は飯も食はず衣も着ずに金を儲ける事だけに
專念した。N君は太い荒織の木綿それも汚れ破れて見もあて
られぬ乞食姿で、母は反對したけれども父の主張で私立の或
小學校に通ふ事は出來た。然し母は父から學用品代や授業料
をもらつては貯へて容易にくれず。ただ節約せ、儉約せ、授
業料もまだ〳〵いゝだらう等言つて幼いN君の魂はどれ程苦
しんだ事だらう。他の生徒達はきれいな洋服に教科書も新し
いのを買つて、ノートも一一製本したものを買つて使ふのに
N君はボロ着に、教科書は人の讀んだものを借り受けて讀み
ノートとは白鷺紙を折疊んで作つたものが二、三冊あるだけ
である。

　運動靴は勿論ゴム靴でさへロクに買つてもらへなか

つた、夏は裸足　冬は「且全号다긔」にわらぢである。帽子等
もN君が小學校五年の時母の弟がK公立小學校を卒業したの
でその廢物をもらつて冠る前は頭に冠つて見るとさへ出來
なかつた。飴玉等勿論買つて食べる事が出來なかつた。學
校から店まではちよつと遠いので友達の使になつて買つて來
てやつては一つ二つ味はつて見る位であつた。或市日に母が
靴下を五錢のものを一つ買つて來てくれたのでそれを珍ら
しくて、はいて見ると部屋の中ではすべるので珍らしいもの
だと思つて頭をかしげ乍らすべらして見るときちようど母に見
つかつてひどく叱られた事が今伺思ひ出される。

　又幼い頃は學校から歸つては子守ばかりさせられて、遠
い田で母の働く所へ乳を飲ませに汗だく〳〵で苦しい〳〵の
を行つては飲ませに歸りには、當時狼がよく出たものでそれ
が恐しくて暑い爲に汗に冷汗まで流してびしよぬれで誰も居
ない家に歸つたりしたこともある。夜は遲くまで勉強して居
ると、母は「石油を買ふ金錢もないのに勉強は疊やれ、夜は
眠て」と言はれた事もあり、ひどいことには或日N君は小刀
で鉛筆を削るに、木の部を皆削つて心を細くする爲にしきぬ
にあて〳〵音をたて〳〵削り居ると母は金切聲で叱り出した。
「それも金をやつて買ふものを、字を書いたらその粉でも何字書けると思ふか。そんなに削つて捨
るか？　字を書いたらその粉でも何字書けると思ふか。その
黒い粉が惜しい氣がしないか？」と言はれた事もある。

一五

或る青年と語る

N君は授業料の爲には實になやんだものである。期日まで
に出し得たのは一ぺんもない。先生に何度も叱られ、停學處
分にされると母は金錢がないからといつて隣から借りて來て
くれながら

「こんなにして勉強せぬと金錢の有難さを知らぬのだ！」と
いつもいはれた。

N君は小學四年頃よりは田植、稻刈、稻の運搬、籾すり、畠
の仕事、何一つ農耕の仕事でやつて見なかつたものがないほ
ど皆やらされた。N君は常に此の苦しみは實際やつて見なか
つたものはどれほど苦しいものかを知らない筈だと思つた。

N君の苦痛はそれ許りではない。

同じ村の友達が遊んでくれないのは何よりも苦痛であつた
友達が集つて金錢を一錢位づつかけて何か遊び事をする時は
自分達同志でこそ〳〵話しては入つて行つてN君を拒んだ時
N君はどんな思ひがしただらう！　又或日は村の子供達が金錢
を何十錢かづつ集めて蹴球をして居つた。N君もその場所に
行つて居ると自分達同志で何やかやきめてN君は一向に相手
にしない。中の惡かしといもの二人がN君の所へやつてきて
「あつち出て行け！　邪魔になるから！　早く出ぬか？」と押しのけた。蹴球も出來ない奴が
何にしに來て居るか！」と押しのけた。蹴球も出來ない奴が
はどうしても出たくなかつた。彼等は二人で無理強いにN君
を押し出しておまけに拳骨をさへ喰はせた。N君の感じはど

一六

うでせうか！　仕方なしに家に歸つて母に泣きついた。母は
「それがい〳〵のだ。君子はそんな事しないのだ。小人共と
は遊ばないのがほんたうなんだ。」と言はれた。

N君の不快な氣分は助長する許りであつた。學校にも通は
ない奴等迄が樂しさうにボールを蹴つてゐるのを見ると羨ま
しくて〳〵、くやしくてくやしくてたまらない。

然しN君は成績だけは優秀で首席をもつて、その私立學校
を卒業した。さうしてG村より一里餘離れてゐる所の私立〇
中學に入つた。これも父の強い信念から出來たものである。

N君はこゝではもつとひどい苦勞と苦痛をせねばならなか
つた。先づ一里餘もある所の通學、寒暑風雨に拘らずの通學。
途中には物凄く大きな坂があつて腹がへり足が疲れてへど
〳〵になつてその時を越す時の苦しさ。又その時の中に入つ
た時の恐しさ！　その苦しさも又筆舌には盡されないもので
ある。

人は皆立派なノートブックを何冊も買つたのに、N君はあ
のみぢめな小學校を卒業する時賞品としてもらつた白鷺紙の
折り疊んだもの、やはりそれを使はねば仕方がなかつた。洋
服なるものを始めて身につけて見たが、それは縫ひに縫つて
冬夏各二着をもつて五年卒業をしたのである。それも冬のは
家で母が木綿に汚く黑を染めたもので、それを着て校庭に入
る時は、「それが質素でい〳〵」と決心を固めて入つたにせよど

うしても恥しくて頭を擧げられない位であつた。
母はいつも「必要缺くべからざる教科書でさへ「今まで買つ
た本でまにあはせ〜」と言つてなか〜本代をくれないの
で實に弱つたことがたび〜ある。肌着のサツはチヾミで元
は作つたものだが木綿で作つたか疑はれる程縫ひつけたもの
で體操の時間に上衣をぬくのはとても恥しかつた。いくら意
志をつよく持たうと思つたけれども仕方がなかつた。實際友
達は輕蔑して居るんだもの！N君は友が大好きである。自分
に金があれば澤山の友を集めて自分の家でたゞで飯を食はせ
て共に遊び共に勉强したい氣が滿々であつた。しかし友の冷
やゝかな顏、輕蔑の顏此の現實の事實に對してN君はどうす
る事も出來なかつた。N君の意志は弱かつたかも知らない。
N君は今でさへ友の顏をまどもに見ると心がいら〜して
幾分の恐怖を感じ言葉がふるへて容易に出來ない事がよくあ
る。それで彼は極貧もい〜があまりひどい事になると子供の
意氣をなくすると思ふのがN君の今の主張である。
N君は仕方なく惡いことを考へた。或夏である、彼は母を
ごまかして金十五錢をもらつて學校に納めるんだと稱してラ
ンニングさつを一枚買つて勉强する石油箱の奥深く本の間に
かくして置いて、體操のある日には母が飯を炊く間にそつと
本と一緒にふろしきにつ〜んでボロのサツを着て學校へ行つ
て體操の時間の前の休み時間に裏山に登つて松林の中でラン

或る青年語ると

一七

ニングと着かへて體操がすんだら又ボロと着かへると困る事
もした。ランニングを朝から着て行くと汚れると困るからで
ある。
土曜日等下宿をしてゐたものどもと一緒に家へ歸る時には
途中で彼等は又金錢を出し合つて飴を買つて食ふ事にする。
彼等が飴を買つて靜かな所にくるりと坐つて食べる時にはN
君はちよつと離れた所によそを向いて坐つた。同情心のある
ものは時によると少し位もつて來てくれるものもあつた。そ
の時の甘さは言ひ盡せない。要するに彼等が何回も食べて味
はふ味を一時に皆味はふ感じがした。N君は中學を卒業する
まで革靴ははけなかつた。運動靴もすぐやぶれると言ふので
地下たびに、本包みは綿製のふろしき、用筆は鉛筆に限つて
ゐた。教室でも運動場でも友は皆「田舍者」と言つて相手に
してくれない。彼は非常な孤獨を感じた。そこで彼の心には
宗敎心が動き始めた。神を信じ、神を賴りたくなつた。N君
は寒い冬間もゐない曠野を外套もなし手袋もなしで身を切る
やうな北風がまどもに吹きつけて來るのをつきあたりつ〜進
む時、神に賴り神を信ぜずしてなし得たであらうか。
萬人皆敵のやうな學校の中で彼は神を信ぜずして孤獨を慰
め得たであらうか。
然しG村には宗敎信者は一人もなく皆熱烈なる反對者ばか
りである。N君は幸ひ級友の中一人苦學（學校の給仕を兼ね

或 る 青 年 と 語 る

て）するK君と親しかった。K君は熱烈なる宗教信者である。
K君に感化される所すこぶる大であった。N君はK君に數學
を教へてやったけれども。結局相互相益したわけである。
K君は數學は非常に不得手であった。さうしてN君は漸次
宗敎的雰圍氣の中に追ひ込められて行った。然し成績だけは
何時も優秀である。

或日の修身の時間であった。H先生は熱烈な基督敎信者で
あるが常に修身の敎科書は二三回生徒に讀ませて誤讀を直し
てくれるだけで、後は生徒に思想上に起った疑問を質問せし
めて、それを說明するだけ。質問がなければ唯默つて立つて
居られるか又は御自分の心境に起つた變化や御自分の信念信
仰について語られるのであった。

其の中の或時間であるが、ありふれた話であるが、

「人間と生まれた以上は目的がなければいけない。此の人生
といふもの、何億年前より生まれては消え生まれ、消えし
て何億萬年續くか知らない。此の人生の意義を讀まねばなら
ぬ。それについて疑問が起らないもの、その意義を知らうと
しないものは人間にして人間でないのだ。一體人生は最初ど
うして出來て、現在の我々は何をすべきて、永遠の未來には
どうなるのだらうか？といふ三疑問を解かなくては置けな
い氣持にならねばならぬのだ。これを what why how とも
いふのだ。君達は一體君達の肉體が實在してゐるのを其の魂

一八

が實在してゐるのを唯「あるからある。せねばならぬからす
る」ですまし得るか？ そうならそれは單なる「アキラメ」で
あって滿足な解決とは見得ないのだ。やつぱり疑問でたまら
ないのが正當なんだ。君達に私の考へてゐる事を話さう。然
しピント來なかつたらそれを無理に覺えこんで置くなよ。そ
れは他日禍になるのだ。私はたゞ君達に參考的に、ヒントだ
けを與へよう。

神は存在するのだ。これは事實であって、理論や實驗では
分らないものなのだ。さうして神がどうして、何の爲に存在
するかはこれは皆さんが神の國へ行つてからの問題である。
先づ神は實在するのだ。我々は空氣が何時も居つてくれてそ
の有難さを知らないやうに、神はそれ以上に何時もそばに居
つてくれるので君等は知らないのだ。それで空氣の稀薄な所
で空氣の有難さを知るやうに、賴りないもの、孤獨なもの、
重病にかゝつたもの等みじめなものゝ目ほど神がよく見える
のだ。暖衣飽食では幾ら口で神を唱へてもその實體はよく見
ないのだ。

かくの如くにして神は居るのだ。而して此の神が或目的（後
で說明するが）のもとに宇宙を作つたのだ。その中でも神は
人生を通して彼の望みを達しようと思つてゐるのだ。その目
的といふのは、まあどんな語句をもつて來てもいゝがね、孔
子は「仁」といひ、釋迦は「慈悲」といひイエスは「愛」といつ

300

たが、實はこれらの單語は皆適しないと思ふよ。然し言葉が
なくては話が出來ないからね。かりに「愛」と命名して置く。
この「愛」といふものを人生といふ畠の中に育てあげて、そ
の雜草をとりのけて手入をして宇宙の終りに神はそれを收穫
するつもりなのだ。それその仕事自體の意義は神御自身しか
分らない。我々としてはたゞ本分を守ればよい。その本分は
「愛」をなすことである。そうして神の意に召されねばならぬ
のだ。」

　生徒の質問が急に起つた。
「先生それじや戀愛をしてもいゝですか？」
「うむ。勿論やつてもいゝ。　然し邪戀であつてはいけない
のだ。「愛」といふから君達は本能的欲望を滿すことによる愛
その愛をさすと思ふのか、それとは正反對なのだ。こゝで僕
のいふ愛はね、愛人が或汚い病氣にかゝつた時、或はカタワ
になつたとき、めくらか、つんぼか、びつこか等ね、或は他
の男と邪戀をして出て行つた妻が再び歸つて來たとき、其他
色々な不遇な目に合はされたり、或は汚い行爲があつた場合
進んでそれを愛しそれを許すことそれが本能的愛と對象的に
考へられる眞の愛なのだ。愛の定義は勿論これだけでつきる
のではない。最つと廣い意味があるのだ。
　或はこれを、「正義」又は「正しい事をなす事」とても言つて
見るかな？　それでもやつぱりだめだよ。」

　　　或　る　青　年　と　語　る

　生徒は又質問が出た
「その惡といふのはなぜ神樣はつくつたのでせうか」
「うむ、それは大いに必要なものさ。愛なるものもつと生
きゝとした、純化された、立派なものにする爲にね。「惡」
こそなければ「善」まあ善といつてもいゝよ、此の善なるも
のは漸次衰へて遂に消滅してしまふだらう。さうなると神樣
はがつかりするだらう。それで豫めより惡もおいておいたの
だ。」

　生徒「それじや宗教は信じなければいけないんですか？」
　H先生「僕はそんな質問が大きらひなのだ。君が考へて信す
べくば信じ、信ずべくなくば信じないのがよいのだ。そんな
のを心から切に望みもしないのに、如何にも信ずべき理由を
見出したかのやうに、うはべを飾つて振まふ事が如何に多く
の害毒を社會に流したか分るか？　善心を持つてゐる如何に
多くの人がそれらのしゆう態を見かねて宗教に入つて來られ
ず、かわいさうな最後をとげるか分るか？
　そのために結局世界の純良なる者、良心をもつてゐる人、
世を正しい方へ直さうと思つてゐる人ともがその口より宗教
の害を解き、宗教は阿片なり等の言をはくやうになつたの
だ。宗教を世間體で信ぜねばならないから信ずる者程世に馬
鹿なものはないのだ。
　宗教に浸つた心は宗教を信ぜずには居られなくなるのだ。

一九

或る青年と語る

宗教は何も道德や法律のやうにすべき性質のものじゃないのだ。本能束縛の藥ではないのだ。まあ、各々良く考へて見なさい。僕の言ふ事は皆正しいと思ふものもだめなんだ。多くの缺陷があるだらう人の事だから、僕の話を恭考に皆さんは皆さんの生きた見方を作りなさい。』

N君はそのときほど感激した事はない。N君は時間中自分の股を指で強くつまんで見た。ほんたうに實在するかを見るために。さうして今までは一體何しにぼんやり生きて居つたかが分らなくなつた。可笑しくてたまらなかつた。N君は新しい生活、その中には目的あり意義あるその新生活を強く踏み出すべく決心した。

× ×

× ×

これを讀み乍ら小山內薰の「森川先生」が思ひ出された。先生も先生であるが、古い記憶を生々と寫し得る生徒も生徒である。森川先生も所謂教育界に長くは踏み止まることが出來なかつたやうに若人の心靈に燃ゆる革新を吹込み得る修身先生も今は既に教壇の人ではなく牛乳を搾り馬鈴薯を掘る人とはなつたのである。しかもその先生の近信は左の通りである。

…… 滿洲歸路에
前에없이 各別히 悵然한 생각이 드옵니다。저이들
과 나와는 아주 因緣이 멀어졌나、하는 생각이。무엇
인지 貴한것을 他人에게 다 빼았겨 버린듯한 느

二〇

김。燥急함이 일이 아니오。그래서 될것도 아닌줄 알
것마는。적어도 今後의 살림은 더욱이로 알고 主
님을 爲해 온全히 밭쳤으면 하는것이 歸家當時의
所感인데。今日이 如昨日로 날마다 이러자니 自然
바뿐 생각이 不無합니다。穀식은 分明이 익어滿野
가 누렇는데!

學校에 敎育이 이미 없고 敎室살림이 끔직하기는
하면서도 또 되푸리하기를 學校에라도 다시 가는
것인가, 이러기도 합니다。……

主님의 살리시는대로 氣운 차게 살으십시오。熱과
빛을 發하시면서 香氣를 發하면서 살으십시오。지
리한 비 개여서 씨원한 마음을 느끼면서 이렇게
씁니다。

八月二十五日　×弟拜謝。

とある。かゝる教師をして再び牝雞が雛を羽の下に集むが如く、その懷に若人達を抱かせる教育は行はれないのであらうか。彼のやうな若人達を必要とする教育は生れないのであらうか。思へば昔戀し。この先生の修身講義を聞き得た人々は幸であつた。

へられる。エペソ書で特色ある語一二を擧げれば

① $\mu\upsilon\sigma\tau\acute{\eta}\rho\iota o\nu$（奧義）エペソ書1：9. 3：3,4,9. 5：32. 9：16. エペソ書にては六回用ひられてゐる語であるが、コリント前書に五回、コロサイ書に四回、テサロニケ前書に二回、ロマ書に二回、テサロニケ後書に一回用ひられてゐる。尚ほパウロ以外に六回用ひられてゐる。パウロがロマ書に於て用ひた場合とエペソ書に於て用ひた場合と意義に於て決して異つてはゐない。

「兄弟よ、われ汝らが自ら聰しとすることなからん爲めに、この奧義（$\mu\upsilon\sigma\tau\acute{\eta}\rho\iota o\nu$）を知らざるを欲せず、即ち幾許のイスラエルの鈍くなれるは、異邦人の入り來りて數滿つるに至る時までなり」ロマ書 11：25

「願はくは長き世のあひだ隱れたれども、今顯はれて、永遠の神の命にしたがひ預言者たちの書によりて信仰の從順を得しめん爲めに、もろもろの國人に示されたる奧義（$\mu\upsilon\sigma\tau\acute{\eta}\rho\iota o\nu$）の默示に循へる我が福音と、イエス、キリストを宣ぶる事によりて汝らを堅うし得る唯一の智き神に榮光世々限りなくイエスキリストに由りて在らんことを」ロマ書 16：24

ロマ書に用ひられたのは此の二ケ所であるが此はエペソ書とを比較されよ。

② $o\grave{\iota}\kappa o\nu o\mu\acute{\iota}a$（經綸）と云ふ語もエペソ書1：10. 3：2. 3：9の三ケ所に於て神の經綸と云ふ意味に用ひられてゐる。萬物が基督にあつて一に歸する、此れが神の預め定め給ふたところ即ち神の御計畫と云ふ意味で用ひられてゐる。然し此の信仰は經綸と云ふ言葉こそないが、ロマ書に於ても述べられてゐる。

③ $\grave{a}\nu\alpha\kappa\epsilon$ $a\lambda\alpha\iota\acute{o}\mu\alpha\iota$ 此の語は索引を見るとロマ書とエペソ書との二ケ所に用ひられてゐるが他には用ひられてゐない語である。エペソ書 1：10に「時滿ちて經綸にしたがひ、天にあるもの、地にあるものを悉くキリストに在りて一に歸せしめ給ふ。これ自ら定め給ひし所なり」の「一に歸せしめ給ふ」と云ふ句が原語では此の一語で表されてゐる。再び一にする、總括するの意味である。ロマ書13：9では一切の律法、一切の道德が愛と云ふ言のうちにみな籠る、と云ふ意味を此の語で表してゐる。愛に於て一に歸せられる。

エペソ書の用法とロマ書の用法とは外見は異るかも知れぬ、譯語も同一ではないが要するに基督に於て信仰も愛も一つである事を示してゐる語と見ることが出來ないであらうか。

新約聖書のギリシヤ語原本にある凡ての語彙が網羅されてゐる此の索引によつて聖書の理解が助けられ語句が明にされる點は少くない。聖句を以て聖句を理解することは註解書に優ることも有り得ると思ふ。

⑥　ὁ 'Ανανίας（アナニアース）アナニヤ

　　徒5：1—6. エルサレムの或る信徒にサツピラの夫アナニヤと云ふ人かゐた。

　　アナニヤの名はヘブル語より出て「慈悲深き」の意味がある。[英Ananias]

⑦　ὁ 'Ησαίας（ヘイザイアース）イザヤ

　　名高い舊約の預言者の名で，ヘブル語には「エホバの助」と云ふ意味があると

　　云ふ。[英Isaiah]

　　以上A變化の男性名詞七個の單語の語尾變化を各々試みられよ。

黒崎幸吉先生編纂の「新約聖書語句索引」に就いて

　　本年九月，黒崎先生が十五年の歳月を費して苦心編纂された Concordance が手許に到着して，歡喜と感激に打ちふるへつゝ此を開いた。基督教が我國に入つて以來いまだ學術的文獻は多いとは云へないが，聖書の根本的研究に缺くべからざる索引が先生の良心的努力によつて美事に完成されたことは歡喜に堪へない。Moulton や Bruder その他の索引を參照されたと記されてゐるが，國語聖句の索引としての獨創味を有してゐると思ふ。見出のギリシヤ語には合理的な寫音法によつて原語の發音を寫し，一々の原語には國譯聖書中に用ひられてゐる譯語が附せられ，その譯語によつて聖句が分類されてゐる。後部の「日本語による見出し」に依つて譯語に該當するべきギリシヤ語を索める事が出來るので，單に索引の役をなすのみでなく，希和字典，和希字典の役割をも或程度まで果す事が出來る。紙質や製本の點から云へば，殆ど相前後に落手した「基督教大辭典增補版」に比べて遙に優れてゐる。かかる眞面目な仕事が平信徒の信仰と熱意とを以て成しとげられた事，また此の索引に對して豫期以上の需要かあつたと云ふ事それは今後我國の基督教が獨自の發展をなし得る可能性を示すものとも考へられる。我國の聖書研究に一礎石が置かれた事を喜びたい。

　　先日私は某所に於て五日間の連續聖書講義を賴まれエペソ書を講じた。其の時此の索引によつて啓發された點は少なくなかつた。

　　エペソ書がパウロの著作なりやの問題に就いて否定論者の論據とする點の一つは此の書翰に用ひられてゐる用語とパウロの他の書翰に用られてゐる用語との間に相異があると云ふ點であるが此の索引によれば用語の關係を一目瞭然に索い得る。書翰は其の目的，事情，時代，環境 により適當な用語と表現があり得ると思ふがエペソ書の如くパウロ晩年の獄中書翰に於ては特殊な用語は却つて當然とも考

審判人にわたし，審判人は下役にわたし云云」その他新約聖書中十一回使用
されてゐる。

審判主なる神の意味に用ひられてゐる場合，即ちヘブル書 12：23「萬民の審
判主なる神に」

$$\kappa\rho\iota\tau\bar{\eta} \qquad \theta\epsilon\hat{\omega} \qquad \pi\alpha\nu\tau\omega\nu$$

その他使徒 10：42，テサロニケ後 4：8．ヤコブ 4：9。法庭に於ける裁判人の
意味に用ひられてゐる場合，ルカ傳 8：2．全：6．

② ὁ πολίτης （ポリテース）市民。

πολύς （多い）都市は多くの市民より成る故に，（多い）と云ふ形容詞から
都市と云ふ語が出來たと考へられる。

πόλις （都市）

πολιτεία （民籍）徒 22：28

πολίτευμα （國籍，市民權）ピリピ書 3：20

πολιταρχης （町司）徒 17：6

πολιτεύομαι （事へる，日を過す，天國の市民らしく生活する意味）徒23：1
ピリピ書 1：27

③ ὁ μαθητής （マセーテース）弟子。

διδασκαλος （教師）に對する語であつて μανθα ω （聞く，學ぶ）と云ふ動
詞から出來た語である。

μαθητεύω （弟子とする）「天國のことを教へられたる凡ての學者は新しき物
と舊き物とを，その倉より出す家主のごとし」マタイ傳 13：52は直譯すると
「天國の中に弟子とされた凡ての學者は云云」となる。

④ ὁ ὑποκριτής （ヒュポクリテース）僞善者。

ὑπο （under）＋ κριτής （judge）舞臺にて語る者即ち俳優の意味に用ひられ
てゐた語であるが，聖書では僞善者の意味に用ひられてゐる。マタイ6：2.
マルコ7：6等。（hypocrite）

⑤ ὁ Ἀνδρεας （アンドレアース）アンデレ

ギリシヤ語では人名にも冠詞を付ける。νεανίας の如く語尾の變化をなす。ア
ンデレは洗禮者ヨハネの弟子で後に基督の弟子となつた者，ヨハネ傳 1：40
男々しい」と云ふ意味がある。［英Andrew］

305

新約聖書原語入門 (八)

里 見 安 吉

第 七 課　名 詞 （A變化）

―ης 又は ―ας に終る男性名詞, 例へば προφήτης（預言者）, νεανίας（青年）

		單	複
單 1	ὁ	προφήτης	νεανίας
2	τοῦ	προφήτου	νεανίου
3	τῷ	προφήτῃ	νεανίᾳ
4	τον	προφήτην	νεανίαν
5		προφῆτα	νεανία
複 1	οἱ	προφῆται	νεανίαι
2	τῶν	προφητῶν	νεανίῶν
3	τοῖς	προφήταις	νεανίαις
4	τους	προφήτας	νεανίας
5		προφῆται	νεανίας

例　題

此の人は眞に預言者である。（約7：40）

οὗτός ἐστιν ἀληθῶς ὁ προφήτης.

凡ての預言者の口を以て（徒3：18）

διὰ στοματος πάντων τῶν προφητῶν.

若者の足下に（徒7：58）

παρὰ τοὺς πόδας νεανίου.

此の若者を千卒長につれ往け（徒23：17）

τὸν νεανίαν τοῦτον ἀπάγαγε πρὸς τὸν χιλίαρχον.

此の種に屬するA變化單語の例

① ὁ κριτής（クリテース）審判者.

動詞 κρίνω（クリノー）審く.

名詞 κρίσις（クリシス）審判.

一般的な審判人を意味する場合, 例へば マタイ傳5：25「訴ふる者なんぢを

八十錢一口의 提議에 對하야 意外에 好感의 反響이 적지 않다. 이 일에 關하야 贊意를 表한다거나 不贊한다거나 없으나 贊意는 좋으면서도 能力은 있으면서도 할 것 없으나, 贊意는 좋으면서도 能力은 있으면서도 無心코 機會를 놓치는 이들에게는 即時 履行을 勸勵하고저 한다. 圖們서는 五六頭생길 것을 期待한다고 云謂하 여 왔으나 시작한 以上 적어도 一頭는 보내고저 新願이다. 各自의 적은 많써가 얼마나 큰 덩이를 이루는 것을 우리도 目擊하여야 하겠다. 奇異하게도 意外의 곳으로부터 乳牛 數頭가 이 提議가 發表된지 未久에 意外의 곳으로부터 乳牛 數頭가 이 牧場에 加해질 듯하다는 通知가 있었다. 그러나 僅少한 投資로써 每日 新禱中에 이 牧場을 記憶하고 關心가지는 「친구」一千人을 얻고저 新願이다. 이것은 우리의 「千人針」이다. 「誌友號」에 意味를 두는 것이다.

時計店 開業

京城府 南大門通에 있었든 三友堂時計店은 其後 그 店房의 貸用契約解消와 其他의 理由로써 一旦 三友堂을 解消되고 店舖는 없어졌었다. 그런데 奇異한 하나님의 攝理와 祝福으로 말미암아 開城府北本町二四一番地에 約三個月前부터 安東英氏（舊名商英）單 獨으로 時計店을 다시 開業하 게 되었다. 只今 그 業務에 나린 主님의 祝福은 이러하다.

先生님 至極하신 사랑으로 보내주신 封書는 感激에 북바쳐 서 어찌할줄 모르는 感情으로 울면시 읽고 또읽고 또읽으며

울었읍니다. 저는 이처럼 不足하였건마는 나의. 스승의 사랑은 果然 헤아려 測量못하 는 사랑으로 待接하심, 어 어쩐 일인가요！나는 이처럼 敗惡한 罪人이었건마는 主님의 限없는 가슴 더질듯 북 이처럼 크신가！아, 어찌 이 不足한 것이들 가슴 더질듯 북 바처 오르는 感激에. 울지않고 견디겠나이까. 先生님 이 開城으로 오기前 開城으로 울생각 은 도모지 안해보고 있었아니다. ……崔炳祿兄의 窓外의 갑자기 決定해버렸읍니다. ……開城에 柳達永先 生께서 金的으로 授助해주심에는 어찌 感謝하온지요 제힘에 감 當못할 것임을 알고 오직 하나님아버지께 榮光을 돌리나이다. 開業도 不過 二個月에 業績의 놀랄만큼 好況이올시다. 내힘에 감 當못할 이 큰恩寵을 祝福을 荒悚스런 마음으로 받습니다. 여 진破器에 훼恩惠인지！祝福하시는 님께 욱 돌리지않도록 劉 心하겠읍니다. 銘心하겠읍니다.（以下數願의 가지가지는 畧）

이러하여 서울서의 「三友」는 破鏡에 도라갔으나 이 제 開城에 安、崔、柳의 「三友」가 다시 鼎立된 것은 天과 人이 아울러 慶祝할 일이오 山川草木까지도 함께 躍動하여 마 땅한 일이다. 남과 남이（寶相은 兄弟이지만）和睦한 것보다 더 「奇異」한 光景이 다시 어디있으며, 친구와 친구 서로 扶 支하는 일보다 더. 아름다운 「造化」가 무엇이 있으랴. 이 「三友」의 久遠한 友誼의 進展을 우리는 新願不已하 며, 이 時計店을 通하여 開城은 勿論이오 全朝鮮과 全東 亞에 主예수의 榮光이 立證되기를 우리는 발끝을 곧추 고서서 期待하는 바이다.

京城聖書研究會

日時　毎日曜日午前十時부터（約二時間）

場所　京城府外貞陵里三七八（本社）

講師　金敎臣

注意　今年秋早터 比較的 細密하게 新約聖書의 大旨를 講解하고저 하오니 舊新約聖書 一部분 도든지 把握코저 하는 兄子는 누구나 直接 어느 時期에던지 來參하라 創世記로부터 世界에 基督敎 眞髓를 맛보려는 根本的 非究試約이다

來라 서로 眞理探求에 誠實하자 來함도 自由요 來치 아니함도 自由! 다만 聖書眞理 探求에 好學하고 誠實한 者 本社的 聖書信仰 ……에서 本이 아닌 舊新約聖書의 眞髓를 探求하려는 眞摯한 求經家를 學的으로 讚揚하기 不須하노니

故李種根君紀念集會

日時　十月十九日（日曜）午後二時부터

場所　京釜線始興驛前 李昌根氏方 新舊來客을 暫時 關烱來君의 追悼會를 兼하야 本誌一周年忌日을 應하야 各地에서 모여 오는 親友에게 提議함에 應하야 모이고저 한다

義務　來往拾錢을 選拔하야 回選을 暗算絶不 回別途가 있으나 途는 定치 않다 率直

…人生砂上의 足跡을… 우리의 心身을 交流한다 人生은 交通되는 京釜線列車（午后一時十分京城驛）를 다시한번 利用할한

…人生은 砂上의 足跡…을 더듬어 우리의 心身을 交流케 하게된다 李君을 哀悼키 爲하야 本誌 第一四二號「李君을 생각한다」……

金敎臣著

1　山上垂訓研究　全

예수의 山上寶訓을 解說하여 基督敎의 根本眞理를 簡明하게 알린 것이다　四六判二七〇頁　定價一圓　送料九錢

2　無敎會

無敎會主義（卽참福音主義）의 理論과 實際를 가장 簡潔하게 說明한 것이다　（價十五錢送料三錢）

咸錫憲、金敎臣 共著

3　内村鑑三先生と朝鮮

内村鑑三先生의 昇天十週年紀念에 際하야 우리들 無敎會主義的 信仰의 由來와 內容을 알릴만한 論文들을 和譯하야 出版한 것인데（送）（價三十錢）

咸錫憲、金敎臣 共著

4　崔容信小傳　（價五十錢）（送）六錢

自己를 爲한 것이 아니고 오직 燦爛한 都市에서 가라 平生을 暗昧한 農村에서 民衆을 爲하야 그리스도의 精神으로써 獻身의 生涯를 보낸 朝鮮의 한 農村女性의 生涯 記錄이다 第三版出來

柳達永著

…을 읽어라 興味를 느낄 것이오 所望을 懷抱케 하리라…

金重冕君

은 昨年 이때의 헐벗은 선생님과 같은 괴로움에 처하여 있었으나 여러 兄姉의 加藤를 받아…

人生이 이때에 나라나이다.

本誌定價

一冊（送料共）貳拾錢

六冊　前金一圓二十錢

十二冊（一年分）前金貳圓四拾錢

要前金 直接注文은 振替貯金口座京城一六五九四番 又는 牡丹江九五二番聖書朝鮮社로

所賣販次取

京城府鐘路二丁目九一 東京市麴町區九段坂 向山堂書房 （大邱府）

和信（京城府）茂英堂

昭和十六年九月二十八日　印刷
昭和十六年十月一日　發行

京城府外崇仁面貞陵里三七八

編輯兼發行者　金敎臣
（京城、光化門局私書函第一八號）

京城府仁寺町二九ノ三
印刷者　李相五

京城府仁寺町二九ノ三
印刷所　大東印刷所

發行所　聖書朝鮮社
京城府外崇仁面貞陵里三七八
（京城、光化門局私書函第一八號）
振替口座京城一六五九四番
牡丹江九五二番

【聖書朝鮮】第一百五十三號　昭和五年一月二十八日 第三種郵便物認可　昭和十六年十月一日發行　毎月一日一回發行

【本誌定價二十錢】（送料五厘）

筆 主 臣 教 金

鮮 朝 書 聖

號 四 拾 五 百 壹 第

行 發 日 一 月 一 十（一四九一）年 六 十 和 昭

昭和五年一月二十八日（第三種郵便物認可）
昭和十六年十一月一日發行（毎月一回一日發行）

目 次

309

銃後生活と奢侈品

昨年七月七日支那事變勃發三周年を期して、内地に於ては奢侈品等の製造販賣制限規則が實施され、我が朝鮮に於ても内地に呼應して七月二十四日府令第一七九號を以て發布せられ即日より施行された。

新國民生活體制を確立し擧國一體國家の總力を發揮し國體の本義に基く國防國家建設には、大に國民生活の刷新、戰時生活の確立の聲は既に久しいが、都會生活の消費者等を見ると　必ずしも十分の効果を擧げてゐるとはいへない。今迄の生活の自由の夢を追つて、統制への不平不滿を衷心懷く者も絕無ではない。然しながら戰へる世界のどの國も生活の戰時態勢化が斷行されてゐない所があらうか。獨逸の大勝利の蔭には吾人の想像だにも及ばない犧牲的不自由な生活に甘んじてゐる事實を見逃してはなるまい。凡そ奢侈逸榮を事として興隆せる國家は未だ曾て之を見ないのである。

惟ふに我が銃後國民生活の現狀を顧みると通貨の膨脹が購買力の增大を誘發し、殊に股賑產業方面に於ては生活樣式の奢侈化に拍車をかけた事實は否めない。一方に於て物資の一

大消耗が行はれて居る場合、日常生活に於て平時と同じ質と量との物を欲求することは許さるべきでない。戰時には戰時に相應しい生活樣式がなければならぬわけで、銃後の國民としては最少限度の生活に甘んずべき實務があるのである。

茲に於て政府は生活必需品等の消費規定に關し不急不要品又は奢侈贅澤品の生產、製造及販賣を制限すること或る程度の必要性あるものと雖其の物の原材料が重要生產資材又は生活必需品資材なる場合に於ては右に準ずることヽなつた。

皇國臣民の誓詞

一、我等ハ皇國臣民ナリ
　　忠誠以テ君國ニ報セン
二、我等皇國臣民ハ互ニ信愛協力シ
　　以テ團結ヲ固クセン
三、我等皇國臣民ハ忍苦鍛錬力ヲ養ヒ
　　以テ皇道ヲ宣揚セン

310

데살로니가前書講義 [五]

金　敎　臣

福音信受의態度

(二·一三—一·六)

[우리가] καὶ ἡμεῖς 「우리도 또한」이라고 譯할 것이었다。「카이」라는 字가 있기 때문이다。(英文 we also)。

데살로니가人들의 信仰行爲에 關하여 누구나 그 소문 들은이들은 그들이 참말 基督信者일진대 이와 같이 바울과 실루아노와 디모데 등 「우리도 또한」하나님께 感謝하지 아니치 못하였다。

[하나님께……감사함은] 이 書翰의 讀者, 곧 데살로니가人의 自發的인 行動을 肯定하는것이오 稱讚하는 뜻이 아니라、사람으로부터 사람을 直接 稱讚하는것이 아니오 그의들로 하여금 그와같은 高潔하고 熱誠스런 信仰行爲를 하게끔 하여주신 根源되는 하나님께 感謝하는 것이다。적은일 같으나、이러한 思想型態 生活態度가 信仰과 不信의 天壤같은 差異를 낳게하는 基本條件이 되게한다。

[너이가 우리의게 드른바 하나님의 말슴…] 하나님의 말슴이라함은 하나님에 關한 이야기라든가 有神論 따위가 아니라 하나님이 하신 말슴이다。바울은 그 멧세이지를 單只 傳達하는者라는것이 여기서도 明確하게 그러나 이 區別을 確然히 하지못하여 루스드라人들이 바울과 바나바를 神으로 모시고 祭物을 바치려고 했든

(一三) 이러므로 우리가 하나님께 쉬지않고 감사함은 너이가 우리에게 드른바 하나님의 말슴을 받을때에 사람의 말로 아니하고 하나님의 말슴으로 받음이니 진실로그러하다 이말슴이 또한 너이믿는자 속에서 역사하나니라。

前節까지에 福音을 傳達하는者편의 熱誠과 忠實된光景을 記錄한 바울은、本節부터 福音을 信受한者들편의 無私한熱誠과 忠實된光景을 그리고저한다。傳하여 주는者와 傳함을 받는者가 모다 眞理답게 眞理를 取扱하였음에 注意할것이다。

[이럼으로] Καὶ διὰ τοῦτο 이一句가 무엇을 意味하는 말인지 未確해서 옛날부터 註釋家들의 意見이 不一하다。前節 끝에 「하나님께 합당히 행하게하려」하기爲하야 밤과 낮으로 일하면서 逼迫中에 傳道한 그努力과 하야 밤과 낮으로 일하면서 逼迫中에 傳道한 그努力하게 對照되었다。

그러나 이 區別을 確然히 하지못하여 루스드라人들이 바울과 바나바를 神으로 모시고 祭物을 바치려고 했든 것과 對照되었다。 感謝한다고, 그 感謝의 理由를 「이럼으로」로 써 表示한것으로 보는것이 가장 穩當한듯하다。

福音信受의態度

데살로니가前書講義

것저럼（使一四・八―一八） 福音을 곧 傳道者의言說로 알
고 嘆服하듯, 傳道者를 理想的人物로 崇拜하고저하듯 하
는일은 많은 害毒을 남기는 일이다。

[너이 믿는자 속에서 역사 하나니라] 하나님
의 말슴은 그 말슴 自體의 속例 能力이 있다。 그러나
그能力이 잘 發揮되여 結實하기爲하여서는 [믿음]을
條件附로 한다。 믿음으로써 하나님의 말슴을 信受하는
곳마다 그 말슴은 살어서 活動하며 役事한다。 그 좋
은證據가 데살로니가信徒들이다。 저들이 모진逼迫에 견
디면서 기쁨으로 信仰에躍進하는것은 하나님의 말슴이
산 힘으로 役事하는 實物이다。

（一四） 형제들아 너이가 그리스도예수 안에서
유대에 있는 하나님의 교회를 본받은자 되
였으니 저이가 유대인들의게 고난을 받음과
같이 너이도 너의나라 사람들의게 동일한것
을 받었나니라。

[형제들아] 다시 [兄弟들아!]라고 反覆하는
것은（一・四,二・一,九,一七） 데살로니가教友들에게對한 바울
의 極盡한 情誼가 流露함이다。

[너이가] ὑμεῖς γὰρ 原文에는 이[너이가]라는字가
本節初頭에 있는字요, [갈]이라는 理由를 說明하는字가

끝 붙어있다。 和文舊譯에 [蓋]라는字가 있는것은 이 γὰρ
字를 譯出한것이다。 英譯에도 for ye,――라고 하여서, 이字
를 譯出하였다。 이字는 [왜 그런고하니……까닭이라]
는 뜻이 있었으나 그렇게 譯하면 過度히 강하게되며, 또
他 適當한 譯字가 없음으로 譯하지 않은 모양이나,
아주 譯하지않은즉 前節과의 連結을 不明케한다。
이 γὰρ字가 있음으로 因하야 十四節은 前節의 [……이
말슴이 또한 너의 믿는자 속에서 역사하나니라]는
節을 證據하는 뜻인것이 分明하여진다。[너이]는 [너이
민는자]를 다시 한번 强調한것이다。

하나님의 말슴은 [데살로니가信者들 中에서 발서 그實
效를 發揮하였다。저들의 生活의原動力이 되였고 人生
原理의 삶標識이 되였었다。그 證據如何乎。

[본받은자 되였으니] 일부러 외모로 본받으려고해
서 꿈여 된것이 아니라, 實際의事實과 結果가 유대에
있는基督教人의 유대人들의迫害를 받듯이 自己同族데살
로니가人들의 逼迫을 받었으니 본받은자 되여진것이다。
古今人들의 逼迫을 通하야 참信仰이 있는곳에 迫害가 따르지않
는法이없다。속에 確乎한信仰이 있으면, 밖에 强力한迫
害가 반드시 좇아온다。迫害는 참信仰의 그림자이다。
故로 바울의 傳한福音이 참으로 하나님의 말슴이냐 아
니냐 함은 그 말슴을 信受한者들이 모진 迫害를 받

드냐 안받드냐로써 證驗해 불것이다.

[너이 나라사람] 이라는뜻으로서、「한祖上의後裔」라는 뜻임으로、유대人들이 벤야민支派라 유대支派라는데 쓰기에 適合한字이다. 但 여기서는 유대人들과、確然히 對立시켜 놓았고、原文에는 朝鮮文에譯出되지않한 이라는字가 더있어서 原文에는 直譯하면「너이 自身의 나라사람」이라고 했음으로 (英譯에 your own countrymen 參照) 데살로니가在來의住民 即 異邦人으로서 信者된 사람을 말한것이다.

그리스도를 믿는일에 반드시 迫害가 따르나 그迫害는 姓名不知한 먼나라사람들께로 부터 오는것도 아니오 實로 自己나라사람에게서 오는法이며 그中에도 더욱 親近한者에게서 올수록 더욱 深刻한迫追이 생긴다. 이는 그리스도의福音이 이世上 骨肉이나 情慾과는 애무相關없는 純全한 하늘나라의 일인 까닭이다.

(一五) 유대인은 주 예수와 선지자들을 죽이고 우리를 쫓아내고 하나님을 기쁘시게 아니하고 모든 사람에게 대적이 되여

以下 十五、十六의二節은 十四節을 敷衍하여 유대人들의 붉은罪狀을 痛罵하는것이다.

[유대인은] 原文대로 하면 「그들은 · 또」 τους και

福音信受의 態度

라고、關係代名詞를 썼다. 前節 끝의字가 「유대人」인故로 「그들」은 勿論 유대人이다. 意譯이다.

[예수와 선지자들을 죽이고] 이 一句는 우리 朝鮮文(改譯)이나 和文(改譯)이나 英文(改譯)이 모다 原文보다 더 미끈하게 훌륭하게 飜譯되였다. 青出于藍而勝于藍이라는感도 不無하다. 原文은 거칠고 斷層지고 뒤축박죽인데, 譯文은 모다 얌전하고 아렸답기 때문이다. 그러나 原文의 固有한 힘과맛은 아무데도 불수없다. 原文順序대로 配列하면 다음 같다.

主님을 죽였나니라 예수를、또 선지자들을

바울은 [주 예수를」죽였다고 當然한順序대로 쓰지않고 「주」라는字와 「예수」라는字 사이에 「죽였다」라는 動詞를 집어넣었다. 非常한 用法이다. 이렇게하여 거칠고 破格된文章을 일부러 쓴것은 무슨까닭인가.

유대人의罪狀을列擧하되 예수 죽인일、선지자 죽인일、使徒쫓아낸일等々 열가지에 平均하야 十點식의罪價를 宣告하려는것이 바울의意圖였다. 그意圖가形으로表現된것이 이 거칠고 토막 끊어진文章을 일운것이다. 九의罪價를 論告한것이아니라 「主님」을 죽인일에 九十식의罪價를 論告한것이라 「主님」을 죽인일에 九十九의罪價를 宣告한것이다. 葡萄園에 打作보낸 심부림꾼을 (마가 一二・一——一一) 여러번 죽인것도 罪가輕한것이아니나 主人의 親아들을 죽인때에 저들의罪가 絶頂에 達한것이다.

三

데살로니가前書講義

臺灣生蕃들의 人首를 짤으는 慣習은 누구의 목을 짤렀든지 容赦할수없는 罪惡이다。그러나 그 짤래온 紅布 입음의 머리가 吳鳳先生의 머리인줄 알었을때에 그 罪의 價値는 天과人이 共怒하녁 바랑의 것인줄 깨달었다。

이때에 비로소 生蕃의 老라없이 幼라없이 발뿔끝까지 痙攣을感하여 머리털끝까지 戰慄을 깨나 러보았다。吳鳳先生도 이렇거든 하몰며 十字架우에 人類를代贖한 그리스도일까보냐。

이렇게 超越한罪價를 表示코저해서 以上列擧한譯文이 平凡하게譯述하여놓았으니 모다完全하다 할수없다。

[하나님을 기쁘시게 아니하고……] 하나님의 使 옛날先知者들을 죽이고、그 獨生子예수를 죽이고、예수의 使徒들을 迫害하였으니 하나님을 기쁘시게 못할것은 當然한일이오、따라서 人類에게도 對敵이 된것이다。

（一六） 우리가 이방인에게 말하야 구원 얻게 함을 저이가 금하여 자기 죄를 항상 채우 매 노하심이 끝까지 임하였나니라。

유대人들은 前節에列擧한것과같은 온갖罪過를 그 몸에 지난것도 오히려不足하다는듯이 「……천국문을 異邦人들이 救濟받는일 사람들 앞에 까지妨害하니 그는 이른바 들어 가지않고 서 닫고 너이도 들어 가려는자도 들어 가

지 못하게하는도다」 라는 （마태二三·一三） 대로이다。 容

[노하심이 끝까지 저이게 임하였나니라] 하나 님의 怒하심은 오래 참으셨다。그러나 悔改함을 보고 赦해주실 팽게가 생길가해서。그러나 참아못해 怒한狀態로 계실수있는 終點에 達하셨다。다음은 一擊을 加하는것밖에 남은것이 없었다。

以上으로써 메살로니가敎人들의 福音을 처음 信受할 때의 勇敢하고 誠實한光景은 끝났다。

（一七） 형제들아 우리가 잠시 너이를 떠난것 은 얼굴이오 마음은 아니나 너이 너이 얼굴 보 기를 열정으로 더욱 힘썼노라。

以下二十節까이는 附錄같은 一句節이다。참信仰을 가지 면 逼迫을當하며、逼迫中에包圍된信者끼리는 서로서로「熱 情的」으로 그리움을 느낀다。

（一八） 그런고로 나바울은 한번두번 너이게 가 고저하였으나 그런 사단이 우리를 막었도다。

（一九·二〇） 우리의 소망이나 기쁨이나 자랑의 면류 관이 무엇이냐 그의강림하실때 우리주예수앞에너 이가 아니냐 너이는우리의 영광이오 기쁨이니라

善한企圖를 妨害하는것은 모다 사단의所爲로 본것이다。 바울이 지나치는熱情으로써 데市敎友들을 사모하는것은 現世에서 依支할것도 저들뿐이요 來世에서 자랑할것도 福音의結實한信徒以外에 아무것도 없는까닭이다。

四

消　息

多夕齊

「關聯있음을 보임이아닐가?」(더욱子息、利息의用例를생각할것。)

사람의 生活動靜을 消日이라 말하는것은 消光、消陰、消年、消歲라함과 한가지、時間的으로、지내간다는것을 主觀하여、날자를 消費한다는것으로써요。

消遣이라 말하는것은 世慮를 消散하면서 어떻게든지 보내겠다는感情을 主로하여、그야말로 消極的人生觀으로된말이다。

消息한다 말하는것은 氣息 곧呼吸(숨) 即목숨(生命)을 消費하는것을 主觀하여써니 가장 人間生活理의 核心을잡어 된말이다。自는 鼻의本字요、心은 염통이니、코와 염통을 대여놓은 形象으로 숨쉰다는 息字를 일운것도 妙하고。休息은安息이오、氣息은呼吸이며。元來、사람이 勤勞하다가 疲困하다는것이 天然으로要求함이며、心身의全動作을 抱休止하고 呼吸循環만 專一히하는것이、安息곧 잠자는것이다。그러므로 息一字가 氣息、同時에安息이며 쉰다하면、일을쉰다。숨을쉰다 가한가지며、ㅣ ㄱ는 イ キ ッグ를 爲하여된것이니、말들의 같쩸이에 昭然히 나타남이 곧天理다。또息、食、殖이同音語로된것도 숨쉬는것과 먹는것과 퍼지는것과의 서로

消日은消日해 끊치고 消遣은 消遣만이나、消息은生活動靜 그것만아니고、한生活動靜이 다른데影響하는것을 消息이라한다。一夫、一日、天命 (生命의使命을 다하는것을 다하는자)에眞摯하면、바른生活動靜을하면 그것이 自個生命이라하자) 반듯이他衆에影響하니 이 곧消息이 活에만 通信原由없고 所聞이오 通信原由다。이만큼 말하면「누가아니래？」消息이 生活動靜의根本이오 根本的生活動靜은 獨個的이아닌原理가있어서 生活動靜을 가르친消息이란말이所聞이라、通信의뜻을 갖이게 된것이지、消息二字가 바로 通信의뜻이있다면 無理다。될수없다。消日、消遣에通信의뜻이 안붙는것과 매한가지로。

吾人이消息하는데는 二大息을 消費한다。氣息과信息이 다。氣息은呼吸으로되고、信息은往復으로되는데 呼吸의氣는天地間에 그득찬大氣요、往復의信은神人間에 바로놓인 誠信이니 大氣는生理의本源이오 誠信은倫理의本源이다。코로 숨쉬는者、大氣의子息이오、맘(心情)으로往復하는者 誠信의子息이다。氣息、信息하는息이或、子息의息은아니냐？ 消日、消遣의살림(生活)의 말이오、消息하는息이或、子息의息은아니냐？ 氣息、信息하는息이 或、子息의息은아니냐？ 消息은삶의말이다。살림은 各은 한울의 버픈대로요、살림은 사람의 造作이다。삶은

五

消息

人各色이오、삶은 一天大同이다。살림은 私요、삶은 公이다。
삶은 숨이 爲主요 살림은 먹는것이 爲主다。먹고 입어야
만하는 살림은 집을 定하고、솥을 불쳐야하지만 숨을쉬
는데는 집도 솥도 일없이 입은 꽉 담어두고 코만 바
로 뚫렸으면 언제 어디서나 飮食에 醉하고、衣服에 놀리고、房屋
살림이 삶을 妨害한다。 或時는
해막히고、市井에 흐리워서 숨을 제대로못쉰다。 —삶을
爲한 살림이요、살림을爲한 삶은아니겠는데 살림만 키
가다가 삶이 줄어듦이여、입만 딱이 버려지고 코가 （氣
息을——。

前에 七十平生을 살고가신 분으로서 늘 말슴하기를「落
地不幸 四字면 그만이다。벌써 苦生하라고 마에 떠러진것
을」하고 입버릇과 같이 말슴하시는것을 들었거니와。
筆者는 五十平生에 배운것、닦은것、쌓은것이 없
고。시원한것、즐거운것을 못보았다하여 過言이아니며。
人間的으로만말한다면 부끄럽고、점적하고、없이살은 또
人間이랴마는、아조없이임을 받는——말하자면 아조 흉한노
릇의 살림을——이여 왔건마는、그래도 不幸이아니고、
感謝다。어찌 落地不幸일가보냐? 乘塊多感이다。살림으로
는 남에게 떠러지고、또떠러졌어도 삶은 참붙어 天惠로
豊足하니 어찌 深切한感謝가 없으랴! 우리 목숨을위하
여 準備하신 呼吸의資와 制의盛大、豊厚、莊麗、嚴淨、奇異
함이여 무엇으로 다 感激感謝함을 드러 말슴할가?

大氣頌

六

二十億餘 人類를 머리잡어 세우시고、
나는새와 기는즘승 물고기며 버레까지、
한덩어리 高子들에 몸아닿게 살리설제
코로 숨을 쉬게마련、밤낮없이 너、나없이。

高子들의 表面積이 五億千萬 平方킬로、
七、八千 메트르의 높이그득 힘쌓놓은、
二割一分 酸素라고、七割八分 窒素인데、
이름지어 氣象圈! 氣象圈은 呼吸層!

天氣候가 人氣候라。비、바람이 이예짓고、
비、바람을 짓는中에 더움고름 따러된다。
二以上、七萬메틀쯤가면、大部分이 窒素만、
溫度도 아조低溫 아모變化 없는成層!

그밖에는 無限空에 仔細모를 精氣그득!
一億四千 九百四十 萬킬로의 사이두고、
高子들의 直徑보다 百아홉 갑절되는
불구슬이 準備되니 그이름이 太陽이라。

消息
逍遙遊

太陽光熱 이에맞어 氣를더고 고르는데、
氣層萬고 지내오되 죽은듯이 몰래와서、
우리들의 코앞에서 고로、두로 쓰게작만。
비、이슬과 바람、더움 코로염롱에。바다와물에。

이만큼만 삶여보아도 죽은듯이 숨을쉴가? 어찌하다、숨막히면 나죽겠다。窒塞하는者들아、平常恒常에 이렇듯한天供養을 우리爲해 베프졌다。

오 끝까지오、완롱이오 늘이니。맨먼저 精一하게 敬虔하게 숨을쉬어야한다。숨은此코各自가利用하는것은 아니다、全體가奉行하는것이다。生命은至公이니、生命을爲해 먹는것은第몇재다。더러굶어도 살렴어다。呼吸은第十이는生活도萬一萬々人되히營爲하려다가는 도로히生命을害하는、即 惡消息(숨을잘못쓸)이 된다。

酸素와窒素와를分揀하고 呼吸作用과同化作用의知識이밝은現代人이、저科學的分解가 었던古代人만큼生命(消息)을 穩全히못한은 어찌됨일가? 直觀大觀의能을잃고、全體에서分離하려는 傾向에서 天惠全富에感激할줄을 모르는大痲痺症에걸려서다。엣사람의浩然한深大呼吸觀의一例로 우리는莊子의逍遙遊를 좀 더듬자。

北冥有魚、其名爲鯤、鯤之大、不知其幾千里也、化而爲鳥
其名爲鵬、鵬之背、不知其幾千里也、怒而飛、其翼若垂天之
雲、是鳥也、海運則、將徙於南冥、南冥者天池也、齊諧者、
志怪者也、諧之言曰、鵬之徙於南冥也、水擊三千里、摶扶搖
而上者、九萬里、去以六月息者也、野馬也、塵埃也、生物之
以息相吹也、天地蒼々、其正色耶、其遠而無所至極耶、其視
下也、亦若是則、已矣、且夫水之積也、不厚則、其負大舟也
無力、覆杯水於坳堂之上則、芥爲之舟、置杯焉則、膠、水淺
而舟大也、風之積也、不厚則、其負大翼也、無力故、九萬里
則、風斯在下矣、而後、乃今培風、背負青天而、莫之夭閼者
而後、乃今將圖南。(以下略)

우리가 古書를 볼때에 먼저 그 時代에 該當한 同情的 理解를 갖이고서 보아야 그 思想의 體系를 바로알수있다。

凡例로

一、古人이 地、水、火、風四大를 各其莊嚴하도록 큰줄을 直感한것이 壯하나 그 位置와 限界에 對하여는 未知하여 水(바다)와 風(氣)이 地와는 各別히더큰줄로 여긴것 같고。

一、大地의 球形인줄、赤道며 兩極을、重力을 모도모르는때니、寒方은 北 熱方은 南으로여졌고、上下觀은 無限延長할것으로 본것이다。古代印度人은(華嚴經華莊世界品에 보면)「世界의 最下는 風輪이오、風輪上에 海、

七

消　息

字句푸리를 좀하기로

海上에 陸이建立된양으로 여겼다。

一, 冥은 큰바다。本文에 한울 못이란것으로 보아
　땅以外에 어떤 큰範圍를 이름이다。

一, 그런즉 北冥은 黃道上에冬至點이오、南冥은 소
　夏至點쯤 되는데를 抽象함이겠다。

一, 鯤은 陰을象徵한寒節期의自然界全體거니 氣候全
　部를 가르침이되、生物化하고、絕大化한것이다。

一, 鵬은陽、暑節期의 그것일것이다。

一, 海運則은「節期바꿀形勢가되면」이거니、「換節이되는
　데는」뜻쯤이겠다。

一, 志는誌니、記錄이오、

一, 野馬는陽炎이니 空氣中微細塵埃가 日光에照熱流
　動되는것이 알른알른보이는것이니、곧照熱된 空氣
　의現象인데、氣流라하야可할것이다。

一, 坳는凹니、坳堂은 움숙한房바닥이오、

一, 天閼(흡알)은 天遏이니、가다가 맥히는것이다。

그만하고 本文을 색이기로한다。

逍　遙　遊

北冥에 물고기 있으니 이름이鯤이라。鯤의 크기가
그몇千里인지를 모르겠다。化하여 새가 되니 그 이름
을 鵬이라한다。鵬의 키가 그몇千里인지 모르는것이

八

다。怒한듯이 날르니 그날개가 한울에 드리운 구름
같더라。이새는 바다가 움즉이면 南冥으로 올라가는
것인데 南冥이란것은 한울못이다。（齊諧란冊은 怪異한
것을 적은冊인데 그冊에 말하기를 鵬이 南冥으로 옮
길적에 물을 三千里나 날리게 부디치면서 휘저어를
어 九萬里를 올라가서야 進行하는데 六個月을 한숨
에 가는것이러라。

陽炎과 몬지는 生物들이 숨으로 서로 부는것이다。
한울 푸른것이 그正빛이냐 그 멀어서 아조 끝질데
가 없어서냐 그우에서 이아래를 보는데도 그러할것
같으면 그만일것이다。

또한 저 물이 깊이 못이지 않으면 그 큰배를 띠
우기에 힘이 없다。盞의 물을 房바닥
엎으면 티검불이 배노릇을 하지만 물이 거기다가 그盞을
놓으면 盞이 바닥에 들어붙는다。물이 얕고、배가 큼
이다。바람이 두텁게 쌓이지 않으면 그 큰날개를 띠
우기에 힘이 없을것이므로 그런後에 인제는 九萬里를 하면 바
람이 아래에 있으니 그런後에 인제는 바람이 흐뭇
하여 푸른 한울을 질머짐에 맥힐것이 없으니 而後에
야 인제는 참 南征을 圖謀할것이다。（아래를 끊을）

鯤이 鵬으로 化하여서 北冥에서 南冥으로 옮기는데는
○

九萬里나 屋厚한 風(氣)을 언지못하고는 不可能하다는 것을 仔細說明하려하였으니、極寒節期가 極暑節期로 變化해 가려는데는 다른말로하면 四時行焉하고、萬物이作焉하라는데는 눈에는 안보이는 것이나 보이는 것을 抽象한 것이니 어서되는 것을 直感한 것이오、去以六月息者란 것을 보면 一年의 折半으로 冬至에서 夏至까지를 息字를 놓은 것이오、寒暑往來를 天地大氣의 呼吸으로 여겨서 息字를 놓은 것이라 大氣는 곧 生物들의 呼吸이 서로 부는 것이라 斷定하였으니 그眞理를 直感한 것이 얼마나 確實한가!

한거름 더나가 大氣의 現象을 證하되 저 한울 푸른 것이 무슨 복구개 같은 것이 있어서 그런 것이 아니고 風(氣)이 厚層이 되어서 그렇게 보이는 것뿐이다。하여 大氣層에 日光이 通過하여서 蒼色으로 보이는 것을 喝破하였으니 壯하지않은가! 想像的推理가 어떤때는 實驗的分別보다도 通透打盡的이 아니냐? 法悅的이 아니냐? 信仰的이 아니냐?

——眞을毅實하는 同時에 美를 藝讚하고、於間에 善이 滿養되도록되지않았느냐? 莊子의 消息도 크고나! 그목숨 좋우나! 天地間에는 正大至高한 氣가 充滿하고、萬象의 根本은 氣오、人의 本心까지가 그氣인줄로 여긴것이 古東洋의 根本思想이다。孟子는 浩然之氣를 善養한다하였고 그氣는 至大至剛하여 天地間에 그뜩찬것이라 하였다。孟子도 이런 消息을 갖었기에—通했기에—「萬物이皆備於我」란 觀念 乃至 信念、바로 信仰을 언었던것이다。筆者가 莊子나孟子 같은분들에게 信仰이 있었을지 모르나 古今아니 좀 아까워——能히 大感激을 갖인者는——어찌、누가 信仰이란말을 아끼랴? 우리가 그말을 아끼는동안、아니 벌서前에 아바지께서는 그들에게 큰목숨을 주셨다。不信者가 따로 있으니、孟子의 浩然之氣도 殼氣에서 났다는 俗儒의 말을 孟子本文보다 더 信用하는 약은사람들 먹어야 사는줄 잘 알고、消月、消遣만 잘할랴는 者들(그런사람속에는、孟子의 말에도 合理한말이 담지만 至於浩然之氣는 좀 誇張이지 하는生覺이다。이곧 믿지못하고 바람쓰이다。消息을 感激이라고는 할줄을 모르니、感氣든다는 것外에는 大氣의 存在를 直感할수없는사람들이 不信者다。莊子의 말로하면 鶯鳩의類오、斥鴳의類다。도로혀 鵬圖를 웃는 무리다。이런 무리로 찬世上에서、信仰이 없이 莊子나 孟子같은 專氣한 生命의 消息이 있을뜻 싶은가?

古代일수록 사람들은 呼吸곧生命인 消息을 深感하고 살았다。목숨(生命)이란말은 呼吸이란말로된것이며 イキル는 イキ에 語源한것을 보라。사람의 元氣는 숨에있고、숨쉬는氣는 곧 天地의 元氣인것을 決定的으로 認識하여서 天地와 同呼吸이오、萬有互相一消息인것을 믿고 살었던것이다。

消息

九

消息

廣義로 보면　出入은 呼吸이오　往復은 消息이라。코로만 通
하는것이 呼吸이랴?（兩棲類는 皮膚로도 呼吸한다지만）大氣中
에 存在 動靜하는것은 全部가　모도 呼吸이랴? 言語와 文字로
情意를 往復하는것만이 消息이랴? 天羅羅地萬象의 모든 形
態、모든 變化가 가지가지의 소리와 別의別한 빛（빛아
닌빛과　線없는 線까지）으로　空間이란 理路를 通하고、時間
이란事緣을　벌려서　吾人에게感觸되는것이 모도 消息이오
信息이다。모든것이　우리에게傳할것이　있어서다。우리로
서는　얼마만큼感受하느냐?　感激하느냐? 만　問題다。
앉은자리에서의 消息은 그만하고　進行上의消息을 좀 생
각하려한다。

二十三年前十月二十八日記에
　　生死線一〇四五六驛
塊 車 라 題하고　쓴 感想句中에
乘大塊、逍遙今、天道浩蕩。이라고、한 것이　있다。
우리生物全體가　우리大地를 同乘하고　이것은世界一周가
아니고　太陽系를　百周、千周、萬周하면서　또太陽系가
屬된全星團으로서는　銀河系를　無數周하랴는排布로　自古
飛行이오　方今飛行이오　永遠飛行인데、우리大塊號의直徑
은三萬里（千二百七十五萬米）!　秒速力이近三十粁된다。
우리가　우리船室內에서　들의景보고　솔개　수리　飛行家들의
고　나뷔　벌 비둘기 들의景보고　솔개　수리　飛行과 쌈하
어죽는다。前에도　그랬고　後에도　그렇다。쌀속에 묻처

양중하게도　이자리（벌판）를　펴서　결상（山）을 넘어서 서
렁（子를）을　스치며　물그릇（바다）를　지나며　散亂한 잠
군　하는것에　精神이 팔려서 저 밖에　나렸다가 다시 며선오
道의浩浩蕩蕩한　本旅行中에　展望할수있는것은 全혀 모
르는척하고　本旅行을　맞일것인가?　飛行의興味는 展望
에있다。展望할줄을　모르면、航空이아니오　空中禁錮다。
저즘께　新聞에飛行器를五分間타본사람으로서　自己가쯤
上란것이六分間은된다고　主張했단말이 났었다。人生의實
이　大塊號의乘客인것을　自覺하면야　一分間인들　天道展
望에無心하랴?——땅만　드려다보는동안　落地憂患이오、
　　世上은　우리의永住所로　마련된것이　아니고　宇宙的滑
走場에　나선機器다。生命은固着할것이아닌것을、살림이라하면
제법　무엇을　이地上에 積成할듯이만　여기는고나。삶을爲
한　살림은可하나　살림을爲한　삶은　애초에　없는것이다。
한울을　바랄　땅이지、땅을　바랄　한울은　없다。神을 느
낄「나」지「나」를　따르실　神은　없다。非유클리드의眞理
가 대낮을　보이었건만　유클리드의作圖속에서 좀더 자
겠다한다。生活만　갖이고　겆고트는노릇을　좀더하겠다한다。
그러나　살림만　크게하랴다가는、或커가다가는　살림에

一〇

죽는... 생쥐와 같이。

着實勤勉이 道德이오眞理나 무엇을爲한着實勤勉이냐、
五千年文化가 갈고、닥고、쌓고、일운것이라고는? 生活
을爲한다고、처므도록 하건마는 生活을 일우기는커녕 그
難이란 뿌리가 나려서 인젠 生活難을爲하여서・모든것
을 모두、모두하게되었다。

──한다。그러나、大氣를 한가지消息하는
빠벨塔은 그만 그만두고、하나님께로 向하여 삶의 날개
를 치자──느력느력 처도 쉼이없이 치는날개!

筆者도着實勤勉宗이었으나 五十年着實勤勉은破産이다。
보라「나」라는 가난뱅이를。呼吸數로七億未滿이다。
年富하야야七十年을 古來로 드
數億圓의紙貨를 거저줄
것이니、──一圓식・네손으로 만저만보래도 그것은 못나나
다。그럴틀이 도모지 없읍니다」할 天生인 가난뱅이!

米半身丈은 直徑이 一千二百萬米넘는地球해 비기면 바
다에 좁쌀 한알밖에 더되는가? 太陽系에선 다시 地球가
一點밖에 더되며? 銀河系에선 또 太陽系가 有若無가
아니며? 銀河系는 또 大宇宙에 對、亦然하다니、
「나」라는 存在? 零이 아닌가? 零이 아닌가。時永、空遠은 도모지 모르
겠다고、時間으로는「이제」、空間으론「여기」래야만 確實라。

消
息

하여 무엇이나 確認하랴면 언제、어디서、누가毅實하였
나?고 하게되니 結局「나」스러운 零細件만 感知하는
差別智에 떠려지고 만다。그리하여 하나님이 계시다하
면 어디、언제、누가 어떻게하여서 그 계심을 알겠느냐
고 한다。──참 가난뱅이의 가난한 所見!

年來에「나」를 무엇에다 比할가? 하고 퍽 찾았었다。
我는 無다。하나님께서 있으라、하시고 자리를 갖게하셨
으나 一毫도所有는 없다。位而無다。無人我에게는
座뿐이오 實大는所有다。時間의實長이나空間
의實積이 또한 없다。時間이나空間도「내」맘대로 쓰게는
않된다。時間、空間도「내」앞에「이제」(今)「여기」(玆)란
點으로 쩍히늗듯 알른알른 하고 만다。點으로
의 接觸外에는 없을것이 眞理다。

아 이런것을 나는 五十年生에 時間、空間을 맘대로 쓰
는것으로만 여기였었다。나란것이 얼마큼 能히存在한거니
여기였었다。時間에功을쌓고、空間에 德을 절줄로 여기였었
다。功德을 지으려면 틀 두어개를 여기 내여 놓고앞
서 살림을 破産하겠다。

「이제」랄 돌(石) 삼어서 「내」란玉을 닦을난다、
그제、저젠 못좇나니、오직「이제」 내때로다、
사는날 닦는때로만 우리百年하리라。

(漢字譯)今石我玉一生攻、吞日吐月百年光。

消
息

一一

消 息

「나」를 잘일우랴면 나를 잘 깨워나아가야만 되겠다
는切迫心으로「이제」만 나를 이
될줄로 생각하고、「이제」만을
쓴便이다。

憑今了玆如實做、無去無來亦無住、尋常一樣尋常處、要
觀光明神速庭。

生馬보다 더잘 달리는「이제」를 잡어란듯한實行力을얻
으려고、「이제」를 타고、「여기」만 맑음이 닦어나가기만
하면 거저보낼時間이 없을것이오、있다울것을 기다림도
아니오、勿論머물러 둘수는 애초에 없는것을 아노니、
늘 한모양 같으되 늘 덧덧이 가기를 恒放射不息하는光
明과같이 生命을發現하여야겠다。하는뜻을 적은것이다。

天行健、君子、以、自彊不息。
을體讀하려함이며、自身中에서도 不息하는呼吸을 부려
워하여、내行爲가 내숨만 따를수 있었으면 하는懇求로。
삶이 덧없어도、목숨같이만!
을 念하였다。

그러나 나의 勤勉이 天體運行이나 呼吸不息과 같이 自
然스럽게 드러서지 않는데는 스스로 煩惱뿐이다。無心
中、몇時間의「이제」나 몇날동안「이제」가 내안밖이 다 잘
맞도록 잘 잘태워주 주는수도 있으나、내가爲하여 「이제」
「이제」하고 잡어타려고하면 탈힘이 모자라게된「인제」

二二

（而今）（イマ二）가된다。「인제」란말은 여러개「이제」（수）
가「나」를 부리어 떠러티리고、거저 다러나는時間을 이
름이다。「인제、인제」하고 머뭇거리게되면 百年도「인제」가
（而今이）되어 뭉거진다。「인제」가 너무길며는
마침내는「인제」는하는때（イマハノトキ）（臨終時）가 되고
만다。

숨한번 쉴동안에 一킬로를 거를수있다면、사람의 숨
이百年이면 九億四千餘萬回를 쉬겠다하니、그동안을 다
드려서한다면 地球가 一年에 도라가는軌道（近九億四千萬
킬로）나 一周하겠는데、實上은 사람의 거름이 숨한번쉴동안
이면、千分의四킬로、即四米弱이니百年에도地球一
年行의千分之四밖에 못간다。바꾸어말하면、二萬五千年을
거러야 一周하겠다。地球는 사람보다二萬五千倍빠르다。
（人步、秒速一米二오、地球、秒速三〇粁弱）
그러나、이만도 아니다。地球는 不息인데 사람은 쉬어
야한즉 우리가 一時間에地上十里行을하면 大地는 그동안
에 二十五萬里天空行을 하여 놓지만、우리가限終日、우리
大塊號甲板上에서百里를걷고、疲困해 잔동안까지、即一晝
夜동안에는 六百萬里를 進行하여준다。大塊號는 우리에게
倍다。春夏秋冬四時의變化를 보이기爲
하여 사람의行程으로하면 六萬年이나 거러갈距里를 急行
오로 해마다 돌려대여준다。四時의功을 일우기爲하여 天

界의 學動이 또한 크지않으냐？——天行健이여、地行速이

여、人行弱이여！

時、空遠을 그대로 主管하실이는 하나님이시다。位而
無限「내」가 主하면 時間은 「이제」란 칼날로 떻고、空
間은 「여기」란 이빨(齒端)로 무러넘긴다。今双에、까기
고、兹齒에 씹히는 人生이다。

永時그대로、遠空그대로、넘앞에서 滑走하는、大塊乘客
으로、時間을 애껴서 따로할일이 무엇이며 무슨空間이
좁다하겠는가？ 오직展望에 바쁘며 感激이 좁다。

天道浩蕩은 나의道遙遊하는 消息이다。
宇宙는消息이오、하나님은消息主시오、나는消息、다。
(、音주、古文의主字、燈中火焰、點。)

「나」는 적으나마 無나마 光點이다。라디오의세트다。
작으나 無邊한電波를集感하며 廣播한다。

인제붙어는 나는 쌍력 일우려안한다。主께서 이미 豊
厚히 쌍으시고 完全히 일우셨다。그것을 어떻게하면 더
感激하느냐？ 더消息하느냐？ 가 願이오、禱다。

거름거름 거러만 가고지고、
내가世上에 있기는 消息하는、요。
　　　吾乎世間消息、得 步

한울이로다——至眞至理致에命中하기는——。
時間이로다。　天矢命中至眞理
空間에서「이제」는 새와칼 칼날 같고。今着於時斬新双

消　息

거러잔자최는나의알패아니오내아조잊을난다。忘　跡
때의내가 숨을쉬니、큰氣運속에서요。時我消息大氣中
날마다나느먹게되나、百穀이豊登할이오。日我消食百穀登
해마다 내光陰을消費하니、太陽이 뚜렸이 밝고나。
　　　　　　　　　年我消光太陽明
天然한 나의消息은 萬古를 돌가 올라가리라。
　　　　　　　　　天我消息萬古昇

第一八五〇日(一〇、二一)

（第十八頁 「人生沙上의足跡」의績）

讚頌歌七二章「샘물과같은 보혈」을 부르는다음 金先生님
의 感話와祈禱가 계셨고 讚頌歌二五二章「날빛보다더밝
은천당」을부르고、宋先生님께서感話를 하셨으며、安東英氏
의感話와 李兄의外叔主되시는 金昶濟先生님의 눈에눈물
먹음시면서하시는 感話가 계신다음、李兄의 얼굴을 모르
는이는 그의寫眞을 仔細히 한번 보고 畢命하였읍니다。

一三

人生沙上의足跡

人生沙上의足跡

金　教　臣

一四

오늘이 발서 一周年 이올시다, 요전에 閔先生으로부터 오늘을 紀念하는 式을 가지고저한다는말을 듣고 適切한 일이 가에 곧 贊同은하였으나 交通이不便한때고 世上도 奔走해서 일도바쁜때거니와 몸도操心들하는때이므로 圓滿한 모임이 될가하고 疑問이였었읍니다.

그러나 提議한 사람 있고 贊同한사람 둘이서라도 할랴고 雜誌에 廣告냈던 터인데 뜻밖에 많이 모여서 이時間을 그리스도안에서 지키고 李種根君을 記憶하게된것은 感謝입니다. 하나님께서 保護하여주시는것을 感謝합니다. 또 페기치지 않을랴고한것인데 오늘 點心을 準備하셨으니 未安한生覺 많습니다. 李種根이 들을生覺한즉 나는 빗진것이 많습니다.

것을 갚지못한것을 느끼게됩니다. 昨年 世上떠났을때에도 電報를 받고야 알았고 火葬터에 갈때에도 발을傷하여서 運動을 못하든 때이므로 가보지못하였었읍니다. 이사람의 日記에 쓴것을 보아도 그는 나를 信仰의指導者로 알고 先生이라고한模樣인데, 나이가 좀더 묵었다고 同侪로서 信賴를 받은模樣이나 그가 世上을 떠

날때 讚頌歌한장 불러주지못하였으니 親舊노릇도 못하고 보냈읍니다. 예수께서 親히 도라보아주시고 우리같은 흐린사람이 讚頌新禱한것보다 여各別히 맞우어주셨겠지요마는 사람된 나로서는 大端히 억개에 무거운짐을 느끼게 됩니다.

李種根君의 日記帳을 뒤저보니 昨年正月初一日 日記에 『또 한해가 時間이라는 바퀴에 넘어가고 말었다. 새로운날이 새벽四時에 일어나서 家族이 早天祈禱한것만이 感謝라고

새벽 네時에 일어나서 感謝되었다. 마가福音을 工夫하고 을一年을爲하야 新禱하다. 一年間의 計劃을 세우는것의 어리석고 不信仰的인것은 지난해에 나 배웠다. 이一年間을 亦是 하나님의 뜻대로 살게하여 주소서. 나는 아모것도 依賴할수없고 아모것도 期待할것이 없었다. 다만 永遠하신 하나님의 힘을 바랄수 밖에 없는者이다. ……』 別無感慨였다.

또 昨年正月三日 日記에는

『午前五時부터 家族聖書工夫. 九章二節부터 十六節까지 하였다. 이로써 이 작은 모임도 하나님의 無限하신恩惠와 祝福을 받어서 平和로히 끝을 마추었다. 처음豫定과는 三分之二 밖에 못하였으나 이五日間을 通하여 나自身이 배우고 깨달은 바가 實로 크다. 眞理의 씨가 마음속에 깊어서 三十倍 百倍로 結實하도록 祈禱하다. ……』

이미 聖朝誌에도 記錄되였거니와 李君은 聖書工

夫를 課程을 定해 놓고 한模樣입니다.

또昨年三月十八日 日記에

『일즉 일어남은 얼마나 좋은 일인가.

東쪽 山쪽대기는 白熱化한 銀같이 아름다운 빛을보이고 바야흐로 떠오들 偉大한 太陽을 豫告한다. 안개낀北漢山을 바라보고 사람에게 더럽히지않은 깨끗한空氣를 마음것 呼吸한다. 다시 발을 옮기여 山頂에 오르면 온갓 새들의 歡迎樂이 아름답게 들려온다. 東天의 莊嚴한日出이 하로의 始作을 宣言할때 나의 입에서 感謝의 新禱가 뛰여 나오지 않을수 없다. 집에 돌아와 밤은 東窓에 詩篇을 朗讀하니 하나님의 恩寵을 獨占한듯. 아아幸福한 나여! 살아서 이自然이있고 살아서 이詩를 읽을수있으니 내게 무슨 不足함이 있으리오. 때에 고린도書를 떠니 하나님의 恩惠를 헛되히 받지말라(後六·一). 오오 主예수여 내가 하나님의 그無限하신恩惠를 헛되히 받지않게 하소서! 잔듸밭에 누어 日光浴을 하랴니 香긋한 어린 풀냄새가 四面에서 搖動해온다.

이제 꽃피는 봄도 몇일 안남었다. 욱어진 綠陰이 지나면 또 가을 겨을, 이리하여 一年이 돈다. 내가 故鄕으로 온지

人生沙上의 足跡

발서 滿一年하고 數日이 지났다. 午後부터 배가 아퍼서 누어 있었다.』云々。

이제 고린도後書六章一節二節에 걸쳐서 感想을 말슴해 드리고저 하오나 먼저 李種根君이 나에게 보내준 便紙한장을 읽어드리겠읍니다. 李君에게서는 수다한便紙를 받었읍니다. 一週日에 한장式은 받은것 같읍니다. 그러한 便紙를 태워버린것이 많으나 남어있는것中에서 한장 추려 온것을 읽어드린다면 再昨年十二月二十六日에 보낸것인 대 聖誕節을 맞고서 올린 祈禱가 적혀 있읍니다.

『‥‥‥‥‥。

어제는 크리스마스 였었읍니다. 저는 홀로 다음과 같은 祈禱를 올렸읍니다.

아아, 이날 아버지께서 버레같은 저이들을 爲하여 외아들 예수그리스도를 보내주셨아음을 感謝합니다. 이世上에 그리스도가 나려오지않으셨든들 모든사람들이 얼마나 罪속에서 헤매이며 暗黑속에서 허위적거렸을것이오니까. 이적은 저로하드라도 예수를 몰랐드라면 작은것을 큰것으로알고 따의것과 하늘것의 區別도 모르고 失望과 詛呪로 人生을 보냈을것이아닙니까. 그리스도로 말미암아 제가 生命을 얻고 그로말미암아 제가

一五

人生沙上의足跡

빛을 얻었나이다。참으로 예수그리스도에게 있어서 제가 人生의目的과 眞理를 알았아오며 그를 찾아서 滅亡의 호구에서 삶의길을 걷게 되었읍니다。

아버지께서 이같이 사람을 사랑하사 獨生子예수까지 나려주시고 그우에 十字架에 못까지 박으셨건마는 이世上은 예수를 받지않고 예수를 辱하고 迫害하옵나이다。

主여 저의들의 굳은마음을 열으사 예수를 迎接함으로 生命의 길을 깨달고 人生最大의 眞理를 알게 하소서。

또 여기 있어 祈禱하는 至極히 적은者를 引導하시사 하나님뜻에 合當한곳에 써주시기를 바라나이다。저는 비록 弱하고 추하나 하나님이 써주실때에 검고 더러운 모래 같을것이라도 眞珠같이 빛날것이로소이다。

예수그리스도도 얻은 온世上은 希望과 光明에 넘쳐있아옵나이다。하나님의 救援의偉業이 完成하여 宇宙萬物이 다같이 기하고 主를 讚頌하는날이 살같이 오기를 비옵나이다。아ー멘。

나도 술은 마음이 없지않았읍니다。

그러나 李君은 없어진것이아니라 第一確實이 살었나이다。

우리는 이앞으로 或은・滅亡할넌지도 모르나 이사람은 「끄ーㄹ늬에 들었어。 李君의生涯를 볼때 웃깃을 端正히 하게하는것이있고、나는果然 어떤가 하고 反省이되는 두려움과、生前에 조금이라도 더하여야할것을 다하지못한 눈물이 있읍니다。

閔君이。司會를하나 閔君이 主人인것도 아니요、設敎들・한다는 내가 主人인것도 아니요、오늘 이자리에 모인 사람들은 다各其 主人으로서의 마음으로 李君의靈을 思慕하고 또한 單只 李君을追憶하는것만이아니라 그리스도에게 榮光을 리기曾하여 모인것이요、서로〳〵 自己일로 모인것이오、남에게 인사받기보다 감사하려는 생각에 넘처있는것은 一般이올시다。

여기 보더라도 그렇고、日記로 보더라도 그렇고、希望에

大田 仁川 開城 庫底의各處에서 모였으니까 서로〳〵 恩惠를 남우고 聖經에關해서 註釋모양으로는 하지않겠읍니다。

이제 고린도後書第六章一節을 보겠는데 아까 朗讀한 日記에 記錄된것을 보아도 李君은 이句節을 特別히 느낀 模樣이지요。내가 잘못 말하지않음을가해서 註釋册을 보았더니 이節의重點은 「너이게」에 있다고합니다。바울이 고린도敎會에 이글을 보내면서、다른사람이야 어젯든 고린도敎會사람 너이는 하나님

勞의 말슴을 어떻게 할가 하는 피로움을 마지못하셨읍니다。

나도 이자리에와서 李君어머님 누님 슬어하시는것을 보고 慰치고 感謝에。 넘친것이 이사람의 生活이요 態度였읍니다。

一六

의 恩惠를 헛되이 받지말라고 한 것이나였읍니다。

오늘 이자리에 모인 우리들은 恩惠를 헛되이 하여서는 아니되겠읍니다。

하여금 다시는 저이自身을 爲하여 살지않고 오직 저이를 代身하여 죽었다가 다시 사신者를 爲하여 살게하려 함이니라。」여긔에「저가」는「예수」, 即 예수그리스도를 爲하여 살게하기 五章十五節는「저이 모든사람을 代身하여 죽으심은 산者들로 爲하여 李君의 깨끗한 生涯를 불때 感激이 많습니다。李君 우리가 李君「예수」는 十字架에 못박혔다는 것입니다。은 世上의 罪惡에 물들지않고서 하나님앞에 갔습니다。이렇게 아름다운 사람은 웨 이다지 躁急히 갔는가。이렇게 端正하게 속과 결이 같아서 表裏가 없는사람은 웨 일즉 갔을까。이렇게 생각할때에 그리스도가 聯想됩니다。우리로 하여금 各其 自己를 爲하여 살지말고 主예수 그리스도를 爲하여 굳세게 살라는 一大警鍾을 울리는「亦變」인줄로 압니다。멀리 鴨綠江畔에서 오늘 우리들의 이 모임을 記憶하면서 보내주신 成先生님의 편지는 우리를 慰勵함이 큽니다。『……。

李種根兄의紀念集會에는 雜興는 못하나 사람이 이렇게 貴한 이朝鮮에 모처럼 아름다이 내셨던 이를 또 그리빨리 대려가실것도 무엇일까 하는生覺이 납니다。그러나 또 이것은 우리慾心이니지 원체 이발에서는 늘 묵여만보고 알穀이라고는 좀해 求景을 못해보시면 主님편으로서야 하드물게 열리는 그이삭이 너무貴해 어서 맛보신것인지 아나 하기도 합니다。

入生沙上의 足跡

오늘集會를 記憶하고 鴨綠江邊에서 이처럼 편지를 보내셨으니 비록 이集會에 座席은 같이못하셨을지라도 靈으로 도와주실것이니 기뻐 대려가… 成先生편지뜻은 朝鮮은 빨리 사람이 貴한 대안인데 이처럼 貴한 사람을 좀더 두어두시지않고 雜하고 疑心이나나 이것은 우리慾心이지 하나님便에서는 만 많은 荒蕪地에서 좋은 이삭을 난것을 보시고 어서 맛보신 模樣이라는 말입니다。

우리들이 冬季集會를 할때에 보아도 여러사람이 결상을 하고 밥을먹을때에 놓여있는 김치 속님을 맛보고저 합니다。하나님은 穀食中에 처음익은것, 아들中에 長子들, 좋와하시는性格이신지라 사람으로보면 슬은일이지마는 우리같은 荒蕪地에서 이렇게 좋은 열매가 맺혀졌느냐고 대려가신 모양입니다。朝鮮서는 정말貴하고 아깝습니다。이러한 사람은 새벽에 별보는것과 같습니다。그러나 하늘나라에서는 李君과같은것이 많이있는고로 우리는 섭々하나 하늘나라 하나님편에서는 가득하여 우리처럼 그렇게 怯하지않고 대려가시는 模樣입니다。예수께서「내가眞實로 너의게 말하노니 女子가 낳은者中에 洗禮요한 보다 큰 이가 니러남이 없도다。그러나 天國에서 極히 적은者라도 저보다 크니라」(馬太十一章十一節)하신것같이 하늘나라에는 李種根이같은者가 無盡藏으로 있을머이지요。그런 點으로보아서라도 우리도 李君처럼「꼬ㅣㄹ에 드려가서 秋夜의별보다도、海邊의 그 모래알보다도、더 많이 모인 淨潔한 聖徒들을 만나보고싶은 所願이 湧然합니다。

오늘 새벽에 祈禱하면서 生覺하고 오늘 또 무거운짐을 느낀

一七

李種根兄紀念集會記

것은 ×××君의 일이외다. 저는 ○○學校卒業時에 紀念品을 드리는 글에「이것으로써 五年間 先生님께 받은恩惠에 感謝하는 表跡이라고 한수는 없읍니다마는……」하고 敎訓을 實踐함으로써 師恩을 갚겠노라고 盟誓하며 가더니 나보다는 훨신 先生길을 붙니게 한 模樣입니다. 그런態度로 가르쳤다니까 그렇게된 것이겠지요. 그런態度로서信仰의빛을 發한 모양입니다. 그런態度로 士가 決勝點으로 突入하듯이 先生도 제치면서 쑥쑥빠져 앞서 나가는듯한 壯觀입니다.

李種根이는 信賴하고 믿어왔으며 이기고 갔어. 七十年을살고도 恐怖가운데 살었다면 지고 간것입니다. 日記를 보면 李君의 存在는 確然하고 뚜렷하며 確實히 壯上을 이기고 갔읍니다. 이런때에 나에게 배웠다는 사람들은 그리스도의榮光을 나타내고 勝利를 하는데、자ー 내차례가 오면 나는 어떠나 고生覺할때 두려운生覺과 感謝의生覺이 交錯합니다. 只今 이자리가 失望과 슬픔으로 쌓인자리가 아니오、도리어 찬송과希望에 躍動하려는 雰圍氣에 넘치는 이光景은 진실로 奇異합니다. 할렐루야 아멘.(當日說話의要領을筆記한것).

李種根兄紀念集會記

十月十九日 午後一時半 始興驛에는 李種根兄의靈을 思慕하며 榮光을 그리스도께 올리기爲하야 모이는 京城서오신 金先生님과 곧 뒤를이어 仁川方面에서오신 宋先生님을 비롯한 손님數名、또 이미 와서 先生님을 마저주는 學生들이 발을 옮겨 옆으로 江을 끼고 버거진 들판에 人家가 몇이 있는中의 하나인 李種根兄姉氏宅에 이르렀읍니다.

그곳에는 李種根兄慈親님과 姉氏께서 極히 조용한얼굴로 맞어주셨고 이미大田서 와있는 손님도 있었읍니다. 그宅방과 마루에 着席하였다가 그宅에서 주시는 點心을 먹은後 暫間休憩하고 다시 着席하였읍니다.

그때 마루에 앉어서 鎭靜할라고 힘쓰는 悲壯한 얼굴우에 其眼鏡밑에서 하염없이 구슬같은 눈물을 뚝뚝 떨어치시는분은 李兄의慈親님이였읍니다. 昨年오늘 오직 하나인 아들을 ·하늘나라로 보내고 그리스도를 依支하야 慰勞를 받어오시면서도 그동안 人間的인孤獨에 자못 견디기 어려운바 계셨을 그이 오늘 그곳에 모인 靑年輩들 보니 그와같은 아들을 思慕하는 마음이 새삼스러히 박차 오르심이련가.

司會者閔兄이 始作을 宣하야 一同이 讚頌歌五三章「하늘가는 밝은길이」을 부르고、閔兄이 메살로니가前書四章十三―五章十一을 朗讀한다음、朴晶水夫人引導로 懇曲한祈禱를올리니、그祈禱가 소용도리 도는 물처럼 빙빙 돌다가는 홀로계신 어머님과、슲어하는 누님을 慰勞하야주시기를 主께 求할 때마다「아ー멘」으로 和하는분은 李兄姉氏였읍니(十三頁續)

罪人만을 爲하야 (第十九回)

A·J·럿셸 著
趙聖祉 譯

第九章　賠償

『너는 이스라엘자손들에게 말하라。만일 남자나 여자 나 사람들이 항용 짓는 죄를 범하여 여호와께 죄 를 얻었거든 자기의 죄를 자복하고 그 죄값을 온 전히 갚으되 오분의일을 더하여 누구에게 죄를 얻었 든지 그사람에게 갚어줄것이라。』

（민수기 五章 六—七節）

푸랭크와 처음으로 맞낫든날밤에 할레이街에서 열린 그룹集會는 내가 이제까지 恭席하였든 모임中에서는 제 일 感銘깊은것이었다。이같이 聖靈의 臨在와 壓力을 强 하게 늣기는일은 별로 없을것이다。

푸랭크가 날보고 어떻게 하라고 한데에 對해서 켄。 아모말도 하지않었었다 그러나 그날밤에 그의 눈치를 보면 이것을 이미 알고있는것 같었다。

나는 이點에 對하여 오히려 感謝하게 생각하였다。 웨 그러나하면——이것은 後에 깨다른것이지만——그 도 亦是 過去에 있어서 나와같은 經驗이 있었기때문에

罪人만을 爲하야

이러한 눈치가 비었구나 하는것을 알게되였기때문입니다。 그 이튼날아침에 나는 事務室에 가기前에 푸랭크가 指 名한 사람을 찾어가서 챙피톡긴 하지만 事實을 告白하 였다。그것은 愉快한 會見은 아니었다。그는 나의 이야 기를 듣고도 아모 놀라는 빛도 없었다。오히려 나는 自己의 맘에있는 생각을 發表하는 말이 서들었든것과 또 訪問時間이 너무 일렀든탓으로 不滿을 사기만 하 였다。그리고 이것을 實行하였다고해서 무슨 精神的喜 悅을 늣긴것도 아니다。그러나 어쨋든 해넘겨놓았다。 이제와서는 싫으나 取消할수도 없는일이다。그 리고 이것은 푸랭크가 自己의 後輩들에게 過去의 잘 못을 反復하지못하게 하기위하여 熱心히 勸하고있는 所 謂 警戒의 말뚝이라는것을 하나 박어놓은것이 되는것 이다。그뿐만아니라 얼마後에 이사람도 靈的變化를 하 게되였는데 이번에 나의 이率直한 行動이 아니었드라 면 이사람의 變化는 아마 일어나지 못하였을것이다。

以上은 事實 그대로를 記述한것이다。

이렇게 푸랭크가 사람을 보내여 利解或은 賠償을 하 게하는것은 往往히 그룹의 놓은 精神的挑戰에 畏縮하 는 사람들에게서 非難을 받는일이 있다。이非難은 勿 論 實行하기힘든 自己의 罪意識 或은 두려움에서 나오 기도 하겠거니와 自己에 對한 正直한 反感에서 나오

一九

罪人만을 爲하야

기도 하는 것이다. 그리스도께서 례물을 제ㅅ단에 가쳐오기前에 몬저 兄弟와 和睦하지않으면 안된다고 하신 말슴은 確實히 어려운 命令이다. 그러나 萬一 基督教의 높은 理想을 實現하려고 한다면은 이같은 命令은 完全히 合理的이라고 할것이다. 그러나 賠償이라는것은 또 어떻고 할것이 아니라 반듯이 靈導下에서 實行하지않으면 안되는것은 勿論이다.

어떤때는 賠償을 하되 지혜롭게 하지못하거니, 또는 췌크를 받지않고 하였기때무네 도로혀 피해를 가져오는수가 있다. 그러나 정말 和解와 賠償의 必要가 있을때는 그룹의 사람들은 一步도 安協的態度를 取하지 않는다. 삭개오는 예수께 말하기를 萬一 自己가 협잡한것보다 四倍나 더하여서 갚아주겠노라고 하였다. 그러니, 남의 물건을 훔친 사람이라도 現在 아모것도 없는사람이라면 어떻게 네갑절을 갚아줄수 있을것인가? 自己가 갚아줄 實力이 없는限 問題를 더 시끄럽게 맨들 必要가 어데있는가? 이問題에 對한대답은 이러하다. 各사람은 自己가 하려고 하는일을 반듯이 各自의 靈導에 依하여 할것이요 그우에 할수있으면 다른사람의 靈導의 췌크를 받을것이라고 하는것이다.

萬一 謝罪나 賠償을 할때 그 相對者의 態度가 재미없을때는 어떻게 할것인가? 大概는 態度가 좋은 법이다. 賠償的行爲라는것은 相對者의 自我를 놓여주는心理學的 效果가 있는것이다. 그래서 自身도 氣分이 좋와지지만 다른 모든사람들에게 對해서 또 自己앞에 謙遜하게 屈服한 敵에게까지 好意로 對하게 되는것이다. 그러나 萬一에 그의 態度가 좋지못하게 나온다고 하드래도 (그룹의 意見에 依하면) 自己의 잘못의 當然한 結果로써 그것을 달게 받어더리지않으면 안된다는것이다. 世上에 苦難없이 出生되는것은 하나도 없다. 靈魂이 다시 나는 때도 그렇하다.

그룹은 무엇보다도 이 새生活을 第一位에 두는것이다. 설혹 다른사람의 非難을 받는다고 하드래도 조금도 介意하지않는다. 그것은 그들은 恒常 우리主 예수 그리스도의 恩惠와 하나님의 사랑과 聖靈의 끔임없는 同行을 의지하고 나가는 때문니다. —— 이야말로 形式的으로 외이는 祝禱文이 아니라 文義그대로의 祝福밧은 生活이라고 할것이다.

푸랭크는 自己自身이 그다지 좋아하지않는 일이나 或은 實行해도 별로이 큰 靈的價値가 없다고 생각하는 것은 남에게 권하지 않는다. 켐부릿지의 쎌윈·칼레지에서 열린 하우쓰·파ㅣ의에 泰席하였을때 푸랭크가 내방에 드려와서 賠償에 關한 自己의 經驗을 이야기한

二〇

일이 있었는데。 그中에 하나를 紹介하려고 한다。 거기에는 노랫지와 레스터의 監督들과 米國聖公會의 總監督도 같이 있었었다。 또 監督한사람은 그다음날到着하기로 되어 있었었는데 이사람은, 푸랭크가 以前에 中國하우쓰·파ー의에서 賠償의 쓴맛을 經驗하였을때 같이 있었든 사람이라고한다。 푸랭크의 이야기는 이러하였다。

「내가 처음으로 宗敎的인 家庭集會를 組織하였을때의 일이었다。 이 하우쓰·파ー의는 中國의 어떤 有名한 外交官의 邸宅에서 열렸었다。 그리고 이곳은 中國에서도 有名한景勝地의 하나로써 여름에는 中國의 老哲學者들이 隱居하는 避暑地였다。 바우가 첩첩히 쌓인 山봉오리와 해빛이 따뜻한 들판에는 十九世紀中葉에 長髮賊날리적에 다께여져서 廢墟가되어버린 五重塔들이 여기저기 點在해있다。 이山꼭댁이에서 내려다보면 中國의 黃龍인 揚子江이 아래의 넓은 들판을 구비구비 감돌아 흘르는것이 바라다 보인다。

나는 종종 바람을 쏘이러 나가서는 이바위우에 앉어서 이雄大한自然을 바라보며 즐기군 하였다。 그런데 처음 이들 동안은 마음도 大端히 기쁘고 平和스러웠으며 友情과 靈交를 훌륭히 느꼈었다。 그러나 사흘째 가서는 해있다。 머리속에서 『賠償, 賠償, 賠償』하는말이 구지 떠러지지를 않고 작고 따러단니는것이었

나는 이것을 쓸어버릴려고 애써보았으나 작고 도루늘어불군하였다。 그內容이라는것은 옛날에 鐵道會社에서 割引을받는 特權을 얻어가지고 있었는데 내중에는 追加條項이 생기게 되어서 이것이 取消가되고말았다。 그러나 나는純全히 詭辯을 써가지고 지금은一部分에게 效果가없는것을 前과같이 全部資格이 있는것으로 理論을 붓쳤든 것이다。이 하우쓰·파ー의를 할때는 나는 벌서 이잘못된 行爲를 賠償어바렸고 미워하게되였든때로였다。 그러나 告白이나 賠償은 하지않었었다。 요기에 勝利의 큰秘訣이 숨어있는것이다。大部分의 사람들은 미워하고 끊어바리는데까지는 하나 決코 그以上 더큰勝利를 얻으려고는 하지않는다。

나의 煩悶은 게속되었다。 萬一 내가 賠償한다면 그金같이 會食도 한일이 있는 鐵道會社의 副社長이 알게되지않을까? 그러면 나를 어떻게 생각할까? 또 그金額이 얼마나될지는알수도 없지않은가? 또, 아렇게 많은 사람들이 이하우쓰·파ー의에 온것은 새로운 經驗의 넓은世界로 引導해주기를 期待하고왔는데 나自身이 自己의 不正直을 告白할수가 있을까? 結局 나는 그金額을 알게되면 匿名으로편지를 써보내리라하고 自己와 安協을 하게되었다。나는 最近에 어데서 小切手가 하나 와왔는것이 생각이 났다。 그것은 무엇해든지 내 맘대로 써달라고 보내준것

罪人만을爲하야

二一一

罪人만을 爲하야

二二一

인데 그동안 여러가지 일에 분주하여 고만 잊어 버리고 있었든 것이다。金額도 이 賠償에는 꼭 適當하였다。그러나 나는 편지를 써나가는데 암만해도 不滿足하고 不完全한 感이 있었다。여기에서 나는 大端히 힘든 일 卽 편지에다 나의 이름을 署名해야 하겠다는 것을 알었다。그렇게 해서、내가 누구이라는 것이며 무엇 때무에 이 편지를 쓴다는 것을 알리는 수밖에 없었다。그러나 그것도 이렇게 決心하자 나는 大端히 安心이 되였다。그러나 그것도 一時的이었다。이번에는 一層 더 격정스러운 靈導가 왔다。卽、그날 午後에 하우쓰·파—티에서 이것을 分擔하지 않으면 안된라는 것이었다。나는 맘속에서 反對하기 始作하였다。내가 어떻게 한단 말인가？나는 中國사람들이 항용 形容하는 말대로 『멘즈（面子）』를 잃는다는 것은? 적어도 『面子』를 잃는다는 것은 안되는 말이다。그러나 頑强하게 그 命令은 『告白、告白』하고 强迫하는 것이었다。나는 그대로 服從하였다。

告白의 苦痛을 격근 後에야 더 完全한 멧세이지가 왔다。即 聽衆 가운데 많은 사람들이 勝利를 얻게 된 것이다。이 聽衆이라는 것은 國家的 人物들을 網羅한 것으로 그 中에는 國會議員、陸軍大將、數名의 監督、其他 內外의 有名한 人士들이 있었다。集會가 끝난 뒤에 나는 차올에는 告白을 하지 않았었나 하고 疑心하였다。나는 그때까지는 告

白을 할 수 있는 基督者가 정말 基督敎를 傳播하는 基督者라는 것을 알지 못하였었다。하기 힘든 告白을 하는 것이 能力을 얻는 代價가 될 수 있는 것이다。公衆에 關한 것은 公席에서 告白하지 않으면 안될 것이 있었다。그런데 어떤 사람들은 本來 公席에서 告白해서는 안될 事實을 가지고 이것을 公席에서 어떻게 告白하나 하고 全然히 두려워 하는 그릇된 恐怖心을 가지고 있는 사람들이 많이 있었다。하나님은 우리에게 服從心을 試驗은 하시면서도 그것을 實行하기까지는 要求하시지 않는 수가 종종 있다。

그 集會에서 내가 不正直에 關한 罪를 告白하였을 때 그 聽衆 가운데는 健康을 恢復하기 爲하여 이 山으로 靜養을 하려 와 있는 사람이 한 사람 있었다。醫師들의 말을 일을 하지 말고 조용히 休養을 해야 한다고 그랬든 것이다。그는 閉會하고 도라갈 때 萬若 自己도 뭇랭크와 같이 한다면 銀行에 預金해 둔 돈을 全部 그 내지 않으면 안될는지도 모르겠다고 말하였다。그러면 自己의 안해와 家族들은 어떻게 될 것인가？그러나 多幸이도 그는 그 룹의 어떤 친구에게 이 이야기를 하게 되였다。이 친구는 그를 最高標準에까지 올라가도록 처들어 주었다。그리고는 過去의 모든 事實을 잘 反省해 보아서 모든 사람들과의 關係를 다 바로 잡도록 하라고 勸告해 주었다。그리고 이 모든 것을 바로잡기 前에는 그의 健康도 決코 좋와지지 않을 것이라고 말하였다。여기에 關해서는 聖經에도「네죄를 사하였다하는것과 이러나서 베상을가지고 거러다니라 하는것이 어느것이 쉽겠느냐?」라고한 句節이있다。 이사람은 結局모든 사람에게 賠償을 完全히實行하였다。 그리고나니 그의預金通帳은 아모것도 안남게되었다。 그러나 이때에 奇蹟이 일어났다。 그가 勇敢한一步를 내여듸디자 그와同時에 그의 雇主에게서 편지가 한장왔는데 그속에 말하기를 지금 당신에게 가장 重大한 問題는 健康이 恢復되는것이라고 하면서 小切手를 한장同封해 보냈었다。 그것은 自己가 모두 물어준돈보다 훨신 더많은 額이었다。

또出席한 사람들中에는 婦人이 한사람 있었는데 이사람은 스웨덴에서 거짓말을한적이 있었다。 그런데 問題는 그거짓말이 멀리 中國까지 따러다니는것이었다。 이女子가 中國에 온것은 中國사람들을 가르키고 도아서 善良한 사람들이되고 거짓말을 하지않도록 맨들기 위해서 온것이었다。 그런데 어데를 가든지 이거짓말이 머리를 처들고 일어서는것이었다。 그리고 언제든지 다른 사람을 도아줄려고 할때면 「이 거짓말쟁이」하고 툭 튀여나오는 것이었다。 그런데 나의 賠償에關한 이單純한 이야기를 듣고 自己도 告白하는 편지를 해야겠는데 匿名의 편지즘으로서는 안되겠다는것을 깨달었다。 그가 告白을해야겠다고 必要를 느낀것은 그거짓말이 큰것이여서 그

罪人만을 爲하야

런것이 아니라 그것때무네 生活改變者가 되는힘을 잃어버리게 되기때문이었다。

그다음 셋재로는 여기에 왔든 사람들中에 所謂偏執性인 婦人이 한사람있었다。 그의 男便이 다리고왔든것이다。 그의 男便은 이女子를 이하우쓰·와-ㅣ틔에 다리고와서 有益한 結果를 많이얻으라고 하고는 自己는 自己대로 自己의 재미를보려 다른데로 어덴가 가버렸다。 이고집이 세고 비트러진 性格을 가진 婦人도 이이야기를 들었다。 그런데 그이야기가 어떻게나 그에게 感銘을 주었든지 그는自己의 방으로가서 문을 잠그고 드리았었다。 어떤사람은 그女子의 食事에 對해서 격정하는사람도 있었다。 그러나 나는 新約聖經도 禁食을 하라고 命하는것이니까 事實은 걱정할必要가 없는것이라고 말했다。 그다음 集會時間에도 그女子는 몸이 편치않다는 핑게를하고 나오지를 않었다。

그이튼날 아침에는 정말로 頭痛이나서 朝飯도 먹지못하였다。 그러나 午前열한時쯤 되여서 그의방을 나왔는데 그때는 얼골이光彩가나고 勝利의기쁨이 빛낫고있었다。 그길로 그는 어떤 동무를 찾어가서 自己의 이새로發見한 勝利에對하여 이야기를하였다。 이동무도 自己와 같이 性格上의 問題를 가진 사람이었다。 이밖에도 이러한奇蹟은 많이 일어났다。 그리고 이러한奇蹟이 일어나게

333

罪人을爲하야

一四

된것은 내가 이제와서는 單只 미워하고 끊어버리는것만 아니라 告白하고 賠償할줄도 알게되였기 때문이다.」

푸랭크가 이야기를 다 마쳤을때 나는 이렇게 물어 보았다.

「一般사람들의 利益을 爲하여서는 先生님께서 한五年 만에 한번식 무엇을 훔쳐가지고 그것을 미워하고 끊 어버리고 告白하고 賠償하는 儀式을 反復하는것이 좋 지않을까요？ 그렇게 한다면 이같은 賠償의行列이 더 많이 생길수 있을것입니다.」

푸랭크는 히죽이 우섰다.

「나는 이 첫번經驗에서만해도 이런罪를 反復하지 않 도록 注意해야 하겠다는것은 充分히 깨달었읍니다.」

캄버란드敎會에 있을때 어떤 重大한 事件을 격구나 서 푸랭크는 여섯명의 委員들에게 私的怨恨을 품은일 이 있었는데 그後에 그는 쓰기힘든 謝罪의 편지를 써 서 이들에게 다보낸일도 있었다. 이 謝罪의 편지를 써 보낸後부터 푸랭크는 自己를 따라 改變生活을 해나가 는 男女의 사람들에게 賠償하는일을 식혀왔다. 하나님 께서는 罪의 障碍만 없는곳이면 어데든지 洪水와 같 이 들어오시는것이기때무에 푸랭크는 罪의 障碍가 될 만한 安協的 態度에는 斷然 反對하는것이다. 한번 悔 改한 사람은 罪에서 도라설뿐만 아니라 再發하는것을

防止하기 爲하여 멀리 떠러져있어야 한다는것이 푸랭크 의 主張이다. 잘못된 行爲의 重大性을 깨달게하며 그 것을 고치게하는데는 自發的으로하는 告白과 賠償以外 에 더效果的인 方法이 없다.

萬一 어떤 男子가 異性과의 사이에 옳지못한 關係 를 가지고 있다고하면 그럼에서는 그男子에게 直時로 그關係를 바로잡어야한다고 勸한다. 그리고 이러한 關 係를 바로잡는데 確實한 方法은 거기에 關係된 사람 들에게 自己의 生活에 일어난 變化의 事實을 告白하 는것이다. 이렇게 한즉 그들을 갖다가 基督敎로 引導 하는데까지는 못한다 할지라도 적어도 自己의 立場을 以前의 女子동무들에게 理解식힐수는 있는것이다. 그들 은 自己의 變化한 行動을 理解하게되지 그것을 蔑視나 無禮한 行動이라고 생각하지는 않는다. 女子에게 있어 서도 마찬가지로 그리스도에게 도라온 사람에게는 이 제까지 걸어온 無責任한・享樂的生活을 어째서 以上 이렇게 告白을 한다는것은 告白하도록 忠告를 해준다. 이렇게 告白을 한다는것은 새로 悔改한 罪過에 빠저있는 저쪽 益이 되는것은 勿論이지만 아직 罪過에 빠저있는 저쪽 무동를 救援하게 되는수도 있는것이다.

（게속）

一日의 勞賃을

八八八八(誌友號)의 提議를 發表할때에는 적지않게 躊躇하였었다. 그러나 이 提唱에 應하는 誌友들의 기쁨에 넘친消息에 接할수록 이일도亦是 할만한일이였다는것을 깨다렸다. 應하는이中에는 文字대로「寡婦의分錢」도 있으며 新婚夫婦의 各各 一口식으로 하는이도 있으며 正式讀者以外의 人으로부터 自稱「개명讀者」라는 匿名으로써 數口分을 보냈이도 있다. 將次 이일이 얼마나 興味있는 일로 展開될는지 想像하기만 하여도 용솟음치게한다. 아직 一頭分에 不及한故로 速히하랴면 指名하여서라도 金額을 채울수 있는일이나 當分間은 그대로 自進해서 되는날을 기다리고저한다. 때에 牧者로부터……

金 先生 님

風高雪飛하여 地面이 三寸以上凍結되었나이다. 요새에侍中萬安하시고 宅內均康하시나이까. 이곳은 別無大故하옵고 金兄이 近日. 感氣로 조금不便한中이올시다. 七曜舍牧場消息 드립니다. ……보리(大麥)六叺收穫. 고구라는 栖柳洞宋兄이 五千本種苗보내준것이 잘되지못하여 씨나 작만하고. 洞里사람도 집々이 논아먹고 過冬할것 몇가마디 있읍니다. ……감저 大豆 粟은 只今秋收하는中이고, 무 배추는 김장하기前에 모다 얼었읍니다. ……過冬할 薪木三百餘束은 準備되었나이다. 닭 소 늘도아무 연고없읍니다.

誌友號에對하여 可應하시는兄姉가 많이 계시겠지오. 本意로 생각하든지 趣味로 생각하든지 참 좋은일이올시다. 前日金重冕氏提議에 比할것이 아닌줄 압니다. 萬一 誌友號가 一頭만 된다하면하나님 기뻐하시고 우리의 자랑거리가 될것이오. 讀者가 아무리 적다하드라도 —病者 老人을 빼여놓고라도—一日식만勞働하여 其돈을合하면 쉬을듯합니다. 先生님 더 「一月만勞働하자」고 소리치시오. 제가 第一次末줄인 알고 一日勞賃一圓七十錢을 드리나이다. 第一적은자올시다. 너머 적사오나 그양 있을수없나이까.

十月二十八日夜 七曜舍牧場見習生. 成百庸拜上.

追而 暗燈之下에 亡筆로써 먹이없어 잉크로 썼아오니 용서하시오. 産量計算으로 보아도 誌友號가 一頭만 있으면 聖朝出版費는 넉々할듯합니다. 云々.

× × ×
× × ×

이리하여 가장 적은자들이 가장 큰 기쁨에 參與한다. 今年末까지에는 글을 맺고. 正初에는 感謝의報告가 可能하리라고 믿는다.

【聖書朝鮮】第二百五十四號　昭和十六年十一月一日發行　昭和五年一月二十八日　第三種郵便物認可　毎月一回一日發行

京城聖書研究會

日時　毎日曜日午前十時半より（約二時間）

講場所　京城府外貞陵里三七八（本社）

講師　金教臣

注意　今秋より舊新約聖書全部を比較的細密に近年來數年の經驗より新約聖書の一部分を把握しつゝ、新約聖書の骨子を握りて是れ基督教の根本眞理なるを研究試みむとす。直接聖書全部に就きて研究試みむと欲す。

예수로부터 새로 創世紀를 비롯하여 舊約聖書의 대부분을 把握하여 新約聖書의 骨子를 잡아서 이것을 基督敎의 根本眞理로 研究해 보려고 한다.

希臘語講座號

本誌第一四六號로부터 시작된 新約聖書希臘語講座는 里見安吉先生의 敎材利用으로 今月로 最終回에 이르렀다.

本誌定價

金教臣 著

1 山上垂訓研究 全

四六判二七〇頁　定價一圓、送料九錢

예수의 山上垂訓을 解說하야 基督教의 根本眞理를 簡明하게 알린 것이다.

咸錫憲 著

2 無 教 會

（價十五錢、送料三錢）

無教會主義（卽福音主義）의 理論과 實際를 가장 簡單明瞭하게 論文들을 和譯하야 出版한 것이다.

内村鑑三、金教臣 共著

3 内村鑑三先生と朝鮮

（價三十六錢、送料…）

内村鑑三先生의 昇天十週年紀念으로 우리 無教會主義的 信仰의 由來와 內容을 알릴만한 論文을 和譯하야 出來하였다.

柳達永 著

4 崔容信小傳

（價五十六錢、送料…）

自己를 爲한 것이 아니라 農村에、爛한 都市에서가 아니라 村에서、그리스도를 본받아 人生에 對한 第三版出來하였다.

咸錫憲 著

5 푸로테스탄트의 精神

（價十五錢、送料三錢）

昨年末까지에 賣盡되여 이글이 실린 第二十號는 品切中이던 것이다.

一冊　貳拾錢

六冊（送料共）前金一圓二十錢

十二冊（一年分）前金貳圓四拾錢

要前金直接注文은　振替貯金口座京城一六五九四番　又는　牡丹江九五二番聖書朝鮮社로

取次販賣所

向山堂書房（京城府）

教文書館　京城府鐘路二丁目九一

茂英堂（大邱府）

昭和十六年十月二十八日印刷

昭和十六年十一月一日發行

編輯兼發行者　金教臣　京城府外崇仁面貞陵里三七八（京城、光化門局私書函第一八號）

印刷者　李相五　京城府仁寺町二九ノ三

印刷所　大東印刷所

發行所　聖書朝鮮社

振替口座京城一六五九四番

牡丹江九五二番

京城府外崇仁面貞陵里三七八（京城、光化門局私書函第一八號）

【本誌定價二十錢】（送料五厘）

筆 主 臣 教 金

鮮 朝 書 聖

號 五 拾 五 百 壹 第

行發日一月二十（一四九一）年六十和昭

昭和五年一月二十八日（第三種郵便物認可）
昭和十六年十二月一日發行（每月一回一日發行）

次 目

337

銃後生活と奢侈品

昨年七月七日支那事變勃發三周年を期して、内地に於ては奢侈品等の製造販賣制限規則が實施され、我が朝鮮に於ても内地に呼應して七月二十四日府令第一七九號を以て發布せられ即日より施行された。

新國民生活體制を確立し舉國一體國家の總力を發揮し國體の本義に基く國防國家建設には、大に國民生活の刷新、戰時生活の確立の聲は既に久しいが、都會生活の消費者等を見ると きは、必ずしも十分の效果を舉げてゐるとはいへない。今迄の生活の自由の夢を追つて、統制への不平不滿を衷心懷く者も絕無ではない。然しながら戰へる世界のどの國も生活の戰時態勢化が斷行されてゐない所があらうか。獨逸の大勝利の蔭には吾人の想像だにも及ばない犧牲的不自由な生活に甘んじてゐる事實を見逃してはなるまい。凡そ奢侈逸樂を事とて興隆せる國家は未だ曾て之を見ないのである。

惟ふに我が銃後國民生活の現狀を顧みると通貨の膨脹が購買力の增大を誘發し、殊に殷賑産業方面に於ては生活樣式の奢侈化に拍車をかけた事實は否めない。一方に於て物資の一

大消耗が行はれて居る場合、日常生活に於て平時と同じ質と量との物を欲求することは許さるべきでない。戰時には戰時に相應しい生活樣式がなければならぬわけで、銃後の國民としては最少限度の生活に甘んずべき責務があるのである。

玆に於て政府は生活必需品等の消費規定に關し不急不要品又は奢侈贅澤品の生産、製造及販賣を制限又は禁止すること或る程度の必要性あるものと雖其の物の原材料が重要生産資材又は生活必需品資材なる場合に於ては右に準ずることゝなつた。

皇國臣民の誓詞

一、我等ハ皇國臣民ナリ　忠誠以テ君國ニ報ゼン

二、我等皇國臣民ハ互ニ信愛協力シ以テ團結ヲ固クセン

三、我等皇國臣民ハ忍苦鍛錬力ヲ養ヒ以テ皇道ヲ宣揚セン

338

寬　容　의　道

前前號의 本欄에 「無敎會者의 進路」라는 글을 실었었다。한地方에 일어난 現實問題에 빙자하여 썼으나 그 本旨는

모든 信友들의 和協 相愛를 바라는 懇切한 所願에서 發露한 생각이었다。

그러나 結果는 도리어 反作用을 이르킨게 지나지못한 모양이었다。그 한편쪽으로부터 抗議같이 일렀으되

……그만 乙이 보기에는 （그리고 第三者가 보더라도） 여간 답답하지 안소이다。이제 저는 「敎會를 西洋서 그대로 옮겨와서 無益이듯이、無敎會도 그대로 옮겨와서는 참

여간 답답하지 않게되였으니 이일을 어찌하면 좋을까요? 誤解에誤解를 거듭하게될것아니고 또 人間된 저로서는 참

無益이다。聖書朝鮮의 潮流와는 자꾸만 멀어저 가는것만 같았는데 이제 ××의 일까지 있어서 그 홀로 걸어

가려든길에 재촉할과도 같이 생각된다」고 만나뵈이였을때 말슴들인 記憶이 이제 다시 또 이렇게 風波많을

지되니 先生좃아 저를 直接으로까지 몰아내는것 같소이다。외롭게 뜬배 저는 장차 얼마나 외롭고 風波많을

지 모르나 向해 달려가는 길만이 明瞭하다면 다시 더 말할것은 없겠읍지오。넘우도 意外의것을만나 놀랐든

것을 진정하고 이제 삼가 두어자로 올리나이다。……

라고。읽고 懺悔의情을 禁치못하였다。왜 이렇게까지 兄弟를 괴롭게하는 文字를 綴列하였든고……하면서。

① 余輩의 理解力이 不足하야 傳하는이의 言辭를 充分히 納得하지못한 탓으로 「誤解에誤解를 거듭하게」하였으니

이는 純全히 余輩一個人의 過失이다。

② 無敎會主義의 實踐에 所見이 다른바 있어서라면 그런分立은 千이라도可하며 萬이라도可하다。걱정할것없이 뒤도

라볼것없이 各自의 받은恩賜대로 突進하라。그것이 겨레에게도有益한일이오 主님께도忠誠스러운일이다。

③ 이렇게 저辯明 해보기도하나 要컨대 怨恨을 三四代에 품어遺傳하고저하는 人間의 惡毒한周到으로 由來한것

일진대 그는 할수없다。오직 七을七十倍하여 容赦하라는 尺度로써 헤아려볼것이오、自己가 얼마나한것을 그리스

도혀에서 容赦받었든것을 생각하여 「우리가 우리에게 罪지은者를 赦하여준것같이 우리罪를 赦해 주옵소서」라는 祈禱가

될때까지 自己스스로로 다듬을것이다。

寬容의道

데살로니가前書講義 (六)・

金 教 臣

綿々 한愛情의披露 （三・一-二三）

(一) 이러므로 우리가 참다못하야 우리만 아덴에 머물기를 좋게 녀겨

[이러므로] *Dio* 前章末節에 連結하는 뜻이다。「너이는 우리의 영광이오 기쁨이」인 까닭에……。

[참다못하야] *Mēketi stegontes* 데살로니가教友들께 對한 熱情을 抑制할수없어서……。 바울은 그리스도의 福音에 障害가 없게하기爲해서는「凡事에 참노라」고 하였고(고前九・二二)、또 사랑의 定義를「모든것을 참는다」고 하였다。自己의患難困苦는 모주리참고 견디었다。그러나 他人의患難은 傍觀할수없는 性格의人物이었다。바울처럼 움지기기 어려운人間은 없었으나 그리스도에因한 사랑으로써하면 저는 아주 잘動하는 사람이었다。

[우리만 아덴에 머물기를……] 아무問題없는 句節이나 註釋家들에게는 意見이 區々한一節이다。使徒行傳第十七章十四、十五節記事와 調和시켜 解釋하려면 실루아노와 듸모데는 바울이 고린도에 移住하기까지 아덴 其他에서 바울을 만난일이 없었다 하였을 것이다。그러므로 本節의「우리」라함은 바울 一人만을 가르치는말이다。그러나 머물은다는 *kataleiftfienai* 字의 本意로 보아서 이것은 반드시 함께있었다가 殘留한다는 뜻인故로 듸모데가 이미 아덴에 와서 바울과 同居하다가 데살로니가로 듸모데 떠나고 바울만 남어있게되었다고 解하여야 하게된다。우리는 後便解釋을 取하고저한다。

[좋게 녀겨] *eudokēsamen* 意를 決했다는 뜻이다。

(二) 우리형제 곧 그리스도福音에 하나님의 일군인 듸모데를 보내노니 이는 너희를 굳게하고 너이의 믿음에 대하야 위로함으로

[우리형제 곧 그리스도 복음에 하나님의 일군인] 듸모데의「肩書」이다。이로써 바울에게 얼마나 貴重한 사람인것과 데살로니가人들이 어떻게 尊敬해야할人物인것이 同時에 알려진다。

[일군] 이라는字는 *diakonos*의 譯인데 어떤冊에는（原文）同役者 *sunergos*라는 字 卽 함께勞働하는者로 되여있다。福音傳道者를 하나님의 일군이라稱하기보다 同役者라고 부르기를 바울은 매우 질겨하였다(고前三・九、同后六・一等參照)。理論이 아니오 바울은 自己의實感으로써 이렇게

二

그리스도信者는 어느 意味로서는 모다 同役者라고 할
수있었다。 그러나 「그리스도 福音에」 同役者되는것은 또한
各別한意義를 가진다。 當利를爲한 同役이아니오
權勢나 其他모든人間的理想實現의 同役도 아니오、 오직福
音傳播만을爲한 同役이다。 그리스도의 福音만을 爲하여
榮辱을 함께하면서 危險을 무릅쓰면서 勞役을分擔하며
運命을 함께하는者는 非單傳道者끼리 同役하는것뿐이아
니라 實로 하나님과同役하는것이다。

[너이를 굳게하고] eis to sterixai 우리가(바울까지)
굳게하는것이 아니오、 듸모데가 굳게한다는 뜻
이다。 信仰의基礎를 特히 信仰의基礎를 堅固케하는것이
다。 信仰의基礎를 굳게하려면 所謂復興會라고해서 主로
感情을興奮시키는 것으로써는 안된다。 그것은 잠자든信仰
을 깨우는效果는 있으나 基礎를確固하게하는일은 못된
다。 信仰의基礎工事는 亦是聖書知識의傳授에있다。 信仰知
識의供給으로써 基礎建立을 도모할必要가있다。

[너이 믿음에대하야 위로함으로] 慰勞함은 主로情
에關한일이다。 信仰이란것은 現實로 보는것 아는바를超
越한 일이다。 故로 常識的인世上에서는 嘲弄과逼迫을免
치못한다。 그런境遇에 共通한信仰의告白을 듣는일은 自
己信仰의健全性을 다시確固케하는일이며 比길데 없는慰
勞이다。 듸모데가 데살로니가에 가는것은 이慰勞를 일

으키는것이 一大任務이었다。

（三） 누구든지 이 여러 환란중에 요동치 않게
하려함이라。 우리로 이것을 當하게 세우신出
을 너이가 친히 알리라。

[요동치 않게] 요동 sainesthai 이라는字는 新約聖
書에 오직 한번만 使用된字이다。 本來는 개가 꼬리를
흔든다는 뜻이었다。 그로부터 心的으로 두려워하며 搖
動을 防止할信仰이 必要하였다。

[이것이] 라함은 「여러患難」을 이름이다。 信仰은 患難逼
迫을 當하는것이 當然하다는 뜻이다。 물이 낮은데로 흐
르는것처럼 불꽃이 하늘로 오르는것처럼、信者에게는 患
難이 따르는것이 自然스러운일이다。

[이것을] 當하게 세우신出…… eis touto keimetha
메살로니가는 不信社會이었다。 慣例나風習으로부터는
隣人과親戚들의 小規模의 嫌惡와忌憚으로부터 權勢로强
壓하는 大規模의逼迫까지 具備하게臨하였었다。 그러므로

（四） 우리가 너이와 함께있을때에 장차 받을 환
란을 너이에게 미리 말하였더니 과연 그렇게된
것을 너이가 아나니라。

[우리가] 初頭에 나오는「우리」는 바울 실루아노 듸

綿綿한愛情의披露

三

데살로니가前書講義

四

모데等을 가르키는 말이다.

[장차 받을 환란] 正確하게譯하려면 「우리가 장차
받을 환란」이다. 이 「우리」는 바울等傳道者만이 아니라
데살로니가信者들도 包含하며 其他一般信徒를 全혀意味
하는말이다.

바울等은 福音을傳播함에當하야 世上宗敎와같이 財利
나 榮達이나 壽福으로써 約束하지않고、반드시 逼迫을
받으리라는것을 明言하였다. 信徒獲得을 일삼지않고 오
직 眞理眞狀의 露現만을 힘쓸뿐이었다.

(五) 이러므로 나도 참다못하야 너이의 믿음을
알게 위하야●보내였노니 이는 혹 시험하는자
가 너이를 시험하야 우리 수고를 헛되게할가
함일너니

[이러므로] 實際的患難이 시작된故로……。

[너이의 믿음을 알기위하야] 믿음의確立與否를 바
울이 알고저하여서 사람을 보낸것이다.

[시험하는자] 사탄의別稱이다(二·一八)。

[수고를 헛되게……] 하나님은 建設을 질기시고、
惡魔는破壞를 좋아한다。하나도建設한것없이 破壞만하려
는것이 사탄의 傾向인데、그中에도 사람의 여호와께向
한信仰을 破壞하려는것이 사탄의・最大野心이다。故로 福

晉建設者는 이 사탄의破壞工作에 늘注意해야한다。

(六) 지금은 듸모데가 너이게로부터 와서 너의
믿음과 사랑의 기쁜소식을 우리게 전하고 또
너이가 항상 우리를 잘 생각하야 우리가 너이
를 간절히 보고저함과같이 너이도 우리를 간
절히 보고저한다하니

듸모데의 報告에 依하야 바울이 기뻐한理由가 두가지있었
다。一은 믿음과 사랑 即 純粹한信仰의 일에 健在함을
알은 까닭이오。二는 저들이 바울도人間이라 如前
히多情스러운것을 앎이었다。바울自身에게對하여 如前
善意로써 깊이 理解해주는일은 반가웠다。特히 바울에
게忠實한者는 또한大槪 그리스도에게도 忠誠스러운것이
事實인것을 알때에、自己에게 好意와愛情을 가진다는 消
息이 반가웠을것이다。

(七) 이러므로 형제들아 우리가 모든 궁핍과
환란 가운데서 너이의 믿음으로 말미아마 너
이의게 위로를 받었노라。

[모든궁핍과 환란] epi pase to ananke kai thlij)
sei lemon 이境遇에「궁핍」은 內的또는 私生活의 걱정이
오、「환란」은外的또는 公的苦痛即迫害이다。듸모데가携帶한
報告를 接하였을때에도 바울의身邊에 궁핍과 환란이絶

滅한것은 아니었으나 靈的所生인子女들이 信仰에健在하
다는 기별을 들은때는 궁핍 그대로 老使徒의如實한告白이었다.

（八） 그런고로 너이가 주안에 굳게 선즉우리
가 이제는 살리라.

[살리라] zomen 未來에 天國에서 永生하리라는것
도 아니오, 幸福스럽다거나 滿足한다는 뜻도 아니다.
文字그대로 산다는뜻이다. 궁핍과 환란이 닥쳐을지라도
그것을介意치않고 힘차게 生生하게 산다는뜻이다.
바울의 살고 죽는것은 그 信徒들의 信仰確立如何에
달렸다하다. 이것은 지나치는 激言인듯하나 決코誇張한말
이 아니다. 慈母가 自己의生命보다 乳兒의生命을 더욱
아끼듯이 靈的師父인傳道者는 그리스도에있어서生產한信
者를 自己生命보다 더 아껴한다 (빌닙보二・一七節恭照).

（九） 우리가 우리하나님 앞에서 너이를 위하야 능
히 어떠한 감사함으로 하나님께 보답할고.

[우리 하나님 앞에서] 이一句는 「기뻐하니」
前節의 「살리라」는 理由를 本節에 말한다. 原文에는
理由를表示하는 앞야 이라는字가 이節初頭에있다.

[우리 하나님 앞에서] kairo
라는 勤詞를形容한다. 그 기뻐함이 純潔한 기쁨,
世俗的인 아무것도 添附되지않은것을 밝게 나타내인다.

綿々한愛情의披露

[모든 기쁨으로] pase to kara 多種多樣의 기쁨을
끌고로 빼지않고…… 기쁨의總和、 기쁨의極致라는
러서―― 뜻이다. 기쁨을 롱트
冠詞가 있어서 이뜻이 明白하다. 人間으로서 생각할수
있는 最大最高의 기쁨을 表現한것이다.

[능히 어떠한 감사함으로……] 感謝의 內容의絶大
함에比하야 能히充足하게表現할 文字가 없다. 그感謝는
自己自身에게關한것이『아니오、自己를通하야 救援받은者들
에게關한感謝이다. 용솟을치는 이喜悅、表現할言辭를 찾
을수없는 이感激! 이것으로써 傳道者는 모든 궁핍과
환란中에서도 살고 넘치는것이오、이狀態에 있는때에 信
徒의信仰은 가장健全한것이다.

（一〇） 주야로 심히 간구함은 너이의 얼굴을보
고 너이의 믿음의 부족함을 온전케하려함이라.

바울은 다른 아무 使徒보다도 많은書翰을 各處信徒들
에게 써보내였었다. 當時에 있어서도 確實히 文筆
有力한 한方策이었다. 그러나 文筆로 하여서는 아무리
해도 隔靴의感을免치못하였다. 이에 바울은 教友들의 얼
굴을 面對하고싶은情이 晝夜로 不絶하였다. 至純한師父
의溫情이 거침없이 流露되였다.

（一一） 하나님 우리父지와 우리주 예수는 우
리길을 너이게로 직행하게 하옵소서.

五

데살로니가 前書講義

六

[직행하게] katenthenai 는 第三人稱單數이다。하나님과 예수를 云謂하면서 單數의 動詞로써 表現하는데에 바울의 信仰本色이 드러났다。바울의 見解대로하면 예수는 하나님 아버지의 右便에 오름을입으사, 宇宙를經綸하는凡百事에 協助하시는 同位同一하신분이다。이 絕大한能力에依하야 晝夜로願하는 데살로니가教友들과面對할所願을 成就코저하는것이다。

(二) 또 主께서 우리가 너이를 사랑함과 같이 너이도 彼此간과 모든사람에 대한 사랑이 더욱 많아 넘치게 하사

바울의 祈願은 自己에關한것으로부터 一轉하야 受信者 即데살로니가人들에게關한것으로 된다。本來 바울이 데살로니가人들을 面接하고저하는것도 自己를爲하여서가 아니라 저들을爲하여서 그런것이매、祈禱의外形은 流轉한듯하나 그底流는 亦是 同一한所願이다。

[우리가 너이를 사랑함과같이] 사랑의標準으로서 바울은 自己가 信徒들을 사랑하는 사랑을 내세웠다。畢性사이의사랑、骨肉之親의사랑、友愛等等。그러나 이 모든사랑도 片片임을 免치못하는사랑이오、그림자에 지나지못한것이오、「헛되고 헛되고 헛되다」는 嘆息으로써 終慕을 닫지아니치못하는 사랑이다。우리가 너이를 사랑하는사랑、이는 바울의 속에서 나온 사랑이아니오 實로 그리스도께서傳授한 사랑이다。故로模範的사랑이다。

[피차간] eis alelous 基督信者 相互間。

[모든 사람에 대한] eis pantas 世界萬民에게對할. 基督信者에게 이 두가지 사랑이있다。外樣은 두가지나 그根源은 하나이다。主예수께서發源한 사랑이다。

[더욱 많아 넘치게] pleonasai kai perisseusai 蓄電器가 電氣를 받아 貯蓄하듯이、사람은 하나님의 사랑을받아 貯蓄하는 器械이다。그 사랑을 많이 받을수록 거기서 流露하는 사랑이 또한强 高潔할수있고 永久할수있고 熱할수있고 넘쳐흐르게 받을수록 진째될수있다。

(三) 너이 마음을 굳게하시고 우리主 예수께서 그의 모든성도와함께 강림하실때에 하나님 우리아버지앞에서 거룩함에 흠이없게하시기를 원하노라。

前節의祈願으로부터 最終的인目標가 本節에提示된다。

[주예수께서 그 모든 성도와 함께 강림하실때에] 그리스도의再臨을 말함이다。그리스도챤의 信仰이堅立할것과 사랑이 넘칠것等々의所願도 그目的하는바는 要컨대 그리스도 再臨의날에、흠없이 설만한 準備에있다。基督教道德의根據는 社會의福利에 둔것도아니오、道德自體를爲한 것도아니오、오직 主예수의再臨의날에 聖潔하게 서고저하는 欲望에 두었다는것은 聖書의明示하는眞理이다。사랑은律法의完結이오(로마一三・一〇)完全의帶(골三・一四)結論이 나온다。

어떤 靑年의 感想 (一)

紙魚生

編者曰 이글은 「或る靑年と語る」의 續稿이다。旣刊二回分으로써 初對面의 光景과 靑年의 創作品인 小說네册에 對한所感은 끝났엇다。 남은것은 靑年의 「感想錄」인데、그後로도 非常한速度로써 追加原稿를 써온것이 있으므로 只今은 「感想錄」만 이미 九册이 되엇다。

靑年의 所願으로는 一個靑年의 思想乃至信仰의 發展을 그 進展된 차례대로 階段的으로 精讀하고 批評하여 달라는 것이오、또 그 要求대로 「感想錄」第一卷에서부터 차례로 抄錄하는것이 讀者에게도 興味있을듯도하나、本誌의 紙面이 그일을 容許하지못한다。

只今 以下의 文은 「感想錄」第九卷(今年十一月十八──二十八日間의記錄) 卽 最近의 記述에서 抄錄한것이다。以下 連載될 時마다 「感想錄」의 卷數와 記載年月日을 添記할터이니 靑年의 思想展開의 자취를 그 階段대로 綜觀하고저하는이는 스스로 마추어 보라。 取捨와 早晩은 全혀 編者의 任意로 하는것이다。

責任感

어떤靑年의 感想(一)

責任感이 行爲를낳는다。責任感의 種類에 셋이있다。一은 利己、二는眞理自體의 嚴肅性、三은 來世이다。 大槪는 利己主

義에서 나온다。利己에도 種類는 많을것이고 또 利己主義的 自我도 옳게생긴놈은 生長한다。 自我의 心理學的 生長以上으로生長하는수도있다。 그리하야 國家가自我가되고 人類가自我가되여 小部分인 個人我는 無視를받게된다。 即眞理라는것은社會에 有益하기때문에 價値있다는것은 極히싫어한다。 天國가 기爲해서眞理를行한다는 것을 極히싫어한다。 그러나 이것은結局自我가人類又는宇宙大의 成長을한後 又一段跳躍하야眞理가되고만것이다。 自我가 죽고 眞理가 난것이다。 形이飛躍하야心、有가飛躍하야無가 되엿다。

그러나以上은自然的發展이다。 아직定處없는彷徨이다。物質的形體的世界를 버서난것은意味의世界에 들어갔다고할수있으나 目標對象價値的意味가없는것으로보면 아직意味의世界에 들어가지못하였다。率直히 말하면 누구나目的없는行爲에 責任感이 있을수없다고 말할것이다。

來世라는데 그疑問을 언저두는수밖에없었다。 宇宙를 偶然히存在하여 永遠히 도라가는機械로볼수없었다。

그렇다면 眞理를 밝혀도 所用없고 世界를征服하여도 所用없다。 ショペンハウエル(?)말마찬가지로 恒星과 恒星사이를 날러단인들 (?)무슨所用이 있겠는가？ 現實生活의眞正한責任感은 天國을肯定하여야 생기는것이다。

七

어떤 靑年의 感想(一)

八

나를 完全히 죽여야 나를 完全히 주실것이다。
義務에 忠實할뿐이오、恩惠에는感謝가 있을뿐이다。

○

問題

왜、죽고싶지않은사람을 만드셨을까?

왜、個人人人을 만드셨을까?

왜、一生을犧牲生活하여야할사람을 만드셨을까?

왜、信仰치않고 살수없는者를 만드셨을까?

○

無

精神生活者 信仰生活者는 『無』를 좋와한다。西洋보다 東洋은 無를 좋와한다。

東洋의 哲學者들은 無의 體系를 세우려하고、東洋의 藝術家들은 無를 具現하려고 애쓴다。

繪畵에空白部를 重要視하고 詩歌에餘韻을貴히녀긴다。心理學者의 測定에依하면 視覺의大小恒常現象도 東洋人이 많다한다。即보이지않는것을보고 적은것도 크게보는심이다。

이 精神生活者에 있어서는 實上은無가有이고 有가無이다。無의世界에 들어가보지못한者에게는 聖句도馬耳東風이다。無

다음에、自我가發展하고 드디여消滅하고 眞理가되는階段을 밟지않은사람、即眞理사랑하기를 주리고 목마른者같이하는사람이 되지못한사람이 天國을肯定하면 危險性이 많다。

○

即하기싫은善行을 天國갈 준비로 不得已하게된다면 그사람은 정말 죽어버리고 말라버리는것이다。또現世의價値意味를無視하고 等閑히하야 結局來世의肯定이現世의責任感을 減殺하는逆現象이 나타나게된다。

○

信者의態度

感謝와努力의二重性을 가져야 될것같다。

天國、復活、贖罪、이런것은盡心感謝해도 不足한것이오 또萬人에게證據하여야할것이다。그러나 그것을目標나代價로 信仰이나善行을하는것은 低俗하다단할수없다。被造者는 그것으로서의 努力이 있어야된다。信仰과善行과眞理를 밝히는일은 人間의使命이요課題이다。우리는 다만神의經綸의使役者가되여 神의經綸의成就되기만 바랄것이다。報酬는 있어도좋고 없어도된다。

예수께서 「너는地獄에 보내겠다」고 宣言을 받었더라도 예수를 믿겠다는사람이라야 天國에 가서 패견딜수있을 것이다。

346

慾　心

나는 無制約의 道德도 神과 來世를 肯定하기前에는 意味없는것이오。우리가 地上에 生存하는以上 印度哲學이나 其外哲學모양으로 思索의 世界만을 靜觀할수도없고 또 그렇게만해서는 안된다。

나는 目的을目的한 自體의 價値以外에는 意味에서 많이 主張하였는데 生活의 推進力으로 가장重要한것 또、하나가있다、

그것은 慾心이다。慾心이없다면 아무리 嚴肅하고權威있는 卜說에 萬物이 처음에一이든것이 『慾』으로因하야 活動을開始하였다、即個々의中心物은 『慾』이다。라는말이 있었는데 그럴듯한 想像이다。

慾心이 없으는 사람은 絕對로 살수없는 물건이다。肉身은 肉身의慾이 衰弱하면 죽어버린다。靈은靈의慾이 없으면 죽어버린다。

慾心中에。。가장貴한것은 무엇인가？
그것은 慾心을 버리려는慾心이다。
예수를 爲하야 生命을 잃는者는 얻는것이다。
無我而無非我者이다。

어떤 靑年의 感想（一）

조고만한 나를 죽이려는 慾心이 가장高貴한慾心이다。내形狀을完全히없이하고 하나님의榮光만을 나타내자는慾心이다。이慾心이없다면贖罪라는말은 아무意味도없는것이다。贖罪의意味는 내힘으로는 私慾我를 죽일수없으니 死後에라도 完全히 죽여주시오하는데對하야 그러마하는 對答이다。

私慾我와正反對의『我』를 얻으려는慾心 이것이없으면 사람이안이다。動物도 本能的慾心은 사람보다强한것이다。칸트가 가장驚歎한것은 두가지라는데 하늘의별과 사람의自由意志라고 하였다한다。

宇宙의宏大한것과 사람이 本能과正反對되는일을正當하게選擇할理性을가진것이다。우리信者의境遇에는 自己慾心으로 살수있는몸과 精神을 하나님께 바칠수도있다는것이 될것이다。

우리는 우리 몸속에 끓고있는 그득한 慾心을 全部 이한가지慾心으로 轉換시켜서 불人길같이 붙는慾心을 만들기에 努力하여야한다。

우리에게 가장必要하고貴한慾心은 마음과몸을 하나님께 祭物로 바치자는慾心이다。그렇게하면 도리어 내가 有名해진다고해서 그렇게하는것이안이다。그것을所謂惡性無限性이라는것이다。우리가 바라는것은 하나님의祭物이된自己그것이 最後目的이오 그

九

어면 靑年의 感想(一)

一〇

것으로 끝처야된다。即眞理가된 自己 그것뿐이지 그것이
또다시 自己로更生하기를 바라서는 안된다。안될뿐안이
라 그것은 所謂自己矛盾이다。

崔容信小傳을읽고

나는 내몸과精神을 하나님께바치려는慾心이 稀薄함을
恨歎하든중 오늘 崔容信女史의 偉大한靈的生涯를보고 感
歎을 마지않었다。——所感——

읽기前——

大體 보잘것없는 朝鮮現代女性이 好奇心을 가지고 啓
蒙運動을 하였다면 얼마나하였을까, 이貧弱한冊이 果然五
十錢價值가있을까?

題에 「農村啓蒙의先驅女性」이라고쓴것과 寫眞中의碑石에
「農村事業家云」한것이 왜그런지 大端히 不愉快하였다。著
者도 그碑石文을 不愉快하게 생각하였다고하는 句節을
볼때 사람의 心理의 普遍性에 놀래였다。

읽어 가는中

著者가 너무多感的人物이되여 事實을 너무修飾하지않었
나 하는 생각이나서 정말 그렇더라도 속아서 내가 가질
感激이나 가저야된다고 생각하였으나, 읽고나니 乾燥한
내눈에서 정말感激의 눈물이나왔고 따라서 내가智的인
理性病에 걸려있는것을 自覺하였다。

읽은後——

類似한것 두가지。

이같이靈的으로 큰것이 物的으로는 이같이貧弱한 都是
눈에 띄우지않는冊에 써워있는것——

이와같이 큰犧牲慾을 가진 偉大한人物을 그와같이도
모지 볼것없는寒村에서 極微한物的設備속에 둔 하나님
의뜻——

그렇게形的으로微々한冊이 三千人에게 팔렸다는것, 그
와같이 微々한形的條件을 가졌던 崔孃의靈이 三千人의
靈에生氣를 준것은 기쁠뿐안이라 하나님의攝理를 알수
있는것。

좀더宣傳할責任을 느낀것。
S高農生들의氣魄에感激한것。
內村氏의「後世에의最大遺物」이라는글이 많은사람을信仰의
門前에 모였다는데, 이冊이 그冊의數倍나 더 큰靈的實談
이요 迫力이있는데도不拘하고 宣傳되지않는朝鮮社會의 道
德的墮落을慨歎! 또그思想의高潔!
著者의文才에感歎!
더구나 「後任들이 특별히 普通사람들보다 못나서 그
런것은 絶對로안이었다。최선생이 다시 태여나서 다른얼
굴을 쓰고 샘꼴에 찾어왔다하더라도 마을이 최선생生
存時와 같이 대하여주지는않을것이다。」라는것、또結尾에

（以下表紙第三頁에續함）

消　息 (二)

多　夕　齋

開城當日往復 (배後三·八)

千年古都를이제사보노라고
第一八八八三日(一一、二三)을消息

아침에 漢山을두고　낮못돼　松岳에대니
즈믄해　거스린일을　한나절에　보쾌라
갈릴때　생각으로는　도라봄이　느껏네

아침에　漢山을두고　낮못돼　松岳에댕기
갈릴때　나는데로는　력력히도　갈고나
꺾인즈믄　거스린일이　한나절에　도라오다

아침에　漢山을두곤　松岳의낮　없어서니
저믄해　거슬린일은　한아절에　보쾌라
갈릴때　나는데로는　한맘인가　하노라

아 처음　漢山두곤　낮없이도　松岳의짝
즈믄해　꺾은거울이　맞우서서　조상이라
갈릴때　생각으로야　이럴줄이　있으랴

消　息

아침의　漢山을두고　낮맞우　松岳에대니
저먼해　거스린일도　한나절에　보리라
갈릴때　나는데라니　마더마더　나노라。

아침의　漢山을두고　낮맞우　松岳에대니
저먼해　거스린일도　한나절에　보리라
갈릴때　나는데라니　마더마더　나노라。

려(欲)를 길러라

第一八八八八日(一一、二八)은多夕子의
破私(八ム)의날로消息。記念으로이글을
聖朝誌에드립니다。

사람이 重力場內에서 生을 누리는지라、
모든存在를 무엇에 언처있거나、달려있는것으로 봄。
모든勤作을 무엇에 끌리거나、밀리어가는것으로 봄。
觀이 그런지라、그러므로。
모든人間處事에도 누구를依賴하거나、模倣하는것으로 最
便을 삼고、自强이나、獨創의맘이 없을。
모든人間行爲로도 무슨目的(利點)이 있다거나、어떤急
務(逼迫)가 되기前에는、勤勞를 앗기는習性으로서、生외
實現이나、道의躬行의 뜻은 모르니。
——이 어찌 天心(永生)에 向한道理가 막힌것이 아
니랴。
온갖것에 값을 매고、모든것이 팔려다니며、
갚는데도 돈이 앞스고、勸하는데는 利를 붙인다。
欲望을 채우는것이 樂어오、

一一

려(欲)를 길러라

享樂하는 것이 人生이오,
—— 享樂못하는 것을 生活難이라하고,
欲望을 못채우는 것을 不幸이라 하다.

欲望을 마당에는 無盡하는 快味로 채우는 것이 理想이라, 欲望주머니가 彈力性도 꽤 있것만, 원악 많이 들어넣니 갓부다! 터진다! 죽겠다! 하는 따르는 病患이 있다.

天心은 虛。
日心은 光(熱、明)。
地心은 重。
人心은 利。

天心에 順하랴니 高遠하고, 逆하랴니 惶恐하다,
地心에 順이 便이오、逆이 努다。
土石은 至便하고,
雲水는 昇降이라。
地心의 順便을 얻으면서 日心의 感化를 받는者가 生物。
——그中에도 草는土、水은石、禽은雲、獸는水스럽다。

物心은 能(本能)하고,
人心은 利(造作)하다。
上通天心하고、下達地心하는것이 人心의 利다。
欲을 채우는것이 自然이오、欲을 制裁하는것은 不自然으로 녁이지만, 欲을 制裁할려는것이 또한欲望이다。그

欲望도 채우는것이 自然일것이다。
靜止는 土石의自然、
就勢는 風水의自然。
風水然食色을 하고、土石然睡眠을 하는것이 生物의自然。

려(欲)고하되 觀(좋게)(美)
知(참)(眞)
行(잘)(善)하려하는것이 사람의 바람(望)이다。

欲望은 單欲이 아니다。려고만하면 못할것이 없지만 해보아서 잘안되면 다시 잘하려한다。려、려력는 複欲이다。
봄도見物生心的홀봄이 아니다。보고、또보아서 참알도록 보는 觀이오、聯觀이다。

欲望속에 理性을 품은것이 人心의利다。
——理性을 欲에驅使하는수가 있으니 이것은人生의悲오、罪다。그害를 사람이 받는다。快適할利器가 逆用되는때는 쓰는者가 害를 본다。

便한것取라가 土石보다 게으른者되기쉬。
바람부는대로 물결치는대로 한다다가 흘러빠지면、썩고、썩으면 냄새를 피운다。떠러저나려만가다가 부드지면 깨진다。깨지면 알코、죽는다。
흙이 깨지면 보드럽고 물은 흐르면 맑지만、生物이 깨지고、흘러、될것이냐?。

一二

食欲으로 胃腸을傷하는 禽獸가 적고、

色情으로 코며러진 개를 못보앗고、不足症들린 도야

지가 없고、鴉片中毒된 염소가 안다니는데——사람은?

가난한 새의집이 없고、

허술한 벌의나라가 없는는데——사람의社會는?

이것이 다 隋落에 채를 치는 까닭이다。——欲을 채우

먹을것 찾는것으로만 보는동안은 두루싸다니는 즘승의

거름 밖엔 아니다。

는理想을 갖어서다。

내다본다、나가본다、멀리본다。넓히보되、

더멀리 보고십다、알고십다。

고개가 들린다、더보인다。

더멀리、더멀리。

가심이 허리가、들린다。——더

더 더、들린다、또들린다。

아조 이러섰다。

참 멀리 보인다、넓히 보인다。

——그러나 便치않다。다시 꾸프리자、네발로 닷자!

죽어 먹자!——이것이 원숭의 살림——。

섯다。더보인다。좋다 참좋다。

잘서진다。더꼬뿔이 서서、더멀리 본다。

엇개를 저처고 단길수있다。나가며 보는데 멀리도 보

려（欲）를 길러라

이고、단기며 보는데 넓기도 하다。

멀리 보고지고、더더멀리

더멀리 보라니 地平線上으로。

더우에 별이 보인다。그별우에 다른별들이 보인다。

더위에 또있다。또 더위에 또또있다。많다。아조 많다。

어구많다! 고개가 앞으도록 재처가면서 처다본것이

다。

멀리 멀리하다가 높이 높이된것이다。

——이것이 地心에서붙어 天心으로 간것이다。

近小가 자라、자란다、遠大함이다。

生은欲이다。자라야 커진다。

永遠히 자라야할것인데、그러나 惰性이있다。消極이 온

다。

近小에親熟하고、遠大에生疎하다。

欲을 죽이려고한다。生을 말리려한다。그만 자라려한다。

偷安停住하려한다。近小에 理想을두고、生活이라한다。私

螯한다。

그러나

欲을 길러라。欲을 完遂하도록 길러라。

이에 永生이 있다。——그것이 無欲으로도 보인다——。

近小欲이 죽어서 遠大欲으로 낳은것은事實이다。

（以下表紙第三頁下段에續함）

一二

罪人만을 爲하야

罪人만을 爲하여 (第二十回)

A・J・럿셀 著

趙 聖 祉 譯

一四

決斷코 不正行爲를 하지않는것으로 되어있다. 이 制度는 學生들의 委員이 있어가지고 操縱해 나간다. 이 委員會라는것은 大審院의 權力을 行使하는것으로 무엇이든지 規則에 違反되는것은 全部 取扱한다. 萬一 누구가 試驗해 不正行爲를 한것이 判明되면 例外없이 그 學生을 告發하게 되는데 그 判決은 既定方針대로 自働的으로 決定된다. 그러나 八百餘名學生中에서 이렇게 處罰을 받게되는 사람은 한 二年만에 겨우 한사람식이나 된다고한다. 이 젊은 巨漢은 아조 어린아이때부터 언제나 便宜主義의 生活을 하여왔었다. 即 結果만 좋으면 手段은 어떤것이든지 좋다고 생각하는 것이다. 그렇게된 理由는 別로 特別한것은 없으나 單只 게으른것과 落第할가바 무서워하는 恐怖心이였다. 그런데 더구나 시험때에도 감독하는 사람이 없는 「아너・씨쓰템」이라는것이 있기때문에 그는 쉽게 게을리 놀수가 있었다. 그리고도 어렵지않게 難關을 넘길수가 있었다.

豫科時代에는 그는 常習的으로 不正行爲를 하였다. 그래도 걸리지 않으리라는것을 알었기때문이다. 이렇게 공부하는 대신에 不正行爲를 代用하게되니까 校外에서 노는 時間을 더 얻을수있었다. 그러나 이렇게 하는 작난은 校外에서 勿論 禁制의 享樂이였다. 그런데 이렇게 特別한 外出을

不正한 手段으로 學位를 얻은 大學卒業生들이 몇사람 있었는데 푸랭크의 권고를 받고 그들은 大學當局을 찾어가서 그사실을 告白하였다. 또 더러는 自發的으로 간 사람들도 있었다. 그중에는 한 젊은 巨漢이 있었는데 이사람은 自己의 안해와 두 어린아이를 다리고 數年間을 祈禱와 信仰으로 살어온 사람이다. 이 사람이 하로는 나를 점심에 招待하고 自己의 經驗談을 이야기 해주었다. 그는 뉴・잉글란드에 있는 어떤 大學에서 敎育을 받었는데 이學校는 優秀한 地位를 가지고있는 學校로서 俗稱으로 「코로 優秀한 地位를 가지고있는 學校로서 俗稱으로 「코에는 씰크・햇 紳士」라고 알리워진 學校이다. 여기가 놓은 「아너・씨쓰템」(Honours System＝名譽制度) 이라는 規則을 尊重하고 各自의 名譽를 傷하지 않으려고하며 것이 있었다가지고 試驗때 試驗監督이 없드래도 모두 이을 하고 授業을 빠지는데는 번번히 새로운 핑게를 맨

352

들어내지 않으면 안되는 것이었다. 하로는 層階에서 너머졌다. 그는 이것을 또 핑게해가지고 하로밤 自習時間을 빼먹었다. 그는 일부러 장도리로 自己의 이마를 때려서 커다란 상처를 내여가지고는 충게에서 너머져서 그렇게된것처럼 보이게 하였다. 그리고는 공부시간에는 自己는 昏睡狀態에 빠져있었었노라고 主張하여 이번에도 모두 그런줄로만 믿었다.

大學을 마치고 學位를 얻을 準備를 하고있을때 그는 바로 어떤 그룹의 하우쓰·파-티에 나가게 되었다. 거기서 그는 舊式 牧師들이 흔히 말하듯이 所謂「自己의 罪를 自覺」하게되었다. 그리고 自己의 生活에 모든 事實을 바로잡지않으면 안되겠다고 생각하였다.

「그룹에서 누가 그렇게 하라고 권해서 했읍니까?」

하고 나는 물어보았다.

「아니요, 누가 하라고 하지않어도 自己의 義務는 잘 알고 있었읍니다.」하고 그는 대답하였다.

부들부들 떨면서 그는 部長先生에게 面會를 請하였다. 너무 근심이 되여서 드리가기前에 自己의 잘못한 것을 조이에다 적어가지고 드러가서 그것을 서서 읽을려고 그랬다. 그러나 結局은 무롯이 너무 흔들려서 앉고야 말었다.

「이런 告白을 하게된것은 참 유감이었읍니다」 하고 罪人만을 爲하야

그는 이 經驗을 이야기 하고나서 풀이 죽은듯이 말하였다. 여기까지 이야기 하는데도 그는 相當히 勇氣를 내여가지고 한것같았다. 나는 定型的記者의 판에 박은듯한 冷淡한 態度로 그의 괴로운 告白을 듣고있었다.

「그래 部長先生은 무어라고 말했읍니까?」하고 나는 좀 苛酷한듯 하지마는 그다음을 물어보았다.

그젊은 巨漢은 얼골에 다시 微笑를 띄우며 말을 천천히 띄여서 다음과 같이 말하였다.

「部長先生님은 그것은 大端히 유감된 일이라고 그랬읍니다. 大學의 名譽를 爲해서 그런것보다 나自身을 爲해서 더구나 유감이라고 그랬읍니다. 내가 自發的으로 찾어와서 正直하게 말을 한것은 고맙게 생각한다고 그리시면서 나의 잘못에 對해서는 한마듸도 책망을 안하셨읍니다. 그리고 내종에는 『君이 이것을 自發的으로 나에게 말하였고 또 아무도 다른 사람은 이것을 아는이가 없으니 이일은 서로다 깨끗이 잊어버리고 이제브터는 새로운 페이지를 넘기도록 합시다』하고 말해 주었읍니다」

이 靑年은 지금은 長老敎의 牧師이오 또 聖徒이다.

「部長先生을 맞나보고나니 기쁩듸까?不快합듸까?」

하고 나는 또 물어보았다.

「그야 두말할것도 없이 大端히 기뻤읍니다. 무거운

一五

罪人을 爲하야

집을 버서놓은 것이니까요。 그리고 지금와서 생각해보면 이렇게한것은 하나님의 特別한 指導였다고 생각이 됩니다。 웨 그러냐하면 그後 얼마 지나지 않어서 어떤 敎役者會議에서 理知的으로 생긴 牧師들 몇사람이 그룹에 對해서 批難하는 態度로 말한적이 있었는데 그때 우리 大學의 部長先生이 일어나서 自己는 長老敎信徒리 그룹의 敎理에 對해서 그다지 알지는못하나 그들의 實行하는 힘에 對해서는 증거하지않을수 없는바이다。 웨 누려나하면 自己의 大學에는 自己에게 自發的으로 찾어와서 過去에 잘못한것을 謝罪하는 靑年들이 많이 있기때무니라고 말하였읍니다。」

어떤때는 {그룹에} 接觸한 結果로 自己의 父母에게 가서 이제까지 家庭分裂의 原因이 되여있든 여러가지難問題를 바로잡은 例도 많이있었다。 어떤때는 父母가 子女에게 가서 마찬가지 和解하는일을 하는적도 있다。 이 젊은 互漢은 部長先生을 맞나본 外에 또 自己의 父母에게도 率直한 편지를 쓰라는 指示를 받었다。 그래서 그는 父母가 自己를 良心的인 學生으로만 생각하고 비싼 學費를 보내주는 동안에 自己는 어드린生活을 하고 있었노라는것을 率直하게 써보냈다。 이靑年은 집에 가면 恒常 연극을 잘 하였기 때무네 그의 어머니는 그를 天使와 같은 아이라고 꼭 믿었든것이다。

一六

그가 이편지를 집에 보내는것은 部長先生을 맞나 보는것보다 더 힘들었다。 그는 도무지 勇氣가 나지않었기때무네 밤 열두시를 치기 直前까지 그대로 기다리고 있었었다。 열두시가 되면 우편통을 여는 時間이었다。 그는 마즈막 순간에 勇氣를 내여가지고 막 달려가서 겨우 편지를 넣었다.

「父母님의 回答은?」

「나의 편지를 받은 그날로 편지를 感謝하며 自己들의 사랑을 보낸다는 電報를 보내주셨읍니다」

여기에서도 蕩子學生의 問題는 圓滿히 解決이 된것이다。

「그러면 지금은 당신이 學生들을 聖者로 맨들려고 그러시는것이지요?」

「글세요、 亦是 그렇다고 할수있겠지요」

그래도 亦是 나는 滿足하지 않었다.

「당신의 말대로한다면 당신은 天性이 게으르고 접쟁이라고 그랬는데 그러나 事實은 큰勇氣와 힘이 속에 潛在해 있었든 것이지요? 그것을 그룹이 心理的經驗으로써 일으켜준것이지요?」

그러나 그의 主張은 그렇지 않었다。 自己가 弱할때에 하나님의 힘이 나타난것이라고 그는 主張하였다。 그리스도안에 있었기때무네 自己의 힘으로는 하지못하였을것을 할수있었노라고 그랬다.

「당신과 같은 告白을 하고 내층에 그것을 後悔한 사람도 있었읍니까?」

이번에도 서슴지않고 「없읍니다」 하고 對答하리라고 하는것은 나는 미리알고 있었든바이다.

「그러나 萬一 그後에 그들이 하나님에게서 떠나간다면, 있을는지도 모릅니다. 하나님에게 恒常 가까히 있는 사람은 모든 사람에게 對한 하나님의 사랑의 法則을 服從한것을 後悔하는일은 絶對로 없읍니다. 하나님을 사랑하고 리웃사람을 제몸과 같이 사랑한다는것은 모든 크리쓰챤이 다 行하지 않으면 안되는것입니다. 그런데 이제 하나님을 사랑하고 리웃을 제몸과 같이 사랑한다고 公言하는 사람이 어떻게 누구에게 잘못한것을 바로잡지않고 그대로 둘수가 있겠읍니까? 그것은 聖經에 나타나 있는바와 같이 正義로 世界를 다스린다고하는 하나님의 計劃을 故意로 妨害하는것이 될것입니다.」

나는. 또 깊이 뒤리캐어 물었다.

「당신은 過去의 生活을 모주리 反省해보고 누구에게든지 잘못한것이 있으면 그것을 자세히 들추어내서 그것을 「모두 바로잡을려고 하셨읍니까? 그렇지 않으면 아직도 당신의 心靈의 갑옷에는 더러 흠집이 남어있

罪人만을 爲하야

읍니까?」

이것은 大端히 嚴重한 質問이였다. 敎役者이든지 平信徒이든지間에 또는 信者든지 不信者든지 이러한 質問을 自身에게 向해서 敢行하는 사람은 極히 드물다. 그러나 그는 여기에도 걸리지 않었다.

「예」 하고 그는 가만히 自信있는 語調로 대답하였다. 「나는 그것도 했읍니다. 내가 잘못한 사람은 모주리 찾어가서 내가 할수있는 限度안에서는 全部 賠償을 하였읍니다.」

「即 近處에 있는 사람은 다 맞나보셨다는 말이지요 그러나 먼데 있는 사람은 어떻게 됩니까?」

그에게는 例外라는것이 없었다. 「나는 살어있는 사람에게는 全部 맞나 뵀었거나 편지를 보내거나 하였읍니다. 내가 잘못한것을 알고있으면서도, 아직 내 뜻을 傳達치못한 사람은 故人들 뿐입니다. 그사람들 하고도 將來에는 맞나서 모든 問題를 바로잡을수가 있을것입니다.」

나는 이말을 듣고 一種의 絶望感을 느꼈다. 그것도 나의 質問은 大端히 無禮한것이였으나 그는 조금도 誇張하는 빛이 없이 오히려 躊躇해가면서 한말이였다. 이러한 狀態의 純潔과 完全이라는것은 나에게는 全然 到達할수없는 너무나 높은것인것 같었다. 그後에 나는

一七

罪人만을 爲하야

클리-브•희쓰牧師(前에 하-바드大學의 校牧)가 이 賠償에 關한 點을 이보다도 더 强調하는것을 들었다.

그때 이야기 가운데 이런것이 있었다. 어떤 六十五歲되는 老人 한사람이 그룹에 와서 이 賠償에 關한 問題에 부딪치게되었다. 그 老人은 말하기를 自己가 이제까지 지켜온 모든 꿈으러진 事實을 全部 바로잡을려면 自己의 餘生을 全部 여기에 바쳐야 하겠다고 그렸다.

여기에 對해서 희쓰牧師는 明朗한 語調로 世上에 有益한 事業이 있을듯 싶으냐고 對答하였다고 하는 이야기였다.

이맘때 나는 어떤 그룹集會에서 어떤 훌륭한 英國의 靑年紳士가 이야기 하는것을 들었는데 그 이야기는 이 젊은 巨漢의 이야기의 어떤點과 符合되었다.

그도 옥쓰포드에 갔든일이 있었는데 그룹의 感化를 입을가바 일부러 멀리 떠려져 있었다는 것이다. 萬一 그룹과 接近하면 맘껏 놀지를 못하게될것을 잘알고 있었다.

기때무니다. 그에게는 自己 아버지가 破産할때 갈려준 若干의 金額이 있었다. 그러나 얼마後에 그에게는 두가지 主要한 難問題가 생겼다. 그것은 술을 너무 취하는것과 아버지에게서 받은돈을 너무 어리석게 濫費하는것이었다. 그러나 그後 얼마 지나지 않아서 그는 變化하였다. 나는 한번 그가 自己 아버지에게서 이제

바로 到着하였다고 하는 편지를 읽고 있었을 때 그옆에 같이 있었든일이 있었는데 그는 읽어 나가다가 「네가 요전에 보낸 편지는 읽을때 大端히 不愉快하였다」라고 하는곳을 크게 읽어서 들려주었다.

「왜 그리셨을까요?」하고 나는 물어보았다.

「나는 그때 나의 過去에 지나온 生活을 事實대로 적어 보냈거든요.」하고 이 變化한 靑年은 對答하였다. 「그리고 지금 와서는 나는 그것을 아주 잘한일이라고 생각하고 大端히 기뻐하고 있읍니다.」

蕩子를 하늘에 계신 아버지에게도 돌려보내는 同時 地上에 있는 아버지에게로 돌려보내는 일은 옥쓰포드•그룹의 特色이다.

그룹에 끌려들어간 사람들에게서 이 賠償에 關한 이야기를 우리는 不絶히 듣는바이다. 그中에 하나는 어떤 牧師에게서 들은것이 있었다. 이 牧師는 大端한 成功을 하고있는 牧師로서 이牧師의 說敎도 나는 여러해동안 들어 본적이 있는데 나는 이牧師의 說敎처럼 깊은 靈的 雰圍氣를 느껴본적은 없었다. 그牧師가 自己도 젊었을때 남의 돈을 훔친일이 있었는데 그 사람을 찾어가서 自己의 罪를 告白하지 않을수 없었노라는것을 나에게 告白해주었다. (第二十一頁에 續)

一八

聖書朝鮮 自一四四號 至一五五號 總目錄

（第十八頁「罪人만을爲하야」의續）

이사람은 지금 그룹에서 가장 열매를 많이 맺는 中에 한사람이 되여있다. 나의 親戚되는 한婦人은 그의 說敎에 大端히 感銘을 받고 이렇게 말하였다.

「그사람과 다른 牧師들과 다른 點은——그는 진짜입디다.」

쬔·꼴즈워-듸는 騎士의 爵位를 拒絶할때 말하기를 「文學은 그自體가 報酬이다.」라고 하였다. 옥쓰포드·그룹의 證據하는바에 依하면 絶對正直이라는것은 누구를 勿論하고 絶對正直 그것이 그사람에게 報酬가 되는것이다. 뿌리스톨의 쪼-지·물러 (이도 젊었을때에 흠친일이 있었다)와 그밖에 다른 많은 聖徒들도 告白或은 賠償이 힘을 얻는데 이르는 通路라는것을 알었다. 우리가 某重要都市에 있는 어떤 高等學校의 校長을 訪問하였을때 그校長이 그룹의 一圓에게 한 인사의말은 나는 잊을수가 없을줄 안다.

「당신들은 宗敎에서 形式이라는것을 떼여버린 사람들입니다. 그리고 당신들의 덕택으로 우리學校의 學生들中에는 아주 正直한 學生들이 생겨나게 되었읍니다.」라고 하는 意味의 말이었다. 또 우리가 전번에 이都市를 단녀간 結果로 學校圖書室에서 없어졌든책이 스물다섯卷이나 도루 도라왔다고 말하였다. (續)

罪人만을 爲하야

正 誤 表 (社告)

今年度 本誌의 誤植은 發見되는대로 모아서 明年 一月中에 揭載할터이다. 讀者中에서도 發見한대로 記送하여주면 感謝하겠나이다. 一年間의 全部가 아니고 一號의 分或은 單只 一部分이라도 可하며, 正訂까지 쓸것없이 誤라고 생각되는字만 指摘하여주어도 足하나이다.

八八八八 (社告)

誌友號의 提議가 發表된以來로 이에 贊同하는 熱烈한反響은 提議者로하여금 「이일의 目的은 이미 半以上을 成就하였다」는感을 느끼게하였나이다. 이일을因緣하고 受授하는 文字는 매양 뜨거운感激이 없을수없는 까닭이다.

지난 十一月二十八日은 柳永模先生의 第一八八八日이었다. 先生은 이날 自己의 「日齡」에 「八」字가 넷이 겹친것과 우리의 八八八八과 奇異하게 一致하는것을 紀念하시는 빙자하여 일부러 來訪하여 「八」字의 意義를 講解하시면서 誌友號를 爲하여 特別祈禱를 함께하시었다. 「八」字는 쪼개는뜻이오. 「公」字는 私를 分破하는 뜻으로 된字라한다. 그런즉 우리의 誌友號를 보내려는 牧場의事業도 至極히公共한일로 되여야하겠고, 先生의 餘生도 또한私에서公으로 飛躍하는生涯가 되리라는祈願이었다. 誌友號의 應募는 今年末日로써 完結할터이다.

三一

子音變音化の第三例（σ 即ち嚙音子音）

τό　ἔθνος(ἔθνεσ—)國民。　　　　　τό　γενος(γενεσ—)民族。

［單］	［複］	［單］	［複］
1. ἔθνος	ἔθνη	γενος	γενη
2. ἔθνους	εθνῶν	γενους	γενῶν
3. ἔθνει	εθνεσι	γενει	γενεσι
4. (1と同)	(1と同)	(1と同)	(1と同)
5. (1と同)	(1と同)	(1と同)	(1と同)

子音變化の第四例（語幹が母音 ι 又は υ に終るもの）

ἡ　πόλις(πολι—)都市。　　　　　ὁ　βασιλεύς(βασιλευ—)王。

［單］	［複］	［單］	［複］
1. πόλις	πόλεις	βασιλεύς	βασιλεῖς
2. πόλεως	πόλεων	βασιλέως	βασιλέων
3. πόλει	πόλεσι	βασιλεῖ	βασιλεῦσι
4. πόλιν	(1と同)	βασιλεα	(1と同)
5. πόλι	(と同)	(1と同)	(1と同)

　子音變化は以上の四つの例の何れかに當てはまる。外容は極めて複雑の様であるが，第一例を繰りかへして其の口調を覺え，他はそれに準じて理解するを要す。尙ほ他に不規則のものもあるが，規則的な名詞の變化は以上にて盡きる。玉川先生の獨習書によるものは 40頁，44頁，46頁，279頁—282頁を恭照されよ。

　次號は以上修得の智識を應用して單語の說明と語尾變化の練習とに供したい。文法は無味乾燥にて煩雜堆へがたしと感ずる讀者も有りませう。然し此の沙漠を通らずには彼方の森林や池のほとりに達するわけにゆきません。

　本號では子音變化の例を一括して述べました。

ὄνομα（オノマ＝名前。語幹 ὀνοματ—）

子音變化の第一例，（δ 又は τ その他の默音子音）

		ἡ ἐλπίς 望	ἡ Χάρις 惠	τό ὄνομα 名
		語幹 ἐλπις—	語幹 Χάριτ—	語幹 ὀνοματ—
單	1	ἐλπίς	Χάρις	ὄνομα
	2	ἐλπίδος	Χάριτος	ὀνοματος
	3	ἐλπίςι	Χάριτι	ὀνόματι
	4	ελτδα	Χάριν	ὄνομα
	5	ἐλπί	Χαρις	ὄνομα
複	1.5	ἐλπίδές	Χάριτες	ὀνόματα
	2	ἐλπίδων	Χαρίτων	ὀνοματων
	3	ἐλπίσι	Χαρισι	ὀνόμαπι
	4	ἐλπίδας	Χαριτας	ὀνόματα

此の種の子音變化の語幹を知るには單數第二格から —ος を引き去つてみる。

例へば ἐλπίς の語幹はその第二格 ἐλπίδος から —ος を除いたもの，即ち

ἐλπίδ— である。δ, τ, κ, γ, Χ, π, β, φ, θ, を默音子音(mute consonan t

と云ひ，ν, ρ, λ, μ, を流音子音 (liquid consonant) と云ひ，σ を嘯音子音

(sibilant consonant)と云ふ。

子音變化の第二例（ν 又は ρ 等の流音子音）

	ὁ αἰών（αιων—）期。		ὁ πατήρ(πατερ—)父。	
	［單］	［複］	［單］	［複］
1.	αἰών	αἰῶνες	πατήρ	πατέρες
2.	αἰῶνος	αἰώνων	πατρός	πατέρων
3.	αἰωνι	αἰῶσι	πατρι	πατρασι
4.	αἰωνα	αἰωνα	πατερα	πατερα
5.	(1と同)	(1と同)	πατερ	πατερες

新約聖書原語入門 （九）

里 見 安 吉

　このギリシヤ語講座は少數の希望者と共に聖書を學ぶ目的で初歩の教材用に書き始めたのですが，本誌を通して勉強される誌友が次第に増加致しましたので，今後はそのつもりで續稿致すとにします。御察しでもありませうがギリシヤ語の植字の困難と活字不足の爲に不充分な點が少なくありません。御氣付きの點は御訂正願ひます。やがて良い活字が整ふこと丶思ひますが，吾らも出來る限り正確を期するつもりです。

　講座第三課と第五課に名詞 O 變化を述べ，第六課第七課に A 變化を述べました。A 變化を第一變化（First Declension）と云ひ，O變化を第二變化（Second Declension）とも稱します。名詞には更に第三變化（Third Declension）とも云ふべき子音で終る語幹を有するものがあります。子音變化と呼んでゐます。本課では此の種の名詞に付いて述べます。名詞の語尾の變化は以上の三種類に大別されるわけです。

第 八 課　　名　　詞　（子音變化）

　第三變化即ち子音變化の名詞は語幹が（ι）及び（υ）で終るもの丶他は全部が子音を以て終つでゐます。例へば πόλις（ポリス＝都市）は語幹が πολι― で（ι）を以て終つて居り，βασιλεύς（バシレウス＝王）は語幹が βασιλευ― で（υ）を以て終つてゐますが，他はすべて子音で終るものばかりです。例へば

　　　ἐλπίς（エルピス＝希望。語幹 ἐλπις―）

　　　χάρις（かリス＝惠。語幹 χαριτ―）

　　　αἰών（アイオーン＝期。語幹 αἰων―）

　　　πατήρ（パテール＝父。語幹 πατερ―）

　　　γένος（ゲノス＝民族。語幹 γενεσ―）

　　　ἔθνος（エスノス＝國民。語幹 ἐθνεσ―）

(第一〇頁「崔容信小傳을읽고」의 續)

「최선생의 사랑의 생애는 물론이오 샘골 사람들이 선생을 아껴하고 존경하였음은 드문일일것이다云云」「최선생도 사람이라 缺點은云云」. 全文에 그와같이感激이流露함에不拘하고 생각이 이에까지達한것은 勸善懲惡的인 三文小說이나 傳記보다 隔段의 差이다.

愛讀句인——

내 言論할과 내 傳道할이 智慧의 고은말로 하지아니하고 다만 聖靈의 나타냄과 權能으로하여 너의믿음이 사람의 智慧에 있지아니하고 다만 하나님의權能에 있게하였노라 (고前二・四-五.)

이것은 崔孃이 愛讀할것이안이라 내가愛讀해야할것같다.

全體로——

泉谷에 한번 가보고싶은 생각이 났다.

形的條件이 極微하고 理性的方面이 幼稚低度의것임에不拘하고 形의世界나理性의世界에서 불수없는 形言할수없는 生命과힘이 躍動하는것.

우리들이 日常 많이보는 種類의偉大를 完全히縮少해버리고、 우리가 혼히 보지못하는 偉大의部面을 나타내인것 (하나님).

우리가 理想을 イデヤ의世界에서 그런다면 그것은 無意味한것이오。 또イデヤ의世界에 그려본後에 이것을實驗한다면 崔孃과 같은生涯는 못나온다.

(第十三頁「려(欲)를걸려라」의 續)

違大가至高에 이르니 鈍重한地心이太虛한天心에 이것은眞珠다。 眞珠의값을 아는이에게 도라간眞珠다。 理性卽欲인境界다。——生命이다。 道心이다.

天心、日心、地心、物心、人心을 도모지하여、地心을 덜고、日心에(光明하고熱烈하게)살며、天心에(無私卽不止小)(太虛)에 이루는것이 人心의利다.

人心의利를、鼓動하는것은理性이오、 蠢惑하는것은 情欲이다.

道心이라하면 眞理다。自然이다.

【聖書朝鮮】第一百五十五號　昭和十六年十二月一日發行　第三種郵便物認可　每月一日一回發行
【本誌定價二十錢】（送料五厘）

京城聖書研究會

日時　每日曜日午前十時半（約二時間）
場所　京城府外貞陵里三七八（本社）
講師　金敎臣
注意　十二月二十一日（第三日曜日）로써今年度講座를 一旦中止한다.

崔容信小傳讀後感

——어떤大學豫科生의 던진것——

……그리고 其間 崔容信小傳을 사다가 읽었는데 정말 感歎하였습니다。人間의 偉大한 要素인 金錢 健康 理性 意志의 世界와 因緣이 멀은 崔孃의 偉大한 露骨々한 하나님의『힘』의 赤裸々한 露骨的表現이었읍니다。崔孃々한 偉人을通하야 明白히 볼수가 있었습니다。

崔孃의 意志가 곧 하나님의 意志가 아니었나 나라나내 하나님의意志를 媒介하야 나라나내 하기때문에。그것이 하나님의意志이었든것을 認識하기 어려운데, 하나님의 意志만이 赤裸々하게 나타나게 나님의 意志까지 도리어 非合理的인 無理한感까지 납니다。이런일이 정말 다。이런일이 友人들에게 紹介하였는데 알 지못해서 사보지못하였다고 하면서 매우 책肆에는 品切되었을지도요。或 先生님宅에 或 남은 한册 으로써 돌려 보는中이을시다。

金錢 腕力 理性 이런것을通하야 나라나내 金錢 腕力 理性 이런것이었든것을 그것이 하나님의意志이었든것을 赤裸々하게 나타나게 나의 意志까지 도리어 非합理的인 無理한感까지 납니다。이런일이 없는 生각이 없읍니다。友人들에게 紹介하였는데 알 지못해서 사보지못하였다고 하면서 우 좋다고들 합니다。세 殘部가 좀 있을는지요。只今 尙今 若干册 남어있었습니다。云云。

所賣販次取

1　**山上垂訓研究 全**
金敎臣著
四六判二七〇頁 定價一圓 送料九錢
예수의山上寶訓을簡明하게解說하여基督敎의根本眞理를簡明하게 알린것이다.

2　**無敎會**
咸錫憲著 （價十五錢）（送料三錢）
無敎會主義（卽純福音主義）의理論과實際를가장簡潔하게說明한것이다.

3　**內村鑑三先生と朝鮮** （價三十錢）（送料六錢）
咸錫憲、金敎臣共著
內村鑑三先生の昇天十週年紀念에際하야先生의信仰에際한 無敎會主義的論文을 和譯하야出版한것.

4　**崔容信小傳** （價五十錢）（送料六錢）
柳達永著
自己를爲한것이아니며、平生남을爲한 燦爛한都市에서가아니라 曚昧한農村에서、그리스도를 본받어 그一生을 人生에 對한한。반드시 第三版出來.

5　**푸로테스탄트의精神** （價十五錢）（送料三錢）
咸錫憲著
이것은 昨年末까지에賣盡되여 品切 中이다。但 이글에실린 第二十號는 若干册 남어있었다.

本誌定價

一册　貳拾錢
六册（送料共）前金一圓二十錢
十二册（一年分）前金貳圓四拾錢
要前金直接注文은
振替貯金口座京城一六五九四番
又는牡丹江九五二番聖書朝鮮社로

所賣販次取
和信（京城府）
敎文書館 京城府鍾路二丁目九一
向山堂書房（大邱府）茂英堂
東京市麴町區九段坂

昭和十六年十一月二十八日印刷
昭和十六年十二月一日發行

編輯兼發行者　金敎臣　京城府外崇仁面貞陵里三七八（京城、光化門局私書函第一八號）
印刷人　李相五　京城府仁寺町二九ノ三
印刷所　大東印刷所　京城府仁寺町二九ノ三

發行所　聖書朝鮮社
京城府外崇仁面貞陵里三七八（京城、光化門局私書函第一八號）
振替口座京城一六五九四番　牡丹江九五二番

昭和五年一月二十八日(第三種郵便物認可)
昭和拾七年一月一日發行(毎月一回一日發行)

筆 主 臣 教 金

鮮 朝 書 聖

號 六 拾 五 百 壹 第

行發 日一月一(二四九一)年七十和昭

365

銃後生活と奢侈品

昨年七月七日支那事變勃發三周年を期して、內地に於ては奢侈品等の製造販賣制限規則が實施され、我が朝鮮に於ても內地に呼應して七月二十四日府令第一七九號を以て發布せられ即日より施行された。

新國民生活體制を確立し擧國一體國家の總力を發揮し國體の本義に基く國防國家建設には、大に國民生活の刷新、戰時生活の確立の聲は既に久しいが、都會生活の消費者等を見るときは、必ずしも十分の效果を擧げてゐるとはいへない。今迄の生活の自由の夢を追つて、統制への不平不滿を衷心懷く者も絕無ではない。然しながら戰へる世界のどの國も生活の戰時態勢が斷行されてゐないところがあらうか。獨逸の大勝利の蔭には吾人の想像だにも及ばない犧牲的不自由な生活に甘んじてゐる事實を見逃してはなるまい。凡そ奢侈逸樂を事として興隆せる國家は未だ曾てはなるまい。

惟ふに我が銃後國民生活の現狀を顧みると通貨の膨脹が購買力の增大を誘發し、殊に股賑産業方面に於ては生活樣式の奢侈化に拍車をかけた事實は否めない。一方に於て物資の一

大消耗が行はれて居る場合、日常生活に於て平時と同じ質と量との物を欲求することは許さるべきでない。戰時には戰時に相應しい生活樣式がなければならぬわけで、銃後の國民としては最少限度の生活に甘んずべき責務があるのである。

茲に於て政府は生活必需品等の消費規定に關し不急不要品又は奢侈贅澤品の生產、製造及販賣を制限又は禁止すること或る程度の必要性あるものと雖其の物の原材料が重要生產資材又は生活必需品資材なる場合に於ては右に準ずることゝなつた。

神經訓練

오란동안 火星의 觀察에 熱誠스러운 어떤「素人」天文學者가 嘆息하였다한다——神經도 訓練해야 되겠다 고.

그 뜻은, 望遠鏡을 使用하기 시작한 初期에는 火星의 빛이 一樣으로만 보이드니 오래오래 觀測을 繼續한 結果

로 드디어 火星의 陸地에서 反射하는光彩와 그 運河라는 水面에서 發하는 빛의 「區別」을 조고마한 望遠鏡으로써 하

여도——認識하게 되였으니, 望遠鏡이라고 곧 잘보인다는 것이 아니라 보는者의 眼球의 神經이 相當히 訓練되었어야 비

로소 眞狀을 볼수있다 는것이다. 빛을 認識할만한 神經의 訓練이 先行하여야 된다.

여는 顯微鏡도 또한 (만찬가지이다). 高度의 렌즈下에 生物의 細胞를 보았거나, 니콜鏡下를 가

진이는 望遠鏡 보는者가 꼭 같은 嘆聲을 發하고야 만다. 鏡下에 細胞가 놓였으되 素人은 제마음대로 더렸다

불때와 賢明한 敎授의 指示에 따라——紫色은 무엇 桃色은 무엇……右便엔 核 左便엔 染色體……하면서 細胞內의

神祕의 門이 열린後에 볼때는 天壤의 差와 같은 差異에 놀란다. 니콜鏡下의 石英 長石等의 構造와 色彩의 別이 亦

然하다. 物體가 顯微鏡下에 놓였다 놓인 그대로의 眞狀이 아모에게나 그 있는 眞狀대로 보이는것이아니라 能히

보는 눈을 가진者에게만 보인다. 望遠鏡도 顯微鏡도 그 使用하는者의 神經이 訓練되었을때에만 그 偉力을 遺憾

없이 發揮한다.

世上 어리석은者에게는 奇異한 것이 없으되 賢明한이에게는 날날의 事物이 奇異하지 않은것이 없다. 칼라일은 奇

蹟을 否認하는者를 向하여 女人이 出産하는 것을 보라고 웨쳤거니와, 보는 눈으로써 보면 女人이 새生命을 産出하

는일보다 더한 奇蹟이 世上에 없다하되 凡庸의 眼目으로써 한즉 古今의 常事이요 東西의 慣行일 것뿐이다.

早春에 조단항을 보고 놀란것은 先知예레미야였고, 寒空에 星辰의 運行을 우러러보면서 가슴속의 嚴然한 道德律에

놀란것은 哲人칸트였다. 이처럼 高度로 神經訓練된이들께는 보이는것도 많고 놀라운것도 많었다.

불란 진지 한공기라도 感謝로써 받어서 家人들까지 慰勞하는이 있었고, 탄내난다 뿌리치고 온終日 忿怒로써 周

圍에 毒추는 사람있었다. 感謝할資料에 包圍되여있어도 感謝를 發見못해 마르는生命있었고, 눈물의沙漠같은 골자기에서

라도 隨時로 到處에 泉地와 溪流와 花草를 發見하는 눈이 있다. 神經이 있었다.

神經訓練

一

繪畵와 地理

二

天賦의觀察로 望遠鏡을 使用함에도 먼저 神經을 訓練하여야하며、生物의細胞와 鑛物의構成을 엿보는 顯微鏡에도 神經訓練이 先決條件이다。하믈며 早梅晩菊과 草露星雲을 其時々々에 느낄때로 느끼는 大詩人的 智慧를 이밧고저함에 어찌 神經을 訓練함이 없이 될소인가。感謝할바를 感謝하는生涯에 이르러서는 이는果然 猛訓練이 없이는 能히 成就하기 어려운 境地이다。感謝할것도 感謝를 느끼지못하는生涯、이는 가장 下等動物의生涯이며 極히 적은感謝 資料에도 絕大한感謝와 讚頌을 發見하는神經、이는 萬物의靈長의神經이다。

物體가 있다고 보이는것이아니라 神經을 訓練하여야 보이는것처럼、남부려워하는八字에 태여낫다고 해서 感謝의 生涯가 있는것이아니라 神經을訓練하여야만 每事에 感謝하며 恒時로 기쁨에 넘치는 사람이 되는것이다。

× × ×

눈은 떴다고 보는것이아니라 보는 눈이라야 보이는法이오、귀는 열렸다고 듣는것이아니라 듣는神經이 訓練되였어야 듣기는法이다。故로 예수께서 말슴하시되『너이가 소경 되였드면 罪가 없으려니와 「본다」 고하니 너이罪가 그저 있나니라』고(요한九·四一)。또 가라사대『귀 있는자는 들으라』고(마태一三·九其他)。

繪畵와 地理

어떤畵伯이 「地方色」 Local colour 을 說明하여 가르되

地方色이라고하면、例컨대 朝鮮의「地方色」이라고하면 處女의 머리때 노랑저고리 색동저고리 붉은山 낮은家屋 等々을 그리는이들이 많습니다。그런것들도「地方色」임에 틀림없겠지마는 그런것은 아주低級의「地方色」입니다。

다 같은。 표풀라를 그리며 山水를 그리되 空間의透明度와 彩色의鮮明度가 다릅니다。거기에 참意味의 「地方色」、高級의「地方色」이 나타나는것입니다。朝鮮에生長한畵家들이 東京이나 倫敦같이 水蒸氣많은地方에가서 繪畵를 배운다는것은 一種의「色盲」을訓練하는結果에 빠지는수가 적지않습니다 云々。

때에 地理敎師의 머리속에는 氣象學上의數字가 생각낫다。朝鮮의 年平均降水量은 一千二百粍、內地는三千粍。

加之에 東京附近은 黑潮와 親潮가 接觸하는地域인것。墨西哥暖流와 氷山이 부더처서 倫敦의天候。이것 저것을 比較하여 畵家의 慧眼에 놀라지않을수없었다。

嗟을 許하지 않는다는

畵家와 같이 그 視神經이 가장 銳敏하게 發達하여서 物體固有의 있는대로의 色을 가장 如實하게 그려내는 것으로

써 그 生命을 삼는 職業이엇마는 畵家의 多大數는 後天的「色盲」인것이 첫째로 可驚할일。

繪畵로써 訓練하여도 한科目을 透得하며 한世界의 밑바닥까지 만져본 사람은 感覺의 世界가 能히 數理의 世界에

符合한다。 繪畵의 世界가 能히 地理氣象의 世界에 通한다。 둘째로 可驚할일。

「너이가 듣기는 드러도 깨닫지 못할것이오 보기는보아도 아지못하리라」는(마태 一三・一四) 것은 靈界의 일뿐인

줄로 알었더니、 보이는 山川도 山川대로 그리지못하며、 만지는 草木도 草木대로의彩色을 못하는것이 視神經으로

써 生命을 삼는 多數畵家의 神經이라하니 씻째로可驚할 일인가 하노라。

하물며 보이지않는 至極히 거룩하신이를 보인다 안보인다 함으로써 망령된 制斷을 네리랴!

理性尊重

主로 感情에 呼訴하는 宗敎는 그 傳播가 넓고 速하며、 主로 理性을 깨우려는 宗敎는 그 傳播가 甚히 좁

고 더디다。 그러나 前者는 열은것이오 그 特色이오 後者는 깊은것이 그 品格이다。

우리의信仰은 本來 理性에偏한다는 評을 들었으나 오늘날 敎會안밖에 無當類같은 성신네린 무리가 橫行하며 理

性의規範을 脫離한 紳士淑女의言說이 더글더글한때를當하야 우리는 段一段 理性尊重으로 偏하고저한다。

基督信者되기前에 于先 理性의正常과 敎養을 힘쓸것이다。 理性이 畸曲된데는 信仰도 救援도 없나니라。

理性尊重

三

中間報告

金宗洽

나의 知人中 某가 近年에 子女五男妹中에서 四歲女兒와二歲男兒를 一年사이에 잃은일이있었다。그의 落心은 比할데없었다。基督敎的信仰도있었고 敎養도없지않은사람이었으나、甚한苦痛을 오래 받다가 죽은 어린것들의屍體를 땅속에묻고 돌아온後에는 時日이 經過함을따라서、사랑하던 兒孩들이 사려지고 그肉體가 땅속에 들어간것을 생각하고 그는 人生의意味와 生에對한興味를 잃었었다。가슴속은 어이는듯이 아푸고、하는일에 精神을集中할수없고、友人들과의通信도 끊고、남은三男妹조아 貴여운줄을 모를지경이었다。信仰生活을繼續하나 靈氣는 빠졌다。生의 힘과 興味와 빛은 죽은 두兒孩와 함께 埋葬되었다。그는 情性的으로 生物로서生存을繼續할뿐、이미完全한屍體였다。그들을蘇生시키는唯一의方法은 죽은 두兒孩가 돌아오는것뿐인데、이것은勿論 絶對로 안될일이다。그에게 남은것은 아픈 가슴과 精神빠진生存과 暗黑한世界뿐이었다。그는 自己의 어린것들을 살켜버리고도 自己의 哀痛에 對하여 아모應答이없는 이奇怪하고暗黑한宇宙에 對하여 晝夜로 無益한怨恨을 품고 지내다가、드디어 한가지 讓步를

하였다。「萬一 나의 어린것들의靈魂이라도 살어있었다면 나는 그것으로滿足하고斷念하리라。」그는 哲學者들의靈魂不滅說을 알어보았다。사람의肉體는 精神(靈魂)을生産할수는없고、다만傳達할뿐이다。傳達하는肉體는 破壞될지라도 傳達되는精神은 남어있을수가있다。이것은、一種의可能性일뿐이다。이學說은 多少間慰安이 되었으나、아직 人間의心靈은 崇嚴한道德的理想을實現할 絶對的義務를 느끼것만、肉體를쓴人間生活에서는 到底히 完全한實現을 불수없다。故로 死後에도 心靈만은 存續하여서 道德的向上을 繼續하지않으면안될것이다。또한 이生에서는 有德한人士는 不幸하고 不義輩가 幸福을 누리니 有德者의幸福을爲하여 來世는 없을수없다。이思想의崇高함에感激하였으나、「그러나 나의 어린것들이 道德的規範을 意識하였을까。哲人과聖賢乃至成人은 그靈魂이不滅일는지 모르나、어린兒孩들은 除外되지않었는가。」

예수께서 復活을否定하는者들에게對하여 하신말슴「하나님은 죽은者의 하나님이아니오、산者의 하나님이시라。」이말슴의뜻은 다음과 같다고한다。永生의 하나님께서 人間과靈的交通을하시니 하나님께서는 한번自己의生命에連接된人間을 그肉體의死後에도 自己의永生가운데 安保하시리라。即하나님의永生에 한번連絡된 사람은 죽엄을 보지않고 永生하리라 는뜻이다。恩惠가充滿한 반가운 말슴이

여! 信仰은 이사랑의 하나님께 感謝하며 讚頌한다。그러나 나의어린것들은 信仰을意識하였을까。하나님의 生命과 連結이 있었을까」이 永生도兒孩들이 堪當하지못할條件이 嚴然하다。어린兒孩들은 無條件으로 永生에 들어가는길은 없는가、이宇宙는 永生까지도 道德的으로 强者에게만配當하고、어리고弱한것들은無視를當하는가。永生에들어감은 讚頌할일이나、그렇더래도 어린이들의 賞여운 音聲과 天眞한 우숨은 無意味한 創造의失敗요 浪費요 물거품인가。어린이들에게 福된永生이 없다면 智者賢者의永生이 있을지라 人生은不完全不合理함을 免치못하리라。

「兒孩들을 無條件으로 사랑한것은 예수다。兒孩들을 조금이라도輕視하는態度를 보실때에 그는憤激하셨다。……이 예수가復活하였다고하니、萬一 眞正예수께서 復活하셨다면、나는 나의어린것들을爲하여서落望하지않겠다。復活하신 예수는 나의어린것들을 安保하여 주실것이니。」

讀者는 某의信仰이 不徹底한것、知覺이 愚鈍한것을 可憐히 생각하실것이나、나는 그의精神的苦痛이 激烈한것을 알기때문에、또 그가 예수를通하여 慰勞를얻고 生氣를回復하기始作한듯한것이 반가워서、現在까지를 讀者에게 報告하는것이다。그의雜記帳에는 예수와小兒들의關係를 엿볼수있는 聖句의章節을 적은것이있다。이 聖句는 某者도 다 아시는바이나、여게 그章節을 再錄하는것은、某가 添附한簡單한註가 興味가있다고 생각한때문이다。

「예수는 小兒들과 特別한關係가 있다。

「小兒들을 사랑하셨다。可九・三六、三七。「안으시며。」어린兒孩하나를迎接함은 예수의絶對의命令이요、同時에神意에서 나오는命令이다。小兒의無條件絶對價値。路九・四八。太一八・一五。

「小兒들을祝福。太一九・一三一一五。可一〇・一三一一六。弟子들은兒孩들을輕視、예수는憤히녀기심。兒孩들을除外하는 條件附永生의哲學說乃至敎理를粉碎。路一八・一五一一七。「어린아기」(이小兒祝福의記事中路可傳에는「어린아기」라고있는것이 某의注意를 끄은것은 그의兒孩들이三、四歲였든 까닭인듯。)

「小兒들을 사랑하셨다。太一八・一五。謙卑。天國民의品性。太一一・二五、路一〇・二一。眞理의啓示를받을에合當함。故로 더욱 小兒를熱愛。

「小兒의宇宙的地位。太一八・一〇。이天使의思想은 그意味未詳。그러나 小兒들의價値를 特別히重視한것만은 確實。太一八・一四。「小子中에 하나라도 잃어지는것은 하늘에계신 너의(或은나의)아버지의뜻이 아니니라」。神意가如此。또한・무슨疑惑이 있으리오。더군다나 二一・二三節을보면 小子들을 애쓰고 찾으신다云。이「小子」는信者를보르치는것이라고할지라도、罪에 헤매는者를 찾으시는예수

中間報告

中間報告

는 天眞하고 謙卑한 兒孩들을 더 찾지않을까.

「예수는 父母들의 請에 依하여 兒孩들의 病을 곤치심。可九•一四以下。痲疾든兒孩。約三•一五。王의 아들(兒孩)。

「예수는 父母들을 同情하여 죽은 子息을 蘇生시키시다。아이로의 딸(十二歲)。나인寡婦의 獨子(靑年)。라사로(아마 靑年)。

「이 예수는 果然復活하셨는가.」某는 이 問題에 對하여도 聖經을 硏究한 모양이다。그의 雜記帳에는 四福音書의 記事를 對照하여 놓은것과、使徒行傳、고린도前書十五章、갈라듸아書等의 句節을 探錄한것이 있으나、이亦是 讀者의 熟知하는바이니 省略하고、그의 結論인듯한 部分만 多少說明을 括弧가운데 補充하면서、引用하겠다。

「예수는 復活하셨는가。

「(復活하셨다는)證據。

① 復活의 現場을 目擊한 사람이 있는가。(聖經記錄에 依하면) 없다。

②(예수의 屍體를두었던)墓가뷔였다는記錄도證據로는不充分。

③ 弟子들에게 나타나심。復活體에對한見解는 어떻게 되겠든지、弟子들이 예수를 만난것과、예수가 죽엄에게 삼켜서 消滅되지않고 다시살어나셨다는것도 明白하다。이復活한예수가 落信念을 굳게 가지게된것은

六

望中에 빠진 弟子들에게 나타나셨기때문에、그들은 새로 勇氣를 얻어서 힘찬活動을 開始하였다。그들은 무엇보다도 예수의 復活을 證據하였다。使四•三三、二•三二以下、三•一五、四•一〇、一〇•三九以下、一三•三〇以下。復活하신예수가 없었더면 바울이란人物도 없었을것。基督敎自體가 發生하여서 오늘날까지 있는 史實이 예수의 復活을 證據한다。」

예수가 復活하셨다는確信을 가지게된某는 다음과같은 結論을 얻었다「復活하신 예수는 如前히 小兒들을 特히 사랑하시리라。비록 그의 事業은 全人類的이며 全宇宙的으로進行中이겠지마는、小兒들을輕視하고除外하는일은絕對로 없을것이다。偉大한復活의예수는 크신 사랑으로 나의 어린것들을 安保하시리라。

「어떻게(安保하실가)。未知의部分은無限大。

「그러나 아는部分은確實。비록 적으나、(某는 그의 小兒들에게對한 希望과信念이 確實하여진듯하다)。

「無邊暗夜이나信仰의小燈이있으니、前進하리라。나의어린것들이安全히있는곳을向하여。感謝와讚頌은내게마땅하도다。

「어린것들이 눈앞에 보이지않고 그 손을 잡지못함은 亦是 心痛의原因。예수께서도 라사로의墓前에서 우셨다。(某여、君도 ,마음놓고 울라)。그러나、예수가 계시니 라사로는 復活하리라。復活하신예수 只今계시니 나의 어린것들도 永生中에 있으리라。예수의 말슴、나는復活이요 生命이라(約一一•二五)。」

以上

罪人만을 爲하야 （第二十一回）

A·J·럿셀 著

趙　聖　祉　譯

第九章　賠　償 （完）

그러나 아모도 손을 대지못할만한 아주 망난이갈
은 不良少年은 어떻게 되는가? 깨려드·스틔얼리의 말
은 南阿에서 그룹은 이같은 少年을 하나 보앗다고 그
랫다。 그 아이는 學校에서는 每日같이 매를맞고 집에와
서는 밤낮 쁠어갓이고 있는 아이다。 그러나 그에게도
한가지 크게 名譽스러운것이 있었는데 그것은 少年水
泳選手權을 가지고 있었다는 것이었다。

이少年이 한번은 敎父에게서 （敎父＝洗禮式에 立會하여
證人이 되며 宗敎敎育을 保證하는 사람——譯者註） 映畵의 入
場券을 하나 사춘다는 條件으로 그룹의 하우쓰·파-틔
하여 그 하우쓰·파-틔에 가본족 만
에 出席하기로 하였다。
나는 사람마다 어떻게 親切한지 이제까지 말속에 경
계하고 있든것이 完全히 삐꺼저버리고 말았다。 조금後
에는 그 사람들의 기쁨에 넘처있는 狀態를 부러워하게
되어

罪人만을 爲하야

그後에 이少年은 自己의 敎會에서 牧師의 承諾을
얻어가지고 禮拜가 끝난뒤에 證據를 하였다。 그리고는
언젠가 獻金주머니에서 몇폰드 훔친일이 있는데 그것
도 賠償하겠노라고 約束하였다。 이때 이會衆에 앉어있
든 한사람은 이것을 듣고 大端히 찔림을 받고서 首
都에 있는 某百貨店에다 五폰드를 돌려보내주었다。——
數年前에 거기서 가만히 훔친 물건의 값이었다。 그
百貨店에서는 그돈은 도루 옥쓰포드·그룹의 뜀에게로
브내었다。 그리고 그돌에게 이같은 좋은일을 많이 게
속해 나가기를 바란다고하는 편지를 같이 보내었다。

되었다。 그리고 自己도 基督敎를 한번 믿어보리라고
決心하였다。 이것은 自己에게 大端히 힘들것이라는것을
몰랐든것은 아니다。 그選手權을 얻을때는 그는 年齡이 六個月 超
過하였든것이다。 그러나 아모도 그것을 아는 사람은 없
었다。 그는 勇氣를 내여가지고 自己의 사랑하는 優勝
杯를 손에 들고 委員을 찾어가서 事實을 告白하였다。
그水泳코-취는 이것을 듣고 어안이 벙벙하였다。
「야·아! 너는 나보다도 膽이 크구나」 그少年이 이제
는 榮譽는 없어젓지마는 그러나 凱旋將軍과 같이 걸어
나갈때 그의 뒷모양을 바라보며 그는 이렇게 중얼대
기만 하였다。

七

罪人만을 爲하야

八

그리고 또 한사람은 어면 친구의 집에 손님으로 갔
다가 그집에서 훔처왔든 寶石을 도로 돌려보내주었다。
「그런사람도 참 친구라고 할수있을까요?」하고 나는
물었드니 「世上에는 친구도 여러가지가 있으니까요」하고
우스며 대답하였다。 그도 지금은 참친구가 되여있다고
한다。

北캐롤라이나의 옛쉬봘에서 나는 그룹의 猛烈한 挑
戰에 捕虜가된 少年들을 몇사람 만나보았다。그中의 한
아이는 나에게 다음과 같은 놀라운 이야기를 하여주
었다。

「나는 이 옛쉬봘中學校에서 創立以來에 第一不良한 生
徒였다고 생각합니다。나만 이렇게 생각하는게 아니라 先
生님들과 校長先生님까지 그렇게 생각하시였읍니다。不良
하다고 해도 무슨 醜한 짓은 하지않었읍니다。單只거
즛말을 하는데 大端히 興味를 가지고 있었고 그 거즛
말에 모두 속아 너머가는 것이 참 좋았읍니다。그리고 이
렇게 成功하는데는 적은 거즛말을 참말로 보아게하기
위하여 며른 거즛말을 맨들어내지않으면 안되였읍니다。
이렇게 한一年동안 거즛말을 해보니까 이제는 훔치
는데도 相當히 自信이 붙기시작했읍니다。나는 책을 사
겠다고 父母에게서 돈을 받어가지고는 그돈은 그대로
가지고 책은 책방에 가서 가만히 들어오군 하였읍니

다。나는 每日 不安한 마음을 가지고 學校에를 단였읍
니다。마음에 滿足이라는게 없었읍니다。
　그런데 하로는 禮拜時間에 校長先生님께서 오늘은
옥쓰포드・그룹의 사람들이 우리에게 말슴해 주시겠다
고 광고를 하시였읍니다。나는 속으로 또 講演이야?하고 생
각하였읍니다。그래서 나는 내 짝패하고 놀 時間이 또 없어지겠다 하고 생
젠장 女學生들하고 놀 時間이 또 없어지겠다 하고 생
리를 잡고 작난을 하기시작했읍니다。한참 작난을 하
다보니까 푸랭크・빠이고프랴고 하는 英國人이 이러나
서 이야기를 하고있었읍니다。이사람의 이야기는 좀 재
미있어 보이였읍니다。그래서 우리는 어느새 작난을 잊
어버리고 이 이야기를 듣게되였읍니다。그러나 그 사
람의 이야기가 끝난다음에 우리는 다시 작난을 시
작했읍니다。여러 사람들의 이야기가 다 끝난다음에 우리
는 각각 자기의 敎室로 도라가서 얼마동안은 이 그룹
에 對한것은 잊어버리고 있었읍니다。
　이 敎說를 들은 바로 그날 저녁을 먹고 나의 짝패하고
나하고는 主日學校聯合集會가 모이는데 가서 集會가 끝
난뒤에 女學生 둘을 붓들어 가지고 自動車나 타고 한
박퀴 돌자고 작정하였읍니다。그러나 그곳에 가보측 원
수가 외나무다리에서 만난다구 클리―브・힉쓰牧師가 바
로 이야기를 하고 있었읍니다。그 다음날밤에는 우리는

클리ー브의 방에 가서 우리의 生活을 그리스도에게 바
쳤읍니다.

나는 옛 생활을 아주 버서버렸읍니다. 그리고 거즛말
로 속여먹은 여러동무들과 모두 和解하였읍니다. 그리고 校長
先生에게도 찾어가서 謙遜하게 머리를 숙으리고 내가
새로 發見한 生活을 말하였읍니다. 그때 校長先生님은
事務에 매우 분주하셨든 모양이었읍니다. 그러나 내가
그리스도에게 내 生活을 바쳤다는 것을 알고서는 일부
러 時間을 내여가지고 그生活을 끝까지 꾸준히 계속
해 나가라고 一場의 演說을 하여주셨읍니다. 이야기를
다 듣고 나는 感謝하다는 인사를 하고 나왔읍니다. 그
리면서 나는 「오늘까지 아주 싫어했든사람이 이렇게 친
해지는 것은 참 우서운데!」하고 혼자 속으로 우섰읍니
다.

내가 다시 친해진것은 校長先生뿐이 아니었읍니다.
내가 속여먹은 사람이면 생각나는대로 다 찾어가서 告
白을 하였읍니다. 그때문에 이제까지 원수었든 사람들
이 모두 친구로 변하였읍니다. 나는 또 學校의 코ー취
를 찾어가서 蹴球의 附屬品을 훔쳐왔든 것을 도루갔다
주었읍니다. 그리고 女學生들과의 關係도 모두 바로잡었
읍니다. 그뿐만 아니라 나같은 사람도 이제는 하나님
께서 써주셔서 다른사람을 그리스도에게로 인도할수있
게되었읍니다.」

罪人만을 爲하야

클리ー브 그룹에는 이같은 놀라운 活動이 많이 있었다. 클리ー
브・힛쓰가 이 代表的不良少年을 感化시킨 것은 그一例
에 지나지 못한다. 클리ー브는 또 나에게 쁘스톤의 少
年의 이야기를 하여주셨다. 이少年은 感化院에를 단녀
온 아이인데 클리ー브는 그가 感化院에 가기前부터 아
는 아이였다고 한다. 이 少年의 父母는 自己의 아들에
對해서 매우 근심을 하며 그가 感化院에서 나오자
클리ー브에게 自己의 아들을 좀 만나 이야기를 좀 해
달라고 請하였다. 클리ー브는 그렇게 하기로 承諾하였
다. 그러나 强制的 宗敎의 危險性을 잘아는 그는 本
人이 自進하여 오는 條件下에 承諾을 하였든 것이다.
그少年은 왔다. 두사람은 맘속을 터놓고 이야기를 하
였다. 이일이 얼마 오라지 않어서 이少年은 突
然히 다시 찾어왔은즉 이때에 그의 얼굴은 빛나고 있
었다. 크게 장한듯한 態度였다. 그리고 大端히 重大한
事件이나 일어난듯이 말하였다.

「나는 이번 한週日동안에 十三弗五十센트나 벌었답니
다」(장한듯이)

「그래서?」(시침이를 떼고 아모것도 아닌듯이)

「그런데 한푼도 않남고 다없어젔어요!」(클리ー브의

九

罪人만을 爲하야

一〇

態度에 抗議가 있는듯이

「저러언!」(우서읍게)

클리ー브의 泰然스러운 態度가 이少年을 刺戟하여 結局은 事實을 다 쏘다놓았다. 이少年은 前에는 이만저만한 爲人이 아니였다. 어떤때는 남의 自動車도 훔처왔고 그런 큰짓을 안할때는 또 동무들과 짜가지고 좀 도적질을 하는것이였다. 그近處에있는 어떤 商店하나는 종종 이들의 손에 損害를 입었다. 이少年不良漢의 하나가 店員과 이야기를 하며 그의 注意를 占領하고있는 동안 남어지 다른少年들은 무엇이든지・들고 오는 手法이였다.

「나는 그商店에 가서 五弗을 물어주었읍니다.」 하고 그少年은 자랑하는듯이 이야기하였다.

이 쌔스톤少年의 지꾸진 작난중에는 어떤 中年婦人의 집에 侵入하여가지고 물건을 훔처낸일도 있었다. 그는 클립ー브에게 다음과 같이 말하였다.

「나는 그할머니네 집에를 찾어가서 一年前에 도적이 이집에 들었을때 할머니가 여기 살고있었느냐고 물어보았읍니다. 그 할머니는 좀 무시무시해하는 얼골로 나를 바라보드니「그렇소」하고 대답하였읍니다. 그래서 나는 내가 그때 들어왔든 사람중에 하나라고 그랬드니 더한층 놀래여 나를 바라보았읍니다. 나는 다시 五弗을 끄내여서、그 할머니께 드렸읍니다. 그랬드니 그할머니 하마트면 도라가실번 하였읍니다.」

이少年이 그週間에 번돈 중에서 남어지 三弗五十쎈트는 또 다른 商店으로 갔다. 이商店에서는 그는 언젠가 携帶用라디오쎄트를 훔친일이 있었다. 그것도 뻔뻔스럽게 한참 音樂이 들려 나오는것을 그대로 들고 나왔다.

클리ー브가 사람들을 變化시킨 이야기중에서도 제일 좋은 이야기 하나는 그는 잊고서 나에게 이것을 이야기해주지않었다. 後日에 그가 이책에서 이것을 읽는다면 어데서 어떻게 이 이야기를 알었을가하고 이상하게 생각할것이다. 옥쓰포드・그룹이 南阿에 있는 某學校를 訪問하였을때였다. 거기서 클리ー브는 全校職員生徒들에게 그룹의 使命을 明瞭하게 說明하였다. 이야기를 듣고도 어떤先生들은 懷疑的態度를 取하고있었다. 先生한사람은 롱담비슷이 學校에서는 銃을 여러개 잃어버렸는데 그룹에서 그것을 좀 찾어주실수 없을가요 하고 물어보았다.

「여보시요! 우리가 무슨 刑事들인줄 아십니까?」하고 클리ー브는 대답하였다. 그러나 聖靈께서 사람들의 마음을 正直하게 맨들기 위하여 活動하실때는 어떠한일이 일어날는지는 알수없는것이라고 거기에 添附하였다. 生徒들은 그의 演說을 열심으로 들었다. 그리고 적어도 그중의 한사람은 하나님께서 自己에게 그룹을 한 번 더 만날 機會를 주시리라고 느꼈다. 몇칠동안 아모 일도 일어나지않었다. 몇칠지나서 클리ー브의 방문을 와서 두드리는 「학생이 하나 있었다.

「들어오시요」클리ー브는 快活한 목소리로 대답했다.

「너 어째 왔니?」

그少年은 당황하여 「先生님의 말슴을 좀 들으러 왔읍니다」하고 대답하였다.

「내말을 들으러 왔다구? 내말은 講堂에서 듣지않었나? 이제는 네 이야기를 들을 차레다 얘!」

約半時間동안 이少年은 自己의 가슴에 있는 이야기를 쏘다놓았다. 그러나 그는 아직도 무슨 이야기를 채 못한 모양 같었다. 클리ー브에게는 直覺力이 있었다.

「너 혹시 학교의 銃이 없어진데 對하여 아는것이 없냐?」

그少年은 엉겁결에「네、압니다。」하고 대답하였다.

「事實은 그것때문에 왔읍니다。」

그少年은 銃을 훔친것과 그밖에 學校의 물건과 학生들의 물건을 훔친것을 모주리 自白하였다. 이리하야 이제까지 제일 나쁜 生徒였든것이 一躍 偉大한 靈的 힘을 얻게되었다. 그리하여 그중에서도 다른 열일곱 名의 학생들에게도 그는 큰 感化를 줄수있게되었다.

罪人만을 爲하야

어떤때는 너무 지나치게 正直한 사람도 생긴다. 그룹에 있는 나의 親한 친구 한사람은 自己의 以前 雇主에게 二百五十폰드의 돈을 보낼일이 있었다. 이것은 自己가 그전에 일을 했어야 했을 時間을 훔친것이 一千時間쯤 되는데 그값을 도루 무는것이라고 하는것이었다. 그러나. 그主人은 이 사람의 正直한 마음은 認定해 주면서도 이 돈은 받지 않었다.

× × ×

이러한 和解와 賠償에 關한 이야기는 모두 그룹에 부닥친 사람들의 生活을 支配하고있는 새生活原理를 指示하여주는것이다. 그리고 내가 여기에 이것을 引用한 것은 그룹이 우리 人間生活에서 어떠한 惡質의 部分을 除去할려고 努力하고있는가 하는것을 說明하기爲하여서였다. 나는 오래동안 그룹은 潛勢力을 가진 크리쓰찬의 앞길에다 너무 무서워 보이는 障壁을 쌓고있는 것이라고 생각하고있었다. 그리고 平坦한 길을 달리는 單純하고 活氣가 없는 競走를 變하여 國家的 大障碍物競馬로 맨들고 있는것이다. 即 여기에는 높은 障碍도 있고 넓은 웅덩이도 있고 急角度로 도라서는 할것이요 그중에서도 勇氣가 있는 少數者만이 해볼려고 할것이요 그중에서도 極히 적은 몇사람만이 成功할것이라고 생각하고 있었다. 그래서 基督敎를 믿을까 말까 하

一一

罪人만을 爲하야

고 岐路에 선 사람들은 이런 同情도 없고 安協도없 는 教理에는 고만 驅逐을 당하고 말것이라고 나는 主 張하였다。

거기에 對한 그룹의 대답은 이러하였다。한번 그리 스도에게 끌리워온 사람은 明白한 基督教人의 義務때 문에 도망가는 일은 없다。即 그리스도께서는 刺戟을주 시는 同時에 그것을 實行할만한 힘까지 주시는것이라 고 하는것이었다。그러나 나는 예수의 弟子들이 賠償 을 하며 분주히 도라단녔다는 이야기는 聖經에서 읽 어보지 못하였다。그들은 그리스도의 말슴을 한마디로 깨끗하여졌든것이라고 나는 생각하고 있었다。

그러나 그들은 賠償할 事實이 아모것도 없었을는지 도 모른다。或은 있었드래도 賠償의 行爲는 聖經 이야 기에서 略한것인지도 알수없다。何如든 하나님의 法則 은 물을것도없이 賠償을 命令하는것이다。삭개오가 律 法을 지키며 남의것을 토색한것은 四倍나 갚겠노라고 하였을때 예수께서는「오늘날 네집에 구원이 이르렀다。」 고 하시었다。

「聖靈의 까이단쓰에 귀를 기우리고 드려보시요。그러 면『너이는 서로 화목하라』고 하시는音聲을 들을것입 니다。』그룹은 이렇게 말하였다。나는 다시 靜聽을 시작하 였다。그러나 처음에는 그다지 정성을 드리지않었다。

○

一二一

消息 〔三〕

十二月五日 多夕齋

一時間二十五萬里、天空行을하면서（生靈인、
一日에二萬五千回、大氣息을하므로 第一六八吾、
一生은三萬五千日、太陽光에살뜻한（通過信息

녹임의 깃붐 （一日氣溫感）

自我가 位而無인것을 實感케 하여 주신일이 感激 합니다。이날불어는 아바지집의 삶이오、내 살림이 아 닙니다。그전、옳게하겠다던것은、마치 갈길듯、불리던 매운바람이었고。깨끗하기를 願하였던것은、쌀々히 어 러불일려던 눈이었읍니다。그 굳어만지던 목숨 속에 다 시한번 녹임이 도라온가 합니다。

이 녹임을 갖이고야、뛰어여 올 隆冬같은 老死連 峯을 넘을것이오、넘은 뒤에、高原에 큰봄을 맞일가 도 합니다。

바람이 갈갈려다 잠자고、눈빛든구름은 아지
랭이지니、
오늘같은 날을일러、小春日和라 하엿겟지、
올해가 나의一生의 그루봄만 싶으네。

378

민븐 날

消息

새벽 네시에 일어나 글을 조히를 찾다가、十五年
前 即 丙寅秋九月望——家親回甲紀念日——에 쓴、「家
親觀」이라고도 할만한 舊稿가 비저나왔다。永感의 懷로
읽고읽으니。

天父께 새感謝를 들이는 오늘날에、世俗에 家慶이
있으면 先山에 掃墳을 간다더니。나는 天父께 榮光
을 돌리는 날얘、肉親의 恩感을 拾처 追慕하게되니
主께서 허락하심인가, 한다。

先親의 平生持操ㅣ信義시었으니。
「外他事에 方正한(듯한)사람도 金錢去來上에 그不信
實을 露出하는이가 없지않더라。」
「돈만 알것은 아니나、돈을 몰르는것이 다른것도
많이 몰르는 셈도 되는것 같더라。」
「돈은 벌어야 하고、벌되、옳게 벌어야 하는것이니、
貪할것은 아니니라。」
半世紀商業에 매양 이러한 敎訓이 계셨으니、그平生을 지내신、
致富도、破産도없은 平常狀은 그平生心
으로 좇아 되심인가、한다。
丙寅六月八日(七、一九)生、癸酉九月望(一一、二一)卒하
셨으니。(六八歲、八百月、三千五百週、二四五七八日동안
보이심。)

옳은거면 「그리하마。」 외인일엔 「아니된다。」
해달결워 뚜렷하고、땅에견쥐 묵어움이、
한마대 그한말슴에 가초인가 하노라。

땅이묵에를 잃고、해가빛을 버린다면、
벗님네여、그아니 큰일이라 하오리까。
엇지타 사람스스론 큰일몰라 할가나。

내가 내아버지께 이날까지 받은것이、
함이없은 몸하나와、아침저녁 먹이이나、
즈믄해 물려야할건、믿븀하나 이외다。

믿버서 좇은장사、장사속에 닦은믿븀、
한때의 돈꿈이아니오、예순해 장사시러라。
늘도록 한갈갈으심 믿븀인가 하노라。

「못믿을손、돈이나、믿븀버린 사람에、대라、
잇다금 사람의로서、제금새를 돈에팔다니。」
때때로 보이신말슴 깊이믿버 합내다。

오늘은 아바지의날、오늘은 믿븀의날。
한울땅이 설때에、믿븀함께 선줄을、
오늘에 뚜렷이뵙고、길히빌가 합내다。

三二三

어떤 靑年의 感想

어떤 靑年의 感想 [二]

紙魚生

現世·의 價値

現世의 意義는　死後에야　알것이다。現世에서라도　예수
만치만完全한狀態에到達하면　現世에　있어서도·現世의 意
義를　알수있을 것이다。

이것이　늘　내가。　해오는主張이다。

現世를　完全히　來世에至하는手段　又는準備라고만 생
각하는것은　그릇된　생각이요、그것이　많은　폐단을　낳
는害物이다。

우리는　現世에있어서　完全한　사람이　되려는　覺悟와
努力이　必要하다。

또現世를　天國과　같은　理想世界를　만들려는覺悟와努
力이　必要하다。

이두가지를熱望하고渴望하고、이생각이　언제나　머리속
에있어야한다。

이생각이　없다던가　副業的인境遇에는　그사람에게는　顯

罪도所用없고　天國에서도拒絕하지아니치못할사람이다。
・現世에있어서　새로운生命(肉慾과反對의慾을가진)의엄이
라도　돋으야　天國에　가서　자랄것이다。새生命의幻影이
나生花이나　이런것들은　아무所用없는것이다。나를죽이고
새로운　生命을　길우는것이　本業的이고　世上을救하려는
것이　本業的이여야　死後에贖罪함을　얻어　完全한　사람
으로　天國에　들어가는것이다。

現世의　價値는　至極히　貴한것이다。

○

競技競走에있어서도　賞給만을　目標로하는者는　野卑하
고、賞給도　못받고、도리어　最善을　다하겠다는　마음만으
로하는者는　高尙하고　또感謝한　마음으로　賞給을　받을
수있는것이다。

○

하로를 지난 記錄

내信仰의現狀報告를　한다면、하나님의　사랑과　引導함
을　입어　祈禱할　마음을　받고　敢히　옆데여祈禱하고、예
수의贖罪함에依하여　예수의이름으로　祈禱를하고　하나님
의聖靈과　내音聲을　直接交換하는일은　몇日에　한번이다。
聖經으로말하면　四福音書가　자미있어　一氣에　읽었으
나　使徒行傳에　들어간以來　遲々하다。

一四

即말하면 使徒行傳에 趣味를 연지못하는程度의信仰이 된것과, 그러나 그런中에도 나는 自棄하거나 부끄러운 마음도 있기는하나 그보다는 오히려 내마음에는 어면生命이 정말純潔하게 남아있음을 感하였다。하나남外에는 딴들일수없는 산것의 싹이 있음을 感하였다。聖書朝鮮의初期 中期에 내가 하고싶은말과 내가感想錄에 쓴것과 類似한것이 많이나왔지마는, 나는 그것을 模寫한것도아니고 그것을 機械的으로反覆한것도아닌以上 내게 부끄러울것은없다。眞理의普遍性에 感歎할뿐이다。

내가 아직 靈的未成年인까닭인지는몰르나 最近의聖朝誌는 初中期에比하면 老衰하고 固定化하여 어떠한 틀 (型)속으로 들어가는것같다。

近者 K先生의 聖書硏究會에 合計二次出席하였는데 오늘（十一月二十三日日曜日）은 開城에서 모이게되였으므로 나는 그만둔다고 말하였다。

二裏面의 理由는 車費가 없어서가아니다。學校의學期試驗이 가까웠고 또親友幾人과의 或種의 約束이 있었기때문이였다。

左右間 時間은 지나가 오늘아츰을當하였다。잠을깨 열에는 獨語敎課書 英語敎課書 印度哲學史 聖書朝鮮（朝鮮歷史號）가 놓여있었다。

前二者는 잠을 깨우기爲하여 高聲朗讀함에 使用하는것이고 印度哲學史는 요새學校에서 배움으로 試驗準備를 兼하야 通過하려는 思想의門이다。

聖書朝鮮舊號가 놓여있는데는 由來가 많다。

다음에 餘談的으로 順序도없이 오늘일과 옛날을追憶해 보려한다。

첫째 요것을보고는、試驗工夫를하리라 생각하면서 結局은 一日을 完全히 하나님께 바치게된일이 自身奇異한感이있었다。繼續하는性質이 薄弱하고 怠情하여 冊床을同一 一時間만앉았으면 조름이오고 또 누어서 冊을 보기를 잘하는 내가 곳장 冊床에 마주앉아 一日을 보낼일만도 奇事이다。

나는 오늘 눈이 띄우자부터 밤十一時까지를 完全히 聖書朝鮮읽는데 보내였다。그리고 지금 오늘一日을 著書朝鮮에

나는 내自身이 追憶해보아도 늦되는種子였다。그러므로 놀리움과 없수임을 받기 쉬웠다。그렇지만 大器晩成이라도 했으면 좋겠지마는 그것도 바랄수없는것같다。

들려온普普藥과 그에따른感懷는 너무커서 말할수없으나 못이돌아온普普機바늘인 내精神이 靈的蓄音機인 聖書朝鮮을 그음에 이돌아감에 맡겨 特別히생각나는 몇가지를 써보려한다。

먼저 本體的인것을 말해놓고 본다면, 내마음속에 潛勢力을 가지고있던 奇怪한自尊心이 完全히 맥을 못쓰게

어떤 靑年의 感想

어떤 靑年의 感想

지금 내形便을 내가 생각하매 겨우 그道德心이 社會一般的水準에나 達하엿는가 하는 느낌이다. 確實히 그렇다. 나같이 曖昧하고 더러운者는 基督信徒의 常套語 가되여 氣分나쁘지만 事實이 그런것을 할수없다. 나와交際가있었든者는, 누구나明然할것같다.

正義感은 언제나 必需品이안이고 내附屬品이였다. 내自身이 正義속에 鎔解하여 正義自體의 덩어리가되여보면 하는 目的고 慾望을 갖갓임은 마음의第二革命이 있은後의 일이다. 내가 道德의眞價를 몰랐을진댄 그것을手段으로 하려 하였고 無制約的道德을 行할意慾이 없었든것은, 오히려 怜悧한便이였을넌지도 모른다.

나는 또怠惰하기로 世界古今에 第一일것이다. 聖朝誌에 나오는人物들의 師事한것, 探究한것, 讀書한 貌樣들을 보매 나는大體過去에 무엇을 하였는지 모르 겠다. 冊한卷 변々히 못읽고!

그런데 내게도不拘하고 내가 同僚中에서 眞理를主張하는 自負心을 가진것은 어떻게된것인가? 코흘릴적에 H先生이 무슨敎訓을 많이하였던가? 지금 내게는 明確한記憶이 없으되 아마 그때 들은 말들이 어느구석에 숨어있다가 내가 정말 主의 부름을 입음애 살아나오는 것인가? 左右間H先生의게 배울當時는 아무心態가 없었던것은

내將次 또 하나님의 버리심을 當하면 또다시 어떤

事實이다. 所謂「그런가보다, 그렇겠거니」하는 無意味한 信仰이었다.

은 基督敎信仰外의 모든것에對한 無常感을 늘 느낀다. 어린때에는 怜悧하지못한 한편 꿈아닌꿈은 많이꾸었 다. 돈을 많이 모아서 享樂을 누리는貌樣을 細々히 그려보기도하고 政治的으로 有名한人物이되어 靑史에 그 이름을 남기는것을 생각하며 時間가는것을 모르기도하 고 博士가되고 發明家가되여 愉快한一生을 보내는 모 양을 하루밤새 그려보기도 하였다.

十四歲라도 어린애같은것이 中學校에. 내가 ○中學에入學하여 一箇月以內에 南崗先生의銅像除幕式과 先生의逝去가 있었다.

南崗先生에對한 直接的記憶은 極少하다. 除幕式날 銅像을 가르치시며「나는 저銅像과 꼭맞찬 가지로 아무것도 모르는 사람이다.」고 한것만은 異常 한말이라 記憶에있고, 敎室에서 先生의敎授를받다가 역증 이나서 밖을 내다보면 南崗先生이 언제오셨는지 廊下에 서 어린애같은 表情을한 얼굴로 물그림히 敎室을 드려 다보고 있는樣을 發見하군 하였다. 그리고 逝去하시기

一六

前日（?）까지 繼續하여 每日朝會에 明袖두루막이를 입으시고, 나오셔서, 가래가 승하셔서 콱々하여, 가래침을 뱉아 발로 비々시고 五月間인가 繼續하여 壇에 올라가「敎育」이라는 題目으로 말슴하셨다。

葬禮때에는 흰끈을 길게하여 우리들도 메고 特別히 지은 唱歌를 부르면서 나갔다。

其後「뼈를 標本으로 하라。」고 遺言하셨다는 말이 오래 사람의입에 올랐고 展覽會때에는 으례히 先生의肖像畵가 있었다。그 흰수염等 特徵이 있기때문에 노ト같은데 漫畵로도 적하면 그렸다。

南崗先生에關한演說은 여러先生께서 많이 들었으나 三周年忌日엔가 墓地에서 한 H先生의 演說을 가장興味있게 들었었다。勿論其內容은 지금은 完全히 잊어버렸다。그때 唯一의親交인 給使K君은 無故로 그演說을 듣지못하였는데 後에 나보고 좋던가 하기에 나는 그렇게 자미있는演說을 처음 들었다고 하였더니 K君은 못들은 것을 愛惜히 여겨 R氏한테도 그內容을 무른모양인데 내게하는말이 R氏는 그것은 尋常한演說이라고 하였다고 하기에 나는 不快도하였지만 R氏만한信者외게는 그것도 尋常이였던가 하였다。

其後 내가 마음의第一回革命을 이르켰을때에 K君은 가장 기뻐하였고 그것을H先生과R氏의게도 말한 모양

어떤靑年의感想

이라, K君은 나를 보고 H先生과R氏도 大端히 기뻐일인데 今後몇번이고 더 거듭나아한다고 하더라고하며 K君은 無理하리만치 나를 聖書硏究會에 끌어갔다。나는 事實上 始初에는 K君의 勸勉에 마지못해 갔었고 K君이 稱讚하는것이 좋아서 그말에服從하였다。事實K君이 없었더라면 내信仰은 형지도 없었을것이다。

卒業後는 K君과書信去來도 頻繁치못하였고 거의 두絕되였었는데 내가 K市의訓導로 있을때에 그것도遇然히 S藥房에 나갔다가、滿洲가서死活의境을彷徨하며 分錢모아、京城冬季集會에 가누라는것을 만나서 집에 모시고 가서 歡談하고 대접해보낸後로는 資金을 좀融通하라는 편지를 滿洲로부터 二三次받었을뿐으로 또다시 消息이끊어졌었다。지금은 滿洲 어디서 雜貨商을 한다는말을 B君께서 들었다。B君은 K君의 首弟子이오、오래H先生의集會에도 恭席하였다。

K君은 나의貴重한恩人의 하나이다。（中略）

其後 나는 H先生宅에 入宿하게되고 K君은 學校를 退學한後 H先生宅 일심부름을하고 있었다。

K君은 넉（泥炭）을 내房아궁지에 때다가 내가 房에 있으면「이런일도 해봐야 무어 알아지는것이었다」。고하여 어떤때는 그여히 나를 식이기도 하였다。

一七

어떤 靑年의 感想

나는 其時節 어느때는 熱狂的信者가되여서 聖書朝鮮을 創刊號부터 마련하고 우리집에 가면 迷信的인 물건을 가저다 버리고 母親과 싸우기도 하였다.

나는 내下級班인 H、D、B君等을 억지로 모임에 參席하게 勸한일도되었었는데 其中D君은 가장 오래繼續하였고 내가 墮落할時節에 D君은 靑々하였었다. 지금은 相종이 드들어 알수없다.

나는 姜濟建老人과도 相종하였고 그老人은 H先生모임에 가끔恭席하였다.

H先生은 姜老人이 오셨다간때는 「朝鮮基督教가 다죽엇는데 元드멀기가 살었다.」고 하였다.

나는 內村氏와金貞植氏를 生前에 보지못한것이 愛惜하다.

나는當時에 信仰이 무엇인지를 몰랐기때문에 內容은 完全히 잊어버렸다. 더구나 其當時는 上級學校入學準備도었고하여 內容을 알길이없었다. 「그런가!」하는 附屬的 믿음이었다. 聖書朝鮮은 남들이 貴한冊이라고하니 사두기는하되 城西通信은 자미있게보았으나 다른記事는 奇妙한題目이나 있어야 한번 보는程度였다.

H先生의 講義도 世上事에 關한實例만은 大端히 자미있게 들었으나 다른部分은 全部 「그런가보다.」였다.

H先生의 宗教的感化를 받기는 合計二年內外일것이다. 平壤에 있을때는 H、O、K兄이、信仰의 친구였으나 別로 싱둥한일은 생기지 안었고 H兄이 S專門寄宿舍에 있는關係로 놀러갔다가는 그곳禮拜堂에 나혼자 그禮拜堂에 一年동안간것이 五次以內일것이다. 한번은 나혼자 그禮拜堂에 갔었는데 그날 나는H兄의洗禮받는것을 보았다. 確實히 H兄과같었지만 萬一에라도 내가 잘못보았는지는 모른다. 그러나 其後H兄은 거기對하여 아무말도없었고 나도 물지않었다. 前에K君이 말하기를 無教會主義라도 洗禮를 받지않어서 安心이안되는者는 받어도좋다하였고 내自身도 있었다금 받을가하는생각도 났었고、結婚할때모양으로 마음이 變하는것이 있지나않은가도 생각해본일도있다.

나는 아직껏 教會에 이름써붙본일도없고 洗禮(冷水)를 반은일도없다. H兄은 지금은B農科帝大를 나와 就職하였지만 나와의消息은 끊어진지 오래다.

나는T市의訓導로 처음赴任하였는데 그곳一年있는동안에 禮拜堂에는一次인가二次밖에 가지않었다. H선생을 방학때에 H선생을 만나려면 「그곳도 教會가 있겠지 教會에 늘갔나?」 아모쪼록 가도록하지!」하셨다. 그러나 내가 술을 배운것은 實로 그때였다.

首席訓導는 내舊師인데 그때에 나와같은少年教師가또하나 新任하였었는데 그는 나보다二歲年上이었다.

首席訓導가 어떤 비오는날 歡迎의意味로 우리 두少年

一八

敎師를 淸料理집에 招待하였다。

나는 그때 술을 안먹었다。 그러므로 나는 談話의 相

對로도 안하고 우동을 한그릇 주었다。 나는 암만勸하

여도 안먹었다。 술에關하여는 그보다前에 平壤있을때도

友人의 誘惑으로 飮食店에 가서 友君이 술이고 둘이

二層에서 두차랍의 女子와 合四人이앉아 友君이 술을

우고 나는 치만 버들버들떨고있어 酒婦들이 怪異히 녁

이고있었는데 때마츰年末警戒를하는때이라 우리들은 刑

事의게一網打盡되여 이름을 적히고 學校에電話하여 退

學식인다는宣言을받었고 哀願하여도所用이없었다。 나는絕

對絶命의感이였다。 修了를二三ケ月앞두고 退學이라니 눈

앞이 캄캄하였다。 나는 이미 늦은지라 校長

官舍에갔으나 밤이 電話를하기前에 謝罪하려고

있어도 所用없었다。 下宿에 도라오니 呼鈴을 암만 누르고

옷으면서「일없어 괜찬어、空然히 友君은 히죽히죽

라갔만 물고왔네」그러고 앉었었다。 其後卒業할때까지 조

마조마한 마음으로 단녔다。 요행無事하였다。

T市에서 정말 술을 입에 대기는 敎員異同이 많어서

歡送宴이 많은 까닭이였다。

其後의 모양과 K市轉勤後의 모양은 慘憺하여 言語道

斷이다。 K市轉勤後 H先生모임에 좀恭席하였으나 二重生活의

어떤 靑年의 感想

괴로움을 못이겨 가기를 그만두었다。

其時節어떤날 S藥房앞에서 H先生을만났을때 先生은

「君은入學準備工夫를한다지?」 내、그런말들었어、某條록

잘하라우。」하시며 大端히 반가우신얼굴로 나를 만나주섰

다。 옆에 섯던 다른兄弟들은 물그럼이 나를보았다、나

는 나혼자 부끄러웠다。

其後로 만날機會는 드물었고 내가Y校에入學한때인가

平壤松山學院에 계시는 H先生에게 奇怪망측한 편지를 한

번하였고 其後는 書信去來도없었다。 지금 생각하면 H先生을

時節에는 내가 그만치隨落하였던것도 眞正한事實이다。

얼굴을 들고 볼面목이 없을만치 奇怪한 편지였지만 其

지금Y校二年이되여 一學期放學때「愛と認識との出發」라

는冊을導火線으로 第二回마음의革命이 일어나 지금에와

서는 정말 사람이 돼보려는目標를 나自身이 세우게

되었다。

그리하여 오늘 내가 H先生의史觀을 읽으매 나의第

二革命과 內容이 다른것이 하나도없는것을 보았다。 도

리어 나보다도 設明을 仔細하게하였다。

나는 많은感想과 큰感想을 내마음속에서 發見하면

서 또다시想上하여 創刊號에서부터 보고싶은項目을 내

리보아 밤十一時에至하고 말었으니 神의 힘이란 妙하

聖朝誌六十三號一六頁四、란것은正히 그것이다。

一九

어떤 靑年의 感想

게活動하는것이아닌가。試驗準備하려고 友人과의 約束까
지廢藥하고 굳은決心을한 나를 뜻하지않은것에 一日
을 보내게함이奇妙하지않고 무엇인가 물론心理的原因이
야 있겠지마는 그러한心理學의原因이라는것을通하여 簡單
하게 나를 사로잡는데 神의妙가있다。나를 죽여잡던가
威脅하여 잡는것이 아니다。

나는 딴先生의것도 많이보았지만 H先生의것을 더많이
보았다。

내가H先生과 起居를 같이할때에 쇠H先生을 만나지못
하고、이제 直接가르침을 받지못할때가 되여서 만나게
되는것인가?

H先生이 聖朝六十四號四頁에引用하신 롱펠로의詩「이반
질넌」孃과 가부리엘이 서로찾다가 서로지나가
면서도 못만나던것이 가부리엘의臨終에 만나 抱擁하고
키쓰하였던것과 비슷하다。그러나 나는 아직 先生의敎
訓을 받을機會가 있으니 「이반질넌」孃보다는 幸福이다。

또H先生이 聖朝六十二號에 실은 史觀은 내가Y校에
처음들어와 歷史敎授한데「歷史의現實性」이라는것을 배우
고 좋와한 그것以上의 珍妹가있었다。

H先生의 史觀의影響이 미치지나 않었나하는 生覺까지
난다。

其他의것도보고 많은感想이 가슴이 터지게 메였었지
만 지금午前三時十分이라 그 실마리를 풀려면 또一日
을 써도 못다할것이니 차라리 그만두겠다。

다만 생각하는方法이 너무나 내것과 같어서 或내感想
文을 聖朝誌의模寫又는機械的盲目的感化로 轉記한것이라고
誤解하고 나를 疑心하는 사람이나 나지않을가하는 근
심이였다。

이글 맨처음에 聖書朝鮮舊號가 내머리人말에 놓여있는
것은 깊은由來가 있다하였는데、聖書朝鮮舊號를 사기는
샀으나 한번도 보지도않고 平壤갈적에 D君의게 保管하였
다 달라고 依托하였던것을 母親께서 이번에 시골가셨다가
오시면서 가저온것이다。

나는 前에 聖朝誌의近代號을 보고 批評하였었지마는 이
제舊號를 보니 聖朝誌는 通俗雜誌와달라 立體的雜誌이
다。그러므로 單行本의再版을하듯이 聖朝誌는 雜誌이지만
再版을 거듭하면 좋을것같다。

K先生이 「雜誌에도 年齡이 있어서……云云」하시던말
슴이 꼭맞는다。그初期中期의 날뛰는生命에 내일을 때
였을때 제일수가 없었었다。

八拾參號에「苦難의意味」와「우리使命」이 自文으로記錄된
것、感激이 많다。

準備는 되였건마는 使徒는 어듸있는가。

（「感想錄」第九卷에서）

二二〇

分與し贖罪の業をなし給ひし意味。イエス自身が父と呼び給ひし場合マタイ
11：25，ルカ10：21，その他。　使徒等が用ひた場合ロマ 15：6，コリント後
1：3その他。

πατήρ から派生した語。

πατραλῷας （パトラローアス）「父を撃つ者」テモテ前 1：9。

πατρια （パトリア）族。種族。家族。使 3：25。

πατριαρχης （パトリアけース）族長。使 2：29。

πατρικός （パトリコス）祖先傳來の（人に關する）ガラテヤ 1：14。

πατρῷος （パトロース）祖先傳來の（財に關する）使 22：3。

πατρις （パトリス）生れ故郷ヨハネ 4：44。マタイ 13：54。その他。

［ラテン語 父 pater 獨 Vater 英 father］。

V　τό　γενος （ト ゲノス）民族。

動詞 γίνομαι （成る。生れ出る）より出來た名詞。

［英 genus 種族。geneology 家系。generate 産む。generation 産出。時代。
genesis 創世。genetics 遺傳學。等々］

子孫の意味に用ひた場合，使 17：28。默 22：16。

家族の意味に用ひた場合，使 7：13。13：26。

先祖の意味に用ひた場合，使 7：19。コリント後 11：26。

國民の意味に用ひた場合，マルコ 7：26。使 4：36。

同類，同族，同種等の多くの個の總括を意味する場合，マタイ 13：47。17：
21。「各種のもの」「この類は」等。

VI　τὸ　ἔθνος （ト エスノス）國民。

共同に生活をする一群の意味に用ひられ，次で同族の一群，「もろもろの國人」
πᾶν　ἔθνος　ἀνθράπων（使 17：26）の如き意味に用ひられた。

「汝ら（ユダヤ人）は神の國を取られ，其の果を結ぶ國人（何れの國にせよ）は之
を與へらるべし」マタイ 21：43。

「われ今まことに知る，神は偏ることをせず，何れの國の人にても神を敬ひて
義を行ふ者を容れ給ふことを」使10：35。複數形 ἔθνη（エスネー）は異邦人の
意味にて，ユダヤ人と區別する爲めに多く用ひられた。マタイ 4：15。ロマ
3：29。9：24。ルカ 2：32。

パウロは異邦人基督者の意味に τὰ　ἔθνη を用ひた，「我は異邦人の使徒な
るによりて己が職を重んず」ロマ11：13。15：27。16：4。ガラテヤ2：12。

（一） 永遠を意味する場合，$\epsilon\iota\varsigma$　$\tau\grave{o}\nu$　$a\grave{\iota}\hat{\omega}\nu a$（單數）永遠に（for everヨハネ 6：51）$\epsilon\iota\varsigma$ $\tau o\grave{\upsilon}\varsigma$ $a\grave{\iota}\hat{\omega}\nu a\varsigma$ （複數）永遠に（unto the ages）單數の場合も複數の場合も共に「永遠に」と云ふ意味になるが，複數は「時の在らん限り永く」の意味にて，個々の期の總計が永遠となる様な場合に用ひられてゐる（ロマ1：25）$\pi\rho\grave{o}$ $\tau\hat{\omega}\nu$ $a\grave{\iota}\acute{\omega}\nu\omega\nu$ （コリント前 2：7）

「世の創の先より」と邦譯されてゐる。$\pi\rho\grave{o}$ は前。$\tau\hat{\omega}\nu$ $a\grave{\iota}\acute{\omega}\nu\omega\nu$ は複數二格。永井譯には「世々の先より」としてある。

"before time was" "before the foundation of the world" の意味である。$\grave{a}\pi\grave{o}$　$\tau o\hat{\upsilon}$　$a\grave{\iota}\hat{\omega}\nu o\varsigma$ （ルカ1：70）「昔から」"from the most ancient time down (within the memory of man)"

（二） 時間のうちに含められてゐる事物を總括して「世界」「宇宙」を示す場合もある。$o\grave{\iota}$ $a\grave{\iota}\hat{\omega}\nu\epsilon\varsigma$（複數）ヘブル1：2「諸般の世界」。默示 15：3「萬國」

（三） 最後の審判の時を界として，それより以前を「今の惡しき世」「この世」「世」マタイ 13：22 ガラテヤ 1：4 テモテ前 6：17と云ひ $\grave{o}$ $a\grave{\iota}\acute{\omega}\nu$ （單數）を用ゐて居り，又その時より以後即ち聖なる國と祝福の總建設以後を示す場合には 「かの世」「後の世」「來らんとする後の世々」ルカ 20：35 マルコ 10：30 エペソ 2：7と云ひ 單數，複數共に用ひられてゐる。

IV　$\grave{o}$ $\pi a\tau\acute{\eta}\rho$ （ホ パテール） 父。

語幹 $\pi a\tau\epsilon\rho$-。 第一格にては ϵ が η となり，第二格，第三格にては ϵ が落ちる。

男性の祖先を意味し，最も近いもの即ち父を意味するもの，マタイ 2：22, ルカ 1：17, その他。やゝ遠い祖先，種族の祖を意味する場合，マタイ 3：9, ルカ 1：73, ヨハネ 8：39, その他。單に年輩に於ての長者を意味する場合ヨハネ第一書 2：13。創始者の意味にてロマ 4：12。父の地位から父らしく世話する。信仰の父 コリント前 4：15。教師マタイ 23：9。

神が父と呼ばれる場合「もろもろの光の父」ヤコブ1：17。凡ての理性的, 智的なるものゝ父エペソ 3：14.

基督信徒の父。基督の十字架により罪より贖はれた者は神の子とせられたものであり，神は其の父である。この呼稱は新約書翰の內に特に輝いてゐる。ロマ 8：15, ガラテヤ 4：6, その他。イエス, キリストの父 イエスに神性を

（第三格）　τη　ελπίδι　εσώθημε·.
　　　　　テー　エルピディ　エソーゼーメン

「希望に我ら救はれたり」ロマ 8：24

εσώθημεν は σώζω（ソーゾー）「救ふ」の第一不定過去, 直接法, 受動態, 複數。

（第四格）　ἡ　δοκιμὴ　ελπίδα　κατεργάζεται.
　　　　　ヘー　ドキメー　エルピダ　カテルガゼタイ

「練達は希望を生ず」ロマ 5：4。冠詞 τήν は畧する。δοκιμὴ は「練達」。
κατεργ ίζεται「生ず」

（第五格）　ελπί
　　　　　エルピ

「希望よ」希望の第五格は新約聖書に使用せられたる例がない。

II　ἡ　Χάρις（ヘー　かリス）恩惠。

　語幹は Χαριτ-。女性名詞なる故に冠詞は ἡ。聖書に於ては神が基督を通して與へ給ひし救の恩惠を意味する。語そのものは「喜を與ふるもの」「好意」又は「恩惠に値するもの」を示す場合もある。例へば恩惠の力に動かされるものの精神的狀態や恩惠の確證など。又は「感謝」を意味する場合もある。

（第一格）　ἡ　Χαρις　βασιλεύει.
　　　　　ヘー　カリス　バシレゅーエイ

「恩惠が支配する」ロマ5：2參照「恩惠は義によりて王となり………永遠の生命に至る」βασιλεύω「王となる」「支配する」

（第二格）　τὸ　εὐαγγέλιον　τῆς　Χαριτος.
　　　　　ト　ユーアンゲリオン　テース　かリトス

「恩惠の福音」徒 20：24

（第三格）　δικαιούμενοι　τη　Χαριτι.
　　　　　ディカイウーメノイ　テー　かリティ

『恩惠によつて義とせられ』ロマ 3：24參照

（第四格）　οὐκ　αθετῶ　τὴν　Χαριν　τοῦ　θεοῦ.
　　　　　ウーク　アセトー　テーン　カリン　トゥー　セウー

「我は神の恩惠を空しくせず」ガラテヤ 3：21

ἀθετῶ「我空しくす」

III　ὁ　αἰών（ホ　アイオーン）期。

　語幹 αἰων-。古典にては「期」「人間の生涯」「人生そのもの」「時間の永續」「永遠」等を意味する語であつた。新約聖書に於ては,

389

新約聖書原語入門 (十)

里 見 安 吉

　明けまして御目出度う御座います。ほんのかりそめに始めた講座が第十回に達し，聖書の原典に對する興味があちらとちらに起つた事は喜ばしくあります。我らと共に昨年入門した者のうちには聖書の句を幾つか原文で暗誦の出來る者もあります。基督教も外國宣教師の御世話になる時代は既に遠く過ぎ去つたのでありまして，我らは我ら自ら直接原典に向ひ，其の中から金銀寶石にも優る眞理を掘り出すべき時が來たのだと思ひます。

第 九 課　　單語及短文の説明

（前號參照）

I　ἡ ἐλπίς（ヘー　エルピス）希望。

　　語幹は ἐλπιδ-。女性名詞なる故に冠詞は ἡ。動詞「希望する」は ἐλπίζω（エルピゾー）。

　　古典に於ては善惡何れを問はず期待の意味に用ひられ，惡の期待や恐怖の場合にも稀には用ひられた。然し聖書では主として「永遠の救に關する喜に滿ちた確信ある期待」の意味に用ゐられてゐる。

　　例

（第一格）　ἡ · ἐλπὶς οὐ καταισχύνει.
　　　　　　ヘー　エルピス　ウー　カタイスくゅネイ

「希望は恥を來らせず」ロマ 5：5

οὐ は否定，英語の not に當る。母音の前に置かれた場合は οὐκ で子音の前に有れば οὐ になる。καταισχύνει は「恥を來らす」καταισχύνω＝κατά ＋αἰσχύνω. の第三人稱で αἰσχύνω は「恥をかく」κατά は「上より下へ」「伴ふ」などの意味を含んで αἰσχύνω と共に複合語をなす。

（第二格）　ὁ θεὸς τῆς ἐλπίδος.
　　　　　　ホ　セオス　テース　エルピドス

「希望の神」ロマ 15：13「願くは希望の神，信仰より出る凡ての喜悦と平安とを汝らに滿たしめ，聖靈の力によりて希望を豊ならしめ給はんことを」

正誤表

自一四四號至一五五號에서發見된것

頁	段	行	誤	正
一六	下	末三	내먼이고	내던지고
一九	中	末一	더욱 아지	더욱 높아저
二一一	上	一一	불붓듯	불꽃듯
一九四	下	四	문지	문지
仝	下	一	讀書 階段	讀書의階段
二〇七	仝	九	이런들冊은	이런冊들은
二〇七	上	一八	參考にしゃう	——しゃう
仝	下	八	しゃう	しょう
二二〇	下	二	遇々	偶々
仝	下	一八	十二頭	十二項
仝	仝	一七	氣特	氣持
二二九	仝	八	語葉	言葉
二三〇	上	一	蹴え	假令
二三三	下	二	去らうども	去らうとも
仝	上	末二	……どころ	……ところ
二三三	仝	末一	食て	食べて
二三四	上	一三	居るだんもの	居るんだもの
二三五	下	八	まどろ	まとも
仝	上	四	何をすべきて	——べきで
二三四	下	末四	……もどに	……もとに
二三五	下	末五	人ともが	人どもが
二四七	下	末六	天地蒼々	天之蒼々

頁	段	行	誤	正
二六九	上	一	달렸다하다。	——한다。
二七〇	上	五	異性	異性
二七一	上	一	●興味있는듯도하나나	●듯도하나
仝	下	末二	무슨所用이	무슨
表紙 十二月號	上	末三	世界에면	——에만
仝 三頁	下	末四	誌友諸兄姉에	——의

新約聖書概要 號 (續)

題目	號數
마가福音의大旨	七四
로마書의大旨	一〇七
로마前書의大旨	一〇七
고린도前書大旨	一一一
갈라듸아書大旨	一一四
共觀福音問題	一一六
에베소書大旨	一一八
골로새書大旨	一二一
데살로니가前書大旨	一四一
데살로니가後書大旨	一四九

골로새書講義號 (完)

一二二、一二五、一三一、一三三、一三六——一四一、一四三、一四
五——一四七(以上十四册金秋에 남어있다)。

社告

新約聖書希臘語講座の旣刊九回分の詳細なる「正誤表」を本號に
載せる筈でありましたが、昨臘以來註文中のギリシヤ語活字が仲々
入手しませんので次號に載せることにします。ギリシヤ語獨習の方はその
本誌によりギリシャ語獨習の方はその旨御一報下さい。その人々
には特に每號訂正したものをお送りします。質疑は本社又は里見先
生(京城府南山町三丁目京城ホテル內)に御遠慮なくお出し下さい。

데살로니가가 前書講義도 希臘語活字不足으로 今月休載。

京城聖書研究會

日時　每日曜日午前十時早터(約二時間)
場所　京城府外貞陵里三七八(本社)
講師　金教臣
注意　一月十八日(第三日曜日)부터今年度
　　　講座를始作한다。(當分間은譬話講解)

崔容信小傳讀後感

——어떤大學豫科生의 먼젓것——

……그리고 其間 崔容信小傳을 사다가 읽었는데 정말 感歎하였읍니다。人間의 偉大의 要素인 金錢 健康 理性 의 世界와 因緣이 멀은 崔孃의 偉 大함의『힘』의 赤裸한 表現이었 읍니다。崔孃의 意志가 하나님의意志가 곧 하나님의意志가 되 이었든것을 明白히 볼수가 있었읍니다。崔孃의意志가 偉人을通하야 나타나매 金錢 腕力 理性 이런것을 媒介로 하기 때문에 그것이 어려운데、崔孃의意志만이 赤裸하게 나타나서 赤裸々하게 無理한感까지 납니다。 이런일이 있을수 있을까 하는 생각이 입니다。 友人들에게 紹介하여였는데 알 지못해서 사보지못하였다고 하면서 매 우 좋다고들 합니다。
書肆에는 品切되었으나 或 先生님宅 에 殘部가 좀 있을는지요。 只今은 한책 으로써 돌려 보는中이올시다。 云々。

金教臣 著

1　山上垂訓研究 全
四六判二七〇頁　定價一圓　送料九錢
예수의 山上垂訓을 解說하여 基督教의 根本眞理를 簡明하게 알려 주려고 한 것이다。

咸錫憲 著

2　無教會 (價十五錢 送料三錢)
無教會主義(即純福音主義)의 理論과 實際를 가장 簡潔하게 說明한 것이다。

內村鑑三、金教臣 共著

3　內村鑑三先生と朝鮮 (價三十錢 送料六錢)
內村鑑三先生의 昇天十週年紀念에 際하야 우리로 無教會的信仰의 由來와 內容을 알릴만한 論文들을 和譯하야 出版한 것

柳達永 著

4　崔容信小傳 (價五十錢 送料六錢)
自己를爲한것이아니라 半生을한가지로 가서 半生남을爲하 야、爛慢한都市에서가아니라 村에서、 그리스도를 본받어 나님의『힘』을 懷性으로 生涯의 實記이 도리어 人生에對한 興味와所望을 열 마前에 第三版出來。

咸錫憲 著

5　푸로테스탄트의精神 (價十五錢 送料三錢)
昨年末까지賣盡되어 品切中이다가 이글이 실린 第二十號는 品切 이것은 尙今 若干冊 남어있었다。

本誌定價

一冊　　　　　　　　貳拾錢
六冊　　　　　　前金一圓二十錢
　　　　　　　　　(送料共)
十二冊(一年分)　前金貳圓四拾錢
要前金　直接注文은
振替貯金口座京城一六五九四番
又는 牡丹江九五二番 聖書朝鮮社로

取次販賣所
　　東京市麴町區九段坂
　　　　　向山堂書房
　(京城府) 茂英堂(大邱府)

昭和十六年十二月二十八日　印刷
昭和十七年　一月一日　發行

編輯兼發行者　金教臣
　京城府外崇仁面貞陵里三七八
　(京城、光化門局私書函第一八號)
印刷人　李相五
　京城府仁寺町一一九ノ三
印刷所　大東印刷所
　京城府仁寺町一一九ノ三

發行所　聖書朝鮮社
　京城府外崇仁面貞陵里三七八
　(京城、光化門局私書函第一八號)
振替口座京城一六五九四番
　　　　牡丹江九五二番

【聖書朝鮮】第二百五十六號
昭和五年一月二十八日　第三種郵便物認可
昭和十七年一月一日發行　每月一回一日發行

【本誌定價二十錢】(送料五厘)

昭和十五年一月二十八日(第三種郵便物認可)
昭和拾七年二月一日發行(每月一回一日發行)

金教臣 主筆

聖書朝鮮

第壹百五拾七號

昭和十七年(一九四二)二月一日發行

目次

銃後生活と奢侈品

昨年七月七日支那事變勃發三周年を期して、内地に於ては奢侈品等の製造販賣制限規則が實施され、我が朝鮮に於ても内地に呼應して七月二十四日府令第一七九號を以て發布せられ即日より施行された。

新國民生活體制を確立し擧國一體國家の總力を發揮し國體の本義に基く國防國家建設には、大に國民生活の刷新、戰時生活の確立の聲は既に久しいが、都會生活の消費者等を見ると、きは、必ずしも十分の效果を擧げてゐるとはいへない。今迄の生活の自由の夢を追つて、統制への不平不滿を衷心懷く者も絕無ではない。然しながら戰へる世界のどの國も生活の戰時態勢化が斷行されてゐない所があらうか。獨逸の大勝利の蔭には吾人の想像だにも及ばない犧牲的不自由な生活に甘んじてゐる事實を見逃してはなるまい。凡そ奢侈逸樂を事として興隆せる國家は未だ曾て之を見ないのである。

惟ふに我が銃後國民生活の現狀を顧みると通貨の膨脹が購買力の增大を誘發し、殊に殷販產業方面に於ては生活樣式の奢侈化に拍車をかけた事實は否めない。一方に於て物資の一

大消耗が行はれて居る場合、日常生活に於て平時と同じ質と量との物を欲求することは許さるべきでない。戰時には戰時に相應しい生活樣式がなければならぬわけで、銃後の國民としては最少限度の生活に甘んずべき實務があるのである。

玆に於て政府は生活必需品等の消費規定に關し不急不要品又は奢侈贅澤品の生產、製造及販賣を制限又は禁止すること或る程度の必要性あるものと雖其の物の原材料が重要生產資材又は生活必需品資材なる場合に於ては右に準ずることゝなつた。

確信如是

今日까지의 나의生涯에 만날수있었든 사람들中에서 極度로頑固하여 그意志가堅固하기로 鐵石보다 金剛石보다 더

한人物이 二人이었다。思想과信條를 一致하게 못가지면서도 畏敬의情이 날로 더함은 그志操때문이다。 一

一은 六歲에 발서 能히 經書의「講」을 받처서 神童의稱을 받었었고, 小學校以來로 首席이아니면 차지하지않는 學

業을 쌓어 大學까지 마추었고, 運動競技에 또한 能히 그筋肉과神經系統이 均衡되게 發育한것을 나타낸人物인데 一

般才士의例에 어김이없이 하나님을無視하고 唯物的인 自己所慾과傾向대로 闊步하여 왔었다。

이렇게 剛正하고賢明한人物에게 罪란意識이 없을진대 우리가 밤낮으로 罪罪 悔改悔改하는것은 一種의神經過敏이

나 아닌가하는 疑惑이 내마음 깊은곳에 恒常 없지못하였다。이렇게 굳센人物도 드디어 그罪를 告白하였다한다。

天堂에서 오라고해도 나는 못드러가。나는 꼭 地獄에가야 마땅해。天下에 나같이惡毒한놈이 어디있어……ㅇ 그때

에 ××兄의忠告한대로 離婚안했드면…… 왜 한번만 더말해주지않었을까……（本誌六二號一四頁「無用한興奮」參照）。

이親子가 不惑을 지난지數年、바야흐로 그門中의中堅이 되었으매 그一族의사이에는 「離婚絶對不可」의 鐵則이成立施行

된다한다。어린弟任들이 問題를 이르킬때마다 이巨漢이 大喝一聲 가로되「내가 해보았기에……안돼!」

二는 朝鮮의三才이니五才이니하고 칭찬받든것은 이미前世紀의일에屬하는先輩、일즉二十臺에 요한福音講했든것을

三十年지난 今日있어도 들은이들 귀에 뚜렸하다리만치 聖書를 깊이味讀한 어른、일즉、四十萬으로서 百萬까지成長하는

서울長安에도 足히談論할이없다하여 險路넘어 聖朝社에 밤새우기를 드물게안하는 어른、일즉 內村先生의「聖書之研

究」讀者였으나 絶大한自信이오 自慢이었다。

이일에 關해서 둘스토이에게私淑함이 컸었든듯、그리스도를 單只 人間으로 보려는것만 우리와對立하는點이오、또

故로 우리를對할때마다 우리의福音的이며 純眞한信仰（所謂）을 動搖시킬까 두려워서 自己생각을 率直히表明하기를

조심하였었다——보라 그確信과 自負心의巨塊를! 이런때마다 우리는 自我의信仰을 再檢討 안할수 없었다。

그런데 今春初旬에 「부르신지三十八年만에 믿음에드러감」이라는 一文은 天外霹靂같이 余輩의机上에 떠러졌다。日月

의運行이停止할法은있어도, 豹범의皮色이變化할수는있다하기로서、이어른이 어찌 예수를 主라고 부르게되었나。다메섹

確信如是

一

途上에서 落馬顯伏된바울이 別다른것이아니다。故로 意志굳어도 쓸데없나니 罪는實在한것、知信兼全한大家라도 別

수없나니 예수를 主로 믿기까지는 아직 멀된것이다。우리의「確信如是」。

二

原文救援

農村敎會에서 實際로牧會하는 어떤牧師로부터 요한福音末章 예수께서 베드로에게對한 問答의意味에關한 質問이

있었다。朝鮮文으로 읽을때에 簡單한一句가 이처럼 多樣으로解釋할수있는事實에 놀랐고、實際牧會하는이들은 이렇

게까지 聖書를 細密하게 吟味하는가함에 敬意를不禁하였다。問題의個所는 이러하다——

여기에「이사람들」이라고 한것은「이것들」이라고 읽을수있는字이다。그런즉 如左히 三種의 解讀이 可能하다。

요한의아들 시몬아 네가 이사람(것)들보다 나를 더 사랑하느냐……(二一·一五)

1、베드로가 自己의船具 家屋 其他資産을 사랑하기보다 예수를 더 사랑하기보다 예수를 더 사랑하느냐는 뜻。

2、베드로가 다른使徒(即 同僚)其他친구들을 사랑하기보다 예수를 더 사랑하느냐는 뜻。

3、베드로가 예수를 사랑하는程度가 다른이들이 예수를 사랑하는것보다 一層 더 사랑하느냐는 뜻。

이 세가지中의 어느편으로든지 解할수있고、和文으로도 大同小異의程度이오、其他의外國語로 읽어도

두가지解釋은 할수있어서 註釋이 不一하다。但이것을 希臘原文으로 읽으면 如左히 簡明하다。

Σίμων Ἰωάννου, ἀγαπᾷς με πλέον τούτων;

이 構成으로써하면 (1)(2)의 疑問이 이러날餘地가없었다。「이것들」或은「이사람들」이라고 譯한字가、複數第二格인 까닭이

다 (1)(2)의疑問이 생기려면 複數第四格이라야 된다)。故로 이一句는 原文으로 읽을때는 (3)의解釋 即다른이들이 예

右는 一例에 지나지못하거니와 베드로가 一層 더眞情스럽게 熱烈하게 사랑하느냐는 뜻으로 歸一되고만다。

이 貧弱한 農村生活者에게 原文知識이 얼마나 도움이되는것을 實例로써證據하면서 聖書註釋의泰考文獻

여 希臘語班이 組成되어있는 기쁨까지 披露하였다。「原文救援」은 저의 新鑄語이다。

原文의 功效를 알지못한것은아니었으나 이처럼 牧會第一線에서 役事하는이들에게 이와같은 現在 그敎會內에는 本誌에依하

는 일즉 想像도못한일이였고 저와같은 希臘語知識이 普及되었을것을 물랐었다。생각건대 現今은 聖

書硏究의 一新階段에 入한듯하다。이미 시작한이는 僻地에까지 더욱 힘쓸것이오、將次시작할이들은 勇斷하여 奮發할것이다。

데살로니가前書講義 (七)

金　教　臣

實踐的 訓戒 (四·一—五·二四)

其一、淨潔한 生涯 (四·一—八)

(一) 종말로 형제들아 우리가 주예수안에서 너이
게 구하고 권면하노니 너이가 마땅히 어떻게
행하며 하나님께 기쁘시게할것을 우리게 받었
으니 곧 너이 행하는바라 더욱 많이 힘쓰라。

[종말고] Λοιπὸν οὖν 이미 以上에論述한部分과는 다
른 內容을 말하려는때에 쓰는字이다(고后一三·一一、빌립四·
八、에베六·一〇、데살后三·一等參照)。前三章은 本書翰의本文
이오 남어지二章은 그附錄인것을 意味하는字이다。
그런데 [종말로] 라고만 譯하면 Λοιπὸν이라는字는 譯
되였으나 οὖν 이라는字는 譯되지않고 말었다。οὖν은 then
이라든지、[그러면] 이라고 譯되는字인데 朝鮮文에는 아주
빠트려버리고 만듯하다。勿論 大體의意味를 取하려면
한 字가 없어저도 無妨할터이나 聖書의文字는 一點一
劃이라도 任意로 加減할수 없너니라는것을 이字가 잘
가르킨다。

淨潔한 生涯

[형제들아 우리가 주예수 안에서 너이게 구하고
권면하노니] 이것은 改譯인데、반드시 誤譯은 아니
다。和文改譯版도 大槪 이와近似하게 譯하였다。그러나
原文의配列로 보아서 (其他外國語도恭照해서) 다음과 같이
譯하는것이 大敎師 바울의 纖細한 心慮를 傷함없이 드
러낼것이다。

형제들아、우리가 너이게 구하고 또 주예수 안에서
권면하노니

οὖν은 [그런즉]이라든지 [그런故로]라고 譯할字인데 여
기서는 以上三章의內容——特히第三章十三節을 받어서、
무엇이 以下에 展開될것을 表示하는字이다。即前章末節에

[거룩함에 흠이없게] ἀμέμπτοις ἐν ἁγιωσύνῃ 하시기를
祈願하였는데、그 所願이 懇切한結果로 祈禱는 祈禱로
서만 끝이지못하고 나아가 信徒들의實踐生活의 聖化를
勸勵하며慈源하는데 까지 다다른것이다。

이 [그런즉] 이라는 한字가 있음으로 말미암아 바울
信仰의健全性이 드러난것이며、또한 基督敎道德의特色을
如實하게 드러낸것이다——基督敎道德은 社會의大多數의
福利를 爲하려한다는—功利主義의産物도 아니오、倫理를 爲한倫
理라는 學者然한空文虛談도 아니오、오직 하나님아버지
의 기뻐하시는屬性대로 [거룩함에 흠없이] 그앞에 서고저
하는 至誠至愛에서 發源한것이다。

397

데살로니가前書講義

四

라고。「구하고」ἐρωτῶμεν는 懇請한다는 뜻인데、莫逆한 處地의 친구가 친구에게 하는 수작이다。初頭에 나온바 「兄弟들아」라는 稱呼와 密接한關係가 있는글자이다。바울이 信徒들을 「兄弟들아」하고 부를때는 반드시 要緊한請托이 있는것이다(五・一二、데살로后書二・一、빌립四・三、요한四・四〇、一四・一六、使二三・二〇等)。

「권면하노니」παρακαλοῦμεν ἐν κυρίῳ는 「主예수 안에서」使徒된 權威로써 指示하며 命令한다는 뜻이 多分으로 들어있다。「主안에서」라는句는 「권면하노니」에만 붙는것이오、「구하고」에는 關係치안하는것으로 解釋하는것이 더욱可하다。이때에 「主예수 안에서」라는것은 「主예수의 뜻을받어서」라든지 「主예수를 대신해서」라든지「主예수의 機械로서」라는等의 뜻이다 (로마九・一、고后二・一)。

먼저는 兄弟로서 친구로서 懇請해놓고、나종은 師長으로서 敎導하고저한다。重大한 人生眞理를 가르키고저할때의 周到綿密한敎師의心慮가 여기 있다。

「하나님께 기쁘시게할것」이것이 데살로니가 敎會에주는 바울의實踐訓인데、이것이 곧 基督敎道德의序論이오 同時에結論이다。基督敎道德은 孝道의極致이다。하나님께 기쁘시게 하는 「大孝」만 다할진대、그것이 家庭에들면 孝子요 國家에 섬기면 忠臣이다。萬于 道德을 이

四

한條目으로써 演繹할수있고、古今 德行을 모다 이一項目에 歸一할수도있다。萬古에 무거운 짐이오 苦痛의負債이든 「道德律」이 이렇게도 輕便하게 簡易하게 化한것은 일즉이 道德을實踐해보려고 애써본 體驗을가진人間에게는——實로 이보다 더한 奇蹟이없고、이보다 더한 福音이 없다。

[받엇으니] παρελάβετε 第二章十三節參照。

[더욱 많이 힘쓰라] περισσεύητε μᾶλλον 原語대로는 더욱 넘처 흐르라는 뜻이다。基督敎道德生活의特性을 잘 나타내는 바울의 特愛의句이다(四・一〇、빌립一・二三、고后七・一三等)。前進이 없으면 退步요、成長이없으면 死滅이다。義務와規法에 눌리운德行이 아니라 사랑과 熱誠에서 솟아오르는 善行이다。故로 날로 자라며 넘처흐르는 삶이다。

(二) 우리가 주예수로 말미아마 너이게무슨 명령으로 준것을 너이가 아나니라。

第一節에 「……우리가 받앗으니」라고한것을 또한번 返覆한것이다。이렇게 返覆함으로써 一은 바울의敎訓이 不明 不充分하여서 行치못하였노라는 핑게할餘地를 防止하려는것이오、二는 저이들自身의 知識에 呼訴함으로써 그들의 實踐欲望을 一層强盛케하고저 함이었다 (갈四・一三、고前一五・一以下等)。

「주예수로 말미암아」δια τοῦ κυρίου Ἰησοῦ [主예수
안에서」라고 한과 別다른것이 없으나, 「안에서」라는 前
置詞는 師弟半等의 友誼를 나타내며、「말미암아」라는 前
置詞는 「主를 代身하여」라는 뜻으로서 師長의 權威를 드러
내는 意味가 包含된다。

(三) 하나님의 뜻은 이것이니 너이의 거룩함이라
　　곧 음란을 버리고

[너이의 거룩함이] ὁ ἁγιασμὸς ὑμῶν 前章末에 있
는 「거룩한」이라는 字 ἁγιωσύνη와 同義이다。淸廉　潔白
公義 等의 德性을 모다 「거룩함」이라고 할수도있으나、여
기는 特히 淫行에서 떠나는 것을 意味한다。거룩이라함
은 곧 貞潔의 뜻이다。男女의 不潔 不義한交際、이는 모든
거룩함과 反對되는 일의 基本이오 出發點이다。故로 바울
은 일렀으되

　음행을 피하라。사람이 범하는 죄마다 몸 밖에 있
　거니와 음행하는 자는 자기 몸에게 죄를 범하나니라
고(고前六·一八)。하나님께서 가장 미워하시는 罪는 이 淫行
이오、가장 기뻐하시는 일은 이 罪와 相極이되는 「거룩」
함이다。

淨潔한生涯

메살로니가人들의 實踐道德에 關하야 바울이 가장 높
은 소리로써 緊急하게 警醒을促하고저한것은 實로 이
「음란을 버리라」는 한마디였었다。男女道德의 混亂、이것은

는 標語라한다。

보라 로마社會에 淫行이 어떻게 盛行하였든것은 로마
書의 初頭에 나타났고、고린도社會에 또한 이罪가 없지
않을뿐인가 甚至에 「言語道斷」이었든것은 고린도前後書
가 이를 證明하며、其他 異邦에 보낸 大小書翰이 亦是
이犯罪의 普遍的 流行을 據證하였다。二千年前 옛날뿐이
아니라 오늘날도 이罪만은 縮少된일이없으며、未開한後
進國뿐이아니라 文化찬란한 先進列國에도 이罪만은 넓고
깊게 浸淪하였다。

그러나 이 淫亂의 罪라는 것은 正面으로 舉證하거나 制
止하면 할수록 도리어 그情熱의 火勢를 돋우는 逆効果
밖에 불수없는것이다。그러므로 이러한 人間
心理의 微妙한 點에까지 通達한大使徒바울은 이淫亂의魔軍
을 메살로니가城에서 擊滅코저하되 그攻擊戰의 陣地를
甚히 巧妙하고 周到綿密하게 配布하였다。

實踐道德을 述하고저함에 當하야 바울이 메살로니가人들
에게 第一먼저 緊急警告를 發하고싶은 것은 論할것도없이

果然 그리스도의 빛아 臨하지못한 異邦社會의 가장普
遍的現象이오、또한 信者가 墮落할때의 第一廣滑한 退
却口이다。故로 西諺에 일렀으되 「犯罪를 수색하려거든 退
저저 彼女에 着眼하라」고。犯罪가 構成된곳에는 반드시 女
性이 그림자처럼 따르느니라고、이것이、刑事隊가 가지

五

메살로니가前書講義

「淫行에서 떠나라」는 훼침이었다。그러나 바울은 볼수

까지 努力하였든 痕跡이 行間에 歷歷하다。至極히 信賴하며 尊敬하며 사랑하는 者들의 生命을 傷함없이 救濟하고져하는 大先生바울의 親아버지보다 더한 사랑을 이에서 볼것이오、人間心靈에關한 絶世의 大技師의 뛰어난技術을 이에서 엿볼것이다。

(1) 너이가 마땅히 어떻게 행하며 하나님께 기쁘시게 할것을……(一節)

第三節까지 읽지않고라도 右로써 알만한 사람은、발서 바울의 警告의的이 어디인것을 눈치차릴것이다。그러나 世上에는 頑迷한者가 많은故로 한거름 더前進하야

(2) 곧 너이 행하는바라 第二彈을 發射하여 이르되 더욱 많이 힘쓰라(二節)

包圍攻擊의陣形이 一段縮少된것을 느끼지 않을수없다。이래도 오히려 對岸의火災以上으로 느끼지못하는者를向하야 第三彈을 던져 이르되

(3) ……너이에게 무슨 명령으로 준것을 너이가 아나니라(三節)

짐작건대 바울은 이만큼 일르고 이問題는 그만中止하고 싶었을것이다。마는 바울의 爲人이 사랑하는 무리들의 「存亡之秋」에 선것을 보면서 中間쯤에서 어름어름하

六

다 마는것을 스스로 容納지못하였다。드디어 第四彈을發射하였다。

(4) 하나님의뜻은 이것이니 너이의 거룩함이라。고(三節)

바울의 말이 어찌 이다지 느린고。한말을 곱씹고 곱씹기만 하는것같다。그러나 이것은 決코 無意味한返覆이 아니다。어때의 바울의 가슴속에는 눈물이 江水같이 흐르고 있었을것이다。極度로 사랑스러운者의 속에 極度로 미운것이 드러밝혀있었다。바울은 只今 든취를 잡는것이다。모든 사랑은 독에 있고 온갖智慧는（독을 傷치않고）취잡는일에 傾倒되였었다。바울은 第四彈以下의一句를 입밖에 낼 必要없었는가를 祈禱하면서 있었을것이다。

(5) ……곧 음란을 버리라(三節)

기어코 願치않던一句까지 튀여나오고 말었다。이런問題는 師長의 條理있는 說論만으로도 안되며、父母의頑固한制止만으로도 안된다。이 最後의 한마디가 明白히發露하기前에 師長은 自己가슴을 利刀로써 좋기좋기 어이는듯한 痛嘆의朝夕을 幾十幾百번이나 보내였어야하며 父兄은 苦痛의 눈물로써 飮食을 삼키는일이 習慣化하는수도있다。이러한 師父의心理過程을 그行間에 읽어내어야이 巡邊徘徊하는듯이 보이는 數節의眞意를 바로 解得할것이다。

(四) 각각 거룩함과 존귀함으로 자기의 안해 취할줄을 알고

[안해] 이 字의 σκεῦος 라는 字의 解釋이 매우 여러가지로 나누인다。事實 그렇게 解釋한 學者도 많다 (크리소스톰、텔툴리안、칼빈、뻰겔、마이엘等等)。이렇게 「몸」으로 解釋하면 自己의 身體를 自己의 心靈으로써 支配하야 善用하라는 뜻이 된다。그러나 이 解釋으로써 한즉 第五節에 「色慾」云云한것과、第三節에 「淫行」云云한것과 完全히 連結되지못한다。

그래서 이 字의 原意대로 「그릇」이라고 解하고、다시 象微的意義로解하야 그릇은 곧 안해라고 한다。鮮文과 和文改譯에 「안해」라고 된것은 이 說을 取한것이며、이렇게 解하면 고린도前書 第七章二節의 「結婚의 意義」와 一致하게 된다。

(五) 하나님을 모르는 이방인과 같이 색욕을 좇지 말고

[하나님을 모르는 이방인] 不信者가 이방인이다。

前節에 「거룩함과 존귀함」으로 處身하라한것을 이번은 消極的으로 말한것이다。

[색욕을 좇지 말고] μὴ ἐν πάθει ἐπιθυμίας 文字대로 譯하면 慾心이라는 字 πάθος는 經驗한다 感覺한다는 뜻인데, 거기에 思慕한다는 字가 붙어서 「색욕」이라고 譯된것이다。

(六) 이일에 분수를 넘어서 형제를 해하지 말라

이는 우리가 너이게 미리 말하고 증거한것과 같이 이 모든일에 주께서 신원하여 주심이니라 (六節)。

[분수를 넘어서] πλεονεκτεῖν 境界를 넘는다는 뜻으로부터、貪心、有夫女姦淫의 뜻이 생긴字이다。

[신원하여 주심이니라] 直譯하면 「主는 復讐이시니」라는 뜻이다。다른일보다도 이 姦淫의 罪는 容赦없이 審判하신다는 뜻이다。不信社會의 標準과 本質的으로 다른것은 하나님께서 姦淫의 罪를 過度로 憎惡하시는 點이다。情性의 聖潔을 必需條件으로 하신다。

하나님뜻에 合함에는 첫째로 正當한 結婚을 하여 淨潔함과 尊敬하며 貴重히함으로써 夫婦生活할것이며 (四、五節)、둘째로는 隣人의 妻를 貪하는 姦淫을 犯치말어야 한다는것이다 (六節)。

(七) 하나님이 우리를 부르심은 부정케 하심이 아니오 거룩케 하심이니

[거룩할] 異邦人에게도 學者도있고 藝術家도있고 政治家도있으나 「거룩할」은 없다。

淨潔한 生涯

七

데살로니가前書講義

八

前節에 하나님이 신원하신다고 하였는데 그 理由——
웨 容赦없이 審判하시느냐를 述한것이 本節이다.

[부르심은……] 第二章十二節을 參照하라.

[부정케 하심이 아니오] 「부정」이라는 字는 主로 道
德的 不淨을 意味하는 字이나(二·三), 貪慾과 淫行도 함께 意
味한다. 當初에 부르실때의 目的이 不淨한데로 두시려는
것이 아니오 聖潔케 하고저해서 부르신것이기 때문에 間
하신다. 부름을 받을때는 반드시 聖靈의 能力으로써 聖
潔의 自覺을 받은者이오、하나님이 完全하신것처럼 完全하
여저야할 運命을 받은者들이다. 이와같은 하나님의 거룩
하신意圖에 거역하는 者가 懲罰을 避할수없을것은 勿論
이다.

(八) 그런고로 저바리는자는 사람을 저바림이아
니오 너이게 그의 성령을 주신 하나님을 저바
림이니라.

本節은 第七節에서 네리는 論斷인同時에、節三節以下
에 論議하여온 「淨潔한生涯」의 結論이다.

[저바리는자] ὁ ἀθετῶν (갈二·二一、三·一五、고前·
一九等). 以上에 述한바 訓戒를 蔑視하며 排斥하는者이다.

淨潔한生涯云云이라는 것은 古代의 素朴한 民衆이나、不學
無識의 무리에게나 威壓的 效果있는 것이지 오늘날 文化

生活하는 者에게야 그게 될말이냐고 뽑내는 徒輩가 「저
바리는자」이다. 그는 사람의 意見을 排斥하는 것이 아니라
實로 하나님의 公道를 蔑視하는 일이되는 故로 반드시 審
判을 받는다.

[성령을 주신 하나님……] 하나님의 뜻에 拒逆하
는 일만하여도 黙過할수없는 罪狀인데、恩賜로 聖靈을 주
신 하나님을 排斥함은 一層더큰 罪惡이다. 하나님의 存
在만을 無視한것이아니라. 하나님의 勤하시는 好意까지
도 排斥하는 까닭이다. 聖靈은 저이들心靈에 臨하야 汚
穢와 聖潔의 別을 알게하여서 偉大한 能力으로써 저들을
淨潔하게 變化시켜 주셨는데 이제 그聖靈을 주시는 하
나님을 無視함은 「하나님의 아들을 다시 十字架에 못박
아 현저히 욕을 보임이다」(허브리六·六).

데살로니가人들에게 要求하는 實踐道德의 目標는 「하나
님께 기쁘시게할것」이다. 하나님을 기쁘시게하는 일과는
對蹠的으로 不當한일이 무엇인가? 그것은 淫行이다.
애굽에서 가나안까지 이스라엘百姓을 引導해널동안에
큰罰네린것은 다른神을 섬긴때이었다——그것은 神께對
한姦淫인故이었다. 예수가 自己를 新郞에비하고 敎會를
新婦에 比하신것은 첫째로、貞操를 要求하신것이다. 이로써
볼때에 貞潔의 德을 高唱하는所以도 스스로 알것이다.

402

부르신지 三十八年만에 믿음에 드러감

多夕齋

이미 믿음이라。면서도、사람의 榮華를 하나님의 榮華보다 더 좋아(요十二章四三)하므로、거짓말을 하고、殺人을 하는 魔鬼의 子息이 되니(요八章四四)、罪를 犯하는 사람은 다 罪의 종이라(요九章卅四)、참을 찾는다고 하다가 제罪가온데서 죽을(요八章廿一)者들도 믿는다고 하였고(요八章卅一~五八)。

永生은 곧 이것이니 홀로 하나이신 하나님을 아옵고 또 보내신者 예수그리스도를 앎이니이다(요十七章三)。道에 恒常 있으면 참弟子가 될터이오、또 眞理를 알지니 眞理가 너이를 解放하리라(요八章卅一、卅二)。아버지께서 내게 맡기신 일을 내가 일우어 아버지를 榮華롭게(요十七章四)하기를 예수께서 하심 같이하야 참 삶을 求하는 길을 알고、아버지의 일을 實行하는 사람들이 참 믿음에 드러간것이다。그러나 거저 믿는다고 하는것은 病이다。그病으로 죽을 수도 있고、그病을 놓고 참 믿음에 드러갈 수도

부르신지 三十八年만에 믿음에 드러감

있다。거저 살거니 하는것은 罪다。갈데 없이 그罪에서 죽기도 하며、그罪를 깨치고 참 삶에 드러가기도 한다。

예수 當時에 三十八年된 病者가 恩惠의집(베데스다) 이란데 드러가서 病을 곧치려 하였으나 혼자서는 드러갈 힘이 없어서 못하다가 예수를 만나서야 나아서 거러갈을 언었다(요五章二1~九)。

主여 오늘날도 그런者 하나이 있읍니다。主께서 저를 三十八年前、一九〇五年春에 부르시지 안하였읍니까 저는 믿음으로 온것이 아닙니까 저는 아바지집 爾來、病든 몸으로 드러가려고 하는 가온데 많은 歲月을 혼자 힘으로 드러가려고 하는 가온데 많은 歲月을 거저 보냈것 갈습니다。

昨年 一年은 「네가 낫고저 하느냐」 무르신(요五章六) 해이며、「나를 붓드러줄 사람이 없다」고만 하고 지나 온것입니다。「남이 붓드러 주도록 弱한가、저사람도 보잘것이 없군」하는 物論이 있을가를 퍽 싫여 하였읍니다。내 獨立한 體面은 축어도 維持하고 싶었읍니다。

昨年二月十七日부터는 새課題를 주셔서 一年來 工夫하게 하시고、八月五日에는 한번 채를 치셔서 일깨이 신가도 합니다。아버지께 더 나아가야 할줄은 더욱 迫되었아오며、感恩과 感激도 몇번이였아오며、마침내 自己란것이 아모것도 아닌것을 確認하게 되었아오나、主의 앞에 無條件降服할 機會는 없었읍니다。

九

부르신지 三十八年만에 믿음에 드려감

더욱 일즉이 가르치신 中에서도 가장 奇異히 생각 되는것도 있읍니다。

大盖 우리가 主앞에서 나그네와 寓居한者와 같아서 우리 列祖와 다름이 없고 世上에 있는 날이 그림자 와 같고 또 기리 사는 所望이 없을(歷代廿九章十五) 을 가르치신 것입니다。

날마다 제 日子의 數爻를 세어 보게 하시고、文兄 을 世上에 보내셨다가 이미 다시 부르셨아온데、저보 다 六百二十七日을 먼저 앞세워서 보내셨던것이 文兄 이기도

平生(日子로 一五四五日)에 이地球의 太陰이 六百二十 九回를 돌 동안으로 하신 數와 갓갑자오며、文兄이 世 上을 며나간뒤 第八十二日로 저의 萬八千日은 當하였 아온데 그날이 六月二十四日로 文兄生日과 잘았읍니 다。또 只今 보니 文兄의 生年은 主의 一八八八年이 었아오니 또한 感慨합니다。지난 十一月廿八日은 저의 一八八八日로 저는 이날을 저의 破私(八厶)日이라 생 각하고 지냈아온데 이것이 主께 가까워진 準備이었아 오며、萬八千日에 八八八日만 더한 날이었읍니다。그날 뒤 다시 三十七日이 된 今年一月四日에 제가 마침내 아버지 품에 드려간것은 三十七年을 虛送한 標인가도 싶읍니다。

生命이 말슴에 있으니 生命은 사람의 빛이라。

一〇

요한一章四節을 저의 重生日、一月四日의 記憶으로 하겠아오며。

七章五十三――다。○各各 집으로 돌아가고。
八章一――예수는 橄欖山으로 가셨다가。

當時 律法의 理論으로만 主님을 判斷하려고 終日 지 저귀던 魁魁같은 무리들은 날이 저물매、다 各各 집 으로 도라간것이、七章五十三節! 七은 理學的數。理知 로 五十三年來 살려하던 제가 집에서만 지난것과 같 기도 한니다。

―― 모든 惰性과 未練을 비저내서、살길보다 죽을 길 로 通케 되기 쉬운데가 집이다。

여호와 宿아 있고 空中에 나는 새도 집이 있으되 오직 人子는 머리 둘 곳이 없다(마태八章廿)。

하신 主께서 世上에 계실때 저믄날에 혼자 山으로 가셨다。할이 두렵고도 그립삽나이다。

―― 아、한울 向한 山이여! 祈禱할 곳이여!――
八章一節! 破私一進! 主를 마러지이다。

今年一月四日 (第一八九二五日)새벽에 안해가 齒痛으 로 苦로와하든 자리 옆에서 빌었읍니다。낫기를 祈禱 하였읍니다。

祈禱中에 全虛空界가 魔霧中안것을 알고、저 魔霧를 헤치는데는 聖神 없이는 不可能인것을 믿었읍니다。게

으름과 足한줄 모름에서 몸은 사람의 집이 되고、肉

이 病의 보금자리가 된것을 보옵고 게으름을 제치고

모든 未練을 때고、앞만(뒤는 죽은것이다)向해 내처서

가야 살것을 보았읍니다。죽을것을 지키고 있다가는 죽

음에 끊칠것이오、뒤쳐 죽을것을 거두어서 앞의 삶에

糧食으로 이바지를 하므로만 몸이 성한 몸、새 生命

을 여는 몸이 될것을 보았읍니다。

제칠것은 곧 제치고、때칠것을 곧 때치고、내칠데로

내처가는 이기는 목숨 앞에는 病도 敢히 侵犯치못

할것이오、侵犯된것도 退却擊滅할것으로 믿어졌읍니다。

내가 곧 生命의 糧食이로다(요六章四八)살려주시는

이는 神이니 肉身은 無益하니라 내가 너이게 일은 말

이 神이오 또 生命이다(요六章六三) 밀알 하나이 따

에 떠러저 죽지 아니하면 그냥 한알대로 있고 죽으

면 열매가 많이 맺칠 터이라。제 목숨을 귀해하는사

람은 잃어바릴 터이오、이 世上에서 제 목숨을 귀찮이

아는 사람은 목숨을 保存하야 永生하는 데까지 이르

리라(요十二章十四、十五)。

多少生의 萬八千日을 생각해 보시려면 몇몇 兄姉께

干證해야 할것은、生이 그때 分明、말슴하기를、

먼저 「내가 實踐力을 주는이가 있으면 그가 곧 나의 救主

시다。」했읍니다。

부르심지 三十八年만에 믿음에 드려감

「내가 예수를 따르되 實行力이 예수께로부터 親授되
지 않는限、예수만 바라는것이 아니라。」ㄴ 뜻의 內包
된 말이었읍니다。生이 重生한 오늘에 證據할 말슴은
「예수의 이름은 오늘도 眞理의 聖神으로 生命力을 豊
盛하게 나려신다。」입니다。

主 와 나

主는 누구시뇨? 말슴이시다。

나는 무엇일까? 믿음이다。

主는 한울에 가셨다 하나 말슴은 예 계시다。

나는 죽겠으나 믿음은 살겠다。

말슴 대로 믿음

無條件降服

一 아버지께 가는데
예수 길 되시나
참말 삶에 나감은
믿음으로 얻네

내가 곧 길이오、참이오、
삶이니、나로 말미암지 아니
하면 아버지께로 올 사람이
없으리라。요十四章一ー六

眞理의 聖神이
퍼붓듯 오실제
罪와 義와 審判아
바로 뵈저 나네

요十六章十三
요七章三八、三九
요十六章八ー十一

一一

부르신지 三十八年만에 믿음에 드러감

걸림―魔障。 셀―나아갈。

二 모든 걸림 헤치며
　아바 찾어 셀 제
　世上 이긴 人子로
　앞을 서 주시네

三 일 다 일운 말슴이
　집에 도라갈 제
　保惠師를 보내마
　떠먹듯이 했네

罪。 더 갈데 없이
죽게되는 것이니, 삶의 빛이 없
음이다。 갈바를 아지 못함이다。 無信仰이다。
요十二章三五、三章十九、十六章九。

義。 아들이 아버지 께로 감이다。 도라갈 데가 있
음이다。 곧 길이다。 요十六章十。

審判。 온世上이 아즉 惡魔의 結陣인것을 論告함이다
요十二章三一、十六章十一。

믿음에 드러간이의 노래

나는 실음 없고나,
인제붙언 실음 없다。

아바 아버지여。 마가十四章三
六。世上에 있을제 너이가 患
難을 받으나 安心하라。내가
世上을 이기었노라。 요十六章末

아버지 집에 있을 곳이 많
다 요十四章二。

保惠師가 곧 聖神이라 아버
지께서 내 이름으로 보내시
리라。 요十四章廿六、十六章七

넘이 나를 차지(占領) 하사,
넘이 나를 말으(保管) 셨네。
넘이 나를 갖이(所有) 셨네。
내 몸도 낯도 다 버리네,
내거라곤 다 버렸다。

「죽기前에 뭘 할가?」도,
「넘의 말은 어쩔까?」도,
다 없어진 셈 이다。

저 「말슴」을 모서 입고,
새로 삶의 몸으로는
새로 삶의 낯으로는
이宇宙가 나타나고,
모든 行動、線을 그니,
萬有物質 느러섯다。
온世上을 뒤저 봐도,
位而無인ㄴ(脫私我) 되어
거죽에는 나 없으니。

반작！ 빛。 요한一章四節
넘을 對한 낯으로요,
말슴 體(本)한 빛이로다。

님 뵈옵잔 낯이오，
말슴 읽을 몸이라。
사랑하실 낯이오，
뜻을 받들 몸이라。 아멘。

허물은 죽은 살이다

한줌 흙이 大地르 떠나
내 살 피고，
물 조금은 내게 붙쳐
피로 돈다。

火氣 속에 숨 通하고，
해의 불이 힘 빛이니。
내란 맘이 움즉이어，
제인 體와 제 面 보기에。
아바지도 모르는 體(樣)！
사람 보면 거만한 낯！
보내신이의 뜻 모르니，
도라갈덴 어디냐？
말슴 읽을 결을 없이，
참말을 어디서 보리？

부르신지 三十八年만에 믿음에 드러감

體面維持가 기껏이면，
面子(멘즈)致禮에 滅亡이다。
榮光을 가죽에 바르고，
사랑은 꺼풀에 입히니，
낯가죽들 두꺼워만 진다。

그 허물을 언제 벗나？
속살이 귀여워서，
감자를 꺼풀 벗겨， 놓앗더니，
어느듯, 다시 다시 꺼풀 젓다。
풀 덩이가 큼직 하기에，
딱딱한 꺼풀이다。
속을 내여 쓸가 하니，
조금도 보드러운 속이 없고，
굳은 꺼풀만이 풀인體(樣)라。—풀의死骸—
體面에 맥힌 人間—局限된 靈魂—
무슨 生命을 불것이냐？
이 꺼풀이나(自我)아닌것, 千萬번알겠고나!
主여, 이 꺼풀 벗겨 줍소서—이 허물 떠여
줍소서—。

二一

놀라운 入信의 光榮

부르신지 三十八年만에 믿음에 드려감

저는 삶이 그립삽나이다.

몸을 잊자!
낮을 벗자!
많을 비히자!

그리고,
아버지의 말슴을 일움으로,
말슴을 일우자!
主를 따러,
보내신이의 뜻을 폼자!
살자!
아멘.

너이를 아노니 하나님을 사랑하는것이 너이 많에 없도다. 내가 아버지의 이름으로 와도 待接지 아니하나 다른 사람이 제 이름으로 오면 待接하리라 너히가 서로 榮光을 取하고 홀로 하나이신 하나님께로부터 오는 榮光은 求하지 아니하니 어찌 나를 믿겠느냐 (요五章四二) 榮光을 求하는者는 제 榮光만 求하거니와 보내신이의 榮光을 求하는者는 참되니 그속에 不義한것이 없나니라 (요七章十八). 너이는 옳은손이 하는것을 외인손이 모르게 하라 (마태六章三) 그뜻대로 부르심을 입은 사람에게는 모든 일이 合同하야 有益하게 되나니라 (로마八章廿八).

第一九九三一日(一,一〇)稿.

놀라운 入信의 光榮

主 筆

一四

하루아침에 多夕齋先生은 例와같이 쓰신原稿를 손수 지니고 오셨다──興奮의 血潮를 띠시고 넘치는 기쁨을 制止치못하시면서 來意를 披露하기 시작하셨다──

오늘날까지 聖朝誌에 실어주신것은 當치못한것들 또는 拙稿를 많이 한때도 있었으나, 이번 이 原稿만은 반드시 실어주어야할 義務가 聖朝誌에 있읍니다. ……

라고 하면서 내놓신것이 우의 「부르신지 三十八年이라는 文字와 그 「滿面에 넘처흐르는 變化의 光輝와 번가려對照하면서 余輩는 한동안 對答할바를 찾지못하고 오직 어안이 벙벙하였었다.

多夕齋先生의 爲人과 理知와 信條를 아는이만은 잘안다. 第一萬九千日도 가까우신今日에 「믿음에 드려감」이라 하니 大體 무슨「消息」이며, 또 그「入信」과 聖朝誌에 關聯이 있다하니 이 어떠한「奇別」인고! 豹범의 變皮를 보고저願하는이들아 多夕齋先生의「入信」한 顚末을 詳讀해보라. 돌같이 차고 죽었든 理知의 塊가 무르녹어 生命에 躍動하는信仰의 光榮을 볼라. 곧(決勝點)을 兄弟여 注視하라.

理知와 信仰이 가까울수록 加速度로 달리는 우리選手의 모양을 兄弟여 注視하라.

小反省

「어떤 靑年의 感想」三

紙　魚　生

主獨往하려는것이다。남에게 따라만 가는것이안이고 남이 하라는데로만하는것이안이고 내속에 내主를 세우고 내目的 내人生觀 내宇宙觀을 생각하려는것이다。따라서 내目的 내人生觀을 끝々내 追求하야 推理의 終極에達하고보니 그곳에 하나님이 게시는것이였다。그리하야 神과 創造를 肯定하게되였다。無神思想이 有神思想으로 轉換하였다。

그러나 그神은 「不可解」라는 名辭의 避亂處이요 「無意味」「空虛」한感을 發散하기爲하야 鑑賞하는 一枚의 畵幅이였다。

다음 K氏의 「愛と認識との出發」라는冊에 依하야 된것은 罪란 무엇인가를 感知한것이다。內村氏의 求安錄에依하면 그이는 聖書의 道德律에 接하고 即時罪를 認識하고 脫罪術 忘罪術을 갓々으로 求하야 본結果、十字架에依하야 비로서 安定하였다고 하셨고 其外信者도 大槪는 罪에對한 苦憫이 入信의 動機가 된것이 大部分이요 더구나 張本人인바울도 肢體의 法則에 시달림을 받다가 드디여 十字架로 그 괴로움을 멈춘者였다。

나는 頭尾가없는 이世上에 「神의創造」라는 「頭」와 神의 「理想達成」이라는 「尾」를 附하야 一種藝術的滿足같은

心의 第一革命이니 第二革命이니 말한것이 너무誇張갈기도하고、外飾갈기도하야 마음에 부끄러움을 느낄때가많다。그러나 反省컨대 그것은 내過去生活中의 二大興奮期이였든것같기도하나 反面、不變的理性的要素가 全然없었든것도 아니다。聖朝誌讀者에게 마음의第一、第二革命云々을 言明한以上 그內容을 徹底히 告白함이 可할듯하다。萬一 主筆先生님께서 繼續하야 所謂「感想錄」을 連載하야 그全模를 述者自身以上 簡單明瞭히 整理하야 提示하시는일을 하시겠는지 그것은 先生님의 自由이지마는 萬一 그렇더라도 論述이 너무雜然하야 整理하기도 困難하실것이요 또 讀者도 內容을把握하기 困難할까하야 序論的인것을 附하야 所謂 마음의革命이라 한部分만을 槪論하려한다。

여러가지 標語로 그內容을 表示하여왔는데 여기 나는第一을自覺。第二를知罪라고하겠다。

H先生의 修身講義에依하야 된것은 人間的自覺이다。自然的生、本能的生、盲目的盲從的生、式樣的生을 脫皮하고 自蒙圍氣속에서 지나게되였었다。그리하야 「創造」와「終末」

小反省

一五

409

小反省

을 論하는 사람들과 動作을 같이하게되였다。

그러나 怪異不可思議한것이 있었다。

그것은 聖書의 道德律에 接하고도 無心하였든것이다。

지금 생각하면 奇怪한 일이다。

나는 그道德은 너무偏僻되고 너무臆說인것같이 생각되였다。道德이란 後天的인것이요 社會的價値外에 없는것으로밖에 생각되지않었다。

왜 善惡이니 罪이니 하는지를 몰랐고 너무 그러는것이 不愉快하였다。

그때에 게―메나 希臘精神을 배웠드면 틀림없이 信仰의 동무들과 作別하였을것이다。

그러한 心態우에 작고만「十字架의道」를 배우고「愛」를 배우니 그意味를 切實히 알수없고「十字架의道」는 도리어 나를 罪로 誘惑하는 傾向까지 있었다。

또 信仰을 가져보려고 애를쓰는때는 어떻게하야 내 罪를 깨닫고 十字架의感謝를 느낄수 있을까 努力하였다。

말하자면 內村氏는「脫罪術」에서부터 努力이 始作되였는데・나는「見罪術」에서부터 出發하였다。그리하야 各色方法에 依하야 많은罪를 發見하였다。그러나 그것은「感罪」가안인以上「知罪」라할수없었다。義足이였다。

그러는中 K氏의 著書에서 K氏의 銳敏한道德的苦悶

相을 보고 沛然히 이러난것은・良心生活을 해보려는 慾望이였다。그冊을 읽고 映畫求景을 가서 에로치크한것을・볼때・前에는 그다지도 滋味있었든것이 아무興味도없고 憤心만 나고、그림全體의 進行이・不自然한것같고 無理한것같었다。

良心生活을 해보려는慾望 即道德의 標準을「社會」에서 徹去하야「頭腦」속에 세우려는 慾望을 이르키는 한편 道德의價値를 追窮하였다。그리하야 道德이란・先天的인것이라는것、道德이 다른것을 制約하되 다른것이 道德을制約할수는없다는것을 생각하였다。또道德이란 所謂 倫理만을 가르치는 말이안이고 科學者가 그理性으로神을 返逆치안코 人間理性의 朦昧와 싸우는 態度를 取하는類도 道德인것을 알었다。

道德은 宇宙의 根本이요 文化의中樞요 모든 아름다운 眞理의念珠를 꿰여매는 끈이라고 생각하였다。

따라서 創造의趣旨도 거이全部가 道德圓熱에있다고 생각하였다。

道德의 界標를 社會에 두었을때는 나와神은 分立하야 社會에서만 交涉이있었다。내頭腦속은 神까지도 드러오지못하는 秘密室이였다。

그리하야 道德의 界標를 社會에서 頭腦속으로 옮김에・當하야는 急進派는「感性」에까지 옮기자고하며 不

一六

410

義의 原因을 짓는 感性絶滅論까지 撞頭하였다。이것도
그時季의 一苦悶相이였다。
그리하야 道德의 標準을 社會에 그냥 두자는 派와
理性에 두자는 派와 感性絶滅論派 셋이 折衷한 結果、지
금은 理性의 制裁如何를 標準으로하고 感性에 關하야는
節制主義轉換主義가 優勢하게되였다。그리고 理性氏의 施
政方針은 神本位이다。따러 私我本位인 境遇는 그것이
罪이다。

그리고 이方針으로 大小行爲의 動機를 分析하니 感性
後의 動機에도 太半이 不純한것은 勿論 頭腦內에서 公
々然히하는 不義도 大多數요 社會에까지 나타나는것도 無數
하다。내意志와 理性으로는 整理不可能 制裁不可能이다。
겠다는것을 생각한다는滿足과 大部分인 고치지못하는部分
罪의 덩어리다。그러나 罪를 認識하는것과 어떻게고처야
은 贖罪함을 입어 完全할수있다는 感謝함을 느낀다。
그리고 多少間이나마 하나님께 心身을 맡기고 사는
幸福을 느낀다。그리고 또 比較的寬大해진 나를發見한다。
을 느낀다。
以上 內容의 槪略이다。
끝으로 紙不足時代에 少頁의 貴重한 聖朝誌에서 紙魚
같이하는것이 未安하지마는 萬一 조금이라도 紙魚以上
의일을 하였다면 하나님의 뜻인가한다。

少反省

一七

立體的 인 雜誌

本誌의 近刊을 읽고서 넘어도 聖書註釋 또는 信仰一
偏으로만 치우치고 實際問題와 人生實感에 關해서 血氣
躍動하는「活氣」가 貧乏하다고 不滿을 表明한靑年이 있
었드니 그 舊號를 읽음에 이르러서 비로소 自己이 비
위에 맞는 文字가 到處에 있음을 發見했노라고「雜誌에도
年齡이 있다는 말슴이 옳고、이런 雜誌는 立體的雜誌라고
해야 옳다。再版할必要가 가있다」고 證言한일이 있었다。
人爲的으로 計劃한것은아니였으나 도리켜보건대 本誌
에도 確實히 進化發展의 자취가 있는것이 歷々하다。
地球에 生物이 長成함에 古生代 中生代 新生代의進化
가 있었고、一棟의建物에도 破壞와築石의基礎工作이先行
하며 立柱塗壁의建設工作이 뒤따르듯이、一時々々의사
람의嗜好를 맞추려는 文字遊戲가 아니였을진대 거기는
반드시 아지못하는이가 아지못하는 사이에 넣어주신一
大「敎案」이 貫一하고 있었다。
今後의 本誌는 날로々々 그리스도와 二十字架外에는
알지않고저企圖한다。그以外의것을 求하는이는 初期의舊
號로 溯探하라。거기는 다시 쓸라도 쓸수없는文字도 적
지않다。故로本誌에는「月遲 年遲」의 減價販賣가 없다。

어대로主께갑니다

이대로主께갑니다 ［三二四장 곡조에 마춤］

牧會者

一、
머리로 부터 발까지
不義의 때국 흐르고
생각의 구석 구석에
罪惡의 롱습 흐르나
이대로 主께 갑니다

（후）
벗은 몸으로 갑니다
이대로 主께 갑니다
（렴）十字架 밑을 向하야
이대로 갑니다。

二、
宇宙의 품은 넓어도
人生의 길은 많어도
내가 갈 보금자리는
主 품밖에 없나이다。

三、
벗은 몸 가리우려고
無花果 닢을 둘러도
보실까 두려운 마음
더 한층 떨리나이다。

四、
내것을 빼앗어가소서
벗은 몸으로 두소서

호을로 主님 은총이
옷처럼 입혀 주소서。（昭和十六年十月八日記）

×　　×　　×

小生은 其間 여러가지로 先生님의 苦勞를 겪으면서 ○○××
×에 있을때 보내주옵신 先生님의 激勵를 힘입어 이번
××神學卒業의 形式을 맞게되와 지난날에 있은 攝
理의 火柱雲柱를 回顧하올때 感激을 마지않나이다。오늘
授業時間에도 舊約에 예레미야、新約에 히브리書가 이
時代에 가장 適切한 산敎育을 준다는것을 高調함을 들
을때에、無敎會는 낡고도 새롭다는 느낌을 禁해낼수가
없었었나이다。그魂을 가지고 예레미야書를 읽고 히브리書
에 부디치는者 어느누가 낡고病든敎會 울타리안에서만 安
心을 얻으리까。때는 왔나이다。……

先生님 小生의 過去一年의 生活은 文字그대로 蕩子의 生
活이였읍니다。아—그 품이 그립습니다。그립기만하고
도라가기만願하고、그품에 안기우지는 못하고、바라보기
만 하는것 같애요。靈性의 空虛가 너무도 커지는것같습
니다。해人빛보다 더 强하게 나력 빛치는 그빛 그눈
동자 아래서 할수없이 벗은몸을 폭로하고 있으면서、
그래도 다시금 十字架밑을 向하는것만이 唯一의 生命
길이옵니다。小生은 過去一年을 날마다 이런 노래를 부
르면서 지나 왔나이다。

一八

412

小鹿島消息

해가 밧귀도록 間安사뢰옵지못한대로 도리혀 先生님
惠書를 奉讀하오니 어찌 罪悚하온지 도무지 엿줄길 없
읍니다. 아모한것없이, 사랑의 負借로 몰두 움직일수없이
또 한해를 보내게되였읍니다. 昨年에는 先生님 惡戰苦
鬪中에서도 勝利로 보내심을 預想하오며 어서 先生님 싸우
시는 一動一靜을 보고십읍니다. 벌서 聖朝合本이 六冊
이되였읍니다. 이것이 나의 갓인 기쁨의 全部입니다. 다
른雜誌는 한번 읽으면 다시는 더읽을生覺이안납니다만
웰일인지 聖朝만은 언제 읽든지 몇번 읽든지 새로운것
이 生覺입니다. 어느때엔 두번세번 읽었으면서도 언제 이
런글을 읽은일이있든가? 하는 生覺에 새삼스럽게 赤線을그
릴때두 한두번 안입니다. 하여튼 이제 確實이 小生과
聖朝는 끊을수없는 親友가 되였읍니다. 說令 形便에依
해 只今發刊치못하는 地境이된다해도 只今 이六冊이 내
손에서 다―낡아 글자가 뭉켜지지않는 날까지엔 저는
외로웁지않겠읍니다. 神經痛이生길때 몸이 약간괴로울때 「行
儀가 惡l」인것같지마는 자리에누어서 聖朝를 읽을때感이
란 小生外엔 몸이 든든해, 일에忙殺되여 連日허일덕맨 몸이

나 좀또 괴로워졌으면 할때두 없지않았읍니다. 이렇게 읽
어도읽어도 새롭고 읽어도―마음을 파고드는것은 眞
理인 까닭이 짓지요. 眞理는 變함없으니까 眞理에 立脚한
以上, 世上風潮가 아모리變하고, 人心이 아모리變하고 時
局이 아모리變한들, 時代遲れ가 있을理없겠읍니까. 昨年
中보내주신 聖朝는 틀림없이 잘―拜領했읍니다. 오늘 別
途 更生園 保導課長名義로 一金參圓也를 振替送金했으니
히받고 또 내가할수있는건 해보자는것인데, 郵稅라도 하
는맘입니다. 衣食住를 나라에다 寄依한者이니, 부끄럽습
니다마는 小生할수있는 全部입니다. 그러나 결코 無理나
억지로하는 形式에선 멀―리 떠났아오니, 믿버히 받어 주
시옵기 伏望합니다. 이제 또 언제 글월을 올릴넌지 모르겠
읍니다. 결코等閒해진건 안이지마는 自然그리됩니다. 前
같이 자조 問安였든지 못하오니 더욱 敬慕하옵는맘은 더욱
간절해저 이맘을 힘쓸어 主앞에 드릴때 前에 몇倍以
上, 聖朝가 기다려지고 愛情이 생기고, 耽讀하게됩니다.
그럼, 患難이 더욱 苦할 이해, 先生님 늘健勝하신몸으
로 늘勝利하시옵길 祈禱하고 있겠읍니다.

一月五日 낮

×××拜上

一九

罪人만을 爲하야 [第二十二回]

A·J·럿셀 著

趙 聖 社 譯

第十章 옥쓰포드家庭集會

이지음 나는 八年동안이나 勤務하여온 新聞社를 그만두었다。그리고 오래동안 미뤄오든 아메리카訪問을 實行하기前에 전보다는 좀 적은 某新聞社에서 일을 보고 있었다。나는 푸랭크의 협력을 얻어가지고 옥쓰포드그룹에 關한 련속記事를 내볼려고 한번더 게획을 하였다。

푸랭크는 내가 그의 권고를 듣고 그가 남더러 맞나보라고한 사람을 맞나보았다는 것을 알고 있었다。이제는 옥쓰포드그룹의 모든 事實을 나에게 말겨주어도 일없으리 만침 나의 靈的生活이 깨끗하여졌다고 푸랭크가 생각할가 하는것이 아직 疑問이였다。그러나 푸랭크는 確實히 그렇게 생각해 주었다。위그러나하면、한번내가 市外電話로 그를 불러냈을때 지금 옥쓰포드에 하우쓰파ー틔가 시작되었으니 나려와서 일을 着手맡기라고 말어버렸다。勿論 푸랭크가 이美會全體에 있어서 重要한 人物이라는 것을 내가 몰랐든 것은아니다。그는 우리를 내가 생각하고 있는 사람들에게 紹介하지를 않고 그룹에서 有力한 다른 몇사람을 뽑아가거고 우리를 맞게해주었다。이같은 事實은 우리의 常識에는 좀 어그러지는 것 같으나 靈導를 따라 울즉이는 사람들과 일을 하는데는 흔히 있는 事實이다。

뿐만 아니라 점심 시간에는 베이뫽·마가레트會舘에

옥쓰포드에서 열린 一九三一年度 하우쓰파ー틔에 나는 두번 나려갔었다。한번은 事件을 記錄하기 위하여서였고 둘째번은 나의 친구를 몇사람 소개하기 위하여서였다。

十二日間 열리였든 이 하우쓰파ー틔에 내가 두번째 訪問을 하였을때 나는 하나님에게 獻身한 이 人間技師의 徹底한 方法에 대하여 더한층 認識을 새롭게 하였다。나는 나의 친구들에게 내가 이미 알게된 그룹의 사람들을 몇사람 맞나보게 할려다는 것을 푸랭크에게 이야기 하였다。푸랭크는 그러면 그것은 自己에게

하여 주기를 아주 열심히 바라는 모양이었다。당시 내가 指導하든 新聞은 내가 辭免하고 나온 新聞보다는 有力하지 못한것이였음에도 불고하고 그는 이같이 런

二〇

있는 敎授食卓에다 나의 자리를 하나 잡어놓아 주었는데 自己하고 어면 靑年하고 사이에다 잡어 주었다。 이靑年이라는 사람은 내가 이전에 푸랭크에게 告白한 것과 마찬가지의 征服할 問題를 가지고 있었다고 푸랭크가 생각하는 사람이었다。 그러기 때문에 보통 주인이 손님에게 대하여 하듯이 재미있는 談話나 하면서 접심 먹는 동안의 한가한 시간을 보내는것이 아니라, 푸랭크는 내 귀에다 대고 나의 원편에 앉은 靑年에 대하여 어떤 要點을 가만히 이야기해 주었다。 그리고 나의 지나간 경험 이야기를 自叙傳的 方法으로 부지런히 이야기해 주라고 命令하였다。 이 自叙傳的 方法이라는것은 그룹과 初代의 使徒들에게 共通된 方法이다。

푸랭크는 이같이 自己의 친구들을 갖다가 다른 사람을 위하여 일을 하도록 맨드는데는 여간 열심이 아니다。 그리고 그方法은 언제나 兩便에 共通된 問題에 對하여 自己의 經驗을 이야기한다고 하는 單純한 方法이다。 나는 마음에 푸랭크에게다 素人傳道團의 組織者라는 功勞로 勳章을 주었다。

다。 그러나 나는 아무래도 結果가 樂觀되지 않었다。 나는 聖靈께서 말을 하라고 强要하는것을 느끼지도 못하였고 또 말을 할려고 하여도 말이 잘 나오지도 않었다。 그뿐만 아니라 이 靑年은 自己 周圍에 自己를 에워싸고 있는 여러가지 罪를 除去할려고 하는데는 全然 關心을 가지지 않고 오히려 그것은 罪가 아니라는것을 證明하는데 훨신 더 興味를 가지고 있었다。 —即 이것은 나도 처음에는 가지고 있든 생각이었다。 나는 나의 생각을 變化시켜준 聖句를 新約에서 한두군데 引用할려고 하였으나 늘 외이든 句節도 하필 이때는 하나도 똑바로 생각이 나지 않었다。 이때에 또아가 핵 열리며 그룹에 關한 나의 첫 記事가 실린 新聞을 가지고 어 세칼레지를 움즉여놓기로 委任을 받은 우리社의 編輯局員 한사람이 요란스럽게 드러와서는 新聞을 팔며 食卓의 周圍를 도라다니는 바람에 나는 더욱 정신이 혼란하여 졌다。 나는 이러는 동안에도 푸랭크의 命令下에 나의 옆에 앉어있는 靑年의 靈魂을 治療해 불려고 애써보았다。 그의 靈魂의 病이라고 하는것은 自己는 최가 아니라고 말하는 최를 범하는 것이었다。 쩌낼리스트로서 이런 일을 하는것은 一種의 冒險이요 調和되지 않는 일이다。 나는 점々 더 거북한 境遇에 부닥쳤다。 나는 어느

罪人만을 爲하야

나는 숨을 돌려가지고 나의 옆에 앉은 靑年에게 얼굴을 向하여 (이靑年은 나의 아는 사람의 아들 이었다。 即 나와 같은 出版所에서 著書를 出版하든 사람의 아들이었다) 그에게 무슨 도움이 될려고 努力하였다。

二一一

罪人만을 爲하야

새에 전에 이一든·칼레지의 校長이었든 로우든·해밀톤하고 이야기를 시작하게 되었다。이사람은 理想的 近衛士官 타잎의 優秀한 風彩를 가진 사람으로서 나에게 本書에도 前에 어느章엔가 記錄한일이 있는 푸랭크가 옥쓰포드에 出現하게된 事實에 對해서 이야기해 주었다。점심은 끝나고 사람들은 다 헤여저 가버렸는데도 우리 둘은 如前히 談話를 게속하고 있었다。내가 푸랭크의 親切한 指導下에 유쾌한 時間을 보내고 있을것 이라고 나는 생각하였다。로우든·해밀톤은 아주 재미 있는 사람이었다。나는 生각이되었다。왜 그러냐하면 普通 素人傳道者들은 대개 傳道者의 냄새가 나는법이나 이사람은 어느모로 보든지 自己가 傳道者인 척하는 態度를 조금도 보이 지않는 것이었다。

나는 그의 貴族的으로 생긴 容貌를 잘 되려다 보 았다。그리고 그의 貴族的인 普聲을 잘 들어보았다。 그리고 그의 貴族的인 動作을 注意해 보았다。그리고 는 혼자 속으로 이렇게 생각하였다。「당신은 아무리 보 아도 傳道를 하는 사람이라고는 믿어지지 않소。」그러 나 로우든·해밀톤은 그룹에서도 가장 完全히 써렌더 한 사람의 하나요 가장 徹底하게 獻身한 사람의 하

나이다。그는 참으로 偉大한 人物이다。（本書의 뒤에 나 오는 그의 罪에 關한 이야기를 읽어보기를 바란다）。 그는 가장 嚴格한 自己訓練을 通過한後 自己의 「無限 大의 所有」를 拋棄한 사람이다。그리고 또 그는 「完全 히 自制」할수 있는 사람이요 自己가 남을 도아주는데 무엇을 물론하고 妨害가 되는것이면 容納지를 않는다。 그는 하나님을 絶對로 믿는것을 배웠고 恒常 自己의 生活을 聖靈의 靈導에다 맡기고 나아간다。

× × ×

新聞公開에 對하여 푸랭크의 가지고있는 態度를 내 가 알게된것은 相當히 오랜後의 일이었다。新聞은 依 例히 數에 依하여 判斷을 하였고 이運動의 精神的 特 質이나 푸랭크가 個人의 生活에 對하여 일우은 偉大 한 功績은 깨닫지 못하였다。처음에는 여러 新聞들은 嘲笑를 하였고 批評을 加하였고 그리고 暴露를 할려 고 쓸데없는 企圖를 하였다。事實은 暴露할 아모것도 없는것을。언제든지 신령한 靈的運動이 일어나면 어드 런 種類의 攻擊者이든지 모두 똑같은 攻擊을 여기에 向해서 加한다。그것은 이제까지 英國에서나 米國에서 나 영터리指導者들이 가짜宗敎運動을 指導하고 있는 事 實을 보아왔기 때문이다。特別히 驚歎할 事實은 어드 런 新聞은 참것과 가짜의 區別을 할 能力이 全然 없

三二二

다고 하는 것이다.

간혹 가다가는 新聞의 批評도 個人의 批評과 마찬가지로 宗敎的敎理의 强烈한 挑戰때문에 일어나는수도 있기는 있다. 그러나 보통은 그렇지 않은것이다. 新聞은 새로 일어나는 運動에는 그것을 贊成하는 사람보다는 嘲笑하는 사람들이 며 많다고 하는 事實을 잘 알고있다. 그리고 또 時間이 經過할수록 一般이 認定을 하게되고 하나님의 選民들이 後援을 하게되여 그運動의 成功을 믿을수있게 되기까지는 新聞도 大概 大多數의 便을 따르는 법이다. 新聞도 亦是 俗人들의 하는짓이 기뻐哭이다. 新聞으로써 새宗敎運動을 勇敢하게 調査해보고 그것을 擁護한다고 하는 危險을 스스로 擇하는 일은 별로 없다. 記錄에 依하면 무ー듸의 英國 到處에서 無數한 사람들 사이에 有力하고 永續的인 結果를 매졌다는 것을 알수있다. 그러나 무ー듸亦是 처음에는 新聞의 反對의 洗禮를 받었든것이다. 그가 英國에 到着하여보니 그를 招待하였든 셰사람은 그게 頓智있게 對答하였다. 이 가 承諾을 하고 英國에 到着하기까지 六個月동안에 세 대답에 에드워드王은 크게 우셨다고 한다. 그러나 사람이 다 죽고없었다. 이事實은 그의 成功을 一層더 뚜렷이 빛나게 하는것이다. 그래서 무ー듸는 돈도 없고 背景도 없이 荒漠한 들에서 그의 偉大한 十字軍을 일으쳤든 것이다.

救世軍의 윌리암・뿌ー스大將의 경우도 마찬가지로 에 드워드七世가 老齡의 그를 招待하여 社會最下層의 사람들을 위하여 수고한 그의 事業에 對하여 致賀한 일이 있은後에야 權威있는 某英國新聞이 大將이라는 말에다 括弧를 부치지않게 된것이다.

나는 해들리・우드에 있는 뿌ー스大將의 宅에 손님으로 갔을때 그의 입으로부터 直接 救世軍의 初代大將으로서의 그의 開拓者의 經驗을 들은일이 있었다. 이 눈먼 老戰士는 自己이야기의 特別히 힘을 주는데 가서는 그 뼈만 남은 손으로 나의 무릎을 두드려 가면서 이야기를 하였다.

뿌ー스大將에게 老大將에게 敎會의 監督들・하고는 사이가 어드렇냐고 물었다.

「陛下여, 그들은 우리의 임내를 내고있읍니다.」 하고 大將은 敎會軍(救世軍보다 數年 뒤떠리져서 (一八八二) 英國々敎에서 貧民窟의 浮浪者들에게 傳道를 目標로하고 組織한 軍隊式의 機關──譯者註)을 聯想하며 이렇고 英國々敎에서 貧民窟의 浮浪者들에게 傳道를 目標로하고 에드워드王은 크게 우셨다고 한다. 그러나 뿌ー스大將도 큰 嘲笑와 迫害를 받 었었고 풀리ート街(新聞街)에서도 그다지 支持를 받지 못하였다.

罪人만을 爲하야

罪人만을 爲하야

自己의 理想을 徹底하게 理解하며 그것을 잘못 傳하지 않으리라고 믿을만한 쩌-날리스트를 利用할려고 하는 푸랭크의 希望은 過去의 經驗을 비추어 보아서든 完全히 理解할수 있는것이었다. 健全하게 생각해 본다면 쩌-날리스트에게도 도움이되고 이運動에도 도움이 될만한 最善의 方法은 쩌-날리스트를 改變시켜놓는것이다.——萬一 그들에게 改變의 必要가 있다면? 우리는 大槪 信仰的으로 無感覺한 사람들이 기패문에 一般的으로 改變을 해야겠다고하는 쩌-날리스트가 改變을 하였다 람은 아마 없을것이다. 쩌-날리스트가 改變을 否定하는 사고하는 比率은 아마 稅吏가 改變한 比率보다도 적을 것이다.

내가 옥쓰포트·그룹에 關한 記事를 실은 론돈新聞 은 發行部數가 내가 고만둔 新聞의 廣大한 部數에 比하면 적기는 하지마는 새運動을 擁護하였다고하는 點 으로보면 成功이였다. 우리는 社員도 적었고 廣告費도 別로 없었다. 그러나 發行部數가 갑자기 쑥 뛰여 올라갔다. 이 事實을 보고 나는 이렇게 생각하였다. 萬一 以前新聞社에 있을때처럼 얼마든지 맘대로 쓸만한 資金을 가지고 이記事를 大規模로 連載하였다고 하면 이번에도 나는 또한번 쩌-날리스트로서의 굉장한 成功을 하였을것이라고 생각하였다. 그렇지마는 當

時 내가 얻은 成績만도 決코 적은것은 아니였다. 一般에게 그룹에 對해서 關心을 일으킨것이 當時에 있든 그룹의 指導者들만으로는 미처 수습하지를 못할 程度였다.

우리는 이 새記事를 始作할때 다음과 같은 題目을 第一面에다 「三段拔키」로 特筆大書하였다.

「놀랄만한 宗敎的 家庭集會──於 옥쓰포드」
（第六面記事 參照）

그리고 그 아래에다 다음과 같은 副題目을 부쳤다.

「옥쓰포드의 新宗敎運動」
「信仰과 祈禱로 살어가는 學士들」
「煽動的 共産主義者의 改心」

記事의 要點은──過去二週日동안에 옥쓰포드大學의 세칼레지에서 巨大한 國際的 하우쓰·파-틔가 열리였 는데 이것은 將次 世界的으로 놀랄만한 信仰復興을 일으키게 될는지도 모르겠다고 하는것이었다. （게속）

二四

딸과 아들•아들과 아버지

「아버지 아버지 一圓만 ㅠ서요。專門按摩라도 이以上해 더잘해 드릴수는 없읍니다 네! ……」

이것은 아버지의 조여주는 어깨를 按摩하는 딸第二號가 自己의 技能을 자랑하는 要求였다。連하야 가르되

「정손아 정손아 너도 돈 달래 응! 꽤 잘하는데」

이것은 차례로 번가러드더 按摩하는 長男에게 하는 그 누이의 코-취이다。이때의 딸第二號는 高女第二學年, 아들은 國民學校第一學年。아들의 對答은 이러하다。

「아버지가 날마다 먹여주시고 입혀주시고 學校에 보내주서도 내가 드릴 돈이 없어서 못드리는데……또 돈을 달래? 그래!……」

하고는 그 누나를 노려본다。神經痛인가 疑心하면서 어깨를 左右前後로 썰워보며 저울질해보든 아버지 속에서는 數없이 홀로 곱씹기 시작했다——딸과 아들、딸과 아들、딸과 아들……라고。

딸도 나면서부터 딸이었거니와 아들은 나면서부터 아들이다。딸은 그래서 딸이오 아들은 그러니 아들! 딸은 줄수록 더 달라거니와 아들은 준것이 하날도 없으되 이미 모든것을 가졌었다。

딸은 하나식 달라고 하나 아들에게는 한번에 주었더라。달라고해서 준것은 주었드든 意識이 새롭거니와 要求없이 준것은 안준것 남김없이 주고서도 다준줄 意識못하게 주었더라。

딸은 아버지의 코 까지 떼여달란다고(수저 집 하겠다고)해서 끔직해 하건마는、아들에게는 집도 몸도 눈도 귀도 모다 주었건마는 그래도 준줄 모르는것이 아버지이다。아들과 아버지! 아들과 아버지!……。

數없이 아들과 아버지! 아들과 아버지!……라고。

아들과 아버지……「염불」해보라。아들과 아버지!

여호와 하나님을 아버지로 부르고 스스로 獨生子로서 處하신이의 말슴을 들으라。

너이가 나를 알었드면 내 아버지도 알었으리로다……

……나를 본자는 아버지를 보았거늘 어찌하야 아버지를 보이라하느냐。나는 아버지 안에있고 아버지는 내 안에 계신것을 • 네가 믿지아니하느냐。내가 너이게 이르는말이 스스로 하는것이아니라、아버지께서 내안에 계셔서 그의 일을 하시는것이라。내가 아버지안에있고 아버지께서 내안에 계심을 믿으라。

云々(요一四•七—一一)。새끼 꼬인것같이 아들과 아버지가 엉크러저 있지않은가。

【聖書朝鮮】第二百五十七號　昭和五年一月二十八日　第三種郵便物認可　昭和十七年二月一日發行　每月一日一回發行

柳達永著

4 崔容信小傳 （價五十錢）（送六錢）

崔容信小傳讀後感
—— 어떤大學豫科生의 편지 ——

自己를爲한것이아니라 平生남을爲하여、燦爛한都市에서가아니라 暗昧한農村에서、그리스도를 本받아 人生에 對한 燦爛한 生涯의實記은 반드시 人生에 對한 興味와 所望을 얼마前에 第三版出來。

…… 그리고 共鳴. 崔容信小傳을 사다가 읽었는데 정말 感歎하였읍니다. 人間的의偉大한要素인 金錢 健康 理性 腕力 이런것을 通하야 나타나매 우리의 偉大한 露骨的의 表現이었읍니다. 崔嬢의意志가 곧 하나님의意志 이었든것을 明白히 알수가 있었읍니다. 하나님의意志가 崔人을 通하야 나타나니만 偉人의意志만이 非合理的인 無理한 感까지 나타나서 赤裸々하게 나타나는 하나님의『힘』의 赤裸々한 露骨的表現이었든 나님의『힘』의 世界와 因緣이 멀은 健康 理性 金錢 腕力 그것이 하나님의뜻에었든것을 認識하기 어려운데、崔嬢의境遇에는 나타나서 도리어. 이런일이 정말 友人들에게 紹介하였드니 하면서 매우 좋다고를 합니다. 當肆에는 品切되였아온데 或 先生님宅에는 品切되였아은데

希臘語講座에關하야

本誌에十餘回連載中이든바 新約聖書希臘語講座는 그活字를 補充하고저 東京까지 註文하이든바 鉛統制에關한 規定에依하야 京城안에 購入할수없이되었고、只今은 企圖中에 있나이다. 可能한일이라면 初志完遂코저 新願中이오니 多少의物의 犧牲이 있더라도 字母를製造하기를 可能한일이라면 初志完遂코저 新願中이오니 多少의物의 犧牲이 있더라도 좀더 기다려주시오.

殘部가 좀 있을른지요？ 只今은 한권으로써 둘며 보는中이올시다. 云々.

2 無敎會 咸錫憲著 （價十五錢）（送三錢）

無敎會主義（即참福音主義）의 理論과 實際를 가장簡潔하게 說明한것이다.

3 內村鑑三先生과朝鮮 咸錫憲、金敎臣共著 （價三十錢）（送六錢）

內村鑑三先生의 昇天十週年紀念에際하야 우리無敎會의信仰의 由來와內容을 論文들을 和譯하야 出版한것

1 山上垂訓硏究 金敎臣著 全 四六判二七〇頁 定價一圓 送料九錢

5 푸로테스탄트의精神 咸錫憲著 （價十五錢）（送三錢）

1과 5 二種은 品切되였다.

本誌定價
一冊 　貳拾錢
六冊 　前金一圓二十錢
十二冊（一年分） 前金貳圓四拾錢
前金直接注文은 京城
振替貯金口座京城一六五九四番
又는 牡丹江九五二番 聖書朝鮮社로

取次販賣所
京城府鍾路二丁目九一 敎文書館
東京市麴町區九段坂 向山堂書房
和信（京城府） 茂英堂（大邱府）

昭和十六年一月二十八日 印刷
昭和十七年二月一日 發行

編輯兼 金敎臣
發行者
京城府外崇仁面貞陵里三七八
（京城、光化門局私書函第一八號）

印刷者 李相五
京城府仁寺町一二九ノ三

印刷所 大東印刷所
京城府仁寺町一二九ノ三

發行所 聖書朝鮮社
京城府外崇仁面貞陵里三七八
（京城、光化門局私書函第一八號）
振替口座京城一六五九四番
牡丹江九五二番

【本誌定價二十錢】（送料五厘）

昭和十五年一月二十八日(第三種郵便物認可)
昭和拾七年三月一日發行(每月一囘一日發行)

金教臣 主筆

聖書朝鮮

第壹百五拾八號

昭和十七年(一九四二)三月一日發行

目次

銃後生活と奢侈品

昨年七月七日支那事變勃發三周年を期して、內地に於ては奢侈品等の製造販賣制限規則が實施され、我が朝鮮に於ても內地に呼應して七月二十四日府令第一七九號を以て發布せられ即日より施行された。

新國民生活體制を確立し舉國一體國家の總力を發揮し國體の本義に甚く國防國家建設には、大に國民生活の刷新、戰時生活の確立の聲は既に久しいが、都會生活の消費者等を見るときは、必ずしも十分の效果を擧げてゐるとはいへない。今迄の生活の自由の夢を追つて、統制への不平不滿を衷心懷く者も絕無ではない。然しながら戰へる世界のどの國も生活の戰時態勢化が斷行されてゐない所があらうか。獨逸の大勝利の蔭には吾人の想像だにも及ばない犧牲的不自由な生活に甘んじてゐる事實を見逃してはなるまい。凡そ奢侈逸樂を事として興隆せる國家は未だ曾て之を見ないのである。

惟ふに我が銃後國民生活の現狀を顧みると通貨の膨脹が購買力の增大を誘發し、殊に股販產業方面に於ては生活樣式の奢侈化に拍車をかけた事實は否めない。一方に於て物資の一

大消耗が行はれて居る場合、日常生活に於て平時と同じ質と量との物を欲求することは許さるべきでない。戰時には戰時に相應しい生活樣式がなければならぬわけで、銃後の國民としては最少限度の生活に甘んずべき責務があるのである。

故に於て政府は生活必需品等の消費規定に關し不急不要品又は奢侈贅澤品の生產、製造及販賣を制限又は禁止すること或る程度の必要性あるものと雖其の物の原材料が重要生產資材又は生活必需品資材なる場合に於ては右に準ずることゝなつた。

强盛之道

爾悔改安居 方可得救 靜默仰望 方可强盛（이사야三〇·一五）

人間은 個人으로나 團體로나 모다 强盛하기를 希求하여 마지않는다。權勢의門前에 市를 이루도록 訪客이 來往

함도 스스로 强盛을 圖謀하는 무리들의 運動이오、職을 잃은때나 健康을 傷한때에 焦燥함을 制止치못하고 날뛰

는것도 强盛을 時刻바삐 恢復하려는 發動이며、致勢擴張이라 信仰復興이라해서 大學速效를 걷우고저함도 또한 强

盛의道를 追求하는點은 서르一般이다。人間의道는 勤해야 되는줄로 알고 不然하면 無能이라한다。

그러나 信仰의道、하늘나라의法은 이와 다르다。이스라엘百姓이 四圍政局의壓力에 눌려서 이럴까 저럴까 向

方을 찾지못해 或이나 애굽의威勢로써 나라를 救해 볼까하여 갈팡질팡 할때에 先知者이사야의 입을 빌어 宣布하

신 信仰의道는 이러했다。

「너이가 도리켜 安定하여야 救援을 얻을것이오、잠잠하고 의뢰하여야 힘을 얻으리라」

고。危急한 때일수록、虛弱함을 느끼는 때일수록、여호와 하나님께 도라와서 前非를悔改하고 安定을 얻을것이오

不平을吐露하야 사람과 世上과 하나님을 詛呪하기보다 먼저 靜肅하며沈默으로써 待望의姿勢를 取하고 젔어야

할것이다。이것이 信仰의道의 强盛의秘訣이다。天的生涯의 軌道이다。

使徒바울이 메살로니가人들의 日常生活을 指導할때의 第一條는 實로 「靜默」이었다。信仰이 적다고 걱정말고 于先「靜

默」하여 仰望하라。그리하면 救援이 이슬 같이 臨함을 볼것이오 强盛의能力이 샘같이 솟아오름을 깨다를진저。

神을 받었노라고 날뛰지말고 事業이不振한다고 悲嘆치말고 時代가 超高速度로 變轉한다고 놀라지말고 聖

强盛之道

復活의 春

춥지 않은 겨울이 없었것마는 最近 두해 겨울은 各別히도 추운것 같었다。時間에 따라 感覺의記憶이 무디어졌

음인가 먼저 겨울보다 지난 겨울이 더춥고 더길었든것같다。江과 山과 따와 하늘까지 언것 같을때는 다시 봄

이 올것같지 않었었다。立春을 지난後로 추이가 더甚해졌을때는 永久한 겨울만이 남은것 같기도 했다。

一

弔 蛙

弔　蛙

그러나 드디어 봄은 도라왔다. 全體가 氷塊같은 地球 덩어리도 무르녹어 生氣가 돌기 시작했다. 萬物이 모다死에서 生으로 動하기 시작했다. 이렇게確實하게 現著하게 生命으로써 臨하는 봄을 어제, 永遠히 안을것으로 當해보고

一年에 一次식 春夏秋冬의 循還을 치루기가 무릇四十餘回를 거듭하였어도 當하기前에는 안을것 같고 當해보고는 그 絶大한造化에 驚倒하게되거늘 一生에——前萬古後萬古에——한번만 通過할수있는 죽엄의 冬과 復活의

春을 오히려 疑訝하기로서 구태여 꾸지람할것 있으랴.

모진 凍結은 苦痛과 絶望을 深刻케 하나 春陽의 기쁨을 絶大하게한다. 지금 우리에게 臨하는 모든 凍傷은 春陽의 復活을 確的히 하고저하는데 없을수없는 課程이다. 우리의所望은 오직 復活에 있었고 復活은 봄과같이 確實히 臨한다.

二

昨年 늦은 가을以來로 새로운 祈禱터가 생겼었다. 層岩이 병풍처럼 둘러싸고 가느다란瀑布밑에 적은潭을 形成한 곳에 平坦한磐石하나 潭속에 웃아나서 한사람이 꿇어앉어서 祈求하기에는 天成의 聖殿이다.

이 磐上에서 或은 가늘게 或은 크게 祈求하며 또한 讚頌하고 보면 前後左右로 엉기엉기 기어오는것은 潭속에서 岩色에 適應하야 保護色을 이루운 개구리들이다. 山中에 大變事나 생겼다는 表情으로 新來의 客에 接近

하는 친구蛙君들 때로는 五六마리 때로는 七八마리.

이렇게 隔阻하기 數個月餘!

늦은 가을도 지나서 潭上에 엷은 어름이 붙기 시작함에 따라서 蛙君들의 起動이 日復 日復 緩慢하여지다가, 나종 두꺼운 어름이 透明을 가리운後로는 祈禱와 찬송의 音波가 저들의 耳膜에 닿는지 안닿는지 알길이 없었다.

봄비 쏟아지든날 새벽 이 바위들의 氷塊도 드디어 풀리는날이 왔다. 오래간만에 친구蛙君들의 安否를 살피고저 潭속을 굽으려 찾었드니 嗚呼라 개구리의 屍體 두세마리 潭꼬리에 浮遊하고 있지않은가!

짐작건대 지난 겨울의 非常한 酷寒에 적은潭水의 밑바닥까지 얼어서 이 慘事가 생긴모양이다. 例年에는 얼지않었든

데까지 얼어붙은 까닭인듯. 凍死한 개구리屍體를 모여 埋葬하여주고 보니 潭底에 아직 두어마리 기어다닌다.

아, 全滅은 免했나보다!

데살로니가前書講義 (八)

金　敎　臣

實踐的訓戒 [二] （四・一-五・二四）

其二、友愛와 勤勉 （四・九-一二）

（九） 형제사랑에 관하여는 너이게 쓸것이 없음은 너이가 친히 하나님의 가르치심을 받어 서로 사랑함이라

[형제사랑] 뜻은 「兄弟를 사랑한다」는 것이나 아주 할것이다。이것을 單 한字로 되여서 매우 含蓄性이 豊富한 字이다。이것을 「友愛」로 譯하여도 벌서 稀薄해진 感이 不無하다。

[兄弟사랑] φιλαδελφία 라는 名詞가 생겨진데에 注意할것이다。

實踐道德의 第一步로 淫行에서 떠나서 淨潔한生涯를 하라고 웨친 바울은 그 第二步로 友愛의 德을 高唱한다。사람은 淨潔의 目的을 達하기 어렵고、도리어 한거름 나아가가 正當한愛情을 發動시킴으로써 完全한 淨化에 達할수있었다。

友愛와 勤勉

生物學者가 「사람은 때때로 陶醉를 要求하는 本能이 있다」고하면서 支那婦人의 「纏足」처럼 飮酒의 癖을 삼었거니와、果然人間은 스스로 飮酒의 癖을 包圍 結縮하기만 해서 되는일이 아니다。人間은 亦是 사랑을 서로 고 받고 하기를 欲求하는 本能을 가졌다。사람은 그 愛情을 邪惡하게 發動시키면 淫行에 떠러지는것이오、愛情을 高貴하게 發動시켜 「兄弟사랑」으로서 表現되면 管仲鮑叔과 같이 다윗 요나단과 같이 東西古今의 規範으로 不朽의光輝를 發動하는것이다。

[하나님의 가르치심] θεοδίδακτοι 바울은 淫行을 버릴것은 自己가 가르쳤으나、「兄弟사랑」은 하나님께서 親히 가르키셨다 한다。「兄弟사랑」이란것은 特히 그리스도를 救主로 믿는兄弟間의 사랑을 말함이오(로마 一二・一〇、히브 一三・一、벧前 一・二二、벧後 一・七〉또 여기서 바울이 말하는 사랑이란것은 單只 無形한心的 好意를 가지는程度에 끊치는것이 아니라、信仰을 함께 하는者의・貧乏까지 扶助하는 其形한 사랑을 意味하는 것임을 次節을 읽어보면 明確하다。

이러한 「兄弟사랑」은 人間의敎訓으로써는 動力을 줄 수없는 것이다。사랑의本體이신 하나님을 믿고 사랑해보고 또 하나님의 사랑을 받어서야만 배울수있다。하나님께서 聖靈의交通으로써 感動케 해주셔서 「속사람」이

三

425

데살노니가前書講義

四

淨化된良心에 根源한 實際的 知能으로 주신것이다。그럼으로 「하나님가르침」이라는 特別한 單字가 使用되었다。

[너이게 쓸것이없음……] 이것이 바울의 微妙한 修辭인데 바울의 書翰中에는 이런例가 드물지않다(五・一、고后九・一、빌레몬一九)。勸戒를 받는이들의 自進해하는 心服을 얻기爲하야 神經을 이렇게까지 纖細히 周到하게 使用하였다。

(十) 너이가 온 마게도냐 모든 형제를 대하여 과연 이것을 행하도다。형제들아 권하노니 더 많이하고

前節에 말한것을 歷史的實例로써 確認케 하고저한다。

[온 마게도냐 모든 형제] 데살로니가 教人들의

[형제사랑]은 偏狹한 團體(教會)에만 局限하는 宗派心에 獨善主義에서 나온것도 아니오 地域的으로 城을 쌓고 滿足하는것도 아니었다。親히 하나님께서 가르침을 받은 健全한 「兄弟사랑」은 적어도 能히 全마게도냐를 삼키고 남는 種類의것이었다。

[과연 이것을 행하도다] καὶ γὰρ ποιεῖτε αὐτὸ 것이라 함은 前節에 있는 「사랑」을 가르침이다。「행

兄弟사랑에 關하여는

하도다」는 그 사랑을 具體的으로 나타내였다는 뜻이다。「果然 사랑을 몸수 實踐하도다」라는 이 一句가 本節가운데서 第一 高調하여 읽어야할데이다。

[더 많이 하고] περισσεύειν μᾶλλον 本章 第一節에 있든 「더욱 많이 힘쓰라」는 字와 同一한 字이다。데살로니가信徒들은 「兄弟사랑」에 關한限 이미 史上에 證明濟인것을 言明하고있었는 바울인데 그래도 「兄弟사랑」을 더하고 더하려고만 하는것이 바울의 넘이이다。하나님의 恩惠를 求하는 일에 關하여는 바울처럼 貪慾이 많은 사람은 없다。저에게는 滿足感이 없고 停止點이 없이 오직 標준를 向하야 永遠히 다름박질만 한다。

友愛의 德에 關하야 가르키지않은 聖賢이 없고、高調하지않은 宗教가 없으나、아무리 보아도 公正하게 判斷하는限 基督教보다 이德을 더高調하는 教訓은 古今에 絶無한듯하다。基督教는 친구를爲하야 목숨을 바치기까지 事實 예수를 主로 믿는곳에는 自古及今에 아름다움 友愛의 結實이 반드시 맺쳤다。

그러나 오직 [無教會에는 사랑이없다]는 말을 教會안밖에서 자주 듣는다。萬一 정말로 無教會에 「兄弟사랑」이 없다면 그것은 一種思想일넌지는 모르나 예수의

426

宗敎는 아니라고 斷言해도 無妨할것이다。다만 斷言을
네리기前에 두가지 할일이 있었다。一은 「兄弟사랑」이란
밀크(牛乳)、빠더(乳脂)、도야지순대 等으로써 聯想되는
것같은 비기찬 것뿐이 아니라、김치、깍두기、「澤庵」같
은것 또는 「淡如水」라는 種類의것도 있다는것을 알것
이다。二는 「와 보라」는 것이다。無敎會의 本産地인 內
村門下에서 「兄弟사랑」을 못본다면 저는 낯을 해빛을
못볼것이오 밖에 별을 못볼진저。

(一一) 또 너이게 명한것 같이 종용하야 자
기일을 하고 너의 손으로 일하기를 힘쓰라
하야는 註釋家의 異說이 많다。文法上으로는
以下二節(十一、十二)과 以上二節(九、十)의 聯結에關
이 一連되였음으로 十一、二節도 「兄弟사랑」에關한 添
訓이라고 解하고저하니 이는 文章의外形을 主로한議論
이오、內容으로 보아서 「兄弟사랑」과는 全然獨立할 別
個의 새敎訓을述한것이라고 解하고저하니 이는 文章의
精神을 主로한 解釋이다。우리는 後者를 따르고저한다。

[종용하야] λοτιμεῖσθαι ἡσυχάζειν
外國語에는 文字配列의 順位에 따라 그意味의 強弱이 表
示되는것임을 누구나 잘아는바이다。「종용하야」라고譯한
字가 原文에는 本節初頭에 있다。그러면 그 位置로서
보든지 內容으로 보든지 「종용하라」(靜默)는것은 信仰
生涯에 가장 基本되는 態度인것을 알수있다。

만아니라 이런 短句를 바울의 넘이대로 그呼吸을 맞
추어譯하지못하는것은 知識問題보다도 信仰의質과傾向의
問題이다。社會的 政治的 勢力을 얻을수있는데로 얻고저
東奔西走하며 大會니 擴張事業이니 하면서 날뛰는 淺
薄한 무리들에게는 十年二十年을 읽어도 이一句의傳하
는 바울의本意──종용하게 살고저 野心을 품으라──는 永
遠한 수수꺼끼밖에 안될것이다。

[자기 일을 하고] πρασσειν τα ιδια 두가지로 解
할수있다。一은 他人의 일에 쓸데없이 泰干하지말고 自
己앞에 닥치는 義務를 먼저 힘쓰라는뜻。二는 自己의
所任에 ──비록 그것이 衣食을 求하는 職業에 不過한
小職 賤業으로 보일지라도──또한 同時에 한
이렇게 두가지로 分別할수도 있으나、自己의 所業에 忠實된사람은 他
가지로 解할수도 있었다。自己의 興味도 없는 法이오、他人의
人의 일에 干涉하기를 일삼는人間은 自己의所業에 꾸
是非泰干할 餘裕도 없는 法이오、他人의 所業에
준할수없는 까닭이다。어쨌든 世上風聞에 귀를 기우리

[靜肅한生涯를 너의 野心으로 하라]라고 譯해야할 文
면 「종용하게 살고저 너의 野心을 품으라」든지 또는
字이다。매우 強烈한意味와文句인데 이것을 그저 「종용
하야」라고 매디없이 힘없이 譯한것은 아주 拙譯이다。뿐

友愛와 勤勉

五

데살노니가前書講義

지말고 自己所業을 天職으로 알고 前後左右로 눈팔지 않는生涯, 이것이 信仰生涯의 一大秘法이다.

[너의 손으로]라고해서 반드시 「手工業」이라는 뜻이 아 $\dot{v}\mu\tilde{\omega}\nu$. 지게 지는일도 可하며 主로 步行配達하는일도 可 하고 또는 主로 机床을 對案하여하는 所謂 「內務」든지 要컨대 遊而徒食하지 말고 各 其應分의 「勞働」을 하라는 뜻이다.

但 世上에서 所謂 高等한 職分이라는 것보다 微賤하다 고하는 肉體勞働편이 一層有助한 福音眞理를 깨닫는데에 것은 事實인듯하다. 이는 예수自身께서 貧寒한木手이었 고, 바울等使徒가 모다 天幕職工或은 漁夫農夫였을뿐더러 天下人間은 모주리 땀흘리며 勤勞하야 살겠끔 된것이 世界와宇宙의 公共한法則인 까닭이다.

[또 너이게 명한것같이] 原文에는 이一句가 本節 의 꼬리에 붙였다. 바울의實生活을 命한것이었든것을 알수있다. 勿論 이一句는 勞働하라는 것만이 아니라 「종용하기를 힘쓰라」는 것과 「各其 自己의일을 하라」는것도 命했다는뜻이다.

[아모 궁핍함이 없게] 이一句는 前節下半 「너의 손으로 일하기를 힘쓰라」는 結果를 말함이다. 勤勞의 生活은 宇宙의 法則이다. 그法則에 合當한結果로 窮乏한 이 없었든것은 生活의 獨立이 있은後에라야 思想과信仰의自立이 意味한것이오、 生 活의 獨立이 있은後에라야 思想과信仰의自立이 있을수있 다. 信仰이라면 依賴心을助長하며 宗敎의盛한社會에 懶

六

걸리지않다싶이 되여서 空然히 勤搖하며 理論과橫說로 써、無爲渡日하는 무리가 적지않었든 모양이다. 바울은 이러한 不健全한狀態를 慨嘆하야 以上三條의命을 에려 健實한生涯를 指示한것이었다.

（二二） 이는 外人을 對하야 단정히 행하고 또한 아모 궁핍함이 없게하려함이라.

[外人을] 하나님을 믿지않는 不信者이다.
[단정히 행하고] προπαντήτε εύσχημόνως 普通社 會에서 要求하는 標準에 合當하게 行하라한다。（로마 一三·一 三、고前七·三五、 一四·四〇）。基督信者라고해서 故意로 隣人 의感情을傷할것이아니며, 信者以外의人에對해서 特別히 좀 高할것이 아니오、할수있는데까지 힘써 親和할것이다。靜肅 하고저 一大野心을 품는일과 自己앞에當한일을 결눈 팔지 않고 行하는것은 「外人을對하여端正히行하는」는 所以이다.

意의根性이 支配하는것으로 아는것은 모다 健全性을喪失 한宗敎의特色이다.

집작건대 바울이 데살로니가에 傳道갔을때에 벌서 예 수의復活 再臨等 새로운敎理에接한 異邦信徒들間에는 過 度의興奮으로因하야 常態에서脫軌하며 日常職務는 손에

偉大한 要求

（大正十年十月）

하나님께서 그 아들들에게 하신 要求는 크다。가르사대「하늘에 계신 너의 아버지의 完全하심과같이 너의도 完全하라。」고 (마태福音五章四八節)。여호와 가르사대「내가 거룩하니 너의도 거룩할지어다。」라고 (베드로前書一章十六節)。이는 弱하고 不完全한 사람에게對한 要求로서는 無理한要求인것 갈이 보인다。마치 어린아이에게對하여 어른의힘을 내라고 하는것과 갈은것이다。그러나 無理인것 갈으나 無理가 아니다。하나님은 이러한 要求를 하심에 있어 이에 應하는길을 豫備하셨음에 틀림이 없다。勿論 사람은 제가 努力함으로써 하나님과 갈이 完全하게 될수는 없다。그러나 하나님에게는 或은 하나님에게 能히 하지못할것이 없다。「完全하라」함은 하나님에게 「完全케하심을 입으라」는 뜻이다。「完全하라」하라。」함도 갈은것이다。하나님은 그리스도 안에서 聖靈을 보내사 信者를 거룩하게 하시는것이다。사람은 聖靈을 받어서 自己로서 能히 하지못할바를 하는것이다。하나님은 能히 하신다。基督教道德은 하나님으로 말미암아 사람은 完全生각할바가 아니다。하나님으로 말미암아 사람은 完全하고 또 거룩할수 있는것이다。

偉大한 要求

理想과 實力

（大正十年十一月）

「우리가 다 수건을 벗은 얼굴로 거울을 보는것 갈이 주의 영광을 보매 저와 갈은 형상으로 화하여 영광으로 영광에 이르니 이는 주의 령으로 말미암음이 니라。」(고린도後書三章十八節)。

먼저 第一에 理想이 없으면 안된다。그리고 이를 實行하는 힘이없으면 안된다。크리스찬의 理想은 그리스도다。그리고 이를 實現하는힘은 聖靈이다。크리스찬은 一意專心으로 그리스도를 바라본다。그러나 바라봄만으로서는 그는 하나님의 아들이 되지안는다。聖靈은 그의 속에 움지겨 그가 바라보고있는 聖善의 美를 그의것으로 맨드신다。바울이 말함과 갈이 우리들 크리스찬은 主그리스도의 形像을 우리良心의 거울에 빛우어 이를 바라보고 그갈은 形像으로 化하는것이다。그리고 主이신 聖靈은 나의 속에서 이일을 行하신다。우리들 앞에 聖範이 提供되고 이에 合하기 爲하여 靈能을 부어 주시니 福音은 참으로 完全하도다。다만 無益하게 夢想하는것이 아니다。單只 追求하는것이 아니다。終局과 이에 達하는 길과 힘이 同時에 提供되는것이다。

七

完全과 謙遜

요한福音三章三十六節 (大正十一年二月)

曰「아들을 믿는 者는 永遠한 生命이잇다」고。原文
의 順序대로 이를 直譯하면 다음과 같이 된다。
「者는」 아들을 잇다 生命이 永遠한」이라고。

「者는」 不定代名詞다。아무라도 아담의 後裔인 者는
誰何를 不問하고 稅吏던지 罪진 사람이던지 누구던지。

「믿는」 聖子의 聖語 그대로를 믿고 하나님압해 이
바지된 信者의 代身이신 그를 받아・받드는 者는。

「아들」 聖父의 낳으신 사랑의 獨生子, 우리主 예수
그리스도。

「잇다」는 保有한다。完全히 充分히 保有한다。그리고
지금 이를・保有한다。榮光의 未來를 기다리지아니하고
지금 오늘 信仰生涯의 그날그날의 連續的實驗으로서 保
有한다。勤詞의 現在임에 注意하라。

「永遠의 生命」은 超感覺的이고 超自然的인 永久히 죽
지않는 죽엄을 이기는 生命을 保有한다。實로 簡短하
고 深遠한 眞理다。누구던지 十字架에 못박히신 하나
님의 아들을 다만 믿음으로 말미아마 지금 이生涯에
잇섯서 生命, 卽 하나님께잇는 生命을 完全
히 保有할수 잇다는것이다。아아! 얼마나 祝福할
마운 眞理가 아니냐。그리고 全世界 모든 國民들가
운대에서 부르심을 받은 많은 信者들로 말미아마 들
림없는 人生의 實驗으로서 證明된 眞理이다。

完全과 謙遜 (大正十一年三月)

八

完全은 人生最大의 所得이다。完全은 人生最大의 所得이다。그러나 完全에 危險이
따른다。完全은 吾人의 마음에 高慢과 自足을 일으킬
念慮가 잇다。이에 反하여 不完全은 이를 正當히 使
用하면 吾人의 마음에 基督敎的美德을 낳는
有益이 잇다。不完全한故로 吾人은 謙遜이란 自己를 卑下하고 그
리스도의 十字架를 吾人의 避處로한다。吾人의 實際生
活에서 吾人이 完全에 達함이 甚히 遲々함은 이까닭
이다。하나님은 모―세로써 이스라엘百姓들에게 告하여
말슴하셨다。

「그 따가 荒無하여 들즘생이 너무 繁盛할가 함으로 一
年안에 다 쫓아내지 아니하고 너의가 繁盛하여 그따
를 基業으로 얻을때까지 조금식 쫓아 내리라」고。(出
애굽記二十三章二十九、三十節)

「조금식」 恩惠가 풍성하신 아버지는 吾人의 마음속
에서 不完全을 쫓어내실 것이다。그렇지아니하면 너무
急激하게 完全히 됨으로 肉과 마음의 不完全보다 더
좋지못한 不完全이 增加되어 荒廢가 靈의 領分을 차
지하게 될것이다。그럼으로 完全의 일에 잇어서도 다
른 모든일에 잇어서와 같이 나의 慾求로서가 아니라
聖旨로써 成就하소서 하는것이다。(內村鑑三全集에서)

消息 (四)　　第一八九四三日

우리가 뉘게로 가오리까

一月二十二日　多夕齋

老子身

老聃의 含德이 自然生生의 大經大法이었다.
마는, 生生 之厚로 돌아、 不死欲에 빠지게 되니,
道士는 道에서 迷惑 건절길이 없어라.

釋迦心

釋迦의 正覺도 한번함즉도 하였다마는.
二十成道에 五十年說法이 너무 길찻더냐?
末法의 되다못됨은 無賴진배 없어라.

孔子家

孔子의 好學을 일즉 삷어보면, 젔다마는.
名器를 일삼은데서 體面致禮에 흐르니,
由己仁、克己復禮는 立志좋아 못봤다.

우리가 뉘게로 가오리까

人子 예수

말슴(道)으로 몸일우고、 뜻을받어 맘하시니,
한울밖엔 집이었고、 거름거린 참과 옳음!
뵈오니 한나신아들 예수신가 하노라.
(註) 뜻。宇宙全體의 生命이 서로 사랑함으로 하나
이 되게하시랴는 아버지의 뜻。(요十七章廿二、三)

한나신아들(獨生子)

빈만 가려면 世上은 못난아들의 짓이오,
솟아날 門이 열리며 한나신아들 오시니,
시원타。축어산길에 그사랑을 펴셨네。

十字架

가로가면 누리는 가로대에 못백히고,
바로솟아 나갈얼만 머리우로 속우치니
永遠을 虛전타마라 길히길히 삶이라。
(註) 누리、世上。가로대、橫木。얼、精神。솟우치、
縱柱指天。

人子를 가로(橫)보면

生前、제慈心 채움으로만을 扁으로 아는 舊人生
觀으로 보면

九

消息

微賤한데서 나서, 三十平生에 出世한것이 없고, 最終
三年間, 狂人指目을 받다가, 暴死를 當한것이 예수의 人
間生이었다. ──누가 도라다나 보라──.

人子를 세로(縱)보면

俗眼에는 보이지도 않고, 본사람의 말도 믿지도 않겠지마는.

木手 요셉의 아들 예수가 설혼살에, 한울문(天國門)
헐어냈다라면, ──

三年동안 世上을 責望하는 채찍으로 묵은 누리를 다

묵은 누리의 돌바침이 (安息日을中心으로한姑息生活로된世界니, 無望의人生은苦役이라. 安息을最大理想으로할밖에)

새로 세운 나무기둥에 (十字架를中心으로한克復使命으로된世界니, 信望의人生은 聖役이라. 永遠振作을最上理想으로한다)

묵은 누리의 돌바침이
밀치여서 깨여졌다라면, ──

그 돌바침이 깨지는 바람에,
木手의 묵은 꺼풀로 (한번 안버릴 수 없는 몸)
들리워서, 그가 세운 기둥나무에 걸려 있었다라면, ──
묵은 꺼풀인망정, 밀알 같이 영근 몸이라.

사람이 견우어서, 따에 나려 묻엇더니,
다시 살어났다라면, ──곧이 들을가?──.
새生命의 싹이 나서,
묻은지 사흘만에,
새天地의 開闢은 이로 좇아 始作이다.
그 뒤로 人間은 天門으로 通하게 되었다.

이것이·한나신아들로, 三十三年間에 일우신 聖役!

〇

(빈가는소리) 「땅에 붙어, 便하고. 해만 쬐면, 따뜻한데·
한울이란 虛전하야, 나 못가겠다! 가라면 난, 꼭 죽
겠다!」

(곧오는소리) 꼭 죽겠다. 는 네말이 옳다. 죽을것이
죽어야, 살것이 산다. 너 죽어야, 나(新生)로 산
다. 네가 元體는 흙과 물과 바람이엇지? 그러나 땅
에 붙어, 便하던 너히로 (해가 없으면 물도, 바람도
아모 流動이 없이 便했지?) 는 죽어서, 그便함을 버리
므로, 살과 피로 한것이 나의 뜻이니라. 今生너
도, 血肉으로는 죽어서, 더같은 나(永)로 살게 하는것
이 아바지되신 하나님의 뜻이니라.

땅보다 榮華가 큰 해로 불어 나온 불이 너히가
땅의 便함을 버리는때, 곧 너히와 하나이 되면서 불
어 血肉인新生에 드러갔으니, 그 불이 네今生의 힘이

一〇

오、사랑이다。그로 因하야 너도 今生에는 해빛을 못잊을 하는고나? 그것도 좋다。네 前生習氣로 있으면서도、아조 轉落하는것은 해를 따르는 힘으로다。네꼴에 生이 高潮될때면、제법 밝은체도 뜨거운체도 하여서 네모양을 벌려는고나? 그것이 다 해의 德은 德이다마는、하나님의 뜻으로 되는것이니、해가 至上이거니、하는 錯誤는 갖이지 말라。

世上 빛은 불의 어미오、해의 子息이나、하나님의 靈光 앞에서는 아모것도 아니다。해도 한 적은 빛으로 도라다니는 物體다。그런즉 해가 地球 저便으로 나려갔다고、너희가 下視할수도 없음같이 너희 가까이 온다고、尊崇할것도 아니다。

絕對에는 一體여니 上下가 나누일데가 없다。해의 자리가 더높은것도 아니오、따의 位置가 또낮인것도 아니다。全一體에서 무엇이나、누구나 私하는者는 近小로 말려죽고、公하는데에 遠大한生命을 完成하는 자리니、

사는것이 順序다。네가 너거니 하는때、따우에서 永살 듯이나 熟親한 복음자리가 되려는、그것이 其番生의 完熟이니、때의 너는 죽어라。담 나로 나가 참은 너로는 죽어야 담담 나로 산다。마지막 나가 참 나요、主와 一體되는 나요、永生하는 나다。따에서만

便하다던 흙으로 너는 죽어서、血肉인 나로 살었는데 即今 너血肉은 또 인제는 해와 땅사이에서만 永살듯 이나 싫으냐? 아、健忘症인 터끌이여! 너、고기덩어 리의 하는짓을 좀 따저보자、그것도 그런것처럼 生命이

에 불어 자는꼴이란、마치 흙으로 還元이나 된것처럼 하다가도、낮에는 해빛에 興을 연어 헐럭만 있으면 한다는 노릇이 먹자、쓰자、붓거라、크거라、하고 所謂 살림을 한다는짓이 貪을 먹어서 病을 키우고、痴를

써서 罪를 불리고、嗔을 내어 서로 부닛는고나! 暗黑인 땅과 虛榮의 해 사이에서 한갓 隨勢昇降으로 飜弄되는것이 마치 뜬구름이나、흐르는 물이며、미천바 람과 같으면서、죽을줄만 잊었다는고나?

그러나 네가 죽어서 내가 산다는것을 알어 듣지 못하겠거든、「내가 죽어서 너희가 산다」는 主의 말슴

우리 가눠게로가오리까

이 산다。다시 말하거니와 너(舊生)로는 죽어라。그리하 여야 나(新生)로 살리라。때가 되어 죽어서、때가 되어 으로 가서 알어 보자。

축으면 永죽지마는、굳은믿음으로 죽으면 반듯 이 산다。다시 말하거니와 너(舊生)로는 죽어라。

말려죽고、公하는데에 遠大한生命을 完成하는 자리니、私하다가 믿음없이 죽고、또죽어라、살고、또살리라! 私하다가 믿음없이

一一

消息

（主의말씀）「나는 한울로서 나려온 生命의 糧食이니 사람이 이 糧食을 먹은즉 永生하리라。내가 줄 糧食은 곧 내 살이니 世上生命을 爲하야 주는 것이로라。」 血肉이 죽어서 다시산다는것 보다、血肉을 糧食삼아 먹어서 새生命을 일운다는 말씀이다。

「살을 먹지아니하고 피를 마시지아니하면 너희 속에 生命이 없나니라。내살을 먹고 내피를 마시는 사람은 永生이 있었고 마지막 날에 내가 다시 살릴터이니 내 살은 참먹을것이오 내피는 참마실것이라。

내피를 마시는 사람은 내안에 居하고 나도 그안에 居하나니 살아 계신 아바지（生命의 總本部）께서 나를 보내시매 나도 아바지로 하야 사노니 나를 먹는 사람도 이 같이 나로 하야 살리라 이것이 한울로서 나려온 糧食이니 너희 祖上이 먹어도 죽은것 갈지 않고 이 糧食을 먹는者는 永遠히 살리라。」（요六章五十、五三—五八）

「이말이 너희게 싫으냐？」（六一）하심도 主의 말슴이 니、人情을 아시는 말슴이다。그러나 人情으로 天理를 廢할수는 없다。여기서 길은 갈린다。

밥이라도 거저 좀 얻어 먹을가？ 발발우 따러다니 면 무슨 큰수나 생기지 않을가？ 하는 漠然한 바 람을 잔뜩 품고 이날이때까지 예수를 따러오던 무리

一二

로서야 이 마지막 가는、제 살과 피밖에는 사람들에 게 먹일것이 없다。하는 斷言을 듣는 자리에、다시 꿀 찾어 먹겠다고、며 있겠는가？

이로써 弟子들이 많이 물러가고 다시 따르지아니 하더라（요六章六六）함은 當然又當然이다。

永아닌것이 무슨！ 참이랴？ 永착하지 않은것이 무슨 착함이며、永옳지 않은것이 무슨 옳음이며、永곱지않은 것이 무슨 고은거며、永밝지 않은것이 무슨 빛이며、 永살지 못하는것이 무슨 삶이랴？

참이 있다면 永에 있고、 그참만이 신이오、삶이오、빛일것이다。

肉體는 假生이오 中間生이다。動植物이 生物이로되 中間生으로、먹이는糧食이될것같이 사람의血肉도 참신과 참삶을 爲하야 먹여야하는 關係가 있으니 人生에게 苦 ―死란 일（役）이 딸린것이 그것이다。그러므로、또 말슴이 「살려주시는이는 神이시니 肉身은 無益하니라。

내가 너에게 일은말이 神이오、生命이나 그러나 너이 中에 믿지 않는사람이 있나니라（요六章六三、四）하시고、 또 너이가 人生의 終局을 보는때에도 肉身이 無益한 假生인것을 아니라하고、永 먹을者요、먹일者는 아닌것 으로 알어서 피와 살을 먹혀라。먹여라。하는말을 싫

여 하겠느냐。 하시는뜻으로 「人子가 以前있었던곳으로 올

라가는것을 보면 어떻게 하랴나냐」 하시니라。

예수가 十二弟子다려 이르사대,

「너이도 또 가고저하나냐?」 하신대,

시몬 베드로가 對答하대,

「主여 永生하는 말슴이 계시매 우리가 뉘게로 가

오리까! (요六章六六、 六八) 아 멘。

○貪

時流餓鬼道	不得己而去
當釘十字木	必先日去食
死而不亡壽	若非天供養
老聃亦曾識	孤寡不穀石

○信

橫着臥席終誤死	自古皆有一番死
縱發磔木反正生	無信不立斯民生

○對石說法

宿糧生蟲天降粒	率獸食人非民親
積穀作石人爲山	味道忘飢是人子
貴骨賤生毒蛇類	石中興起王孫來
變石成餅惡魔計	石能點頭徒弟然

우리가 뉘게로 가오리까

一三

이것이 主의 祈禱요、 나의 所願이다

（마태六章九―十五）

第一八九五六日〇二、四〇 稿

한울에 계신 우리아버지여 우리도 주와같이 세상을
이기므로 아버지의 영광을 불수있게하옵시며 아버지나
라를 살수있게하옵시며 아버지의뜻이 길고멀게 이루시
는것과같이 오늘 여기서도 이루어지이다 오늘날 우리에
게 멕이를 주옵시며 우리가 아버지의뜻을 이루는 멕
이도 되게하여주시옵소서 우리가 서로 남의집만되는 거
짓살림에서는 버서나서 남의힘이될수있는 참삶에 들어
갈수있게하여주시옵소서 우리가 세상에 끄을림이 없이
다만 주를따러 응으로 솟아남을 얻게하여주시옵소서
사람사람이 서로 널리생각할수있게하옵시며 깊이사랑할
수있게하옵소서 아버지와 주께서 하나이되사 영삶에 계
신것처럼 우리들도 서로 하나이될수있는 사랑을 갓이
고 참말삶에 들어가게하여주시옵소서 아멘

○

꼭 한가지 빌것이다

（요한七章卅七―卅九。 에레미야十七章九、十、十三）

第一八九五七日〇二、五〇 稿

一四

옳은이를 뵙자고、 참을 찾자고、
半百동안 목이 말렀겠읍니다。
누리를 하나되게 하실이가？
果然、 누구실가요？
우리 넘이시여、
옳으신 그어룬이리니。
꼭 한가지만 이루어주시옵소서。
「이 내란 맘을。」

「이 萬物보다 거짓된 내란 맘을 뿌리째 뿔아
버려 줍소서。」―― 그리되오면、
그 뿌리뿔힌 속의 샘물이
용솟음쳐 나오는 삶물이
江이되어 흐를줄로 믿습나이다。

○

聖神의말슴（罪와義와審判。―요十六章八） （同日）

이것―（나）―은、 罪오、
저것―（세상）―은、 惡인데。
가온데 한 길이 있으니、
義이니、 예수―니、
세상을 이기고、 응으로 솟아나려는이만
갈길이다。 ――아멘。 옳습니다。 ――아멘。

436

最 大 恩 寵

「어떤靑年의感想」（四）

紙　魚　生

神의 最大恩寵은 最大의信仰을 주시는일이다.

其他의恩寵은 物心을莫論하고 이에 맞을것이었다.

最大의信仰 即 理想的信仰이란 어떤것인가.

完全히 實感的이요, 絶對 被動的인것이다.

他人은 모르겠으나, 紙魚生自身을 反省하면 罪中에서

最大%를 占하는것은 私我本位이다.

모든行爲가 私我에서出發하야 私我에歸結한다.

事物이 이렇게된바에는 그中間에 아무리 貴한것이 있

었다기로, 甚至於 神을 大端히 기쁘시게할것이 있었다

기로 그것은 벌서 價値없는것이오, 또 反對로 그中間

에 多少間 通俗的道德에 抵觸되였단들 그것은 그리 큰

問題가 안이다.

「내가 멀해!」하는 自棄의罪는 自然的生을 脫皮하지

못한人間群에 많이發하는것이지마는 그와反對로 「나에게

그만하지 뭘말인가!」하는罪는 人間的自覺을 마치고 探

究的生活을 始作한 人間群에 많은것이다. 나는 이제 神

바울曰

最　大　恩　寵

과 싸우려고 썼든 甲冑와創劍을 버리고 信仰에依하야

神의종이 되여 「愛라」는武器를 들고 人間의罪, 人間

의朦昧 即邪탄과 싸우려고 나섰것마는 아직도 躊躇하

고 또 從來의慣習에 많이 남아있음은 어떻게된것일가!

보라. 말하기로, 「내가 믿는다.」 「나는 이렇게 생각

한다.」 「나갈으면 이렇게할걸.」 「내信仰」 「내思想」 「나」,

「나」, 「나」, 一도二도「나」이다. 나라는것은 意識을支配

할동안 나는絶望이다. 「나」라는것은 完全히 頭腦의符號

요 또發聲意識을代表하는 代名詞가 되여야 된다. 即 모든

主張과 交際에있어서 「나」라는것을 쓰는것은 便宜上할

수없이 쓴다는 意識에 到達해야 된다. 「나」라는文字를

써놓고, 內容的動機는 그렇지않았는데 外面, 便宜上할

수없이 쓴척하는것도 狡滑한僞善이다.

「하나님이 주신信仰.」 「神이 주신 思想.」 「神이 나

를 잘利用하셔서 成功함.」 「神의引導로 他人이 感服

함,」이런 意識이 恒常支配하여야 되는것이다.

그리하야 모든榮光과 모든滿足을 神에게 돌리고 모

든失敗와 모든汚穢를 내탓인것을 悟得하여야된다.

그와 같은 心態가 된後에 또 한번 올라야할階段이

있다. 이心態까지는 아무리 被働的이라도 아직도 自己

一個人의救援이 問題가 되여있는 階段이다.

被動과 自由

대개 나의 兄弟 곧 骨肉의 親戚을 爲하야 내가 그리스도

끼 끊어지는대까지 至할지라도 願하는바로다。(로마九·三)
이 階段에 올라야 信仰이라 일커를수 있는것이다。
同胞의 救援、人類의 救援을 懇願하는 마음어 恒常念頭
에 있었고 自己一個人의 救援은 생각할餘暇가없이 되여야된
다。

이것이 가장憧憬하는 理想이요 目標이다。
마음이 頑惡하야 神의 말슴을 부끄러워하고、듣기싫어
하는나는 이 理想에 到底히 達할것같지않으나 全能하신
神의 能力으로 하시면 되리라는希望은 가지고있다。또、
그렇게되지못하고는 ‖에덴樂園에 살지못할것만같다。곳아담
과 맛찬가지로 神의命令을 拒逆하고 또 쫓겨날것이다。

被動과 自由

「信仰이 完全히 被動的이되여야 本質的인것이라」고
말하였는데 「被動」이란말을 不愉快하게 생각하는것이 普
通이요 또 그렇게 생각되는것이 산사람이라하겠다。
니체가 基督敎道德을 奴隷的道德이라고 부르짖었다 하
는것은 其時代狀態에 適切하였을지도 모른다。
被動的信仰이 眞正한意味에 있어서의 奴隷生活根性과
다르다는데對하야 내가 생각하는바를 말하려한다。
첫째에 徹底的奴隷生活을 한다하고라도 그主人이 絶

對聖者임에있어 地上의如何한 人間的偉人에對한 奴隷生
活에 比較할바가 아니요 더구나 自己崇拜者로서 縮少
하야 말라버리는者와는 問題도 안된다。
둘째로 永遠한 奴隷生活이 아니고 立場을 밖구어 생

각하면 自由이다。
우리들은 「自己」속에 取할것이 하나도없고 罪慾이强
烈하고 無智朦昧의煙氣가 가득함을 알고 이것을 開拓
할能力조차 없음을 안者들이다。그럼에도不拘하고 無限
한發展과 永遠한生命을 懇切히 欲求하야 斷念하지못하
는者들이다。
이러한自我이다。이 九九·九%나 罪惡으로 充滿한個
體를 놓고 「自我」라 부를때에 그名辭는 罪惡者 그것

을 가르치는것이다。
그림으로 被動이라함은 그顯치않고 기뻐하지않는 罪
惡을 지고있는대모서의 말이다。그러나 이罪惡의苦悶과
永遠한 道德的生命의 慾求라는. 二大矛盾속에서 呻吟하
는 弱者를 爲하야 約束하신 그리스도의 말슴이있었다。
即 新約聖書이다。

十字架의 寶血로 因하야 우리들이 아모功勞도없이. 하
나님의아들이 된다는것이다。그리고 그約束을 믿게하기
爲하야 많은奇蹟을 하셨는데 그 모든奇蹟은 믿을이가 救
援을 얻게한다는 實驗敎授이였다。

一六

그리하야 우리는 그리스도를 通하야 하나님의 아들로
確定되였다。그러나 現在는 名義뿐이요 實際가 伴하지
않는것이다。
그러나 現在에 있어서도 現在의 自我가 將次 하나
님의 아들이 될터이니까 將次 올것 그 願하고 기뻐
할 그 自我쪽으로서 말한다면 現在의 生活은 오히려 自
由의 生活이다。

附　言

小生은 本是 廉恥心이 없고 또 他人을
몰라 恒常 他人을 自己와 같은 水準으로 相對하는 나
뿐버릇이 자조發動하는데 困難입니다。信仰을 조금이라
도 가지고있는이라면 누구나 보고 一笑할 幼稚한것을
또 썼읍니다。
이것을 또 先生님께 보내는것은 新式말로 トーチカ
心臟입니다。그러나 信仰에 接近하기를 싫어하는 大衆
에게는 多少의 도음이 될는지요。
先生님이 默々히 받으셔서 同型活字로 실어주시군 하
는데는 惶悚한 마음을 禁치못하겠나이다。실어주시지않
더라도 小生은 事實上 조금도 섭々히 여기지 않을만
한 마음에 準備가 있읍니다。그러니까 今後라도 小生
이 幼稚한 글을 많이 쓰는지 모르겠사오나 嚴重이 監

檢하셔서 실면지 하야주십시요。
그러고 小生의 稚鈍한 생각에는 最後頁 一頁를 讀者
에게 提供하야 그 산 體驗과 感想을 多少라도 呼吸
할수 있게하였으면 좋겠읍니다。一頁라도 七號活字로 배
게 박으면 꽤 讀者欄의 使命을 할것입니다。
先生님의 사랑하심에 溺愛하야 無理無禮한 言行이 많
사오니 恒常 책망하야 指導하여 주시옵소서 （下略）

讀者欄開設

右의 趣旨대로 讀者欄을 開設할터이니 各其 서슴지말
고 산 體驗과 感想을 써 보내시오。　　（編輯者）

李種根君의 書翰

編者曰
李君의 書翰은 同君의 在世中에 벌서 多數히 本誌上에
發表하였거니와、只今 그 남어지中에서 他人에게 關
係될것이없는것 몇가지 골라서 揭載한다。

一

李種根君의 書翰

日氣順調롭지못한 그동안 先生님
氣體候萬安하옵시나이까。
遠히 上書하랴다 못하였아오나、오늘에사 答狀이 왔음으로 또 先生
님에게 수고로움을 끼치게 되었음니다。이런일을 저로서도 先生
님에게 수고로움을 끼치게 되었음니다。그러나 저로서도 至
依託하옵는것이 참으로 惶悚하옵나이다。至
이 幼稚한 글을 많이 쓰는지 모르겠사오나 嚴重이 監
수 어떻게할바를 모르고있는中이오매 다만 先生님의 사랑하시는

一七

李種根君의 書翰

가르치심만을 바라고있읍니다。이같은中에서도 오히려 빌걸을 얻
어 聖靈의 指示를 기다릴수있는 基督者됨을 感謝하옵나이다。
이달號의 聖書朝鮮은 어느點으로보나 特히 必要할것같기에
××에게 보여주기로하였읍니다。
드리올말슴도많고 뵈주어보고싶은 말슴도 간절하오나 交面
으로 알외옵기가 어려울기에 뵈옵는날을 기다리고 이만끝이
옵나이다。

十二月九日

金 先 生 님 座下

李 種 根 上白

二

金先生님전　上書

寒氣날로 酷毒한아온데 先生님 氣體候萬安하옵심을 바라오며
宅內諸節이 均安하옵심을 바랍니다。요사이는 또 祈禱會로因
하여 고요한곳이 매우 즐거운곳으로 되었겠읍니다。
이時代에 그같이 깨끗한 모임이 平和中에 될수있는것이 無
限感謝합니다。끝까지 平和한中에 많은恩惠 베푸심을 멀리서
빌고있읍니다。
聖書朝鮮休刊의 報를 받고 暫時悲痛에 가까운情을 어떻게할
수없었옵니다。저로서 이렇거든 先生님의 마음이야 얼마나하
젔읍니까。금음밤에 燈불 마저 꺼진듯한 感이 없지않습니다。
이말 다 못아뢰겠읍니다。하나님께서 버리시지않는限「겨울이
왔거든 봄이 어찌 멀찌읺겠읍니까。」(下畧)

弟 李 種 根 再拜

모임에 계신 여러先生님과
兄님들께 드리나이다

一八

兄님들께서 주신 惠書는 兄님들의 容顔을 對한것같이 반갑
게 奉讀하였읍니다。
主님의 사랑이 넘치는 그 모임에 出席하여 兄님들이 받으
시누 그 「샘솟듯하는恩惠」를 나누고 그리운兄님들을 다시맞
나지못하는것이 限없이 안타갑습니다。저는 아직 참和睦한信
徒의 모임에서 말슴을 듣고 恩惠를 나눈 經驗이 없는 까닭에
욱 그런 모임을 思慕하나이다。事實 서로 主님 아래서 이야기
하고 慰勞할만한 사람도없는 環境에 살며 홀로 主를 따르는
弟로서는 孤寂하다면 孤寂도 하였읍니다。그러나 그恩惠에서따
진 저를 이같이 돌아 보시고 보내주신 葉書는 저에게 果然큰
慰勞가 되였나이다。兄님들의 筆蹟과 이름을 보고 얼마나 感謝
의 눈물을 흘리며 主안에 있는者의 幸福을 느꼈는지 모르겠읍니
다。먼곳에 떨어저 있어 이世上親舊에 쓸쓸한 저로서는 兄
님들의 그 따뜻한 사랑으로 充分히 하겠나이다。
主예수께서 주시는 恩惠와 平康이 그 모임가운데居하사、그會
로 하여금 平和한中에 맞히도록 하시옵심을 新禱하옵고 끝나고
어진後에는 主께서 열은 힘으로 이따의 光明을 爲하여 힘써 싸
워주시기를 바라나이다。그리고 또한이 적은者도「이時代에 난
者의 하나로서 그리스도의 眷顧하심을 입어 醜惡을 뵈이지
않도록 新禱하여 주시기 바라나이다。

一月十一日밤

弟 李 種 根 再拜

罪人만을 爲하야 （第二十三回）

A·J·럿셀 著

趙聖祉 譯

第十章　옥쓰포드家庭集會（完）

옥쓰포드는 여러 政黨의 學問的 根據地라고 할수 있을것이다。그러나 오늘날까지 五大洲를 움즉여 노았다고 할만한 여러가지 宗敎的 覺醒運動의 根據地가 된다고 하는것도 또한 움즉이지못할 事實이다。이 하우쓰파―트를 中心으로한 이 새宗敎運動도 이미 사람들을 睡眠狀態에서 覺醒시키고 있는데 그중에서 제일 깨기어려운 사람들——即 인테리들——의 잠을 깨우고 있는것이다。지금 이 세大學의 集會室에는 文學士、法學士、醫學士들과 大學의 男女 優等生들 그리고 옥쓰포드의 여러 大學의 學監、總長級의 사람들도 많이 볼수있다。

그리고 더러는 이밖에서 장미꽃나무로 울타리를한 잔듸 發校庭을 서로 팔을 끼고 걸으며 이야기를 하는사람들도 있다。그러나 이사람들의 話題는 知的問題나 科學的問題가 아니라 「하나님의 지혜요 힘인 그리스도」와 生活의 수수꺼기를 풀기 위하여는 毎日 自己를 그

리스도에게 바쳐야한다는것等이 이들의 話題이다。

이같이 이 하우쓰파―트에는 知識屑의 사람들이 많기는 하나 그렇다고해서 이사람들은 大衆과 동떠러져 있다든지 普通사람들이 갓차히 하지못할만침 교만하다든지 하는접은 도무지 없다。누구든지 처음으로 하우쓰파―트에 와보면 모두 겸손한데 놀낸다。이사람들은 知識人의 體面을 維持할여고하는 이 人間的인 技巧를 事實이지 體面을 維持할여고하는 이人間的인 技巧를 가지고、眞理를 探求할여고 나오는 求道者들 도루 쪼차보내는수가 많이 있는것이다。眞理를 찾어불려고 武裝解除를 하고 나오다가도 이쪽이 탈을 完全히 벗지 않고 있을때는 버서놨든 갑옷을 도루 다시 둘처 입고 다시 경게를 하게맨들기 쉬운것인데 이그룹의 사람들에게는 이런것이 도무지없다。그러기에 처음온사람이래도 그敎理에 對해서는 비위에 맞지않는點이 있을는지몰라도 옥쓰포드그룹의 사람들에게 對해서는 好感을 아니가질수가 없게되는것이다。

現代에 있어서 敎養있는 사람들로서 이보다도 더 健全하고 活氣있고 快活하고 그리고 禮節있고 無私한사람들의 團體는 없을것이다。이곳에 쎄인트·휴―舘 레이듸·마가레트舘의 講堂에 모여있는 青年男女와 中年男女의 무리들은 基督敎의 理論을 조금

罪人만을 爲하야

도 割引없이 그 最高限度까지 徹底하게 實踐하는 사람들이요 初代使徒의 信仰과 勇氣와 冒險을 그대로 實行하는 사람들이다。

罪人만을 爲하야

各種教會에서 또는 敎會以外로부터 몰려온 이約五百名의 사람들은 天國에서의 安全한 座席을 이렇게 애쓰는 사람들이 아니라 單只 크리쓰찬의 生活을 할려고 하는 것이 그들의 目的이나。그들은 新約聖書를 聖靈의 恒常 臨在하셔서 指導하시는 每日의 活動에 對한 進軍命令이라고 생각한다。그리고 이 사람들은 모두 한결같이 이렇게 宣言한다。即 基督教는 單只 流行的信仰의 不可能한 理想이 아니라 그것을 無條件으로 實踐할때는 歡喜의 生活의 唯一한 基礎가 되는것이라고。

새自動車도 멈처지는수가 있고 競馬말도 죽을때가 있을것이요 無線電信도 無力하게 될는지 모르고 時計도 멋는수가 있을것이다。그러나 使徒行傳은 계속하고 있다。

그것은 여기에 옥쓰포드 大學에 모인 그룹의 여러가지 行動中에 明瞭하게 계속되고 있는것을 볼수있다。이사람들은 新約聖書中에서 어떠런 男子나 女子를 勿論하고 어드런 型의 사람이나 어드런 階級이나 어드런 年齡의 사람을 勿論하고 그 心靈에다 電流를 通하여 그들이 豫期하지도 못하였든 活力과 自己로서도 놀낼만한 힘을

넘어줄수있는 永久運動의 秘法을 發見한 사람들이다。옥쓰포드의 新宗教運動은 메소디스트（非國敎即新敎）도 아니고 트랙테어리안（國敎派即舊敎）도 아니다。이것은 基督教의 이兩翼을 다包含한것이다。이사람들中에는 여러가지로 信仰의 立場을 달리하는 사람들이 많고 또 처음부터 아모 信仰도 없었든 사람은 더많은데 이런사람들이 크리쓰찬의 生活이라는 한가지 共通된 點으로서로 聯合하여가지고 現代의 世界가 머리를 앓고있는 여러가지 問題에 對하여 解決의 열쇠를 줄수있는 基督敎의 體驗에까지 到達한것이나。

이 運動을 시작한 사람은 快活하고 敏捷하고 두억깨가 떡 버러진 元氣있는 中年紳士이다。——神秘스런 힘을 貯藏한 사람이라는 印象을 주는 사람이나。그는 이것을 「聖靈의 힘」이라고 說明하곤 한다。그는 獨身이다。나는 어째서 아직까지 結婚을 하지않었느냐고 물어보았다。그는 眼鏡속으로 微笑를 띠우며,

「別로 理由는 없었습니다。單只 아직까지 結婚하라는 까이단쓰를 받지않었다는 것 뿐입니다。」하고 대답하였다。

옥쓰포드의 새宗教運動이 시작되게 된것은 푸랭크가 自己는 初代의 信徒들처럼 悔改者를 내지못하고 있는 것을 깨달렀기때무니다。그러면 지금의 基督敎가 初代의 信徒들처럼 悔改者를 내지못하고있는 것은 푸랭크에게 缺陷이 있는것인가 그렇지않으면 푸랭크에게 缺陷이 있

는것일까? 푸랭크는 自己의 發見한 바를 實行할 獨特한 技術을 發見하였고 그것을 發展시켰다. 그結果는 놀낼만한것으로 全世界의 여러大學의 精華라고 할만한 사람들을 사로잡어 산 크리쓰챤을 맨들고 있는것같은感이 있었다.

오늘날 世界에 흐터져있는 그룹의 數는 아마 千은 될것이다. 이 그룹은 모두 各各 조고만 形式을 며나 아주 自然스럽게 宗敎를 論할수 있게되여있다. 現在도 聖靈에 까이단쓰下에 새그룹이 끊임없이 생겨나고 할레이街에도 하나 생겼고 또 뿌리틔쉬刑務所안에는 罪囚를 爲한 그룹도 하나 생겼다.

그룹은 英國國敎와 非國敎의 兩便에서 祝福을 받고 있다. 레스터區의 監督(國敎側)과 監督廳 法官인 R·j·캠벨과 허ー버트·끄레이博士(長老敎派)도 이에 참예하였섰고 이밖에도 有名한 僧正 牧師들이 많히 있었다.

여기에 나오는 牧師 僧正들은 大槪 變服을 하고 온다. 그들은 옥쓰포드그룹의 非形式的인 性質에 順應하기爲하여 平服을 입고 나오는것이다. 그러나 그렇다고 해서 그룹에는 衣服이나 行動에 對하여 무슨 規定이 있는것은 아니다. 여기에 오는 사람들은 담배를 먹어도 좋고 술을 먹어도 좋고 자기의 하고싶은 것은 무엇이든지 해도좋다. 그렇지만 누구하나 이런것을 携帶하고있는 사람은 없었다. 어떤 女流小說家 한사람이 이 맷칠레 왔다가 성냥을 한개피 얻을여고 하였스나 본래 「성냥이 없다」는 뜻으로 「쏘(Matchless) 本意는 「類例가 없다」는 뜻이나 字意로 냥한개피도 못얻고 大端히 困難을 당한일도 있었다.

生活改變의 實話中에는 大端히 興味있는것이 많이 있다. 그래서 이런 實話를 記錄한 책은 이미 敎會々員 中에서는 이런일을 얼마보지 못하였든 男女의 사람들이 自己의 모든것을—時間、金錢、野望——하나님께 聖靈에 依하여 生活을 整理하라는 挑戰을 받고서 그대로 降服을 하는 사람들이 끊임없이 생겨나는 중이다. 그중에는 上流階級에 屬하는 사람들도 있다. 이러한 捕房中에는 學者들도 머러 있다. 제임스·왓트도 그중의 하나이다. 좌이프쉬州를 擔當한 煽動的인 共産黨오가나이저(組織者)였다. 그는 한때 失業勞働者에게 주는 施與金(組織者)으로 生活을 한때도 있었고 그것으로 그는 뿔쉬뷔즘의 主義를 宣傳하는데

罪人만을 爲하야

二一

罪人 만을 爲하야

利用하셨었다。그는 어떤때는 自己自身의 道德律로서 滿
足을 얼지못할때는 野外集會같은데서 사람들의 不平을
煽動함으로써 自己의 良心을 눌르군 하였다는 것을 自
己도 認定을 하고있다。이 結果는 勿論 例外없이 警官
하고 衝突하는 것이었다。이 蒸氣機關의 發明者와 同名
인 前의 共産主義者는 지금 와서는 벌써 施興金은 받
지않게 되었고 벌서 여러달동안을 信仰과 祈禱로 살
어가고 있다。그의 자랑거리라고는 茶色의 頭髮과 새
生活뿐이다。그리고 지금은 共産主義가 아니라 第一世
紀의 基督敎者를 宣傳하고 있는 것이다。

그는 스코트란드사람이라 信仰을 새로 시작하는데 있
어서도 損害를 보지않으려고 조심조심하여 움즉이었다。
그는 옥쓰포드의 모든 敎理를 정말 效能이 있나
없나 불려고 모두 일々히 시험하여 보았다。어떤사람
들은 信仰으로만 살어나간다는것을 듯고는 그는 다른
두사람하고 글라스고ー에다 方을 둘 準備함여고 하였든
생각하고 自己네도 그렇게 하라는 靈導를 받었다고
小額의 돈을 써버렸다。그리고는 新約聖書를 읽으며 祈
禱를 하며 每日 하나님께 듯는 靜聽時間을 지켜왔다。
그리고는 勞働階及에 들어가서 산基督敎를 傳하며 活
動을 하였다。勿論 아모에게도 金錢은 要求하지 않었
다。그리고 어듸 糧食이 오나 보자하고 기다려보았다。

果然 먹을것이 왔다。衣服도 왔다。그리고 때로는 돈
도 왔다。제임스・와트가 옥쓰포드에 到着하였을때는 자
기손에 멧 쉴링 가지고 있었다。그리고 지난 主日에
맨쓰필드・칼레지의 채들에서 그의 經驗을 이야기 하
였을때 卓越한 識見을 가지고 있다고 自負하고 있는
會衆을 모두 눈을 둥그렇게 뜨게맨들었다。
信仰으로 산다고 하는것을 그룹의 사람들이 全部 實
行하는 것은 아니다。또는 그룹의 敎理가 그것을 強要
하는것도 아니다。그러나 이 하우쓰파ー티에는 實際로
이것을 實行하는 사람이 많히 있었다。적어도 그중의
三十五名은 數年間을 固定한 收入이 없이 살어온 사
람들이다。이들은 모두 最後의 一錢밖에 남지않은 마
즈막 瞬間에 이르기까지 信仰의 테스트를 당하였다고
하는 아기자기한 經驗들을 다 가지고있다。
그러나 自發的으로 禁食을 한것 以外에는 한사람도
아직까지 배를 곯아본적이 없었다。그들은 누구에게 金
錢을 要求하거나 寄附를 받는일은 하지않는다。며옥이
이時代는 安全을 찾기위하여 모두 保險에 드누라고 야
단이요 落傷을 한데까지 保險이 있는 時代라는 것을 생
각하면 이런生活은 實로 不安하기 짝이없는 生活이다。
어떤 懷疑的인 美人女流小說家한사람이 이信仰으로 살
어나가는 사람들중의 하나에게 이같은 非難비슷한 말

二二二

로 批戰을 하였다.

「당신들은 結局 남의 힘으로 살어가는 寄生虫이 아니까?」

여기에 對하여 그는 조용한 語調로 이렇게 대답하였다.

「사람은 누구나 다 서로 남의 힘으로 살어가는 것입니다. 單只 우리自身이 社會에 어드런 貢獻을 하느냐 하는 것이 重要한 問題입니다. 당신네들은 대개 하로에 여덜時間식 일을 할것임니다. 그러나 우리중의 어떤사람들은 하로의 열여덟時間이나 그것도 無報酬로 일을 하는 사람들이 있읍니다.」

푸랭크는 十年 或은 그以上을 信仰으로 살어온 사람이다. 그러나 그의 生活에서 하로의 일하는 分量을 말한다면 보통 노동자들도 깜짝 놀넬것이다. 每日아침 다섯時半부터 시작된다. 여섯時半까지 한時間동안은 그의 말을 빌어한다 「살어게신 하나님과 조용히 마주 앉어」 그날의 生活에 對한 指示을 받기 위하여 使用한다. 午前 일곱時半에는 그날의 첫몰임인 이너〃그룹 (Inner Group 指導者들의 準備集會ー譯者)에 참예한다. 이너〃그룹의 더러는 信仰으로만 살어가는 사람들이며 그리고 全部 聖靈의 指導하시는 原理에 따라 行動하는 사람들이다. 그리고 그날의 計劃을 세우고 거

罪人만을 爲하야

기에 對하여 檢討한다. 그리고 그날 이야기할 사람을 定하고 그리고 各々 配當해 말는다. 이렇게하여 하로종일 푸랭크는 或은 이야기도 하고 或은 指導도 하고 或은 協議도 하고 거이 子正까지 일을 한다. ——하로동안의 몸임이라는 것은 大槪 基督敎人의 生活의 諸原理를 論議하는 것이오 더러는 聖經硏究하는 時間이요 그보다도 證據하는 時間이 더 많다. 即 새로 改心한 사람들이 自己의 改變한 生活을 公表하고 自己의 經驗을 分擔(Share)하는 것이다.

이사람들의 머리속에 떠오르는 생각 또는 發表하는 생각이 모두가 聖靈의 靈導에 依하여 되는 것이라고는 主張하지 않는다. 그러나 (어면 期間에 지나온 일을 回顧해본다면) 超自然的 指示로 되였다고 할만한 證據가 無數히 있었다. 이러한 하나님의 指示는 男女의 한 團體가 자조 한데 모여서 하나님의 뜻의 어떠한 指示에든지 勇敢하게 服從할때 받을수 있는 것이다. 이사람들은 모두 內的音聲에 對하여 感愛性이 銳敏한 사람들이다. 이사람들은 自己네들을 通하여 勿論 이사람들만을 通하여 서 되는 것은 아니지만 人類의 救援을 目的한 堂々한 永久的 計劃을 實現시키는 音聲이라고 하는 것이다.

二三三

讀者의 反響

讀者의 反響

×　×　×

내가 新聞에 낸 첫記事는 푸랭크에게 大端히 滿足을 주었다。그래서 그는 그것을 거의 萬名이나 되는 사람에게 郵送을 하였다。不過 몇주일전까지는 내가 그의 運動에 對하여 記事를 쓸만한 靈的能力이 없다고 생각하였었는데 지금 내記事에 對하여 이렇게 熱狂的인것을 볼때 나는 재미있게 생각하였다。이記事는 一部分 或은 全文이 各種敎會의 聖壇에서 說敎할때도 引用되었다。또는 西洋의 여기저기를 도라다니동안 이記事의 反響을 끊임없이 들을수 있었다。

~~~~~~

讀者의 反響

其一

雜産 又는 流産 或은 斷産이 되지않었는가 念慮되든 今二月號의 「聖書朝鮮」은 昨二十三日에 奉讀하였음니다。어느달 어느號가 奇蹟的으로 出來하지않을것이 없었지마는 今月號의 發刊이야말로 小生에게對해서는 一層 더奇蹟的인것같습니다。「부르신지 三十八年만에 믿음에 들어감」이라는 글월은 참으로 한異彩이며 特色임으로 생각하였음니다。小生은 생각했음니다——「믿음에 따라 幾十年에야 行함에 들어갈고」한것을。行함이 없는 믿음은 分明히 죽은 믿음이나 믿음에는 相違없을줄로 생각하나이다。이 죽은 믿음이 숨을 타나기를 바라고 있는 것이 今日의 小生의 實狀이라고 할 것입니다。(下畧)

二四

其二

주신 「聖朝」第一百五十七號는 昨日 반갑게 拜讀하였음니다。果然 하나님은 能力이시고、役事하심이 오묘하십니다。每月每月 「聖朝」發行하는것도 人力이아니고、多夕齋같은 先生님이 無條件으로 降伏하시고 生命에 躍動하여 決勝點에 날날이 가까울수록 加速度로 달리시니 奇蹟과 能力은 날날이 우리 눈앞에 보이나이다。이몸과 이마음도 主예수에게 어찌할수없는 結縛을 당하기 願합니다。(下畧)

光化門局私書凾使用中止

從來로 使用하여오든 光化門局私書凾第十八號의 使用은 今三月三十一日限 그 使用을 中止하겠나이다。

三月二十日

聖書朝鮮社

北鮮地方의 開拓傳道者 全牧師님은 朝鮮안에서 이미 많은 靈魂을 救濟하시고 큰 敎會들을 創立或은 牧會하신後에 보낼 때를 當해서도 오히려 隱退하여 餘生을 安逸한中에서 다른이들 같으면 눈앞에 主예수님恩寵이 惶懷하다고 다른이들 같으면 오히려 北滿邊境의 危險地帶에까지 進駐하시어 八旬老齡에 肉身이 뜻은 받지못하는 荷車에 실리며 끌리면서 轉々 又 轉々, 「아이들아 너이가 서로 사랑하라」는 一句만 웨치든 老衰한 使徒요한처럼 「예수는 救主그리스도시니라」는 證言을 사얀山脈이 혼들리도록 웨쳐 證據하시다가 드디어 엘리야의 두루마기 같은 껍지만 남겨두고 昇天歸鄉하셨다한다——때는 今年二月十一日午後六時。

우리는 이 忠誠하고 勇敢한 老傳道者의 生涯를 精査하야 五月號로써 그 紀念號를 만들고저 企圖하야 現今 各關係者에게 資料蒐集을 依托中에있다.

今 全牧師님을 알았고 그信仰을 思慕하는이들은 感想文이나 或은 其他資料의 提供으로써 우리의 企圖를 自進協助하라。아직 未聞의 兄姉들은 받들을 곧추세우고 기다리라。

三月二十日에는 咸錫憲兄의 長男 國用君의 結婚式이 平北龍岩浦邑中興洞本宅에서 擧行되었다。이 結婚式의 主體를 말어하여야할터이었으나 公私間 일이 輻輳하는 구비가 되여서 웬만하면 이任務에서 빠질수있기를 所願했더니
……그런데 結婚式件에 關하여는 다시 생각하니 오시는 것이 좋겠읍니다。奔忙이야 勿論이지마는 일이 私에만 止치않게 하기爲하야 오셔야 하겠읍니다。樣會를 善用하도록 합시다。한번 맞나서 面接報告하고、헤지는것도 얼마나 貴한일인지 모릅니다。이近境兄弟들게나 通知하여 와서眞心應援하여 주시기를 請하고 우리와 아버지의 기때하시는것이 있게하기를 願합니다。……。

이리하여 우리는 萬事를 제쳐놓고 모여서 眞心다해 應援했읍니다。다음은 主께서 許하시면 오는 三月二十九日(日曜) 慈親님의 回甲感謝宴이 貞陵里에서 차린飮食은 변변치못하나 二午前十時에 열리나이다。十一歲에 寡婦되여、세살된長男과 十日後에 出産된有腹子를 안고서 日露戰役以來의 急變轉에 處해온이의 一生涯에 나타내신 하나님의 恩寵을 證據하며 讚揚하고싶은 마음은 泰山같고 大洋같은바가있다。本誌一個年以上의 正規讀者는 來泰하여 「眞心應援」하라。

447

4　崔容信小傳　柳達永著〔價五十六錢　送料六錢〕

崔容信小傳讀後感
—— 어떤大學豫科生의 ——
—— 면전것 ——

…… 그리고 共間, 崔容信小傳을 사
다가 읽었는데, 정말, 感歎하였읍니다.
人間的 大의 要素인 金錢 健康 理性
의 世界와 同樣이 멀은, 崔孃의 偉大
한 赤裸々한 죽음은 崔孃의 獻身이었
읍니다. 「헙」의 赤裸々한 露骨的 表現이었
읍니다. 崔孃의 意志가 곧 하나님의 意志
이었든것을 明白히 볼수가 있었음니다.
이나님의 意志가 偉人을 通하야 나타나매
하나님의 意志와 理性이런것을 媒介로 하기
때문에 그것이 하나님의 意志이었든것을
認識하기 어려운때, 崔孃의 境遇에는 하
나님의 非合理의 意志만이 나타나서 남
도리어 非合理한 때까지 나타나서
다. 이런일이 정말 있을수 있을까 하
지못해서 사보지못하였다고 하면서 매
우 좋았다고들 합니다.
書肆에는 品切되였아오나 或 先生님宅
에는 品切되였아온데 或 先生님宅

希臘語講座에關하야

希臘語에十餘回連載하여이바
臘語講座에 ……
新約聖書希
臘語文典에關하야 規定에依
하야 東京外
國語學校에이든바 ……
요즘은 京城안에서도 購入할수도 ……
……
又는 牡丹江九五二番 ……
振替貯金口座京城一六五九四番
又는 牡丹江九五二番 聖書朝鮮社로

本誌定價
一冊　　　　　貳拾錢
六冊(送料共)前金一圓二十錢
十二冊(一年分)前金貳圓四拾錢
要前金　直接注文은 前金貳圓四拾錢
振替貯金口座京城一六五九四番
又는 牡丹江九五二番 聖書朝鮮社로

3　內村鑑三先生と朝鮮　咸錫憲、金敎臣共著〔價三十六錢　送料六錢〕

內村鑑三先生의 昇天十週年紀念에際하야 ……
無敎會主義(即葺福音主義)의 理論과 實際를 가장 簡潔하게 說明한 것이다.

2　無敎會　咸錫憲著〔價十三錢　送料三錢〕

1　山上垂訓研究　金敎臣著　全〔價十五錢　送料三錢〕

5　푸로테스탄트의 精神　咸錫憲著〔價 十五錢〕
四六判二二七〇頁 定價一圓 送料九錢

1과5 二種은 品切되였다.

所實販次即
向山盦香(京城府)
琵英堂(大邱府)
東京市麴町區九段坂 山靈書房
京城府鍾路二丁目九一 敎文書舘

昭和十七年三月二十八日　發行
昭和十六年三月二十八日　印刷

編輯兼發行者　金敎臣
京城府外崇仁面貞陵里三七八

印刷人　李相五
京城府仁寺町二二九ノ三

印刷所　大東印刷所
京城府仁寺町二二九ノ三

發行所　聖書朝鮮社
京城府外崇仁面貞陵里三七八
振替口座京城一六五九四番
牡丹江九五二番

【本誌定價二十錢】(送料五錢)

류달영 (柳達永·서울대학교 명예교수)

금년은 1942년 『성서조선』이 158호를 마지막으로 일본인들에 의해 폐간된 지 40년이 되고, 1945년 김교신 선생께서 해방을 눈앞에 바라보면서 별세한 지 38년이 되는 해이다.

『성서조선』에 실린 선생의 글은 1948년 본인이 일부를 추려 엮어서 〈신앙과 인생〉이란 이름을 붙여서 을유문고(乙酉文庫)로 출간하였고, 1964년 노평구(盧平九) 형과 본인이 중심이 되어 편집위원회를 조직하여 김교신 신앙저작집 4권을 발간하는 데 착수했었다. 제1권 『신앙과 인생』 상권이 1964년 8월에, 제2권 『신앙과 인생』 하권이 1965년 7월에, 제4권 『성서연구』는 1966년 10월에, 순서를 바꾸어 제3권 『구신약성서개요』는 예정보다 2년이나 늦게 1970년에야 출간되었다. 4권의 책을 7개년에 걸

449

쳐 물심양면으로 갖은 신고(辛苦)를 겪은 끝에 완간하게 되었다. 일본인들이 선생의 글과 편지를 전국적

으로 압수하여 자료 수집이 매우 힘들었고, 저작집 발간 기간은 우리나라가 거듭하는 정변(政變)으로 참

으로 다난했던 시기여서 출간 자금을 마련하는 데도 허다한 어려움이 겹쳤기 때문이다.

1972년에 추억 문집 『김교신과 한국』을 다시 발간하였고, 1975년에는 선생의 서거 30주년을 맞으

면서 선생께서 교편을 잡으셨던 양정(養正), 송도(松都), 경기(京畿) 세 학교 동문들과 선생의 모교 함흥

농고(咸興農高) 후배들이 힘을 모아 10년 동안의 『일기』 2권을 다시 출간하여 저작집 4권과 『김교신과

한국』을 합하여 7권의 김교신 전집을 발간하게 되었다. 참으로 지성(至誠)의 산물이라고 할 수 있다.

선생의 서간(書簡)을 전국적으로 수집하였으나 본인이 소장한 33통 외에는 단 한 통도 보관된 것이 없었

다. 당시로서는 선생의 편지를 보관하는 것이 신상의 큰 위험을 자초하는 일이 되었기 때문이다. 일본인

들이 우리 민족의 지성인들을 얼마나 가혹하게 다루었는지를 이것만으로도 누구나 쉽사리 짐작할 수 있

을 것이다.

1981년부터 본인과 노평구 형은 모두 70세가 넘기는 했지만 우리가 아직 살아 있는 동안 『성서조선』

158호까지 영인본으로 만들어 후세에 남겨야겠다는 노파심에서 여러 친지들의 뜻을 물었던바 찬성하

는 이들이 적지 않아 이번에 200질을 예약 출간하게 된 것이다.

『성서조선』은 창간호부터 158호에 이르기까지 매월 종간(終刊)의 정신적 자세로 간행되었던 것이다. 글

의 한 줄 한 마디가 모두 일본 경찰의 검열을 거쳐야 했는데, 아무리 세심하게 주의하면서 편집하더라도

검열을 거친 원고는 언제나 상처투성이였다. 그러므로 선생은 『성서조선』은 눈에 보이지 않는 줄사이(行間)를 읽어 달라는 것이 항상 간절한 부탁이었다. 창간사에서 보는 바와 같이 100년 후에 한 사람의 동지를 얻겠다는 비장한 심정으로 먼 앞날을 바라보면서 깊고도 순수한 신앙과 건강한 애국심을 가꾸려는데 심혈을 기울여 『성서조선』 발간을 계속했다.

5천 년 역사에 처음으로 나라의 주권을 완전히 빼앗기고 종살이를 하던 그 시절에, 이 민족의 참 해방은 조선심(朝鮮心)을 성서의 토양 속에 깊이 심어 가꾸는 외에 다른 길이 있을 수 없다는 신념으로 158호까지를 편집 출간했다. 눈물에 젖지 않은 글자가 없었고, 기도로 쓰지 않은 글줄이 없었다.

1942년에 일본 경찰은 158호의 권두문 「조와」를 트집잡아 그 엄격하게 검열해서 출간되었던 잡지를 10여 년 전 창간까지 소급하여 독자 명부에 의해 전부 압수했고, 3백여 명이 전국에서 검거되어 고초를 겪었으며, 12명은 끝내 형무소에 보내졌다.

선생의 글을 분류하여 편집 출간한 전집도 매우 소중하지만 선생이 스스로 10여 년에 걸쳐 피와 눈물과 한숨과 기도로 엮은 『성서조선』 전질(全帙)의 영인본을 후세에 남기는 일은 역사적으로도 뜻 깊은 일일 뿐만 아니라, 종교인구로는 유례없이 풍성하면서도 신앙으로는 더 몹시 메말라 가고 있는 오늘의 우리에겐 참으로 청순한 생명수 구실을 할 수 있을 것으로 확신한다.

별권(別卷)은 선생의 육필(肉筆) 일기와 원고와 서간을 영인하게 되었다. 선생의 서거 후 장서는 서울 YMCA로 갔으나 6·25 전란 중에 아깝게도 모두 소실되었고, 필자가 텅 빈 선생의 서재를 정리하던

451

중에 다행히 육필 일기 두 권과 약간의 원고와, 장남 정손(正孫)에게 보낸 엽서 한 장을 찾아내어 오

늘까지 보관해 오다가 영인(影印)하게 된 것이다. 친필 일기는 전부 29권이라고 하는데 27권은 소각(燒

却)되었고 두 권만이 남게 되었다고 한다. 우리가 육필의 영인본을 접할 때 한 발짝 더 가까이 선생께 접

근하는 친근감을 느끼게 될 것으로 믿는다.

끝으로 본인이 독자들에게 밝혀 두어야 할 것은, 선생의 저작집과 『김교신과 한국』과 『일기』 등의 간행은

물론, 전8권의 『성서조선』 영인본의 출간은 모두 노평구 형이 부인의 오랜 내환(內患)과 심히 어려운 살

림 속에서 30여 년에 걸쳐 한결같이 선생의 믿음을 오늘에 심으면서 불굴의 의지와 지성스러운 노력으

로 성취했다는 사실이다. 여러 독자들과 함께 노형(盧兄)에게 고마워하면서 『성서조선』 영인본 출간을 또

한 더없이 기뻐하고자 한다. 그리고 특히 이번 이 영인본의 제작 출판에 대해서는 기독교서회(基督敎書會)

성경환(成慶煥) 씨와 경기 출신으로 김선생 제자인 동림사(東林社) 김득수(金得洙) 사장과 일심사(一心社)

주인 신태래(申泰來) 씨의 노고가 또한 컸음을 이에 특기(特記)하여 깊은 감사를 드리는 바다. 이제 선생

의 저작 출간은 대체로 이것으로 끝났다고 할 것이며, 앞으로는 선생의 순수한 믿음과 나라사랑의 정신을

우리 후손들의 가슴속에 길이 심어 줄 좋은 전기(傳記)의 간행과 그의 신앙과 사상에 대한 연구가 계속되

어야 할 것으로 믿는다. (1982. 5. 11)

성서조선(聖書朝鮮) 7/ 1941-1942

Sungseo Chosun 7/ 1941-1942

엮은이 김교신선생기념사업회

펴낸곳 주식회사 홍성사

펴낸이 정애주

국효숙 김기민 김서현 김의연 김준표 김진원 송승호 오민택 오형탁
윤진숙 임승철 임진아 임영주 정성혜 차길환 최선경 허은

2019. 1. 17 초판 1쇄 인쇄   2019. 1. 31 초판 1쇄 발행

등록번호 제1-499호 1977. 8. 1

주소 (04084) 서울시 마포구 양화진4길 3   전화 02) 333-5161   팩스 02) 333-5165

홈페이지 hongsungsa.com   이메일 hsbooks@hsbooks.com   페이스북 facebook.com/hongsungsa

양화진책방 02) 333-5163

ISBN 978-89-365-1342-9 (04230)

ISBN 978-89-365-0555-4 (세트)